À l'origine, l'almanach était un abrégé des connaissances accessibles au « grand public » concernant l'astrologie, l'astronomie, la médecine et les mathématiques.

Étant peu féru dans ces matières, je me garderai de les évoquer dans cet ouvrage que je vous présente aujourd'hui.

Certes, dans l'un des premiers almanachs paru en 1488 *Le Grand Kalendrier et compost des Bergiers* était abordée la médecine populaire, autrement dit la santé. Quoi de mieux pour être en bonne santé qu'une alimentation équilibrée telle que je vous la propose dans mon almanach.

Tous les jours, un menu pendant 366 jours – puisque 2016 est une année bissextile –, deux le samedi et le dimanche, pour se rappeler les saisons (ce qui est essentiel pour faire des économies), menus-propositions à combiner selon vos envies et vos humeurs. Quelques adresses de fournisseurs vignerons ou artisans que je pratique régulièrement avec satisfaction.

Je me suis amusé à chercher ce qui se passait en France le même jour, quelques années ou siècles avant et quelques informations utiles sur ce qui nous est proposé sur les étals des commerces de bouche.

Et puis, quelques surprises… qui n'en seraient plus si je vous les dévoilais.

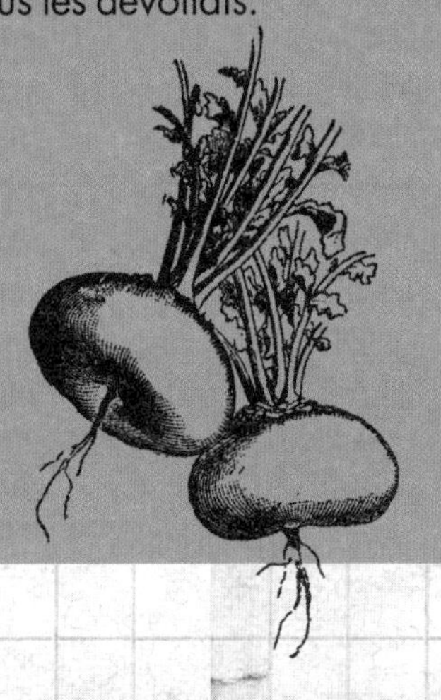

Flammarion

Janvier

L	M	M	J	V	S	D
				1	2	3
4	5	6	7	8	9	10
11	12	13	14	15	16	17
18	19	20	21	22	23	24
25	26	27	28	29	30	31

SEMAINE 52

La gueule de bois… comment la vaincre ?

La tête transformée en gare de triage un jour de migration estivale, prise dans un implacable étau résonnant aux branles assourdissants des cloches après une signature d'armistice ; l'estomac soulevé de relents nauséeux, gonflé comme une baudruche apoplectique ; le foie engorgé, incapable de repousser le spectre « cirrhotique » ; la vésicule, échauffée contrôlant mal ses humeurs bilieuses ; les intestins, gros et grêle, ballonnés, boursouflés, dilatés par des orages flatulents… Nos glandes et organes ne sont décidément pas à la fête les 25 décembre et 1er janvier, lendemains d'agapes. Les nourritures festives, vins capiteux, eaux-de-vie, alcools et liqueurs absorbés en quantités inhabituelles nous punissent de nos excès par ce que nous appelons familièrement « la gueule de bois ».

Les sommités médicales que nous avons consultées sont unanimes : la gueule de bois, pour être diagnostiquée à coup sûr, doit impérativement présenter plusieurs symptômes simultanés : inflammation des muqueuses de l'estomac, congestion du foie et blocage partiel de la vésicule biliaire. Les femmes bénéficient généralement en prime de maux de tête qui épargnent en principe les hommes, mais aucune règle stricte concernant ce dernier syndrome. Pour ce qui est du diagnostic, si les praticiens interrogés nous ont paru formels, leurs ordonnances, en revanche, sont moins assurées. Il semble que deux questions primordiales se posent à propos de la gueule de bois : peut-on prévenir ? Peut-on guérir ? Pour intervenir avant, il faut d'abord être sûr d'être malade après. En général, les habitués des lendemains douloureux, les fêtards, noceurs et bambochards ne prennent rien. Ce sont plutôt les occasionnels qui, prévoyants, se tapissent l'estomac d'une cuillerée d'huile d'olive. Certains prétendent qu'un sachet d'Actapulgite délayé dans un verre d'eau 1 h avant le début des libations aurait un effet souverain, l'argile agissant comme protecteur des parois stomacales. N'ayant jamais prévu, organisé, décidé mes fêtes, je n'ai donc aucune expérience préventive personnelle à vous communiquer. Les traitements « post-festifs », lorsque les maux sont là, semblent plus nombreux. Leur efficacité dépend du crédit qu'on leur accorde. Un cassoulet, quelle que soit son origine, pourrait avoir des effets roboratifs souverains pour désengorger les vésicules asphyxiées. Peut-être. Mais encore faut-il essayer !
Un bambochard retiré des circuits nous affirme qu'un cocktail d'aspirine, de vitamine C et de sorbitol avant le sommeil lui assurait des matins triomphants. Pourquoi pas ? Sans vouloir piétiner les plates-bandes de Rika Zaraï, je tiens à vous recommander deux infusions qui peuvent donner de bons résultats. Les bons herboristes sauront vous fournir 40 g de feuilles de mélisse, 20 g de lavande-fleurs, 20 g de marjolaine sommités fleuries, 20 g de menthe sauvage aquatique (antispasmodique). Une cuillerée à soupe par tasse de ce mélange, après avoir infusé 10 min, se boira froid ou chaud. Si cette préparation ne donne pas de résultats, on pourra essayer le mariage suivant : 10 g de feuilles de boldo, 10 g de millepertuis, 10 g de mélisse, 10 g de chardon béni, 10 g de mille-feuille. Il faudra respecter les mêmes quantités et temps d'infusion que pour la précédente préparation. Si, après 2 tasses, le brouillard ne se lève pas, tentez le Schoum. Son goût, sa couleur et la lecture de sa composition ont toujours eu sur moi l'effet d'accentuer les troubles, mais certains de mes camarades m'assurent de son efficacité. Des rumeurs flatteuses courent sur l'Oxyboldine, mais mes propres organes n'y ont pas été sensibles.

Petite histoire...

Alors que le 30 décembre de l'année précédente, les deux éléphants du zoo ont été abattus pour nourrir les Parisiens affamés et assiégés, trois jours plus tard, le **2 janvier 1871**, c'est l'éléphant du Jardin des Plantes qui à son tour va nourrir les Parisiens. Les habitants courent après les chiens, les chats ; on dénonce 2 500 disparitions de ces derniers. Quant aux rats, ils se vendent entre 3 et 5 francs pièce.

2 janvier 1812 : le 2 janvier au matin, Napoléon, accompagné de son ministre de la santé, le chimiste Chaptal, est à Passy. Il visite l'installation de la toute première raffinerie de sucre de betterave. Cette découverte est d'une importance capitale, car on espère évidemment que celui-ci remplacera le sucre de canne que le blocus des Anglais empêche d'arriver des Antilles jusqu'en France.

Le banquier Benjamin Delessert, promoteur d'industries nouvelles et chercheur scientifique à ses heures, accompagne l'empereur et son ministre. Chaptal a eu l'idée d'intéresser le banquier à la reprise des travaux scientifiques sur le même sujet, effectués un demi-siècle auparavant par un chimiste prussien, Andreas Marggraf. Les recherches de Marggraf portaient sur les éléments cristallisables de la betterave. Les travaux n'avaient pas abouti. Après 2 ans de recherche et de travaux, Delessert installait la toute première raffinerie – une usine ultramoderne – véritable complexe industriel « … où l'on fait un habile emploi de la vapeur ; où l'on mélange plus avantageusement qu'il n'a été fait jusqu'alors, l'écoulement des mélasses égouttées des formes où se cristallise le sucre. »
L'empereur semble très intéressé, s'attarde, goûte le sucre de betterave pour la première fois et en rapporte quelques échantillons aux tuileries.

☞ Le saviez-vous ?

Les avatars du gâteau des rois.

Dès le Moyen Âge, on connaissait le gâteau des rois, confectionné pour l'Épiphanie et composé d'une pâte feuilletée ou d'une pâte levée dans laquelle, traditionnellement, on glisse une fève ou une petite figurine de porcelaine. Anciennement, la célébration de cette fête donnait lieu à un rituel très précis : à la fin du repas, le plus jeune des enfants passait sous la table et désignait les convives auxquels on devait distribuer une part de gâteau. Celui qui découvrait la fève était proclamé roi et toute l'assistance lui portait un toast en criant : « Le roi boit ! » La coutume voulait que ce souverain d'un soir invite l'ensemble de l'assistance à dîner. À la Renaissance, cette fête fut interdite par les huguenots, qui voyaient là une réapparition des saturnales païennes et romaines. Certains virent même dans cette pratique l'esprit de Satan. Plus tard, Louis XIV l'interdit à la demande des prêtres de Saint-Germain qui appréciaient peu les débordements auxquels elle donnait lieu. Ensuite, c'est au lendemain de la Convention nationale du 2 septembre 1792 que les sans-culottes la décrétèrent « anticivique, puant le fanatisme et la tyrannie ». Ils s'empressèrent de la transformer en « fête du bon voisinage », rebaptisant le gâteau « gâteau de l'égalité » ! La Restauration rétablit les traditions et permit qu'on tire à nouveau les rois.
Ne pas confondre avec la galette qui est un terme dérivé de « galet », dont l'origine remonterait à l'époque de la pierre polie, époque où on la faisait cuire sur des pierres chaudes. C'était un gâteau rond et plat.

Sainte-Geneviève-Épiphanie

Dimanche
3
JAN.

SEMAINE 52

Hiver

DÉJEUNER

Galette des rois aux amandes

DÎNER

Fricassée de poulet
(voir la recette du 8 octobre)

Purée de pommes de terre

Soufflé au chocolat noir

LES RECETTES DU JOUR

Galette des rois aux amandes

Pour 8 pers. : 2 pâtes feuilletées, 1 œuf.
Pour la crème pâtissière : *(voir la recette du 28 mai sur la base suivante :)* 50 cl de lait entier, 1 gousse de vanille, 1 œuf entier + 4 jaunes, 150 g de sucre en poudre, 40 g de farine.
Pour la crème d'amande : 110 g de beurre, 125 g d'amandes en poudre, 12 g de farine, 90 g de sucre glace, 1 cs de rhum, 1 œuf entier.

Préparez la crème pâtissière que vous couvrez et laissez refroidir. Préparez la crème d'amande : dans un bol, pétrissez le beurre pour obtenir une pommade, puis ajoutez les amandes en poudre, la farine, le sucre glace, le rhum et l'œuf, et continuez à pétrir pour obtenir une pâte homogène. Préchauffez le four à 240 °C (th. 8). Mélangez la crème pâtissière et la crème d'amande. N'oubliez pas la fève. Dans un bol, battez 1 œuf. Beurrez la plaque à pâtisserie du four et posez-y la pâte feuilletée, puis à l'aide d'un pinceau, badigeonnez d'œuf battu le bord de la pâte sur 1 cm. Étalez la préparation au centre de la pâte sans déborder sur le tour enduit d'œuf. Recouvrez de la seconde pâte, puis appuyez sur les bords pour bien souder les deux morceaux et, avec un pinceau, badigeonnez toute la surface de la pâte avec le reste d'œuf. Avec la pointe d'un couteau, rayez la surface de la pâte en dessinant des losanges. Mettez au four pour 10 min à 240 °C (th. 8), puis 25 min à 180 °C (th. 6). Sortez la galette, laissez refroidir et servez.

Soufflé au chocolat noir

tilisez un moule à soufflé d'une contenance de 1,5 l à 2 l, ou 4 moules individuels, ou ramequins.

Pour 4 soufflés individuels : 4 œufs, 1 cs de beurre, 70 g de sucre en poudre + 1 cs, 170 g de chocolat noir à dessert, 1 cs de crème épaisse, ½ sachet de sucre vanillé, 1 cc d'extrait de café, 1 pincée de sel fin.

Préchauffez le four à 220 °C (th. 7/8). Séparez les jaunes des blancs. Beurrez et sucrez – utilisez l'équivalent de 1 cs. Dans un saladier, faites fondre doucement au bain-marie le chocolat cassé en petits morceaux avec 1 cs d'eau. Retirez le saladier du bain-marie, incorporez la crème fraîche, l'extrait de café, les jaunes un à un et le sucre vanillé. Montez les blancs en neige avec 1 pincée de sel fin – 1 min à vitesse moyenne avant de passer à la vitesse maximale. Dès que les blancs deviennent fermes, ajoutez le sucre en poudre. Incorporez le mélange chocolaté aux blancs – délicatement – en soulevant la préparation avec une cuillère en bois. Remplissez les moules jusqu'au bord ; enfournez pour environ 15 min.

Mon truc malin

Soufflé au chocolat : ajoutez la crème fraîche à température du réfrigérateur pour diminuer la chaleur du chocolat chaud, puis l'extrait de café et les jaunes d'œufs un à un et le sucre vanillé. L'objectif est d'introduire les œufs dans un appareil le moins chaud possible afin d'éviter qu'ils ne cuisent. Le soufflé au chocolat ne doit pas trop cuire pour conserver un cœur moelleux et très légèrement liquide.

Variante : servez avec de la crème peu sucrée, battue en chantilly, 1 cuillerée de marmelade d'orange ou de cerises confites « amarena ».

Lever du soleil : 8 h 46 Coucher du soleil : 17 h 04 Lune décroissante

Hiver

DÎNER

Endives au jambon
(voir la recette du 6 novembre)

Crème renversée au caramel

Saint-Odilon

Lundi
4
JAN.

☞ *Le saviez-vous ?*

La mâche : aucune autre salade ne peut prétendre à autant de surnoms… l'accroupie, la barbe de chanoine, la laitue de brebis, la poule grasse, la ramponnet, la repouchon, la salade du chanoine et, le plus commun d'entre eux, la doucette. Dès qu'on s'avance dans les variétés, on est fasciné par l'imagination des jardiniers. Les variétés comestibles ont des feuilles en forme de spatules allongées, d'un vert un peu grisâtre, à nervures marquées, naissant par paires superposées en quinconce les unes au-dessus des autres et formant une jolie rosette appétissante assez fournie.
On la trouvait en abondance dans les blés pendant l'hiver et au premier printemps. Les engrais et pesticides, devenus la nourriture essentielle des céréales, doivent lui déplaire.
On la trouve sur les marchés avant les premières gelées. Dommage. Mon grand-père, maraîcher, ne se serait jamais permis d'en vendre à ses clients avant que les gelées ne se soient répandues sur elle pour la durcir, la viriliser, lui donner du croquant et du goût. Les variétés de mâche française, rondes, d'Étampes, ou coquilles, ont des feuilles étroites qui vont en s'élargissant, ou ondulées, ou encore creusées en cuillère, se recourbant en forme de capuchon. Alors que la variété d'Italie, assez répandue dans le sud de la France, a une couleur verte légèrement plus blonde, des feuilles très sensiblement plus longues, légèrement velues et dentées sur les bords vers la base. Nous l'aimons, la mâche, bien qu'il faille la laver souvent, au minimum trois eaux, la seconde légèrement additionnée de vinaigre d'alcool blanc.
Elle est la proie de la quatrième gamme, c'est-à-dire vendue en sachet et préalablement désinfectée à l'eau chlorée, auquel son goût subtil ne résiste pas. La mâche ne veut pas être en reste vis-à-vis de ses camarades salades et prétend à quelques vertus thérapeutiques. Elle combattrait l'anémie et la constipation et soulagerait les affections respiratoires et même l'arthrite.

La recette du jour

Crème renversée au caramel

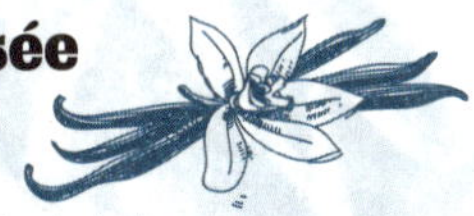

Pour 4 pers. : 15 morceaux de sucre, 50 cl de lait, 1 gousse de vanille, 4 œufs, 6 cs de sucre semoule, 4 cs d'eau, quelques gouttes de jus de citron.
Le caramel : faites fondre dans un moule à charlotte 15 morceaux de sucre et 3 cc d'eau en remuant. Quand le sucre est fondu, ajoutez quelques gouttes de jus de citron. Maintenez le moule sur feu moyen, le sucre va changer de couleur ; faites tourner le moule pour répandre du caramel sur les parois. Réservez.
La crème : préchauffez le four à 150 °C (th. 5). Versez le lait dans une casserole avec la gousse de vanille fendue et grattée. Portez à ébullition ; couvrez ; laissez infuser 15 min. Dans un saladier, mettez 1 œuf entier, 3 jaunes, le sucre semoule et l'eau. Fouettez, au batteur électrique si possible, jusqu'à obtenir une préparation blanchâtre et onctueuse. Retirez la gousse de vanille. Versez le lait chaud sur les œufs battus, mélangez ; laissez reposer 5 min. Avec une cuillère, enlevez la mousse formée à la surface. Versez les œufs au lait dans le moule caramélisé. Posez-le dans la lèchefrite sur une double épaisseur de papier journal ; ajoutez 3 ou 4 verres d'eau chaude pour la cuisson au bain-marie. Enfournez à mi-hauteur pour 45 min à 1 h ; rajoutez de l'eau si nécessaire dans la lèchefrite en cours de cuisson. Laissez refroidir ; entreposez couvert au réfrigérateur.

Lever du soleil : 8 h 46 Coucher du soleil : 17 h 05 Lune décroissante

Saint-Édouard

Mardi
5
JAN.

Hiver

DÎNER

Ris, blanc de poulet
et champignons à la crème
Coquillettes
Fromage blanc au miel

Pense pas bête...
Vin: je commande
du saint-amour...
que j'achète au domaine
Dominique Piron,
69910 Villié-Morgon,
tél.: 04 74 69 10 20

SEMAINE 1

Petite histoire du miel...

On dit que le miel est plus vieux que le monde, puisque la nourriture de Zeus était constituée de miel et de lait de chèvre. Nos maîtres du monde sont loin de cette frugalité. De l'Antiquité jusqu'à la Renaissance, le miel servait d'édulcorant, mais aussi de condiment. Les Grecs, les Romains en faisaient grand usage dans la préparation des mets, dans leur assaisonnement, mais aussi comme bain de friture pour la cuisson. Érasistrate et Apicius nous ont laissé de nombreuses recettes qui ne relèvent pas seulement de la confiserie ou de la pâtisserie.
Ces nourritures au miel, comme plus tard celles au sucre, n'étaient pas destinées au commun des mortels. Les Égyptiens et les Mayas l'offraient aux rois, aux dieux et aux prêtres. Les préparateurs ne se léchaient que les doigts. L'élevage des abeilles était déjà pratiqué en Égypte ancienne, pour exploiter le miel.
En France, Charlemagne réglementa l'apiculture. Jusque-là, on «allait au miel» dans les forêts, et cette expression n'avait pas encore la connotation canaille qu'on lui a donnée par la suite. Il imposa aux paysans l'exploitation des abeilles pour son plus grand profit. Chaque paysan devait lui donner les deux tiers du miel et le tiers de la cire ainsi récoltés. Après lui, aucun seigneur n'eut l'idée de supprimer l'abeillage
(voir la suite le 6 janvier).

LES RECETTES DU JOUR

Ris, blanc de poulet et champignons à la crème

Pour 4 pers.: 1 blanc de poulet, 1 l de consommé de volaille, 1 noix de ris veau, 250 g de champignons de Paris ou sylvestres, 2 cs de beurre, 50 cl de béchamel express *(voir la recette du 3 avril)*.
Mettez le blanc de poulet à pocher dans le consommé de volaille pour 15 min; retirez; réservez. Ajoutez la noix de ris pour 7 min; retirez-la; passez-la sous l'eau glacée. Faites sauter les champignons au beurre; dans la même poêle, faites revenir rapidement pour coloration le blanc de poulet et le ris de veau coupés en cubes; égouttez; ajoutez champignons, ris et poulet à la béchamel avant l'introduction de l'appareil crème/jaune d'œuf; laissez bouillotter 7 à 8 min; versez l'appareil dans la béchamel; laissez chauffer. Servez avec les coquillettes.

Fromage blanc au miel

Pour 4 pers.: 16 tranches fines de baguette, 500 g de fromage blanc, 1 belle cs de cacao en poudre, 4 cs de miel.
Allumez le gril. Coupez la baguette en tranches de 3 à 4 mm d'épaisseur. Rangez-les sur la plaque à pâtisserie du four. Façonnez le fromage sur une assiette. Grillez le pain sur les deux faces. À l'aide d'une passoire fine, en poudrer une seule de cacao. Disposez en éventail les tranches cacaotées sur le fromage. Servez avec le pot de miel.

☞ *Le saviez-vous?*

Le ris est le nom d'une glande (thymus), présente chez les jeunes animaux de boucherie, veau, agneau, parfois jeune bœuf, qui disparaît à mesure qu'ils atteignent l'âge adulte.
Le ris, comme pratiquement tous les autres abats, a connu des faveurs diverses de la part du consommateur.
Estimé dans la haute cuisine bourgeoise, il était souvent dédaigné dans la cuisine populaire ou paysanne. Au début du siècle, les bouchers bretons les offraient en prime aux touristes parisiens avec leurs achats.

Lever du soleil: 8h45 Coucher du soleil: 17h06 Lune décroissante

Hiver

DÎNER

Joues de porc en fricassée
(voir la recette du 17 juillet)

Galette des rois
(voir la recette du 3 janvier)

Petite histoire du miel...

(suite du 5 janvier)

Toutes les ruches sont bâties sur le même principe : un toit ; un corps à la base duquel se trouve le trou de vol, et qui contient le couvain, le miel et le pollen nécessaire à la survie des abeilles ; une hausse, située au-dessus du corps, constituée de plaques de cire mobiles. C'est le grenier à miel, dans lequel on peut prélever le produit sans gêner la colonie.

Les abeilles sont organisées en colonies ou essaims, qui comprennent en moyenne 50 000 pensionnaires (les chiffres indiqués peuvent manquer de précision entre l'unité et le millier). La colonie est constituée d'une reine, d'une seule, de faux bourdons, et d'ouvrières qui accomplissent l'essentiel de la besogne.

La reine vit 4 ou 5 ans. Elle se développe au moment où la précédente meurt, ou quitte la ruche. En effet, lorsqu'il y a surpopulation dans une ruche, la reine peut fonder avec une partie des ouvrières un autre royaume industrieux. Dans chaque ruche, il y a toujours plusieurs reines en attente. Aussi, dès qu'un poste de reine est libre, il faut agir vite. La première qui sort tue les larves en attente de la même place, et prend le pouvoir.

Dès qu'elle est sur le trône, elle part avec quelques faux bourdons. Cela s'appelle le vol nuptial. C'est peut-être leur lune de miel, on ne sait pas ; les abeilles reines sont très discrètes. L'expression « s'envoyer en l'air » vient-elle de cette royale pratique qu'ont les abeilles de ne jamais poser la patte à terre, et d'accomplir leur gymnastique sexuelle entre ciel et terre ?

Pour la seule fois de sa vie où elle va convoler, la reine n'est pas prude et se laisse courtiser par plusieurs bourdons. Carrément. Au point qu'elle recueille dans une sorte de vésicule séminale des spermatozoïdes pour toute sa vie. Quand ces parties d'ailes en l'air sont terminées, les reines rentrent en ruche comme d'autres entrent au couvent, et pondent, pondent, pondent : pendant l'été, 1 500 à 2 000 œufs par jour. Certains de ces œufs seront pondus dans des alvéoles plus grandes que les autres. Nourris uniquement de « gelée royale », ils engendreront à leur tour une reine, quand celle qui les aura pondus mourra ou décidera de partir.

Le faux bourdon n'est pas très malin. Malgré ses rapports sexuels avec sa reine, il n'est ni roi, ni prince consort. D'ailleurs, ses orgasmes sont si violents qu'il y laisse ses organes sexuels et sa vie. Dans la ruche, il n'a d'autre fonction que d'attendre l'éveil de la reine. Elle naît ; il sort, baise, et meurt. En attendant, il ne peut même pas manger tout seul : ses pièces buccales sont atrophiées, et pour se nourrir il doit attendre le bon vouloir des ouvrières nourricières. Même lorsqu'il a le bourdon, aucun être humain ne peut imaginer sa propre vie sous un jour aussi désespéré que celle de l'insecte en question.

À l'exception de la reine, et de quelques faux bourdons, le reste de l'essaim est uniquement composé d'ouvrières. Elles sont stériles, et leur activité professionnelle est réglée selon leur âge. Leur durée de vie est limitée à 21, 22 ou 23 jours, pas davantage. Leurs 10 premiers jours n'ont rien d'exaltant : elles nettoient les rayons qui serviront à entreposer le miel ; pendant ce temps, leurs glandes nourricières se développent. Dès que celles-ci fonctionnent, elles vont nourrir le couvain, composé des œufs transformés en larves *(voir la suite le 7 janvier)*.

Saint-Raymond

Jeudi
7
JAN.

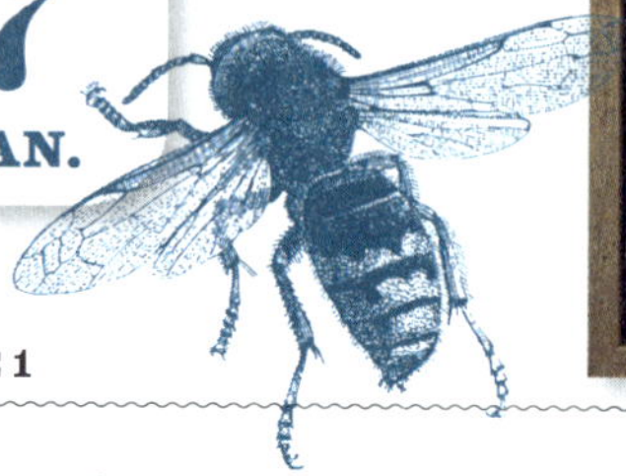

Hiver

DÎNER

Gratin de pommes de terre au lard
Salade croquante
Crème au café
(voir la recette du 4 avril)

SEMAINE 1

Petite histoire du miel...

(suite du 6 janvier)

L'abeille ouvrière a deux fonctions primordiales : nourrir celles qui vont lui succéder, et ramasser de quoi les nourrir. Entre le 10e et le 20e jour, ses glandes cirières se développent. Alors elle construit les rayons, stocke le pollen et le nectar que les autres rapportent, et surtout, elle ventile car il faut maintenir la ruche à 35 °C. Elles agitent leurs petites ailes comme des folles pour y arriver et, lorsqu'elles sont fatiguées, elles se reposent en gardant le trou de vol. Il n'est pas question qu'un étranger pénètre dans la ruche.

Dans la dernière partie de sa vie, l'abeille butine et pollinise. Les fleurs produisent un liquide sucré contenant 75 % d'eau : le nectar. Les abeilles attirées par ce breuvage divin vont de fleur en fleur, et ce faisant transportent le pollen, permettant la pollinisation. Elles se remplissent le jabot de nectar, puis leurs sucs gastriques et les diastases de la salive le transforment en un mélange de sucres invertis. Dès que le jabot est plein, elles foncent vers la ruche, et régurgitent le miel dans des alvéoles de cire.

Pour que l'inversion du pourcentage sucre-eau du nectar se réalise parfaitement, d'autres ouvrières aspirent et régurgitent ce miel qui vient d'être déposé dans les alvéoles. Simultanément, elles ventilent, car l'abeille peut faire deux choses en même temps. La transformation du miel dure 20 min, au terme desquelles elles bouchent l'alvéole à l'aide d'une capsule de cire que sécrète la cirière.

En observant les abeilles, on constate souvent que certaines ne butinent pas, mais exécutent une sorte de danse. Il s'agit d'un code pour indiquer qu'elles ont trouvé une source de nectar : elles s'empressent de la signaler au reste de la ruche. Les abeilles sont finaudes !

L'abeille est dotée de « bonnes ailes » : pour transporter un seul litre de nectar, elle effectue entre 20 000 et 100 000 voyages, alors qu'il faut 5 l de nectar pour obtenir un 1 l de miel.

Pour se défendre, les abeilles sont équipées d'un dard par lequel elles injectent du venin qui est, paraît-il, un remède souverain contre les rhumatismes. Toutefois, aucun commerce de venin n'est encore établi. Seuls les apiculteurs rhumatisants peuvent profiter – avec ou sans soulagement, je l'ignore – du bénéfice de leurs piqûres venimeuses. Allergiques aux insectes, s'abstenir !

LA RECETTE DU JOUR

Gratin de pommes de terre au lard

Pour 8 pers. : 1,5 kg de pommes de terre, 300 g de poitrine fumée coupée en lardons, 4 oignons, 60 g de beurre, 3 pincées de noix de muscade râpée, 50 cl de bouillon de bœuf ou de volaille, sel, poivre.

Pelez et lavez les pommes de terre, puis coupez-les en tranches de 3 mm d'épaisseur. Préchauffez le four à 180 °C (th. 6). Beurrez un plat à gratin et disposez au fond une couche de pommes de terre. Parsemez de lardons et d'oignons finement émincés. Continuez ainsi jusqu'à épuisement des ingrédients en terminant par une couche de lardons. Saupoudrez de noix de muscade râpée. Arrosez le plat avec le bouillon chaud poivré. Parsemez de noisettes de beurre et enfournez pour 1 h. Piquez une lame de couteau dans le plat afin de vérifier le degré de cuisson des pommes de terre. Prolongez la cuisson si nécessaire. Servez le gratin bien chaud, accompagné d'une salade verte.

Lever du soleil : 8 h 45 — Coucher du soleil : 17 h 09 — Lune décroissante

La recette du jour

Tartare de bar

Pour 4 pers. : 600 g de filets de bar, 1 petit pot de beurre de saumon, 2 cs de crème fraîche, le jus d'un citron, sel, poivre.
À l'aide d'un couteau de cuisine, découpez les filets de bar en tout petits cubes. Dans un saladier, mettez le beurre de saumon. Ajoutez la crème et le jus de citron. Remuez. Salez et poivrez. Incorporez les cubes de bar. Mélangez avec soin. Réservez au frais jusqu'au moment de servir.

Hiver

DÎNER

Tartare de bar

Lieu à la vapeur, sauce au beurre citronné
(voir les recettes du 27 mai et du 11 novembre)

Tarte aux pommes à l'alsacienne
(voir la recette du 11 novembre)

☞ Le saviez-vous ?

Le bar : surnommé le roi des mers, le bar est un poisson d'exception à la chair particulièrement savoureuse. Son nom vient de l'allemand *bars* (pointe) qui fait référence à ses dangereuses épines dorsales. Il est également appelé *loup* en Méditerranée, *loubine* dans le bassin d'Arcachon, *drenek* en Bretagne mais aussi *barreau, brigne, crossia, drinée* (jeune), *loubas* (Provence), *loubassou, loupassou, lupo, luvassu, perche de mer, pique*...
En réalité, il existe deux espèces : le bar commun (*Dicentrarchus labrax*) et le tacheté (*Dicentrarchus punctatus*) dont la chair est moins fine. Il ne faut pas se fier aux apparences, c'est le bar commun le meilleur. On le reconnaît à sa couleur argentée, ses écailles larges et brillantes. Sa taille varie de 25 à 80 cm, pour un poids de 5 à 7 kg. Il atteint exceptionnellement 1,20 m et peut vivre jusqu'à 25 ans. Il fraye près de la Grande-Bretagne l'été. Ce prédateur très vorace se nourrit essentiellement d'autres poissons, de mollusques, de crevettes, de calmars, d'anchois et de sardines. Il se regroupe en bancs au large des côtes et dans les embouchures des cours d'eau, principalement du sud des îles Britanniques au Portugal et jusqu'en Méditerranée.
Le bar se pêche en pleine mer, soit à la ligne soit au filet. Les principaux ports de débarque sont Auray, Marennes, Arcachon et Hendaye.
Présent toute l'année sur les étals, entier, en darnes ou en filets, le bar est plus abondant de novembre à mars et nettement en novembre, décembre et surtout février. Évitez de l'acheter en septembre et octobre, c'est la période du frai.
Depuis 1993, une association de pêcheurs de la baie d'Audierne étiquette « bar de ligne, poisson de Bretagne ». Pêché à la ligne, sa chair n'a pas été meurtrie par les filets.

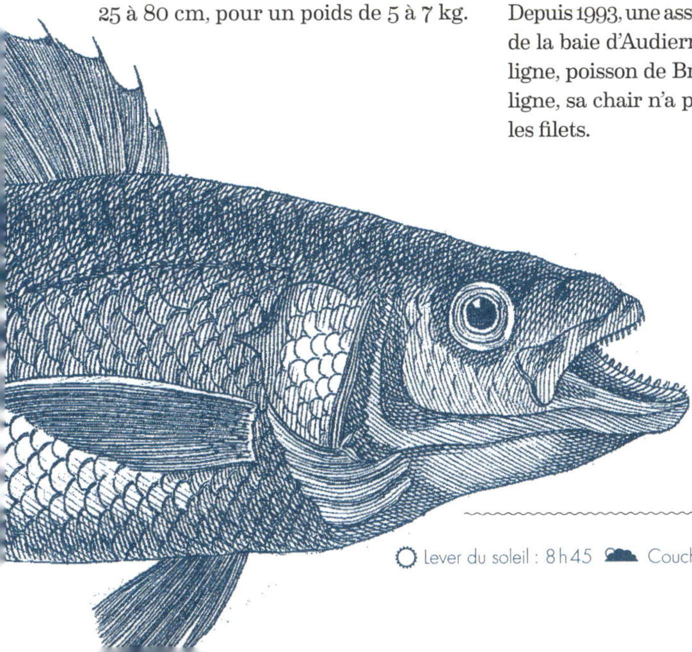

Donnez votre préférence à un bar bien raide, d'un beau gris brillant, tirant légèrement sur le bleu. Moins frais, il perd de sa fermeté et ses yeux se creusent. Souvenez-vous que la moitié seulement d'un bar est consommable. Les gros sujets sont donc plus avantageux, les petits plus chers.

Conseil pratique : pour le gril ou au four sur un lit de gros sel : faites-le vider mais ni écaillé ni gratté ; pour le pocher, ne faites pas non plus ôter les écailles, celles-ci maintiennent la chair jusqu'à découpage.
La papillote est tout à fait adaptée à une taille normale ; pour les bars plus petits, privilégiez la cuisson au court-bouillon ou meunière.
Je vous recommande, sur un gros bar, de faire pratiquer quelques incisions qui lui permettront de mieux cuire en profondeur et lui éviteront ainsi d'éclater.

Lever du soleil : 8 h 45 Coucher du soleil : 17 h 10 Lune décroissante

Sainte-Alix

Samedi
9
JAN.

Semaine 1

Petite histoire...

La nouvelle pièce d'Alexandre Dumas fils, *Francillon*, passe le 9 janvier en répétition générale à la Comédie-Française. C'est me semble-t-il la première fois qu'une recette de cuisine est donnée avec autant de précisions sur une scène de théâtre. Il s'agit d'un plat qui peut être bâclé par un souillon, par un cuisinier besogneux et qui n'est souvent qu'un lamentable étouffe-chrétien. C'est le merveilleux plat de cuisine bourgeoise : la « salade de pommes de terre ».

LA RECETTE DU JOUR

Gâteau des rois

Pour 6 pers. : 250 g de farine de gruau type 45, 2 œufs entiers (+ 2 jaunes pour la dorure), 15 g de levure de boulanger, 2 cs de lait tiède, 25 g de sucre semoule, 1 cc de sel, 125 g de beurre bien mou, 1 zeste de citron jaune non traité, 1 zeste d'orange non traitée, 20 g de rhum brun, 1 cc de fleur d'oranger, sucre cristallisé, 50 g de fruits confits.

Déposez la farine sur le plan de travail, creusez une fontaine au milieu, versez-y les œufs, la levure diluée dans le lait tiède, le sucre semoule et le sel. Mélangez avec la main. Pétrissez cette pâte énergiquement en la soulevant et en la frappant contre la table. Incorporez ensuite, progressivement, le beurre mou émietté. Travaillez la pâte 10 min jusqu'à ce qu'elle soit lisse et homogène et se décolle facilement du plan de travail. Ajoutez le reste des ingrédients sans les fruits confits et mélangez encore quelques min. Placez-la dans un saladier recouvert d'un torchon propre et laissez-la lever 1 h à température ambiante. Ce temps écoulé, enveloppez-la de film alimentaire et réservez-la encore 1 h au réfrigérateur. Sortez la pâte du réfrigérateur, pratiquez un trou au centre et façonnez-la pour donner la forme d'une couronne ; cachez une fève dans celle-ci, puis laissez à nouveau lever 1 h. Préchauffez votre four à 150 °C (th. 5). Préparez la dorure en fouettant les jaunes d'œufs à la fourchette. Badigeonnez-en la pâte, incisez le dessus avec un couteau, puis saupoudrez-la de sucre cristallisé. Faites cuire de 20 à 25 min au four. Laissez ensuite refroidir le gâteau à température ambiante et décorez-le de fruits confits.

☞ Le saviez-vous ?

La blanquette : voudrait être le diminutif de blanc emprunté au provençal *blanqueto*. Le célèbre Vincent La Chapelle l'évoque dans son *Cuisinier moderne* paru en 1735. Généralement, la blanquette est une fricassée de viandes blanches essentiellement de veau, quelquefois d'agneau ou de volaille, liée avec des jaunes d'œufs et de la crème fraîche et servie habituellement avec une garniture de petits oignons, de champignons, du riz et parfois, et seulement parfois, des truffes. Édouard Nignon, le grand cuisinier du restaurant Larue, proposait à côté de sa blanquette de veau à l'ancienne des blanquettes raffinées de cardons et de céleri.

Lever du soleil : 8 h 44 Coucher du soleil : 17 h 11 Lune décroissante

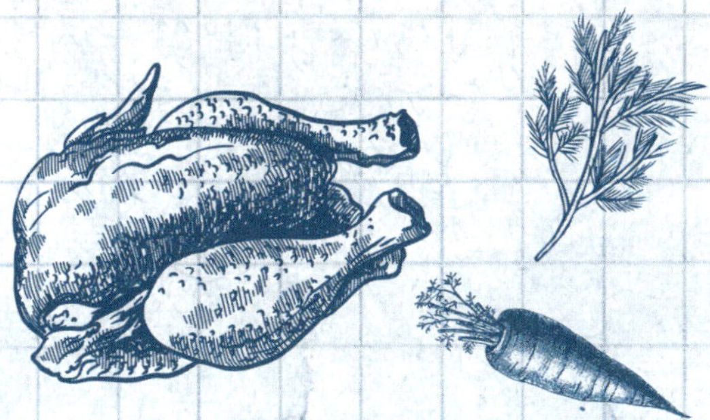

La recette du jour

Cari de poulet

Pour 6 pers. : 1,5 kg de poulet en morceaux, 2 gros oignons, 6 gousses d'ail, 2 clous de girofle, 2 pincées de quatre-épices, 1 branche de thym, 15 cl d'huile, 1 cc de curcuma, 1 pincée de noix de muscade, 4 petites tomates ou une boîte de tomates pelées épépinées, sel, poivre en grains.

Épluchez et émincez les oignons. Pilez l'ail avec les clous de girofle, le sel, les grains de poivre, le quatre-épices et le thym. Pelez, épépinez et coupez les tomates en petits dés. Dans une cocotte, faites chauffer l'huile et laissez dorer les morceaux de poulet. Ajoutez l'oignon, le mélange d'épices avec l'ail, le curcuma, la muscade, puis les tomates. Mélangez bien et mouillez avec 2 ou 3 verres d'eau. Couvrez la cocotte aux trois quarts et laissez mijoter à feu moyen pendant 40 min, jusqu'à évaporation de l'eau. Servez bien chaud.

Hiver

DÉJEUNER

Cari de poulet

Riz pilaf
(voir la recette du 8 octobre)

Gâteau à l'ananas
(voir la recette du 6 avril)

DÎNER

Blancs de poireaux au jambon façon endives

Livarot

Reste du gâteau à l'ananas

☞ Le saviez-vous ?

La fabrication du munster : l'aire géographique AOC fournit des fromages fermiers et laitiers provenant de l'industrie laitière. Dans les deux cas, le principe de fabrication est identique, à l'exception de la pasteurisation qui intervient dans la préparation du fromage laitier. En Alsace, le fromage est fabriqué chaque jour, en une seule fois, à partir d'un mélange de lait du matin et de celui du soir, légèrement mûri. Sur le versant lorrain des Vosges, la fabrication a lieu matin et soir, à partir d'un lait fraîchement trait. Le munster est affiné dans les caves du producteur, ou chez des affineurs.

Caillage : l'association de ferments lactiques et de présure animale confère à la pâte du munster une texture particulière. À l'égouttage, le fromage « blanc » est retourné plusieurs fois pour faciliter l'exsudation du sérum.

Stockage : démoulé, le fromage est salé, à sec ou par un bain de saumure. Il est ensuite mis à sécher dans un hâloir à température ambiante de 11 °C à 15 °C, avec un taux d'humidité de 95 % ou 96 %. Après quelques jours, la surface désacidifiée du fromage constitue un support favorable au « rouge ». Ces ferments présents dans les caves, au nom savant de *bacterium limens*, donneront au fromage sa couleur orangée si caractéristique.

Affinage : la pâte s'amollit lentement pour devenir onctueuse, la croûte prend peu à peu une teinte jaune cuivré. Tous les 2 ou 3 jours, la croûte de chaque fromage est frottée avec une eau légèrement salée, contenant une suspension de « ferments du rouge ».

Conservation : le munster peut être conservé dans le bac à légumes du réfrigérateur, dans son emballage d'origine, entouré d'un linge humide ou enfermé dans une boîte hermétique. Il est bon de mettre le munster à la température de la pièce une bonne heure et demie avant de le consommer.

Lever du soleil : 8 h 44 Coucher du soleil : 17 h 13 Nouvelle lune

DÎNER

Croque-monsieur
(voir la recette du 3 avril)

Salade
Polenta aux fruits d'hiver
(voir la recette du 2 juillet)

Petite histoire d'assaisonnement…

L'assaisonnement : il est indispensable, mais quelles huiles, quels vinaigres ?

L'huile :

Certaines huiles ont abdiqué depuis belle lurette. Où trouver de l'huile d'œillette, fabriquée à partir des graines de pavot depuis longtemps destinées à d'autres plaisirs que la salade ? Elle a disparu ainsi que l'huile de roquette, chènevis, de faine (le fruit du hêtre), de pépins de cassis, de citrouille ou d'onagre (herbe aux ânes). Les huiles de consommation courante sont d'arachide, d'olive, de colza, de maïs, de soja, de tournesol, de pépins de raisin. L'huile de noix et l'exquise huile de noisette font une apparition très « mode ».

Certaines grandes surfaces vendent de l'huile de sésame, la plus ancienne de la famille, qui régnait sur l'Égypte comme l'huile d'olive sur la Grèce antique. L'huile de carthame se pousse du col. Les perroquets vont bouder car, jusqu'à présent, la graine oléagineuse de cette plante herbacée servait essentiellement à leur alimentation ainsi qu'à fabriquer une teinture rouge, la carthamine. L'huile d'amande trouve, depuis peu, sa place dans la cuisine et non plus dans la salle de bains. Signe des temps, sans doute…

On peut définir deux critères pour choisir son huile : le parfum et la teneur en acides gras. Certaines huiles sont de goût neutre, comme l'arachide, le tournesol, le maïs, le soja, le colza, les pépins de raisin. Elles se contentent de donner de l'onctuosité à la salade. C'est la seule chose qu'on leur demande, elles y pourvoient avec efficacité et parfaite discrétion. Les huiles d'olive, de noix et de noisette ont un goût caractéristique, prononcé, typique. Elles assument leur parfum spécifique tout en assurant leur vocation de liant graisseux. L'huile de sésame, personne ne s'en étonnera, a un fort goût de sésame et, bizarrement, l'huile de carthame rappelle discrètement le goût de l'huile de noisette. Cette proximité de goût amène à poser la question suivante : pourquoi encombrer ses placards avec deux bouteilles dont le contenant est semblable ?

Inutile de chercher une huile moins grasse ou plus légère que les autres. Qu'elles soient extraites de graines ou de fruits, leurs teneurs lipidique ou calorique sont strictement les mêmes (900 calories pour 100 g). Ce qui différencie les huiles est leur teneur en acides gras, indispensables au bon fonctionnement de notre organisme. Ces acides gras sont saturés, mono-insaturés ou polyinsaturés. Les premiers, les saturés, sont nocifs ; les seconds, les mono-insaturés, sont bons ou neutres et les derniers, les polyinsaturés, composés d'acides linoléiques

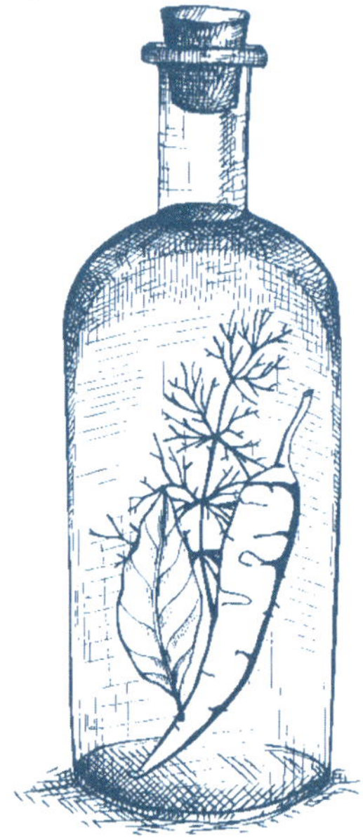

et alpha-linoléniques sont essentiels. On les appelle, d'ailleurs, les acides gras « essentiels ». La solution de simplicité serait évidemment de choisir uniquement des huiles à forte teneur en acides polyinsaturés.

Mais les trois acides sont présents dans toutes les huiles, à des degrés variables heureusement. On ne peut donc pas absorber uniquement des acides gras « essentiels » en évitant les acides saturés. Il faut donc choisir celles qui contiennent le maximum des premiers et délaisser ou user avec parcimonie de celles qui contiennent le maximum des seconds *(voir la suite le 14 janvier)*.

Je m'avance pour dimanche
Je prépare un parfait de foies de volaille à la cuillère.

Hiver

DÎNER

Saucisses, choux de Bruxelles
Poires rôties au four
(voir la recette du 21 octobre)

LES RECETTES DU JOUR

Saucisses, choux de Bruxelles

Pour 4 pers. : 1 petit kg de choux de Bruxelles, 1 pointe de couteau de bicarbonate de soude, 2 cs de beurre, 4 saucisses de Toulouse d'environ 125 g chacune, sel fin, 1 belle cs d'huile, 2 cs de gros sel.

Épluchez les choux de Bruxelles : enlevez les feuilles jaunies et coupez le pied. Lavez-les à l'eau froide. Égouttez. Dans un faitout, portez à ébullition 3 l d'eau. Ajoutez le gros sel, le bicarbonate de soude et les choux. Cuisez à forte ébullition, sans couvrir, environ 10 bonnes minutes. À l'aide d'une écumoire, retirez les choux et plongez-les dans un grand saladier d'eau froide, ainsi resteront-ils bien verts (même principe pour les haricots verts). Égouttez. Dans une cocotte, chauffez une belle cs de beurre. Laissez mijoter 10 min les choux à petit feu, à couvert. Salez légèrement. Surtout pas de poivre, les choux deviendraient âcres ! Dans une poêle, cuire les saucisses sur les deux faces 7 à 8 min. Ne pas trop les saisir pour qu'elles n'éclatent pas. Salez. Servez aussitôt séparément ou tenir les saucisses au chaud sur les choux dans la cocotte. N'oubliez pas le pot de moutarde sur la table.

Variante : pour obtenir un peu de jus, ôtez de la poêle le gras de cuisson des saucisses, versez un demi-verre d'eau et laissez réduire de moitié.

Parfait de foies de volaille à la cuillère

Pour 4 pers. : 250 g de foies de volaille et de canards, 200 g de bardes de lard blanc fondant, 3 jaunes d'œuf, 10 g de sel fin, 2 g de poivre (½ cc rase), 1 pointe de couteau de quatre-épices, 25 g de raisins de Corinthe, 2,5 cl de porto ou pineau, 200 g de crème liquide.

Aujourd'hui : faites dégorger – pour en éliminer le sang – les foies de volaille dans l'eau froide pendant 2 jours, au réfrigérateur. Changer l'eau au moins 4 fois.

Après-demain : attention : tous les ingrédients de la recette doivent être à la même température (20 °C à 25 °C), y compris la crème. Égouttez les foies 1 h avant la préparation. Mixez-les avec le lard. Incorporez les jaunes d'œufs, le sel, le quatre-épices, enfin la crème tiède. Filtrez cette préparation dans une passoire fine. En remplir un plat allant au four, de 3 à 4 cm de haut. Répartissez les raisins préalablement gonflés dans le porto ou le pineau. Faites cuire dans un bain-marie 1 h au four préchauffé à 100 °C (th. 3/4). Laissez refroidir et mettez au réfrigérateur jusqu'à dimanche.

Dimanche : à l'aide d'une cuillère à soupe trempée dans l'eau chaude, faites 2 belles quenelles. Déposez-les sur une assiette. Servez avec un buisson de mâche, d'endive, de scarole ou de cœur de rougette… et des tranches de pain, grillées d'un seul côté pour garder le moelleux de la mie.

Petite histoire…

Le 12 janvier 1833, ***Antonin Carême*** **meurt à Paris. Il était né le 8 juin 1784 dans un taudis de la rue du Bac. Talleyrand entend parler de Carême chez Bailly, un célèbre restaurant. Il a 17 ans. Talleyrand le prend sous son aile, l'envoie près des meilleurs chefs de l'époque pour qu'il puisse se perfectionner et apprendre tout de la cuisine. On le retrouve chez l'empereur Alexandre, le prince régent d'Angleterre, alors qu'il reste secrètement en relation avec Talleyrand. Il meurt pauvre ; tout ce qu'il a gagné chez les plus grands a servi à faire éditer, à compte d'auteur, l'ensemble de son œuvre.**

Lever du soleil : 8 h 43 Coucher du soleil : 17 h 15 Lune croissante

Hiver

DÎNER

Céleri rémoulade
Tendrons de veau aux carottes

Je m'avance pour demain
Je prépare un ragoût de champignons œufs pochés.

LES RECETTES DU JOUR

Tendrons de veau aux carottes

Pour 4 pers. : 750 g de tendrons de veau coupés en 12 morceaux, 700 g de carottes, 1 gros oignon jaune (environ 100 g), 2 cs de farine, 2 cs d'huile, 30 g de beurre, 6 dl d'eau ou de bouillon du commerce, ½ cc de fleur de thym, sel, poivre.

Épluchez les carottes, lavez-les, débitez-les en rondelles de1 cm d'épaisseur environ. Épluchez l'oignon, émincez-le finement. Versez la farine dans une assiette. Salez et poivrez les morceaux de veau, roulez-les dans la farine. Chauffez l'huile et le beurre dans une cocotte assez grande. Déposez la viande, laissez rissoler 5 min sur chaque face. Ajoutez l'oignon émincé. Remuez avec une cuillère en bois. Couvrez. Laissez mijoter 5 min. Ajoutez les carottes et versez l'eau. Salez, poivrez, sans oublier la fleur de thym. À partir de l'ébullition, comptez 1 h 30 de cuisson à petit feu, la cocotte couverte aux trois quarts. Servez bien chaud.

Variante : dans l'assiette, écrasez à la fourchette les carottes avec un morceau de beurre frais…

Tartine de campagne au ragoût de champignons et œufs pochés

Pour 4 pers. : 200 g de champignons de Paris , 50 g de chanterelles, 2 cs de beurre, 2 échalotes, 5 cl de porto, 2 cs de crème fraîche, 1 petit nouet de gaze contenant : 1 fleur de badiane ou 1 cc de graines de fenouil, 1 cc de graines de coriandre et 1 branche de thym, ½ verre à moutarde de vinaigre d'alcool, 4 œufs extra frais, 4 tranches de pain de campagne épaisses (1,5 cm), 1 gousse d'ail, sel, poivre.

Aujourd'hui : épluchez et lavez les champignons. Égouttez-les, émincez-les. Dans une cocotte, faites fondre le beurre. Ajoutez les échalotes finement coupées. Laissez cuire doucement 7 à 8 min. Ajoutez les champignons et les chanterelles. Laissez s'évaporer à feu un peu vif l'eau de végétation des champignons. Versez le porto. Poursuivez la réduction. Complétez avec la crème fraîche. À ébullition, plongez le nouet de gaze contenant les aromates. Salez, poivrez. Faites cuire doucement à couvert 15 min. Dans une casserole à jupe haute, faites bouillir 1,5 l d'eau additionnée d'un demi-verre de vinaigre. À l'avance, cassez les œufs séparément dans des soucoupes ou des tasses à café. Lorsque l'eau bout, versez l'un après l'autre les œufs dans l'eau. Les blancs vont rapidement envelopper les jaunes. Réduisez le feu, laissez pocher environ 3 ou 4 min. Retirez les œufs un à un avec une petite écumoire. Déposez aussitôt dans un saladier d'eau froide. Réservez tel quel au réfrigérateur, jusqu'au lendemain si nécessaire.

Demain : pour le dressage, préchauffez le gril du four. Réchauffez le ragoût de champignons. Égouttez les œufs pochés sur un linge. Passez les tranches de pain de campagne sous le gril, d'un seul côté. Frottez-les à l'ail avec une demi-gousse. Rangez sur un plat de service. Répartissez le ragoût de champignons, garnissez avec les œufs pochés et remettez sous le gril 1 min. Coupez un peu de persil plat ou ciselez de la ciboulette sur chaque œuf. Servez aussitôt.

Petite histoire d'assaisonnement…

(suite du 11 janvier)

Trois huiles sont riches en acides alpha-linoléiques : l'huile de colza, l'huile de noix et l'huile de soja. L'acide linoléique se trouve essentiellement dans les huiles de tournesol, de pépins de raisin, de noix, de maïs et de soja.
Les acides mono-insaturés sont abondants dans l'huile d'olive (acide oléique) suivie à la corde par les huiles de colza et d'arachide.
Les huiles qui contiennent le moins d'acides gras saturés, considérés comme nocifs, sont les huiles de colza et de noix. On constate, donc, que dans la course aux acides gras essentiels, les indispensables, les nécessaires sont, dans l'ordre d'arrivée, l'huile de colza, de soja et de noix. Grâce à ses acides mono-insaturés, l'huile d'olive combat le « mauvais cholestérol » et l'athérosclérose. Devant toutes ces informations, que faire pour choisir l'huile assurant le meilleur rapport goût et teneur en acides gras ? Simple.
Les mélanger. En effet, aucune consigne diététique ou gastronomique n'interdit de mêler, dans des proportions que vous seul déciderez, de l'huile de colza avec de l'huile de noix ou de l'huile de soja avec de l'huile d'olive.

Vierge ou raffinée

En règle générale, il existe deux méthodes pour fabriquer l'huile : la pression et l'extraction.
Les huiles dites de pression, ou huiles vierges, sont totalement pures. Le produit de base, fruits ou graines, est pressé mécaniquement comme n'importe quel jus de fruit, sans additif ou adjuvant. Les fruits, olives, noix, noisettes, sont pressés à froid, les graines, tournesol, pépins de raisin, maïs, à chaud. L'huile brute ainsi obtenue est clarifiée par décantation naturelle ou par centrifugation.
Ensuite, les huiles sont filtrées.
La technique de l'extraction est tout autre. Pour extraire le maximum du maximorum d'huile, on utilise un solvant qui rend l'huile ainsi obtenue acide, âcre, impure.
C'en est fini de sa virginité. Il est donc nécessaire de la raffiner pour la rendre limpide et éliminer le goût des solvants. Championne de la virginité, l'huile d'olive bénéficie d'une réglementation mise en place en 1988 par la Communauté européenne.
En principe, tous les producteurs de tous les pays membres doivent fabriquer les mêmes produits sous la même dénomination : huile d'olive vierge extra, huile d'olive vierge, huile d'olive et huile de grignons d'olive. L'acidité oléique des deux premières catégories doit être inférieure à 2 g pour 100 g d'huile extraite par pression ; l'huile d'olive est un mélange d'huile raffinée et d'huile d'olive vierge et la dernière catégorie, un mélange d'huile de grignons raffinée et d'huile d'olive vierge. Les grignons sont des résidus de pâte obtenue après la première pression des olives. Les connaisseurs choisissent la marque, le pays d'origine et la région précise de provenance. On peut même rechercher un moulin bien particulier *(voir la suite le 16 janvier)*.

Pense pas bête…

Je continue la recette du parfait aux foies de volaille *(voir la recette du 12 janvier)*

Hiver

DÎNER

Salade de mâche et betterave

Tartine de campagne au ragoût de champignons et œufs pochés
(voir la recette du 13 janvier)

Salade d'oranges et de pomélos
(voir la recette du 16 novembre)

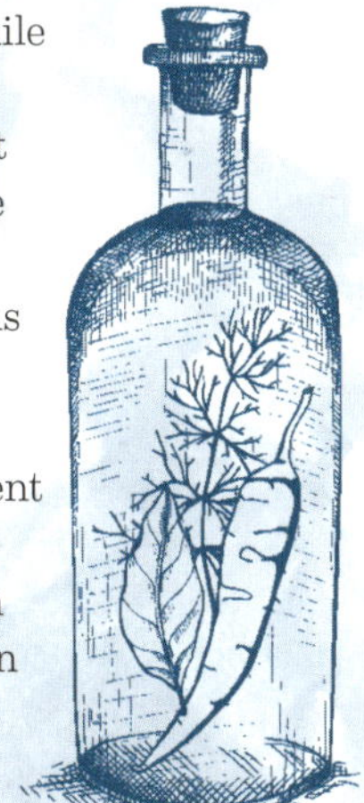

☞ Bon à savoir

Comme le vin, les huiles d'olive ont leurs crus. La nature du sol, l'exposition du terrain, les conditions climatiques jouent leurs rôles sur la qualité.

Saint-Rémi

Vendredi
15
JAN.

SEMAINE 2

Hiver

DÎNER

Soupe de têtes de poisson et rouille

Carrelet ou plie au four
(voir la recette du 15 avril)

Tarte à la bière
(voir la recette du 14 mai)

Je m'avance pour demain

Je prépare des lisettes au vin blanc.

☞ ***Le saviez-vous ?***

La rouille : c'est un nom issu de l'ancien provençal *roilha* et appliqué par analogie à une sauce froide de la cuisine méridionale.

LES RECETTES DU JOUR

Soupe de têtes de poisson et rouille

On en prépare pour deux repas…

Pour 8 pers. : 3 carottes, 2 pommes de terre, 2 poireaux, 5 tomates (ou en conserve, pelées, épépinées), 3 oignons, 5 gousses d'ail, 1,5 kg de têtes et arêtes de poisson (grondin, carrelet, congre, lieu, etc.), 15 cl d'huile d'olive, 25 cl de vin blanc, 2 branches de thym, 1 feuille de laurier, 1 pointe de couteau de safran, 3 gouttes de pastis, croûtons, 1 bol de rouille, sel, poivre.

Épluchez, lavez puis coupez grossièrement les carottes et les pommes de terre. Lavez soigneusement les poireaux (laissez un peu de vert), émincez-les. Pelez, coupez les tomates en quartiers, puis épépinez-les. Épluchez, coupez les oignons en rondelles. Écrasez les gousses d'ail sans les peler. Faites revenir séparément les légumes émincés et les têtes de poisson dans l'huile d'olive. Mettez le tout dans un grand faitout ou une marmite à fond épais. Mouillez avec le vin blanc, complétez avec de l'eau froide jusqu'à ce que toutes les parures de poissons soient recouvertes ; ajoutez le thym et le laurier ; salez et poivrez ; faites cuire 20 min à petits bouillons. Passez le tout au moulin à légumes, puis à travers une passoire fine en écrasant bien les matières à l'aide d'une cuillère en bois. Selon votre goût, ajoutez une pointe de couteau de safran et 3 gouttes de pastis. Vérifiez l'assaisonnement. Servez bien chaud avec des petits croûtons de pain, des gousses d'ail pelées et le bol de rouille.

Rouille

Pour 6 pers. : 1 tasse de mie de pain rassis, 1 piment rouge frais égrainé et haché, 2 gousses d'ail hachées finement, 1 jaune d'œuf, 1 cs d'amandes pilées, 1 cc de concentré de tomate, 1 cc de paprika, ½ piment de Cayenne, 4 cs d'huile d'olive, sel.

Faites tremper la mie de pain dans de l'eau ; égouttez et pressez-la entre vos mains pour éliminer l'excès d'eau, puis passez-la au mixeur avec le piment rouge, les gousses d'ail hachées, le jaune d'œuf, les amandes, le concentré de tomate, le paprika, le piment de Cayenne, jusqu'à obtenir une pâte onctueuse. Salez et incorporez l'huile en mixant. La sauce doit être très piquante.

Lisettes au vin blanc

Pour 6 pers. : 6 oignons, 2 carottes, 1,5 bouteille de vin blanc sec, 1 douzaine de grains de coriandre, thym, laurier, 6 petites lisettes ou 12 selon la taille, 1 citron sel, 10 grains de poivre.

Émincez très finement les oignons et les carottes que vous faites cuire dans une casserole avec le vin blanc sec. Assaisonnez en sel, poivre en grains, coriandre, thym, laurier. Maintenez une forte ébullition jusqu'à ce que le vin soit réduit d'un bon grand tiers. Huilez légèrement un plat à gratin. Posez les lisettes tête bêche avec le citron coupé en très fines rondelles. Versez le vin blanc bouillant avec les oignons et les carottes mais en retirant le thym et le laurier. Mettez le plat sur le feu. Porter à ébullition 2 à 3 min. Laissez refroidir et servez froid. Si le vin blanc est pris en gelée, ce sera délicieux.

Lever du soleil : 8 h 41 — Coucher du soleil : 17 h 19 — Lune croissante

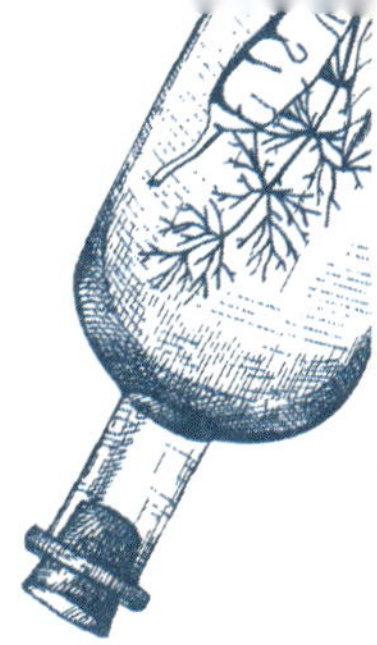

Saint-Marcel

Samedi
16
JAN.

Semaine 2

Petite histoire d'assaisonnement…

(suite du 14 janvier)

La coloration des huiles varie du vert chartreuse à l'or pâle selon la variété des olives et leur maturité au moment de la cueillette. Une huile trop verte sera issue d'olives cueillies avant maturité ; trop jaune, les olives seront trop mûres. Le goût de l'huile d'olive peut être puissant ou léger. Sachant qu'une huile d'olive coûte quatre fois plus cher qu'une huile végétale alimentaire issue de graines oléagineuses, on peut se demander pourquoi acheter une huile d'olive au goût neutre. L'huile d'olive se consomme froide comme assaisonnement alors que son point dc fusion, qui se situe entre 5 °C et 7 °C, lui assure, cuite, une très bonne digestibilité. Sa consommation est faible, 0,4 l par an et par habitant alors que ses nombreuses propriétés lui assurent une excellente réputation. Imaginez un peu : bonne pour le cœur, bonne pour la vésicule biliaire dont elle favorise la vidange, bonne pour la croissance osseuse, bonne pour la lutte contre le vieillissement, bonne pour combattre le diabète. Tellement bonne qu'en Grèce, on ajoute quelques gouttes d'huile d'olive dans le biberon des nouveau-nés. C'est presque trop. On ose à peine évoquer les vitamines A, B1, B2, C, D, E et K, les minéraux (calcium, phosphore, potassium, souffre, magnésium, fer, cuivre, manganèse) qu'elle dispense. Les huiles neutres sont généralement raffinées. Les autres huiles « à goût », noix, noisette, sésame et carthame, se vendent vierges ou mélangées à de l'huile raffinée.
Les huiles se conservent un an environ, bouteille fermée, à l'abri de la chaleur et de la lumière, si possible à température constante.
Les huiles vierges polyinsaturées (noix, noisette) sont fragiles. Si on ne les maintient pas en bidons opaques et au frais, elles rancissent après trois ou quatre mois. L'huile d'olive bénéficie d'un conservateur naturel, l'acide stéarique ; on la conservera, sans problème, de 12 à 18 mois.
Certaines huiles sont inaptes à la cuisson, elles se dégradent à la chaleur, surtout les huiles de colza, soja, noix, riches en acides alpha-linoléniques. L'huile de pépins de raisin, les huiles d'olive et d'arachide supportent mieux les fortes températures de cuisson.
Les huiles se parfument sans difficulté. Chacun peut le faire sans avoir suivi de cours particulier de parfumerie. Il suffit de plonger l'arôme désiré dans la bouteille ou le bocal d'huile, de le refermer et de laisser macérer. Au bout de huit jours, le parfum aura déjà envahi l'huile, après six semaines il s'exhalera généreusement jusqu'à saturation *(voir la suite le 17 janvier)*.

Hiver

DÉJEUNER

Gratin de macaronis au jambon
(voir la recette du 12 octobre)

Tarte de potiron aux pruneaux
(voir la recette du 9 octobre)

DÎNER

Reste de la soupe de poissons
(voir la recette du 15 janvier)

Lisettes au vin blanc
(voir la recette du 15 janvier)

Salade de mâche

Reste de la tarte à la bière

Mon truc malin

La chapelure : pourquoi jeter du pain ou acheter de la chapelure industrielle alors qu'il est si simple de fabriquer soi-même de la chapelure blonde ? Il suffit de broyer au mixeur des biscottes ou des rondelles de pain très rassises ; cette chapelure maison se conserve dans une boîte hermétique.

La chapelure mélangée à une quantité égale de fromage râpé apporte, répandue sur un gratin, un croustillant inégalable.

Lever du soleil : 8 h 40 Coucher du soleil : 17 h 21 Lune croissante

Je m'avance pour demain
Je prépare un cake aux olives et aux lardons.

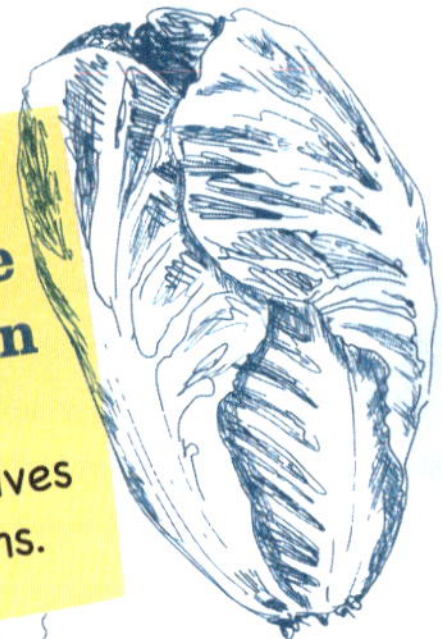

Les recettes du jour

Hiver

DÉJEUNER

Parfait de foies de volaille
(voir la recette du 12 janvier)

Petit bouquet de mâche

Rosbif, purée de pommes de terre

Choux à la crème
(voir la recette du 28 mai)

DÎNER

Potage pommes de terre poireaux
(voir la recette du 2 novembre)

Gnocchis gratinés à la parisienne
(voir la recette du 14 octobre)

Salade romaine à l'orange

Salade romaine à l'orange

Pour 6-8 pers. : 3 oranges, 1 belle salade romaine (ou 2 petites), 1 cs d'huile d'arachide, le jus d'un demi-citron, 2 cs de sucre semoule, 1 pincée de sel fin.

Pelez les oranges à vif sur une planche à rigole. Récupérez le jus. Coupez les oranges en tranches fines. Réservez dans une assiette. Épluchez la salade, gardez uniquement les feuilles tendres. Lavez-les, égouttez-les et coupez-les en chiffonnade. Dans un saladier, délayez l'huile et le jus de citron avec le sucre et le sel. Ajoutez la chiffonnade et mélangez doucement. Ajoutez les oranges et le jus récupéré. Mélangez à nouveau et mettez au réfrigérateur pour 15 min avant de servir.

Cake aux olives et aux lardons

Pour 8 pers. : 500 g de farine, 1,5 sachet de levure chimique, 20 cl de lait, 10 œufs, 250 g de beurre fondu, 5 cs de moutarde, 200 g de poitrine fumée, 300 g d'olives noires dénoyautées, 200 g de ricotta, 100 g de comté et de beaufort en mélange râpés, 1 cs de sel fin, 15 tours de moulin à poivre.

Préchauffez le four à 180 °C (th. 6). Dans un grand saladier, mélangez la farine, la levure, le poivre et le sel, puis incorporez lentement le lait, les œufs entiers, le beurre fondu et la moutarde. Coupez la poitrine fumée en petits lardons. Pensez à retirer la couenne. Faites rissoler pour éliminer l'excédent de gras. Ajoutez au contenu du saladier les lardons, les olives et les fromages et mélangez bien l'ensemble. Beurrez copieusement un moule à cake, versez la préparation dans le moule, puis enfournez pour 45 min.

Petite histoire d'assaisonnement...

(suite du 16 janvier)

Il est préférable de choisir des huiles neutres pour les aromatiser à la vanille, au citron, au basilic ou aux cèpes.
La vanille devra être fraîche, c'est-à-dire souple dans le même bocal ; elle s'entendra très bien avec le citron que l'on choisira jaune ou vert, à peau fine, préalablement lavé, soigneusement essuyé et clouté d'un ou deux clous de girofle. Le basilic sera également lavé et séché et une petite gousse d'ail frais épluchée lui tiendra agréablement compagnie.
Aromatisez selon vos goûts, carvi, cumin, cardamome sont candidats. Faites à votre idée mais en petite quantité pour éviter de gâcher *(voir la suite le 18 janvier)*.

Pense pas bête...
Je termine la recette du parfait aux foies de volaille pour le déjeuner.

Lever du soleil : 8 h 39 Coucher du soleil : 17 h 22 Premier quartier de lune

Petite histoire d'assaisonnement…

(suite du 17 janvier)

Le vinaigre :

Il s'obtient par la transformation de l'alcool en acide acétique sous l'action d'une bactérie microscopique découverte par Pasteur, le *Mycodenna aceti*.
On peut donc fabriquer autant de sortes de vinaigre qu'il y a de liquides contenant de l'alcool : bière, cidre, poiré, hydromel.
Si tout est possible, tout n'est pas bon. Mais nous savons tous que seul le vinaigre de vin est le roi incontesté des vinaigres.
Le vinaigre existe depuis au moins 5 000 ans et rappelez-vous que c'était une éponge imbibée de vinaigre additionné d'eau (oxycrat) que les soldats romains donnèrent à Jésus mourant.

Comment se fabriquait-il ?
De façon tout à fait empirique si l'on s'en tient à la description d'Olivier de Serres, dont les qualités d'agronome ne sont pas à défendre, mais les talents de vinaigrier pour le moins suspects : « Ajouter au meilleur des vins, pois chiches, pois ou fèves rôties, racines de bettes ou de ronces, levain, figues vertes, fleurs de roses et d'œillets, fers et aciers chauds, tuiles et briques chaudes, sel frit, mûres sauvages traînant à terre et encore vertes, langues de lamproies, fiels de lièvres en poudre, dedans d'oranges pourries. »
Il est préférable de ne pas imaginer le résultat et de s'en tenir à la recette de Louis Pasteur *(voir la suite le 2 février)*.

Hiver

DÎNER

Soupe à l'oignon gratinée
(voir la recette du 28 décembre)

Cake aux olives et aux lardons
(voir la recette du 17 janvier)

Salade d'endives

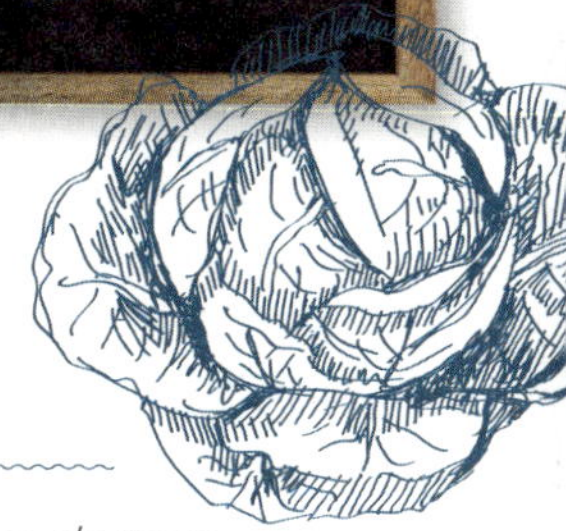

Mon coup de gueule

La salade a peur !

Le vinaigre balsamique : trop d'ersatz condamnent le vrai produit à une mort certaine. Un exemple parmi tant d'autres, l'*aceto balsamico tradizionale di Modena* DOP (AOP), communément nommé en France, vinaigre balsamique de Modène.

Plus une auberge, un bistrot, un restaurant sans une assiette – quel que soit son contenu – infectée par une « éjaculation » de vinaigre balsamique usurpé !

Rappelons que le véritable vinaigre balsamique traditionnel de Modène est obtenu à partir de moûts de raisin provenant des cépages de lambrusco, ancellotta, trebbiano, sauvignon et sgavetta, cultivés dans la province de Modène sur le terroir compris entre la vallée du Secchia et la rive gauche du Reno.

Il faut savoir que le vinaigre de Modène n'est pas un sous-produit de la fabrication du vin. Les raisins sont produits spécialement pour la fabrication du vinaigre. Une fois récoltés, les raisins doivent être pressés. On cuit le moût pour éviter tout démarrage de fermentation. Toute addition de substance au moût est interdite.

L'acétification a lieu dans des tonneaux en bois de chêne (60 l), châtaignier (50 l), cerisier (40 l, mûrier (20 l), disposés en batteries de 5 à 6 barils.

Après quelques années de vieillissement, au cours de la saison froide, a lieu l'opération dite de renouvellement.

Une petite quantité de vinaigre mûr est soutirée du tonneau le plus petit pour être remplacée par le produit extrait du tonneau qui précède dans l'ordre de la batterie et ainsi de suite jusqu'au tonneau le plus grand qui est renouvelé par le moût cuit de l'année en court. Cette opération est appelée le « bourrage » *(voir la suite le 19 janvier)*.

Saint-Marius

Mardi
19
JAN.

Hiver

DÎNER

Pot-au-feu de joues de bœuf
Crème mousseline
de ma grand-mère

Je m'avance pour demain

Je prépare un gâteau tout simple (voir la recette du 20 janvier).

LES RECETTES DU JOUR

Crème mousseline de ma grand-mère

Pour 6 pers. : 5 gros œufs, 90 g de sucre en poudre, 90 g de beurre, 75 g de farine, 1 sachet de sucre vanillé, 35 cl de lait, 1 pincée de sel.

Pour le caramel : 150 g de sucre en morceaux, 3 cl d'eau + 3 cl pour arrêter l'ébullition.

Préparez le caramel : dans une casserole, mélangez le sucre en morceaux et l'eau, faites cuire à feu doux jusqu'à ce que le caramel prenne une couleur légèrement brune. Versez 3 cl d'eau pour arrêter l'ébullition. Versez le caramel dans le fond d'un moule en verre à feu. Laissez refroidir. Dans un saladier, montez les blancs d'œufs en neige ferme avec la pincée de sel fin. Quand ils sont bien fermes, ajoutez 30 g de sucre et fouettez à nouveau. Dans une casserole, faites fondre le beurre, puis ajoutez la farine, 60 g de sucre en poudre et le sucre vanillé. Mélangez intimement. Versez le lait et laissez cuire 5 min sans cesser de remuer. Laissez tiédir avant d'incorporer les jaunes d'œufs un par un, puis très délicatement les blancs d'œufs en neige avec une cuillère en bois. Versez la crème dans le moule caramélisé. Faites cuire au bain-marie pendant 35 à 40 min. Servez tiède ou froid.

Pot-au-feu de joues de bœuf

(Conservez le bouillon pour le dîner de jeudi)

Pour 8 pers. : 1,8 kg de joues de bœuf, quelques os de bœuf ou de veau (facultatif), 2 oignons piqués de clous de girofle, 1 petite branche de céleri, 1 bouquet garni, 3 cs de gros sel, 1 cs de poivre en grains.

Garniture : 12 carottes, 8 navets, 12 pommes de terre à chair ferme, 1 bol de vinaigrette, 1 poignée d'estragon.

Dans un faitout, déposez les joues de bœuf entières, et si possible les quelques os. Couvrez d'eau froide, portez à ébullition à feu moyen. Épluchez les oignons, piquez-les de clous de girofle. Lavez la branche de céleri et préparez le bouquet garni. Après 35 min de cuisson, ajoutez un grand verre d'eau froide pour créer un choc thermique qui fera remonter toutes les impuretés à la surface. À la reprise de l'ébullition, écumez. Lorsque l'eau du consommé est propre et qu'aucune écume ne remonte, ajoutez le céleri, le bouquet garni, les oignons, le gros sel, le poivre en grains et laissez bouillotter (*un pot-au-feu sourit, frémit, bouillotte mais jamais ne bout*). Après 1 h 15 à 1 h 30 de cuisson, prélevez quelques louches du consommé et faites pocher les carottes et les navets entiers ou coupés grossièrement pendant 15 min. Ils doivent rester fermes et croquants. Dans une casserole à part, faites cuire les pommes de terre. Préparez une vinaigrette à base d'huile de noix ou d'huile de tournesol et de vinaigre de vin à laquelle il sera bon d'ajouter une poignée d'estragon (ou de cerfeuil haché ou de ciboulette). Sortez la viande. Coupez-la en tranches. Posez-la sur un plat, ajoutez les légumes autour en garniture et servez la vinaigrette à part.

Mon coup de gueule

La salade a peur ! *(suite du 18 janvier)*

Le vinaigre balsamique : les derniers fabricants (une centaine) de vinaigre balsamique traditionnel de Modène sont regroupés dans le consortium des fabricants de vinaigre balsamique traditionnel de Modène.

Avant d'être mis en vente, ce condiment est soumis à l'examen d'une commission de « goûteurs », experts nommés par le consortium *(voir la suite le 24 janvier)*.

Les recettes du jour

Gâteau tout simple

Pour 8 pers. : 1 boîte de 36 biscuits à la cuillère, 250 g de gelée de groseilles ou de confiture au choix, 1 verre à liqueur de kirsch ou de sirop, 1 pot de 1 l de crème anglaise *(voir la recette du 11 juin)*.

La veille : prévoyez un moule à cake ou une terrine de 25 cm de long sur 10 cm de large et 8 cm de haut. Rangez une première couche de biscuits à la cuillère, face bombée contre le fond du moule ou de la terrine. Si vous utilisez de la gelée de groseilles, mélangez-la avec le sirop (ou la liqueur selon votre choix) pour qu'elle s'étale facilement sur les biscuits. Avec un pinceau, humectez les biscuits de kirsch, puis tartinez les biscuits en fine couche avec le mélange à la gelée de groseilles. Répétez l'opération en alternant le sens des biscuits. Après 4 couches de biscuits, le moule est plein. Couvrez d'un film alimentaire, posez une petite planche de la dimension du gâteau et un poids ou une bouteille d'eau. Mettez au frais 2 h au moins, une nuit entière étant l'idéal.

Le jour même : retournez le moule sur le plat de service. Badigeonnez la surface du gâteau avec le restant de gelée de groseilles, entourez d'un ruban de crème anglaise et servez le reste de crème anglaise en saucière. Vous pouvez décorer le gâteau avec de la crème Chantilly.

Rôti de veau au four

Pour 4 pers. : 750 g de viande dans le quasi ou la longe, 1 crépine, quelques os, 2 cs de vin blanc, 2 oignons, 1 verre d'eau, 2 cc de sel fin, 4 tours de moulin à poivre.

Aujourd'hui : salez, poivrez le rôti ; emballez-le dans la crépine, puis dans un film alimentaire.

Demain : allumez le four à 180 °C (th. 6). Posez le rôti emballé dans la crépine sur un plat à gratin proportionné au rôti et aux os pour éviter que le jus de cuisson ne brûle ; ajoutez les oignons et les os. Enfournez pour 1 h 15, en le retournant régulièrement et en l'arrosant. Retirez la viande, laissez-la reposer 10 min dans le four éteint, emballée dans du papier d'aluminium. Dans le plat de cuisson, ajoutez le reste de crépine, le vin blanc et le verre d'eau. Décollez les sucs ; portez à ébullition ; rectifiez l'assaisonnement ; passez à travers une passoire fine. Servez bien chaud dans une saucière le rôti tranché, accompagné de chou-fleur, de fonds d'artichauts sautés ou de courgettes au beurre.

Hiver

DÎNER

Hachis Parmentier – avec les restes de la viande et des légumes du pot-au-feu de joues de bœuf d'hier
(voir la recette de base le 17 octobre)

Salade croquante

Gâteau tout simple

Je m'avance pour demain

Je prépare un rôti de veau au four.

☞ *Le saviez-vous ?*

Parmentier : **la dénomination a été attestée par le dictionnaire Boiste 1812, donnée en hommage à Antoine Augustin Parmentier (1737-1813), introducteur de la pomme de terre en France. Le parmentier désigne également un plat traditionnel de purée, de hachis de bœuf cuit puis gratiné au four. Le parmentier est également un potage de pommes de terre lié à la crème fraîche.**

Lever du soleil : 8 h 37 Coucher du soleil : 17 h 27 Lune croissante

Sainte-Agnès

Jeudi
21
JAN.

Les recettes du jour

Semaine 3

Hiver

DÎNER

Bouillon de bœuf aux vermicelles *(conservé au frais mardi 19 janvier)*

Rôti de veau au four

Poêlée de choux fleurs

Je m'avance pour samedi

Je prépare un civet d'agneau.

Poêlée de choux-fleurs

Pour 4 pers. : 1 chou-fleur, 2 cs de beurre, 1 cs d'huile, 1 poignée de gros sel, 1 cc de bicarbonate de soude et 1 croûton de pain rassis pour prévenir l'amertume, sel, poivre.

Lavez soigneusement puis coupez le chou-fleur en bouquets. Procédez à une pré-cuisson *(voir « Mon truc malin »)*. Rafraîchissez ensuite dans un récipient d'eau glacée ; égouttez. Dans une poêle, mettez 2 cs de beurre et 1 cs d'huile ; à couleur noisette, ajoutez les sommités préalablement cuites dans l'eau bouillante salée ; faites revenir ; mélangez pour imprégner les bouquets du beurre ; salez. Servez chaud.

Civet d'agneau

Pour 8 pers. : 1,5 kg de viande d'agneau (collier ou épaule, coupé en morceaux de 60 g à 70 g), 1 bouteille de vin rouge tannique, 2 carottes, 3 échalotes, 2 oignons, 2 gousses d'ail, 6 cs d'huile d'olive, 1 bouquet garni, 30 g de beurre, 2 cs de farine, sel, 15 grains de poivre.

Aujourd'hui : préparez la marinade. Mettez le vin rouge à bouillir, flambez, puis laissez refroidir. Épluchez et coupez les carottes en rondelles, pelez et émincez les échalotes, les oignons, et écrasez les gousses d'ail. Passez un pinceau d'huile d'olive sur les morceaux de viande. Salez, poivrez. Mettez-le tout dans un saladier avec les grains de poivre et le bouquet garni. Versez le vin, et placez au réfrigérateur pour 24 h.

Le jour de la cuisson : égouttez la viande, filtrez la marinade. Préchauffez le four à 210 °C (th. 7). Beurrez, huilez une cocotte allant au four et faites revenir les morceaux de viande dans la matière grasse bien chaude. Retirez-les quand ils sont dorés. Jetez le gras de cuisson. Remettez la viande, saupoudrez de farine, puis faites roussir à feu moyen. Versez la marinade, mélangez, portez à ébullition, puis enfournez la cocotte fermée pendant 1 h 30. Vérifiez la cuisson en remuant de temps en temps. Le lendemain, dégraissez si nécessaire, réchauffez, puis retirez les morceaux de viande et faites réduire la sauce à feu vif. Servez avec des croûtons et un gratin de macaronis.

Mon truc malin

Le chou-fleur : choisissez des fleurs blanches, éclatantes et très serrées, des feuilles vertes, brillantes, qui perlent d'eau quand on les casse. Chou-fleur, brocoli ou romanesco doivent impérativement, avant cuisson, être plongés – entiers ou débités – dans un récipient d'eau froide additionnée de 3 ou 4 cs de vinaigre d'alcool, afin de déloger les éventuels intrus. Laissez tremper 5 min.

Ne gaspillez pas : les côtes des feuilles du chou-fleur sont délicieuses à manger, elles méritent d'être épluchées, tronçonnées, cuites 5 min de plus que les sommités.

Éliminez les deux inconvénients majeurs du chou-fleur : forte odeur à la cuisson, difficultés à la digestion. Procédez à une pré-cuisson en plongeant les sommités 2 min dans l'eau bouillante ; égouttez. Plongez pour 10 min le chou-fleur précuit dans 3 l d'eau portée à ébullition, additionnée d'une poignée de gros sel et de bicarbonate de soude ainsi que d'un croûton de pain rassis.

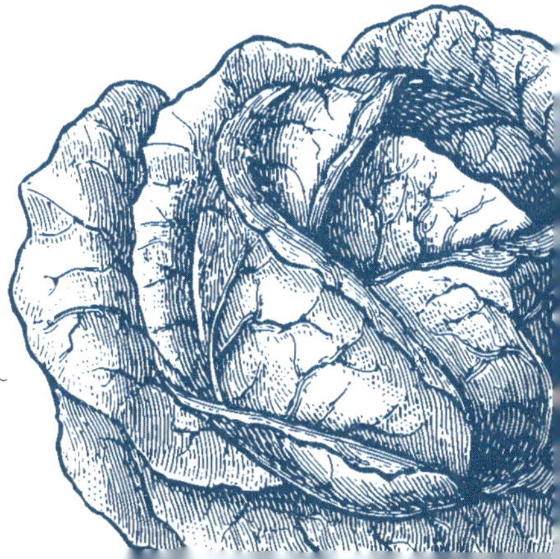

Lever du soleil : 8 h 36 Coucher du soleil : 17 h 28 Lune croissante

LES RECETTES DU JOUR

Sauce au beurre blanc

Pour 4 pers. : 3 échalotes hachées, 3 cs de vinaigre de vin blanc, 2 cs de crème liquide, 200 g de beurre très froid, ½ cc de sel fin, 3 tours de moulin à poivre.

Dans une casserole à fond épais, mettez les échalotes hachées et le vinaigre ; laissez cuire et réduire à feu doux. Lorsque ne subsistent plus que les échalotes, ajoutez 1 cs d'eau froide. Ajoutez la crème ; portez rapidement à ébullition. Au premier bouillon, réduisez le feu à moyen ; ajoutez le beurre bien froid en un seul morceau. Maintenez le beurre avec le fouet en remuant fermement jusqu'à ce qu'il soit complètement fondu, **sans porter à ébullition.** Salez, poivrez. *Si la sauce doit attendre, maintenez-la au bain-marie.*

Huîtres chaudes

Pour 4 pers. : beurre blanc, 6 grosses huîtres creuses par personne, algues (à demander à l'écailler) ou à défaut du gros sel, 4 cs de vin blanc.

Préchauffez le four à 180 °C (th. 6). Faites un beurre blanc et maintenez-le au bain-marie. Extrayez méticuleusement les huîtres des coquilles, en prenant soin de laisser une coquille bien propre, sans le pied. Rangez les coquilles vides sur la lèchefrite ; enfournez 5 à 6 min. Sur les assiettes, sur une poignée d'algues, ou à défaut sur du gros sel, calez les coquilles chaudes. Mettez les huîtres dans une casserole avec leur eau ; ajoutez 1 cs de vin blanc sec pour 6 huîtres. Laissez juste frémir à feu doux, au maximum 30 sec ; **attention à ne pas faire bouillir**. Remplissez avec les huîtres chaudes ; nappez du beurre blanc additionné du jus chaud des huîtres. Servez aussitôt.

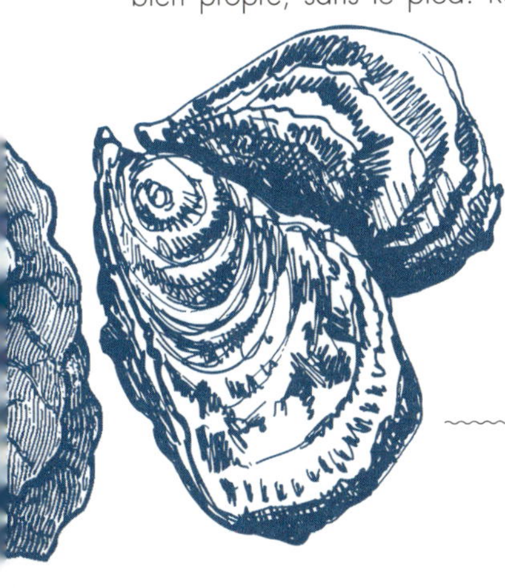

Grondin en papillote

Pour 4 pers. : 1 grondin d'environ 1,2 kg, 120 g de beurre, 1 bulbe de fenouil, 2 carottes, 250 g de champignons de Paris , 3 poireaux, 1 échalote, 1 gousse d'ail, 2 cc de cumin en poudre, 1 botte de persil, 1 branche d'estragon, sel, poivre, papier sulfurisé.

Demandez au poissonnier de lever les filets du grondin. Partagez-les en 4 parts égales. Dans une casserole, faites fondre une grosse noix de beurre, ajoutez le fenouil, les carottes, les champignons, les poireaux et l'échalote coupés en bâtonnets ; ajoutez l'ail écrasé ; salez et poivrez. Complétez avec 3 ou 4 cs d'eau, la valeur d'1 cs de cumin et laissez cuire à feu doux, à couvert, pendant une vingtaine de min. Préchauffez le four à 200 °C (th. 6/7). Découpez des feuilles de papier sulfurisé assez larges pour recevoir chacune le filet de grondin, les légumes, et être repliées sur le dessus et les côtés avec suffisamment d'aisance pour que la fermeture soit hermétique. Beurrez confortablement chacune des 4 papillotes ; répartissez les légumes égouttés sur la partie beurrée ; posez le filet de grondin sur les légumes et déposez le beurre restant sur le poisson ; salez et poivrez ; ajoutez le persil (1 cc par papillote) grossièrement haché et l'estragon (feuille entière) ; fermez hermétiquement les papillotes. Posez les papillotes sur la lèchefrite, dans laquelle vous aurez pris soin de verser trois verres à moutarde d'eau. Enfournez pour 8 à 10 min, selon la taille des filets de grondin (180 à 200 g). Servez les papillotes sur assiette.

Hiver

DÎNER

6 huîtres chaudes, sauce au beurre blanc

Grondin en papillote

Bananes au four à la gelée de groseilles
(voir la recette du 10 avril)

Mon truc malin

Le grondin : pour un traitement en filets, il est préférable d'acheter un gros grondin (minimum 1 kg) plutôt que des petits.
Le principe de la papillote est simple ; il consiste à cuire un aliment emprisonné hermétiquement dans du papier sulfurisé, une feuille de laitue ou une feuille de chou, dont on découvrira les saveurs en ouvrant la papillote.

LES RECETTES DU JOUR

SEMAINE 3

Hiver

DÉJEUNER

Civet d'agneau
(voir la recette du 21 janvier)

Gratin de macaronis
(voir la recette du 12 octobre... sans le jambon)

Crumble aux pommes
(voir la recette du 29 mars)

DÎNER

Gâteau de pommes de terre à la tomme fraîche

Salade croquante

Pense pas bête...
Je termine ce matin la recette du civet d'agneau.

Je m'avance pour demain
Je commence une carbonade de bœuf à la bière (voir la recette du 24 janvier).
Je prépare une charlotte russe.

Charlotte russe au café

Pour 6 à 8 pers. : ½ l de café fort, 6 jaunes d'œufs, 120 g de sucre en poudre, 6 feuilles de gélatine (12 g), 40 cl de crème fraîche liquide entière, 15-20 biscuits à la cuillère *(voir la recette du 22 décembre)* ou commandez-les chez votre pâtissier.

Prévoyez un moule à charlotte de 20-22 cm de diamètre. Préparez le café bien fort. Versez-le dans une casserole et gardez-le au chaud sans bouillir. Fouettez les jaunes d'œufs avec le sucre jusqu'à obtention d'une pâte blanche et onctueuse. Trempez les feuilles de gélatine dans l'eau froide pour les ramollir. Égouttez et ajoutez-les au café chaud. Versez le tout sur les jaunes battus avec le sucre ; remuez à l'aide d'un fouet, reversez dans la casserole et faites cuire comme une crème anglaise, c'est-à-dire que la crème doit napper la cuillère. Versez aussitôt au travers d'une passoire fine dans un saladier placé lui-même dans un récipient empli d'eau froide et de glaçons. Fouettez bien pour refroidir au plus vite. Fouettez la crème en chantilly, et réservez au réfrigérateur. Rangez les biscuits à la cuillère au fond du moule et sur les parois. Coupez au ras du moule la partie du biscuit qui dépasse et réservez ces morceaux de biscuits coupés. Lorsque la crème a refroidi, incorporez-la délicatement à la chantilly. Ajoutez alors les morceaux de biscuits coupés précédemment. Versez la préparation dans le moule, sur les biscuits. Laissez prendre 3 h minimum au réfrigérateur. Retournez sur le plat de service.

Vous pouvez servir avec une crème anglaise à la vanille *(voir la recette du 11 juin)*.

Gâteau de pommes de terre à la tomme fraîche

Pour 8 pers. : 1,2 kg de pommes de terre à chair ferme, 3 oignons moyens, 300 g de tomme fraîche, 1 botte de persil, 1 botte de ciboulette, 1 branche de thym, 70 g de beurre, 2 gousses d'ail, 1 cs de sel, poivre.

Pelez, lavez et essuyez les pommes de terre, puis coupez-les en tranches très fines. Épluchez, coupez et émincez les oignons finement. Coupez la tomme en tranches fines, puis en lanières. Lavez et hachez finement le persil, la ciboulette et le thym. Préchauffez le four à 180 °C (th. 6). Faites fondre les oignons dans 20 g de beurre jusqu'à transparence sans leur laisser prendre de couleur. Dans un saladier, mélangez les pommes de terre avec les oignons, les herbes et les gousses d'ail pelées et écrasées au presse-ail ou hachées finement. Salez, poivrez. Beurrez abondamment un moule à manqué. Posez sur le fond un cercle de papier sulfurisé et installez en rosace une couche de pommes de terre mélangées aux oignons et aux fines herbes, puis une couche de fromage. Superposez, couche après couche, pommes de terre, oignons, fines herbes et tomme. Terminez par une couche de pommes de terre. Enfournez pour 1 h 15 et laissez refroidir le moule 15 min avant de démouler le gâteau. Servez avec de la salade croquante.

LA RECETTE DU JOUR

Carbonade de bœuf à la bière et au pain d'épices

Pour 8 pers. : 1,5 kg de macreuse à pot-au-feu (ne pas confondre avec la macreuse à bifteck), 3 oignons, 2 carottes, 30 g de beurre, 40 g de cassonade, 2 cs de farine, 1 grande bouteille de bière de garde, 2 branches de thym, 2 feuilles de laurier, 2 cs de moutarde forte, 3 tranches de pain d'épices, sel, poivre.

La veille : faites détailler la macreuse par le boucher en tranches de 75 g. Émincez les oignons et coupez les carottes en fines rondelles. Dans une cocotte, faites fondre le beurre à feu vif sans le laisser brûler. Ajoutez les morceaux de viande salés et poivrés et faites-les revenir et dorer de tous les côtés. Ajoutez la cassonade pour caraméliser la viande, puis incorporez les oignons et les carottes. Saupoudrez de farine et faites légèrement roussir en mélangeant bien le tout. Mouillez avec la bière, faites bouillonner en tournant le tout pour assurer la liaison. Ajoutez le thym et le laurier. Portez à petit bouillottement et laissez cuire 30 min. Tartinez de moutarde les tranches de pain d'épices, enfouissez-les dans la carbonade et laissez cuire encore 1 h. La viande doit être bien tendre. Si le jus de cuisson est un peu trop épais, détendez-le avec un peu d'eau.

Le jour même : réchauffez ; puis dans un plat un peu creux, disposez les morceaux de viande, couvrez-les de rondelles de carottes et d'oignons. Couvrez avec la sauce, retirez le thym. Réchauffez. Servez bien chaud accompagné des pommes vapeur.

Hiver

DÉJEUNER

Carbonade de bœuf à la bière et au pain d'épices
(préparée la veille)

Pommes de terre vapeur

Turron glacé
(voir la recette du 22 octobre)

DÎNER

Omelette nature

Salade d'endives

Charlotte russe au café
(voir la recette du 23 janvier)

Mon coup de gueule

La salade a peur ! (suite du 19 janvier)

Le vinaigre balsamique industriel n'a rien à voir :

Lorsque la commission a certifié qu'il correspond aux caractéristiques organoleptiques requises, il est mis en bouteilles en présence du fabricant dans la bouteille exclusive de 100 ml dessinée par le studio Giugiaro Design. Il peut être classé comme « capsule blanche », c'est-à-dire affiné avec au moins 12 ans de maturation (40 à 70 € les 100 ml selon les saisons) ou bien comme « capsule or » (extra vieux), avec au moins 25 ans de maturation (70 à 200 € les 100 ml).

Le vinaigre balsamique industriel n'a strictement rien à voir. Il se fabrique en 24 h. Il s'agit d'un mélange de vinaigre et de moût cuit, auquel on ajoute du sucre et du caramel. Il est de Modène, car il doit être fabriqué sur place avec des moûts issus des cépages de la région. En revanche, le vinaigre peut venir d'ailleurs. Et il vient d'ailleurs car étant donné les quantités commercialisées dans le monde, le vignoble local n'arriverait pas à fournir.

Cet ersatz est trop cher payé pour de la merde !

Conversion de saint Paul

Lundi

25

JAN.

SEMAINE 4

Hiver

DÎNER

Pommes de terre farcies, avec les restes de la carbonade et du civet d'agneau
(servis les 23 et 24 janvier)

Salade croquante

Petite histoire de café...

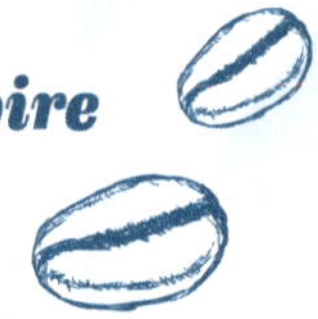

Le caféier est un bel arbre qui peut atteindre 12 m de haut ; il est toujours écimé à 2 m, pour faciliter la cueillette. Il pousse dans la zone intertropicale, sur des plateaux situés entre 500 et 2000 m d'altitude ; ses feuilles ressemblent à celles du camélia, et ses fleurs, minuscules et très nombreuses, répandent une agréable odeur de jasmin. Elles donnent naissance à de petits fruits qui ressemblent à des griottes, et qui suivent la même évolution que nos cerises : verts, rouges, grenat et noirs, si on ne les cueille pas assez tôt.
Ces « cerises » de café renferment 2 fèves, accolées par leur face plate. Au bout de chaque branche de caféier, on trouve une cerise unique et ronde, qui ne contient qu'une seule fève. Elle est soigneusement triée, et mise à part : elle donne un café au goût exquis, très parfumé, qui est vendu sous le nom de caracoli.
Il existe plusieurs légendes sur l'origine du café. Les plus crédibles d'entre elles font intervenir un troupeau de chèvres. Ayant brouté les feuilles, les fleurs et les fruits d'un arbuste inconnu, les chèvres empêchèrent le berger de dormir, par leur danse nocturne. Étonné, à la lueur de la lune, le berger téméraire goûta ce produit... et passa une nuit fort agitée.
De cette histoire vient sans doute l'idée répandue qu'on peut ne pas dormir en absorbant du café le soir.

Découvert en Éthiopie par des marins hollandais, qui rapportèrent des plants à Amsterdam, le caféier fut réexpédié en Indonésie, où il crût et se multiplia. Maîtrisant la quasi-totalité de la production mondiale de café, et donc les prix, les Hollandais le plantèrent ensuite en Guyane, qu'ils possédaient en partie.
Le café fut introduit au Brésil en 1727, par l'intermédiaire des missionnaires. Très vite, il permit la création d'immenses fortunes, et favorisa le maintien de l'esclavage jusqu'à la fin du XIXe siècle. Les Anglais aussi découvrirent le caféier. Ils le plantèrent aux Indes, et surtout à Ceylan, où il fut détruit par un champignon, et remplacé par le théier.
En France, nous n'avions toujours pas de plantations. Il fallut attendre 1713 pour que le bourgmestre d'Amsterdam offrît à Louis XIV quelques plants de caféier, qui furent confiés au jardin du roy (le Jardin des Plantes). Antoine de Jussieu, responsable de ces jardins, décida d'expédier ces plants en Martinique et à l'île Maurice. De là, les plants se répandirent en Guadeloupe, en Haïti, en Amérique centrale, et à La Réunion.
Maintenant, le café est planté partout dans le monde. Je parle bien sûr de l'arabica. Le robusta ne fut découvert que bien plus tard, en Afrique, à l'état sauvage. Son exploitation débuta sous l'empire colonial. Il était de si médiocre qualité que seule l'intendance des armées s'en était portée acquéreur *(voir la suite le 26 janvier)*.

Lever du soleil : 8 h 32 Coucher du soleil : 17 h 34 Lune décroissante

La recette du jour

Escalopes milanaises

Pour 4 pers. : 3 œufs entiers, 100 g de farine, 100 g de chapelure, 4 côtelettes de veau sans os dans les côtes premières (demandez au boucher de les aplatir le plus possible), 10 cl d'huile d'olive, 30 g de beurre, 1 citron, sel, poivre.

Battez les œufs dans un saladier. Prenez 3 assiettes : dans l'une, mettez la farine ; dans la deuxième, les œufs battus ; dans la troisième, la chapelure. Passez chaque escalope sur les deux faces, d'abord dans la farine, puis dans les œufs battus, enfin dans la chapelure. Salez et poivrez. Vous avez pané les escalopes. Veillez à ce que la chapelure s'accroche en aplatissant légèrement avec la main. Mettez l'huile d'olive dans une poêle à feu moyen. Quand elle est chaude, ajoutez le beurre ; quand il grésille, déposez les escalopes. Faites dorer. Baissez le feu. Continuez la cuisson 2 min, puis retournez. Faites de même de l'autre côté. Posez les escalopes sur du papier absorbant pour les sécher recto verso, puis sur une assiette. Servez chaud avec des quartiers de citron.

Hiver

DÎNER

Escalopes milanaises
(orecchia di elefante)

Spaghettis au beurre

Soufflé au chocolat
(voir la recette du 3 janvier)

Petite histoire de café... *(suite du 25 janvier)*

Un bon café est un café d'origine. À l'exception de la Côte d'Ivoire, qui produit probablement les meilleurs robusta du monde, laissons cette variété aux fabricants de poudres instantanées – et dieu sait qu'elles ne sont pas propices au développement du goût (c'est un euphémisme).

Si on veut savoir ce qu'est le café parfait, il faut boire du **blue mountain** de la Jamaïque. Admirablement parfumé, très légèrement acide, c'est un café complet. Les Jamaïcains en produisent peu, et les Japonais, qui subventionnent les planteurs, s'approprient la majorité de la production. Les quelques caisses (en bois doublé de fer, pour protéger son arôme) qui arrivent en France sont d'un prix inabordable : 5 à 6 fois plus cher que le plus cher des cafés. Il faut en boire une fois dans sa vie.

Le Costa Rica produit les meilleurs cafés du monde. Malheureusement, nous n'importons pas les meilleurs. Mais si vous trouvez un santiago ou un windmill, vous garderez dans la bouche durant plusieurs heures suaves leur parfum fort et corsé.

Le Guatemala produit des maragogypes. Ce sont des fèves géantes, 3 ou 4 fois plus grosses que les fèves normales. Il faut choisir celles qui sont cultivées à la plus haute altitude. En règle générale, l'altitude joue un rôle important dans la qualité du café.

On ne peut évoquer le café sans que le nom du Brésil nous vienne à l'esprit. Les plus connus des cafés brésiliens sont les santos, les cafés de Rio, qu'utilisent surtout les Américains. Mais il faut leur préférer les mines du Sud : puissants, onctueux, ils s'installent en bouche pour longtemps.

Haïti a été pendant des décennies un de nos plus gros fournisseurs. Les désordres dont ce pays est victime n'ont pas créé une ambiance propice à la qualité. Dommage : la production était bonne et donnait un café fort, corsé, charpenté, avec un léger goût de pomme.

La Fédération nationale des cafés de Colombie dépense des fortunes en publicité, pour faire connaître *urbi et orbi* la qualité de la production locale. Le café y est charmant, fruité et acidulé comme un vin nouveau. Il ne convient guère aux amateurs de force, de goûts violents et charpentés. On peut apprécier le medellin ou le bogota *(voir la suite le 27 janvier)*.

Hiver

DÎNER

Tortilla
Jambon
Salade croquante

Je m'avance pour dimanche...
Prévoir des lasagnes pour dimanche (voir la recette du 23 avril).

Petite histoire de café... *(suite du 26 janvier)*

Les cafés d'Hawaï ou de Porto Rico sont admirables, mais introuvables. Les États-Unis en laissent parfois échapper quelques sacs. On devrait passer des ordres d'achat « ouverts » à son fournisseur, et attendre le bon vouloir des États-Unis. Cela en vaut la peine.
Chez les bons importateurs, on trouve sans difficulté des mokas d'Éthiopie et du Yémen. Le harrar et le sidamo sont étrangement parfumés, très fruités, et acidulés comme un bonbon anglais. Ce ne sont plus les grands cafés du temps du négus, mais on peut les fréquenter sans déplaisir *(voir la suite le 29 janvier)*.

LES RECETTES DU JOUR

Oignons frits en lorgnette

Choisissez des oignons de garde, jaunes, de taille moyenne.
Épluchez-les. Coupez-les en rondelles *(voir « Le saviez-vous ? »)*. Couvrez de lait et laissez macérer 15 min. Égouttez ; séchez ; farinez. Faites frire dans de l'huile chauffée à 160 °C ; égouttez ; salez.

Tortilla

Pour 4 pers. : 300 g d'oignons frits en lorgnette, 5 ou 6 poivrons à l'huile *(voir la recette du 4 août)*, 6 œufs, 4 cs d'huile d'olive, 1 cc de sel fin, 3 à 4 tours de moulin à poivre.

Après avoir préparé les oignons et les poivrons, cassez les œufs dans un saladier ; salez, poivrez, ajoutez les oignons et les poivrons ; battez au fouet pour obtenir un mélange harmonieux. Chauffez 2 cs d'huile dans une poêle ; au tout début du grésillement, versez le contenu du saladier, laissez cuire et épaissir 5 à 6 min. Quand le dessous est doré et le dessus consistant, placez le couvercle ou le plat sur la poêle et, sans hésiter, avec force et souplesse, retournez d'un seul geste pour avoir la partie cuite dorée sur le dessus du plat ou du couvercle. Versez le restant d'huile dans la poêle ; à grésillement, faites glisser la tortilla du plat ou du couvercle dans la poêle, laissez dorer pendant 3 à 4 min et reposez à feu éteint pendant 1 à 2 min. Servez chaud ou froid.

☞ Le saviez-vous ?

La tortilla : servie froide, tiède ou chaude, en entrée, en plat de résistance, en pique-nique. Elle est généralement garnie de pommes de terre et d'oignons, le principe étant de la faire avec « rien », même des restes, des poivrons, des tomates. Les tortillas peuvent s'empiler les unes au-dessus des autres jusqu'à former un gâteau qu'on coupera en tranches comme une charlotte. Le principe de base est celui d'une omelette, mise à cuire dans une poêle dont on se sera assuré d'avoir un plat ou un couvercle de même dimension pour faciliter son retournement car ***la tortilla se cuit sur les deux faces***.
Les oignons : pour obtenir des rondelles, il faut commencer à émincer l'oignon soit du côté de la tige, soit du côté de la racine ; pour simplifier l'opération, il faut stabiliser l'oignon en coupant une fine lamelle sur la partie la plus ronde. Coupez-les en rondelles de 5 mm environ ; rassemblez-les dans un plat ; séparez les rondelles.

Lever du soleil : 8 h 30 Coucher du soleil : 17 h 38 Lune décroissante

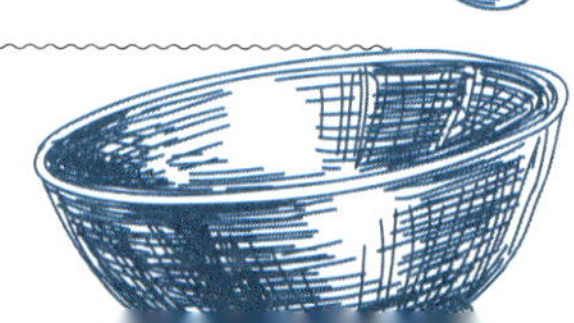

Hiver

DÎNER

Rôti de porc à la moutarde
Choux de Bruxelles

Je m'avance pour samedi
Je prépare la marinade pour ma tourte de samedi soir.

LES RECETTES DU JOUR

Rôti de porc à la moutarde

Pour 6 pers. : 1,2 kg de rôti de porc dans l'échine, 4 carottes, 2 oignons, 40 g de beurre, 5 cs de moutarde forte, 1 crépinette, 1 bouquet garni, 50 cl de cidre, 60 g de crème fraîche, sel, poivre.

Épluchez les carottes, puis coupez-les en rondelles. Pelez et émincez les oignons. Chauffez le beurre dans une cocotte quand il grésille, faites revenir le rôti sur toutes ses faces. Retirez-le de la cocotte, tartinez-le de moutarde forte, emballez-le dans une crépinette, puis remettez-le dans la cocotte. Salez et poivrez. Ajoutez les légumes, le bouquet garni et le cidre. Couvrez et laissez cuire à feu doux pendant 1 h 30. Retirez le rôti de la cocotte. Réservez au chaud dans un plat. Passez au mixeur le jus de cuisson et les légumes. Faites réduire cette sauce à feu vif, puis ajoutez le reste de moutarde et la crème fraîche. Mélangez bien et remettez à chauffer 1 min avant de la servir avec le rôti. Servez bien chaud.

Je m'avance pour dimanche
Je prépare des poires confites (voir la recette du 31 janvier).

Tourte du samedi soir

Pour 8 pers. : 600 g de viande de porc dans le filet, 1 oignon, 1 bouquet garni, 3 clous de girofle, 1 cc de quatre-épices, 40 cl de vin blanc sec, 2 pâtes feuilletées ou brisées, 25 g de beurre, 2 cs d'huile d'olive, 4 œufs, 25 cl de crème fraîche, 1 cs de sel fin, poivre.

Aujourd'hui : découpez le filet de porc en petits morceaux de 2 x 2 cm ou demandez à votre charcutier de bien vouloir le faire. Pelez l'oignon, puis émincez-le très finement. Dans un saladier, mélangez les morceaux de porc avec l'oignon émincé, le bouquet garni, les clous de girofle, le quatre-épices, salez, poivrez, puis arrosez avec le vin blanc et couvrez d'un film alimentaire. Laissez mariner au réfrigérateur pendant 12 h.

Le jour de la préparation : farinez le plan de travail, étalez la pâte (brisée ou feuilletée) pour obtenir deux disques d'environ 32-35 cm de diamètre. Beurrez largement la plaque à pâtisserie, puis déposez un des disques sur celle-ci, piquez le fond avec une fourchette. Placez la plaque au réfrigérateur avec le second disque de pâte. Préchauffez le four à 200 °C (th. 6/7).

Filtrez la marinade. Retirez le bouquet garni et les clous de girofle. Dans une poêle ou une cocotte, faites chauffer l'huile et le restant du beurre et faites revenir les morceaux de viande pendant 15 min à feu moyen. Veillez à remuer fréquemment. Laissez refroidir après avoir égoutté. Sortez la plaque de pâte du réfrigérateur. Installez les morceaux de viande au centre. Recouvrez l'ensemble avec le second disque de pâte. Avec un pinceau, soudez les bords en les caressant d'eau et formez une petite cheminée au centre avec un morceau de bristol roulé. Vous pouvez sur la partie supérieure de la tourte former des dessins à votre fantaisie. Battez un œuf et badigeonnez la surface à l'aide d'un pinceau. Enfournez pour environ 30 min. Dans un saladier, mélangez la crème et les œufs. Les 30 min écoulées, sortez la tourte du four, retirez précautionneusement la partie supérieure de la tourte, la « calotte », versez le mélange crème-œufs sur la viande, puis refermez avec le couvercle de pâte. Mettez au four pour 10 min. Servez.

Saint-Gildas

Vendredi **29** JAN.

Hiver

DÎNER

Maquereaux en meurette
(voir la recette du 22 avril)

Taboulé sucré aux raisins

Je m'avance pour dimanche

Je continue les poires confites (voir la recette du 31 janvier).

☞ Le saviez-vous ?

Le taboulé : une spécialité de la cuisine libano-syro-palestinienne à base de boulgour. Il s'agit d'un mélange avec des tomates, oignons, menthe, persil et citron. On le sert généralement en entrée, froide ; il se mange selon la tradition, à la main, dans des feuilles de romaine.

Le boulgour, bulghour, ou bulghur, est un blé germé, séché et concassé utilisé dans toute la cuisine du Moyen-Orient. On le cuit dans trois fois son volume d'eau jusqu'à ce qu'elle soit évaporée ; on ajoute alors du beurre. On peut également le faire cuire dans de l'eau vinaigrée ; ensuite, on peut y ajouter des raisins secs, des pois chiches ou des boulettes de viande hachée.

Meurette : c'est un mot d'origine inconnue enregistrée sous son orthographe actuelle au XVIe siècle seulement. On considère qu'il s'agit d'un régionalisme dérivé de l'ancien français *muire*, autrement dit « eau salée » ou « saumure » et d'un suffixe *ette* attesté en Bourgogne. On désigne sous le nom de meurette une sauce faite de vin rouge, de lardons, de petits oignons, d'ail, d'échalotes, liée avec un beurre manié (beurre frais mélangé à de la farine), aromatisée avec un bouquet garni, quelquefois de marc de Bourgogne et qui sert d'accompagnement à des œufs pochés, de la cervelle, des escargots, et par métonymie, à de la matelote de poissons.

LES RECETTES DU JOUR

Taboulé sucré aux raisins

Pour 8 pers. : 2 cs de raisins secs, 320 g de semoule à couscous, 4 cs de sucre roux, 2 sachets de sucre vanillé, le jus de 3 citrons, 2 branches de menthe fraîche, 400 g de raisins noirs frais.

Mettez les raisins secs à tremper dans un verre d'eau pendant quelques minutes. Lorsqu'ils sont gonflés, égouttez-les. Versez la semoule dans un saladier. Mélangez le sucre, le sucre vanillé et le jus de citron, puis versez sur la semoule. Ajoutez les raisins secs et portez à ébullition leur eau de trempage. Versez sur la semoule, remuez puis laissez gonfler. Après avoir lavé la menthe, ciselez les feuilles et mélangez-les à la semoule. Rincez rapidement les grappes de raisin. Égrainez-les, puis ajoutez les grains au contenu du saladier. Mélangez. Réservez au réfrigérateur au moins 2 h avant de servir.

Petite histoire...

Le 29 janvier 1676, les limonadiers de Paris réussissent à faire enregistrer leur statut ; ils acquièrent le privilège de « distiller, fabriquer et vendre, des vins de liqueurs, essences parfumées, sirops, fruits à l'eau de vie, café, thé, chocolat... » Ce sera une des corporations les plus importantes du royaume avec celle des boulangers (630) et celle des bouchers (1134). Aujourd'hui, personne ne peut imaginer l'importance des corporations dans la vie sociale de Paris. Sous l'Ancien Régime, les rois, les prévôts de Paris, cherchèrent souvent à les dissoudre, à les anéantir et c'est la Révolution qui y parvint en 1791.

Petite histoire de café... (suite du 27 janvier)

Enfin les kenyas, comme les arabicas de Sumatra, sont de grands cafés. Ce sont de grands crus, au goût chocolaté très prononcé.
Rien n'interdit de faire ses mélanges soi-même. Il faut simplement savoir que les cafés fruités sont en général originaires d'Amérique centrale, du Costa Rica et du Guatemala ; les mokas d'Éthiopie sont légèrement acides, alors que ceux du Brésil, d'Équateur et d'Haïti ne le sont pas *(voir la suite le 30 janvier)*.

Lever du soleil : 8 h 27 Coucher du soleil : 17 h 41 Lune décroissante

Je m'avance pour dimanche
Je continue les poires confites (voir la recette du 31 janvier).

Meringues, crème Chantilly

Pour 4 pers. : 3 blancs d'œufs, 1 pincée de sel, 150 g de sucre en poudre, 1 cs de beurre, sucre glace. *Les blancs d'œufs doivent être à la température de la pièce.*

Ajoutez aux blancs d'œufs une pincée de sel. Montez les blancs avec un robot électrique, vitesse lente ; ils doivent s'oxygéner. Incorporez le sucre, cuillerée après cuillerée. Augmentez la vitesse et versez le sucre restant. Les blancs doivent être très fermes. Recouvrez d'un papier sulfurisé la plaque à pâtisserie. Beurrez-le avec un pinceau. Avec une cs, déposez des petits tas de blanc d'œufs, en prenant soin de laisser un espace entre eux, les meringues vont gonfler. Il est préférable de se servir d'une poche et d'une douille à pâtisserie. Saupoudrez les blancs d'œufs avec du sucre glace. Préchauffez le four à 130 °C (th. 4/5). Enfournez la plaque. La meringue doit sécher plutôt que cuire. Elle ne doit pas prendre de couleur. Après 1 h 30, éteignez le four et laissez les meringues finir de sécher. Servez à part la crème Chantilly.

Crème Chantilly

Pour 4 pers. : 200 g de crème fraîche liquide, 2 cs de sucre, ½ sachet de sucre vanillé.

Pour réussir la crème Chantilly, il est important que le saladier et la crème soient froids. Avec un fouet à main ou électrique, commencez à battre la crème lentement. Lorsqu'elle a doublé de volume, accélérez le mouvement jusqu'à lui faire prendre l'aspect d'un œuf monté en neige. Ajoutez 2 cs de sucre et le sucre vanillé. Réservez le saladier au frais.

Hiver

DÉJEUNER

Langue de veau, sauce gribiche
(voir la recette du 24 mars)

Meringues, crème Chantilly

DÎNER

Tourte du samedi soir
(voir la recette du 28 janvier)

Salade croquante

☞ *Le saviez-vous ?*

La meringue **: c'est un mot qui nomme une petite pâtisserie légère et fondante, obtenue par cuisson au four de blancs d'œufs battus en neige et sucrés. Il semblerait que Massialot l'ait réalisée puisqu'il en donne la recette dans *Le Cuisinier roial et bourgeois* en 1691. L'Académie a attendu 1935 pour entériner le mot, dont l'origine est incertaine. On le rattache souvent à Meiringen (village suisse du duché de Saxe-Cobourg) où un cuisinier dénommé Gasparini prétendait l'avoir créée à la fin du XVIIe siècle. On l'attribue également au Polonais *Marzynka* sous prétexte que la meringue avait été introduite en France en 1720 par un officier de bouche attaché à Stanislas Leczinscki, installé en Lorraine. Et si ce mot n'était issu que du bas latin *meringa* ou *merenda* qui veut dire goûter, le sens de goûter serait à prendre pour le moment où on déguste cette pâtisserie.**

Petite histoire de café… *(suite du 29 janvier)*

Inutile de choisir un bon café s'il est mal torréfié. La torréfaction est au café ce que la vinification est au vin : l'essentiel. Un blue mountain mal torréfié ne vous donnera aucun plaisir. Il existe deux méthodes de torréfaction. La première consiste à présenter le café contenu dans un récipient au-dessus d'une source de chaleur. C'est la méthode indirecte, celle que nos ancêtres utilisaient quand, dans une poêle posée sur un feu de charbon, ils remuaient jusqu'à ce que les grains soient carbonisés. L'autre méthode consiste à envoyer de l'air chaud directement sur le café. Dans l'un ou l'autre cas, la conduite des opérations demande une grande compétence *(voir la suite le 31 janvier…).*

Sainte-Marcelle

Dimanche

31

JAN.

SEMAINE 4

Hiver

DÉJEUNER

Lasagnes à la bolognaise
(voir la recette du 23 avril)

Poires confites
au sabayon à la crème

DÎNER

Lasagnes (réchauffées)

Mousse au chocolat et zestes d'orange *(voir la recette du 6 juillet en remplaçant le café par un zeste d'orange râpé fin)*

Je m'avance pour demain

Je prépare un mendiant de fruits secs.

Les recettes du jour

Poires confites

Pour 6 pers. : 6 belles poires, 1 citron, 1,5 l d'eau, 750 g de sucre cristallisé.

Épluchez les poires en conservant la queue. Frottez-les aussitôt avec le citron coupé en 2. Dans une grande casserole, portez à ébullition l'eau et le sucre. À la reprise de l'ébullition, baissez le feu et laissez cuire environ 45 min à frémissement *(le temps de cuisson varie en fonction de la qualité et de la maturité des fruits)*. Couvrez et laissez macérer au frais pendant 24 h. Portez à nouveau la préparation à ébullition 1 min, puis laissez refroidir. Répétez l'opération 2 fois par jour pendant 3 jours pour bien confire les poires.

Le jour même : je mets les poires pochées dans un compotier et je prépare le sabayon.

Sabayon à la crème

Pour 6 pers. : 6 jaunes d'œufs, 2 cs d'eau, 1 sachet de sucre vanillé (dont la moitié pour la chantilly), 200 g de sucre (dont 2 cs pour la chantilly), 200 g de crème fleurette fouettée en chantilly.

Dans un saladier, mettez les jaunes d'œufs, l'eau, le sucre vanillé et le sucre. Mélangez au batteur pendant au moins 10 min. La masse doit être onctueuse et mousseuse. Ajoutez alors, délicatement, la crème montée en chantilly *(voir la recette du 30 janvier)*. Le mélange se fait avec les mêmes précautions que pour un soufflé. Cette crème se sert avec des fraises, framboises ou fraises des bois, des poires ou pêches pochées. On peut réserver un peu de chantilly pour décorer les coupes de présentation. Cette préparation peut s'effectuer à l'avance et se maintenir au frais.

Mendiant de fruits secs

Pour 4 pers. : 2 cs de miel, 3 pommes, 100 g de pruneaux dénoyautés, 100 g d'abricots secs moelleux, 100 g de figues séchées, 25 g de raisins blonds, dits de Corinthe, 25 g de raisins noirs, dits de Smyrne.

Dans une casserole, portez le miel à ébullition. Ajoutez les pommes épluchées et coupées en petits morceaux. Laissez cuire 5 min. Remuez avec une cuillère en bois. Versez ½ verre d'eau. Faites cuire encore 3 ou 4 min. Dans un saladier, réunissez les fruits secs. Passez au moulin à légumes (grille fine) la compote de pommes au miel. Mélangez-la aux fruits. Laissez refroidir, couvrez et gardez au frais. Une macération de 24 h apporte un plus à ce mendiant. Cette préparation peut se conserver quelques jours au réfrigérateur.

Petite histoire de café... (suite du 30 janvier)

Maintenant, les cafés de masse sont exécutés dans des machines automatiques, surveillées électroniquement. La sensibilité du « maître torréfacteur » n'y est pour rien. Il existe encore quelques petites et moyennes entreprises qui maintiennent la tradition, et qui ne manipulent que 50 kg de café à la fois. Ceux-là préparent encore des mélanges à la commande.

Le café est de bonne origine, il est bien torréfié ; il faut maintenant le moudre. Dans un sac hermétique, ou sous vide, le café peut conserver son arôme longtemps. S'il est moulu, les arômes s'évaporent en quelques heures, même s'il est conservé sous vide : dans ce cas, les parfums sont dans le sac, et non dans le café ; ils s'enfuient dès l'ouverture.

Lever du soleil : 6 h 52 Coucher du soleil : 19 h 02 Lune croissante

Février

L	M	M	J	V	S	D
1	2	3	4	5	6	7
8	9	10	11	12	13	14
15	16	17	18	19	20	21
22	23	24	25	26	27	28
29						

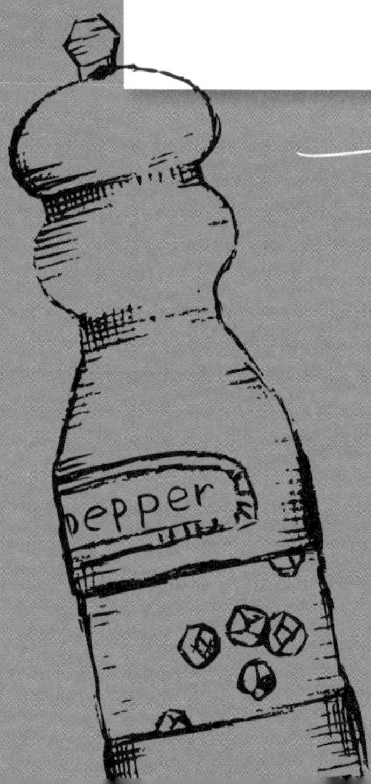

Hiver

DÎNER

Velouté de chou-fleur
Mendiant
(voir la recette du 31 janvier)

LA RECETTE DU JOUR

Velouté de chou-fleur

Pour 4 pers. : 1 chou-fleur de 1 kg environ, 1 cc de bicarbonate de soude, 1 l de bouillon de volaille ou de légumes, ou d'eau, 2 cs de crème épaisse ou ½ verre de lait, 1 pointe de couteau de curry ou de noix de muscade râpée, 1 cc de sel fin.

Coupez grossièrement le chou-fleur en 5 ou 6 morceaux, faites-le précuire dans l'eau bouillante salée additionnée de bicarbonate de soude. Portez à ébullition le bouillon de volaille ou de légumes et laissez cuire 15 min ; passez l'ensemble au moulin à légumes ou au mixeur. Portez à ébullition. Ajoutez la crème épaisse ou le demi-verre de lait, ajoutez 1 cc de sel fin, 1 pointe de couteau de curry ou de noix de muscade. Servez bien chaud.

Petite histoire de café... (suite du 31 janvier)

Idéalement, le café doit être moulu juste avant l'infusion. Le temps du broyage des grains au mortier est bien loin. Maintenant, on utilise deux systèmes : la meule, et les palettes à rotation rapide. La meule à main, le bon vieux moulin à café en bois et à manivelle – redoutable corvée de nos enfances – ou la meule électrique, constituent le meilleur système possible. Il y a deux disques ; l'un tourne, l'autre reste fixe ; on règle l'espacement des disques selon la taille de la mouture désirée. Ainsi le café est broyé régulièrement, et sans surchauffe. L'autre méthode, répandue par la marque Moulinex, ne permet aucune maîtrise de la mouture ; elle provoque surtout un échauffement qui nuit au goût du café. L'achat d'un moulin ne saurait se faire à la légère ; la qualité du café en dépend.

L'eau est un des éléments primordiaux pour assurer la réussite d'un bon café. On l'oublie trop souvent. Tout le monde ne dispose pas d'une source d'eau claire à proximité de son domicile, ou directement reliée à son évier. Si les services d'épuration utilisent du chlore ou de ses dérivés pour désinfecter l'eau de la ville, le café sera pratiquement imbuvable. À l'inverse, la méthode de désinfection par ozonisation n'apporte aucun désagrément. Si l'eau de votre région est alcaline ou dure, vous ne sentirez pratiquement pas l'acidité du café : il faudra ajouter du kenya ou du guatemala au mélange.

Un rapide calcul nous apprend qu'en tant que matière première, le café ne coûte presque rien. Lorsqu'on utilise 10 g par tasse, comme il convient de le faire, on peut, sans tomber dans des dépenses exorbitantes, faire son café avec une eau minérale plate, type Évian, Volvic ou Vittel. Ce sera incomparable, à condition de ne jamais porter l'eau à ébullition. La température idéale se situe entre 85 °C et 95 °C.

Le café turc : on peut aimer le café turc. C'est la méthode la plus ancienne. Elle se pratique de la même façon depuis la découverte du café : on verse de l'eau chaude sur une couche de café très finement moulu, dans une tasse préalablement chauffée. On mélange pour que le café infuse bien, puis on laisse reposer pour que le marc se dépose au fond de la tasse. L'expression « il y a à boire et à manger » s'inspire sans doute de cette méthode. On peut aimer...

Lever du soleil : 8 h 23 Coucher du soleil : 17 h 46 Dernier quartier de lune

Hiver

DÎNER

Boudin blanc
Purée de bananes
(voir la recette du 21 juin)

Petite histoire d'assaisonnement…

(suite du 18 janvier)

La moutarde : tout comme celle de Crémone en Italie, la moutarde est une plante herbacée de la famille des crucifères, comme la carotte et le navet. Seules les graines de deux variétés (*Brassica negra* et *Brassica juncea*), sur la quarantaine de variétés que compte l'espèce, servent à fabriquer le fameux condiment. Déjà les Égyptiens, les Grecs et les Romains broyaient au mortier des graines de sénevé (moutarde dans la littérature condimentaire) avec du vinaigre. Paladius y ajoutait du miel, ce qui tendrait à prouver que l'on n'invente pas grand-chose dans la gastronomie moderne. Tout au long de son histoire, la moutarde suit fidèlement l'évolution des goûts. Au Moyen Âge, on l'épice ; à la Renaissance, on la pimente ; au cours du grand siècle, on la vanille, on y ajoute des câpres et des anchois ; les plus douces pour les dames sont préparées au vin de Champagne *(voir la suite le 3 février)*.

Mon truc malin

Le boudin : blancs ou noirs, les boudins ne doivent jamais être piqués avec une fourchette : les dents sont trop grosses et trop rapprochées et risquent de provoquer un éclatement. L'instrument idéal est l'aiguille à brider. Ces piqûres doivent être espacées et opposées.

Ce que je fais…

Cuisson du boudin blanc : le boudin blanc, pour certains, se cuit comme le boudin noir. J'ai essayé et n'ai jamais été satisfait de mes expériences.
Mettez les boudins blancs piqués dans une casserole d'eau froide ; portez à frémissement pendant 5 à 7 min ; retirez les boudins à l'aide d'une écumoire, puis délicatement coupez la peau avec un couteau bien aiguisé en prenant soin de ne pas casser le boudin ; chauffez 2 cs de beurre dans une poêle ; ajoutez les boudins et laissez dorer doucement sur chaque face. Servez avec la purée de banane.

Petite histoire…

2 février 1826, la nouvelle de la mort du célèbre auteur gastronomique, Brillat-Savarin, se répand dans Paris. Cent ans plus tard seulement on appose une plaque sur la maison de la rue des Filles-saint-Thomas où a vécu et où est mort le maître.

Hiver

DÎNER

Cocotte d'hiver
(voir la recette du 9 novembre)
Œufs au lait
(voir la recette du 30 mars)

Je m'avance pour demain
Je prépare des endives à la grecque.

Endives à la grecque

Pour 4 pers. : 4 endives d'environ 100 g chacune, 150 g de tomates fraîches, 60 g de gros oignons blancs, 2 cs d'huile d'olive, 2 dl de vin blanc sec, 1 cs de concentré de tomate, 1 cs de coriandre en grains, 1 petit bouquet garni, 1 jus de citron jaune, 2 gousses d'ail, 50 g de raisins secs (facultatif), 1 forte pincée de gros sel, poivre.

Lavez rapidement les endives à l'eau froide. Coupez légèrement les trognons et enlevez le cœur à l'aide d'un petit couteau. Rangez les endives entières dans une casserole, recouvrez d'eau froide. Portez à ébullition. Comptez 15 min de cuisson à petits bouillottements. Égouttez dans une passoire. Plongez les tomates 30 sec dans l'eau bouillante, puis dans un saladier d'eau froide. Pelez-les. Coupez-les en petits morceaux. Épluchez et émincez les oignons. Chauffez l'huile d'olive dans une petite casserole, puis ajoutez les oignons émincés, laissez fondre doucement 6 à 7 min avec une pincée de sel. Versez le vin blanc. Faites un peu réduire. Complétez avec les tomates coupées en morceaux et le concentré de tomate, la coriandre, le bouquet garni, le jus de citron, l'ail, les raisins, le sel et le poivre. Faites cuire 5 bonnes min à bon feu, puis ajoutez les endives égouttées. Comptez encore 20 min de cuisson à petits bouillons. Sondez les endives avec la pointe d'un couteau, pour vous assurer de leur cuisson. Laissez refroidir. *Ce plat peut se manger chaud, mais il est meilleur froid.*

Petite histoire d'assaisonnement…

(suite du 2 février)

La moutarde : il existe deux sortes de moutardes, la forte et la douce. Au cours de la fabrication de la forte, lorsque les graines sont broyées et mélangées avec du jus de raisin, du vinaigre, du sel, du sucre, des aromates, on tamise la pâte pour éliminer l'écorce de la graine car ces téguments adouciraient la moutarde si on les laissait dans la pâte. La moutarde douce contient encore ces sons qui l'adoucissent. C'est le cas de la moutarde de Meaux ou moutarde à l'ancienne. La moutarde la plus consommée est celle de Dijon. Elle est forte. La Savora n'est pas une moutarde, mais un condiment.
Au Moyen Âge, la moutarde était considérée comme une sauce à part entière, plus ou moins liquide.

Le citron : on remplace souvent le vinaigre par le jus d'un citron. Dans ce cas, il faut préférer le jaune au vert. J'aime l'adoucir de quelques gouttes de jus d'orange. Originaire du Cachemire, après la conquête de la Chine quelque 2000 ans avant l'ère chrétienne, le citron gagna rapidement la Perse et le Bassin méditerranéen. Jusqu'au Moyen Âge, seuls les botanistes et les médecins en faisaient usage. Il devint à la mode sous Louis XIV. Il faut les choisir lourds, odorants, avec une écorce fine au grain très serré et, si possible, non traités, même si la dose résiduelle de fongicides autorisée pour éviter qu'ils moisissent est fixée à 1 % de la dose journalière admissible *(voir la suite le 4 février)*.

Lever du soleil : 8 h 20 Coucher du soleil : 17 h 49 Lune décroissante

LES RECETTES DU JOUR

Navets farcis au confit de canard ou d'oie

Pour 6 pers. : 18 navets de 4 à 5 cm de diamètre, 2 cuisses de canard ou d'oie confites (réservez la graisse du confit), 1 petite botte de ciboulette, 2 cs de beurre, 2 cs de sucre en poudre, sel, poivre.

Épluchez les navets. Lavez-les et cuisez-les à l'eau bouillante salée une vingtaine de min. Rafraîchissez-les à l'eau froide. À l'aide d'une cuillère à café ou idéalement une cuillère parisienne, évidez les navets sans les percer. Conservez la pulpe. Désossez les cuisses de confit, hachez-les (grille moyenne). Ajoutez la pulpe des navets passée à la grille fine du moulin à légumes et la ciboulette hachée finement. Salez, poivrez. Garnissez abondamment les navets de cette farce. Dans un plat à gratin, tartinez de beurre et de graisse d'oie. Rangez les navets farcis. Couvrez d'un papier sulfurisé. Mettez au four à 200 °C (th. 6/7) pour 20 min. Arrosez une ou deux fois de jus de cuisson. Allumez le gril au bout de 20 min. Sur chaque navet, déposez une petite pincée de sucre et laissez caraméliser quelques instants avant de servir avec éventuellement une salade croquante.

Brochettes de fruits d'hiver en papillote

Pour 6 pers. : 1 ou 2 pommes à chair ferme, le jus d'un citron, 1 grappe de raisin blanc, 1 orange à peau fine, 1 banane pas trop mûre, miel liquide, cannelle en poudre.

Pelez et ôtez les trognons des pommes, coupez-les en quartiers. Passez-les immédiatement au jus de citron afin de les empêcher de brunir. Préchauffez le four à 180 °C (th. 6). Égrenez les raisins, pelez l'orange à vif et levez soigneusement les quartiers. Épluchez la banane et coupez-la en rondelles épaisses. Enfilez ces divers éléments sur de petites brochettes en bois. Installez les brochettes sur des feuilles de papier sulfurisé, arrosez de miel liquide, poudrez de cannelle. Refermez les papillotes avec un brin de raphia. Passez au four jusqu'à ce que le papier commence à roussir par endroits (environ 7 à 8 min). Servez chaud ou tiède en pratiquant aux ciseaux une ouverture sur chaque papillote.

Hiver

DÎNER

Navets farcis au confit de canard ou d'oie

Endives à la grecque

(voir la recette du 3 février)

Tranche de comté

Brochettes de fruits d'hiver en papillote

Petite histoire d'assaisonnement... (suite du 3 février)

Le sel : le sel est indispensable à l'équilibre des liquides que nous avons tous dans le corps et à l'harmonie d'une bonne vinaigrette. Sans sel, nous risquerions la déshydratation. Un adulte a besoin de 6 à 8 g de sel par jour, 10 g en cas de travail intense ou de forte chaleur. Le sel n'a peut-être pas fait l'histoire du monde, mais il y a contribué largement. Il fit pendant très longtemps la fortune des gens qui détenaient ses réserves. Il était tellement indispensable qu'il y eut un impôt sur le sel dans presque tous les pays du monde. Dès 1341 fut instituée la fameuse gabelle, abrogée seulement, et définitivement, en 1945. Le sel assaisonne, nourrit et conserve. On le trouve dans la mer (30 g pour un litre d'eau) et dans le sol sous forme de sel gemme *(voir la suite le 10 février).*

Sainte-Agathe

Vendredi
5
FÉV.

SEMAINE 5

Je m'avance pour demain

Je prépare un bœuf au curry (voir la recette du 6 février).

Hiver

DÎNER

Bulots mayonnaise
(voir la recette du 1er avril)
Noix de saint-jacques en papillote
Tarte Tatin
(voir la recette du 30 octobre)

Pense pas bête…

Je prépare quelques pots de rillettes et je terminerai la cuisson demain.

Les recettes du jour

Noix de saint-jacques en papillote

Pour 4 pers. : 12 coquilles Saint-Jacques, 1 laitue, 3 cs d'huile d'olive, 1 pincée de sel par coquille, poivre, 2 cs de gros sel.

Faites décoquiller les saint-jacques par votre poissonnier. Lavez soigneusement les noix de saint-jacques, ébarbez-les si cela n'a pas été fait. Selon leur taille, coupez-les en 2 dans le sens de l'épaisseur. Faites blanchir 2 min, dans de l'eau bouillante abondamment salée, les feuilles de laitue les plus grandes, en ayant pris soin de retirer la partie blanche centrale. Retirez-les et placez-les dans un bain d'eau glacée pendant quelques secondes. Étalez les feuilles de laitue sur un torchon très propre. Épongez l'autre face afin que l'ensemble de la feuille soit bien sec. Posez sur chaque feuille la noix de saint-jacques. Salez et poivrez. Fermez les feuilles en emballant soigneusement la saint-jacques dedans. Dans une poêle, faites chauffer l'huile d'olive ; dès qu'elle est très chaude, saisissez les saint-jacques sans laisser brûler la feuille de laitue. Retirez les saint-jacques, épongez. Servez tel quel.

Rillettes

Pour obtenir 8 à 9 pots de type confiture : 3 kg de viande de porc (1 kg de travers de porc, 1 kg de pointe de palette ou d'échine bien maigre, 1 kg de jarret), 150 g de saindoux, 30 cl de vin blanc sec, 3 ou 4 beaux oignons, poivre (pas de sel).

Découpez les différents morceaux en gros cubes. Le jarret sera coupé en 4, par exemple. Chauffez le saindoux dans la cocotte, puis faites « dorer croustillant ». Ajoutez le vin blanc, 2 verres à moutarde d'eau, les oignons épluchés coupés en 4. Poivrez. Couvrez et laissez cuire à feu doux ou au four à 130 °C (th. 4/5) pendant 1 h 30 à 2 h. La préparation de ces rillettes exige une surveillance. Le plus souvent possible, vérifiez l'avancement de la cuisson et « touillez » (*sic*) vigoureusement pour inciter la viande à se déliter. Chaque fois que ce sera nécessaire, ajoutez un peu d'eau et, dès que les os se détacheront des chairs, retirez-les. Quand la viande prend, enfin, l'apparence de « rillettes », éliminez tous les os restants et les cartilages. Si la consistance finale manque de moelleux, ajoutez éventuellement deux à trois cuillerées de saindoux. Mettez en pots. Laissez refroidir. Couvrez ensuite les rillettes d'une couche de saindoux et rangez au réfrigérateur pour laisser « rassir » 3 à 4 jours.

Mon truc malin

Les rillettes : ne jamais hacher la viande. Ne jamais utiliser de Cocotte-Minute. Ne jamais dégraisser les morceaux de viande. Conserver toujours la couenne du jarret. Prendre patience, le passage du morceau à l'état de rillettes peut durer 10 h et même davantage. C'est à ce prix qu'elles sont « goûteuses ».

Les rillettes peuvent se faire en plus grande quantité afin de les utiliser pour farcir une omelette. Les rillettes d'oie ou les rillettes de canard se réalisent selon le même principe, échine de porc, panne, magret d'oie ou de canard, coupés en lanières fines dans le sens de la fibre. La proportion est : poids de la viande d'oie égal à la moitié du poids de la viande de porc.

Lever du soleil : 8 h 18 Coucher du soleil : 17 h 52 Lune décroissante

Les recettes du jour

Je m'avance pour demain
Je prépare une cassata (voir la recette du 7 février).

Hiver

DÉJEUNER

Bœuf au curry
Granité à l'orange
Sablés
(voir la recette du 7 février)

DÎNER

Flamiche
Fromage blanc au sucre

Granité à l'orange

Pour 8 pers. : 2,5 kg d'oranges à jus (pour obtenir 80 cl de jus), 6 cs d'eau, 60 g de sucre.

Prélevez le zeste de 2 oranges, puis hachez-les grossièrement. Portez à ébullition l'eau, le sucre et les zestes. Filtrez et ajoutez au sirop parfumé le jus des oranges. Versez dans un récipient plat et mettez au congélateur pour 30 min, puis grattez avec une fourchette et replacez dans le congélateur. Renouvelez l'opération jusqu'à ce que l'ensemble du granité soit pris. Conservez au réfrigérateur jusqu'au moment de servir. Il est recommandé de mettre les verres ou les coupes de service au congélateur pour les givrer. On peut procéder de même avec le jus du pamplemousse.

Bœuf au curry

Pour 8 pers. : 5 oignons, 1,5 kg de macreuse à pot-au-feu, 2 pommes, 4 tomates, 4 gousses d'ail, 3 cs d'huile d'olive, 5 cs de curry, 1 branche de thym, 2 feuilles de laurier, 40 cl de lait de noix de coco, sel, poivre.

La veille : préchauffez le four à 170 °C (th. 5/6). Pelez, hachez les oignons. Coupez la viande en cubes de 3 cm de côté environ. Pelez les pommes, coupez-les en dés. Plongez les tomates 15 à 30 sec dans de l'eau bouillante, puis dans de l'eau glacée pour les rafraîchir. Pelez-les, coupez-les en 2, épépinez-les puis hachez-les grossièrement. Pelez l'ail et passez-le au presse-ail. Faites chauffer dans une cocotte les cs d'huile, puis faites revenir les oignons et la viande pendant une dizaine de min. Ajoutez ensuite la pomme, les tomates et l'ail. Saupoudrez de curry. Ajoutez le thym, le laurier, le sel, le poivre. Arrosez de lait de coco. Mélangez. Portez à ébullition à feu doux. Couvrez et laissez cuire 1 h 30 dans le four.

Le jour même : vérifiez la cuisson de la viande. Rectifiez l'assaisonnement. Retirez le thym et le laurier. Posez la cocotte sur la table avec une garniture de riz par exemple.

Flamiche

Pour 6 pers. : 500 g de poireaux, 1 bol de béchamel, 2 pointes de couteau de muscade, 125 g d'emmental ou de comté râpé, 1 pâte brisée, 1 noix de beurre, sel, poivre.

Épluchez et lavez les poireaux. Ne conservez que la partie blanche et vert tendre. Coupez en tronçons de 2 cm de long. Faites-les cuire 6 à 7 min dans un grand faitout d'eau bouillante salée. Égouttez soigneusement. Allumez le four à 230 °C (th. 7/8). Préparez une béchamel. Ajoutez la muscade, les ⅔ du fromage râpé et laissez chauffer l'ensemble à feu doux. Beurrez le moule. Garnissez la pâte brisée avec le mélange béchamel-poireaux. Saupoudrez le reste de fromage. Mettez au four pour 35 min.

Pense pas bête...
Je termine la cuisson des rillettes (voir la recette du 5 février).

Lever du soleil : 8 h 16 Coucher du soleil : 17 h 54 Lune décroissante

Les recettes du jour

SEMAINE 5

Hiver

DÉJEUNER

Sardines au beurre

Ragoût d'agneau aux olives

Cassata

DÎNER

Réchauffez le ragoût d'agneau aux olives, il n'en sera que meilleur…

Reste de la cassata

Ragoût d'agneau aux olives

Pour 8 pers. : 1,5 kg d'épaule d'agneau ou de collier, 4 oignons, 6 cs d'huile d'olive, 1 dizaine de gousses d'ail, 2 cs de farine, ½ l de vin blanc sec, 8 tomates (en conserve), 1 branche de thym, 250 g de grosses olives noires, sel, poivre.

Demandez au boucher de découper l'épaule ou le collier en morceaux de 60 g à 70 g. N'hésitez pas à laisser un peu de gras sur la viande. Dans une cocotte, faites revenir dans l'huile d'olive les oignons hachés grossièrement avec les gousses d'ail épluchées, écrasées ; les oignons doivent juste blondir, pas plus. Retirez les oignons et l'ail, puis ajoutez les morceaux d'agneau, salés et poivrés sur chaque face. Faites-les revenir bien dorés, bien croustillants. Saupoudrez de farine, mélangez. Versez le vin blanc, laissez réduire de moitié. Plongez les tomates 15 à 30 sec dans de l'eau bouillante, puis dans de l'eau glacée pour les rafraîchir. Pelez-les, coupez-les en 2, épépinez-les puis coupez-les grossièrement. Ajoutez-les avec le thym et les olives. Couvrez et laissez cuire à feu doux pendant 1 h 30.

Cassata

Pour 6-8 pers. : Pour le biscuit : 5 œufs entiers, 1 pincée de sel fin, 150 g de sucre en poudre, 125 g de farine + 1 cs pour le moule, ½ cc de vanille en poudre ou liquide, 1 orange ou 1 citron non traité, 1 noisette de beurre pour le moule. Pour la crème : 250 g de ricotta, 125 g de sucre glace, 100 g de fruits confits mélangés, 50 g de pépites de chocolat.

Préchauffez le four à 180 °C (th. 6). Pour préparer le biscuit, séparez les jaunes des blancs d'œufs. Battez les blancs en neige ferme avec une pincée de sel. Fouettez les jaunes avec le sucre jusqu'à ce que le mélange blanchisse. Ajoutez la farine, la vanille et le zeste râpé. Incorporez délicatement les blancs en aérant bien pour qu'ils ne retombent pas. Versez dans un moule à manqué, beurré et fariné. Faites cuire pendant 30 min. À la sortie du four, laissez refroidir le gâteau avant de le découper en 2 dans l'épaisseur. Préparez alors la crème en commençant par fouetter la ricotta avec le sucre. Puis ajoutez les fruits confits coupés en petits morceaux et les pépites de chocolat. Confectionnez la cassata en étalant la crème sur une moitié du biscuit et recouvrez de l'autre moitié. Réservez au réfrigérateur.

Sablés

(servis au déjeuner du 6 février)

Pour environ 20 petits sablés : 125 g de beurre ramolli, 1 petite pincée de sel, 200 g de sucre glace, 2 œufs entiers, 250 g de farine, 1 pointe de couteau de levure chimique.

Dans un saladier, mélangez le beurre en pommade, le sel fin, le sucre glace et 1 œuf. Dès que le mélange est homogène, ajoutez la farine, la levure et mélangez brièvement. Rassemblez la pâte en une boule, filmez et réservez au réfrigérateur 1 h environ. Préchauffez le four à 180 °C (th. 6). Sur le plan de travail fariné, étalez la pâte sur environ 5 mm d'épaisseur. Prenez des emporte-pièces de différentes formes et découpez des petits gâteaux. Déposez-les sur une plaque chemisée de papier sulfurisé. Battez l'autre œuf dans un bol, dorez les petits biscuits au pinceau et enfournez jusqu'à coloration.

Je m'avance pour demain
C'est mardi gras : je prépare une pâte à crêpes.

Hiver

DÎNER

Tartiflette
Salade croquante

LES RECETTES DU JOUR

Tartiflette

Pour 6 pers. : 3 oignons, 2 cubes de bouillon de bœuf, 1 kg de pommes de terre, 300 g de lardons fumés, 1 cs d'huile d'arachide, 40 g de beurre, 1 reblochon, sel, poivre.
Pelez les oignons et coupez-les en lamelles. Faites fondre les cubes de bouillon dans un bol d'eau chaude et versez dans une marmite posée sur feu fort. Épluchez les pommes de terre, rincez-les et coupez-les en rondelles directement dans la marmite. Recouvrez d'eau chaude au ras des rondelles. Attendez l'ébullition, baissez le feu, couvrez et cuisez 15 min. Pendant ce temps, préchauffez le four à 210 °C (th. 7). Faites revenir les oignons avec les lardons dans une sauteuse à revêtement antiadhésif avec l'huile et 1 noix de beurre. Attendez que cela dore légèrement. Grattez superficiellement la croûte du reblochon. Coupez-le en 2 dans l'épaisseur. Beurrez un grand plat à gratin. Égouttez les pommes de terre, mélangez-les aux oignons et aux lardons dans la sauteuse. Rectifiez l'assaisonnement et versez le tout dans le plat à gratin. Posez les demi-reblochons par-dessus et enfournez pour 15 min. Servez aussitôt avec la salade.

Pâte à crêpes

Pour 24 crêpes : 250 g de farine, 4 œufs, 50 cl de lait, 2 cs de beurre ou 2 cs d'huile, ½ cc de sel fin.
Mettez le beurre à fondre dans une casserole. Dans un saladier, mettez la farine et le sel, ajoutez les œufs, mélangez grossièrement ; versez le lait en filet en mélangeant avec le batteur électrique ou une cuillère en bois jusqu'à l'obtention d'une pâte fluide, lisse et sans grumeau. Versez le beurre fondu *(le beurre fondu s'incorpore mieux à l'appareil que l'huile froide et permet surtout de moins graisser la poêle en cours de cuisson)* ; mélangez ; laissez reposer 2 h. À l'aide d'une petite louche, versez la pâte ; couvrez le fond de la poêle d'un mouvement rapide du poignet ; faites cuire 1 min sur chaque face ; retournez avec une spatule ; renouvelez l'opération jusqu'à épuisement de la pâte.

Mon truc malin **Cuisson des crêpes** : confectionnez une « poupée » pour graisser la poêle : enveloppez les dents d'une fourchette de plusieurs tours d'une bande de gaze ; coupez par le milieu dans la longueur les derniers centimètres pour faire un nœud et fixez solidement le tissu sur la fourchette. Plongez la « poupée » dans une tasse à thé remplie à mi-hauteur de matière grasse – huile, beurre fondu...

Quelle poêle pour faire cuire des crêpes : le diamètre idéal de la poêle est de 16 à 18 cm. Qu'elle soit en fer ou recouverte d'une matière antiadhésive, privilégiez un fond bien plat.
Les crêpes se cuisent toujours à feu moyen.

Comment conserver les crêpes : pour maintenir les crêpes au chaud, empilez-les au fur et à mesure de la cuisson sur une assiette posée, comme un couvercle, sur une casserole d'eau frémissante ; recouvrez les crêpes d'un linge ou d'un papier sulfurisé.
On peut préparer les crêpes à l'avance ; laissez refroidir les crêpes cuites ; emballez-les par 6 dans 2 épaisseurs de papier sulfurisé ; inscrivez la date et congelez-les. Sortez-les la veille pour le lendemain et laissez décongeler au réfrigérateur.

Hiver

DÎNER

Des crêpes, rien que des crêpes, salées ou sucrées…

☞ Le saviez-vous ?

***Il existe deux types de crêpes, celles à la farine de froment et celles à la farine de sarrasin ou de blé noir*, qu'on appelle galette en Bretagne.**
Les premières se font cuire dans une poêle, les autres sur un *billig* ou une crêpière. Généralement, les crêpes au froment sont confectionnées pour le dessert ; elles se servent juste beurrées, sucrées ou roulées à la confiture, ou pliées en deux et garnies de fruits, de compote. En Bretagne, la galette peut se manger sucrée ou salée selon la garniture choisie. La plus célèbre des crêpes est plus probablement la *crêpe Suzette* ; il s'agit d'une création d'Auguste Escoffier pour une éphémère compagne d'Édouard VII, prince de Galles, prénommée Suzette. Il s'agit d'une crêpe parfumée au curaçao et au sucre de mandarine, saupoudrée de sucre qui se caramélise.
On peut faire les crêpes au sarrasin soi-même dans une poêle, mais on peut aussi les acheter. On en trouve d'excellentes ; elles sont généralement pliées en quatre et il faut les déplier avant de les utiliser.

Les recettes du jour

Pâte à crêpes au sarrasin ou au blé noir

Pour 20 crêpes : 3 œufs, ½ l d'eau, 500 g de farine de sarrasin, sel.
Fouettez les œufs en omelette avec l'eau et le sel. Ajoutez la farine tamisée très doucement en évitant les grumeaux ; laissez reposer 1 h. La farine peut épaissir la pâte, auquel cas remuez de temps en temps ou rajoutez un peu d'eau pour la détendre.

Pâte à crêpes au froment

(voir la recette du 8 février)

Galettes aux champignons et à la béchamel

Pour 12 galettes : 300 g de champignons de Paris, 40 g de beurre, 3 gousses d'ail, 150 g d'un mélange comté, beaufort, emmental.
Pour la béchamel : *(voir la recette du 3 avril)*
Lavez rapidement les champignons, essuyez-les, coupez-les en 4. Faites-les suer avec une noix de beurre et l'ail dégermé et écrasé. Quand il ne reste plus de liquide, ajoutez les champignons à la béchamel, rectifiez l'assaisonnement. Si nécessaire, laissez épaissir. Beurrez un plat allant au four ; versez une première couche de béchamel puis posez les galettes garnies côte à côte, bien serrées dans le plat ; recouvrez de béchamel puis de fromage râpé ; mettez au four pour une vingtaine de minutes. Servez bien chaud avec une salade verte.
Variante : la même chose que précédemment sans les champignons : fourrez la crêpe de béchamel épaissie avec du fromage râpé.

Crêpes au chocolat

Pour 12 crêpes : 200 g de chocolat amer, 2 cs d'eau, 1 pincée de sel, 100 g de beurre, sucre glace pour saupoudrer.
Allumez le four à température tiède. Faites les crêpes, tenez-les au chaud devant le four au fur et à mesure. Dans une casserole, cassez le chocolat en morceaux, ajoutez 1 cs d'eau et la pincée de sel ; faites-le fondre doucement jusqu'à ce qu'on ait une pâte lisse et épaisse sans grumeaux. Retirez du feu et incorporez le beurre. On doit avoir une sorte de mayonnaise facile à tartiner. Reprenez les crêpes et un beau plat de service. Tartinez généreusement chaque crêpe de crème au chocolat. Pliez-les en 2 et disposez-les côte à côte et se chevauchant à peine dans le plat de service. Saupoudrez légèrement de sucre glace. Mettez à chauffer dans le four, le temps du dîner. Juste avant de servir, passez le four à « gril » pour faire dorer et caraméliser rapidement le dessus des crêpes.

Crêpes aux framboises

(voir la recette du 18 février)

Hiver

DÎNER

Lapin aux pruneaux à la flamande
Tarte à la vergeoise brune et au confit d'endives
(voir la recette du 1er avril)

Cendres

Mercredi **10** FÉV.

Petite histoire d'assaisonnement...

(suite du 4 février)

Le poivre : seuls les grains de *Piper nigrum* verts, gris, noirs ou blancs ont droit à l'appellation « poivre ». *Piper nigrum* est une liane dont on cueille les grappes à différents stades de maturité. Le poivre vert est cueilli avant maturité. On le trouve lyophilisé, il est donc possible de le concasser dans un moulin.
Son intérêt n'a jamais été démontré dans la salade. Le poivre gris, ou noir, a en fait une seule et même couleur car il n'est jamais ni tout à fait gris ni tout à fait noir. C'est un poivre cueilli à maturité. À l'origine, les grains sont d'un joli rouge, ils noircissent en séchant au soleil. Ces grains-là se concassent au moulin et exaltent le goût des mets. Le poivre blanc, cueilli très mûr, est lavé, décortiqué, pour obtenir la graine blanche qui lui donne son nom.
On essaie de nous faire avaler du poivre rose ou rouge.
Ce n'est pas du poivre, mais le fruit d'un arbuste qui pousse aux États-Unis. Le poivre de la Jamaïque est une baie plus grosse que le poivre, également parfumée mais qui n'a rien à voir avec celui qui nous occupe.
Le poivre long de Java ou le poivre de Cayenne ne sont que des piments et le chevalier, ou maniguette, ou graine de paradis, ou poivre des nègres... n'est pas du poivre non plus.
Le poivre nous vient des Indes. Comme toutes les épices, il fut au Moyen Âge une monnaie d'échange très recherchée. On en trouve maintenant à Java, au Brésil, en Indonésie, au Cambodge.
Le poivre de Madagascar se fait rare alors qu'il fut très apprécié. Les typhons et la bureaucratie en sont venus à bout.
Le poivre en poudre s'évente rapidement, il est donc préférable, dans la cuisine ou sur la table, de l'utiliser entier, en grains ou concassé au moulin. La meule sera en fer plutôt qu'en plastique qui s'use trop vite.
En petite quantité, le poivre est bon pour l'estomac et le pancréas, il favorise la dissolution des graisses.
Il n'est pas recommandé pour les foies fragiles et les malades des voies urinaires *(voir la suite le 11 février)*.

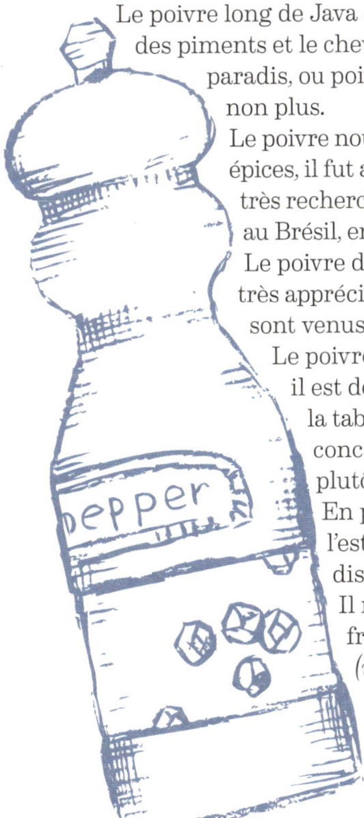

La recette du jour

Lapin aux pruneaux à la flamande

Pour 6 pers. : 1 lapin de 1,5 kg à 1,8 kg (en morceaux, avec le foie), 500 g de pruneaux d'Agen, 35 cl de vin blanc moelleux, 1 gousse d'ail, 3 oignons, 70 g de beurre, 1 cs d'huile d'olive, 150 g de poitrine de porc fumée, 15 g de farine, 1 bouquet garni, 100 g de foie de porc, sel, poivre.

Faites tremper les pruneaux dans 35 cl de vin blanc moelleux pendant 1 h. Épluchez l'ail et les oignons. Coupez l'ail en 4 et émincez les oignons. Dans une cocotte, mettez 50 g de beurre, l'huile d'olive, et faites chauffer à feu moyen, puis ajoutez la poitrine fumée coupée en dés. Après 5 min, ajoutez les morceaux de lapin, faites-les dorer, puis ajoutez la farine, les oignons et l'ail. Remuez et laissez cuire 5 min. Versez 30 cl d'eau tiède dans la cocotte. À ébullition, ajoutez le bouquet garni et les pruneaux. Salez, poivrez et laissez mijoter pendant 1 h. Pendant ce temps, mixez le foie du lapin avec le foie de porc et les 20 g de beurre restants. À la fin de la cuisson, mélangez-les hors du feu à la sauce, servez.

Lever du soleil : 8 h 10 Coucher du soleil : 18 h 01 Lune croissante

Notre-Dame de Lourdes

Jeudi
11
FÉV.

Hiver

DÎNER

Travers de porc à l'aigre-doux
Riz pilaf *(voir la recette du 8 octobre)*
Brownie

SEMAINE 6

LES RECETTES DU JOUR

Brownie

Pour 6 à 8 pers. : 190 g de beurre + pour le moule, 100 g de chocolat dessert à 70 % de cacao, 3 œufs, 210 g de sucre cassonade, 45 g de farine, 10 g de poudre de cacao, 145 g de noix.

Préchauffez le four à 180 °C (th. 6). Faites fondre le beurre et le chocolat dans une casserole au bain-marie. Mélangez les œufs avec le sucre cassonade, sans les blanchir, et ajoutez le mélange beurre-chocolat fondu. Incorporez la farine, la poudre de cacao et les noix grossièrement concassées. Coulez dans un plat à gratin beurré. Enfournez 18 à 20 min. Lorsque le brownie est cuit et refroidi, coupez-le.

Travers de porc à l'aigre-doux

Pour 8 pers. : 2 kg de travers de porc, ½ cc de pâte de piment chinoise, 15 cl de banyuls (ou rivesaltes), 3 cs de sauce soja, 3 cs d'huile de colza, 3 cs de vinaigre de vin, 4 oignons, 3 cs de sucre en poudre, 2 cs de farine, 4 cs de concentré de tomate.

Découpez les travers de porc entre chaque os, puis enduisez-les de pâte de piment. Déposez les morceaux dans un saladier ou un cul-de-poule, arrosez-les de banyuls et de la sauce soja et laissez macérer pendant 1 h 30 à 2 h en mélangeant plusieurs fois. Égouttez les morceaux, épongez-les, conservez la marinade et faites revenir dans une poêle avec 2 cs d'huile de colza. Les morceaux de viande doivent être bien rissolés. Réservez au chaud. Dans la même poêle, ajoutez le reste d'huile, le vinaigre, les oignons hachés finement, le sucre, remuez pendant 5 à 6 min sans laisser roussir. Saupoudrez de farine, mélangez, ajoutez le concentré de tomate et la marinade. Faites cuire 20 min à frémissement.

Petite histoire d'assaisonnement…

(suite du 10 février)

Le sel : le principe d'extraction du sel de l'eau de mer est simple : on pompe l'eau pour l'amener sur de grands terrains plats, les salins. L'action conjuguée du soleil et du vent assure l'évaporation de l'eau pour ne laisser que le sel ; ensuite, il est récolté avec des pelleteuses, traité et conditionné. Sur une étendue de 10 000 hectares, on récupère 1 million de tonnes de sel.

Le sel gemme se trouve dans des mines souterraines ou à ciel ouvert, qu'on appelle également des salines. Les blocs récupérés sont dissous dans l'eau ou cuits et, par un système de chauffage, on procède à l'évaporation de l'eau et à la récupération du sel.

Les sels extraits par ces deux techniques sont des sels industriels à partir desquels on fabrique notre sel de table ou de cuisine « fin » ou « gros ».

Ma préférence va au sel artisanal, issu des marais salants des îles de Noirmoutier ou de Ré ou de la presqu'île de Guérande, ces sels ne subissent aucun traitement chimique, conservent leur richesse en oligo-éléments et plus particulièrement en magnésium.

Les salières existaient déjà au Moyen Âge. Denrée rare, le sel était investi de pouvoirs symboliques. Aucun contenant n'était trop précieux pour le présenter sur les tables des nobles, alors que chez les pauvres, on taillait un cube de pain bis, et on l'évidait pour y déposer le sel *(voir la suite le 13 février)*.

Mon truc malin

Brownie : placez-le quelques minutes au congélateur pour le couper facilement, sans l'émietter.

Hiver

DÎNER

Esturgeon à la milanaise
Beignets aux pommes

Je m'avance pour demain

Je fais dessaler une palette de porc (voir la recette de la shiffala le 13 février).

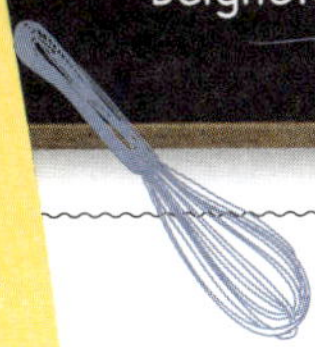

Les recettes du jour

Esturgeon à la milanaise

Pour 4 pers. : 1 carotte, 1 branche de céleri, 1 gousse d'ail, 4 tomates (en conserve hors saison), 1 cs de farine, 4 darnes d'esturgeon d'environ 150-160 g chacune, 20 g de beurre, 1 cs d'huile, 1 verre de vin blanc sec, 1 tablette de bouillon de volaille ou de bœuf, sel, poivre.
Pour la gremolata : 1 citron et 1 orange non traités, 1 bouquet de persil, 1 gousse d'ail épluchée, 1 pincée de noix de muscade râpée.

Pelez et coupez en julienne la carotte, la branche de céleri et la gousse d'ail. Si la saison le permet, ébouillantez, pelez puis épépinez les tomates avant de les concasser. Farinez légèrement les darnes d'esturgeon. Dans une cocotte, faites fondre le beurre et l'huile ; faites revenir les darnes sur les deux faces ; retirez le poisson ; réservez. Dans la même cocotte, faites revenir les légumes sans les laisser colorer ; salez, poivrez ; ajoutez les darnes, les tomates, le vin blanc et la tablette de bouillon. Portez à ébullition et ramenez à frémissement pendant 30 min à couvert sur feu doux. Pendant ce temps, préparez la gremolata : brossez sous l'eau le citron et l'orange ; prélevez la moitié de leur zeste en évitant le ziste. Lavez le persil, hachez-le finement ainsi que les zestes et la gousse d'ail ; ajoutez la muscade ; mélangez. Parsemez l'esturgeon milanais de gremolata au moment de servir.

Beignets aux pommes

Pour 6 pers. : 3 belles pommes fermes, croquantes et acidulées, 1 citron non traité, sucre glace, sucre cristallisé, 1 l d'huile d'arachide.
Pâte à beignets : 2 œufs entiers, 80 g de farine, 1 pincée de sel, 1 sachet de levure chimique, 1 cs d'huile.

Préparez la pâte à beignets : dans un saladier, battez les œufs en omelette, incorporez en pluie la farine, le sel, la levure chimique et l'huile. Mélangez et laissez reposer 1 h à température ambiante.

À l'aide d'un vide-pomme, enlevez la queue, le cœur et les pépins des pommes. Réalisez l'opération en 2 temps : d'abord du côté de la queue, puis de l'autre côté pour éviter de faire éclater la chair. Pelez les pommes avec un économe, coupez-les perpendiculairement au trognon en rondelles de 1 cm d'épaisseur pour obtenir 6 à 7 tranches par fruit. Rangez les tranches ainsi obtenues dans un plat creux et saupoudrez-les de sucre cristallisé.

Avec l'économe, prélevez quelques rubans de zeste sur le citron, hachez-les finement, recouvrez-les d'eau dans une petite casserole, portez à ébullition 3 min ; égouttez-les dans une passoire fine, rafraîchissez-les quelques instants sous l'eau froide. Répartissez le zeste haché sur les rondelles de pommes : couvrez et laissez macérer au frais au moins 2 h. Préchauffez le four à 120 °C (th. 4). Chauffez l'huile pour la friture. Égouttez les rondelles de pommes (gardez le jus de macération couvert au réfrigérateur : il peut être utilisé pour une compote ou pour tremper des biscuits). Rangez-les sur une assiette et, avec une fourchette, trempez-les dans la pâte, enrobez-les bien, faites-les dorer dans la friture 1 min 30 sur chaque face. Égouttez les beignets sur du papier absorbant et tenez-les au chaud sur un plat, dans le four. Répétez l'opération jusqu'à épuisement des pommes. Poudrez les beignets de sucre glace sur les 2 faces et servez aussitôt.

SEMAINE 6

Hiver

DÉJEUNER

Shiffala

Tarte aux pommes à l'alsacienne
(voir la recette du 11 novembre)

DÎNER

Potage avec les légumes de cuisson de la palette dégraissée

Omelette aux champignons

Gâteau à l'ananas et aux amandes

Je m'avance pour demain

Gigot d'agneau
(voir la recette du 14 février).

LES RECETTES DU JOUR

Gâteau à l'ananas et aux amandes

Pour 6 pers. : 4 œufs, 150 g de sucre en poudre, 1 boîte d'ananas au sirop, 150 g de farine, 60 g de beurre, 50 g de poudre d'amandes.
Pour le caramel : 100 g de sucre en morceaux, 3 cl d'eau + 3 cl pour arrêter l'ébullition.

Préchauffez le four à 170 °C (th. 5/6) en laissant la plaque à l'intérieur. Pour le caramel, faites fondre le sucre en morceaux dans 3 cl d'eau, puis cuisez à feu doux jusqu'à ce que le caramel prenne une couleur dorée. Versez 3 cl d'eau pour arrêter l'ébullition. Chemisez le fond d'un moule à manqué avec le caramel. Séparez les blancs d'œufs des jaunes. Réservez les blancs. Mélangez les jaunes dans un saladier avec 100 g de sucre et 40 g de jus d'ananas. Ajoutez à la crème obtenue la farine, le beurre et la poudre d'amandes. Montez les blancs en neige ferme. Ajoutez 50 g de sucre à la fin. Incorporez les blancs en neige au mélange précédent. Coupez les tranches d'ananas en quatre morceaux, déposez-les sur le caramel et recouvrez avec la pâte. Mettez au four pour 40 à 45 min. Vérifiez la cuisson en enfonçant la lame d'un couteau dans le gâteau ; si elle ressort sèche, c'est qu'il est cuit. Sortez le moule du four. Démoulez tiède sur un plat de service.

Shiffala

Pour 8 pers. : 1,5 kg de palette de porc demi-sel, ½ céleri-rave, 3 carottes, 3 petits oignons, 1 poireau, 1 bouquet garni, 25 grains de poivre, 1 l d'eau, 1 bouteille de sylvaner ou d'edelzwicker.

Faites dessaler la palette dans un récipient d'eau froide pendant au moins 5 h en la posant sur une assiette retournée dans le fond d'un saladier (le sel glissera sous l'assiette) et en changeant l'eau à plusieurs reprises. Dans un faitout, mettez la palette, le céleri, les carottes et les oignons épluchés et coupés grossièrement, le poireau lavé et émincé, le bouquet garni et le poivre. Couvrez avec l'eau et le vin. Portez à ébullition et laissez cuire à petit bouillottement 1 h 30. Vérifiez avec une aiguille à brider ou l'extrémité d'un couteau que la viande est cuite. Laissez refroidir. Servez la palette en tranches avec une salade de pommes de terre tiède.

Petite histoire d'assaisonnement... (suite du 11 février)

La vinaigrette : dès que l'idée de manger de la verdure est apparue, l'assaisonnement a suivi, plus sophistiqué et plus compliqué que celui que nous connaissons actuellement. Les Romains mangeaient les salades crues en hors-d'œuvre, comme nous mangeons nos crudités, à la main (à main nue) juste trempées dans un bol de sauce. Les Italiens et les Méridionaux ne procèdent pas autrement avec leur « *bagna cauda* » *(voir la recette du 23 avril)* dans lequel ils trempent salades, céleris, carottes, radis, etc. La sauce des Romains était composée de garum, d'huile et de vinaigre. Le garum, aussi fort en odeur qu'en saveur, était employé à « toutes les sauces ». Il s'obtenait en laissant macérer des morceaux de poissons et de viscères avec des plantes aromatiques dans de la saumure. Cette sauce est comparable au nuoc-mâm. Le principe du trempage semble universel puisque les Asiatiques trempent aussi leurs rouleaux de printemps entourés de feuilles de menthe et de salade *(voir la suite le 14 février)*.

Petite histoire d'assaisonnement...

(suite du 13 février)

Les salades se mangeaient aussi cuites mais assaisonnées avec des épices et pilées. Apicius nous donne la recette suivante : « pilez les laitues avec du poivre, du garum, de l'eau et de l'huile. Faites cuire. Liez avec des œufs. Saupoudrez de poivre et servez. » Je vous communique cette recette pour mémoire mais ne vous incite pas à la mettre en pratique.
Au XVe siècle, à Milan, dans les repas de gala, on servait obligatoirement une *zalada* préparée à l'antique, sorte de ragoût, très liquide, très salé d'où son nom, relevé de confitures, moutarde, citron et décoré de massepain. Le service se faisait dans des coupes individuelles. Cette préparation obtint un tel succès qu'elle se devait de figurer à la place d'honneur dans les mariages royaux.
Dès le XVIe siècle, on revint à des assaisonnements plus traditionnels, huile et vinaigre. La préparation de la vinaigrette a toujours exigé un grand soin *(voir la suite le 15 février)*.

Hiver

DÉJEUNER

Palourdes de la mère Catherine

Gigot rôti

Flageolets en boîte

Parfait au café
(voir la recette du 9 juillet)

DÎNER

Gigot froid, mayonnaise

Salade

Reste du parfait au café

Mon truc malin

Le repos des viandes d'agneau a pour but de détendre, de reposer la viande et de l'irriguer de ses liquides de constitution. L'idéal est d'emballer la pièce à reposer dans une double épaisseur de papier d'aluminium et de la déposer dans un sac isotherme.
À défaut, une vieille couverture peut parfaitement convenir.
Ne piquez pas d'ail la pièce à rôtir ; frottez plutôt les chairs avec une gousse épluchée et dégermée ; pour un gigot, frottez surtout la souris, la partie près du manche ; dans la lèchefrite, déposez autour de la viande des gousses d'ail en chemise très légèrement écrasées.
Commentaire : certaines personnes demandent au boucher de raccourcir le gigot. C'est une erreur, car la suppression de l'os du quasi ne permet pas une bonne conduction de la chaleur.

Les recettes du jour

Paloudes de la mère Catherine

Pour 6 pers. : 12 à 15 petites palourdes par personne, un gros pot de crème fraîche, 1 bottillon de ciboulette ou de cive, sel, poivre.

Mettez les palourdes dans une poêle sur feu vif. Lorsqu'elles sont ouvertes, ajoutez la crème fraîche. Mélangez la crème avec l'eau rejetée par les palourdes. Portez à limite de l'ébullition. Ajoutez la ciboulette hachée grossièrement. Servez bien chaud.

Gigot d'agneau rôti

Pour 6-8 pers. : 2 à 2,3 kg de gigot (jamais plus de 2,5 kg), 1 pincée de fleurs de thym, de romarin ou de sarriette, ail (facultatif), 1 crépine de porc, huile.

Le gigot s'enfourne dans un four chaud, sans plus, à 200-230 °C (th. 6/8). Il faut compter 20 à 25 min par kg. Au toucher, la viande doit rester souple. Après la cuisson, conservez le gigot emballé dans du papier sulfurisé à l'entrée du four éteint, porte entrouverte, pour 10-15 min de repos.

La veille : frottez le gigot avec une pincée de fleurs de thym, du romarin ou de la sarriette. Éventuellement, je dis bien éventuellement, un peu d'ail. Emballez le gigot dans une crépine de porc.

Le lendemain : faites préchauffer le four à 250 °C (th. 8/9). Sortez le gigot 2 h minimum avant la mise au four. Badigeonnez-le avec un pinceau trempé dans de l'huile. Enfournez. Faites cuire 10 min, réduisez la chaleur à 200 °C (th. 6/7) et vous poursuivez selon le barème ci-dessous qui prend en compte la durée totale de la cuisson :
Gigot rosé : 20 min par kg. Gigot à point : 25 min par kg. Laissez reposer 15 min minimum.

Saint-Claude

Lundi
15
FÉV.

Hiver

DÎNER

Côtes de veau au jus
Endives à la crème
Fondant au chocolat et au cacao
(voir la recette du 5 avril)

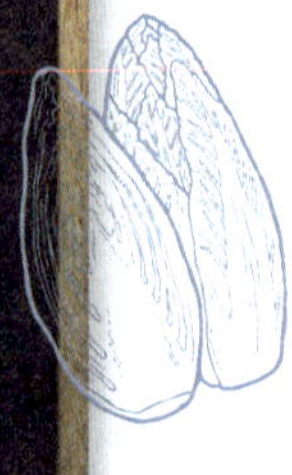

SEMAINE 7

Petite histoire d'assaisonnement...
(suite du 14 février)

La vinaigrette :

à la Renaissance, un dicton réclamait le savoir de 4 personnes de caractère différent pour réussir cette délicate opération :

« Un fol, pour le choix et sans épargne d'une variété de bonnes herbes
Un sage, pour le sel
Un avaricieux, pour le vinaigre
Un prodigue, pour y verser et n'y épargner l'huile. »

La vinaigrette est une trouvaille française et ce sont les Anglais qui le disent.
Ils l'appellent d'ailleurs *French dressing*. Un émigré français sans le sou, le chevalier d'Albignac, lança à Londres la mode de la salade assaisonnée. Ce gentleman français devint rapidement la coqueluche de *l'establishment* londonien. Pas un dîner sans le *fashionable salad-maker*. Il arrivait avec son domestique et son nécessaire en acajou, ses fioles en cristal d'huile et de vinaigre, opérait en magicien et ne livrait pas son secret.
Fortune faite, il fila « à l'anglaise ».
Parmi tous les ingrédients que nous avons évoqués depuis le 11 janvier, certains se marient ensemble mieux que d'autres. Chacun peut faire des essais, comme il l'entend.
Il est toutefois préférable de procéder par petites quantités pour éviter le gâchis en cas d'échec.

LES RECETTES DU JOUR

Côtes de veau au jus

Pour 4 pers. : 4 côtes de veau de 180 g (secondes si possible), 1 cs de beurre, 2 cs d'eau, 1 cc de jus de citron, 1 cc de sel fin, poivre.

Salez, poivrez les côtes de veau. Mettez le beurre à fondre ; quand il chante, posez les côtes, laissez dorer 4 min d'un côté, puis 4 min de l'autre. Retirez la viande et maintenez-la au chaud dans un plat couvert de papier sulfurisé. Relevez le feu ; ajoutez l'eau ; grattez pour récupérer les sucs ; ajoutez le citron. Laissez bouillir pour obtenir la consistance d'un sirop ; rectifiez l'assaisonnement; versez sur les côtes dans le plat de service.

Endives à la crème

Pour 4 pers. : 8 endives, 2 cs de beurre, 2 cs de crème fraîche, sel, poivre.

Essuyez les endives dans un linge, supprimez les trognons. Coupez-les en tronçons de 2 ou 3 cm. Séparez toutes les feuilles. Chauffez dans une poêle en Téflon 2 cs de beurre. Lorsqu'il devient noisette, faites cuire les endives à bon feu jusqu'à évaporation complète du jus de végétation. Ajoutez la crème, le sel et le poivre. Laissez cuire 6 à 7 min. Servez bien chaud.

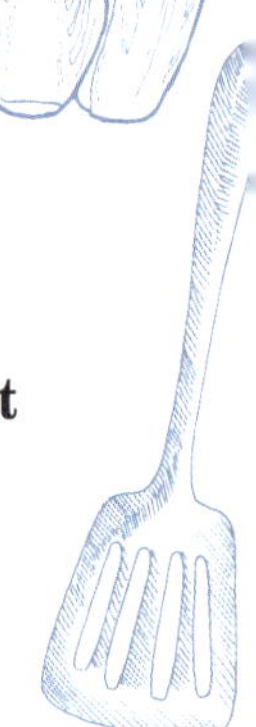

☞ *Le saviez-vous ?*

Les côtes de veau : **la viande de veau est fragile, sa texture est fine et pratiquement sans gras infiltré ; il est préférable de poêler les petites pièces et de cuire au four ou en cocotte les grosses. Le gril et le barbecue ne conviennent pas à ce type de viande, à l'exception du tendron préalablement mariné. Quelques os ne sont pas superflus pour entourer le rôti et faire le jus dans le cas d'une cuisson au four ou en cocotte. La plupart du temps, il suffit de les demander au boucher.**
Ne retournez jamais les pièces de veau avec une fourchette pour éviter de libérer le sang. Utilisez une écumoire ou deux spatules en bois ou une pince.
Si la côte est joliment ourlée de gras, posez le gras de couverture en contact avec la poêle, à feu moyen ; en fondant, il graissera la poêle.

Lever du soleil : 8h01 Coucher du soleil : 18h09 Premier quartier de lune

Hiver

DÎNER

Cervelle de veau
Épinards au beurre
(voir la recette du 27 avril)
Reste du fondant au chocolat

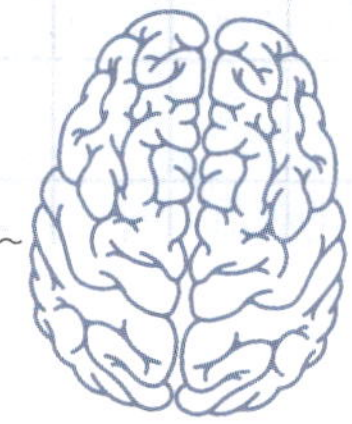

LA RECETTE DU JOUR

Cervelle de veau

Pour 2-3 pers. : 1 l d'eau, 2 cs à soupe de vinaigre d'alcool, 1 cervelle de veau, 4-5 cs de beurre, 1 cc de sel fin, poivre.
Portez l'eau à ébullition avec le vinaigre et le sel ; plongez la cervelle dans l'eau bouillante. Laissez cuire 4 min à petits bouillottements. Sortez la cervelle, égouttez-la et séchez-la sur un torchon plutôt qu'un papier absorbant. Une fois bien froide, escalopez-la en biais sur 1 à 2 cm d'épaisseur. Mettez à fondre à feu moyen le beurre pour qu'il prenne la couleur noisette. Posez les escalopes dans la poêle et faites-les dorer 3 à 4 min de chaque côté, salez et poivrez. Déposez sur des assiettes chaudes.

Mon truc malin

La cervelle : il convient avant toute chose d'enlever, sous un filet d'eau froide, à l'aide d'un petit couteau, la pellicule de vaisseaux sanguins qui recouvre les cervelles – toutes les cervelles.

Seuls les puristes tiendront compte de cette suggestion : immergez la cervelle dans un saladier d'eau froide additionnée de 1 cs de vinaigre d'alcool par cervelle et de 2 cs de sel fin pour 50 cl d'eau ; complétez avec quelques glaçons ; couvrez ; réservez au réfrigérateur au minimum 2 h.

Petite histoire...

L'art du remueur...

La salade. Qu'elle intervienne entre le plat de résistance et le fromage ou dans une composition sophistiquée en entrée, ou cuite, il faut toujours la laver. D'abord, sans hésitation, on sacrifie les feuilles extérieures flétries, avant de détacher chaque feuille et leur faire subir une toilette sévère. Rien n'est plus désagréable qu'un peu de terre ou de sable qui crisse sous la dent, ou qu'une limace, étonnée de se retrouver assaisonnée sur une assiette de porcelaine. Le toilettage de la salade ne consiste pas à la laisser tremper longtemps dans l'eau mais, au contraire, à renouveler fréquemment l'eau de lavage. Un séjour prolongé dans l'eau la « rincerait » de ses vitamines.
Elle se lave à l'eau fraîche, minutieusement, car, modernisme oblige, on la cultive souvent dans des terres sablonneuses. Il faudra l'égoutter et la sécher pour éviter que l'eau n'affaiblisse le caractère de l'assaisonnement.

Beaucoup d'entre nous se servent d'un torchon, ce procédé m'a toujours paru inefficace d'autant qu'il casse et chiffonne inutilement et inesthétiquement les feuilles.
Le panier à salade reste l'ustensile idéal, mal commode dans les appartements, je le reconnais volontiers.
Il existe des paniers, généralement en plastique, qui s'installent dans un récipient plus grand et qui, par le principe de la force centrifuge, permettent de les essorer très convenablement.
Les grandes feuilles de salade se découpent en plusieurs morceaux, ce qui est infiniment plus pratique pour les invités et leur permet de respecter l'usage qui interdit de couper les feuilles avec son couteau (tradition instaurée au siècle dernier parce que les lames de couteau, oxydables, noircissaient au contact du vinaigre). Les grosses côtes ou nervures sur les chicorées peuvent s'éliminer ou se fendre en deux.
La salade se sert déjà assaisonnée et « fatiguée » dans un saladier ou sur une assiette *(voir la suite le 17 février)*.

Lever du soleil : 7h59 Coucher du soleil : 18h11 Lune croissante

Hiver

DÎNER

Demi-pamplemousse
Poulet au vinaigre
(voir la recette du 12 juillet)
Purée de pommes de terre

Je m'avance pour demain
Je prépare une pâte à crêpes (voir la recette du 8 février).

Petite histoire...

L'art du remueur...

(suite du 16 février)

La salade : Le mélange assaisonnement-salade se fait à la dernière minute, sinon elle risque d'être « cuite », confite, avachie. L'art du « remueur » consiste à savoir exactement à quel moment la verdure est suffisamment imprégnée de son assaisonnement ; voilà pourquoi il est préférable que le mélange s'effectue à la cuisine.
Dans un saladier de cuisine ou un cul-de-poule, on verse l'assaisonnement sur les feuilles et on soulève doucement, gentiment, tendrement les feuilles pour que celles du dessous se retrouvent sur le dessus.
La formule idéale reste le mélange à la main. Le contact est plutôt agréable et permet de sentir le moment idéal où l'opération est terminée.
On met dans un saladier de service la salade assaisonnée et on la présente avec un couvert en bois ou en corne.
Si le service de la salade se fait à l'assiette, c'est évidemment sur celle-ci qu'on la dépose, en cuisine.

Petite histoire des salades...

Les salades « entrées »

✔ Elles se servent généralement, pour ne pas dire toujours, sur des assiettes individuelles.

✔ Elles sont élégantes et sophistiquées, ce qui ne veut pas dire obligatoirement coûteuses.

Selon ses moyens, on peut faire gai, frais, appétissant. Elles n'appellent jamais la pomme de terre, le haricot blanc ou la lentille mais plutôt la pointe d'asperge, le fond d'artichaut, le haricot vert. Le mesclun est souvent leur base.
Ces salades-entrées doivent jouer l'esthétique et la couleur. Il ne faut pas avoir peur de se piquer d'élégance. L'œil doit être charmé et les papilles excitées.

Leur principe est simple : une base, seule ou mélangée, légèrement assaisonnée et un complément, juste cuit, froid, tiède ou chaud. Les fleurs seront d'un secours précieux pour jouer la couleur. Il ne s'agit pas d'avaler de l'orchidée à pleine bouche mais d'utiliser, à la saison, tout ce qu'on trouve. Des fleurs d'acacia, sucrées, au goût de miel ; la capucine, jaune, rouge, pourpre, orange, légèrement poivrée et corsée comme des câpres ; des fleurs de pissenlit, de giroflée, de primevère, 1 ou 2 violettes de teintes différentes, pourquoi pas une fleur de coquelicot, délicieuse. Il faudra savoir se servir des fleurs d'ail, de ciboulette, de thym et de romarin.
Plus tard dans la saison, on usera de fleurs de sauge, de sureau, de pétales de rose, de fleurs de phlox. Le choix est vaste, l'imagination est dans votre camp.
Il faut simplement se souvenir que les fleurs de capucine des Canaries, du laurier-rose et du datura sont des poisons...

Les salades « plats de résistance »

Salades « plats de résistance» ne veut pas dire utilisation des restes. Il s'agit de plats complets, réunissant divers ingrédients comme base principale du repas, viandes, poissons ou volailles, accompagnés de légumes, verdures, condiments. L'apparence doit être appétissante et le contenu suffisamment nourrissant pour remplacer un repas complet (voir la suite le 18 février).

La recette du jour

Crêpes aux framboises

Sortez les framboises du congélateur et laissez-les décongeler. Préparez les crêpes *(voir la recette du 8 février)*. Maintenez-les au chaud à l'entrée du four. Dans une poêle à feu doux, mettez les framboises et 2 cs à soupe de sucre en poudre, faites chauffer, remuez délicatement. Sur une des moitiés de la crêpe, mettez 2-3 cs de framboises ; fermez la crêpe. Mettez les crêpes dans un plat beurré allant au four, posez les crêpes, saupoudrez de sucre. Passez-les sous le gril pour les faire caraméliser et servez chaud.

Petite histoire des salades...

Les salades « légumes » *(suite du 17 février)*

Ce sont d'exquises garnitures. Elles accompagnent le porc, le veau, le poulet rôti. Elles sont simplissimes à réaliser, quelquefois le jus du rôti leur est suffisant. Elles supportent la crème, la béchamel, les gratins. En utilisant les grosses feuilles vertes extérieures, on réalise des économies tout en se régalant. Les salades, comme tous les légumes en général, se cuisent à l'anglaise ou à l'étuvée. La cuisson à l'anglaise est la plus simple : elle consiste à plonger les salades dans de l'eau bouillante salée. La quantité d'eau doit être très importante par rapport au légume. La cuisson s'établit à découvert, à gros bouillonnements, pendant un temps qui varie selon les légumes. En ce qui concerne la salade, la moyenne se situe entre 7 et 15 min. Les légumes doivent rester fermes pour conserver leur goût et leurs vitamines. Après les avoir égouttés soigneusement et pressés délicatement pour exprimer l'eau de cuisson, il suffira de les accommoder à sa convenance. La cuisson à l'étuvée implique un peu de matière grasse, généralement du beurre, une sauteuse ou une cocotte, le tout cuisant hermétiquement à couvert et à petit feu. Les salades cuisent ainsi dans leur eau de végétation. Lorsque celle-ci s'est évaporée en partie, il suffit de rajouter une noix de beurre pour obtenir un jus délicieux.

Les salades « desserts »

Certains nutritionnistes prétendent qu'il ne faut jamais manger de fruits crus après le repas. Si nous devions les écouter, nous nous priverions de desserts très pratiques pour la maîtresse de maison. Ces salades se préparent 1 ou 2 h avant le début du service afin qu'elles macèrent. Elles se tiennent sagement au réfrigérateur en attendant d'apparaître avec des petits-fours, un morceau de brioche ou, simplement, nature dans leurs parfums mélangés. On a tendance à ajouter de l'alcool. Il me semble que c'est dénaturer la saveur des fruits. Pourquoi ne pas poser une bouteille d'eau-de-vie de fruits frappée sur la table, chacun pouvant en ajouter selon son goût ?
S'il est un impératif indispensable à respecter, c'est la saison.

Hiver

DÎNER

Saucisse de Toulouse
(voir la recette du 30 juin)
Embeurrée de choux
(voir la recette du 7 octobre)
Crêpes fourrées aux framboises surgelées
(voir la recette de la pâte le 8 février)

Petite histoire...

18 février 1906 : un mois après son élection, le président Fallières tient sa promesse : ne tenant aucun compte du protocole, il invite à l'Élysée une dizaine de journalistes auxquels il avait promis qu'il les inviterait s'il était élu. Le cassoulet du président Fallières tient à la fois du cassoulet de Toulouse, de Castelnaudary et de Carcassonne. On y retrouve du porc, du mouton et du confit. Compte tenu de ses hautes fonctions et de son peu de temps pour des loisirs culinaires, il a donné des conseils au chef de cuisine de l'Élysée, mais le pari était tenu et il s'est engagé : « Tant que les Fallières habiteront l'Élysée, vous en ferez une fois par semaine. »

Saint-Gabin

Vendredi
19
FÉV.

Hiver

DÎNER

Avocat au crabe
Raie en cocotte
(voir la recette du 7 octobre)
Choux-fleurs poêlés

SEMAINE 7

Petite histoire...

19 février 1847: depuis le début de la journée, on fait la queue devant le théâtre historique pour acheter des places la veille de la première représentation de la *Reine Margot* d'Alexandre Dumas. Il fait froid, très froid. Les amateurs de théâtre piétinent dans la neige verglacée quand soudain, un cri, un nouveau «cri de Paris»: «Qui veut du bouillon... du bouillon bien chaud?» C'est une innovation très inattendue; jusqu'à présent, les marchands ambulants proposaient du café, du thé, du vin chaud aux aromates. Ce marchand-là est accueilli, entouré et connaît un succès fou. Le lendemain, le marchand de bouillon n'est plus seul, il est imité. L'habitude est prise: désormais, on vend du bouillon l'hiver aux portes des spectacles.

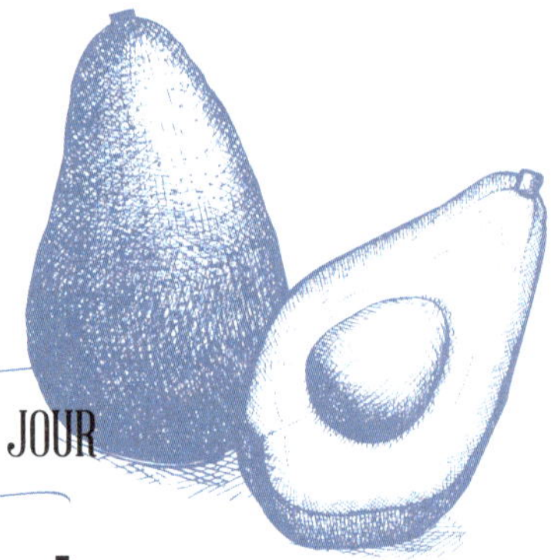

LA RECETTE DU JOUR

Avocat au crabe

Pour 4 pers.: 1 boîte de crabe de 210 g, 2 avocats.
Pour la sauce: 1 avocat, 1 cc de moutarde, le jus d'un citron, 2 cs de crème fraîche, 2 cs de ketchup, fines herbes (facultatif).
Sortez le crabe de la boîte et de son papier au-dessus d'un saladier. Émiettez le crabe en retirant soigneusement toutes les parties cartilagineuses. Préparez la sauce au mixeur: passez la chair de l'avocat au moulin à légumes (grille fine). Dans un bol, incorporez à la purée ainsi obtenue la moutarde, la crème, le sel et le poivre et mélangez les ingrédients comme pour une mayonnaise. Ajoutez le citron (ou du vinaigre de vin selon votre goût). Si vous y tenez, ajoutez des fines herbes hachées (estragon, persil et le jus d'une gousse d'ail pressé). Mélangez les miettes de crabe à la sauce. Ouvrez les avocats, retirez les noyaux. Farcissez les avocats en formant un large dôme et servez frais.

Petite histoire des fines herbes...
Les fines herbes...

Aussi indispensables à la salade qu'un nuage de parfum à une femme élégante, les fines herbes sont souvent le révélateur de la personnalité de la salade.

L'estragon

L'estragon est une plante de la famille des armoises, comme l'absinthe dont elle a un arrière-goût.
Il en existe deux espèces: le français, originaire du sud de la France et l'espagnol, aux feuilles lisses, vert foncé. Le parfum de l'estragon français est très prononcé.
Son nom botanique, *Dracunculus*, signifie «petit dragon». Est-ce l'évocation de cet animal légendaire ou une référence à sa propriété de guérir les morsures d'animaux venimeux? Les feuilles de l'estragon se consomment fraîches; coupées à la fin de l'été, elles peuvent être conservées au congélateur, lavées, emballées dans des sacs en plastique.
Dans la salade, l'estragon aime le tête-à-tête avec la laitue ou le duo avec sa copine la ciboulette.
Son parfum puissant aromatise le vinaigre, les poissons ou les beurres. On dit qu'il est souverain pour stopper efficacement le hoquet. Ah, si le pape qui en est mort avait connu cela!

Le cerfeuil

Le cerfeuil est une plante courante; compagnon de plate-bande du persil, il exhale une délicieuse senteur anisée lorsqu'on le chiffonne. À part entière dans les fines herbes, il parfume délicieusement les salades et n'a pas honte d'être traité en potage. Il s'utilise frais, et seulement frais. En application sur les piqûres d'insectes, l'inflammation disparaît instantanément.
Le cerfeuil bulbeux ou tubéreux est cultivé surtout pour sa racine dont le goût rappelle celui de son frère ombellifère, mais aussi celui de la châtaigne ou de la pomme de terre (voir la suite le 21 février).

Les recettes du jour

Tarte à l'orange

Pour 6 pers. : 1 pâte sablée, 3 oranges, 100 g de sucre semoule, 100 g de beurre + 1 noisette pour le moule, 4 œufs.

Préchauffez le four à 220 °C (th. 7/8). Étalez la pâte, déposez-la dans un moule beurré. Piquez le fond avec une fourchette. Recouvrez-le de papier sulfurisé et de légumes secs. Mettez au four 15 min. Sortez la tarte, débarrassez-la des légumes secs et du papier sulfurisé. Passez les oranges sous l'eau, séchez-les. Prélevez avec l'économe le zeste de 2 d'entre elles. Passez les zestes au mixeur. Mettez la purée obtenue dans une casserole, couvrez d'eau froide. À ébullition, videz l'eau, mais gardez la purée dans la casserole. Ajoutez 1 cs de sucre, un peu d'eau et laissez cuire à petit feu, jusqu'à ce que les zestes soient confits et brillants. Dans une petite casserole, travaillez le beurre en pommade, le reste du sucre et les œufs. Lorsque la pâte est lisse, ajoutez le jus des oranges. Chauffez la casserole au bain-marie pendant 20 min, en remuant régulièrement. Égouttez les zestes d'oranges et incorporez-les. Débarrassez sur le fond de tarte et mettez au four 15 min. Servez froid.

Œufs à la crème, jambon et gruyère râpé

Pour 4 pers. : un peu de beurre, 1 ou 2 œufs par personne, 1 cc de crème fraîche par ramequin, quelques dés de jambon, gruyère râpé, sel, poivre.

Beurrez le fond et les parois de chaque ramequin. Salez et poivrez. Cassez chaque œuf dans son ramequin. Placez les ramequins dans un plat creux à bord plutôt haut. Versez de l'eau bouillante à mi-hauteur des ramequins. Laissez reprendre l'ébullition de l'eau sur la plaque de cuisson. Mettez le plat au four, à 200 °C (th. 6/7). Laissez cuire environ 3 min. Ajoutez 1 cc de crème sur chaque œuf, quelques dés de jambon et un peu de gruyère râpé. Remettez au four pour 3 min. On constatera que l'œuf est cuit lorsque le blanc formera une sorte de voile protégeant le jaune qui restera moelleux.

Semaine 7

Hiver

DÉJEUNER

Navarin d'agneau
(voir la recette du 3 avril)
Tarte à l'orange

DÎNER

Œufs à la crème, jambon et gruyère râpé
Salade d'endives
Cantal *(laguiole ou salers)*
Reste de la tarte à l'orange

Je m'avance pour demain

Je fais dessaler la morue et je mets à tremper les haricots *(voir la recette du 21 février)*. Je prépare une charlotte aux pommes *(voir la recette du 27 novembre)*.

Petite histoire...

Le 20 février 1673, on découvre dans l'inventaire des meubles de la couronne de France les ustensiles de table que tenait enfermés son premier maître d'hôtel dans un coffret appelé le cadenas. S'y trouvait : 3 fourchettes à 4 dents, dont il ne se servait pas car il préférait manger avec ses doigts ou avec la lame de son couteau. Il y avait également un petit ustensile inventé dans la seconde moitié du XVIIe siècle qui avait à peu près la forme d'un manche de cuillère, évidé à l'intérieur : un tire-moelle. Bizarrement, aucune cuillère à potage. Le roi consommait son potage un peu épais, à même l'écuelle qu'il tenait par les oreilles. Les gens de cour utilisaient des assiettes à potage, premières assiettes creuses, importées d'Italie à l'intention du cardinal Mazarin. On les appelait des « mazarines ».

Lever du soleil : 7 h 53 Coucher du soleil : 18 h 17 Lune croissante

Saint-Pierre-Damien

Dimanche
21
FÉV.

Je m'avance pour demain

Je sale le rôti de porc, je le frotte avec une gousse d'ail coupée en 2 et dégermée puis je l'emballe dans un film alimentaire et le réserve au réfrigérateur.

SEMAINE 7

Hiver

DÉJEUNER

Shiffala

Morue façon cassoulet

Charlotte aux pommes
(voir la recette du 27 novembre)

DÎNER

Potage cultivateur

Cantal

Reste de la charlotte aux pommes

La recette du jour

Morue façon cassoulet

Pour 6 pers. : 1,2 kg de morue, 700 g de haricots blancs secs, 1 bouquet garni, 1 gros oignon de 100 g, ½ l de lait, 2,5 l d'eau, 30 g de beurre, parmesan, 125 g de crème fraîche, sel, poivre.

La veille : faites dessaler la morue en changeant l'eau plusieurs fois et faites tremper les haricots toute la nuit.

Le jour même : faites cuire 2 h les haricots avec le bouquet garni, l'oignon et suffisamment d'eau pour les recouvrir. Salez légèrement en fin de cuisson. Faire cuire la morue dessalée dans un mélange de lait et d'eau non salée pendant 10 min à petits frémissements. Surtout ne faites pas bouillir. Égouttez haricots et morue séparément. Beurrez copieusement un plat à gratin, plutôt haut que large. Disposez une couche de haricots, une couche de morue, puis la crème. Plus il y aura de couches, plus le gratin sera moelleux. Lorsque toutes les couches sont superposées, saupoudrez avec le parmesan. Ajoutez quelques noisettes de beurre sur la surface. Mettez au four à 200 °C (th. 6/7) pendant 25 min. Servez très chaud, à la cuillère.

Petite histoire des fines herbes...

(suite du 19 février)

Ciboule, cive et civette, ciboulette : **4 noms, 2 plantes, proches l'une de l'autre puisque faisant partie de la grande famille des *allium*.**

Les feuilles de la cive – ou ciboule – restent vertes toute l'année alors que la civette – ou ciboulette – est plus difficile à trouver durant l'hiver. On les appelle souvent l'une et l'autre « appétit ». Elles se plaisent dans presque toutes les salades vertes, à l'exception de la mâche et de l'endive. Elles s'amusent avec la carotte, font rire la betterave quand elle est seule et donnent de l'esprit au concombre. Elles ne boudent pas à la vue d'une paire de ciseaux, surtout lorsque celle-ci est décidée à les ciseler finement. Ses fleurs mauves, très décoratives dès leur éclosion en juin et juillet, délicieusement comestibles, entières ou effeuillées, donnent du goût, de l'humour et de la couleur aux salades.

La marjolaine : **la marjolaine, qu'on appelle aussi grand origan, se confond avec la marjolaine sauvage. Ces deux plantes sont plutôt sédatives. Elles ne s'en cachent pas. Réjouissons-nous pour une fois qu'une plante n'affiche pas de vertu aphrodisiaque !**

Elles participent à la cuisine méditerranéenne et font merveille dans les salades vertes, de concombres, de courgettes où elles remplacent la menthe.

Le poulet l'aime bien quand il est préparé en salade ; elles parfument aussi agréablement les champignons à la grecque.

L'ail : **certaines salades, comme la chicorée frisée, s'accommodent parfaitement d'ail, mais frotté sur des morceaux de pain rassis ; sinon, même haché très finement, son parfum tue tous les autres** ***(voir la suite le 22 février).***

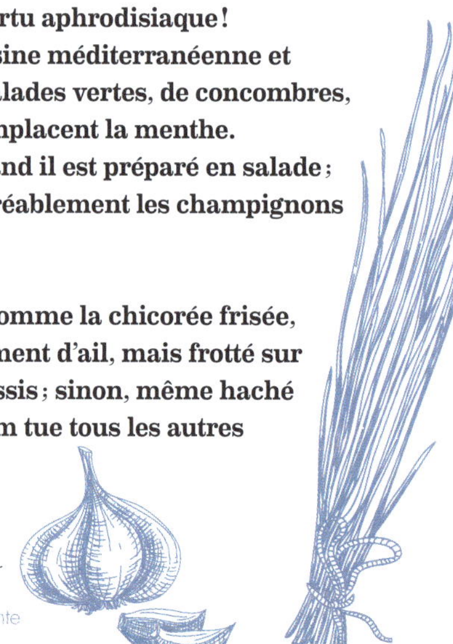

Lever du soleil : 7 h 51 Coucher du soleil : 18 h 19 Lune croissante

LA RECETTE DU JOUR

Rôti de porc dans l'échine en cocotte

Pour 4 pers. : 2 cs de saindoux (ou huile), 1 kg de rôti de porc dans l'échine, 1 oignon, 1 carotte, 3 gousses d'ail écrasées, 1 bouquet garni, 2 feuilles de sauge.

Faites revenir le saindoux dans la cocotte et à grésillements, faites dorer le rôti sur toutes ses faces. Entourez-le des os, de l'oignon et de la carotte coupés en rondelles, de l'ail écrasé, du bouquet garni et des feuilles de sauge. Fermez avec le couvercle rainuré de la cocotte ; déposez un verre d'eau (permet la condensation de la vapeur d'eau à l'intérieur). Comptez 1 h de cuisson. À la fin de la cuisson, enveloppez le rôti dans une feuille de papier sulfurisé en supprimant les os, le bouquet garni et les feuilles de sauge. Remettez la cocotte sur le feu ; versez 20 cl d'eau ; faites réduire à plein feu en remuant avec une cuillère en bois pour décoller les sucs de cuisson ; passez le jus et la garniture de légumes au moulin (grille fine) ; arrosez les tranches de rôti avec ce jus.

Petite histoire des fines herbes…

(suite du 21 février)

Le basilic : en Orient, le basilic est consacré aux dieux hindous Krishna et Vishnou. Dans le pourtour méditerranéen, c'est à la tomate et au pistou qu'il est consacré.

Dans ces pays, il trône, planté en pots, sur les terrasses et les balcons, dans la plupart des habitations.

Dans le midi de la France, on appelle souvent le basilic « pistou » alors qu'en fait le pistou est un mélange de gousses d'ail broyées avec du basilic frais et du parmesan, ajouté au dernier moment dans une soupe de légumes et de pâtes. Dans le nord de l'Italie, le pistou s'appelle *pesto*.

Le parfum de cette plante annuelle, délicieusement aromatique, rappelle un peu celui du clou de girofle.

On trouve un basilic à grandes feuilles, un autre à feuilles toutes petites. Également parfumées, les deux variétés ont leurs thuriféraires.

On l'appelait jadis « herbe royale », parce que seul le souverain pouvait la cueillir avec une faucille d'or, et aussi, plus prosaïquement, « oranger des savetiers », parce qu'ils installaient toujours un pied de basilic à côté de leurs établis pour que son odeur puissante combatte celle du cuir.

Dans le sud de la France, une tradition veut que l'on offre aux jeunes mariés le mortier et le pilon pour préparer la fameuse soupe, et c'est toujours le novi *qui reçoit le pilon !*

Hiver

DÎNER

Rôti de porc dans l'échine avec os, en cocotte

Endives braisées

(voir la recette du 28 octobre)

Salade de mangues

(voir la recette du 8 juin)

Il est également une tradition que je transmets volontiers aux jeunes filles amoureuses.

Pour avoir la certitude que le jeune homme qu'on fréquente n'est pas un coureur de jupons, il suffit de lui glisser un brin de basilic dans la main. Si l'herbe se dessèche en quelques secondes, le garçon sera fidèle !

Outre que le basilic est excellent dans de nombreuses salades, que son entente avec la tomate est un lieu commun, il a des propriétés antispasmodiques et digestives qui donnent de bons résultats sur l'aérophagie, les coliques gazeuses, les digestions lentes et la constipation.

Il est fermement déconseillé de le faire sécher, car il perd ses facultés aromatiques ; on peut toutefois prévoir quelques branches bien sèches pour les réduire en poudre et les priser lorsqu'un coryza foudroyant s'abat sur vos sinus *(voir la suite le 23 février)*.

Lever du soleil : 7 h 49 Coucher du soleil : 18 h 20 Pleine lune

SEMAINE 8

Hiver

DÎNER

Rognon de génisse
(ou de veau),
beurre d'escargots
Pommes de terre sautées
Pommes au four
(voir la recette du 20 septembre)

Mon truc malin

Les rognons. Quel que soit l'animal, les rognons ont parfois une odeur d'urine (normal, puisque ce sont les reins de l'animal, rognon étant le terme culinaire). Je vous conseille de les plonger quelques instants dans l'eau bouillante vinaigrée, puis de les égoutter avant de les cuisiner. Il est souhaitable de demander au tripier de retirer la membrane transparente qui entoure les rognons – sinon ils se rétractent à la cuisson – ainsi que les parties nerveuses et la graisse du centre ; par la même occasion, demandez-lui de les couper en morceaux ; il saura respecter les lobes.

LES RECETTES DU JOUR

Rognon de génisse ou de veau

Pour 6 pers. : 20 g de beurre, 1 cs d'huile d'olive, 4 beaux rognons de veau ou 2 rognons de génisse, sel, poivre.

Mettez le beurre et l'huile dans la poêle. Quand le beurre grésille, mettez les rognons. Faites cuire 3 min, tournez et remuez encore 3 min. Laissez reposer au centre d'une assiette couverte puis nappez d'un beurre d'escargots. Servez avec les pommes de terre sautées.

Variante : après le temps de repos, remettez-les dans la poêle, ajoutez 2 cs de crème fraîche, laissez cuire 1 min et servez.

Beurre d'escargots

Pour 4 pers. : 200 g de beurre, 3 gousses d'ail, 3 cs de persil haché, 1 cs de poudre d'amandes, ½ cc poudre d'anis vert ou 1 cs d'apéritif anisé, 1 cc de sel fin, poivre.

Sortez le beurre du réfrigérateur 1 h à l'avance ; à température ambiante, coupez-le en morceaux dans un saladier. Épluchez l'ail, coupez les gousses en 2, retirez les germes ; équeutez le persil (pour hacher plus facilement l'ail, écrasez-le préalablement avec le plat d'un couteau). Hachez grossièrement le persil ; on peut utiliser un robot, en sachant que le résultat obtenu manquera de texture. Malaxez intimement l'ail, le persil, le beurre, la poudre d'amandes, l'anis, le sel, le poivre. Réservez au frais.

Petite histoire des fines herbes...

(suite du 22 février)

L'échalote a bien du mérite de s'être trouvé une place entre l'ail, roi du Midi, et l'oignon, roi du Nord. Ils font tous les trois parties de la même famille et ont le même signe distinctif : l'odeur. Celle de l'échalote est plus fine et plus subtile. La petite grise, rare et chère, a un goût très prononcé. Le parfum moins caractéristique de l'échalote de Jersey, ronde et cuivrée, se rapproche de celui de l'oignon.

L'échalote poire, ou échalote ordinaire, bulbe verdâtre à la base et violacé vers le sommet, est nettement moins parfumée que les autres. Elle s'ajoute finement hachée dans les salades ou dans les crudités. Ma préférence va vers son jus rajouté à la vinaigrette. Ses feuilles, coupées vertes, sont tout à fait savoureuses et délicatement parfumées *(voir la suite le 24 février)*.

Petite histoire...

Le 23 février 1849. Naissance à Vex en Suisse de Joseph Favre, auteur du *Dictionnaire universel de cuisine et d'hygiène alimentaire*. Ce dictionnaire est une véritable bible et est paru quelques semaines après la mort de son auteur.

Lever du soleil : 7 h 47 Coucher du soleil : 18 h 22 Lune décroissante

Hiver

DÎNER

Tajine d'agneau aux fruits secs
Tarte au citron
(voir la recette du 2 avril)

La recette du jour

Tajine d'agneau aux fruits secs

Pour 4 pers. : 1 kg d'épaule d'agneau, 1 gros oignon, 2 gousses d'ail, 5 cs d'huile d'olive, 2 cc de gingembre en poudre, 1 cc de curcuma, 1 cc de safran en poudre ou en filaments, 1 pincée de noix de muscade râpée, 30 cl de bouillon de bœuf, 2 bonnes pincées de cannelle, 400 g de raisins, abricots secs, figues et pruneaux dénoyautés, herbes fraîches hachées, sel, poivre.

Demandez au boucher de couper l'épaule en morceaux sans la désosser et de la dégraisser. Épluchez et émincez l'oignon ; pelez l'ail. Dans une cocotte, faites revenir les oignons dans l'huile d'olive à feu moyen. Salez légèrement et menez-les à transparence ; ajoutez la viande, faites-la revenir. Retirez la viande et les oignons. Ajoutez l'ensemble des épices ; mélangez avec les graisses de cuisson ; ajoutez la viande avec les oignons et versez 30 cl de bouillon de bœuf ; portez à ébullition et menez à petit bouillottement pendant 1 h 30. Pendant ce temps, faites bouillir un petit verre d'eau dans une casserole avec le sucre et 1 pincée de cannelle ; plongez les raisins, les abricots secs, les figues et les pruneaux. Quand le liquide est presque évaporé, incorporez-les à la viande environ 15 min avant la fin de la cuisson. Servez ce plat soit dans un plat à tajine, soit dans un plat creux. Décorez d'herbes fraîches hachées.

Petite histoire des fines herbes…

(suite du 23 février)

Aneth, fenouil amer et fenouil doux :
on confond souvent ces trois plantes.
L'aneth est une plante rustique qui se promène à l'état sauvage sur les bords de routes et que l'on sème également au début du printemps pour la récolter l'été. Elle est connue sous son nom saxon de *dil*. On l'appelle aussi « fenouil bâtard » ou « fenouil puant ». Elle est originaire d'Orient.
Dans l'Antiquité, elle était utilisée pour cicatriser les plaies des gladiateurs. Raspoutine versait des graines d'aneth, réputée aphrodisiaque, dans son bain et dans l'eau de celui des dames qu'il voulait séduire. Ses vertus carminatives favorisent l'expulsion des gaz intestinaux et enrayent le hoquet.
Les nourrices en étaient friandes pour activer la sécrétion du lait. En Amérique du Sud, on l'utilise contre les hémorroïdes.
Le fenouil amer est assez commun à l'état sauvage.
On le cultive pour ses graines qui sont d'un usage fréquent dans la composition des liqueurs.
Les Italiens sont très friands du *fenouil doux* qu'ils appellent *carosella*. Lorsque les tiges sont encore jeunes et tendres, on les casse et les mange garnies de leurs feuilles. On utilise le délicat brouillard vert des jeunes feuilles d'aneth ou de fenouil, en petites quantités, dans les salades vertes ou pour exciter un poisson froid.
Le fenouil a les mêmes propriétés médicinales que l'aneth avec un plus : en bains d'yeux, il soulage la conjonctivite
Lors de promenades en forêt, pensons à glisser une feuille fraîche de fenouil dans notre chaussure gauche pour éviter les piqûres d'insectes.
Depuis quelques années, on rencontre sur les marchés un fenouil d'une tout autre famille : le fenouil de Florence.
Cette plante basse et trapue a des pétioles blancs, très élargis, qui s'emboîtent les uns dans les autres pour former une pomme ou un renflement de la taille d'un poing. On le consomme cuit. Son goût rappelle celui du céleri avec un goût sucré et un parfum doux et anisé. Cru, il participe sans se faire prier à certaines salades composées *(voir la suite le 25 février)*.

Saint-Roméo

Jeudi **25** FÉV.

Semaine 8

Hiver

DÎNER

Bifteck, frites
Salade verte

LA RECETTE DU JOUR

Pommes de terre frites

Pour 4 pers. : 500-600 g de pommes de terre (bintje pour un meilleur résultat), huile de friture, sel

Épluchez les pommes de terre. Détaillez-les en bâtonnets de 1 cm de section. Lavez-les bien pour ôter l'amidon, égouttez-les et séchez-les dans un torchon. Procédez par petites quantités successives : pochez dans une friture à 160-170 °C pour 6 à 7 min selon la taille des frites ; égouttez. Augmentez la chaleur de l'huile jusqu'à 180-190 °C ; retrempez les frites pour 2 à 3 min jusqu'à obtention d'une belle couleur dorée, d'un agréable croustillant (les frites doivent être fondantes à l'intérieur, croquantes à l'extérieur) ; égouttez puis salez.

Mon truc malin

Les pommes de terre frites : quelle que soit leur taille, elles se salent toujours au sel fin après avoir été posées sur un papier absorbant pour enlever l'excédent de graisse.

Les pommes allumettes : moitié moins grosses que les pommes pont-neuf, elles restent dans la friture 5 min pour le premier bain, 2 min pour le second ; prenez soin de remuer le panier régulièrement car elles ont tendance à se coller les unes aux autres.

Les pommes paille : les pommes de terre sont taillées en grosse julienne au Mouli-julienne (grosse grille), lavées à grande eau fraîche après la taille pour éliminer l'amidon, puis bien séchées. Leur premier bain ne doit pas dépasser 2 min ; il est nécessaire de les remuer sans cesse avec l'écumoire pour éviter qu'elles ne s'agglutinent ; le deuxième bain se limitera à 1 min.

Les pommes chips : coupées en fines rondelles dans le sens de la largeur, lavées abondamment, bien séchées ; un seul bain de 3 à 4 min à 180-190 °C en remuant sans cesse.

Petite histoire des fines herbes...

(suite du 24 février)

La menthe : toutes de la même famille, les sœurs labiées ont pourtant chacune leur petite personnalité.
La menthe verte est employée par les Anglais pour leur sauce à la menthe, indispensable au gigot, d'après eux.
La menthe poivrée se distille et, de la menthe du Japon, on extrait le menthol, sorte de camphre très utile contre les névralgies et efficace en inhalations contre les rhumes de cerveau.
La petite pouliot s'emploie comme condiment et son odeur, quoique agréable, est nettement moins forte que celle de toutes les autres menthes.
La menthe de chat est une grande et belle plante de 1 m de hauteur dont les feuilles et les jeunes pousses s'emploient également comme condiment.
La menthe coq ne fait pas partie de la famille des labiées, mais des composées. On l'appelle aussi la menthe de Notre-Dame ou le grand baume. Ses feuilles, citronnées et mentholées, macérées dans l'huile, utilisées comme baume, soulagent les douleurs rhumatismales.
S'il est une plante dont la réputation aphrodisiaque est bien ancrée, c'est la menthe. Les soldats grecs n'y avaient pas droit tant elle incitait à l'amour et diminuait la combativité.
Les différentes menthes sont originaires d'Europe méridionale. Elles essaimèrent jusqu'en Asie où elles finirent par s'imposer dans la cuisine pour revenir ensuite chez les Anglais. qui en font une grande consommation pour assaisonner l'agneau et les légumes *(voir la suite le 26 février)*.

Lever du soleil : 7 h 43 Coucher du soleil : 18 h 25 Lune décroissante

Je m'avance pour demain

Je prépare un saumon gravlax (voir la recette du 1er mai).
Je prépare des harengs à l'huile (voir la recette du 14 juillet).

La recette du jour

Filets de merlan des pêcheurs

Pour 6 pers. : 6 beaux merlans dorés de 200 à 250 g pièce, 100 g de beurre, 1 échalote grise, 1 verre de vin blanc sec, 2 cs de moutarde forte, sel, poivre.

Faites vider les merlans par votre poissonnier. Lavez-les soigneusement, essuyez-les et rangez-les dans un plat pouvant aller au four. Dans une casserole à fond épais, faites fondre 50 g de beurre, ajoutez l'échalote hachée. Laissez cuire très doucement pendant 5 min. Répandez le beurre « échaloté » sur les merlans. Salez, poivrez. Délayez le vin blanc avec la moutarde. Versez sur les merlans et faites cuire 20 min au four à 200 °C (th. 6/7). Récupérez le jus de cuisson. Versez-le dans une petite casserole, ajoutez les 50 g de beurre restants. Fouettez. Rectifiez au besoin l'assaisonnement. Allumez le four, position gril. Arrosez les merlans avec cette sauce au beurre et placez le plat sous le gril pour faire simplement glacer. La sauce doit faire un voile. L'opération ne demande que 3 ou 4 min.

Hiver

DÎNER

Coquilles Saint-Jacques en carpaccio
Filets de merlan des pêcheurs
Tarte fine aux pommes
(voir la recette du 30 mai)

Petite histoire...

Le 26 février 1903 : premier déjeuner des « Goncourt », vous vous rendez compte ? Les dix premiers membres de la toute jeune Académie des Goncourt, Octave Mirbeau, Paul Margueritte, Lucien Descaves, Léon Daudet, Joris-Karl Huysmans, Léon Hennique, Rosny Aîné et Rosny Jeune etc. se retrouvent dans les salons du Grand Hôtel à Paris, à l'occasion de leur tout premier déjeuner sous l'instigation de Léon Daudet, le célèbre polémiste de *L' Action française*.

C'est le grand Escoffier, maître des cuisines du Grand Hôtel, qui concocte le premier menu. Tout le monde est ravi, à l'exception de Lucien Descaves qui ronchonne toujours et d'Octave Mirbeau qui aurait préféré un bistrot-toile cirée – il réussira dans son entreprise, puisque l'Académie s'installera au Champaux, place de la Bourse. Les académiciens intriguèrent pour revenir vers des nappes blanches et des couverts argentés, d'abord au Café de Paris et puis après la guerre de 1914 Chez Drouant place Gaillon, toujours siège de l'Académie.

Petite histoire des fines herbes...

(suite du 25 février)

La menthe : la menthe s'entend comme larron en foire avec le concombre.
Elle est indispensable dans l'exquis taboulé des Libanais.
On peut tenter des essais insolites comme parfumer vinaigre ou huile avec de la menthe, ou en parsemer en dose minimale sur des carottes râpées. En dehors de la cuisine, on prétend que quelques feuilles fraîches, ajoutées à l'eau d'un vase, font durer le bouquet plus longtemps.
Une feuille de menthe appliquée entre la peau et la ceinture de flanelle facilite les efforts, mais l'usage de cette dernière tend à disparaître...

Lever du soleil : 7h41 Coucher du soleil : 18h27 Lune décroissante

Sainte-Honorine

Samedi **27** FÉV.

Je m'avance pour mardi 1er mars

Je prépare une terrine de foies de volaille (voir la recette du 28 août).

SEMAINE 8

Hiver

DÉJEUNER

Saumon gravlax
(voir la recette du 1er mai)

Harengs à l'huile, pommes de terre vapeur
(voir la recette du 12 juillet)

Soufflé au chocolat
(voir la recette du 3 janvier)

DÎNER

Tarte à l'oignon

Comté ou beaufort, salade

Poires au caramel

Petite histoire...

27 février 1841 : les Parisiens, surtout ceux d'une partie de la rive gauche, sont satisfaits car depuis hier, l'eau jaillit d'un puits artésien foré dans la plaine de Grenelle.
Une colonne d'eau de 33 m de haut. Que de temps il a fallu pour en arriver là ! Ce forage avait été décidé en 1832. Le nom d'artésien rappelle que c'est en Artois, à Lilliers dans le Pas-de-Calais, que fut foré pour la première fois un puits dans le sol à 15 m de profondeur seulement. Peut-être est-il bon de rappeler que le puits de la plaine de Grenelle, dont les travaux ont commencé en 1833, touche l'eau à 548 m de profondeur.

Les recettes du jour

Tarte à l'oignon

Pour 8 pers. : 700 g d'oignons, 50 g de beurre, 1 pâte brisée, 6 œufs, 300 g de crème fraîche, 3 cs de lait, 2 pointes de couteau de noix de muscade râpée, 1 cs de sel fin, poivre.

Épluchez les oignons, coupez-les en fines lamelles. Dans une cocotte, faites fondre le beurre, ajoutez les oignons et laissez-les étuver doucement, cocotte fermée. Retirez du feu lorsqu'ils deviennent transparents. Préchauffez le four à 220 °C (th. 7/8). Faites précuire la pâte à blanc, 20 min (cuire à blanc : cuisson d'une pâte vide destinée à être garnie d'un appareil). Dans un saladier, battez les œufs avec la crème fraîche et le lait. Salez, poivrez. Ajoutez la muscade. Versez dans la cocotte, mélangez. Versez sur la pâte à tarte le mélange oignons, œufs et crème, et remettez au four une dizaine de min. Vérifiez la cuisson avec la pointe d'un couteau. Elle doit ressortir propre. Démoulez et servez.

Poires au caramel

Pour 4 pers. : 4 poires moyennes, 3 verres d'eau, 4 cs de sucre semoule, 1 gousse de vanille, ½ l de crème pâtissière légère, 1 bol de caramel liquide.

Crème pâtissière légère : 1 gousse de vanille, ½ l de lait, 4 jaunes d'œufs, 80 g de sucre semoule, 20 g de farine, 3 blancs d'œufs, 1 cs d'alcool au choix.

Faites la crème pâtissière légère 1 h environ avant la mise en œuvre du dessert. Coupez en 2 la gousse de vanille, grattez les graines, mettez-les dans le lait et portez à ébullition. Dans un saladier ou un cul-de-poule, mélangez les jaunes d'œufs et le sucre jusqu'à ce que le mélange devienne blanc et mousseux ; incorporez petit à petit la farine. Délayez ensuite cet appareil en versant doucement le lait chaud. Remettez le tout dans une casserole à feu moyen et portez à ébullition sans cesser de tourner avec une cuillère en bois. La crème devient épaisse et lisse après 1 ou 2 bouillons. Retirez-la du feu et passez-la au chinois. Battez les blancs d'œufs en neige très ferme en les incorporant à la crème pâtissière toujours à l'aide de la cuillère en bois. C'est le moment de l'aromatiser si vous en avez décidé ainsi. Mettez au réfrigérateur.

Dans un plat creux, épluchez et coupez les poires en 2 après les avoir épluchées et en avoir retiré le cœur. Faites-les pocher dans l'eau avec le sucre et la gousse de vanille fendue. Vérifiez la cuisson avec la pointe d'un couteau ou une aiguille à brider ; égouttez et laissez refroidir. Ensuite disposez les demi-poires sur la crème pâtissière ; nappez d'un caramel liquide et servez.

Remarque : à cause des blancs en neige, cette crème ne se conserve pas.

Lever du soleil : 7 h 39 Coucher du soleil : 18 h 28 Lune décroissante

LES RECETTES DU JOUR

Petits farcis aux champignons

Pour 6 pers. : 12 beaux gros champignons de Paris à tête brune, 3 cs d'huile d'olive, 2 tranches de pain de mie sans la croûte, 6 cs de lait frais, 2 tranches de jambon de pays, 3 gousses d'ail, 2 cs de persil haché, sel, poivre.

Allumez le four à 180-200 °C (th. 6/7). Séparez la tête des queues. Badigeonnez les têtes d'huile d'olive. Salez, poivrez avant de les ranger dans un plat à gratin et de les mettre au four pour 15 min. Faites tremper le pain de mie dans le lait. Hachez au robot les pieds de champignons, le jambon, l'ail, le persil et la mie de pain trempée. Salez, poivrez. Garnissez les têtes des champignons avec cette farce et remettez au four 10 min.

Veau Marengo

Pour 8 pers. : 1,4 kg de poitrine de veau coupée en morceaux de 70 g environ, 6 gousses d'ail, 6 échalotes, 16 petits oignons grelots, 400 g de champignons de Paris, 7 cs d'huile d'olive, 2 cc de farine, ½ bouteille de vin blanc sec parfumé, 1 bouquet garni, 1 gros oignon, 250 g d'olives vertes dénoyautées, 6 tomates (en conserve hors saison), le zeste d'une orange, sel, poivre.

Pelez les gousses d'ail et écrasez-les sous une lame de couteau. Épluchez les échalotes et les petits oignons. Nettoyez les champignons et coupez-les en 2 ou 4 selon leur taille. Salez, poivrez la viande. Dans une cocotte, chauffez 5 cs d'huile d'olive. Mettez la viande à dorer à feu vif. Ajoutez l'ail. Saupoudrez de farine et remuez vivement. Mouillez avec le vin blanc. Ajoutez le bouquet garni, couvrez et laissez mijoter 1 h à feu doux. Ajoutez alors les échalotes, l'oignon épluché et émincé, les champignons, les olives, les tomates pelées, épépinées et coupées en morceaux, le zeste d'orange coupé en fines lamelles, et poursuivez la cuisson 45 min. Versez le contenu de la cocotte dans un grand plat creux. Accompagnez de cœurs de céleris braisés.

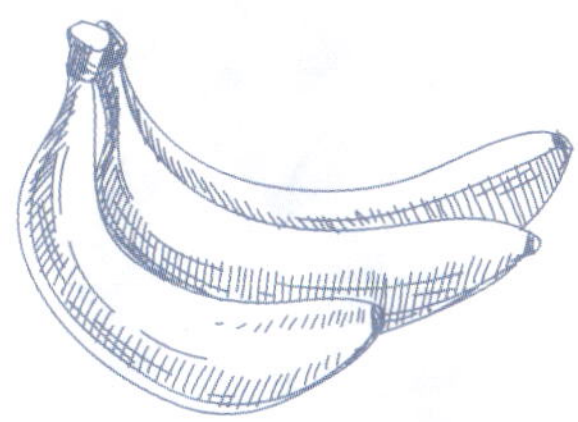

Tarte à la banane

Pour 6-8 pers. : 20 g de beurre pour le moule, 1 pâte feuilletée pur beurre, 7 bananes, 1 sachet de sucre vanillé, 2-3 pincées de cannelle en poudre, 30 g de beurre, marmelade d'abricots.

Préchauffez le four à 180 °C (th. 6). Beurrez un grand moule à tarte, étalez la pâte et piquez-la à la fourchette. Épluchez les bananes et tranchez-les en biais. Posez-les sur la pâte en les faisant se chevaucher. Poudrez de sucre vanillé et de cannelle. Ajoutez le beurre en noisettes. Enfournez pour 25 min, puis laissez la tarte dorer 5 min dans le four en position gril. Sortez la tarte du four et badigeonnez-la d'une fine couche de marmelade d'abricots à l'aide d'un pinceau. Dégustez tiède.

Hiver

DÉJEUNER

6 huîtres
Veau Marengo
Cœurs de céleris
Tarte à la banane

DÎNER

Soupe de poireaux pommes de terre
(voir la recette du 2 novembre)
Petits farcis aux champignons
Reste de la tarte à la banane

☞ *Le saviez-vous ?*

Le céleri : **rave ou en branches, le céleri a le même ancêtre : l'ache odorante. Au XVIIe siècle, le céleri branche a bénéficié d'une réputation aussi fameuse qu'injustifiée : des maîtres confituriers affirmèrent que ses vertus aphrodisiaques étaient d'une efficacité souveraine. Du marketing avant l'heure, en quelque sorte !**

Saint-Auguste

Lundi
29
FÉV.

Semaine 9

Hiver

DÎNER

Onglet de veau en cocotte
(voir la recette du 28 mai)

Artichauts poivrade, crème moutardée

Salade d'oranges et de pamplemousses
(voir la recette du 16 novembre)

Les recettes du jour

Artichauts poivrade

Pour 4 pers. : 1 botte d'artichauts poivrade, vinaigre d'alcool.

Épluchez la queue, enlevez les premières feuilles à l'aide d'un petit couteau. Déposez au fur et à mesure dans un récipient d'eau légèrement vinaigrée – 1 cs de vinaigre d'alcool pour 1 l d'eau –, car la poivrade noircit et s'oxyde rapidement. Servez les artichauts à la croque au sel, coupés – queue comprise – en 2 ou en 4, selon la taille, ou avec une sauce à la crème moutardée.

Crème moutardée

Pour 4 pers. : 20 cl de crème fraîche épaisse, 1 cs de moutarde forte, le jus d'un citron, sel, poivre.

Mélangez dans un bol la crème, la moutarde, le jus de citron, le sel et le poivre. Réservez au réfrigérateur.

Petite histoire des légumes...

Demain, c'est mars... Les premiers « primeurs » vont faire leur apparition sur les marchés.
Nos ancêtres connaissaient-ils les légumes ?
Le mot « légume » (du latin *legumen*) désignait toute graine comestible enfermée dans une gousse et pouvant se réduire en purée ou en bouillie.
Ainsi, les légumineuses ou, comme on les appelle aujourd'hui, les « légumes secs » (lentilles, fèves, haricots, pois et pois chiches) constituent de vrais légumes, au sens botanique. Les légumes secs sont donc les graines sèches de ces légumineuses. Ensuite, le mot « légume » s'est étendu aux feuilles (verdures ou herbes), aux racines (carottes, navets, etc.) et aux fruits (concombres, tomates, etc.). Aujourd'hui, on les appelle « légumes frais » et ils se consomment peu de temps après leur récolte.
Ils sont considérés comme des aliments à part entière, des herbes d'assaisonnement ou des condiments.
On distingue les primeurs (légumes apparaissant sur le marché avant leur époque normale de maturation) et les légumes de pleine saison.

Historique : les premiers hommes prélevaient dans la nature les denrées comestibles dont ils avaient besoin.
Les vestiges archéologiques prouvent l'importance des herbes sauvages dans l'alimentation humaine. La première trace de graine de plante comestible date de 1,5 million d'années.
Mais on ignore, pour le moment, le degré d'intégration des denrées végétales dans le régime alimentaire à la période paléolithique. Les hommes se déplaçaient selon les ressources saisonnières et la quête de la nourriture s'effectuait dans un vaste espace. On pense que les cultures « sur brûlis » datent du mésolithique et seraient les premiers signes d'une gestion du patrimoine végétal « naturel ».
Mais il faut attendre le néolithique pour voir l'agriculture se développer autour des premiers villages marquant la sédentarisation des groupes humains.
L'irrigation de champs « naturels » prouve que l'idée de rendement existait déjà. Puis la domestication des plantes s'est effectuée simultanément en plusieurs endroits (zones tropicales et subtropicales) et de manière indépendante.
Les légumineuses et les légumes associés aux céréales (orge, blé) viennent du Proche-Orient (9000 ans av. J.-C.) *(voir la suite le 1er mars...)*.

Lever du soleil : 7h35 Coucher du soleil : 18h32 Lune décroissante

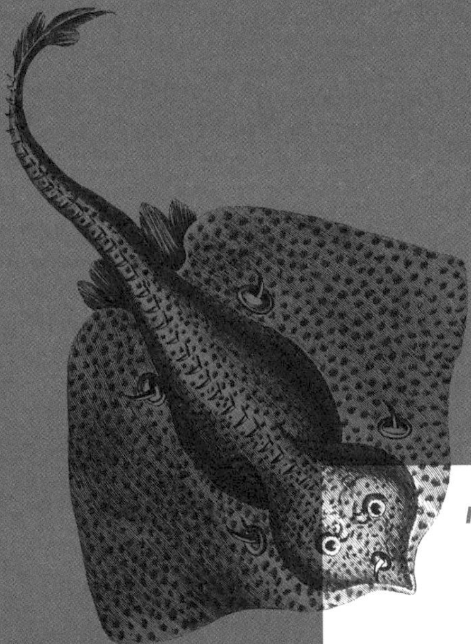

Mars

M	M	J	V	S	D
	1	2	3	4	5	6
7	8	9	10	11	12	13
14	15	16	17	18	19	20 Printemps
21	22	23	24	25	26	27
28	29	30	31			

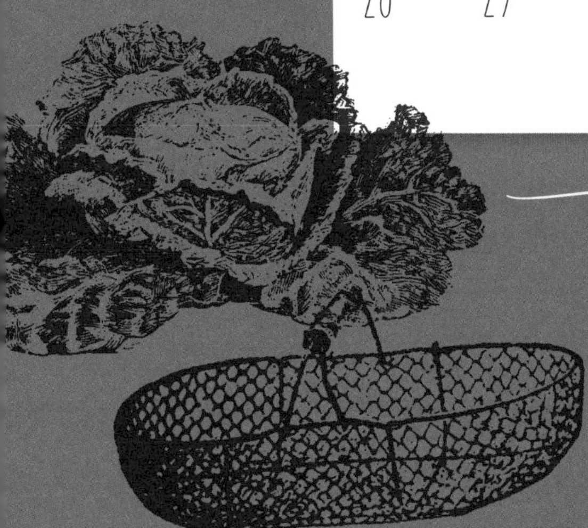

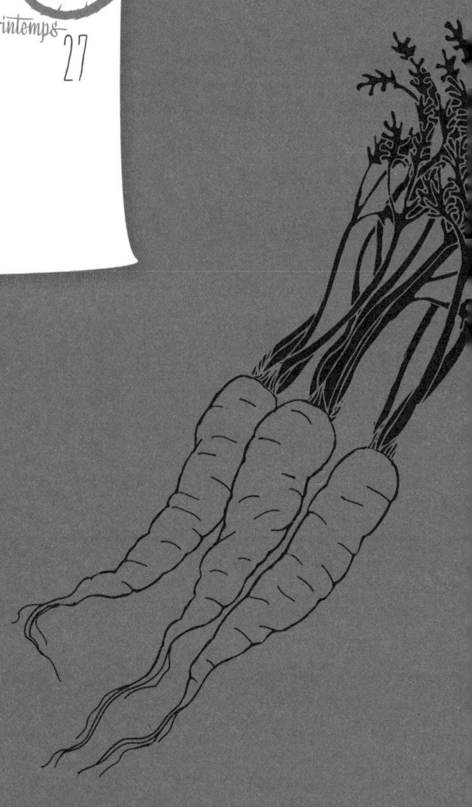

Semaine 9

Hiver

DÎNER

Tartine de mousse de foies de volaille
(voir la recette du 28 août)

Ris, blanc de poulet, champignons à la crème
(voir la recette du 5 janvier)

Riz pilaf
(voir la recette du 8 octobre)

Fromage blanc avec les restes de framboises surgelées

Petite histoire des légumes...

(suite du 29 février)

Seule la lentille préhistorique existe encore chez les Gallo-Romains. Une foule de végétaux que l'on consomme à Rome provient de l'ensemble de l'Empire romain. Entre l'Antiquité et le Moyen Âge s'installe en Occident une période d'appauvrissement de l'alimentation végétale. Des espèces couramment consommées dans l'Antiquité tombent dans l'oubli et ne refont surface qu'au XIXe siècle.

Au Moyen Âge, on assiste à une différenciation entre légumes secs et légumes frais, de même qu'à une hiérarchisation sociale: les légumes hors-sol deviennent nobles, les légumes souterrains sont réservés au peuple. Notons aussi qu'à cette époque déjà, les légumes sont cultivés dans les jardins, alors que les céréales poussent dans les champs.

Le passage de la plante sauvage à la plante cultivée est impossible à dater, et nous ne possédons pas assez de données archéologiques pour pouvoir retracer la chronologie génétique des légumes. Et, parce que le phénomène reproductif des plantes reste longtemps inconnu, l'homme attribue aux divinités la maîtrise de l'agriculture.

Le potager (où l'on cultive et récolte les légumes) se différencie dès l'Antiquité du verger (où l'on cultive les fruits). Cependant, l'histoire des jardins nous apprend comment se sont transformées les techniques de culture. Au Moyen Âge, on ne trouve plus dans le potager que des radis noirs, des choux, des betteraves, des carottes, des fèves, des pois farineux, des courges et des poireaux. C'est à cette époque qu'apparaît la notion de «potage», ce qui est cuit au pot par opposition à ce qui est rôti. Et les grands marchés, ou halles, qui existaient dans l'Antiquité ont disparu. La Renaissance remet les halles à la mode. Et les amateurs de toutes origines sociales consomment bulbes et racines. Le besoin en eau des légumes fait qu'ils sont cultivés à proximité des marais, d'où le terme de «maraîcher».

Au XVIIIe siècle, les légumes sont très en vogue. Sous l'influence d'un jardinier comme La Quintinie, de nouvelles variétés voient le jour.

On cultive des espèces variées d'asperges, de laitues, de plantains, d'oseilles, de cardons, de raiponces, de choux, de carottes, de haricots, d'aubergines, de topinambours, de pommes de terre, de cerfeuils, de cressons, de concombres, de petits pois, de fèves, etc.

Les techniques agricoles sont très développées – on invente la serre – et des légumes hors saison font leur apparition.

Au XIXe siècle se poursuit la redécouverte des légumes oubliés: le céleri-rave, le céleri branche, le cresson, la mâche, les navets, le pissenlit... Les débuts de la génétique favorisent certains croisements inédits. Le jardin potager migre alors dans les champs, marquant le début de la culture extensive *(voir la suite le 2 mars)*.

Lever du soleil : 7h33 Coucher du soleil : 18h33 Lune décroissante

Hiver

DÎNER

Crépinettes
Pommes de terre sautées
Clafoutis aux pommes et aux poires

Les recettes du jour

Clafoutis aux pommes et aux poires

Pour 6 pers. : 2 belles pommes, 2 belles poires, 2 jaunes d'œufs, 80 g de sucre + 2 cs pour le moule + 30 g pour dorer le clafoutis, 80 g de farine, 1 verre à moutarde de lait, 1 cs de beurre, 1 pincée de sel fin.

Préchauffez le four à 180 °C (th. 6). Épluchez les pommes et les poires, « étrognonnez-les », coupez-les en tranches épaisses (8 à 12 par pomme et par poire). Réservez. Dans un saladier, mélangez les jaunes d'œufs, le sucre, 1 pincée de sel et la farine. Incorporez le lait en 2 fois, en fouettant doucement. Versez la pâte sur les pommes et les poires à travers un chinois ou une passoire fine, pour éliminer les grumeaux. Mélangez le tout. Beurrez le fond d'un moule à gratin, saupoudrez-le de 2 cs de sucre. Versez le mélange pâte/pommes-poires. Mettez au four 35 min. Après 15 min de cuisson, saupoudrez le clafoutis de sucre (30 g) pour le caraméliser légèrement. Servez tiède ou à température ambiante.

Crépinettes

Pour 12 crépinettes : 800 g de jambon maigre, 200 g de lard, 17 g de sel, 2 g de poivre noir, 20 g de cognac, crépine de porc.

Hachez ensemble tous les ingrédients à l'exception de la crépine avec (grille moyenne). Mélangez bien, formez des boulettes dans la paume de la main, puis aplatissez-les. Enveloppez-les de crépine de porc. Vous pouvez les faire cuire de nombreuses façons : dans une noix de beurre, grillées, poêlées ou passées au four.

Petite histoire…

Le 2 mars 1600. Enfin les travaux d'Olivier de Serres sont reconnus. *Le Théâtre d'agriculture* est en vente à partir d'aujourd'hui dans toutes les librairies. Ce miracle a lieu grâce au roi Henri IV qui s'est fait l'ardent propagandiste de l'auteur et de son ouvrage. Olivier de Serres est propriétaire d'une exploitation agricole dans le Vivarais, à Pradel.

Il y a remplacé la routine par la réflexion, la tradition par l'expérience. C'est Sully, le ministre d'Henri IV, qui l'a fait venir à la cour. Il l'a poussé à écrire et à publier. On dit que le bon roi Henri IV n'accordait guère plus de 2 h aux affaires publiques et pourtant, il a soustrait quotidiennement une demi-heure de ses passe-temps favoris pour lire et méditer.

On peut considérer cela comme un chef-d'œuvre.

Petite histoire des légumes… *(suite du 1er mars)*

L'évolution : La première plante qui semble avoir été cultivée par l'homme est un tubercule, l'igname, suivi par les céréales et les premières légumineuses. Les premiers légumes, c'est-à-dire les vesces, les fèves, les lentilles, les lupins et les pois, étaient qualifiés de « viande des pauvres ». Les légumes actuels sont tous issus de l'amélioration de plantes sauvages.

La botanique, créée par Théophraste (IIIe siècle av. J.-C.), demeure jusqu'au XVIIIe siècle une sœur de la médecine. L'homme commence par classifier les végétaux. Au XVIe siècle, Olivier de Serres et Bernard Palissy proposent, pour une mise en pratique de l'agriculture, des dictionnaires destinés au grand public (les « Maisons Rustiques » datent de cette époque). Au XVIIIe, l'invention du microscope permet à Camerarius d'observer les phénomènes sexuels chez les plantes.

La botanique rejoint alors la biologie et la méthode expérimentale *(voir la suite le 3 mars)*.

Lever du soleil : 7h31 Coucher du soleil : 18h35 Dernier quartierr de lune

Saint-Guénolé

Jeudi
3
MARS

Hiver

DÎNER

Blanquette de cuisses de poulet
Pommes de terre vapeur
Reste de clafoutis d'hier

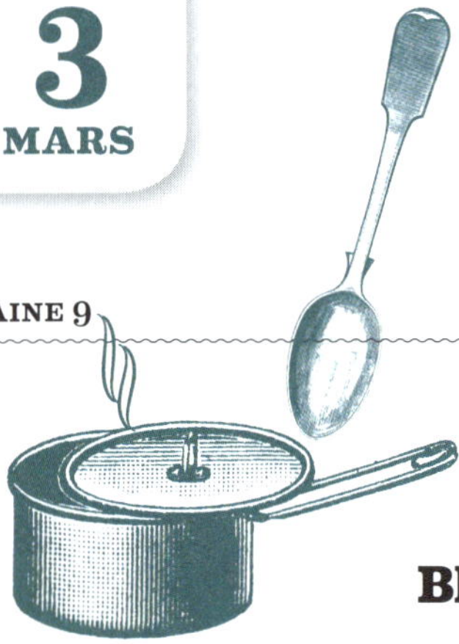

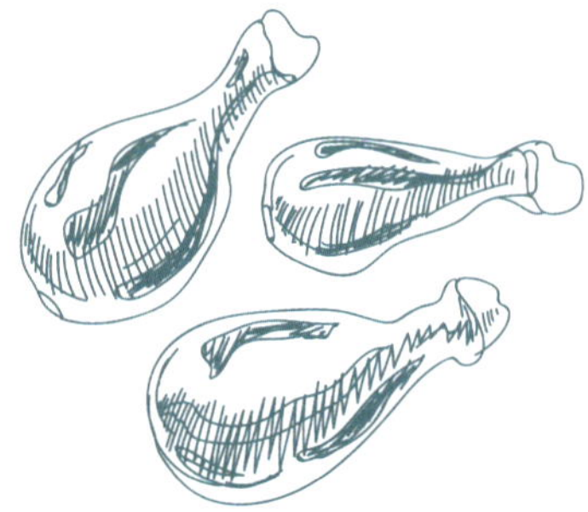

LA RECETTE DU JOUR

Blanquette de cuisses de poulet

Coupez les cuisses en morceaux et cuisinez-les exactement comme la blanquette de veau *(voir la recette du 16 avril)*, en réduisant le temps de cuisson à 50 min.

Petite histoire des légumes...

(suite du 2 mars)

L'évolution : De même, l'évolution de l'agronomie est intéressante. Dans le but d'une amélioration de l'économie rurale, les premiers agronomes antiques à proposer une solution sont Xénophon et Varron. Mais il faut attendre la fin du XVIIIe siècle pour que l'amélioration soit apportée directement sur la plante (excepté la taille et la greffe). Les progrès de la chimie iront de pair avec ceux de la physiologie végétale.
Enfin, l'évolution de la gastronomie nous permet de suivre l'évolution des légumes. La cuisson des aliments, qui permet une alimentation plus digeste, est capitale.
Pour passer de la plante sauvage à la plante cultivée, l'homme a utilisé diverses techniques.
Tous les sols ne sont pas également fertiles. La fertilité relève d'une part du climat (sur lequel l'homme ne peut intervenir), d'autre part de l'ensemble sol-substratum, c'est-à-dire drainage, labour, etc. – cette méthode est actuellement remise en question. L'homme a appris à jouer sur le milieu écologique : l'emploi des engrais et des fumures corrige certaines déficiences. Mais aussi directement sur la plante : rotation des cultures et, depuis peu, sélection et amélioration génétique.
L'apport d'eau est indispensable. Les premières irrigations ont été entreprises dès la période néolithique. Durant l'Antiquité, des ouvrages d'eau très complexes compensent l'insuffisance des précipitations.
Les processus évolutifs passent aussi par la mise en place des châssis et des serres.
Traditionnellement cultivés en petites quantités et près des habitations, les légumes ont toujours fait l'objet de soins attentifs. Pour améliorer la production ou trouver des produits hors saison, les Romains avaient déjà utilisé le forçage par chauffage et la protection des cultures grâce à des feuilles de mica. Il faut attendre le XVIIe siècle pour que les premières orangeries (constructions de protection, plus élaborées que de simples serres) apparaissent.
Les ouvertures des orangeries ne seront vitrées qu'à la fin du XVIIIe siècle, bien que le verre soit encore cher ; les bâtiments ne contiennent que des plantes luxueuses : ananas, orangers, citronniers...
À la fin du XIXe siècle, les premières serres à vocation commerciale (pour produire du raisin et des fleurs) font leur apparition aux États-Unis. Entre 1960 et 1970, le plastique va remplacer le verre.
Aujourd'hui, grâce à l'électronique, on contrôle aussi la température, les taux de lumière et d'humidité *(voir la suite le 6 mars)*.

Lever du soleil : 7h29 Coucher du soleil : 18h36 Lune décroissante

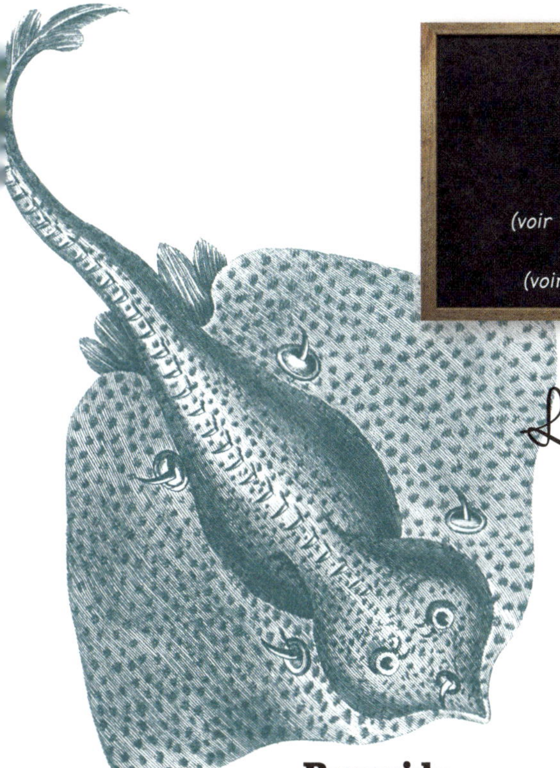

Hiver

DÎNER

Bourride
Sauce aïoli
(voir la recette du 23 juillet)
Tarte au citron
(voir la recette du 2 avril)

Je m'avance pour demain

Je prépare un gâteau au chocolat.

Les recettes du jour

Bourride

Pour 6 pers. : 500 g d'aile de raie, 500 g de lotte, 500 g à 600 g de merlu ou de bar, 1 carotte, 1 oignon, 1 poireau, 1 bulbe de fenouil, ¼ de botte de persil, l'écorce d'une orange, 1 branche de thym, 1 verre à moutarde de vin blanc, 20 tranches de pain, 4 jaunes d'œufs, sel, poivre.
Pour 1 bol d'aïoli : 3 gousses d'ail dégermées, 1 jaune d'œuf, 40 cl d'huile d'olive *(voir recette le 23 juillet)*, sel, poivre.
Fates couper chaque poisson en 6 tronçons par le poissonnier. Épluchez, lavez, émincez les légumes et mettez-les avec l'écorce d'orange et le thym dans une grande casserole avec 2 l d'eau, le vin blanc, 1 cc de sel, 3 tours de moulin à poivre et laissez cuire à couvert 15 min. Plongez les poissons dans le bouillon et comptez 10 min de frémissements. Vérifiez la cuisson. Dans un grand plat creux, rangez les rondelles de pain arrosées avec un peu de bouillon juste pour les imbiber et déposez les poissons sur le pain. Mélangez 2 cs d'aïoli avec 4 jaunes d'œufs. Ajoutez 1 ou 2 cs de bouillon, puis versez l'ensemble de cette préparation dans le bouillon de cuisson et remuez jusqu'à cuisson complète. On doit obtenir une consistance de crème anglaise. Pour cela, il faut veiller à ce qu'il n'y ait aucune ébullition. Versez du bouillon sur le pain et le poisson. Le reste du bouillon sera présenté dans une soupière et le reste de l'aïoli dans une saucière.

Gâteau au chocolat, crème Chantilly

Pour 4 pers. : 125 g de chocolat noir à 70 % de cacao, 1 cs d'eau, 125 g de beurre + 1 noisette pour le moule, 3 œufs entiers, 125 g de sucre en poudre, 1 cs rase de farine.
Pour la crème Chantilly : 125 ml de crème fraîche entière liquide, 30 g de sucre, ¼ de gousse de vanille ou 1 sachet de sucre vanillé *(voir la recette de base le 30 janvier)*.
Aujourd'hui : préchauffez le four à 180 °C (th. 6). Garnissez le fond d'un moule à manqué d'une feuille de papier sulfurisé et beurrez le fond et les parois du moule. Coupez le chocolat en morceaux et faites-le fondre avec 1 cs d'eau à feu très doux. Ajoutez le beurre coupé en petits morceaux, mélangez bien avec une cuillère en bois. Séparez les jaunes des blancs d'œufs. Dans un saladier, battez les jaunes et le sucre. Quand le mélange blanchit, ajoutez doucement le chocolat fondu, puis la farine versée en pluie. Montez les blancs en neige pas trop ferme, versez la moitié dans le saladier et remuez délicatement, en soulevant la masse avec une cuillère ou une spatule, puis incorporez l'autre moitié. Quand la préparation est homogène, versez-la dans le moule à manqué. Placez votre moule dans la lèchefrite ou dans un grand plat à gratin rempli d'eau bouillante et faites cuire au bain-marie dans le four pendant 30 min au maximum. Le dessus doit être légèrement croûté, l'intérieur tout à fait moelleux. Vérifiez la cuisson avec la pointe d'un couteau : elle doit sortir engluée de pâte. Laissez refroidir avant de démouler, en retournant le moule sur le plat de service. Servez le gâteau avec le bol de crème Chantilly. *Vous pouvez remplacer la farine par de la poudre d'amandes.*
Demain : préparez la chantilly.

Sainte-Olive

Samedi
5
MARS

Pense pas bête...
Je prépare la chantilly pour le gâteau au chocolat.

SEMAINE 9

Hiver

DÉJEUNER

Tourte aux fromages

Salade croquante légèrement aillée

Gâteau au chocolat, crème Chantilly
(voir la recette du 4 mars)

DÎNER

Potage pommes de terre poireaux (en faire davantage pour dimanche)
(voir la recette du 2 novembre)

Salade de riz au haddock

Reste de gâteau au chocolat, crème Chantilly

Je m'avance pour demain
Je fais mariner des cuisses de grenouilles dans le vin blanc (voir *la recette du 20 mai*).

LES RECETTES DU JOUR

Tourte aux fromages

Pour 6 pers. : ¼ de l de lait, 25 g de Maïzena, 50 g de beurre, 80 g d'emmental, beaufort ou comté râpé, 3 jaunes d'œufs, 50 g de comté coupé en dés, 1 pincée de muscade, 400 g de pâte feuilletée ou de pâte brisée, sel, poivre.

Préparez la sauce : dans une casserole à fond épais, versez le lait et ajoutez la Maïzena, le beurre coupé en petits morceaux, les 80 g de fromage râpé, 2 jaunes d'œufs, une pincée de sel, 3 tours de moulin à poivre, une pincée de muscade. Portez à ébullition sans cesser de remuer. Goûtez et vérifiez l'assaisonnement. Laissez refroidir, ajoutez le comté coupé en dés.
Préparez la tourte : allumez le four à 200 °C (th. 6/7). Étalez la pâte feuilletée sur 3 à 4 mm d'épaisseur. Donnez la forme d'un rectangle à votre pâte. Avec un pinceau trempé dans l'eau, mouillez tout le pourtour de la pâte sur 1,5 cm environ. Versez la préparation lait-fromage râpé sur la moitié de la pâte feuilletée. Rabattez l'autre partie de la pâte au-dessus du mélange. Appuyez sur les bords humides pour bien souder les 2 morceaux. Déposez le feuilleté sur la plaque de cuisson du four. Délayez le jaune d'œuf qui vous reste avec 1 cc d'eau et 1 pincée de sel. Avec un pinceau, badigeonnez toute la surface de la pâte (on appelle cette opération « chiqueter »). Avec la pointe d'un couteau, rayez la surface de la pâte en dessinant des losanges et faites une petite cheminée au centre. Mettez au four une petite heure. À mi-cuisson, vérifiez que le feuilleté ne cuise pas trop vite. Si tel était le cas, couvrez avec une feuille de papier d'aluminium. Ce feuilleté se sert bien chaud, avec une salade croquante, éventuellement aillée. Il peut se faire à l'avance et se réchauffer parfaitement pendant 20 min – 150 °C (th. 5).

Salade de riz au haddock

Pour 8 pers. : 2 tasses à thé de riz, 500 g de haddock poché, 300 g de petits pois (on peut utiliser des petits pois congelés), 4 œufs, 1 bol de mayonnaise, 1 cs de crème fraîche, 1 citron, 2 tomates.

La veille : faites cuire le riz dans une casserole d'eau bouillante salée. Égouttez-le, puis passez-le sous l'eau froide. Laissez-le refroidir. Faites pocher le haddock dans de l'eau frémissante pendant 8 à 10 min. Égouttez sur un papier absorbant. Faites cuire les petits pois. Égouttez-les. Faites cuire les œufs durs pendant 8 min dans l'eau salée. Réservez. Préparez une mayonnaise, ajoutez la cs de crème fraîche, le jus du citron. Réservez. Plongez les tomates 15 à 30 sec dans de l'eau bouillante, puis dans de l'eau glacée pour les rafraîchir. Pelez-les, coupez-les en 2, épépinez-les, puis coupez-les en petits dés. Effeuillez le haddock en petits morceaux. Mélangez tous les ingrédients et le haddock à la mayonnaise. Écalez les œufs, rincez-les, coupez-les en quartiers et posez-les sur la salade. Servez.

Lever du soleil : 7h35 Coucher du soleil : 18h40 Lune décroissante

Sainte-Colette

Dimanche
6
MARS

Petite histoire...

Le 4 mars 1622. *Les petits oiseaux ne veulent pas mourir.* Pour la deuxième fois, les magistrats de Strasbourg ont pris une ordonnance pour interdire la pratique de l'oisellerie – la chasse aux oiseaux à l'aide de filets étendus – entre le 1er mars et la fin de l'été. À l'époque, on se délectait de pinsons, mésanges, cujeliers, alouettes, verdiers, fauvettes, étourneaux, comme encore actuellement de merles et de grives.

Les moineaux, quand on en appréciait particulièrement la chair délicate, étaient plus spécialement réservés aux malades. Seuls étaient en principe épargnés roitelets et rossignols: «Parce que leur doux ramage et le don qu'ils ont de prédire les changements de temps, nous réjouissent plus que ne pourrait le faire la chair de leur petit corps.» Certes, on chassait l'hirondelle, mais on la portait à l'apothicaire, qui la brûlait, la réduisait en cendres et la mêlait avec du miel et du saindoux afin d'obtenir un onguent contre les angines. La huppe devait son salut à sa chair fétide mais le corbeau, tout particulièrement l'hiver, était des plus recherchés; il produisait un excellent bouillon. Dans certaines régions de montagne, on se régalait de vautours et de faucons, bouillis ou rôtis.

Petite histoire des légumes... *(suite du 3 mars)*

L'évolution: Cette culture sous serre a modifié la production, la commercialisation, la consommation des légumes et, bien sûr, le maraîchage.

Le maraîchage lui-même donne des indications importantes pour la compréhension des processus d'évolution. Le jardin, domaine du privé, de la famille, est aussi le terrain des expérimentations (petite surface, contrôle de proximité). La conservation des aliments, qui permet de pallier les disettes et d'échanger les produits, fait aussi partie du processus d'évolution. Les techniques de conservation ont beaucoup progressé. Le séchage à l'air libre, qui est une des méthodes les plus anciennes, fut peu à peu appliqué à tous les aliments. L'addition de sucre, de sel, d'acide acétique, l'utilisation du froid, l'appertisation sont autant d'autres méthodes de conservation.

Les membres de la famille des légumes: le moins que l'on puisse dire est que la famille des légumes est particulièrement nombreuse. Sans conteste, elle mérite le prix Cognac!

Tout en restant fort unie, cette grande famille se divise en branches très caractéristiques:

– *Les légumes racines:* tout n'est pas comestible dans les membres de cette famille. Chez certains d'entre eux, comme la carotte, le panais et le salsifis, on ne consomme que la racine épaissie. Chez d'autres, la partie utile est la racine et la base de la tige, comme le céleri, le radis et le navet.

– *Les légumes tiges:* ceux-là peuvent avoir une tige souterraine, comme la pomme de terre ou le topinambour, ou aérienne, comme le chou-rave et l'asperge *(voir la suite le 8 mars)*.

SEMAINE 9

Hiver

DÉJEUNER

Cuisses de grenouilles, sauce poulette
(voir la recette du 20 mai)

Cannette au cidre et aux navets
(voir la recette du 17 avril)

Île flottante
(voir la recette des 3 et 4 mai) : faites un caramel blond, démoulez l'île flottante dans un plat creux, entourez de la crème anglaise et nappez les blancs de caramel...

DÎNER

Reste de potage de pommes de terre poireaux d'hier

Omelette aux champignons

Crumble aux pommes
(voir la recette du 29 mars)

Pense pas bête...

Ce matin, je termine la recette des cuisses de grenouilles.

Lever du soleil : 7h23 Coucher du soleil : 18h41 Lune décroissante

Sainte-Félicité

Lundi
7
MARS

Hiver

DÎNER

Joues de bœuf à la languedocienne
Tagliatelles ou autres pâtes

SEMAINE 10

LA RECETTE DU JOUR

Joues de bœuf à la languedocienne

Pour 8 pers. : 1,6 kg à 1,8 kg de joues de bœuf parées, 1 kg de tomates (en conserve hors saison), 1 tête d'ail entière, 3 cs d'huile d'olive, 1 branche de romarin, 1 bouteille de vin rouge tannique, 1 cs de sucre en poudre, 1 botte de persil, 2 cs de gros sel, sel, poivre.
Faites couper par votre boucher les joues de bœuf en morceaux d'environ 50 g à 70 g. Plongez les tomates 15 à 30 sec dans de l'eau bouillante, puis dans de l'eau glacée pour les rafraîchir. À l'aide d'un petit couteau pointu, retirez la peau. Coupez-les en 2 ou en 4, puis retirez soigneusement les pépins. Concassez-les grossièrement en prenant soin de garder le jus. Épluchez la tête d'ail, puis écrasez les gousses, à l'exception de 3, avec le plat d'un couteau. Dans une cocotte, faites chauffer 3 cs d'huile d'olive. Quand elle grésille, déposez les morceaux de joues de bœuf, faites-les bien croustiller avec l'ail et le brin de romarin. Préchauffez le four à 160 °C (th. 5/6). Arrosez avec la bouteille de vin rouge tannique. Portez à petit bouillottement. Laissez réduire d'un quart. Ajoutez les tomates, saupoudrez de 1 cs de sucre, salez, poivrez. Couvrez et laissez mijoter tout doucement au four. Hachez assez finement les 3 gousses d'ail restantes, ainsi que la moitié de la botte de persil. Au moment de servir, rectifiez l'assaisonnement et saupoudrez le plat d'ail et de persil. *Ce plat se réchauffe facilement.* Servez avec les pâtes.

Petite histoire...

7 mars 1715. Le chocolat et le carême. Le chocolat délayé dans du lait ou de l'eau est-il une boisson ou un aliment ? Cette grave question interroge ceux qui en cette période de carême ne mettent plus en jeu le corps de l'homme mais aussi son âme.
L'importance de cette subtile distinction interpelle les beaux esprits. Si l'on admet et démontre que le chocolat est une boisson, alors il ne rompt pas le jeûne ; mieux, il devient une ressource précieuse dans le carême. Il s'agit, on l'a compris, d'une occasion de guéguerre entre canonistes et médecins. Selon ces derniers, le chocolat constitue une véritable nourriture, encore plus réconfortante que le lait.
Ils en apportent la preuve en présentant des analyses qui démontrent que 1 once de « 39,59 g » de cacao donne autant de « sucs huileux » que 1 livre de bœuf. Les défenseurs du droit canon soutiennent, eux, que le chocolat est en réalité un médicament, un cordial, un stomachique, dont l'absorption ne tire pas à conséquence. L'évêque de Porto (on peut comprendre son raisonnement) fait remarquer que la boisson ne rompt pas le jeûne ; la preuve, le vin tout nourrissant qu'il est, ne le rompt pas.

7 mars 1794. Un arrêté de police interdit à partir d'aujourd'hui l'usage de la « poudre de perruque » au motif que les parfumeurs emploient pour cette fabrication une quantité trop importante de farine de pommes de terre. Paris et la France sont en pleine disette, d'où cette décision.

Lever du soleil : 7 h 21 Coucher du soleil : 18 h 43 Lune décroissante

Je m'avance pour lundi 14 mars

Je prépare une terrine de cochon aux foies de volaille (voir la recette des 28 et 29 juillet).

Hiver

DÎNER

Ragoût d'agneau aux olives
(voir la recette du 7 février)
Gâteau au citron et aux noix

Saint-Jean-de-Dieu

Mardi **8** MARS

Petite histoire des légumes...

(suite du 3 mars)

Les membres de la famille des légumes : différents de forme, de texture et de goût, ils font néanmoins partie de la même famille.

– Les légumes feuilles : l'ensemble des membres de cette famille se différencie selon la partie utilisée. Dans certains cas, on utilise essentiellement la feuille (laitue, épinard, bette, persil, céleri à couper, chou chinois, poireau, chou cabus, chou de Milan, chou vert et chou frisé). On peut aussi utiliser le pétiole. Le cardon et le céleri à côtes font partie de cette sous-famille. Chez certaines espèces, on ne consomme que les bourgeons (exemple : le chou de Bruxelles). Dans le cas de l'oignon et de l'échalote, on n'utilise que la feuille souterraine, qui apparaît sous forme de bulbe.

– Les légumes fleurs : les artichauts, choux-fleurs et brocolis constituent cette famille.

– Les légumes gousses (grande famille des légumineuses) : ils doivent être consommés frais et seulement frais pour certains d'entre eux, secs et seulement secs pour d'autres, ou secs et frais.

– Les légumes fruits : ils sont considérés en termes botaniques comme des fruits, mais sont traités en légumes par les consommateurs. Tomates, poivrons, aubergines, concombres, courges et melons sont des légumes fruits.

- Les légumes racines

• *La betterave :* rouge, fourragère ou sucrière : 3 appellations et 3 usages précis pour un ancêtre commun, issu de la bette maritime.
Son nom lui vient de son ancêtre la bette, et de sa forme, la rave. Betterave, devenue au XVIIᵉ siècle betterave en un seul mot. Les Grecs et les Romains connaissaient la betterave. Apicius en propose des accommodements. Olivier de Serres le premier, en 1600, a mentionné la betterave blanche, aujourd'hui cultivée pour le bétail.

• La betterave potagère, celle qui nous intéresse, est riche en sucre et se consomme habituellement en salade, seule, ou en ménage avec l'endive et la mâche. Elle ne dédaigne pas de s'acoquiner avec du céleri ou des pommes fruits *(voir la suite le 9 mars)*.

La recette du jour

Gâteau au citron et aux noix

Pour 6-8 pers. : 125 g de beurre ramolli + 1 noix pour le moule, 200 g de sucre en poudre, 4 œufs entiers, 200 g de farine, 1 cc de levure chimique, 250 g de noix décortiquées, 1 citron non traité.

Pour le sirop : 40 cl d'eau, 250 g de sucre, 1 bâton de cannelle, le jus du citron.

Préchauffez le four à 160 °C (th. 5/6). Mélangez le beurre ramolli avec le sucre. Séparez les blancs des jaunes d'œufs. Ajoutez les jaunes 1 à 1 dans la préparation, tout en fouettant. Versez en pluie fine la farine et la levure, puis incorporez les noix grossièrement hachées et le zeste du citron râpé. Montez les blancs en neige, mélangez-les avec la préparation, puis versez le tout dans un moule préalablement beurré. Faites cuire pendant 40 à 45 min. Vérifiez la cuisson avec la pointe d'un couteau, elle doit ressortir lisse.

Préparez le sirop : dans une casserole, mélangez l'eau, le sucre, le bâton de cannelle et le jus du citron. Faites cuire à feu moyen pendant 15 bonnes minutes. Laissez refroidir. Sortez le gâteau du four, versez dessus le sirop refroidi, puis démoulez.

Petite histoire...

Le 8 mars 1500.
Naissance du *Guide Michelin*.

Lever du soleil : 7 h 19 Coucher du soleil : 18 h 44 Lune décroissante

Sainte-Françoise

Mercredi
9
MARS

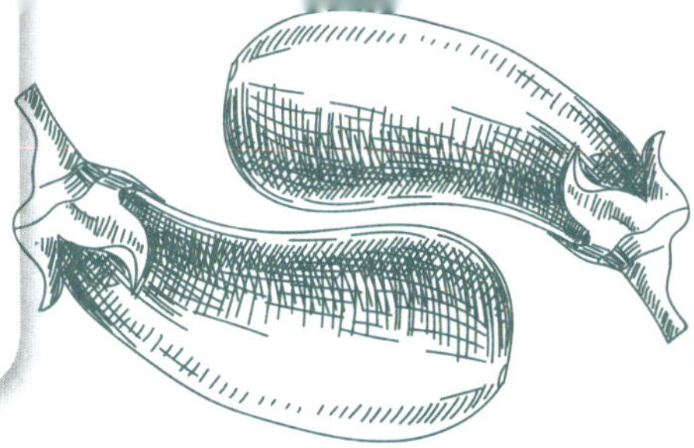

LA RECETTE DU JOUR

Keftas aux aubergines

Pour 4 pers. : 3 gros oignons, 2 belles aubergines, 300 g de viande hachée de bœuf, 2 œufs, 50 g de fromage râpé, 1 belle cs de marjolaine, farine (un fond d'assiette), 2 ou 3 cs d'huile, 1 petite salade sucrine, 4 cs de vinaigrette, sel, poivre.

Épluchez, émincez les oignons. Lavez les aubergines. Ne les épluchez pas, mais retirez le pédoncule. Coupez-les en rondelles de 5 mm d'épaisseur. Réunissez oignons et aubergines dans une casserole. Recouvrez d'eau et amenez à ébullition. Salez, poivrez. Faites cuire 15 bonnes min. Égouttez et passez au mixeur. Mélangez les légumes avec la viande crue hachée, les œufs battus, le fromage râpé, la marjolaine coupée finement, le sel et le poivre. Façonnez des boulettes de 50 g environ, aplatissez-les légèrement, farinez-les. Chauffez l'huile dans une poêle. Faites dorer les boulettes 3 bonnes minutes sur chaque face. Égouttez sur du papier absorbant servez aussitôt avec la salade en vinaigrette.

Cette préparation peut se faire à l'avance et se déguster froide.

Variantes : remplacer la viande de bœuf par de la volaille, de l'agneau… Et la marjolaine par du basilic ou d'autres herbes fraîches.

SEMAINE 10

Hiver

DÎNER

Champignons de Paris, sauce moutardée
(voir la recette du 30 juillet)
Keftas aux aubergines
Mousse brûlée au caramel
(voir la recette du 25 avril)

Petite histoire des légumes…

(suite du 8 mars)

Les légumes racines

La carotte : cocorico! La carotte est Gauloise. On ne peut évoquer l'histoire des légumes sans généralement tomber sur les croisés, ramenant dans leurs bagages quelques graines découvertes au Moyen-Orient. Pour une fois que nous pouvons affirmer notre identité au travers d'un légume, réjouissons-nous et faisons confiance à Pline qui appelait la carotte « pasticana gallica ». Notre carotte nationale était blanche avant de devenir rouge ***(voir la suite le 10 mars).***

Petite histoire…

Le 10 mars 1970, zizanie tripière. Il y a de quoi s'étonner : on vient d'apprendre qu'une confrérie « Les Compagnons du plat de tripes », est née aujourd'hui à Longny-en-Perche. La cité avait une certaine renommée pour ses vaches normandes. Mais aucun document n'a jamais attesté qu'elle s'intéressait à cette belle spécialité culinaire. La foire annuelle du 1er mai végète un peu plus chaque année ; les édiles décident de faire « quelque chose pour qu'on en parle ». L'un d'entre eux a une idée : « En Normandie, il n'est guère d'affaires qui ne se concluent autour d'un plat de tripes… Pourquoi ne pas se remettre à en cuisiner et en servir le 1er mai ? Créer un concours et pourquoi pas une confrérie ? » Le 10 mars 1970, tout est décidé. La confrérie des Compagnons du plat de tripes est officiellement constituée. Elle reçoit pour mission d'organiser le « concours du meilleur plat de tripes ». Le mode de préparation n'est pas précisé. Ce n'est pas sans importance car elle permet à des concurrents d'autres régions de France d'y participer et on voit l'intention cachée de s'éloigner de Caen et de ses tripes « à la mode »… Caen possède également une confrérie gastronomique, « La Tripière d'or », créée après la Libération en 1950 ; elle donne lieu à un concours – concours des tripes « à la mode de Caen » évidemment. Mais cette guerre des confréries n'a pas duré longtemps.

Lever du soleil : 7 h 17 Coucher du soleil : 18 h 46 Nouvelle lune

Hiver

DÎNER

Magrets de canard
(voir la recette du 10 mai)
Tarte Tatin aux navets caramélisés

Jeudi
10
MARS

Saint-Vivien

Petite histoire des légumes... (suite du 9 mars)

Les légumes racines

La carotte (suite): cette transformation s'appuie sur 2 anecdotes. La première nous précise qu'au temps des persécutions, une brave femme, évidemment prénommée Marie, épluchait des carottes blanches lorsqu'elle se fit poignarder par des ennemis du Christ. Son sang jaillit sur le légume qui, depuis lors, prit la teinte que l'Église préconise pour honorer ses martyrs. La deuxième anecdote n'est pas plus crédible que celle-ci.

Dans un potager se trouvait un rang de choux vulgaires et grossiers. Ils pétaient à tour de rôle de façon bruyante et malodorante. Éloignées des choux, de frileuses petites carottes blanches apeurées, serrées les unes contre les autres, n'entendaient rien. Un jour, par l'effet conjugué d'un vent qui soufflait dans leur direction et de l'activité venteuse des choux, les carottes furent effarées par le bruit et l'odeur. Elles eurent honte et en rougirent !

Ce légume-racine se présente sous diverses formes : rond comme un radis, ou légèrement plus allongé, ses fanes ne sont pas comestibles. Il apparaît dès avril. Les carottes printanières se dispensent volontiers de l'épluche-légumes. De l'eau bien fraîche, une brosse ou du gros sel pour les frotter suffisent à leur bonheur et au nôtre, mais les carottes nouvelles n'ont rien à faire dans le pot-au-feu, plat d'hiver. La carotte est frileuse, elle supporte le frais, pas le froid. Quelles que soient sa taille, sa forme et la saison, la fermeté doit être sa qualité primordiale. Elle doit être bien colorée, sa peau brillante et dépourvue de rides comme celle d'une jeune fille. Elle a de multiples vertus. On a dit qu'elle était « excitative à la luxure parce que caléfactive, ventosive et humectative » *(voir la suite le 11 mars)*.

LA RECETTE DU JOUR

Tarte Tatin aux navets caramélisés

Pour 8 pers. : 800 g de petits navets nouveaux, 2 petites échalotes, le jus et le zeste de ½ orange, 30 g de beurre + 1 cs pour beurrer le moule, 2 cs de sucre + 1, 3 cs de miel, 1 pâte feuilletée ou brisée, 1 cs de gros sel, sel, poivre.

Mettez les navets entiers dans 2 l d'eau froide salée. Faites cuire 4 à 5 min à partir de l'ébullition, égouttez. Réservez. Pelez et émincez les échalotes. Prélevez et hachez finement le zeste de l'orange, puis pressez-la. Dans une casserole, faites chauffer le beurre ; lorsqu'il grésille, déposez les échalotes, les navets et 1 cs sucre et laissez cuire 4 à 5 min à feu moyen. Remuez régulièrement. Salez, poivrez. Ajoutez le miel, le zeste et le jus de la demi-orange. Laissez confire à feu doux et à couvert pendant une vingtaine de minutes. Pendant ce temps, faites préchauffer le four à 180 °C (th. 6). Beurrez un moule à manqué, saupoudrez avec 2 cs de sucre, puis déposez les navets. Recouvrez de pâte feuilletée (ou brisée), en prenant soin de bien rabattre les bords vers l'intérieur du moule. Enfournez pour 25 à 30 min. La pâte doit être bien dorée. Sortez le plat du four, retournez-le sur un plat de service, puis retirez le moule. Servez.

Lever du soleil : 7 h 15 · Coucher du soleil : 18 h 47 · Lune croissante

Sainte-Rosine

Vendredi
11
MARS

Semaine 10

Hiver

DÎNER

Tacaud simplement
(voir la recette du 30 juillet)
Chinchards ou maquereaux grillés à la moutarde
Mousse de yaourt aux amandes
(voir la recette du 9 avril)

La recette du jour

Chinchard

Pour 4 pers. : 4 chinchards (ou maquereaux), 4 cs de vin blanc sec, 4 cs de moutarde de Dijon, 40 g de beurre, sel, poivre.

Demandez au poissonnier d'ouvrir chaque poisson en 2, de les vider et de les étêter. Les deux moitiés du chinchard doivent rester attachées. Lavez les chinchards, puis séchez-les dans du papier absorbant. Préchauffez le four à 200 °C (th. 6/7). Mettez le vin blanc dans un plat à gratin ; déposez les poissons côte à côte, la peau contre le fond du plat ; salez, poivrez ; tartinez chaque poisson avec la moutarde de Dijon ; répartissez le beurre en petits dés sur les poissons. Mettez au four à mi-hauteur pour 10 min (moins si les chinchards sont d'un poids inférieur à 200 g) ; ils doivent rester moelleux et dorés. Servez dans le plat de cuisson avec des pommes de terre en robe des champs.

Petite histoire des légumes... *(suite du 10 mars)*

Les légumes racines

La carotte (suite): on se contente maintenant d'affirmer qu'elle favorise le transit intestinal, tout comme l'épinard. Grâce à sa teneur en carotène (provitamine A) – 100 g de carottes couvrent la moitié de nos besoins quotidiens –, elle dispense généralement bonne mine, humeur de rêve, et fesses roses !

Le céleri-rave : l'ache odorante est l'ancêtre du céleri. Les Grecs l'utilisaient déjà comme plante médicinale. Elle ne devint une plante potagère qu'au XVIe siècle et prit le nom de céleri. On a d'abord mangé les tiges du céleri « branche », puis, l'amélioration de la culture aidant, il est devenu céleri « rave ». Outre ses propriétés antiscorbutiques bénéfiques à l'équipage du capitaine Cook, il est non seulement diurétique mais favorise aussi les sécrétions hépatiques et biliaires. Le « géant de Prague », énorme, est originaire de cette ville, ce dont on se serait douté ! Le « rond hâtif » porte bien son nom. Quant à la variété plus connue, la « lisse améliorée de Paris », elle n'est plus cultivée dans Paris *intra-muros*. Peu de Parisiens, malgré leur amour pour le céleri-rave, en cultivent sur leur balcon.

On prépare surtout le céleri en salade ou en purée, mais il est aussi délicieux frit... Comme des pommes de terre frites.

Le navet : il est devenu synonyme de médiocrité, alors que sa réputation fut pourtant grande. Il rendait le souffle aux asthmatiques, chassait les odeurs fétides des aisselles, favorisait le sommeil, calmait les maux de dents. Ce légume-racine originaire d'Europe du Nord étendait son hégémonie à tout le continent. Au Moyen Âge, on le considérait comme le légume de base. On est moins friand du navet qu'on ne l'a été. Sa consommation mondiale baisse inexorablement.

On raconte que certaines artistes lyriques usent volontiers de sirop de navet pour s'éclaircir la voix (voir la suite le 13 mars).

Lever du soleil : 7 h 13 Coucher du soleil : 18 h 49 Lune croissante

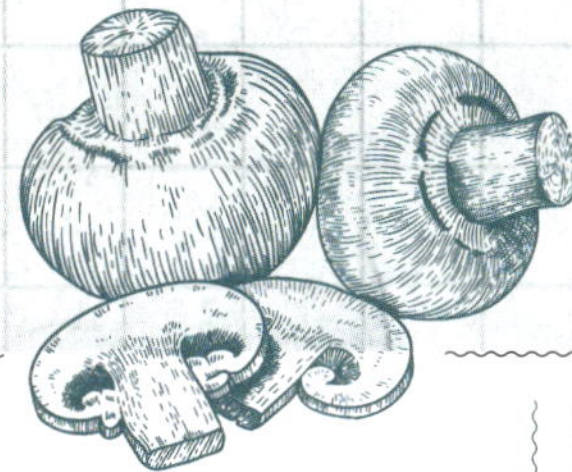

Paupiettes à la crème, aux champignons et à l'estragon

Pour 4 pers. : 6 escalopes de veau dans la noix de 125 g environ, 1 tasse à thé de mie de pain, 3 cs de lait, 2 échalotes, 1 œuf de beurre + 1 cc, 250 g de champignons de Paris, le jus d'un citron, 130 g de jambon de Bayonne, 1 œuf entier, ½ de vin blanc sec, ½ verre d'eau, 1 brindille de thym, 2 cc d'estragon haché, 4 cs de crème fraîche, sel, poivre.

Aujourd'hui : demandez au boucher de couper des escalopes très fines et de les aplatir. Préparez la farce : émiettez la mie de pain dans une tasse, recouvrez-la de lait. Avec un couteau bien affûté, donnez aux escalopes la forme régulière d'une longue bande de 12 à 15 cm de long et de 7 à 8 cm de large. Réservez les débris. Épluchez les échalotes, hachez-les finement en les tenant par le bout arrondi. Mettez à fondre une petite noix de beurre dans une poêle, ajoutez les échalotes hachées et faites-les cuire doucement à couvert jusqu'à ce qu'elles soient transparentes et non colorées. Lavez et citronnez les champignons, émincez-les en tranches fines. Faites-les réduire dans une casserole à feu doux pour qu'ils rendent leur eau de végétation, égouttez et réservez. Pendant ce temps, supprimez le gras et la couenne du jambon cru et hachez-le finement à la moulinette ou au mixeur. Versez dans un saladier et faites de même avec les débris des escalopes. Ajoutez-les au jambon et mélangez. Quand les échalotes sont à point, ajoutez-les aux viandes hachées. Pressez la mie de pain entre les mains pour retirer l'excédent de lait et mettez-la dans le saladier. Cassez un œuf entier, salez et poivrez, mélangez tous ces ingrédients pour avoir une farce homogène. Étalez les escalopes sur une planche, tartinez-les également de farce, roulez-les sur elles-mêmes et ficelez-les pour qu'elles ne se défassent pas.

Demain : dans une large cocotte, mettez 1 œuf de beurre à fondre à feu moyen. Quand il grésille, posez les paupiettes côte à côte et faites-les rissoler doucement de tous côtés sans trop leur faire prendre couleur. Mouillez avec le vin blanc et l'eau, ajoutez 1 brindille de thym, les champignons de Paris. Laissez bouillotter quelques instants à découvert, couvrez, baissez le feu et assurez un petit bouillottement continu pendant 1 h, 1 h 15. Retournez les paupiettes une fois à mi-cuisson. Pendant ce temps, lavez, séchez l'estragon, effeuillez-le et hachez-le finement, réservez dans une tasse. Cinq min avant la fin de la cuisson, allumez le four à température tiède et mettez le plat de service à chauffer. Au terme de la cuisson, ajoutez la crème, retirez les paupiettes à l'aide d'une spatule, posez-les dans le plat de service et retirez les ficelles.

Hiver

DÉJEUNER

Radis beurre
Poulet rôti, purée, salade verte
Tarte fine aux pommes
(voir la recette du 30 mai)

DÎNER

Potage aux fanes de radis
(identique à la recette des fanes de navets, le 19 mai)
Reste de poulet
Croquettes de pommes de terre

Je m'avance pour demain

Je prépare des paupiettes à la crème et un quatre-quarts (voir la recette du 30 juin).

Saint-Rodrigue

Dimanche
13
MARS

SEMAINE 10

Hiver

DÉJEUNER

Paupiettes à la crème, aux champignons, et à l'estragon
(voir la recette du 12 mars)

Épinards au beurre
(voir la recette du 27 avril)

Profiteroles, crème au café

DÎNER

Quiche lorraine
(voir la recette du 24 avril)

Salade

Quatre-quarts servi avec le reste de crème au café

Petite histoire des légumes...
(suite du 11 mars)

Les légumes racines

• *Le navet (suite)*: seuls les Anglais lui manifestent encore un indéfectible attachement : petit ou gros, rond, allongé ou aplati, blanc, violet, mauve, jaune ou même noir, on le trouve en toutes saisons.
Au printemps, il est garni de feuilles bien vertes ; en hiver, il se présente sans son feuillage. Dans les deux cas, il doit être ferme, sa peau lisse et brillante. Le navet a besoin de respirer ; il est donc allergique aux emballages plastique, dans lesquels onle vend le plus souvent en hiver.

• *Le panais*: le panais, ou carotte blanche, est une plante cultivée depuis très longtemps, puisqu'on trouve sa trace archéologique en Italie et en Suisse en 3000 av. J.-C.
On s'en régalait dans l'Antiquité, et son importance était indiscutable, à preuve son nom latin *pastanica*, qui signifie aliment. Au Moyen Âge, ce fut le légume du carême, ainsi qu'une plante médicinale à laquelle on prêtait des vertus aphrodisiaques, et des effets bénéfiques contre la peste, l'asthme, et... l'ébriété ! Au XVIe siècle, le panais qui est couramment cultivé va être implanté en Amérique. La cote de popularité du panais se gâte avec l'introduction en Europe de la pomme de terre, et surtout avec le développement de la carotte.
On assiste aujourd'hui à quelques tentatives pour la remonter.
Riche en vitamine C, B et en sels minéraux, le panais renferme 1,8 % de protéines, 16 % de glucides et de la pectine.

• *Le radis*: allez vous y retrouver dans cette famille, dont certains membres sont rosés et blancs mais petits, d'autres écarlates et gros ! D'autres encore sont tout noirs. Ils ont pour proches parents la moutarde, les choux et les raves.
De plus, certains ne sont pas cultivés pour leurs racines mais seulement pour leurs graines oléagineuses.
Les Grecs considèrent le radis noir comme une plante médicinale. Riche en vitamine B et C, il stimule la production de sucs digestifs et rectifie la flore intestinale
(voir la suite le 14 mars).

LA RECETTE DU JOUR

Profiteroles, crème au café

Pour 6-8 pers. : *(voir la recette de la pâte à choux le 28 mai)*
Crème patissière au café : *(voir la recette du 28 mai)* parfumez-la avec de l'extrait de café.

Lever du soleil : 07 h 09 Coucher du soleil : 18 h 52 Lune croissante

Je m'avance pour demain
Je prépare un tôt-fait.

Petite histoire des légumes… *(suite du 13 mars)*

Les légumes racines

• ***Le radis (suite) :*** le terme de radis, sans notation de couleur, signifie qu'il est rosé, blanc ou rouge, rond ou allongé. Le radis-radis se croque généralement cru, accompagné de pain bien frais, de beurre et de sel. Son goût piquant provient du sénevol, huile volatile riche en soufre. Il aiguise agréablement l'appétit. On oublie cependant que ses feuilles sont comestibles. En effet, les fanes sont délicieuses en potage.

• ***Le rutabaga :*** le mot rutabaga vient du suédois *rotabagge* qui veut dire chou-rave. On dit aussi chou-navet. S'il est connu depuis longtemps, on ignore tout de sa patrie d'origine. Depuis la Seconde Guerre mondiale, le rutabaga est devenu signe de restriction et de nourriture grossière. Il n'a jamais pu se défaire de cette déplorable réputation. Et si, depuis quelques années, le topinambour réapparaît sur les étals des maraîchers, le rutabaga, lui, est toujours en disgrâce, et c'est surtout à l'étable qu'on le consomme. Jaune à chair jaune, il est plutôt fin et délicat. Il existe également une variété violette à pulpe blanche.

• ***Le salsifis :*** pas facile de s'y retrouver avec les salsifis, surtout si l'on s'en tient à leur aspect extérieur. Le noir comme le blanc sont revêtus d'une robe très foncée tirant sur le noir. L'un et l'autre font partie de la même famille ; la botanique et leur origine les différencient.

☞ *Le saviez-vous ?*

En argot, salsifis signifie doigt.

Le salsifis noir, ou scorsonère, est originaire d'Espagne. Il faisait partie des plantes médicinales jusqu'au XVIIe siècle, date à laquelle il est devenu légume. On lui attribue encore aujourd'hui des vertus euphorisantes. Un semblant de mélancolie, un doigt de jus de scorsonère, et youpi, tout va mieux ! La scorsonère avait aussi le mérite de protéger de la morsure de la terrible vipère noire, redoutable serpent espagnol. On la prescrivait même pour prévenir la petite vérole. Ses jeunes feuilles se préparent comme des épinards. Le salsifis blanc, ou « herbe de bouc », était consommé dans l'Antiquité. Sa culture, des plus limitées, est supplantée par celle du salsifis noir *(voir la suite le 15 mars).*

Hiver

DÎNER

Terrine de cochon
(recette préparée le 8 mars)
Salade de pommes de terre
(voir la recette du 29 mai)
Petits pots de crème à la vanille
(voir la recette du 13 juin)

Tôt-fait

Pour 6 pers. : 4 œufs pesés avec la coquille, même poids en : farine, sucre semoule, beurre fondu + 1 noisette pour le moule, 1 pincée de sel, 1 citron non traité.

Préchauffez le four à 200 °C (th. 6/7). Dans un saladier, battez les œufs avec une fourchette comme pour une omelette. Ajoutez la farine et mélangez ; incorporez le sucre et mélangez à nouveau. Ajoutez le beurre fondu, le sel et le zeste du citron râpé. Mélangez. Beurrez un moule à cake et versez-y la pâte. Faites cuire pendant 40 min au four. Pour vérifier la cuisson, piquez la lame d'un couteau ou une aiguille à tricoter dans le gâteau : elle doit ressortir propre. Dès la sortie du four, démoulez et laissez refroidir sur une grille. *Ce tôt-fait peut se conserver une semaine.*

Lever du soleil : 7 h 07 Coucher du soleil : 17 h 54 Lune croissante

Sainte-Louise

Mardi
15
MARS

Hiver

DÎNER

Boudin aux pommes fruits en compote
Tôt-fait
(voir la recette du 14 mars)

La recette du jour

Boudin aux pommes fruits en compote

Pour 4 pers. : 4 parts de boudin *(voir le mode de cuisson le 21 juin).*
Compote : 4 belles pommes fermes, croquantes et acidulées, le jus d'un citron, 50 g de beurre.
Épluchez les pommes, coupez-les en gros quartiers, arrosez-les de jus de citron pour éviter qu'elles ne noircissent. Faites fondre le beurre dans une casserole, ajoutez les pommes et laissez cuire à feu doux 7 à 8 min. Laissez compoter en remuant fréquemment. Servez tiède.

Petite histoire des légumes... *(suite du 14 mars)*

Les légumes tiges

• ***Le topinambour :*** bien avant la Seconde Guerre mondiale, le topinambour avait déjà « dépanné » les malheureux colons que Samuel Champlain avait entraînés au Canada. Ces braves gens, qui subissaient famine et privations, furent tout heureux de découvrir « des racines sauvages comestibles » dont se nourrissaient les Indiens hurons et algonquins sans leur avoir donné de nom. Nos colons s'empressèrent de les baptiser « noix de terre », « truffes », et même « pommes de terre ».
En 1613, arrivèrent en France ces fameuses « truffes du Canada », et six Indiens tupinambu, déportés de la côte du Brésil. Comment et pourquoi le légume prit-il le nom de la tribu brésilienne ? Mystère. Toujours est-il que le *tupinambu*, devenu topinambour, connut la popularité, et son goût d'artichaut lui valut même le privilège de figurer à la table royale. Outre sa réputation de légume de disette, le topinambour a aussi celle – tout à fait justifiée – d'être « venteux ». Ce désagrément peut être évité si l'on prend la précaution de le faire cuire avec quelques feuilles de sauge.
Le topinambour réapparaît sur les marchés, mais sa cote d'amour n'en reste pas moins au plus bas.

• ***La pomme de terre :*** *(voir le 11 octobre)*

• ***Le chou-rave :*** son ancêtre serait le chou de Pompéi. On trouve sa trace dès le IIe siècle av. J.-C., et les Romains, lors de leurs conquêtes, l'ont répandu en Europe.

• ***L'asperge :*** originaire d'Asie Mineure, est présente sur les marchés depuis l'Antiquité. Sans doute l'asperge sauvage était-elle déjà consommée durant la préhistoire. Des fresques égyptiennes datant de 2000 av. J.-C. représentent déjà des asperges en bottes. Elle s'efface au Moyen Âge pour réapparaître avec Catherine de Médicis. On la cultivait du côté d'Argenteuil, d'Épinay et de Bezons. Longtemps, on la qualifia de « légume royal ». Est-ce parce qu'Henri III en raffolait et en faisait servir à ses mignons ? Ou que Mme de Maintenon disait de l'asperge qu'elle est « une invite à l'amour » ? L'asperge, qui nous dispense avec prodigalité vitamines et sels minéraux, a un inconvénient majeur : elle comporte 50 mg d'acide urique pour 100 g. Les goutteux devront donc s'en priver. Elle est, en revanche, d'une grande pauvreté calorique : 25 calories pour 100 g. Seules des préparations trop caloriques la rendent indigeste. L'asparagine qu'elle renferme imprègne puissamment les urines, mais ne présente aucun danger. On trouve dans le commerce 3 types d'asperges : la blanche, la violette et la verte. La couleur change selon l'exposition ou la non-exposition au soleil *(voir la suite le 16 mars).*

Lever du soleil : 7 h 05 Coucher du soleil : 18 h 55 Premier quartier de lune

Hiver

DÎNER

Sauté de bœuf au paprika
Riz pilaf *(voir la recette du 8 octobre)*
Tarte au citron
(voir la recette du 2 avril)

Sainte-Bénédicte

Mercredi
16
MARS

Petite histoire des légumes… *(suite du 15 mars)*

Les légumes tiges

• *L'asperge (suite…)*: l'asperge blanche ne voit jamais le jour; la violette a exactement le même goût, mais sa tête a percé, avant le passage du cueilleur, la bulle de terre sous laquelle elle pousse, et le phénomène de la photosynthèse l'a colorée en mauve. Quant à la verte, elle pousse à l'air libre et au soleil. L'asperge doit être consommée le plus vite possible après sa cueillette, sinon elle devient fibreuse. Les producteurs français font d'énormes efforts pour lui conserver fermeté et fraîcheur.

Les légumes feuilles

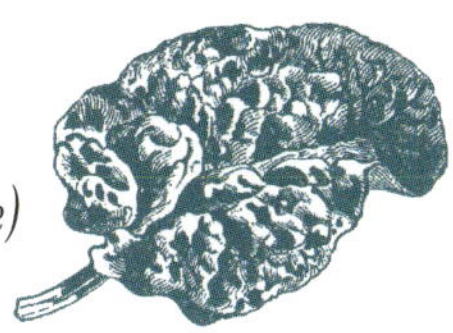

• **La salade**: *(voir le 31 août)*
• **L'épinard**: *(voir le 3 octobre)*
• **L'oseille**: *(voir le 7 mai)*
• **Le céleri**: qu'il soit en côtes ou en branches, il reste très proche parent du céleri-rave, et est connu depuis l'Antiquité. Leur ancêtre commun est l'ache odorante, qui servait à confectionner les couronnes des vainqueurs des jeux du cirque. Le mot «céleri» est d'origine italienne; en Lombardie, on l'appelle *seleri*. Les Égyptiens, eux, utilisaient l'ache odorante comme plante de cimetière. Lors des cérémonies funéraires, tiges et feuilles étaient employées pour leur parfum…
Les Grecs et les Romains paraient cette plante de toutes les vertus médicinales: selon eux, c'était un remède souverain pour guérir les maux de foie, reins, vessie, cœur et rhumatismes. Rien que ça! Au XVIe siècle, le céleri fait son apparition sur les tables, tout en restant cantonné au rang de condiment. Au XVIIe siècle, les maîtres confituriers font cuire le céleri, et leur mixture acquiert une réputation aussi fameuse qu'injustifiée pour ses prétendues vertus aphrodisiaques.
Les Américains, qui en sont friands, le servent souvent en amuse-gueule. En revanche, en France, il est admis comme un légume à part entière. S'il est indispensable dans les potages de légumes, mieux vaut tout de même en user avec parcimonie, pour que son goût entêtant ne masque pas les autres composantes du plat *(voir la suite le 17 mars)*.

LA RECETTE DU JOUR

Sauté de bœuf au paprika

Pour 4 pers. : 2 oignons, 600 g de filet de bœuf, 1 cs de saindoux, 1,5 cc de paprika, 2 cc de concentré de tomate, ½ verre de bouillon instantané, 1 cs de crème fraîche, 1 cc de sel fin.

Épluchez, hachez finement les oignons. Coupez la viande, d'abord en tranches de 3 cm puis en lanières de 2 cm. Mettez le saindoux dans la cocotte; ajoutez le bœuf en lanières; faites revenir vivement 1 min; retirez; réservez. Mettez les oignons; baissez le feu; faites cuire doucement à découvert 4 à 5 min. Saupoudrez avec le paprika; mélangez bien afin que la viande s'imprègne de l'épice. Ajoutez le concentré de tomate délayé dans le verre de bouillon. Laissez cuire à petits bouillottements jusqu'à ce que la sauce épaississe. Ajoutez la crème, délayez, puis la viande et le jus qu'elle a rendu; mélangez bien et vérifiez l'assaisonnement. Servez bien chaud avec le riz.

Lever du soleil : 7 h 03 Coucher du soleil : 18 h 57 Lune croissante

Hiver

DÎNER

Radis râpés aux agrumes
Côtes d'agneau
Purée d'ail

Les recettes du jour

Radis râpés aux agrumes

Pour 4 pers. : 1 botte de radis, 1 cc de sucre en poudre, 1 orange, 1 citron, 3 feuilles de menthe, 1 cc de sel fin, poivre

Coupez les fanes, la queue des radis ; lavez-les ; égouttez. Râpez les radis au robot (grille moyenne) ; saupoudrez-les de sucre ; placez au réfrigérateur pour 30 min. Pelez l'orange à vif ; récupérez le jus dans un bol, ajoutez le jus de citron. Salez, poivrez les radis râpés ; ajoutez les jus ; mélangez. Parsemez de 3 feuilles de menthe hachées. Servez.

Purée d'ail

Pour une saucière : 100 g d'ail épluché, 20 cl de crème, 1 cc de sel fin, poivre.

Épluchez les gousses d'ail ; coupez-les en 2 dans le sens de la longueur ; ôtez les germes. Mettez-les dans une casserole, recouvrez d'eau froide ; portez et maintenez à ébullition 2 min ; égouttez. Renouvelez l'opération ; égouttez. Remettez dans l'eau froide, portez à ébullition pour 20 min ; égouttez. Passez au moulin à légumes ou au mixeur. Incorporez la crème ; portez à ébullition et retirez du feu ; assaisonnez.

Petite histoire des légumes… *(suite du 16 mars)*

Les légumes tiges

• ***Le chou :*** le chou fait partie de la grande famille des crucifères. Connu sous sa forme sauvage dès la préhistoire, il pousse sur les rivages de la Méditerranée, en Europe comme au Proche-Orient. Cultivé dès le néolithique en Europe, il connaît une transformation radicale, due à la richesse en azote des terres cultivées à proximité des habitations. Ce qui signifie, dans le jargon des archéologues, que le chou a bénéficié des fosses septiques de nos ancêtres ! Si les Grecs le cantonnent injustement à la pharmacopée, les Romains, les Germains et les Celtes en sont déjà très friands. Le chou, souvent appelé « médecin des pauvres », est le « chouchou » de la médecine populaire. Caton affirmait sans vergogne que le chou permettait aux Romains de se passer de médecins. Diogène, dans son tonneau, ne mangeait que des choux et ne buvait que de l'eau claire, ce qui lui valut de vivre jusqu'à l'âge respectable de 90 ans. Jusqu'à la Renaissance, on affirmait que le chou combattait l'ivresse. Quelques siècles plus tard, l'équipage du capitaine Cook, nourri au chou 3 ans durant, arriva à bon port sans avoir enregistré un seul décès. Le chou a des vertus cicatrisantes, grâce aux vitamines U et K, et sa teneur en vitamine C garantit contre le scorbut. Quoi qu'en dise le grand Caton, ce n'est pas encore suffisant pour fermer les hôpitaux. Il existe également un miel de chou… qui ne peut que décevoir les amateurs de miel.
En argot, « faire ses choux gras » signifiait « faire bombance » jusqu'au XVe siècle. Au XVIIe siècle, le portefeuille prit le pas sur l'estomac, et l'expression fut désormais synonyme de profit.

• ***Le chou cabus ou chou pommé :*** d'origine européenne, il pousse à l'état sauvage sur les côtes méditerranéennes, jusqu'au néolithique, où l'homme commence à le cultiver. Les Basques transmettent le chou aux Celtes, qui eux-mêmes le transmettent aux Slaves, lesquels en font bon usage en répandant la « choucroute » dans toute l'Europe. Le terme de choucroute, de l'alsacien *sûrkrût* ou de l'allemand *sauerkraut* (les deux parties s'en disputent encore la paternité), date de 1768. Le chou pommé, cultivé exclusivement en pleine terre, est un légume frais que l'on trouve toute l'année. Il en existe deux variétés : la blanche et la rouge. Le chou pommé est très riche en vitamine C *(voir la suite le 18 mars)*.

Lever du soleil : 7 h 01 Coucher du soleil : 18 h 58 Lune croissante

Je m'avance pour demain
Je prépare des sablés à la cannelle.

Hiver

DÎNER

Barbue au four
Tarte à la rhubarbe
(voir la recette du 8 avril)

Petite histoire des légumes... *(suite du 17 mars)*

Les légumes tiges

• *Le chou de Milan*: de même origine que le chou pommé, il provient, selon toute probabilité, de la péninsule italienne, et aurait déjà été cultivé par les Grecs et les Romains. Riche en vitamines C et K, il ne se prête cependant pas à la fermentation lactique, et ne peut être préparé en choucroute.

• *Le chou frisé*: son origine est la même que celle du chou pommé. On le connaît aussi dans la Grèce et la Rome antique. En 1557, on en fait mention dans un document d'Anvers, assurant qu'il est de couleur rouge. Aujourd'hui, il n'en existe pas moins de 5 teintes: vert clair, vert foncé, rouge bleuté, brun-rouge et panaché.

• *Le chou à feuilles lisses*: de même origine que les précédents, il est le plus proche de la forme sauvage. Connu dans l'Égypte antique, cultivé sous de nombreuses formes en Grèce et à Rome, c'est une espèce qui s'hybride très facilement. Il est donc très difficile de faire la différence entre les variétés fourragères et les variétés alimentaires, au point que vous pourriez en toute bonne foi servir en salade un chou d'étable.

• *Le chou de Bruxelles*: cousin éloigné du chou pommé, il est cité pour la première fois en 1587 dans *L'Histoire botanique lyonnaise*, où il n'est pas à son avantage, car on le relègue au rang de plante aussi rare qu'inutile. Sous sa forme actuelle, il apparaît en 1785 en Belgique. En 1815, on le trouve enfin à Paris, sous le nom de «chou de brabant», ou de «chou à mille têtes» *(voir la suite le 20 mars)*.

La recette du jour

Petits sablés à la cannelle

Pour 1 plaque: 100 g de beurre + 20 g (moule), 250 g de sucre en poudre, 2 œufs (1 entier + 1 jaune), 1 cs de rhum brun, 400 g de farine, ½ sachet de levure chimique, 2 cs d'huile d'arachide, 1 cs de cannelle, 1 cs de Nescafé, 1 pincée de sel.

Mélangez le beurre avec 150 g de sucre, l'œuf entier et le rhum. Ajoutez ensuite la farine, la cannelle et la levure tamisées, le sel, puis l'huile d'arachide et 100 g de sucre. On obtient un mélange sableux que l'on amalgame avec un peu d'eau. Couvrez de film transparent et réservez au moins 1 h au réfrigérateur. Préchauffez le four à 150-180 °C (th. 5/6). Étendez la pâte sur 5 mm d'épaisseur. Découpez des formes. Posez-les sur la plaque du four beurrée ou couverte de papier sulfurisé. Délayez le jaune d'œuf avec 1 ou 2 cs d'eau, colorez le mélange avec le Nescafé. Badigeonnez la surface des sablés à l'aide d'un pinceau. Striez le dessus avec les dents d'une fourchette en biais dans un sens et en croisant dans l'autre sens. Enfournez et faites cuire 10 à 12 min. Laissez tiédir, décollez les sablés avec une spatule et laissez-les refroidir sur une grille.

Hiver

DÉJEUNER

Rouille de seiches
Salade d'oranges
(voir la recette du 19 avril)
Petits sablés à la cannelle

DÎNER

Chorba
(voir la recette du 17 juillet)
Pommes gratinées

Je m'avance pour demain

Je commence la préparation de la poule à la crème *(voir la recette du 20 mars).*

LES RECETTES DU JOUR

Rouille de seiches

Pour 6 pers. : 1,5 kg de pommes de terre, 1,5 kg de seiches.
Court-bouillon : 1 branche de céleri et 1 de persil, 2 carottes, 30 cl de vin blanc sec, 40 cl d'eau, 1 bouquet garni, 1 jus de citron, 1 piment oiseau, gros sel, ½ cc de poivre en grains.
La rouille : ½ pomme de terre (facultatif), 2 à 6 gousses d'ail, 2 jaunes d'œufs, 40 cl d'huile d'olive, 1 dose de safran en poudre, 1 cc de concentré de tomate, sel, poivre.
Rincez et effilez la branche de céleri. Épluchez les carottes et coupez-les en grosses rondelles. Rincez, séchez, effeuillez et ciselez le persil. Dans une marmite, préparez un court-bouillon avec le vin, l'eau, le bouquet garni, le persil, le jus du citron, la branche de céleri, les carottes, un peu de gros sel, les grains de poivre et le piment oiseau. Faites bouillir, baissez le feu et laissez frémir le temps de préparer la suite. Rincez et égouttez les seiches. Versez-les dans le court-bouillon. Faites cuire 5 à 10 min à petits frémissements. Égouttez-les et réduisez le court-bouillon de moitié. Rincez les pommes de terre. Faites-les cuire à l'eau, puis épluchez-les. Coupez-les en tranches épaisses.
Préparez la rouille : pelez la pomme de terre, faites-la cuire, réduisez-la en purée et laissez-la refroidir. Épluchez les gousses d'ail, coupez-les en 2 dans la longueur, débarrassez-les de leur germe et écrasez-les. Mélangez la pomme de terre, l'ail écrasé et les jaunes d'œufs, salez et poivrez ; montez l'aïoli à l'huile d'olive comme pour une mayonnaise. Parfumez avec le safran et le concentré de tomate. Rectifiez l'assaisonnement. Rassemblez seiches et pommes de terre. Assaisonnez-les du mélange rouille/court-bouillon. Servez chaud.

Pommes gratinées

Pour 8 pers. : 16 pommes à cuire, le zeste et le jus d'un citron, 4 cs de sucre roux en poudre, 2 noix de beurre,500 g de ricotta, 100 g de pignons de pin, 6 cs de miel liquide, 2 pincées de cannelle en poudre, 80 g de raisins secs, 40 cl de crème fraîche liquide.
Préchauffez le four à 180 °C (th. 6). Coupez les pommes en 2, retirez le cœur et les pépins. Arrosez-les de 4 cs de jus de citron. Saupoudrez-les de sucre de canne et disposez-les dans un plat à gratin préalablement beurré. Dans un saladier, mélangez la ricotta avec les pignons, le reste de jus et le zeste de citron, le miel, la cannelle et les raisins secs. Déposez la préparation sur chaque demi-pomme. Versez la crème liquide dans le fond du plat. Enfournez pour 35 à 40 min. En cours de cuisson, couvrez-les d'une feuille de papier d'aluminium pour éviter que les pommes ne noircissent. Servez tiède.

Les recettes du jour

Poule à la crème

Pour 6 pers. : 1 poule de 2,5 kg, cous, pattes, gésiers et abattis de volaille, 1 os de bœuf, 1 pied de veau, 3 l d'eau froide, 1 navet, 1 carotte moyenne, 1 poireau, 1 bouquet garni (queues et bouquet de persil, 1 feuille de laurier, 1 brindille de thym), 2 oignons piqués chacun de 2 clous de girofle, 1 tête d'ail, 1 petite branche de céleri, sel, poivre au moulin.

Pour la sauce à la crème : ½ l du bouillon de cuisson, 4 jaunes d'œufs, 100 g de crème, quelques gouttes de jus de citron.

La veille : déposez la poule, les cous, les pattes, les gésiers, les abattis, l'os de bœuf et le pied de veau dans une grande marmite. Ajoutez l'eau froide. Portez à ébullition. Écumez. Salez, poivrez. Ajoutez 1 navet, 1 carotte, le vert d'un poireau et les aromates, les oignons piqués de clous de girofle et la tête d'ail, non épluchée, écrasée d'un coup de pilon. Portez à nouveau à ébullition. Ajoutez un petit verre d'eau froide pour faire remonter les impuretés. Lorsque l'ébullition reprend, écumez. La cuisson doit s'effectuer lentement et à couvert. Laissez cuire pendant 2 h à petits bouillottements en écumant à plusieurs reprises. Retirez la poule. Après refroidissement, mettez-la dans un papier aluminium au réfrigérateur. Filtrez le bouillon. Mettez-le au frais pour le dégraisser selon la méthode du pot-au-feu.

Le jour même : remettez la poule dans le bouillon dégraissé. Goûtez pour vérifier l'assaisonnement et rectifiez en gros sel et poivre au moulin. Laissez cuire environ 45 min.

Préparez la sauce à la crème : dans une casserole, versez ½ l de bouillon de cuisson de la volaille. Laissez réduire de moitié. Dans un bol, mélangez 4 jaunes d'œufs et 100 g de crème. Prélevez une cuillerée de bouillon, mélangez avec la liaison crème-œuf. Versez doucement cette préparation dans le bouillon de cuisson de la volaille réduit. Baissez le feu, laissez chauffer jusqu'à épaississement. La sauce doit couvrir la cuillère. Ajoutez quelques gouttes de jus de citron. Vérifiez l'assaisonnement. Poivrez au moulin. Servez dans une saucière à part. Servez sur un plat bien chaud la poule découpée, et arrosée d'un peu de bouillon gras. Gros sel et cornichons. La sauce à part.

Mont-blanc

Pour 6 pers. : 900 g de crème de marron.
Crème Chantilly : 50 cl de crème fleurette, 50 g de sucre en poudre *(voir la recette du 30 janvier)*.

Préparez la chantilly : préférez une présentation individuelle. Répartissez 150 g de crème de marron dans 6 ramequins ou au milieu de 6 petites assiettes. Remplissez une poche à douille crantée de chantilly et disposez un petit tas de chantilly sur la crème de marron.

Hiver

DÉJEUNER

Poule à la crème
Riz pilaf
(voir la recette du 8 octobre)
Mont-blanc

DÎNER

Reste de poule et mayonnaise
Pommes de terre sautées
Salade verte
Reste du mont-blanc

Petite histoire des légumes…

(suite du 18 mars)

Nous reviendrons plus tard sur les *légumes fleurs* – chou-fleur, artichaut, brocolis –, ainsi que sur les *légumes fruits :* aubergine, concombre, potiron, courgette, melon, poivron et tomate.

PRINTEMPS

C'est la saison !

Les fruits

Cerise
Fraise
Ananas
Kiwi
Litchi
Mangue
Pomélo
Rhubarbe

Les légumes

Ail nouveau
Artichaut
Asperge
Avocat
Betterave
Blette
Carotte
Céleri
Chou-fleur
Cresson
Échalote
Épinard
Laitue
Navet
Oignon blanc
Oseille
Petit pois
Poivrade
Pomme de terre
Radis

Les poissons et fruits de mer

Bar
Colin
Coquille Saint-Jacques
Huître
Langoustine
Lieu
Limande
Lotte
Maquereau
Merlan
Seiche
Turbot

Fromages

Brie
Cabécou
Camembert
Cantal
Chabichou
Chaource
Chèvre
Compté
Époisses
Gouda de mai
Gruyère
Langres
Livarot
Maroilles
Munster
Picodon
Pont-l'évêque
Sainte-maure
Saint-florentin
Saint-marcellin
Salers
Tommes

Pense pas bête...

La moitié du céleri servira à la purée du lendemain ; frottez-le avec un demi-citron sur la coupe ; emballez-le dans un film et gardez-le dans le bac à légumes du réfrigérateur.

Printemps

DÎNER

Céleri rémoulade
Épigramme d'agneau grillé
Fraises

LES RECETTES DU JOUR

Céleri rémoulade

Pour 4 pers. : Épluchez 1 céleri-rave de 500 g, citronnez-le pour qu'il ne noircisse pas, émincez-le en fine julienne ou râpez-le au robot. Mélangez-le progressivement avec 15 à 20 cl de sauce rémoulade.

☞ *Le saviez-vous ?*

Le céleri-rave se récolte en automne et se conserve tout l'hiver. Il est souhaitable de le peler deux fois pour éviter un excès d'âcreté. Il doit être ferme, lourd, de forme régulière. Attention, il se déshydrate très vite.

☞ KEKCEKÇA ?

Épigramme : morceaux de poitrine et de hauts de côtelettes d'agneau désossés et parés. À griller directement ou coupés en petits carrés enfilés sur une brochette en alternant avec des petites saucisses. Voilà…

Épigramme d'agneau grillé

Pour 4 pers. : 900 g d'épigrammes d'agneau, 1 cs de gros sel, sel, poivre.
Les épigrammes (ou haut de côtes) se présentent en longues bandes. Coupez les bandes entre les os, en portions de 4 à 5 cm. Déposez-les dans une grande casserole, recouvrez d'eau froide additionnée de gros sel. Portez à ébullition, couvrez et ramenez la cuisson à frémissement pendant 20 min. Égouttez. Épongez dans du papier absorbant. Allumez le gril du four. Quand il est bien rouge, faites griller les morceaux de viande rangés côte à côte sur une grille posée au-dessus de la lèchefrite, à 10 cm de la rampe, pendant 8 min, en les retournant à mi-cuisson *(si vous utilisez un gril rainuré en fonte, faites-le chauffer sur la plaque de cuisson, sans matière grasse, et faites dorer les épigrammes sur les deux faces)*. Quand ils sont bien dorés, déposez-les sur un plat chaud, salez, poivrez et servez aussitôt avec une purée de pommes de terre, de céleri-rave ou de haricots blancs en conserve.

Je m'avance pour demain

Je prépare le sirop pour le tiramisu : 1 tasse à café de café fort, 3 cs de marsala (attention aux enfants, c'est de l'alcool), 50 g de sucre en poudre, 100 g d'eau.

Petite histoire...

Épigramme au féminin est une petite pièce de vers ou une inscription sur un monument...
Au masculin, une pièce d'agneau.
« Une jeune et jolie marquise du siècle dernier tenait salon. Elle était ravissante mais très ignorante de la valeur des mots. Lors d'une de ses réceptions, elle apprend par ses invités que la veille chez le comte de Vaudreuil, on avait fait très bonne chère et qu'il les avait régalés d'excellentes épigrammes. Elle ordonne à son cuisinier, le génie culinaire Michelet, de lui préparer pour le dîner du lendemain un plat d'épigrammes. Le cuisinier fait des recherches, le mot est inconnu dans les annales de la cuisine. Talentueux, il avait prévu des côtelettes d'agneau pour le dîner. Il fait braiser des poitrines, rôtir les os et distribue en petits fragments puis paner et frire. Il les sert sur le même plat, faisant alterner côtelettes et garnitures.
Le cuisinier annonce fièrement “épigramme d'agneau à la Michelet”. Tout le monde a ri aux larmes du quiproquo de la marquise. Voilà comment une charmante marquise aidée d'un cuisinier habile, se sont fait tous deux, sans s'en douter, inventeur d'un mets nouveau. »

Serment du jour

Je ne servirai que des fraises françaises et surtout pas les grosses camarossa espagnoles sans goût ni saveur. Je préfère attendre quelques jours et me régaler.

Sainte-Léa

Mardi
22
MARS

Printemps

DÎNER

Soupe de champignons
Palette de porc
Tarte aux pommes

Je m'avance pour demain

Je mets en route le bœuf aux pruneaux pour demain (il est meilleur réchauffé).

Les recettes du jour

Soupe de champignons

Inexplicablement, ce potage à un goût très prononcé d'escargot !

Pour 4 pers. : 250 g de champignons de Paris, 2 petites courgettes, 1,5 l de bouillon, 2 cs de crème épaisse, 1 cc de sel fin 3 ou 4 tours de moulin à poivre

Coupez le pied des champignons, puis découpez-les en quartiers. Coupez les courgettes non épluchées en rondelles. Déposez le tout dans un faitout. Recouvrez de 1,5 l de bouillon froid. Portez à petits bouillottements à demi-couvert 20 min. Passez au moulin à légumes (grille moyenne) ou au mixer. Ajoutez la crème, assaisonnez et servez chaud.

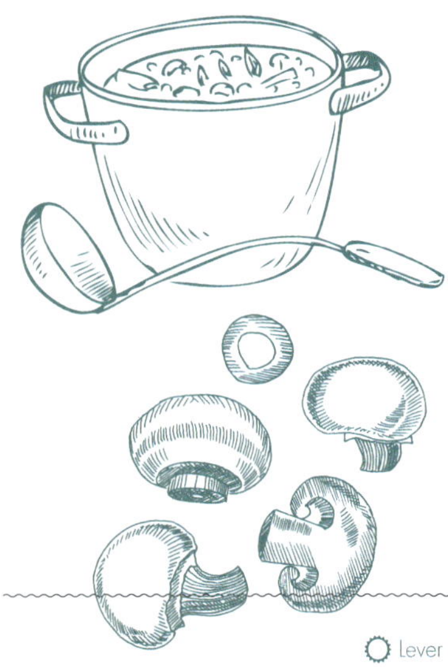

Tiramisu

(la préparation se fait sur 2 jours)

Pour 8 pers. : 6 jaunes d'œufs, 60 g de sucre en poudre, 2 feuilles de gélatine, 150 g de crème à fouetter en chantilly, 1 pot de 250 g de mascarpone, 18 biscuits boudoir, sirop de café réalisé la veille, cacao en poudre pour le décor.

Séparez les jaunes des blancs. Versez les jaunes dans le bol du mixeur, ajoutez le sucre en poudre, 1 cs d'eau froide et travaillez au fouet pendant 5 min. Trempez la gélatine dans l'eau fraîche ; une fois ramollie, égouttez-la et faites-la fondre dans une petite casserole sans bouillir, réservez. Fouettez la crème en chantilly. Mélangez en douceur le mascarpone aux jaunes d'œufs battus avec le sucre. Ne travaillez pas trop. Ajoutez la gélatine fondue, mélangez, ajoutez la crème fouettée très délicatement. Versez la moitié de la préparation dans un plat creux. Trempez les biscuits dans une assiette creuse avec le sirop de café froid. Posez-les au fur et à mesure sur la crème, recouvrez toute la surface avec le reste de la crème. Lissez avec la spatule, décorez avec la poudre de cacao. Dégustez après 24 h au réfrigérateur.

Palette de porc

Pour 4 pers. : 1 carotte, 1 oignon, 1 noix de saindoux, ½ palette de porc, 2 gousses d'ail, ½ verre d'eau, sel, poivre.

Préchauffez le four 180 °C (th. 6). Épluchez la carotte et l'oignon. Coupez-les en grosses rondelles. Dans une cocotte, faites fondre une noix de saindoux, ajoutez la palette, la carotte et l'oignon, les gousses d'ail non épluchées ; salez, mettez au four. Après 10 min de cuisson, ajoutez ½ verre d'eau. Laissez cuire 30 min. Couvrez la cocotte. Réduisez la chaleur du four à 150 °C (th. 5) pour 20 min. Servez la palette coupée en morceaux avec le jus et la purée de céleri.

☞ Le saviez-vous ?

La palette est une partie de l'épaule du porc (omoplate). Elle se mange fraîche, rôtie en cocotte. On peut la trouver salée ou fumée. Si elle est trop grosse pour 4 personnes, on peut demander au charcutier de la couper en 2, et prendre alors la partie la plus charnue.

Lever du soleil : 6h50 Coucher du soleil : 19h06 Lune croissante

Printemps

DÎNER

Poireaux vinaigrette
Bœuf aux pruneaux
Tiramisu *(voir la recette du 22 mars)*

Saint-Victorien

Mercredi **23** MARS

☞ Bon à savoir

Pruneau : il s'achète entier ou dénoyauté. Le calibrage et le taux d'humidité sont mentionnés sur l'étiquette. Il se conserve dans un placard, ni trop sec, ni trop humide.
Poireau: variétés : le long ou le très long. Le court (revendique sa grosseur) le «monstrueux de Carentan» ou le «gros court du Midi» appelé aussi le malabar. Pour les poireaux vinaigrette, choisir le long ou très long avec un long fût blanc. Quelle que soit sa taille, il exige une toilette intime pour éviter les grains de sable ou de terre à la dégustation.
Œufs : quand on démarre la cuisson des œufs durs à l'eau froide, le jaune n'est jamais centré au milieu du blanc.

☞ KEKCEKÇA ?

Mascarpone : fromage italien frais au lait de vache (quelquefois de bufflonne) riche en matières grasses (50 % à 80 %). Il se conserve très peu de temps réfrigérateur.
Marsala : liqueur italienne à 17-18°, blanc et très sec.

Bœuf à braiser : quel morceau ?

Basse côte : 5 premières vertèbres du bœuf.

Gîte à la noix : région postérieure externe du bœuf appelée selon les régions boule, nœuds du roi, rond de veine.

Jumeau : biceps brachial, morceau gélatineux (mon préféré).

La recette du jour

Bœuf aux pruneaux

Pour 4 pers. : 700 g de bœuf à braiser, 2 gros oignons, 1 noisette de saindoux, 1 verre de vin rouge, ½ verre d'eau, 24 pruneaux dénoyautés, sel, poivre.
Épluchez et hachez les oignons. Coupez la viande en morceaux de 3 cm de côté. Graissez au pinceau le fond d'une cocotte ; déposez les oignons hachés, faites-les blondir 8 à 10 min en remuant souvent ; réservez sur une assiette. Mettez les morceaux de viande dans la cocotte (sans la rincer) et faites-les rissoler sur toutes les faces en remuant constamment. Ajoutez le hachis d'oignons, le vin rouge et l'eau. Salez, poivrez ; couvrez, laissez mijoter 1 h 15 à petits bouillons. Ajoutez les pruneaux et poursuivez la cuisson pendant 30 min. Faites réduire la sauce quelques min à découvert. Servez bien chaud.

Pense pas bête...

Cuisson des œufs durs pour la sauce gribiche du lendemain : sortez les œufs du réfrigérateur 2 h avant la cuisson. Portez l'eau à ébullition ; ajoutez 2 cs de gros sel. Plongez les œufs à l'aide d'une écumoire ; comptez 8 min après la reprise de l'ébullition. Retirez la casserole du feu, couvrez. Au bout de 2 min, plongez les œufs dans l'eau froide pour 15 min. Écalez-les.

Lever du soleil : 6h48 Coucher du soleil : 19h07 Pleine lune

Sainte-Cath.-de-Suède

Jeudi
24
MARS

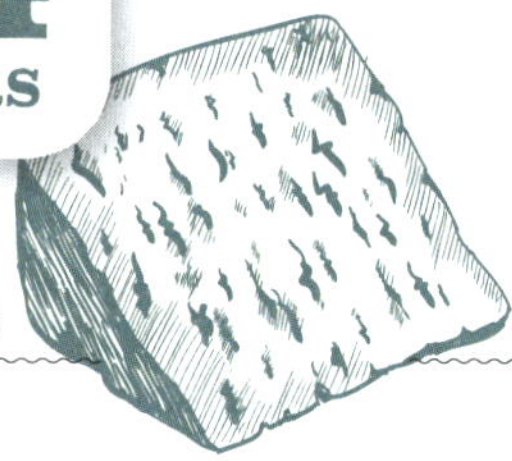

SEMAINE 12

Printemps

DÎNER

Langue de veau sauce gribiche
Bleu des Causses
Tiramisu *(suite et fin)*

Je m'avance pour demain
Je prépare les petits pots de crème à la carotte (voir recette du 25 mars).

☞ *Bon à savoir*

Bleu des Causses :

AOC depuis le 21 mai 1979. Excellent bleu, qui possède les mêmes caractéristiques que les bleus d'Auvergne.

Dans le temps

Sous Lucullus, on se régalait de langues de paons ; sous Louis XIV de langues de carpes. À Brazzaville, on dégustait des langues de ouistitis en toute impunité. Brigitte Bardot n'était pas née !

LES RECETTES DU JOUR

Langue de veau

Pour 4 pers. : 1 langue de veau, 2 l de bouillon de bœuf (cubes du commerce ou eau), 1 oignon piqué de 2 clous de girofle, sel et poivre.

Dans un faitout, recouvrez d'eau froide la langue de veau. Portez à ébullition pendant 10 min. À l'aide d'une écumoire, retirez la langue, puis avec un petit couteau, retirez la peau qui la recouvre. Dans une casserole, immergez la langue dans le bouillon de bœuf, portez à ébullition. Ajoutez l'oignon piqué des clous de girofle, le sel, le poivre. Laissez cuire à petits bouillottements une bonne heure. Débitez la langue en tranches de 1 cm d'épaisseur. Servez la sauce à part. Dégustez avec des pommes de terre cuites à la vapeur, écrasées avec un peu de beurre frais.

Sauce gribiche

Pour 4 pers. : 3 œufs, 1 cc de moutarde, 2,5 dl d'huile d'arachide, 1 cs de vinaigre de vin, 2 cs de persil plat, 30 g de cornichons, 30 g de câpres, sel, poivre.

Faites cuire les œufs durs. Écalez-les sous un filet d'eau froide. Séparez les blancs des jaunes. Dans un saladier, pilez les jaunes. Introduisez la moutarde, le sel, le poivre. Mélangez jusqu'à obtenir une pâte lisse, incorporez doucement l'huile en fouettant comme s'il s'agissait d'une mayonnaise. Versez le vinaigre et complétez avec le persil, les cornichons et les câpres finement hachées, et les blancs d'œufs coupés en petits bâtonnets.

Petite histoire...

Ésope (mort 500 ans av. J.-C.) reçoit l'ordre d'acheter sur le marché ce qu'il y a de meilleur et rien d'autre. Il accommode des langues à toutes les sauces... Les convives s'en dégoûtent vite. Interrogé, Ésope répond : « Rien n'est meilleur que la langue, c'est le lien de la vie civile, la clé des sciences, l'organe de la vérité et de la raison. » Le maître lui demande d'acheter pour le lendemain ce qu'il y a de pire. Ésope ressert de la langue : « C'est la mère de tous les débats, la nourrice de tous les procès, la source des divisions et des guerres ; si elle est l'organe de la vérité c'est aussi celui de l'erreur, de la calomnie. »

Lever du soleil : 06 h 46 Coucher du soleil : 19 h 09 Lune décroissante

Je m'avance pour demain

Je prépare un tartare de maquereau et merlan en terrine.

Printemps

DÎNER

Caudière

Petits pots de crème à la carotte

Annonciation

Vendredi **25** MARS

Les recettes du jour

Caudière

Pour 4 pers.: 3 oignons, 1 clou de girofle, 1 branche de thym, ½ feuille de laurier, 1,5 kg de poissons de petite taille (solette, turbotin, grondin...), 1 tronçon de congre, 500 g de pommes de terre, 2 gousses d'ail, 50 cl de vin blanc sec, 1 œuf, 10 cl de crème double.

Facultatif: 1 l de moules, 1 ou 2 langoustines par personne selon leur taille.

Dans une casserole sur feu moyen, faites chauffer 1,5 l d'eau; ajoutez un oignon pelé et coupé en quartiers, le clou de girofle, le thym, le laurier et toutes les parures de poisson; tenez à petits bouillottements 20 min. Épluchez les pommes de terre, coupez-les en rondelles. Hachez ensemble le reste des oignons et l'ail. Dans une sauteuse ou une cocotte, répartissez en couches les rondelles de pommes de terre et le hachis d'aromates, mouillez avec le vin et le contenu de la casserole filtré à travers une passoire fine. Faites cuire 10 min à feu moyen. Posez les filets de poissons sur les pommes de terre qui doivent être recouvertes par le fumet. Maintenez la cuisson pendant 10 min. Ensuite, dans un bol, délayez le jaune d'œuf et la crème fraîche avec un peu de bouillon de cuisson. Versez le contenu du bol dans la sauteuse ou la cocotte. Mélangez délicatement. Les moules grattées se font cuire dans une casserole à feu vif; dès qu'elles sont ouvertes, versez le jus des moules dans la cocotte et ajoutez-les décoquillées dans le plat de service

Les langoustines se font cuire à la vapeur ou dans l'eau bouillante salée; on les retire dès la reprise de l'ébullition.

Petits pots de crème à la carotte

Pour 4 pers.: 500 g de carottes, 100 g de sucre, 1 orange non traitée, 3 cs de crème fraîche épaisse.

Épluchez et lavez les carottes. Coupez-les en rondelles et faites-les cuire dans de l'eau non salée une vingtaine de minutes; elles doivent être parfaitement tendres; égouttez-les et passez-les au mixeur avec le sucre et le zeste d'orange coupé en petits morceaux; ajoutez la crème, mixez quelques instants pour obtenir une sorte de mousse. Versez la crème de carottes dans des petits verres, couvrez de film alimentaire et placez au réfrigérateur jusqu'au moment de servir.

Variante: on peut remplacer la crème par du fromage blanc lisse ou de la crème de soja.

Tartare de maquereau et merlan en terrine

Le poissonnier retirera la peau, lèvera les filets et ôtera les arêtes.

Pour 6 pers.: 400 g de filets de maquereaux désarêtés, 400 g de filets de maquereaux fumés, 400 g de filets de merlan désarêtés, 150 g de beurre fondu, sel fin, poivre du moulin.

Découpez les chairs en gros morceaux. Passez-les au mixeur pour les hacher et obtenir une texture de rillette. Dans un saladier, déposez le hachis de filets, ajoutez le beurre ramolli, sel et poivre du moulin. Travaillez à la fourchette jusqu'à ce que le mélange soit homogène. Transvasez dans une terrine. Tassez bien, couvrez d'un film alimentaire et placez pour 24 h au réfrigérateur. Servez avec du pain de campagne grillé, et arrosez au goût de chacun d'un filet de citron ou de vinaigre.

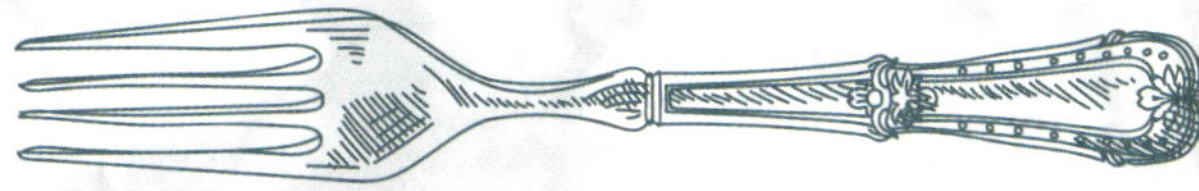

Qu'est-ce qu'on boit?

Le muscadet de Bruno Cormerais (02 40 03 85 84), onctueux, plein et frais à la fois: vraiment une belle personnalité. Sa finale est longue et riche. Ici, pas d'agressivité, l'ensemble reste serein, basé sur la minéralité d'un terroir bien travaillé.

Lever du soleil : 06h44 Coucher du soleil : 19h10 Lune décroissante

Pense pas bête...

Omelette aux pommes de terre. Les pommes de terre sautées, bien dorées, se glissent sur l'omelette avant de la replier. Si vous jetez les œufs sur les pommes de terre, l'omelette colle à la poêle.

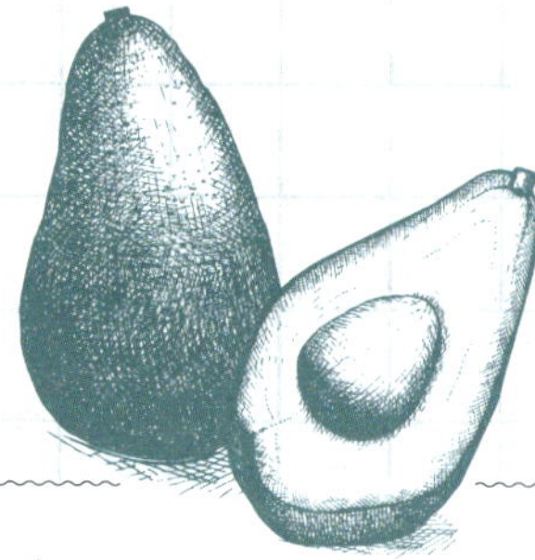

Printemps

DÉJEUNER

Salade d'avocats, pomme et pousses d'épinards au citron

Tartare de maquereau et merlan en terrine

(voir la recette du 25 mars)

Pouligny saint-pierre ou valençay

DÎNER

Soupe à l'oignon gratinée

(voir la recette du 28 décembre)

Omelette aux pommes de terre et fines herbes

Reste de fromages

Mon truc malin

Blancs d'œufs : je les conserve dans une boîte hermétique au congélateur pour faire des meringues.

La recette du jour

Salade d'avocats, pomme et pousses d'épinards au citron

Pour 4 pers. : 1 citron jaune, 1 avocat mûr ou 2 petits (200 g environ), 1 belle pomme granny, 4 cs de mayonnaise, 100 g de pousses d'épinards.

Pressez le jus de citron au-dessus d'un saladier. Ouvrez l'avocat, ôtez le noyau, prélevez la chair, coupez-la en petits dés et mélangez au jus de citron. Épluchez la pomme, débitez-la en tranches fines. Dans le saladier, mélangez l'avocat, la pomme, la mayonnaise. Lavez les pousses d'épinards, supprimez les queues, égouttez soigneusement dans un linge, incorporez-les très précautionneusement au contenu du saladier, salez, poivrez, mettez au frais jusqu'au moment de servir.

Petite histoire des légumes...

Alexandre Dumas préparait personnellement une sauce de salade qu'il décrit de la façon suivante : « Je place dans un saladier un jaune d'œuf dur, par 2 personnes. Je le broie dans l'huile pour en faire une pâte... À cette pâte, j'ajoute du cerfeuil, du thon écrasé, des anchois pilés, des cornichons hachés et le blanc des œufs durs également haché. Sel et poivre. Je délaie le tout dans un bon vinaigre puis je mets la salade dans un saladier. À ce moment, j'appelle un domestique et lui dit de retourner la salade. Lorsqu'il a terminé, je laisse tomber de haut une pincée de paprika. Il ne reste plus qu'à servir. »

Bon à savoir :

Mayonnaise : posez le bol sur un torchon pour éviter qu'il ne bouge. Les huiles de maïs et de pépins de raisin ne figent pas au réfrigérateur, la mayonnaise ne tourne donc pas au froid. Si elle tourne ou refuse de monter : dans un bol placé quelques minutes au congélateur, mélangez 1 jaune d'œuf, 1 cs de moutarde et quelques gouttes d'eau froide, puis incorporez petit à petit la mayonnaise qui a tourné. Sachez que dans le cas de cette « récupération », la consistance sera moins ferme.

LES RECETTES DU JOUR

Poulet rôti à la crème et à l'estragon

Pour 4 pers. : 1 poulet, 1 bouquet d'estragon, 2 noix de beurre, 4 cs d'eau, 3 cs de crème fraîche, sel, poivre.

Préchauffez le four 220 °C (th. 7/8). Salez, poivrez le poulet à l'intérieur et à l'extérieur. Bourrez le poulet avec l'estragon en réservant 1 branche. Beurrez un plat, ajoutez 2 cs d'eau, posez le poulet, faites cuire en l'arrosant régulièrement. Hachez finement les feuilles de la branche d'estragon restante. Quand la volaille est cuite, réservez-la au chaud sur un plat de service et enlevez l'estragon. Versez 2 cs d'eau dans le plat de cuisson et raclez-le pour récupérer les sucs ; ajoutez la crème fraîche, faites bouillir quelques instants, ajoutez l'estragon haché. Vérifiez l'assaisonnement et servez avec le poulet.

Riz au chocolat

Pour 6 pers. : 125 g de riz rond, 125 g de chocolat noir, ½ l de lait, 2 cs de sucre, 3 œufs, 1 noix de beurre, 1 pointe de sel.

La sauce : 175 g de chocolat amer, ¼ de l d'eau tiède, 50 g de beurre ramolli.

Rincez, égouttez le riz. Cassez le chocolat en morceaux dans une casserole, ajoutez 1 cs de lait et la pointe de sel ; faites-le fondre en mélangeant ; ajoutez le sucre et délayez avec le reste du lait. À ébullition, ajoutez le riz et cuisez à petit feu environ 25 min jusqu'à ce que le liquide soit absorbé. Retirez du feu. Allumez le four à 200 °C (th. 6/7). Incorporez au riz les 3 jaunes d'œufs et mélangez. Battez les blancs d'œufs en neige très ferme, incorporez-les au riz. Beurrez un moule à manqué. Versez la préparation. Enfournez pendant 25 à 30 min. Laissez refroidir à la température ambiante et démoulez sur un plat de service. Servez avec une sauce au chocolat.

Préparez la sauce : dans une casserole, déposez le chocolat coupé en morceaux avec 2 cs d'eau et faites-le fondre. Mélangez et incorporez le beurre en plusieurs fois en lissant bien la préparation. Servez immédiatement.

Crème de lentilles, saucisse de Morteau

Pour 4 pers. : 175 g de lentilles, 2 oignons, 2 gousses d'ail, 1 branche de thym, 1 feuille de laurier, 1 saucisson de Morteau, 1 cs de crème fraîche, 1 cs de beurre, sel, poivre.

Passez les lentilles sous l'eau fraîche. Épluchez les oignons, les gousses d'ail. Déposez les lentilles dans un faitout et recouvrez largement d'eau froide, salez. Portez à ébullition ; ajoutez les oignons, le thym, le laurier, l'ail. Laissez cuire environ 1 h 30 ; 45 min avant la fin de la cuisson, incorporez le saucisson légèrement piqué. À la fin de la cuisson, sortez-le des lentilles. Égouttez les lentilles une fois cuites en conservant le jus de cuisson. Passez-les au mixeur pour obtenir une purée très fine que vous remettez sur feu doux pour enlever l'excédent d'eau ; incorporez la crème fraîche et délayez avec le jus de cuisson pour obtenir un potage ni trop fluide ni trop épais. Rectifiez l'assaisonnement ; ajoutez le beurre et servez avec le saucisson coupé en rondelles assez épaisses que vous remettrez dans le potage.

Qu'est-ce qu'on boit ?

Un bourgogne-passetoutgrain du lycée viticole de Beaune.
Tél. : 03 80 26 35 81.

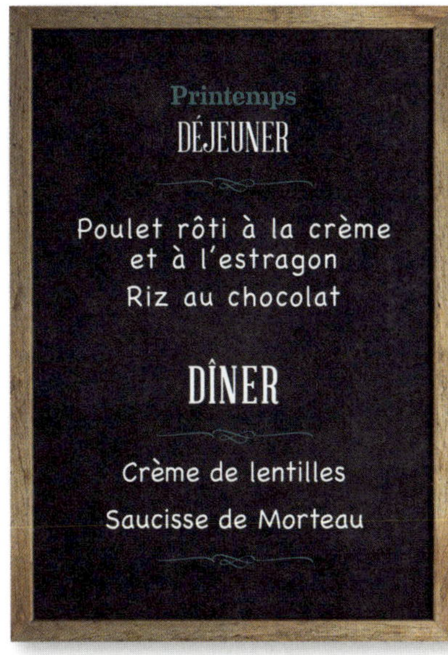

☞ Le saviez-vous ?

Le riz possède une faculté d'adaptation remarquable ; il est cultivé dans plus de 100 pays différents. Des hautes vallées du Gange au delta du Mississippi, cette graminée au nom indien de *virizi* fut appelée par les Grecs *oriza*, origine des noms européens *arroz* (espagnol), *riso* (italien) et *Reis* (allemand).

Printemps

DÎNER

Tarama maison
Gratin de macaronis au poulet
Tarte au fromage blanc

Les recettes du jour

Tarama maison

Pour 4 pers. : 150 g d'œufs de cabillaud fumés, 50 g de pain de mie (sans la croûte), 1 oignon blanc, 1 gousse d'ail, le jus de 1 citron jaune, 5 cs d'huile d'olive vierge extra, 3 dl de crème fraîche, poivre du moulin.

Passez au mixeur le pain de mie, l'oignon et l'ail. Hachez-les très finement. Extrayez les œufs de cabillaud de leur poche, introduisez-les dans le mixeur et continuez à broyer jusqu'à obtention d'un appareil homogène. Versez lentement le jus de citron puis l'huile d'olive en mince filet. Faites encore tourner jusqu'à ce que la pommade ait la consistance d'une mayonnaise. Poivrez. Dans un saladier, mélangez intimement cette préparation et la crème. Laissez reposer 1 h au réfrigérateur avant de servir sur des toasts, en garniture d'œufs durs ou d'avocats, avec des branches de céleri, des tartines grillées…

Gratin de macaroni au poulet

Pour 4 pers. : 250 g de macaronis, 100 g (ou plus) de restes de poulet, 1 noix de beurre ou de saindoux, 2 cs de farine, ½ l de lait, 1 pincée de noix de muscade râpée (ou en poudre), 120 g de fromage râpé, 1 cs d'huile pour graisser le plat, 2 cs de chapelure, 1 cs de gros sel, sel, poivre.

Dans une casserole, faites fondre le beurre (ou le saindoux), ajoutez la farine, remuez avec une cuillère en bois. Quand le mélange bouillonne, ajoutez le lait froid en remuant vigoureusement avec un fouet : la sauce épaissit. Laissez bouillotter quelques instants. Hors du feu, ajoutez la noix de muscade, salez, poivrez.

Faites cuire les pâtes dans une grande casserole d'eau bouillante salée (le temps de cuisson est indiqué sur l'emballage) ; égouttez. Préchauffez le four à 180 °C (th. 6). Coupez les restes de poulet en petits morceaux. Dans un saladier, réunissez les pâtes, le poulet, la sauce et la moitié du fromage râpé. Mélangez. À l'aide d'un pinceau de cuisine, enduisez d'huile le fond et les parois d'un plat à gratin, tapissez-les de chapelure. Déposez la préparation, répartissez le reste du fromage râpé en surface. Mettez 20 min au four : le dessus doit être gratiné et doré, l'intérieur moelleux. Servez bien chaud.

Tarte au fromage blanc

Pour 6 pers. : 500 g de fromage blanc frais non battu, 100 g de beurre, 100 g de sucre en poudre, 4 œufs, 75 g de farine, 400 g de pâte brisée (ou 2 rouleaux du commerce), 1 pincée de sel.

Préchauffez le four à 210 °C (th. 7). Égouttez le fromage blanc. Dans un saladier, malaxez avec le bout des doigts le beurre et le sucre puis, à la fourchette incorporez les œufs un par un, mélangez bien l'ensemble. Ajoutez la farine et le sel, mélangez. La préparation doit être bien homogène pour ajouter le fromage blanc et l'incorporer comme vous mêleriez des blancs d'œufs en neige.

Après avoir déposé la pâte dans une tourtière, étalez la préparation dessus puis enfournez pour 25 min. Laissez refroidir avant de placer la tarte au réfrigérateur pour la servir froide.

KEKCEKÇA ?

Tarama : spécialité grecque aux œufs de cabillaud fumés, présentés dans une poche compacte.

Ce que je fais…

Pour les gratins, je demande au fromager de mélanger un tiers d'emmental, un tiers de comté, un tiers de beaufort. Le goût est plus riche.

Printemps

DÎNER

Carottes râpées citronnées à la pomme
Pommes de terre farcies
Crumble aux pommes

LES RECETTES DU JOUR

Carottes râpées citronnées à la pomme

Pour 4 pers. : 400 g de carottes (300 g une fois épluchées), 1 petite pomme fruit ferme acidulée (granny smith par exemple).
Pour la sauce : 6 cs d'huile, 2 cs de jus de citron, 1 gousse d'ail (facultatif), sel, poivre.
Épluchez les carottes et lavez-les à l'eau courante. Râpez-les au robot ou au moulin à légumes (grille moyenne). Préparez la sauce en mélangeant tous les ingrédients. Coupez la pomme pelée et évidée en petits cubes. Mélangez-les aux carottes râpées et à la sauce. Laissez reposer pour développer le parfum de la pomme. Les carottes aiment l'ail ; une gousse hachée finement ou écrasée leur convient parfaitement.
Nota : on peut aussi râper la pomme avec les carottes.

Pommes de terre farcies

Pour 4 pers. : 4 grosses pommes de terre farineuses, 1 filet d'huile, 1 noix de beurre + quelques copeaux, 1 jaune d'œuf, 50 g de fromage râpé, 1 tranche épaisse de jambon cuit, 1 pincée de noix de muscade râpée (ou en poudre), sel, poivre.
Préchauffez le four à 220 °C (th. 7/8). Lavez les pommes de terre à l'eau froide, brossez-les (leur peau doit être parfaitement nette). Enduisez-les d'huile pour éviter que la peau ne se ride, enveloppez-les dans du papier d'aluminium. Faites-les cuire au four en robe des champs 45 min environ (vérifiez la cuisson avec la pointe d'un couteau et prolongez si nécessaire). Coupez-les en 2 dans le sens de la longueur. En vous aidant d'une petite cuillère, faites rapidement tomber toute la chair dans un saladier et travaillez-la vigoureusement, encore brûlante, avec une cuillère en bois. Incorporez la noix de beurre, le jaune d'œuf, le fromage râpé, le jambon préalablement haché et la noix de muscade, salez, poivrez. Répartissez la farce dans les écorces de pommes de terre en la lissant avec la lame d'un couteau pour lui donner une forme bombée. Coiffez chacune d'un copeau de beurre, rangez-les dans un plat à gratin. Baissez la température du four à 180 °C (th. 6) et enfournez pour une vingtaine de minutes le temps de dorer la farce. Servez bien chaud.
Variante : pommes de terre farcies à la viande : remplacez le jambon et le fromage par un reste de viande (rôtie, braisée ou bouillie) finement hachée, mélangée avec 1 cs de fines herbes ciselées.

Crumble aux pommes

Pour 6-8 pers. : 100 g de farine, 50 g de sucre glace, 50 g de beurre, 1 cs de lait.
Pour la garniture : 1,2 kg de pommes fermes, juteuses et acidulées, le jus d'un citron, 2 cs de beurre, 1 gousse de vanille (ou 1 sachet de sucre vanillé), 1 cs de cannelle en poudre, 75 g de sucre en poudre, 2 cs de miel.
Préparez la pâte : dans un saladier, versez la farine, le sucre glace puis ajoutez le beurre mou et coupé en morceaux et travaillez la pâte du bout des doigts. Ajoutez le lait froid pour obtenir une sorte de gros sable. Couvrez et réservez au réfrigérateur *(cette pâte peut être préparée la veille).*
Préparez la garniture : épluchez les pommes, mettez-les dans un bain d'eau froide citronnée pour éviter qu'elles ne noircissent. Dans une casserole, faites fondre le beurre, ajoutez 4 des pommes coupées en quartiers, la gousse de vanille fendue et bien grattée, la moitié de la cannelle. Couvrez et laissez compoter 10 min à feu doux. Ajoutez le sucre et le miel, maintenez la cuisson 10 min. Réservez. Préchauffez le four à 200 °C (th. 6/7). Coupez les pommes restantes en petits dés de 1 cm de côté environ. Étalez dans le fond d'un plat à gratin et enfournez pour 15 min. Sans éteindre le four, sortez le plat et mélangez les dés de pommes avec la compote après avoir retiré la gousse de vanille.
Sortez la pâte du réfrigérateur, émiettez-la grossièrement entre les doigts. Recouvrez les pommes avec les miettes de pâte. Saupoudrez avec le reste de cannelle. Mettez le plat au four pour 35 min. Ouvrez la porte 3 ou 4 fois en cours de cuisson pour que la vapeur s'échappe et que la pâte reste bien croustillante. Servez chaud avec de la crème fraîche ou une crème anglaise.

☞ Le saviez-vous ?

Le pommier fleurissait sur terre il y a plusieurs millions d'années. On a trouvé des vestiges de pommes dans les cités lacustres de Suisse et d'Italie.

Lever du soleil : 7h35 Coucher du soleil : 20h16 Lune décroissante

Printemps

DÎNER

Salade de citrons aux olives
Travers de porc grillés
Œufs au lait

Les recettes du jour

Salade de citrons aux olives

Pour 4 pers. : 4 citrons jaunes bien mûrs dont 1 cs de jus, 100 g de persil plat, 150 g d'olives vertes et noires dénoyautées, 2 cs d'huile d'olive, ½ cc (pincée généreuse) de paprika, ½ cc (pincée généreuse) de cumin en poudre, 1 cs de sel fin + 1 pincée, 1 pincée de poivre de Cayenne.

Pelez les citrons à vif, pressez les zestes dans 1 l d'eau. À l'aide d'un petit couteau, prélevez les quartiers de citron à cru. Plongez-les dans l'eau additionnée de 1 cs de sel. Laissez macérer 1 h. Égouttez les citrons. Coupez les chairs en petits dés. Réunissez-les dans un saladier avec le persil lavé, séché et grossièrement haché. Complétez avec les olives coupées en grosses rondelles. Dans un bol, délayez l'huile avec 1 cs de jus de citron, les épices et 1 pincée de sel fin. Versez sur le mélange citrons/olives/persil. Remuez délicatement, servez aussitôt.

Travers de porc grillés

La viande sera bien plus digeste si vous la faites précuire en la pochant dans de l'eau.

Pour 4 pers. : 900 g de travers de porc, 2 cs de gros sel, sel, poivre.

Le travers (ou haut de côtes) du porc se présente en longues bandes. Coupez les bandes entre les os en portions de 4 à 5 cm. Déposez la viande dans une grande casserole, recouvrez d'eau froide additionnée de gros sel. Portez à ébullition, couvrez et ramenez la cuisson à frémissement pendant 30 min. Égouttez, épongez dans du papier absorbant. Allumez le gril du four. Quand la rampe est bien rouge, rangez les morceaux de travers côte à côte sur une grille posée sur la lèchefrite. Faites-les griller pendant 10 min à 10 cm de la rampe, porte du four ouverte, en les retournant à mi-cuisson (vous pouvez aussi bien les faire griller sur un gril rainuré en fonte chauffé sur la plaque de cuisson). Quand la viande est bien dorée, déposez-la sur un plat chaud, salez, poivrez et servez aussitôt avec une compote de pommes, une purée de pois cassés ou de pommes de terre. Rien n'interdit de poser sur la table un flacon de ketchup ou de sauce barbecue.

Œufs au lait

Pour 6 pers. : 1 l de lait, ½ gousse de vanille (ou 1 sachet de sucre vanillé), 7 œufs, 100 g de sucre.

Versez le lait dans une casserole, ajoutez la ½ gousse fendue et bien grattée pour détacher les petits grains qui sont à l'intérieur. Portez à ébullition. Retirez la casserole du feu, couvrez et laissez infuser 10 min. Préchauffez le four à 180-200 °C (th. 6/7). Cassez les œufs dans un saladier, ajoutez le sucre, battez au fouet électrique ou à la fourchette pour obtenir un mélange homogène. Retirez la gousse du lait (les petits grains très aromatiques se seront répandus dans le liquide). Versez le lait sur le mélange œufs/sucre. Remuez. Versez dans un plat à gratin. Faites cuire au bain-marie 30 min au four. Pour vérifier la bonne cuisson, plantez la lame d'un couteau au cœur des œufs au lait : si elle ressort propre, ils sont cuits. Laissez refroidir avant de servir.

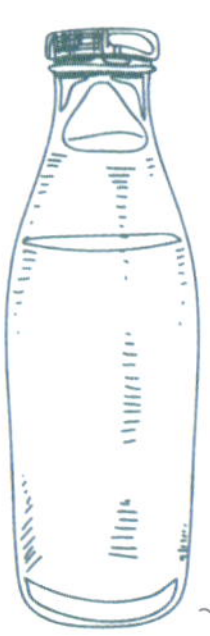

Mon truc malin

Œufs au lait : je mets 3 feuilles de papier journal pliées en quatre dans la lèchefrite sous mon plat à gratin pour le stabiliser.

Serment du jour

J'achète uniquement des pommes produites en France.

Lever du soleil : 7 h 33 Coucher du soleil : 20 h 18 Lune décroissante

Printemps

DÎNER

Œufs cocotte
Escalopes de dinde viennoises, pâtes à la tomate
Tapioca au lait

LES RECETTES DU JOUR

Œufs cocotte

Les œufs cocotte se préparent à la dernière minute, seuls ou accompagnés. Ils cuisent dans des ramequins un peu hauts. Ils peuvent se faire même si l'on est privé de four. On utilise alors une cocotte épaisse avec couvercle dont on tapisse le fond avec un journal plié pour assurer une bonne isolation. On pose les ramequins sur le journal, on remplit d'eau la cocotte à mi-hauteur des ramequins. L'eau ne doit jamais bouillir mais seulement frémir. La cuisson s'effectue cocotte fermée, le temps de cuisson est le même que dans le four. Cette méthode permet aux blancs d'œufs de voiler davantage.

Pour 4 pers. : 1 ou 2 œufs par personne, 1 ou 2 noix de beurre amolli, sel, poivre.

Préchauffez le four à 200 °C (th. 6/7). Beurrez le fond et les parois de chaque ramequin. Salez et poivrez. Cassez un œuf dans chaque ramequin. Placez les ramequins dans un plat en métal à bords plutôt hauts. Versez de l'eau bouillante à mi-hauteur. Laissez reprendre l'ébullition de l'eau sur la plaque de cuisson. Mettez le plat au four et laissez cuire environ 5 min (l'œuf est cuit lorsque le blanc forme une sorte de voile protégeant le jaune, qui restera moelleux).

Variantes :

À la crème : déposez 1 cc de crème épaisse dans le fond du ramequin, salez, poivrez. Cassez l'œuf. Faites démarrer la cuisson à l'identique de la recette ci-dessus. Après 3 min de cuisson au four, ajoutez 1 cc de crème sur chaque œuf. Salez, poivrez. Remettez au four pour 3 min.

Au coulis de tomate : garnissez le fond du ramequin de coulis de tomate chaud. Cassez l'œuf sur ce fond de coulis et recouvrez l'œuf de coulis chaud. Mettez au four pendant 5 à 6 min.

Escalopes de dinde viennoises, pâtes à la tomate

Pour 4 pers. : 4 escalopes larges et fines de 125 g chacune, 4 œufs, 3 à 4 cs de câpres, 3 cs de farine, 150 g de chapelure, 1 cs de beurre, 1 citron, 4 anchois roulés à l'huile, 1 cc de sel fin, 5 à 6 tours de moulin à poivre.

Mettez 2 œufs à durcir, passez-les sous l'eau froide, écalez-les puis passez-les à la moulinette. Hachez grossièrement les câpres. Procédez au panage des escalopes. Prenez 3 assiettes : dans la première, mettez la farine ; dans la deuxième, 2 œufs entiers battus en omelette ; dans la troisième, la chapelure. Passez chaque escalope sur les 2 faces d'abord dans la farine puis dans les œufs battus et enfin dans la chapelure. Salez, poivrez. Mettez le beurre à fondre dans une poêle à feu moyen. Quand il grésille, déposez les escalopes panées, faites-les dorer, baissez le feu, laissez cuire 2 min puis retournez-les avec une spatule et faites de même de l'autre côté. Déposez les escalopes sur du papier absorbant pour les sécher recto verso.

Servez à l'assiette avec des quartiers de citron en répandant sur chaque escalope des câpres hachées et les œufs moulinés. Ajoutez un petit anchois. Accompagnez de pâtes à la tomate

Tapioca au lait

Ce grand classique de la cuisine familiale du siècle dernier peut se préparer à l'avance.

Pour 4 pers. : ½ l de lait, 90 g de sucre, ½ gousse de vanille (ou 1 sachet de sucre vanillé), 3 cs de tapioca, 2 jaunes d'œufs, 50 g de crème fraîche.

Dans une casserole, versez le lait, ajoutez le sucre et la ½ gousse de vanille fendue et grattée (ou le sucre vanillé). Portez à ébullition et remuez à l'aide d'un fouet. Hors du feu, couvrez et laissez infuser 7 à 8 min. Remettez la casserole sur le feu ; à la reprise de l'ébullition, jetez le tapioca petit à petit et d'un peu haut pour qu'il retombe en pluie (sinon, il s'agglomère en pelotons), sans cesser de remuer. Laissez cuire 10 min en remuant toujours au fouet, jusqu'à ce qu'il devienne transparent. Battez les jaunes d'œufs avec la crème fraîche. Versez dans la casserole contenant le tapioca, mélangez et comptez 1 min d'ébullition.

Transvasez dans un plat creux et laissez refroidir.

Avril

L	M	M	J	V	S	D
				1	2	3
4	5	6	7	8	9	10
11	12	13	14	15	16	17 Pâques
18	19	20	21	22	23	24
25	26	27	28	29	30	

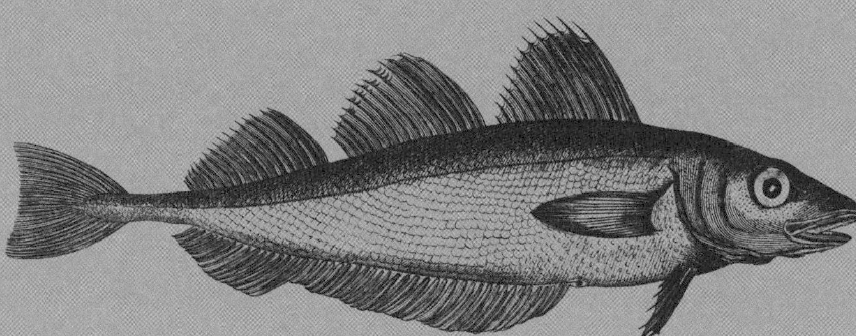

Mon truc malin

Pour cuire le haddock, voir la recette du 11 novembre.

Printemps

DÎNER

Bulots mayonnaise
Haddock, œuf poché à cheval
Tarte à la vergeoise brune et au confit d'endives

Les recettes du jour

Bulots mayonnaise

Pour 4 pers. : 5 douzaines de bulots frais, 1 verre de vin blanc sec, 1 petit bouquet garni (thym, 1 feuille de laurier, queues de persil), 1 cc de pastis, 1 cs de gros sel, poivre du moulin ou 1 pointe de couteau de Cayenne, 2 clous de girofle, 1 bol de mayonnaise.

Lavez les bulots dans plusieurs eaux.

Dans un faitout, versez 1,5 l d'eau et le vin blanc. Ajoutez le bouquet garni, le sel, le poivre, le pastis et les clous de girofle. Portez à ébullition et laissez bouillir à couvert 5 bonnes minutes avant de plonger les bulots.

Comptez environ 12 à 15 min de cuisson à ébullition avant de les égoutter. Attention : les bulots trop cuits deviennent coriaces. Servez les bulots avec une mayonnaise bien moutardée ou façon aïoli, parfumée d'une demi-gousse d'ail écrasée.

Tarte à la vergeoise brune et au confit d'endives

Pour 8 pers. : 1 rouleau de pâte feuilletée ou brisée du commerce.

Pour le confit d'endives : 6 à 8 endives, 50 g de beurre, 100 g de vergeoise brune

Pour l'appareil : 50 g de beurre, 200 g de vergeoise brune, 3 œufs entiers, 20 cl de crème liquide.

Préchauffez le four à 180 °C (th. 6).

Émincez les endives. Dans une cocotte, faites-les suer avec le beurre et ajoutez la vergeoise brune puis mouillez à hauteur et laissez compoter jusqu'à l'obtention d'une confiture. Réservez.

Pour l'appareil, faites fondre le beurre. Mélangez la vergeoise, les œufs, incorporez la crème et le beurre fondu. Déposez la pâte à tarte dans le moule beurré. Relevez bien les bords, piquez le fond avec une fourchette, déposez une couche d'endives et ajoutez une fine couche d'appareil (réservez le reste).

Faites cuire 10 min au four à 180 °C. Retirez du four et versez le reste de l'appareil, puis remettez à cuire pendant 20 min toujours à 180 °C.

Servez tiède.

Lisettes en gelée de vin blanc, carottes aux aromates

Pour 4 pers. : 4 maquereaux lisettes très frais (environ 120 g chacun), 1 oignon blanc, 3 carottes, 1 échalote, ½ citron jaune, 2 cs de gros sel, 1,5 dl de vin blanc, 1 cc de sucre en poudre, 3 clous de girofle, 1 gousse d'ail, 1 petit bouquet garni (thym, laurier, queues de persil), 1 feuille de gélatine.

Demandez au poissonnier de lever les filets des maquereaux et de récupérer à votre intention les têtes et arêtes. Lavez bien les parures, égouttez-les, mettez-les dans une casserole avec 2 dl d'eau et faites cuire 12 min à petits bouillottements. Filtrez le fumet obtenu au-dessus d'un saladier à travers une passoire fine. Réservez.

Avant leur cuisson (2 ou 3 h), rangez les filets de maquereaux côte à côte dans un plat à four. Répartissez 1 cs de gros sel. Couvrez, mettez en attente au réfrigérateur. Épluchez carottes, oignon, échalote. Détaillez-les en tranches fines de 2 à 3 mm d'épaisseur. Dans une casserole, recouvrez-les juste à hauteur d'eau additionnée de 1 cc de gros sel. Faites cuire jusqu'à évaporation complète, 10 à 15 min suffisent.

Portez à ébullition le fumet de maquereaux, le vinaigre, le vin blanc, le sucre, le bouquet garni, l'ail et les clous de girofle puis cuire doucement 10 bonnes minutes. Ajoutez les carottes, l'échalote et l'oignon. Couvrez, laissez infuser 15 min hors du feu. Éliminez l'ail et le bouquet garni. Sortez les maquereaux du réfrigérateur. Débitez le citron en tranches très fines. Répartissez sur les filets. Portez à nouveau la nage de légumes à ébullition. Versez sur les maquereaux.

Posez le plat sur feu doux pour une 3e ébullition. Supprimez la source de chaleur et couvrez. Trempez 1 feuille de gélatine dans l'eau fraîche. Prélevez une louche de cuisson des maquereaux, faites dissoudre la gélatine égouttée. Versez le tout sur les filets. Laissez refroidir à température ambiante puis maintenez au réfrigérateur 24 heures.

Servez très frais.

☞ Le saviez-vous ?

Bulot : *appelé aussi buccin ou escargot de mer. La taille minimale de capture est de 4,5 cm. À la vente, il doit être propre, sans sédiment, lavé et rincé.*

Vergeoise : *sirop coloré de canne ou de betterave. Existe en deux couleurs, blonde et brune.*

Je m'avance pour demain
Je prépare les lisettes en gelée.

Lever du soleil : 7 h 29 Coucher du soleil : 20 h 21 Lune décroissante

Sainte-Sandrine

Samedi
2
AVRIL

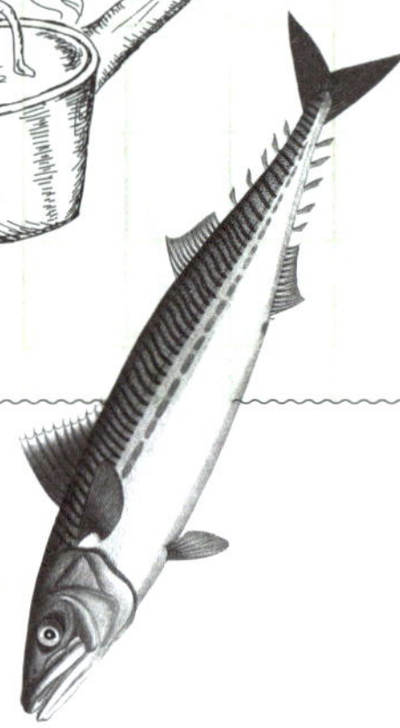

SEMAINE 13

☞ Le saviez-vous ?

La lisette est un jeune maquereau de 15 à 17 cm de long.

La qualité du veau dépend de ses techniques d'élevage:
1°: élevé sous la mère, nourri exclusivement au lait naturel en tétant deux fois par jour, le pis de la mère ou de la vache – tante – d'adoption, le meilleur, le plus cher.
2°: fermier de lait, boit au seau du lait frais entier provenant de l'exploitation mais pas obligatoirement celui de la mère.
3°: veau de boucherie: nourri au lait à base de poudre et d'origine laitière.
Préférez le second.
Depuis 1965, un décret interdit de mettre des stimulants de croissance dans l'alimentation des veaux. Cela n'a pas toujours été pris en compte, mais depuis 1980, les éleveurs s'autocontrôlent.

Printemps

DÉJEUNER

Tendrons de veau aux petits légumes
Tarte au citron

DÎNER

Lisettes en gelée de vin blanc, carottes aux aromates
Mousse au chocolat aux zestes d'orange

Les recettes du jour

Tendrons de veau aux petits légumes

Pour 4 pers. : 4 tranches de tendron de 1,5 cm d'épaisseur environ, 2 noix de beurre, 2 blancs de poireaux, 1 carotte, 2 oignons, 2 tomates, 2 cs de crème (facultatif), sel, poivre.
Faites dorer les tendrons sur les 2 faces, à sec, dans une poêle à revêtement antiadhésif. Une fois bien dorés, réservez-les sur une assiette. Déposez dans la poêle (sans la rincer) le beurre, les poireaux, la carotte et les oignons épluchés et coupés en fines lamelles, les tomates pelées, épépinées et concassées. Laissez suer les légumes pendant 5 min, en remuant, puis ajoutez les tranches de veau ; couvrez et laissez mijoter sur feu doux pendant 20 à 25 min. Vérifiez la cuisson de la viande (elle doit être tendre et très légèrement rosée à l'intérieur). Salez, poivrez et ajoutez la crème fraîche. Servez aussitôt.

Tarte au citron

Pour 4 pers. : 1 pâte sablée, 4 œufs, 100 g de beurre + 1 noisette pour beurrer le moule, 100 g de sucre semoule, 3 citrons non traités.
Préchauffez le four à 220 °C (th. 7/8). Étalez la pâte, déposez-la dans un moule beurré. Piquez le fond de pâte et le cuire « à blanc ». Mettez au four 15 min puis sortez la tarte du four. Prélevez le zeste de 2 citrons ; passez-les au mixeur. Mettez cette purée dans une casserole, recouvrez d'eau froide. À ébullition, videz l'eau et gardez la purée dans la casserole. Ajoutez 1 cs de sucre ; recouvrez avec un peu d'eau et laissez cuire à petit feu, jusqu'à ce que les zestes soient confits et brillants. Dans une petite casserole, travaillez le beurre en pommade, le reste de sucre et les œufs. Lorsque la pâte est lisse, ajoutez le jus des 3 citrons. Mettez la casserole au bain-marie pendant 20 min en remuant. Égouttez les zestes de citrons et mélangez-les à la pâte. Versez le contenu de la casserole sur le fond de tarte et mettez au four 15 min. Servez froid.

Mousse au chocolat aux zestes d'orange fraîche ☞ *Voir la recette du 6 juillet* *en remplaçant le café par du zeste d'orange râpé fin.*

Lever du soleil : 7 h 27 Coucher du soleil : 20 h 22 Lune décroissante

Soufflé au fromage

Pour 4 pers. : utilisez la recette de la béchamel express (recette dans le Pense pas bête) augmentée de : 2 jaunes d'œufs, 6 blancs d'œufs, 150 g de fromage râpé frais, muscade, sel, poivre.
Préchauffez le four à 220 °C (th. 7/8). Préparez une béchamel express. Ajoutez le fromage, le sel, le poivre, la muscade, mélangez. Battez les blancs en neige en ajoutant 1 pincée de sel. Mélangez grossièrement la béchamel au fromage et aux blancs d'œufs battus. Remplissez les moules ; enfournez à mi-hauteur. Servez après 20 min de cuisson pour un moule de 1,5 l, 25 min pour un moule de 2 l, 15 min pour des ramequins.

Navarin d'agneau

Pour 4 pers. : 2 kg de viande de mouton répartis dans la poitrine, le collet et les basses côtes découpés en morceaux d'environ 70 g chacun, 80 g de beurre, 4 cs d'huile d'arachide ou 120 g de saindoux (ou de graisse d'oie), 50 g de farine, 1 l de consommé, 3 tomates fraîches, 1 bouquet garni, 3 gousses d'ail, 2 cs de concentré de tomate, 2 oignons, 1 kg de pommes de terre, 1 cs de sucre en poudre, sel, poivre.
Salez, poivrez, sucrez chaque morceau de viande. Faites-les rissoler dans le beurre et l'huile sur tous les côtés. Jetez la graisse de cuisson. Ajoutez la farine sur les morceaux de viande. Laissez roussir pour cuire la farine. Ajoutez le consommé, les tomates, le bouquet garni, les gousses d'ail légèrement écrasées, le concentré de tomate et les oignons. Rectifiez l'assaisonnement, salez, poivrez. Portez à ébullition et laissez bouillotter doucement à feu doux pendant 1 heure dans le four. Au bout d'une heure, ajoutez les pommes de terre épluchées et calibrées. Laissez cuire 45 min. Les pommes de terre doivent rester intactes. Avant de servir, dégraissez le maximum à la louche. Faites un peu réduire. Servez chaud.

Croque-monsieur

Pour 4 pers. : 1 pain de mie (9 x 9 cm) de 280 à 300 g, débité en 16 tranches ou 8 tranches de pain de campagne coupées en 2, 2 tranches de jambon blanc (150 g), 150 g de fromage râpé, 80 g de beurre.
Faites fondre le beurre dans une casserole. Badigeonnez avec un pinceau 8 tranches de pain de mie. Déposez-les face beurrée sur la lèchefrite du four. Ajoutez sur chacune ¼ de tranche de jambon, puis la moitié du fromage râpé. Couvrez avec les 8 autres tranches de pain. Beurrez et répartissez le gruyère restant.
Préchauffez le four à 200 °C (th. 6/7). Glissez les croque-monsieur dans le four 12 min. Servez aussitôt avec une salade verte.
Remarque : garnissez toujours le dessus de fromage râpé pour faire gratiner.

Printemps

DÉJEUNER

Radis beurre
(conservez les fanes)
Soufflé au fromage
Navarin d'agneau

DÎNER

Croque-monsieur,
salade croquante
Fraises françaises
au sucre

Mon truc malin

Soufflé : avant toute chose, faites fondre le beurre ; à l'aide d'un pinceau, enduisez le fond et les parois du moule et mettez au réfrigérateur. Quand le beurre est figé, recommencez l'opération une 2e fois.
La béchamel doit être tiède – **idéalement froide** – pour éviter que les jaunes ne cuisent.
Blancs en neige : commencez par faire tourner 1 min à vitesse moyenne pour aérer les blancs.
Mélange blancs et jaunes : inutile de les mêler intimement : les blancs se casseraient et le soufflé monterait moins.

Pense pas bête

Pense pas bête

Utilisez les œufs rassis conservés au réfrigérateur.
Recette béchamel express : se prépare à l'avance.
Pour 4 pers. : 50 cl de lait, 3 jaunes d'œufs + 1 œuf entier, 50 g de beurre, 1 cs de crème, 5 cs de farine, ½ cc de sel fin, 1 pincée de noix de muscade râpée, poivre.
Mettez dans une casserole le lait, les jaunes d'œufs, le beurre et la farine. Chauffez sur feu moyen sans cesser de remuer avec un fouet jusqu'à ébullition ; rectifiez l'assaisonnement ; enrichissez la préparation avec la crème et l'œuf entier mélangés.

Saint-Isidore

Lundi

4

AVRIL

Printemps

DÎNER

Soupe aux fanes de radis
Onglets de veau en cocotte, aux carottes et navets
Crème au café

SEMAINE 14

LES RECETTES DU JOUR

Onglets de veau en cocotte, aux carottes et aux navets

Pour 4 pers. : 2 onglets de veau (600 g environ), 1 cs de gros sel, 2 cs de sucre, 1 botte de carottes nouvelles avec les fanes (300 g environ), 1 botte de navets nouveaux avec les fanes (300 g environ), 1 cs d'huile, 3 cs de beurre, 3 cs de persil plat, sel, poivre.

Portez à ébullition dans une casserole 2 l d'eau additionnée de gros sel et de sucre. Plongez les carottes et les navets lavés mais non épluchés. À partir de l'ébullition, comptez 7 à 8 min de cuisson. Sortez les légumes à l'aide d'une écumoire, refroidissez-les dans de l'eau avec quelques glaçons. La peau des carottes et des navets se retire comme un gant. Débitez-les en tronçons et quartiers. Réservez.

Dans une cocotte, chauffez l'huile et 2 cs de beurre. Déposez les onglets, salez, poivrez. Laissez colorer à feu doux sur chaque face 15 min à couvert. Sortez les onglets, maintenez-les au chaud entre deux assiettes creuses.

Versez ½ verre d'eau dans la cocotte pour décoller les sucs. Ajoutez 1 cs de beurre, les carottes et les navets. Couvrez. Laissez mijoter 10 bonnes minutes. Débitez les onglets en tranches de 2 cm d'épaisseur, remettez-les dans la cocotte avec les légumes, complétez avec le jus rendu pendant le repos et le persil ciselé. Couvrez 2 à 3 min avant d'apporter la cocotte sur la table.

Crème au café

Pour 4 pers. : ½ l de lait, 2 cs rases de café soluble, 2 jaunes d'œufs, 2 œufs, 130 g de sucre semoule, cacao en poudre.

Chauffez le lait avec le café soluble en remuant à l'aide d'un fouet. Couvrez, laissez infuser 10 min hors du feu. Réunissez 2 jaunes d'œufs, 2 œufs entiers et le sucre. Fouettez quelques instants pour bien mélanger. Ajoutez le lait parfumé au café. Laissez reposer. Enlevez à l'aide d'une cuillère la mousse qui recouvre la surface. Le mélange représente à peu près 8 dl. Préchauffez le four à 150/160 °C (th. 5/6). Filtrez l'appareil au-dessus d'un saladier à travers une passoire fine. Remplissez 4 tasses à potage ou à thé (ou 8 petits ramequins). Placez-les au bain-marie sur 3 ou 4 épaisseurs de papier (journal par exemple). Couvrez-les d'une feuille d'aluminium et laissez cuire 25 min. Laissez refroidir hors du bain-marie. Décorez avec le cacao en poudre saupoudré à travers une passoire fine.

Je m'avance pour demain

Recette du fondant au chocolat

☞ *recette page suivante*

☞ Le saviez-vous ?

Alors que l'onglet de bœuf se mange plutôt rassis, l'onglet de veau se mange frais et s'achète chez le tripier. Si votre boucher n'en vend pas, commandez-le-lui.

Soupe aux fanes de radis

Pour 4 pers. : fanes de radis (d'une botte, environ 200 g), 30 g de beurre, 1,25 l de bouillon de volaille (cube du commerce ou eau), 1 dl de lait, 16 tranches de pain, sel, poivre.

Équeutez les fanes de radis, lavez-les, ciselez-les finement. Dans une casserole, faites chauffer le beurre. Laissez fondre les fanes avec une pincée de sel 5 à 6 min. Mouillez avec le bouillon et faites cuire à petits bouillottements 15 min. Passez la soupe au mixeur. Complétez avec le lait. Rectifiez l'assaisonnement. Ajoutez du poivre selon votre goût. Servez chaud ou froid avec des tranches de pain grillées.

Lever du soleil : 7 h 23 Coucher du soleil : 20 h 25 Lune décroissante

Printemps

DÎNER

Soupe à l'oseille
Lapin sauté
Fondant au chocolat et au cacao

Sainte-Irène

Mardi 5 AVRIL

SEMAINE 14

Petite histoire...

Le lapin, originaire d'Afrique du Nord, y serait venu dès l'ère tertiaire. On introduisit le lapin en France pour compenser la perte du gibier, mais sa fécondité dévastatrice obligea Louis XVI à autoriser tous ses sujets de le chasser tant il dévastait les cultures. Le lapin de clapier est un lapin domestique. Il a failli disparaître en 1950 à cause de la myxomatose.

Je m'avance pour demain

Préparez le gâteau à l'ananas

☞ *recette page suivante*

Je conseille des ananas au sirop en boîtes 4/4 : on obtient le même résultat qu'avec un ananas frais et c'est plus économique.

Les recettes du jour

Lapin sauté

Pour 4 pers. : 1 lapin de 1,3 kg découpé au couteau (voir Règle d'or du 2 juin), 150 g de poitrine fumée, 1 oignon, 2 cs de beurre, 1 verre de vin blanc, 1 brindille de thym, ½ feuille de laurier, 1 branche d'estragon, 300 g de champignons de Paris, 1 cc de sel fin, 7 à 8 tours de moulin à poivre.

Découpez des lardons dans les tranches de poitrine. Épluchez et hachez grossièrement l'oignon. Dans une cocotte, faites fondre 1 cs de beurre. À grésillement, ajoutez les lardons, faites-les rissoler doucement, retirez-les avec l'écumoire, réservez. Ajoutez l'oignon haché, faites-le dorer légèrement, retirez-le, ajoutez-le aux lardons. Posez dans la cocotte les morceaux de lapin, salez (légèrement), poivrez. Faites dorer lentement de tous côtés, ajoutez les lardons et l'oignon, le vin blanc, portez à bouillottement, ajoutez le thym, le laurier et l'estragon. Couvrez et maintenez à légers bouillottements. Laissez cuire 50 min. Préparez des champignons poêlés. Ajoutez-les pour les 10 dernières min de cuisson. Retirez les morceaux de lapin et la garniture (lardons, champignons, thym et laurier). Ajoutez ½ verre d'eau, grattez les sucs, portez à ébullition, faites réduire de moitié, versez sur le lapin. Servez avec des pommes de terre sautées, des tomates à la provençale, des choux-fleurs sautés.

Fondant au chocolat et au cacao

Pour 4 pers. : 125 g de chocolat noir à pâtisserie, 2,5 dl de crème liquide, 1 cs de sucre glace, 6 biscuits à la cuillère, quelques cuillerées de cacao en poudre.

Prévoyez un plat d'environ 20 cm de longueur, 10/12 cm de largeur et 4/5 cm de hauteur. Dans un saladier, cassez le chocolat en petits morceaux. Faites fondre au bain-marie en remuant avec une cuillère en bois. Battez la crème en chantilly, incorporez le sucre glace. Mélangez le chocolat et la chantilly. Versez dans un plat. Égalisez la surface avec le dos d'une cuillère. Recouvrez avec les biscuits à la cuillère coupés en deux dans l'épaisseur de façon à former un socle au gâteau. Appuyez pour que les biscuits s'enfoncent légèrement dans la mousse au chocolat. Couvrez d'un film alimentaire et placez au réfrigérateur au moins 4 h. Pour démouler, trempez le moule dans de l'eau chaude et retournez sur le plat de service. Saupoudrez la surface du fondant de cacao en poudre à travers une passoire fine.

☞ ***Le saviez-vous ? Un bon lapin se reconnaît à un cou très court, de gros genoux, des pattes de devant flexibles et un râble charnu.***

Lever du soleil : 7 h 21 Coucher du soleil : 20 h 27 Lune décroissante

Saint-Marcellin

Mercredi
6
AVRIL

Printemps

DÎNER

Soupe glacée de concombre
Épaule d'agneau rôtie aux épices
Gâteau à l'ananas

Les recettes du jour

Épaule d'agneau rôtie aux épices

Pour 4 pers. : ½ épaule d'agneau désossée d'environ 750 g, 1 cc de curry, 1 cc de poudre de thym, 3 cs d'huile d'olive, 2 dl d'eau, sel fin, poivre du moulin.

Ne ficelez pas l'épaule d'agneau. La veille, réunissez le curry, le thym, une pincée de sel, un peu de poivre du moulin. Enduisez l'épaule sur toutes ses faces avec le mélange. Arrosez avec 2 cs d'huile d'olive. Massez légèrement. Couvrez et réservez au réfrigérateur. Sortez-la 1 h avant de rôtir. Préchauffez le four à 200 °C (th. 6/7). Déposez l'épaule dans un plat avec 1 cs d'huile d'olive et faites cuire 40 min en retournant la viande toutes les 10 min. Retirez le plat du four. Enveloppez l'agneau dans du papier d'aluminium, maintenez au chaud dans le four éteint, porte ouverte. Versez l'eau dans le plat de cuisson pour décoller les sucs. Mettez le jus sur feu vif dans une petite casserole. Rectifiez l'assaisonnement. Découpez la viande en tranches fines. Servez aussitôt.

Gâteau à l'ananas

Pour 6 pers. : 1 boîte ¾ d'ananas au sirop, 1 citron non traité, 150 g de sucre, 4 œufs, 2 cs de farine, 3 cs de kirsch, 1 cs d'eau, 6 morceaux de sucre pour caraméliser le moule.

Passez au mixeur les tranches d'ananas avec 2 cs de leur jus et le zeste râpé du citron. Versez la purée ainsi obtenue dans une casserole, ajoutez le sucre, portez à ébullition, faites bouillotter 10 min. Laissez refroidir. Préchauffez le four à 150 °C (th. 5). Battez les œufs en omelette. Incorporez la farine, le kirsch, ajoutez ce mélange à la purée froide d'ananas (*le mélange doit être homogène*). Déposez les morceaux de sucre dans un moule à charlotte, ajoutez 1 cs d'eau et posez le moule sur feu doux (*le sucre commence à fondre puis à caraméliser*). Dès que le caramel est blond, retirez du feu et faites glisser le caramel le long des parois du moule. Versez la purée d'ananas dans le moule et faites cuire 1 h 30 au four. Démoulez au dernier moment en plongeant le moule quelques secondes dans un récipient d'eau bouillante avant de le retourner sur le plat de service.

☞ ***Le saviez-vous ?*** ***L'épaule d'agneau ou de mouton a longtemps été appelée « éclanche » ou « jambe de devant ». On peut la faire désosser par le boucher, ficelée en long ou en melon, rôtie entière avec son os.***

Soupe glacée de concombre

Pour 4 pers. : 1 petit concombre (300 g environ), 2 grosses pommes de terre (300 à 400 g environ), 1 oignon blanc, 1,5 l de bouillon de volaille, 1 dl de crème liquide, 1 branche de menthe (facultatif), sel, poivre.

Lavez le concombre sans l'éplucher, coupez-le en 2 dans le sens de la longueur. À l'aide d'une petite cuillère, enlevez les graines du cœur. Débitez le concombre en tronçons de 1 cm d'épaisseur. Épluchez, lavez les pommes de terre, détaillez-les en tranches fines. Épluchez et émincez l'oignon. Réunissez les légumes dans une casserole avec le bouillon, salez, poivrez. À partir de l'ébullition, comptez 15 min de cuisson. Passez le potage au mixeur, complétez avec la crème. Donnez une nouvelle ébullition. Ajoutez selon votre goût les feuilles de menthe finement ciselées. Laissez refroidir. Servez glacé en tasses ou en soupière.

!

Les épices sont des ponctuations qui doivent exalter les goûts sans les camoufler.

Lever du soleil : 7 h 19 Coucher du soleil : 20 h 28 Lune décroissante

Printemps

DÎNER

Champignons crème moutardée
Bœuf à la ficelle
Pruneaux au vin rouge

Saint-Jean-Baptiste

Jeudi **7** AVRIL

Petite histoire...

C'est en Toscane à la fin du XVIe siècle que furent initiées les premières tentatives de cultures de champignons sur des souches de figuiers. Olivier de Serres, botaniste d'Henri IV, a tenté la reproduction des rosés des prés. La Quintinie, jardinier de Louis XIV, les fit pousser en plein air sur des meules, mais c'est à Paris que la formule idéale du compost, inévitable support de l'ensemencement, fut découverte par le plus grand des hasards sur l'emplacement du Trocadéro. Des grognards de Napoléon, réfugiés avec leurs chevaux sous la voûte de Chaillot, s'aperçurent que la formule « paille + humidité + crottin de cheval » permettait la reproduction de la psalliote, l'ancêtre du champignon de Paris.

J'achète mieux

Le champignon de Paris, marron ou blanc, s'achète très frais, bien ferme, lisse, uniformément coloré et sans taches.

Les recettes du jour

Bœuf à la ficelle

Pour 4 pers. : 500 à 600 g de viande *(voir le Bon à savoir)*, une botte de carottes nouvelles, une botte de navets nouveaux, 2 poireaux, 2 cubes de bouillon de pot-au-feu ou de volaille.
Demandez au boucher de ficeler la viande – sans la barder – et de laisser une longueur suffisante de ficelle pour l'attacher à l'une des poignées du récipient. Préparez le consommé avec 2 l d'eau. Faites d'abord cuire les légumes 15 min avant d'installer la viande. Plongez la viande dans le bouillon 10 à 15 min à ébullition.
Ce mode de cuisson est destiné aux amateurs de viande saignante. Retirez la viande du bouillon, posez-la sur un plat, tenez-la au chaud dans un four tiède pendant 20 min avant de découper. Servez dans des assiettes creuses bien chaudes entourées des légumes avec gros sel, poivre du moulin, moutarde et cornichons.

Pruneaux au vin rouge

Pour 4 pers. : 800 g de pruneaux, ½ l de vin rouge, 120 g de sucre, 1 orange, 1 citron, 20 g d'écorce de cannelle.
Faites gonfler les pruneaux une nuit dans de l'eau froide. Égouttez-les, mettez-les dans une casserole, ajoutez le vin rouge, ajoutez le sucre, l'orange et le citron coupés en tranche et la cannelle. Portez à ébullition. Dès les premiers bouillons, retirez la casserole et versez dans un saladier. Servez bien frais.

BON à SAVOIR Cuisson à la ficelle : la qualité de la viande est fondamentale… Choisissez de la viande tendre – filet, rumsteck, tende de tranche ; 150 g par personne est suffisant. Utilisez un bouillon de qualité, pas trop salé.

☞ **Le saviez-vous ?**

Les champignons sont de curieux végétaux, dépourvus de fleurs, de racines, de feuilles et de tiges.

Lever du soleil : 7 h 17 Coucher du soleil : 20 h 30 Nouvelle lune

Sainte-Julienne

Vendredi
8
AVRIL

Printemps

DÎNER

Pilaf de foie de volaille
Merluchon en court-bouillon, mayonnaise et macédoine de légumes frais
Tarte à la rhubarbe

SEMAINE 14

LES RECETTES DU JOUR

Merluchon en court-bouillon, mayonnaise et macédoine de légumes frais

Pour 4 pers. : 1 merluchon d'un gros kilo, 1 bol de mayonnaise. 2 carottes, 1 gros oignon, 2 l d'eau, 2 cs de gros sel, 1 bouquet garni (thym, laurier, queues de persil). 1 verre de vin blanc sec, quelques grains de poivre.
Pour la macédoine : 2 carottes, 2 navets, 2 pommes de terre, 100 g de haricots verts, quelques feuilles de laitue (facultatif).

Épluchez les carottes, l'oignon. Émincez-les finement. Portez à ébullition dans 2 l d'eau les légumes, le sel, le poivre et le bouquet garni. Couvrez et laissez cuire 30 min. Ajoutez le vin blanc, laissez refroidir. Mettez le merluchon « en colère », c'est-à-dire la queue dans la gueule en couronne. Déposez-le dans un faitout et filtrez au-dessus le court-bouillon froid. Le poisson doit être complètement immergé, sinon recouvrez-le d'un linge trempé dans le court-bouillon. Portez à frémissement, faites cuire 18 min en évitant absolument l'ébullition. Vérifiez la cuisson à l'aide d'un couteau. Hors du feu, laissez refroidir 10 min. Égouttez le poisson sur un plat, retirez la peau pendant qu'il est encore tiède. Ne le mettez pas au réfrigérateur.
Pour la macédoine, épluchez les légumes. Coupez carottes et navets en petits dés. Recouvrez d'eau salée. Faites cuire 10 bonnes minutes. Ajoutez les pommes de terre également coupées en petits dés. Poursuivre la cuisson 7 à 8 min. Égouttez. Faites cuire les haricots verts à l'eau bouillante salée, gardez-les croquants. Rafraîchissez-les dans l'eau froide. Coupez-les en tronçons d'environ 1 cm. Réunissez les légumes égouttés dans un saladier avec quelques feuilles de laitue et 3 belles cs de mayonnaise. Rectifiez l'assaisonnement. Détachez à la cuillère la chair du poisson de l'arête. Servez avec la macédoine et la mayonnaise en saucière.

Tarte à la rhubarbe

Pour 4 pers. : 300 g de pâte brisée, 700 g de rhubarbe soit 500 g net épluchée, 150 g de sucre semoule, 1 belle noix de beurre.

Laissez reposer la pâte brisée. Coupez la tige de la rhubarbe en 2. À l'aide d'un petit couteau, enlevez la peau qui la recouvre en tirant de haut en bas. Lavez à l'eau fraîche. Égouttez. Émincez les tiges en tronçons de ½ cm d'épaisseur. Dans une casserole, réunissez la rhubarbe et le sucre. Portez à ébullition, couvrez. Laissez bouillotter doucement 10 min. Ôtez le couvercle et laissez réduire sur un feu un peu vif, jusqu'à épaississement, de la consistance d'une compote, en remuant avec une cuillère en bois. Débarrassez dans un saladier, laissez refroidir ou tiédir. Beurrez un moule à tarte de 15 à 18 cm environ. Étalez la pâte, déposez-la dans le moule. Piquez le fond de quelques coups de fourchette. Couvrez de papier sulfurisé et de légumes secs (haricots ou lentilles). Préchauffez le four à 180 °C (th. 6). Faites précuire le fond de tarte 12 min. Retirez le papier sulfurisé et les légumes secs. Versez la compote de rhubarbe cuite. Baissez le four à 160 °C (th. 5/6) et enfournez la tarte pour 15 à 20 min.

Petite histoire...

La rhubarbe est connue depuis 5 000 ans et l'on situe son origine dans les grandes plaines de l'Ukraine. Jusqu'au XVIIIe siècle, sa notoriété est due essentiellement à ses propriétés médicinales. Son introduction en France est mystérieuse : on évoque une caisse de racines expédiées en 1867 du Sichuan, mais la plus plausible des hypothèses reste celle des Anglais utilisant de la rhubarbe au XVIe siècle pour satisfaire les gourmets. Attention : la rhubarbe est chargée en acide oxalique.

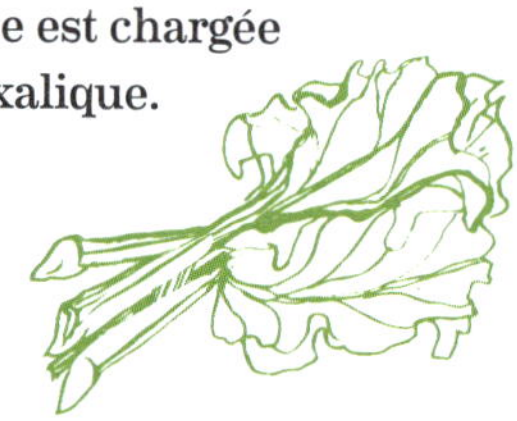

☞ *Le saviez-vous ?*

Merlu : on ne peut appeler un merlu « colin » que s'il est congelé ou s'il entre dans la composition d'un plat préparé. Sa chair est blanche, appétissante, sa peau luisante, ses ouïes rouges, son œil bombé, sa cornée transparente, son corps raide et ferme.

Lever du soleil : 7 h 15 Coucher du soleil : 20 h 31 Lune croissante

Mon truc malin
Jetez un petit croûton de pain dans l'huile pour vérifier la température ; elle doit bouillonner et ne pas fumer.

Les recettes du jour

Ailes de raie au chou vert croquant,
vinaigrette moutardée

Pour 4 pers. : 800 g de raie bien épaisse, 1 gros oignon, 1 dl de vinaigre de vin, 1 cs de gros sel, 1 chou vert (1 kg environ), 1 cc de bicarbonate de soude, 6 cs de vinaigrette, 1 cs de moutarde forte, 1 filet d'huile d'olive, sel, poivre.

Faites tronçonner la raie en 4 morceaux par le poissonnier. Lavez le poisson à l'eau courante pour éliminer le mucus gluant. Réunissez dans une casserole l'oignon pelé et émincé, le vinaigre et les morceaux de raie. Recouvrez largement d'eau froide additionnée de gros sel. Portez à ébullition. Comptez 15 min de cuisson à petits bouillottements. Réservez. Éliminez les grosses feuilles situées à l'extérieur du chou. Coupez le chou en 4, lavez-le. Plongez-le dans un grand faitout d'eau bouillante salée additionnée de bicarbonate de soude ; à la reprise de l'ébullition, comptez 1 min de cuisson. Rafraîchissez sous l'eau froide. Égouttez en pressant bien avec les deux mains pour extraire toute l'eau. Ôtez les côtes dures. Détaillez les feuilles en grosses lanières.

Dans un saladier, incorporez au fouet la moutarde à la vinaigrette. Ajoutez le chou. Mélangez bien. Rectifiez l'assaisonnement. Laissez mariner 1 h. Pelez les morceaux de raie sur les deux faces. À l'aide d'un couteau, retirez délicatement le cartilage situé au milieu des chairs. Répartissez le chou mariné sur les assiettes, coiffez avec le poisson, arrosez d'un filet d'huile d'olive.

Mousse de yaourt aux amandes

Pour 4 pers. : 4 yaourts nature ou 4 yaourts au soja, 2 cs de sucre (ou de miel liquide), 80 g de poudre d'amandes, 1 cs d'amandes effilées.

Battez au fouet électrique les yaourts jusqu'à obtenir une consistance mousseuse. Ajoutez le sucre (*battez jusqu'à ce qu'on ne perçoive plus le croquant des grains*) ou le miel liquide et la poudre d'amandes sans cesser de battre. Versez la préparation dans 4 verres ou 4 coupelles individuelles, placez-les au réfrigérateur pendant 2 h. Sortez-les au dernier moment et parsemez la surface d'amandes effilées préalablement dorées à la poêle sèche.

Printemps

DÉJEUNER

Salade de radis râpés à l'orange
Ailes de raie au chou vert croquant, vinaigrette moutardée
Mousse de yaourt aux amandes

DÎNER

Jambon de pays
Matafans
Salade croquante aillée

Matafans

Pour 4 pers. : 800 g de pommes de terre farineuses, 4 œufs, 2 cs de farine, 1 cs de sucre, 1 bain de friture, sel, poivre.

Épluchez les pommes de terre, râpez-les finement, lavez-les à grande eau fraîche et séchez-les dans un linge propre. Battez les œufs avec la farine et le sucre. Salez, poivrez. Ajoutez les pommes de terre râpées et mélangez le tout. Formez des petites boules un peu aplaties de 3 ou 4 cm de diamètre ; plongez les matafans 3 à 4 min dans le bain de friture porté à 170 °C jusqu'à ce qu'ils prennent une jolie coloration. Égouttez sur du papier absorbant. Servez bien chaud.

KEKCEKÇA ?

Matafans : vient de l'espagnol *maya hambre* (« mate la faim »).

Le saviez-vous ?

Vous pouvez garder les épluchures de pommes de terre si elles sont propres et suffisamment épaisses : faites-les frire...

Lever du soleil : 7h13 Coucher du soleil : 20h33 Lune croissante

Semaine 14

Printemps

DÉJEUNER

Tacaud simplement
Pintade rôtie, pommes au four
Mousse glacée aux fraises

DÎNER

Pissaladière anchois
Bananes au four à la gelée de groseille

☞ Le saviez-vous ?

La pintade : elle aime le chou, la poitrine fumée, le lard, la saucisse à cuire. Son légume préféré est probablement le chou, mais elle est très sensible à l'oignon. Les fruits lui conviennent aussi, la pêche, la pomme, les raisins en particulier. La compagnie des champignons ne lui fait pas peur.

! La tragédie de la banane : être un sex-symbol totalement dépourvu d'organe sexuel… De plus, le bananier n'est pas un arbre mais une herbe !

LES RECETTES DU JOUR

Pintade rôtie

Pour 4 pers. : 1 pintade de 1,6 à 1,8 kg avec ses abattis, 1 cs d'huile, 1 cs de beurre ou de graisse d'oie ou de canard, 3 gousses d'ail, 1 brindille de thym ou de romarin, 1 grand verre d'eau, sel, poivre.

La veille, assaisonnez si possible l'intérieur et l'extérieur de la pintade de sel et de poivre. Emballez-la dans un film alimentaire et réservez au réfrigérateur. Sortez 1 h à température ambiante avant de cuisiner. Préchauffez le four à 230 °C (th. 7/8). Badigeonnez la pintade avec un peu d'huile. Chauffez dans une cocotte 1 cs de beurre ou de graisse (oie, canard). Faites dorer à feu doux 6 à 7 min sur chaque face en commençant par les pattes, avec ses abattis, 3 gousses d'ail en chemise légèrement écrasées et 1 brindille de thym ou de romarin. Quand la pintade a pris de la couleur, couvrez, maintenez la cuisson 30 min en la retournant et en l'arrosant fréquemment car la chair à tendance à se dessécher. Retirez la pintade de la cocotte ; détachez les cuisses et remettez-les dans la cocotte pour 5 min supplémentaires. Emballez la carcasse dans une feuille double de papier d'aluminium et maintenez-la si possible dans un sac isotherme. Supprimez la matière grasse de cuisson, remplacez par un grand verre d'eau, grattez et déglacez les sucs, laissez réduire de moitié à bon feu. Rectifiez l'assaisonnement. Découpez la pintade. Servez avec le jus en saucière et la garniture de pommes au four.

Pommes au four

Pour 4 pers. : 4 pommes, 6 cs de sucre ; 1 clou de girofle, 1 zeste de citron non traité et séché, 2 cc de cannelle en poudre, 1 cc de gingembre en poudre, 4 cs de beurre, 3 cs de fond de sauce de la pintade.

Hachez finement le zeste de citron séché ; mélangez-le dans un saladier avec le sucre, la cannelle, le gingembre et le clou de girofle réduit en poudre. Préchauffez le four à 170 °C (th. 5/6). Pelez les pommes, retirez le cœur. Enfoncez par le haut un morceau de beurre. Roulez abondamment les pommes dans le mélange sucre, citron et épices ; disposez-les dans un plat allant au four. Versez les 3 cs de fond de sauce au fond du plat. Faites cuire au four environ 30 min.

Mousse glacée aux fraises

Pour 4 pers. : 300 g de fraises bien mûres et parfumées, 150 g de sucre semoule, 25 cl de crème fraîche liquide, 2 cs de cointreau ou de kirsch.

Lavez rapidement les fraises, égouttez-les, enlevez le pédoncule. Passez-les au moulin à légumes grille fine au-dessus d'un saladier avec le sucre. Fouettez la crème en chantilly. Versez délicatement le coulis de fraise sur la crème. Mélangez, incorporez l'alcool choisi. Répartissez la mousse dans des coupes (ou un saladier). Placez-les dans le freezer du réfrigérateur. Sortez-les 5 min avant de déguster.

Bananes au four à la gelée de groseille

Pour 4 pers. : 4 bananes, 1 cs de beurre, 2 cs de sucre cristallisé, ½ pot de gelée de groseilles.

Préchauffez le four à 200 °C (th. 6/7). Beurrez généreusement un plat à gratin et saupoudrez-le de sucre. Déshabillez-les bananes, rangez-les dans le plat. Mettez au four 10 min, retournez-les après 5 min de cuisson. Nappez-les de gelée de groseille et servez aussitôt.

Lundi
11
AVRIL

Saint-Stanislas

Printemps

DÎNER

Œufs Bocconi
Alicuit
Fromage blanc
au coulis de fraises

Pense pas bête

Les fraises se passent sous l'eau fraîche si nécessaire. Pour cette opération, elles doivent conserver absolument leur pédoncule sinon l'eau pénètre dans le fruit et altère son goût.

LES RECETTES DU JOUR

Œufs Bocconi

Pour 4 pers. : 4 œufs, 40 g de parmesan râpé, sel, poivre.

Préchauffez le four à 210 °C (th. 7). Séparez les blancs des jaunes d'œufs (*attention à ne pas percer les jaunes*). Fouettez les blancs en neige avec une pincée de sel, ajoutez la moitié du parmesan, un peu de poivre et battez encore pour bien mélanger. Remplissez les ramequins au tiers de leur hauteur avec les blancs battus, déposez délicatement 1 jaune au-dessus et recouvrez avec le reste des blancs en neige. Parsemez la surface du reste du parmesan et enfournez pour 5 min. Servez aussitôt avec une salade verte.

Alicuit

Pour 6 pers. : 20 ailerons de poulet, 5 carottes, 2 navets, 2 gousses d'ail, 2 oignons, 2 cs de graisse d'oie, 1 cs de farine, 75 cl de bouillon de volaille, 15 cl de vin blanc, 2 tomates (en conserve hors saison), 1 bouquet garni.

Épluchez les légumes et coupez-les en morceaux, puis hachez l'ail et les oignons. Dans une cocotte, mettez la graisse d'oie et faites revenir les ailerons de poulet, les carottes, les navets, l'ail et les oignons. Lorsque le tout est bien doré, saupoudrez de farine et mélangez. Ajoutez le vin blanc, le bouillon, les tomates pelées et le bouquet garni. Salez et poivrez. Couvrez et laissez mijoter doucement pendant 1 h. Servez chaud.

Coulis de fraise

Pour 4 pers. : Coulis : 250 g de fraises, 4 cs de sucre en poudre ou de sucre glace, le jus d'un demi-citron.

Passez les fruits sous l'eau fraîche, égouttez-les, équeutez-les. Passez-les à la centrifugeuse ou au moulin à légumes, grille fine. Ajoutez le sucre et le jus de citron ; mélangez le tout. Laissez reposer quelques heures dans le réfrigérateur. Avant de servir, passez le coulis à travers une passoire fine. Servez avec du fromage blanc.

☞ Le saviez-vous ?

Les œufs réservés à la consommation de table se trouvent dans le commerce. Ils comprennent l'œuf dit « extrafrais » et l'œuf dit « frais ». Sa date de conditionnement doit être inscrite sur la boîte. Il est convenu que l'emballage intervient dans les 24 heures suivant la ponte.

Sept jours après la date de conditionnement, l'œuf « extrafrais » se transforme en œuf « frais ». Pour le législateur, un œuf reste frais durant 3 semaines, soit 4 semaines après son emballage « extrafrais ». Au-delà de cette limite, l'œuf est déclassé, retiré de la vente.

Petite histoire… **Jusque dans les années 1960, la production des œufs était tributaire de la saison des pontes : ils abondaient au printemps et à l'été. Les consommateurs étaient obligés d'en faire des réserves entre les deux « Notre Dame » (15 août-15 septembre) lors de la mue des poules. On n'en trouvait pratiquement pas en hiver ou à des prix prohibitifs. Depuis, avec la méthode américaine d'élevage en batterie, les poules pondent tout au long de l'année. Deux types d'œufs sont commercialisés : ceux à coquille blanche d'une part, ceux à coquille rouge d'autre part. Leur différence de couleur est génétique et n'a rien à voir avec les conditions des pondeuses.**

Lever du soleil : 7 h 09 Coucher du soleil : 20 h 36 Lune croissante

Saint-Jules

Lundi
12
AVRIL

Printemps

DÎNER

Parmentier de boudin aux patates douces
Soupe d'ananas frais

Les recettes du jour

Parmentier de boudin aux patates douces

Pour 4 pers. : 1 kg de boudin noir, 900 g de patates douces, 20 cl de lait, 70 g de beurre + quelques noix de beurre, noix de muscade râpée, 3 cs de chapelure, 1 poignée de gros sel, sel fin, poivre du moulin.

Préchauffez le four à 210 °C (th. 7). Épluchez, coupez les patates douces en gros morceaux, rincez-les à l'eau froide. Faites-les cuire 20 min dans une grande casserole d'eau froide salée. Égouttez puis passez au moulin à légumes.

Versez le lait chaud, ajoutez le beurre et la noix de muscade en poudre, mélangez. Rectifiez l'assaisonnement. Beurrez le plat à gratin. Déposez dans le fond du plat le boudin noir sans la peau puis recouvrez de purée. Parsemez de chapelure et de quelques noix de beurre. Enfournez pour 15 à 20 min puis quelques minutes sous le gril pour dorer le dessus.

Soupe d'ananas frais

Pour 8 pers. : 1 ananas de 1,8 kg bien mûr (*« par avion » de préférence car ils sont cueillis à maturité*), 350 g de sucre en poudre, le jus d'un citron, 50 cl d'eau, 3 verres de vin blanc moelleux.

Faites un sirop en portant à ébullition dans une casserole l'eau, le sucre et le jus de citron pendant 2 min, laissez refroidir. Épluchez l'ananas, récupérez le jus, retirez les yeux, coupez 6 belles tranches dans le milieu du fruit, débarrassez-les de la partie ligneuse du cœur. Réservez. Passez au mixeur le reste de la chair, le jus récupéré et le vin puis versez cette préparation dans le compotier. Complétez avec le sirop de sucre, mélangez. Ajoutez les tranches d'ananas coupées en 4.

Couvrez et mettez au réfrigérateur. Servez cette soupe bien froide.

☞ *Le saviez-vous ?*

L'ananas fait-il maigrir ? La question divise les diététiciens. Une chose est sûre : un régime 100 % ananas, comme tous les régimes monoproduit, est un non-sens nutritionnel.

Qu'est-ce qu'on boit ?

Pour la soupe d'ananas : un mauzac roux et doux de Robert et Bernard Plageoles, domaine de Très Cantous – 81140 Cahuzac-sur-Vère. Tél. : 05 63 33 90 40.
Dans ce vin, il y a de la tendresse, de la douceur et de l'émotion…

J'achète mieux

• ***L'ananas :*** il doit dégager un parfum franc à sa base, être coloré sur plus de la moitié de la hauteur. Son plumet doit être vert luisant et vigoureux.

• J'achète un ***Cayenne*** lisse à la chair peu fibreuse, jaune pâle, très sucrée et juteuse, d'un poids de 1,5 kg. Je le choisis pas trop lourd sinon il est gorgé d'eau et ferme (en le tapotant délicatement, il produit un son sourd). Je préfère les ananas « avion » à l'ananas « bateau », car les seconds sont cueillis avant maturité et traités à l'acide éthylphosphorique (Ethrel) pour les faire mûrir artificiellement dans les cales du cargo.

Lever du soleil : 7 h 07 Coucher du soleil : 20 h 37 Lune croissante

Printemps

DÎNER

Chou-fleur en vinaigrette
Porc aux olives
Riz au lait

☞ Le saviez-vous ?

Le riz: à moins d'être un risolâtre savant, difficile de faire le bon choix : le riz à grains longs (États-Unis, Thaïlande, Surinam, Madagascar et France) ne colle pas à la cuisson, facile à cuisiner.

Le riz à grains ronds et demi-ronds (Camargue, Italie, Espagne), très absorbant, est idéal pour le riz au lait, le gâteau de riz, les risottos. Le riz gluant ou collant, rare, est adapté à la cuisine chinoise.

Le riz basmati (Iran, Inde), très petits grains longs, est très à la mode.

Le riz surinam, très long, très fin, est sans doute le meilleur.

LES RECETTES DU JOUR

Chou-fleur en vinaigrette

Pour 4 pers. : 1 chou-fleur, 2 cc de moutarde forte, 2 cs de vinaigre de vin, 6 cs d'huile d'arachide, 3 tours de moulin à poivre, 1 pincée de sel.

Coupez la base du chou-fleur pour retirer toutes les feuilles vertes. Séparez-le en bouquets en laissant 2 à 3 cm de tige. Réservez le reste des tiges pour un autre usage. Lavez les bouquets et faites-les cuire dans le couscoussier pendant 15 min.

Sauce vinaigrette : dans un saladier, mélangez la moutarde, le vinaigre, l'huile d'arachide, le sel et le poivre. Mélangez au fouet pour obtenir une vinaigrette bien émulsionnée.

Porc aux olives

Pour 4 pers. : environ 700 g de porc dans l'échine (*ou palette*), ½ verre d'huile d'olive, 1 gros oignon, 3 tomates (en conserve hors saison), 1 bouquet garni (thym, laurier), 4 gousses d'ail, 125 g d'olives noires de Nice, sel fin, poivre du moulin.

Dans une cocotte, faites chauffer l'huile d'olive puis faites dorer l'oignon épluché et émincé ; lorsqu'il est transparent, réservez et faites revenir la viande (*coupée en gros cubes*) sur toutes ses faces. Ajoutez les tomates pelées, épépinées et coupées en quartiers, l'oignon, le bouquet garni ainsi que l'ail épluché et écrasé. Salez, poivrez. Couvrez et laissez cuire pendant 1 h 30 à petit feu. En fin de cuisson, ajoutez les olives avec leur jus. Rectifiez l'assaisonnement ; retirez le bouquet garni. Servez tranché, entouré des olives.

Riz au lait

Pour 4 pers. : 3 cs de riz rond, 3 cs de sucre, 70 cl de lait, 1 gousse de vanille (ou 1 sachet de sucre vanillé), quelques copeaux de beurre.

Préchauffez le four à 150 °C (th. 5). Déposez le riz (*sans le laver*) dans un plat à gratin. Saupoudrez de sucre, ajoutez le lait et la gousse de vanille fendue et bien grattée (*ou le sucre vanillé*). Parsemez de quelques copeaux de beurre. Mettez au four et laissez cuire pendant 2 h. La surface du lait forme une pellicule blonde ou caramel clair ; vérifiez et si elle venait à foncer, couvrez le plat d'une feuille de papier d'aluminium. Servez tiède ou froid.

Lever du soleil : 7 h 05 Coucher du soleil : 20 h 39 Lune croissante

Printemps

DÎNER

Tajine de poulet aux olives
et citron confit
Gâteau express

Les recettes du jour

Tajine de poulet aux olives et citron confit

Pour 4 pers. : 1 gros poulet de 2 kg (ou 2 poulets de 1,3 kg), 1 gros oignon, 6 cs d'huile d'olive, 1 cs de gingembre frais râpé en poudre, 1 cc de cannelle en poudre (ou en bâton), 2 gousses d'ail écrasées, 1 l de bouillon de volaille, 1 citron confit, 50 g de grosses olives dénoyautées, ½ botte de coriandre fraîche, ½ botte de persil haché, 1 pincée de curcuma ou de safran (facultatif).

Découpez le poulet : les cuisses en 3 morceaux (le pilon et le haut de cuisse en 2), soit 6 morceaux, et les ailes et suprêmes en 3 morceaux. Épluchez puis hachez l'oignon. Dans une cocotte, chauffez l'huile d'olive avec l'oignon haché, laissez fondre et très légèrement dorer pendant 5 min puis ajoutez le gingembre râpé, la cannelle, les gousses d'ail écrasées (et éventuellement une pincée de curcuma ou de safran). Couvrez et laissez les parfums s'exprimer. Ajoutez les 6 morceaux de cuisses de poulet, recouvrez avec le bouillon froid, salez et poivrez. À ébullition, couvrez et faites cuire à feu doux pendant 30 min. Remuez de temps en temps avec une cuillère en bois. Ajoutez les 6 morceaux d'ailes et blancs de poulet ; faites cuire encore à couvert 20 min à feu doux. Vérifiez la cuisson du poulet, la chair doit être confite et très tendre.

Préchauffez le four à 240 °C (th. 8). Placez le poulet égoutté dans le plat à tajine, faites réduire au besoin le jus qui doit être sirupeux. Ajoutez le citron confit coupé en petits morceaux, les olives, la coriandre et le persil hachés. Versez le jus, posez la cloche sur le plat. Remplissez le trou d'eau pour éviter le dessèchement. Mettez au four pendant 10 min. (Prévoyez en réserve un peu de bouillon pour en rajouter en cours de cuisson.)

Gâteau express

Pour 6 pers. : 2 poignées de raisins secs, 5 œufs, 120 g de sucre + 4 cs, 100 g de farine, 40 g de beurre fondu + 2 noix de beurre, 1 verre d'eau (20 cl), 1 verre de banyuls (20 cl), 2 pincées de sel fin, 2 cs d'huile.

Faites tremper les raisins secs dans un bol d'eau très chaude. Mélangez les jaunes d'œufs et les 120 g de sucre. Incorporez petit à petit la farine sans cesser de battre, puis le beurre fondu, l'eau et le banyuls qui détendront la pâte, enfin les raisins secs bien égouttés. Battez les blancs en neige ferme avec 2 pincées de sel. Incorporez-les délicatement à la pâte. Dans une poêle, faites chauffer l'huile, ajoutez les 2 noix de beurre. Versez la pâte et faites-la cuire comme une crêpe 5 min à petit feu (le dessus de la crêpe doit être figé). Retournez le gâteau sur une assiette de même diamètre que la poêle en vous aidant d'une large spatule et faites-le glisser dans la poêle pour le faire dorer 5 min sur l'autre face. Faites glisser le gâteau sur l'assiette ou un plat de service et saupoudrez-le de sucre avant de le présenter à table.

☞ Le saviez-vous ?

Le tajine est un plat en terre cuite vernissée, coiffé d'un couvercle conique. Mais il désigne aussi le plat cuisiné. La variété des ingrédients préparés dans un tel plat va du poisson aux fruits en passant par les légumes, la volaille et la viande.

Il n'est pas nécessaire d'avoir un plat à tajine pour servir un tajine.

La coriandre se présente sous forme de fruits secs, entiers, torréfiés et broyés et plus couramment en feuilles fraîches où elle participe aux cuisines chinoise, indienne et sud-américaine. L'odeur de la feuille et du fruit frais est désagréable – goût de punaise prolongé – après séchage ou hachage, la saveur sucrée se développe avec des notes de zeste d'orange.

Qu'est-ce qu'on boit ?

Avec le tajine : un vin rosé légèrement fruité, sec, idéalement un boulaouane.

Printemps

DÎNER

Coques à la ciboulette
Carrelet au four
Soupe de fraises et fruits rouges

KEKCEKÇA ?

Plie ou carrelet ?

Plie : autre nom du carrelet, reconnaissable à sa forme en losange ; il porte des taches orange brillantes sur un côté, l'autre est gris nacré. Choisissez-le bien charnu. Il n'apprécie pas spécialement la cuisson longue.

Mon truc malin

Les coques : faites dégorger au minimum 1 h les coques dans un saladier d'eau froide salée – 30 g par litre – pour vider la poche de sable qu'elles contiennent.

LES RECETTES DU JOUR

Coques à la ciboulette

Pour 4 pers. : 2 kg de coques, 1 poignée de ciboulette finement hachée, 2 cs bombées de crème épaisse.

Faites dégorger les coques (voir *Mon truc malin*). Dans une poêle, jetez les coques, faites cuire à feu moyen en remuant avec une cuillère en bois ou une petite écumoire jusqu'à ce qu'elles s'ouvrent. Parsemez avec la ciboulette et ajoutez la crème fraîche pour faire la liaison avec l'eau que rejettent les coques. Servez aussitôt.

Carrelet au four

Pour 6 pers. : 1 carrelet d'environ 1,8 kg. 1 kg de tomates bien mûres (en conserve hors saison), 1 cc de sucre en poudre, 3 oignons, 1 branche d'estragon, 1 citron non traité, 2 cs d'huile d'olive, 1 cc de gros sel, 10 tours de moulin à poivre.

Faites préparer (vider, ébarber, étêter et gratter) le carrelet par le poissonnier. Préchauffez le four à 270 °C (th. 9). Pelez, épépinez et concassez les tomates (ou égouttez les tomates en conserve) ; installez-les dans le fond d'un plat à gratin. Ajoutez la cuillerée de sucre en poudre pour pallier l'acidité des tomates. Pelez et émincez les oignons en fines rondelles, ajoutez-les aux tomates, mélangez. Effeuillez l'estragon et répartissez-le sur le lit de tomates et d'oignons ; posez le carrelet. Coupez le citron en fines rondelles ; disposez-les sur le carrelet ; arrosez avec l'huile d'olive, salez, poivrez. Enfournez pour 15 min ; arrosez régulièrement avec le jus de cuisson. Vérifiez l'assaisonnement et la cuisson. Servez bien chaud après avoir pris soin de retirer la peau sur la partie supérieure du poisson.

Soupe de fraises et fruits rouges

Pour 6 pers. : 700 g de fraises, 100 g de fraises des bois, 100 g de mûres, 100 g de framboises, quelques grappes de groseilles rouges et blanches, ½ l d'eau, 400 g de sucre, le jus d'un citron, 2 grands verres (40 cl) de vin rouge de Loire ou d'Anjou, ou de vin blanc moelleux.

Dans une casserole, portez l'eau et le sucre à ébullition pendant 2 min. Laissez refroidir. Passez rapidement les fraises sous l'eau fraîche. Équeutez-les, coupez-les en 4. Passez les groseilles sous l'eau fraîche, égrappez-les. Mettez les fruits dans un saladier. Ajoutez le sirop de sucre, le jus de citron et le vin. Couvrez et mettez au réfrigérateur. Au moment de servir, parsemez la soupe de fraises des bois, mûres et framboises. Servez avec des petits sablés ou des madeleines.

Saint-Benoît

Samedi
16
AVRIL

Semaine 15

Débat… La blanquette : faut-il démarrer sa cuisson à l'eau chaude ou à l'eau froide ? La réalité chimique permet de départager les irréductibles de l'une ou l'autre des formules. Pour privilégier la qualité de la viande, il faut la plonger dans l'eau bouillante ; saisis, les sucs et les arômes restent à l'intérieur de la viande protégée par la coagulation des matières albuminoïdes. Cette méthode s'appelle la cuisson par « concentration des saveurs ». On peut préférer un bouillon plus aromatisé, la viande se met alors à l'eau froide ; les sucs et les arômes s'échappent et parfument le bouillon. C'est la cuisson par « extraction des saveurs ». Dans le cas de la blanquette, j'obtiens le même résultat en faisant revenir bien doré et croûté les morceaux de viande que je couvre ensuite d'un bouillon de bœuf. Ainsi, je réconcilie les deux méthodes.

Printemps

DÉJEUNER

Asperges vinaigrette
Blanquette de veau

DÎNER

Tarte aux champignons
Reblochon
Fondant au chocolat et au cacao
(voir la recette du 5 avril)

Mon truc malin

Le pâté ? : j'attends 3 jours pour le déguster ! Il doit être rassis !

☞ *Le saviez-vous ?*

Asperges : la cuisson à la vapeur n'est pas recommandée. Cuire les asperges debout dans un panier spécial est idéal. Cet ustensile permet de laisser dépasser les pointes de l'eau d'un bon centimètre. Utilisez à défaut de panier la partie cylindrique d'une boîte de conserve.

Les recettes du jour

Blanquette de veau

Pour 4 pers. : 800 g de veau moitié épaule, moitié tendron, 1 crosse de veau, 2 cs de beurre, 1 cs de farine, 2 oignons, 3 tomates pelées et épépinées, 1 branche de thym, 1 feuille de laurier, 1 poignée de persil simple ou double, 50 cl de bouillon de bœuf ou de volaille, 2 jaunes d'œufs, 125 g de crème fraîche épaisse, le jus d'un demi-citron, 1 cc de sel fin, 4 tours de moulin à poivre.

Dans une cocotte, faites roussir le beurre et revenir (bien dorés) les morceaux de veau. Éliminez le beurre de cuisson. Saupoudrez d'une bonne cuillerée à soupe de farine ; remuez. Faites dorer la farine : ajoutez les oignons entiers, les tomates coupées en 4, le thym, le laurier, le persil (entier) et le bouillon. Laissez cuire à tout petit bouillottement pendant 1 h 30. Retirez thym, laurier et persil. Dans un bol, mélangez les jaunes d'œufs, la crème et le jus du demi-citron avec une louche du bouillon de cuisson. Versez cette dernière préparation dans la cocotte, mélangez bien, laissez venir à bouillottement. Servez dans un plat chaud accompagné de riz ou de pommes de terre vapeur.

Tarte aux champignons

Pour 4 pers. : 250 g de pâte brisée, 250 g de champignons de Paris, 30 g de beurre, 3 échalotes, 2 œufs, 3 cs de crème fraîche, 1 cc de sel fin, 6 tours de moulin à poivre.

Préparez la pâte brisée. Épluchez, brossez méticuleusement les champignons. Dans une sauteuse ou une cocotte, faites fondre le beurre à feu doux, déposez les échalotes épluchées et émincées et faites-les cuire doucement, couvercle fermé en remuant de temps en temps jusqu'à ce qu'elles deviennent transparentes. Pendant la cuisson des échalotes, hachez les champignons finement. Allumez le four à 220 °C (th. 7/8). Ajoutez les champignons aux échalotes. Salez, poivrez. Laissez cuire en mélangeant jusqu'à ce que toute l'eau de végétation soit évaporée. Dans un saladier, battez les œufs, ajoutez la crème, salez, poivrez. Versez le contenu de la cocotte dans le saladier contenant le mélange œuf-crème. Mélangez. Versez sur la pâte à tarte. Enfournez pour 25 min. Servez aussitôt.

Je me lance ! **Je fais une terrine de pâté de campagne…** ***(voir la recette du 21 avril…)***

Lever du soleil : 6 h 59 Coucher du soleil : 20 h 43 Lune croissante

Canette au cidre et aux navets

Pour 4 pers. : 2 petites canettes bien dodues d'un bon kilo chacune avec les abats : cous, ailerons et gésiers, 2 cs d'huile, 2 cs de beurre, 100 g d'oignons blancs, 1 cs de sucre semoule, 1 bouteille de cidre brut, 1 bouquet garni (½ feuille de laurier, quelques queues de persil et le vert d'un poireau), 1 cs de concentré de tomate, 2 bottes de jeunes navets (600 g environ), sel, poivre, 2 cc de fécule de maïs (facultatif).

Mettez à chauffer l'huile et 1 cs de beurre dans une cocotte épaisse. Salez et poivrez les canettes, intérieur et extérieur. Faites-les cuire à feu moyen et à couvert 8 min de chaque côté. Placez-les dans un saladier, croupions en l'air pour les laisser reposer. Dans la cocotte, ajoutez les abats, l'oignon haché finement et une pincée de sucre. Laissez dorer, même caraméliser. Avec une petite louche, retirez un peu de graisse et ajoutez la moitié de la bouteille de cidre, le bouquet garni et le concentré de tomate. Laissez cuire une petite demi-heure à petits bouillons. Écumez et si besoin, ajoutez un demi-verre d'eau. Épluchez les navets, coupez-les en 2 ou 4 selon la grosseur, mettez-les dans une casserole à fond épais avec l'autre cuillerée de beurre, une pincée de sucre, l'autre moitié de la bouteille de cidre, un peu de sel et de poivre. Laissez cuire doucement à feu doux jusqu'à ce que les navets deviennent brillants et le jus sirupeux. Ajoutez si besoin est quelques cuillerées à soupe d'eau. Les navets doivent être très fondants.

Découpez le canard, rangez sur un plat et réservez au chaud dans le four à 30 °C (th. 1). Passez le jus au travers d'une passoire. Liez avec la fécule (facultatif), arrosez avec un peu de sauce. Posez les navets pêle-mêle avec le canard. Servez la sauce à part.

Gratin de fromage blanc aux mangues

Pour 4 pers. : 2 œufs, 400 g de fromage blanc, 40 g de sucre en poudre, 10 cl de crème fraîche liquide, 20 g de farine, 2 mangues bien mûres, 60 g de sucre glace, 1 pincée de sel fin.

Préchauffez le four à 220 °C (th. 7/8). Séparez les blancs des jaunes d'œufs.

Dans un saladier, mélangez au fouet le fromage blanc avec le sucre, la crème liquide, les jaunes d'œufs et la farine. Fouettez les blancs en neige ferme avec 1 pincée de sel et incorporez-les délicatement à la préparation.

Épluchez les mangues, puis coupez la chair en tranches et répartissez-les dans un plat à gratin. Versez la préparation au fromage blanc sur les morceaux de mangue. Enfournez pour 20 à 25 min. Saupoudrez de sucre glace avant de servir.

Printemps

DÉJEUNER

Fonds d'artichauts, œufs pochés

Canette au cidre et aux navets

Gratin de fromage blanc aux mangues

DÎNER

Omelette aux rillettes
(voir la recette du 8 déc.)

Reste du reblochon

Mon truc malin

Omelette aux rillettes : **je fais 2 omelettes séparées et je les roule après avoir tartiné abondamment de rillettes. Je la sers avec une sauce composée de : 100 g de crème fraîche, 1 cs de concentré de tomate, 3 cs de ketchup, 2 cs de xérès.**

Saint-Parfait

Lundi
18
AVRIL

☞ ***Le saviez-vous ?***

Les gnocchis : d'origine italienne, les gnocchis ont inspiré les Knödel, les spätzles, les noques, des cuisines alsacienne et austro-hongroise.

Printemps

DÎNER

Salade de betteraves en vinaigrette
Gnocchis gratinés à la parisienne
(voir la recette du 14 octobre)
Tarte sablée aux fraises

Je m'avance pour demain
Je prépare les œufs en gelée au jambon.

LES RECETTES DU JOUR

Salade de betteraves en vinaigrette

Pour 4 pers. : 300 g de betteraves, 1 échalote, 5 cs de vinaigrette avec ou sans moutarde, 1 gousse d'ail, 2 cs de persil.

Pelez les betteraves et coupez-les en tranches fines. Ajoutez l'échalote finement hachée, la vinaigrette, l'ail écrasé et le persil haché grossièrement. Laissez macérer environ 1 h. Servez avec une salade.

Tarte sablée aux fraises

Pour 6 pers. : 250 g de pâte sablée, 500 g de fraises, 50 g de gelée de groseilles (ou de confiture de fraises).

Préchauffez le four à 180 °C (th. 6). Abaissez la pâte et déposez-la dans un moule à tarte en appuyant pour qu'elle adhère parfaitement au moule. Faites-la cuire « à blanc ». Laissez refroidir. Peu de temps avant de servir, étalez sur la pâte un peu de gelée de groseilles et posez les fraises.

Mon truc malin Je ne m'embête plus à faire mes pâtes à tarte : je les achète dans le commerce mais je vérifie la composition. Sans exception, elles doivent être au beurre. Je les achète en gros auprès de : SARL François, petite route d'Argent 18410 Blancafort. Tél. : 02 48 58 65 80 (les meilleures selon moi). À l'arrivée du colis, je les découpe selon mes besoins et je conserve les restes dans le congélateur pour un prochain usage.

Œufs en gelée au jambon

Pour 4 pers. : 4 œufs extrafrais, 1 tranche de jambon blanc dégraissée et découennée, 20 cl de gelée instantanée, 1 cc de xérès (ou porto), quelques gouttes de vinaigre de vin, quelques branches d'estragon, 1 cs de vinaigre d'alcool, sel fin, 3 ou 4 tours de moulin à poivre.

Cassez chaque œuf dans une tasse. Dans une grande casserole, portez à ébullition 1,5 l d'eau additionnée de 2 cs de vinaigre d'alcool. Lorsque l'eau frémit, versez délicatement les œufs un par un. Faites reprendre l'ébullition puis baissez à feu très doux et laissez pocher 3 min. Avec une écumoire, retirez les œufs un à un et déposez-les dans un saladier d'eau froide. Égouttez-les sur un linge. Préparez la gelée. Ajoutez du xérès ou porto, quelques gouttes de vinaigre de vin et les feuilles d'estragon finement ciselées. Versez environ 0,5 cm de gelée dans le fond des ramequins. Placez-les au réfrigérateur. Laissez prendre la gelée. Coupez le jambon en petits bâtonnets réguliers. Répartissez la moitié dans 8 ramequins, sur la gelée. Déposez les œufs pochés. Assaisonnez. Complétez avec le reste du jambon et de gelée. Placez au réfrigérateur au moins 3 h. Servez bien froid.

Lever du soleil : 6 h 55 Coucher du soleil : 20 h 46 Lune croissante

Printemps

DÎNER

Œufs en gelée au jambon
(préparés la veille...)
Escalopines à la sauge
Salade d'orange

☞ *Le saviez-vous ?*

***L'escalopine** : tranche mince de viande de veau souvent remplacée par de l'escalope de dinde. L'escalopine est de taille toute petite et aplatie par un coup de feuille, à plat.*

***La feuille** : c'est un couperet très mince employé généralement dans le travail des viandes des petits animaux (veau, mouton).*

Mon truc malin

Salade d'oranges : on peut les peler à vif, c'est-à-dire séparer les quartiers à cru en retirant la membrane entre chaque quartier.
Je simplifie et les coupe en tranches fines dans l'épaisseur. Dans les deux cas, sur une planche à rigole pour récupérer le jus. Choisissez des oranges fermes à peau fine.

LES RECETTES DU JOUR

Escalopines à la sauge

Pour 4 pers. : 12 petites escalopes de veau ou de dinde d'environ 40 g (bien larges), 12 tranches très fines de bacon, 6 feuilles de sauge, 2 cs de beurre, ½ verre de banyuls, jus de ½ citron, 1 cc de sel fin, 4 tours de moulin à poivre.

Préchauffez le four à 90 °C (th. 3). Salez très légèrement chaque escalopine : posez sur chacune une tranche de bacon dégraissée et une demi-feuille de sauge ; roulez-les et maintenez-les avec une pique en bois. Faites chauffer 1 cs de beurre dans une poêle, déposez les escalopines et faites-les cuire 3 min de chaque côté. Réservez. Versez le banyuls dans la poêle et grattez pour décoller les sucs. Réduisez, ajoutez le reste de beurre puis le jus de citron. Rectifiez l'assaisonnement et servez aussitôt.

Salade d'orange

Pour 4 pers. : 4 oranges, 150 g de sucre + 2 cs, 4 dl d'eau, 3 cs de sirop de grenadine.

Prélevez en rubans la peau d'une orange que vous coupez en fins filaments. Déposez-les dans une casserole d'eau froide et portez à ébullition. Rincez aussitôt à l'eau fraîche. Remettez les zestes dans la casserole avec 2 cs de sucre, ½ verre d'eau et laissez confire 15 min. Réservez. Pelez les oranges à vif, coupez-les en 6 belles tranches, rangez-les dans un plat. Dans une casserole, portez lentement à ébullition durant 3 min l'eau, le sucre et la grenadine et versez ce sirop bouillant sur les fruits. Répartissez les zestes. Couvrez et conservez au réfrigérateur jusqu'au moment de servir.

☞ *Le saviez-vous ?*

La sauge : plante spontanée des garrigues, elle était cultivée dans les jardins de Charlemagne. Ses feuilles allongées gris-vert doivent être bien fraîches et d'un parfum pénétrant. Elle se conserve comme les autres plantes au réfrigérateur. On peut aussi la faire lentement sécher à l'ombre. La sauge a un parfum très puissant. Elle s'emploie avec parcimonie et se marie divinement avec les viandes blanches.

Sainte-Odette

Mercredi
20
AVRIL

Printemps

DÎNER

Cœur braisé de veau
aux carottes
Pain perdu à la confiture

Les recettes du jour

Cœur braisé de veau aux carottes

Pour 4 pers. : 1 cœur de veau d'environ 1,2 kg, 1 oignon, 1 cs d'huile, 2 cs de beurre, 1 morceau de sucre, 1 verre de vin blanc sec, ½ l de bouillon (bœuf ou volaille), 1 bouquet garni, 1 gousse d'ail, 1 kg de carottes, sel, poivre.

Émincez l'oignon. Chauffez l'huile et le beurre dans une cocotte. Faites dorer le cœur de veau. Ajoutez l'oignon et le sucre. Couvrez et laissez mijoter 5 min. Versez le vin blanc et faites réduire 3 min. Ajoutez le bouillon, un peu de sel et de poivre, le bouquet garni, l'ail ainsi que les carottes coupées en rondelles. Laissez mijoter environ 2 h. Coupez le cœur en tranches et servez-le entouré des carottes et du jus.

Mon truc malin

Je remplace le pain par des tranches de brioche rassises. Le pâtissier est souvent heureux de céder à petit prix ses invendus.

Pain perdu à la confiture

Pour 4 pers. : ¼ de l de lait, 50 g de sucre de canne roux + 2 cs, 1 sachet de sucre vanillé, 6 tranches de pain blanc, 3 gros œufs entiers, 25 g de beurre, 1 pincée de sel fin, confiture ou gelée au choix.

Versez le lait dans un saladier, ajoutez le sucre de canne et le sucre vanillé, faites fondre pendant une dizaine de minutes en remuant. Rangez les tranches de pain dans un plat creux, mouillez avec le lait sucré, retournez-les pour qu'elles absorbent l'excédent de lait. Laissez reposer pendant 15 min. Préchauffez le four à 100 °C (th. 3/4). Dans une assiette creuse, battez les œufs en omelette avec la pincée de sel et 2 cs de sucre. Faites chauffer un peu de beurre dans une poêle sur feu doux. Trempez 6 tranches de pain dans les œufs battus, déposez-les dans le beurre chaud ; laissez dorer, retournez et faites dorer l'autre face. Égouttez les tranches de pain dans un papier absorbant, rangez-les dans le plat de service tenu au chaud à four doux. Renouvelez l'opération jusqu'à épuisement du pain. Servez aussitôt avec les pots de confiture posés sur la table.

Petite histoire...

Pain perdu : cette recette m'a été confiée par la maman de Dany Boon. Elle la lui prépare chaque fois qu'il lui rend visite dans le Nord. C'est sa petite madeleine de Proust.

☞ *Le saviez-vous ?*

Le pain perdu était autrefois conçu pour ne pas laisser perdre de pain. Il se faisait avec des croûtes et des morceaux de pain laissés sur la table.

Le cœur de veau est le plus apprécié des cœurs comestibles. Il fait partie des abats rouges. Tranché, poêlé, il est considéré comme un mets de pauvre alors que braisé avec des petits légumes, c'est un délice d'une extrême finesse.

Lever du soleil : 6 h 51 Coucher du soleil : 20 h 49 Lune croissante

Printemps

DÎNER

Pâté de campagne
(*préparé le 16 avril…*)

Pommes sautées,
salade croquante

Pâté de campagne

Pour 4 pers. : 500 g de gorge fraîche de porc découennée, 200 g de foie de porc frais, 2 échalotes grises, ½ verre à moutarde de vin blanc sec, 3 cs de persil haché, 2 œufs, 150 g de crépine de porc, 1 cc de sel fin, 10 tours de moulin à poivre.

Hachez ou faites hacher par le charcutier la gorge et le foie ; veillez à ce que la grille du hachoir soit grosse. Allumez le four à 250 °C (th. 8/9). Hachez finement les échalotes et laissez-les mariner 30 min dans le vin blanc. Mélangez le porc et le foie hachés, le vin blanc, les échalotes, le persil, les œufs, le sel et le poivre. Garnissez un plat à gratin avec la crépine qui doit déborder tout autour du plat ; déposez la farce et repliez la crépine ; enfournez le plat pour 10 min sur la lèchefrite puis versez un peu d'eau dans la lèchefrite et réduisez à 200 ° C (th. 6/7) ; laissez cuire environ 1 h ; le pâté doit se recouvrir d'une légère croûte dorée ; laissez refroidir.

!

Le cochon

Triste époque, le porc est l'animal avec lequel on fabrique des cochonneries. C'est un constat, triste, affligeant, tout ce que vous voudrez, mais c'est un fait : les charcutiers de haut niveau, ceux qui fabriquent, se font de plus en plus rares.

LES RECETTES DU JOUR

1RE MÉTHODE :

Recette des pommes de terre sautées « À CRU »
(à faire au dernier moment…)

Pour 4 pers. : 1 kg de petites pommes de terre rosevals ou BF15, 2 œufs de beurre, sel, poivre.

Épluchez, lavez et coupez les pommes de terre en petits cubes, séchez-les. Dans une poêle à feu moyen, faites fondre le beurre jusqu'à ce qu'il soit doré. Jetez les pommes de terre et faites-les revenir en les remuant régulièrement avec une cuillère en bois pour qu'elles dorent de tous côtés. Baissez ensuite le feu, salez, poivrez et terminez la cuisson en les soulevant de temps en temps. Versez dans le plat de service en évitant de mettre l'excédent de beurre de cuisson.

2E MÉTHODE :

Recette des pommes de terre sautées précuites
(les pommes de terre peuvent être cuites à la vapeur la veille ou le matin pour le soir)

Pour 4 pers. : 1 kg de petites pommes de terre rosevals ou BF15, 2 œufs de beurre, sel, poivre.

Même proportion que pour la recette « à cru » : faites cuire les pommes de terre dans leur peau à la vapeur. Attendez qu'elles soient bien refroidies, épluchez-les et coupez-les en rondelles de 0,5 cm. Dans une poêle de grande taille, à feu moyen, faites fondre le beurre jusqu'à ce qu'il soit bien doré. Disposez alors les rondelles de pomme de terre dans la poêle en essayant de ne pas trop les empiler. Quand les rondelles sont dorées d'un côté, salez, poivrez, retournez-les avec la spatule pour qu'elles dorent de l'autre côté. Salez, poivrez.

Saint-Alexandre

Vendredi
22
AVRIL

Printemps

DÎNER

Carottes râpées
Maquereaux en meurette
Petits pots de crème
à la vanille et au caramel

Semaine 16

Les recettes du jour

Maquereaux en meurette

Pour 4 pers. : 1,5 kg de maquereaux, 125 g de champignons de Paris, 50 g de beurre, sel, poivre. Pour la sauce : 2 échalotes, 1 bouquet garni, ½ l de vin rouge, 100 g de beurre, 1 cs de farine, sel, poivre.

Coupez les maquereaux en tronçons de 5 cm. Dans une casserole, déposez les échalotes finement hachées, le bouquet garni et le vin rouge. Portez à ébullition, laissez réduire puis filtrez. Portez à ébullition une deuxième fois. Mélangez 20 g de beurre assoupli et la farine. Ajoutez 2 cs de vin. Dès que ce mélange est onctueux, versez-le dans le vin rouge et laissez mijoter jusqu'à ce que la sauce épaississe. Incorporez alors les 80 g de beurre restants (conservés au réfrigérateur) et battez énergiquement au fouet. Ajoutez sel et poivre. Conservez au chaud. Coupez les champignons en 4 ou 6 morceaux. Faites-les dorer à la poêle avec 20 g de beurre. Réservez sur une assiette. Ajoutez les 30 g de beurre restants dans la poêle et faites revenir les tronçons de maquereaux pendant 5/6 min. Poivrez. Déposez-les dans la sauce meurette avec les champignons. Laissez mijoter quelques instants. Servez aussitôt (avec des pommes de terre cuites à la vapeur).

Petits pots de crème à la vanille et au caramel

Pour 4 pers. : 3,5 dl de lait, ½ gousse de vanille fendue et grattée, 3 jaunes d'œufs, 1 œuf entier, 1 cs d'eau froide, 40 g de sucre. Caramel : 2 cs d'eau, 100 g de sucre, 1 cc de beurre.

Faites le caramel : dans une casserole, mettez l'eau et le sucre. Quand le sucre atteint une belle couleur blonde, ajoutez le beurre. Remuez doucement. Versez ce caramel dans des ramequins. Laissez refroidir.

Portez le lait à ébullition avec la ½ gousse de vanille fendue et grattée. Couvrez. Pendant ce temps, dans un saladier, réunissez les jaunes, l'œuf entier, l'eau froide. Incorporez le sucre. Mélangez bien jusqu'à ce que l'appareil blanchisse. Ajoutez doucement le lait chaud. Remplissez les ramequins. Faites-les cuire au bain-marie 25 min à four préchauffé à 160 °C (th. 5/6) environ 25 min. (Attention : l'eau ne doit pas bouillir.) Servez très frais.

Je m'avance pour demain

Poitrine de porc demi-sel : je la plonge dans un saladier d'eau fraîche toute la nuit…

Carottes râpées

Pour 4 pers. : 300 g de carottes râpées.

Ajoutez de l'huile d'olive, 1 jus de citron, ½ gousse d'ail écrasé, du sel et du poivre du moulin.
(On peut ajouter 1 échalote hachée, persil plat, ciboulette, selon ses goûts…)

☞ Ce que je fais…

Crème au caramel : ***quelquefois, je saupoudre le zeste d'une orange fraîche bio dans les ramequins avant de verser le caramel. C'est délicieux. Pour la cuisson, la réussite dépend de la température du four. Si elle est trop forte, il se forme alors des petites bulles, inesthétiques.***

Mon truc malin **Poitrine de porc demi-sel :** la meilleure façon de connaître le temps de dessalage est de se renseigner auprès du charcutier qui connaît la quantité de sel qu'il a utilisée pour sa préparation.

Lever du soleil : 6 h 47 Coucher du soleil : 20 h 52 Pleine lune

Les recettes du jour

Poitrine de porc demi-sel

Pour 4 pers. : 700 g de poitrine de porc demi-sel, 1 carotte coupée en rondelles, 1 oignon piqué de 2 clous de girofle, bouquet garni, 1 gousse d'ail coupée en 2, 500 g de pommes de terre, beurre frais.

Placez la poitrine (dessalée depuis la veille) dans une cocotte remplie d'eau. Portez à ébullition. Ajoutez les légumes, le bouquet garni et l'ail. Laissez cuire doucement environ 2 h. Faites cuire les pommes de terre à l'eau ou si possible à la vapeur. Servez la poitrine en tranches avec les pommes de terre et la carotte de cuisson écrasées avec un peu de beurre.

Légumes crus à la bagna cauda

Pour au moins 8 pers. : assortiment de légumes (tomates mûres, artichauts « poivrade », carottes coupées en bâtonnets, céleri branche, chou-fleur, fenouil, oignons blancs avec les tiges, poivrons, cœurs de laitue, champignons de Paris citronnés).

La bagna cauda : 12 anchois étêtés, désarêtés et dessalés, 6 gousses d'ail épluchées, 50 cl d'huile d'olive.

Dans une casserole, déposez les filets d'anchois et 2 cs d'huile d'olive. Laissez fondre à feu très doux environ 20 min en remuant de temps en temps. Ajoutez 6 gousses d'ail fendues en 4. Ajoutez le restant d'huile et laissez fondre pour obtenir une pommade dans laquelle on trempera les légumes crus présentés dans un plat ou un panier.

Lasagnes à la bolognaise

Pour 4 pers. : 9 feuilles de lasagne, 50 cl de sauce bolognaise, 50 cl de béchamel, 100 g de fromage râpé.

Recette de la sauce bolognaise : 250 g de collier de bœuf, 250 g de gorge de porc, 1 carotte, 1 oignon, ½ branche de céleri, 2 cs d'huile, 2 cs de beurre, 1 verre de vin blanc ou rouge, 35 cl de bouillon de volaille ou de bœuf, 1 cc de concentré de tomate, 1 cc de sel, 4 tours de moulin à poivre.

Hachez le bœuf et le porc. Épluchez la carotte, l'oignon, le céleri et coupez-les en petits morceaux. Dans une cocotte, chauffez l'huile et le beurre, ajoutez les légumes et faites-les suer à couvert 5 min à feu doux. Ajoutez les viandes hachées, laissez cuire 5 min à feu moyen. Versez le vin. Délayez les 2/3 du bouillon avec le concentré de tomate et ajoutez à la sauce. Salez et poivrez ; laissez cuire doucement 1 h à découvert et en remuant de temps en temps. À la fin de la cuisson, ajoutez le reste du bouillon. Rectifiez l'assaisonnement et faites cuire encore 10 min.

Dans un plat à gratin, étalez un peu de sauce bolognaise (mélangée avec la béchamel et la moitié du fromage râpé) ; déposez 3 feuilles de lasagne. Recouvrez de sauce, posez 3 autres feuilles, recouvrez du reste de sauce. Renouvelez avec les 3 dernières feuilles et le reste de sauce. Saupoudrez de fromage râpé. Mettez le plat dans le four préchauffé à 150 °C (th. 5). Servez dès que le dessus est bien doré.

Semaine 16

Printemps

DÉJEUNER

Salade de cresson aux rougets
Poitrine de porc demi-sel

DÎNER

Légumes crus à la bagna cauda
Lasagnes à la bolognaise
Tarte Tatin
(voir la recette du 30 octobre)

☞ *Ce que je fais...*

La tarte Tatin : **je la sers avec une boule de glace à la vanille...**

Salade de cresson aux rougets

Pour 4 pers. : 2 bottes de cresson, 4 rougets (filets levés), 5 cs de vinaigrette (vinaigre de vin), 1 cs de beurre.

Lavez le cresson et coupez les grosses tiges. Dans une poêle beurrée, faites cuire doucement 2 min 30 les filets sur chaque face. Posez-les sur la salade de cresson assaisonnée au dernier moment.

SEMAINE 16

Printemps

DÉJEUNER

Quiche lorraine
Salade croquante

DÎNER

Reste des lasagnes de la veille
Tranches de gorgonzola

LA RECETTE DU JOUR

Quiche lorraine

Pour 4 pers.: 350 g de pâte brisée, 200 g de poitrine fumée, 4 cs de crème fraîche, 4 œufs, 5 tours de moulin à poivre.

Coupez la poitrine fumée en petits dés après l'avoir découennée, faites revenir sans matière grasse. Allumez le four à 220 °C (th. 7/8). Étalez la pâte, beurrez le moule, piquez la pâte avec une fourchette. Dans un saladier, battez les œufs comme pour une omelette ; ajoutez la crème et mélangez ; poivrez et salez. Versez cet appareil sur la pâte. Mettez au four 25 min ; piquez les bulles qui pourraient se former à la surface. Servez avec une salade bien croquante.

Petite histoire...

La quiche lorraine... À l'origine, il s'agissait d'un gâteau venant du mot allemand *Kuchen* devenu *Kiche* qui était considéré comme une pâtisserie. Vincent de La Chapelle a transformé la base de la recette typiquement paysanne en pâte à pain, lard et crème. L'apport de cet immense cuisinier a été de remplacer la pâte à pain du boulanger par une pâte feuilletée. À la table de Stanislas où La Chapelle exerçait, sa dénomination était « Kysche de Lorraine au lard ». Les tentatives d'innovation par plusieurs chefs en Lorraine portent sur la tomate, le saumon ou d'autres poissons fumés. Pourquoi pas ? Ça n'est pas la quiche lorraine.

Mon truc malin Les lasagnes: les restes se réchauffent très bien en glissant le plat recouvert soigneusement d'un papier d'aluminium dans un four à 120 °C (th. 4).

Mon coup de gueule

À l'origine, la quiche lorraine était uniquement composée d'œufs battus avec de la crème, salée, poivrée, muscadée, rien d'autre. Ajouter du fromage est une hérésie ! Il existe une quiche version Metz où l'ingrédient complémentaire est la ciboulette en abondance. Que l'on appelle cette quiche « lorraine » est inadmissible, qu'on lui trouve un autre nom.

☞ *Le saviez-vous ?*

Le gorgonzola *est fabriqué dans la ville lombarde qui lui a donné son nom. Autrefois réalisé dans des caves froides, il est aujourd'hui fabriqué et affiné en l'espace de 3 mois (un an autrefois !) dans des usines où on lui incorpore un champignon appelé* Penicillium glaucum. *Le fromage est piqué et retourné régulièrement pour accélérer le processus de maturation.*

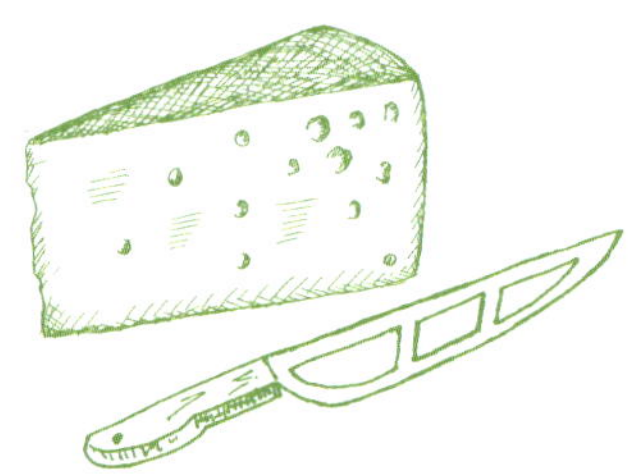

Printemps

DÎNER

Tartare de saumon frais
et de haddock
Mousse brulée au caramel

Je m'avance pour demain

Je fais mariner les cuisses de poulet salées et poivrées dans l'œuf battu avec de l'huile d'olive et des herbes de Provence…

Mon truc malin

Tartare de saumon :
j'en fais un plat complet : j'ajoute un œuf poché, 1 pomme de terre cuite à l'eau… servie tiède… Trop bon !

Œufs pochés :
ne salez jamais les œufs à pocher, le blanc se coagulerait en filaments. Salez légèrement au sel fin – 1 pincée – au moment où ils égouttent sur le linge.

LES RECETTES DU JOUR

Tartare de saumon frais et de haddock

Pour 4 pers. : 400 g de haddock, 1 verre de lait, 200 g de saumon frais (150 g net), 1 citron vert, 2 cs de mayonnaise, 2 cs de ciboulette, estragon, persil, 1 bulbe de fenouil (avec son plumet de fanes), 2 cs d'huile d'olive, 1 cs de vinaigre de vin, sel, poivre.

Parez le haddock (peau et arêtes), découpez-le en 3 ou 4 tranches. Laissez-le tremper 1 h dans le lait pour le dessaler. Parez le saumon (peau et arêtes). Débitez la chair en petits cubes. Arrosez avec le jus de citron, salez, poivrez, laissez mariner au moins 1 h. Faites de même avec le haddock. Réunissez les chairs des 2 poissons. Incorporez la mayonnaise, les herbes ciselées. Réservez au réfrigérateur. Émincez très finement le fenouil et mélangez-le avec l'huile d'olive, le vinaigre, le sel et le poivre. Dressez des petits dômes de poisson au centre des assiettes, surmontés des fanes finement ciselées ; disposez le fenouil en couronne. Servez très frais.

Mousse brûlée au caramel

Pour 4 pers. : 100 g + 20 g de sucre, 15 cl de crème fraîche liquide, 4 œufs, 4 feuilles de gélatine.

Faites fondre 100 g de sucre dans une poêle jusqu'à ce qu'il caramélise. Hors du feu, ajoutez la crème fraîche. Portez à ébullition puis laissez infuser (hors du feu). Séparez les jaunes des blancs d'œufs. Battez les jaunes avec ½ cs d'eau pendant 1 min. Ajoutez-les à la crème au caramel et faites cuire comme une crème anglaise (ne faites surtout pas bouillir). La préparation doit napper la cuillère en bois. Filtrez l'appareil. Égouttez la gélatine trempée dans l'eau froide et incorporez-la à la crème (remuez bien pour dissoudre la gélatine). Laissez refroidir. Battez les blancs en neige ; ajoutez-y 20 g de sucre pour les serrer ; mélangez-les délicatement à la crème. Placez au réfrigérateur au moins 2 h avant de servir.

Pense pas bête

Pense pas bête **N'achetez plus de chapelure… Faites-la vous-même ! Cassez du pain très rassis, mettez-le dans le mixeur, il broiera la mie et la croûte et vous économisera une petite dépense. De plus, vous ne jetterez plus de pain.**

Lever du soleil : 6 h 42 Coucher du soleil : 20 h 56 Lune décroissante

Sainte-Alida

Mardi
26
AVRIL

Printemps

DÎNER

Radis beurre
Poulet grillé à la diable
Flan de semoule

Pense pas bête
Vous pouvez réaliser la recette du poulet à la diable sans piment de Cayenne.

Les recettes du jour

Poulet grillé à la diable

Pour 4 pers. : 4 cuisses de poulet, 1 œuf, 1 cs d'huile d'olive, 1 pincée d'herbes de Provence, 1 cs de moutarde, 40 g de chapelure, 30 g de beurre, 1 salade croquante, 4 cs de vinaigrette, sel, poivre. **La sauce :** 2 cs de vinaigre de xérès, 1 échalote, 2 dl de crème fraîche, 30 g de beurre, 1 pincée de piment de Cayenne, 2 cs de persil haché, sel, poivre du moulin.

Reprenez les cuisses de poulet assaisonnées la veille et conservées au frais. Badigeonnez-les de moutarde et enrobez-les de chapelure. Posez un petit morceau de beurre sur chaque cuisse et faites-les cuire au four préchauffé à 180 °C (th. 6) 30/35 min en les arrosant. Préparez la sauce. Faites réduire le vinaigre avec l'échalote ciselée. Incorporez la crème fraîche et au bout de quelques minutes, complétez avec le beurre en fouettant puis ajoutez le sel, le poivre, le piment de Cayenne, le persil haché. Servez accompagné d'une salade croquante.

Flan de semoule

Pour 6 pers. : 400 g de pâte brisée, 1 l de lait, 150 g de sucre en poudre, 100 g de beurre, 150 g de semoule à dessert, 3 œufs, 1 pincée de sel.

Dans une casserole, portez le lait à ébullition puis ajoutez le sucre, le sel et le beurre. Versez ensuite la semoule en pluie tout en remuant pour bien l'incorporer et éviter les grumeaux. Faites cuire environ 20 min et laissez tiédir. Ajoutez les œufs battus. Déposez la pâte dans un moule et étalez la préparation. Enfournez pour 30 min dans un four préchauffé à 210 °C (th. 7).

KEKCEKÇA?

Le « diable » est un ustensile de cuisson en terre cuite, poreuse, à couvercle. « À la diable », se dit de pièces de viande, volaille, poisson, crustacés, enduites de moutarde, panées et grillées, servies avec une sauce piquante.

BON à SAVOIR

Il existe deux espèces de radis bien distinctes : le radis rose et le radis noir.
La France en est le second producteur européen.
Choisissez le type long, rose à bout blanc.
Fragile, il se conserve quelques jours seulement dans le bac à légumes du réfrigérateur.

Le saviez-vous ? ***La semoule est la mouture essentiellement de céréales mais on en trouve de riz (semoule blanche), de maïs (pour la polenta), de sarrasin (pour la kacha). Les semoules fines sont réservées à la préparation des pâtes alimentaires; les moyennes et grosses pour les entremets; très fines, pour l'alimentation des très jeunes enfants.***

Lever du soleil : 6 h 40 Coucher du soleil : 20 h 58 Lune décroissante

Printemps

DÎNER

Osso-buco à la milanaise
Épinards au beurre
Compote de rhubarbe et fraise

Petite histoire...

L'épinard n'apporte que 3 à 5 mg de fer pour 100 g, bien moins que le cresson, le foie ou le chocolat. Au risque de semer le trouble dans l'imaginaire diététique, il est plus réaliste de considérer Popeye, l'incontournable promoteur de l'épinard, comme l'apologiste de la puissance de l'industrie américaine de la conserve. Par contre, il détient le record de provitamines A pour 100 g : 4 à 6 mg. Ce n'est pas tout : une portion de 200 g couvre les deux tiers des besoins quotidiens de vitamine C.

Mon truc malin

On peut faire cuire les pâtes dans un bouillon de volaille; après ébullition, il est impératif de remuer avec une écumoire ou une cuillère en bois jusqu'à ce que l'ébullition reprenne; cette opération évite que les pâtes ne collent entre elles ou au fond du récipient.

LES RECETTES DU JOUR

Compote de rhubarbe et fraise

Pour 4 pers. : 600 g de rhubarbe, 90 g de sucre en poudre, 180 g de fraises.

Épluchez les tiges de rhubarbe à l'aide d'un couteau économe. Coupez les tiges en morceaux de 5 cm. Passez-les sous l'eau froide. Faites macérer 1 h la rhubarbe avec le sucre dans un grand saladier. Équeutez les fraises, coupez-les en 4. Versez la rhubarbe et le jus dans une casserole, portez à ébullition et faites cuire 5 min. Ajoutez les fraises et portez à nouveau à ébullition. Versez dans un saladier et laissez refroidir.

Osso-buco à la milanaise

Pour 4 pers. : 1 jarret de veau entier ou 4 tranches, 3 oignons, 2 branches de céleri, 300 g de carottes, 500 g de tomates fraîches, 3 cs d'huile, 2 gousses d'ail, 1 grand verre de vin blanc sec, 50 cl de bouillon de volaille, ½ cs de zestes de citron hachés, ½ cs de zestes d'orange hachés, 1 cs de persil haché, 1 bouquet garni, 1 cc de sel fin, poivre du moulin.

Faites revenir le jarret de veau dans une cocotte ; salez, poivrez. Réservez. Mettez dans la cocotte les oignons hachés et le céleri émincé, les carottes coupées en dés et faites suer à couvert 5 min. Ajoutez alors les tomates pelées et épépinées ainsi que 1 gousse d'ail écrasée. Remettez la viande, ajoutez le vin blanc, le bouillon chaud et le bouquet garni ; couvrez et laissez mijoter 1 h 30. Dans un bol, mélangez les zestes d'agrumes, 1 gousse d'ail finement hachée et le persil. Retirez le bouquet garni et ajoutez les ⅔ des zestes. Servez dans un plat et saupoudrez du restant du bol. Accompagnez de pâtes fraîches ou d'épinards au beurre.

Épinards au beurre

Pour 4 pers. : 1,8 kg d'épinards, 1 gousse d'ail, 3 cs de beurre, 1 cc de sel fin.

Mettez les épinards lavés dans un faitout. Chauffez à bon feu. Remuez avec une fourchette piquée de la gousse d'ail pendant 3 min. Égouttez en pressant pour extraire l'eau de végétation. Faites fondre le beurre jusqu'à coloration noisette ; ajoutez les épinards, salez, remuez. *(On peut remplacer le beurre par de la crème fraîche.)*

Printemps

DÎNER

4 biftecks dans la poire
ou le merlan

Pommes de terre au four
et au beurre, salade de laitue

Fraises au sucre

La recette du jour

Pommes de terre au four et au beurre

Pour 4 pers. : 4 grosses pommes de terre bintje, 1 ravier de beurre frais, sel, poivre.

Préchauffez le four à 270 °C (th. 9). Lavez et essuyez soigneusement les pommes de terre. Posez-les sur la plaque à rôtir et enfournez-les à mi-hauteur. Laissez-les cuire jusqu'à ce que la peau soit brune et croustillante. Posez-les sur un plat de service. Tenez à disposition des convives du bon beurre frais et du sel. Chacun coupera sa pomme de terre dans le sens de la longueur, fendra la pulpe et ajoutera un bon morceau de beurre et du sel. Dégustez alors à la cuillère.

Je m'avance pour demain

Je prépare un gravlax...
(voir la recette dimanche 1er mai)

☞ Le saviez-vous ?

La poire: petit muscle de la cuisse du bœuf (le pectiné); c'est un morceau à biftecks très tendre mais peu abondant: 1 kg à 1,5 kg par animal.

Le merlan: petit muscle de la cuisse du bœuf (le couturier). C'est un garçon boucher sûrement fantaisiste qui le baptisa ainsi. Avec de l'imagination, il peut ressembler au poisson.

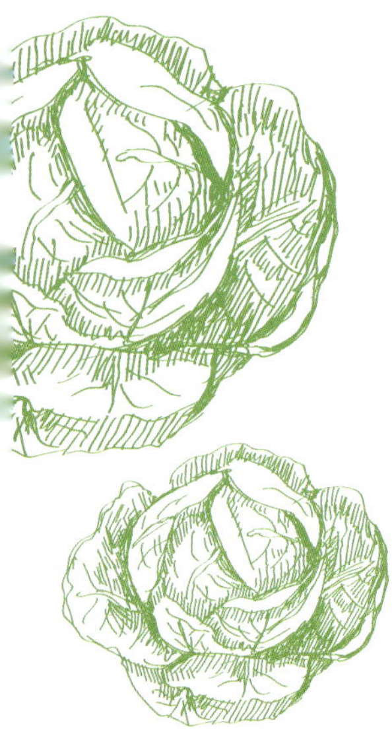

Petite histoire...

La laitue est, avec le bromure, le seul remède capable d'apaiser les obsédés sexuels, les tourmentés de l'orgasme. Depuis la plus haute Antiquité, son suc laiteux calme les transports déraisonnables. Les Grecs ne la considéraient-ils pas comme la plante des eunuques et au Moyen Âge, qui en faisait son ordinaire sinon les moines ? Bien qu'elle milite pour la tempérance, elle nous apporte également cuivre, manganèse, zinc, potassium, sodium et vitamine.

K^EKCEKÇA ?

Salmigondis...

Très à la mode sous le règne de Louis XIV, le salmigondis était un souper qui réunissait plusieurs personnes ou plusieurs familles, chacune apportait un plat différent. Dire que ces repas étaient disparates n'étonnera personne et c'est ainsi que le salmigondis est passé dans le langage populaire pour désigner une sorte de ragoût comportant plusieurs choses, par extension un discours incohérent.

Lever du soleil : 6 h 36 · Coucher du soleil : 21 h 01 · Lune décroissante

Printemps

DÎNER

Moules à la marinière
Merlan en papillote

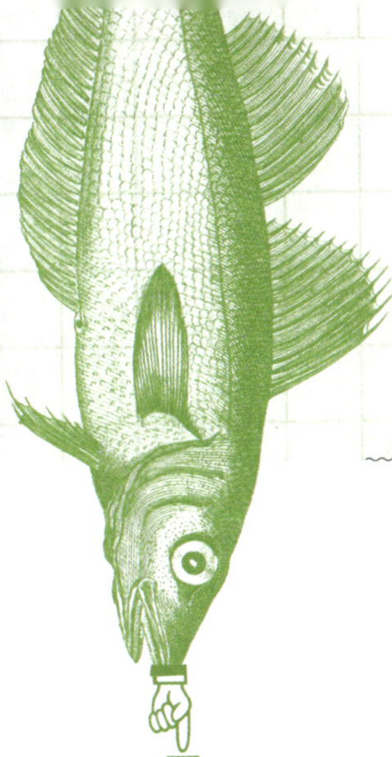

LES RECETTES DU JOUR

K^E^KCEKÇA ?

Merlan en colère : bien qu'il soit pacifique, le merlan est souvent servi en colère ; la queue dans la gueule, on le passe à l'œuf et à la mie de pain (ou de la farine) avant de le plonger dans la friture brûlante (180 °C).

☞ *Le saviez-vous ?*

Les éleveurs de moules sont appelés des mytiliculteurs. Ils utilisent deux techniques différentes pour les élever. Sur bouchots ou sur cordes. Bouchot : support planté de manière ordonnée. Corde : les supports sont en suspension sous des installations fixes ou flottantes.

Le merlan se reproduit à une vitesse phénoménale et grandit de manière aussi spectaculaire : 15 à 19 cm dès la première année. Les jeunes alevins sont malins ; pour échapper aux prédateurs, ils se cachent dans les tentacules des méduses.

Moules à la marinière

Pour 4 pers. : 3 kg de moules, 3 échalotes, ½ botte de persil plat, ¼ de bouteille de vin blanc sec, 3 cs de beurre, 1 brindille de thym, poivre du moulin.

Hachez finement les échalotes, lavez et hachez séparément les queues de persil et les feuilles. Dans une cocotte, portez à ébullition le vin blanc, les échalotes, 1 cs de beurre, le persil, le thym. Laissez cuire à feu doux 7 min. Ajoutez les moules, couvrez, faites cuire à feu vif. Mélangez les moules avec une écumoire, renouvelez l'opération. Dès que les moules sont ouvertes, elles sont cuites. Versez dans le plat de service, ajoutez le beurre restant et parsemez de persil.

Merlan en papillote

Pour 4 pers. : 4 beaux filets (130 g) de merlan, 80 g de beurre, 1 échalote, 2 carottes, 1 bulbe de fenouil, 170 g de champignons de Paris, 3 poireaux, quelques grains de cumin, 3 cs de vin blanc (eau ou bouillon), 4 cc d'estragon haché, 1 botte de persil plat, 1 pincée de sel sur chaque filet, 1 tour de moulin à poivre sur chaque filet.

Préchauffez le four à 200 °C (th. 6/7). Dans une casserole, mettez environ 20 g de beurre ; ajoutez l'échalote, les carottes, le fenouil, les champignons et les poireaux coupés en bâtonnets ainsi que le cumin. Salez, poivrez, versez le vin blanc. Laissez cuire à couvert doucement pendant environ 20 min. Coupez des feuilles de papier sulfurisé suffisamment larges pour recevoir le filet de poisson et les légumes. Répartissez les légumes égouttés, posez le filet de merlan, parsemez du beurre restant, salez, poivrez. Complétez avec les feuilles d'estragon et de persil. Fermez hermétiquement les papillotes. Enfournez pour 8 min.

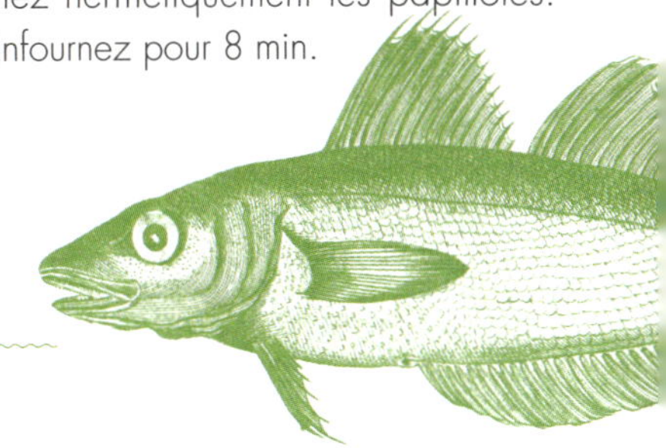

Règle d'or

Important : si le merlan s'accommode de nombreuses préparations, une règle doit toutefois être respectée : la rapidité de la cuisson. Sa chair étant friable, une cuisson prolongée ou mal conduite l'amènerait à se « défaire ».

Lever du soleil : 6 h 35 Coucher du soleil : 21 h 02 Lune décroissante

Saint-Robert

Samedi
30
AVRIL

SEMAINE 17

Printemps

DÉJEUNER

Encornets sautés à la provençale

Petits pois à la française

DÎNER

Asperges et fonds d'artichauts

Œufs en meurette

Assortiment de chèvres

☞ *Le saviez-vous ?*

Le petit pois connaît la gloire sous le règne de Louis XIV et restera jusqu'à l'invention de la conserve par Nicolas Appert le légume préféré de l'aristocratie et des gens de lettres...

Les recettes du jour

Petits pois à la française

Pour 4 pers. : 1 kg de petits pois, 5 à 6 petits oignons 2 cs de beurre ramolli, blancs, 1 laitue, 1 cc de sel fin, 1 cc de sucre en poudre.

Écossez les petits pois, épluchez les oignons. Mélangez le beurre malaxé en pommade avec les petits pois, les oignons et le sel. Épluchez la salade, lavez-la. Tapissez de feuilles de laitue le fond et les parois d'une cocote. Versez le mélange petit pois-oignon-beurre. Ajoutez le sucre et couvrez avec quelques feuilles de laitue. Couvrez ; comptez 15 min à feu vif à partir de l'ébullition. Servez avec une poêlée de lardons blanchis et rissolés au beurre.

Encornets sautés à la provençale

Pour 4 pers. : 700 g d'encornets frais, 4 tomates, ½ cc de fleur de thym, chapelure fine, 4 gousses d'ail, 4 cs d'huile d'olive, 3 cs de persil haché, 2 cs de beurre, sel, poivre.

Séparez tentacules et bras de la poche de chaque encornet. À la base des bras, repérez une boule blanchâtre un peu ronde avec un point noir : c'est la mâchoire ; elle ne se consomme pas. Appuyez en dessous pour l'enlever. Réservez les tentacules. Fendez chaque poche à l'aide de ciseaux. Éliminez la partie transparente et tout ce que contient la poche. Lavez bien à l'eau fraîche. Égouttez. Découpez la poche et les tentacules en lamelles de 1 cm de largeur.

Préchauffez le four à 180 °C (th. 6). Lavez les tomates, ôtez le pédoncule, coupez-les en 2 horizontalement. Éliminez les pépins. Salez et poivrez. Rangez les tomates dans un plat creux, la face à vif vers le haut. Semez la fleur de thym et recouvrez chaque tomate d'un peu de chapelure. Enfournez pour 15 à 20 min. Épluchez les gousses d'ail, écrasez-les, détaillez-les finement. Hachez le persil, mélangez-le avec l'ail écrasé. Chauffez une poêle antiadhésive et faites cuire rapidement 3 à 4 min la moitié des encornets avec 2 cs d'huile d'olive. Renouvelez l'opération. Récupérez le jus et arrosez les tomates du four.

Dans une poêle, déposez le beurre et faites cuire 1 min le hachis d'ail et de persil. Ajoutez les encornets, salez, poivrez. Servez aussitôt avec les tomates rôties.

Asperges et fonds d'artichauts

Pour 4 pers. : 400 g de pointes d'asperges vertes ou blanches, 4 artichauts frais, 160 g de foie gras cru d'oie ou de canard, 1 cc de farine, 6 cs de vinaigrette à l'huile de noix, 1 botte de cerfeuil, 1 cc de sel fin, 4 tours de moulin à poivre.

Rectifiez les pointes d'asperges avec le couteau économe ; faites-les cuire à l'eau bouillante salée 10 à 15 min (elles doivent être tendres mais fermes). Cassez les queues d'artichauts. Lavez à l'eau vinaigrée. Plongez-les dans l'eau bouillante et faites cuire à gros bouillons 45 min. Enlevez les feuilles (qui seront servies au cours d'un autre repas) et retirez le foin. Posez au centre d'une assiette les fonds d'artichauts coupés en 8. Disposez les pointes d'asperges sur les fonds. Coupez le foie gras en tranches de 40 g chacune. Farinez-les très légèrement sur les deux faces, salez, poivrez. Faites chauffer une poêle ; posez les tranches à même la poêle bien chaude ; faites dorer 2 min sur chaque face ; essuyez le foie gras en posant chaque tranche l'une après l'autre sur du papier absorbant. Arrosez les artichauts et les pointes d'asperges avec la vinaigrette, le cerfeuil en pluches ; posez les tranches de foie gras. Servez aussitôt.

Lever du soleil : 6 h 33 — Coucher du soleil : 21 h 04 — Dernier quartier de lune

Mai

L	M	M	J	V	S	D
						1
2	3	4	5	6	7	8
9	10	11	12	13	14	15
16	17	18	19	20	21	22
23	24	25	26	27	28	29
30	31					

Fête du Travail (1)

Ascension (5)

Victoire 1945 (8)

Pentecôte (16)

Fête du Travail
Dimanche
1er
MAI

Je ne fais rien, tout est prêt !

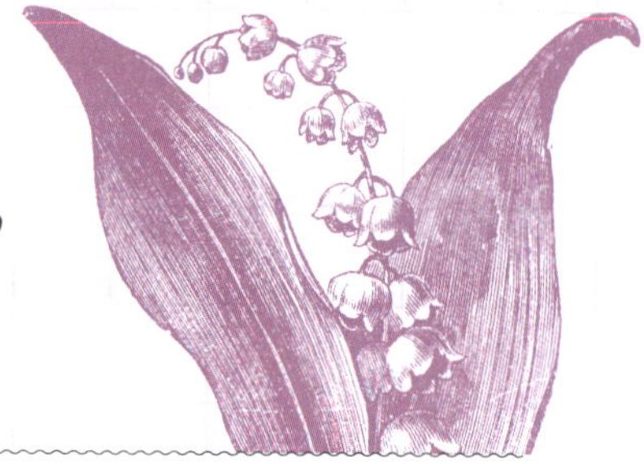

SEMAINE 17

Printemps

DÉJEUNER

Grasse matinée…
Brunch : thé, café, œufs à la coque
Confitures

DÎNER

Saumon gravlax
(préparé jeudi 28 avril)
Pommes de terre à la vapeur
Beaufort

☞ Le saviez-vous ?

Le beaufort est classé AOC (appellation d'origine contrôlée) depuis 1968. Son décret d'application a été récemment modifié pour augmenter encore sa qualité.
Il se présente sous la forme d'une grosse meule à talon concave et à croûte lisse d'un brun un peu roux.
Sa pâte est unie, sans trous ; il apparaît seulement quelques fines « lénures ». Je le sers traditionnellement avec des morceaux de chocolat, des figues sèches, des raisins et des quartiers de pomme.
Et si je suis riche, un verre de banyuls…

Les recettes du jour

Œufs à la coque

Déposez les œufs à température ambiante dans un saladier. Portez à ébullition 1 l d'eau salée (2 cs de gros sel).
Versez l'eau bouillante dans le saladier, comptez 5 min, saladier couvert.

Saumon gravlax

Pour 4 pers. : 2 filets de 350 g de saumon frais (*sans arêtes*), 15 g de gros sel, 3 cs de sucre semoule, 1 cc de poivre concassé, 1 bouquet d'aneth, huile d'olive.

Dans un bol, mélangez le gros sel, le sucre, le poivre, l'aneth haché. Sur une feuille de film étirable (3 fois plus longue que les filets de saumon), posez l'un des filets ; répartissez le contenu du bol sur le filet de poisson. Couvrez ce premier filet avec le second comme pour reconstituer le poisson. Roulez dans le papier film en serrant bien ; fermez hermétiquement les deux extrémités et posez dans un plat. Mettez dans le réfrigérateur ; retournez le paquet ainsi formé deux fois en 24 h. Ouvrez le film ; séparez les filets ; éliminez les aromates. Coupez en tranches de 1,5 cm de large pour conserver de la « mâche ». Arrosez d'huile d'olive.

Qu'est-ce qu'on boit ?

Avec le beaufort : banyuls, maury sont des vins doux naturels obtenus par mutage, c'est-à-dire arrêt de la fermentation par addition d'alcool. Ajouté pendant la fermentation, l'alcool tue les levures et permet de conserver une partie des sucres du raisin.

Printemps

DÎNER

Saucisson à l'ail
Gésiers de poulet aux navets
Bourdelots

Saint-Boris

Lundi
2
MAI

☞ KEKCEKÇA ?

Le nombre de trous dans les fromages à pâtes pressées cuites, ainsi que leur grosseur, est une question de température. Une cave chaude permet une formation rapide de bulles de gaz carbonique qui se dilatent rapidement. C'est le cas de l'emmental. Une cave froide, en revanche, ralentira le processus (ex. : le beaufort).

LES RECETTES DU JOUR

Gésiers de poulet aux navets

Pour 4 pers. : 500 g de gésiers de poulet, 4 oignons, 500 g de navets, 1 noix de saindoux (ou de graisse d'oie, de canard), 2 cs de farine, 25 cl de bouillon de volaille, sel, poivre.

Épluchez, émincez les oignons et les navets. Coupez les gésiers en lamelles. Dans une cocotte, faites revenir les gésiers dans le saindoux sur feu vif en remuant vigoureusement à l'aide d'une cuillère en bois ; ajoutez les oignons qui doivent blondir légèrement puis les navets. Saupoudrez de farine, remuez. Quand la farine commence à roussir, ajoutez le bouillon de volaille. Salez peu, poivrez. Couvrez, laissez mijoter à feu très doux 40 min. Servez chaud.

Bourdelots

Pour 4 pers. : 1 rouleau de pâte feuilletée, 4 pommes, 4 cc de sucre, 4 noisettes de beurre demi-sel, 1 noix de beurre pour le plat, 1 jaune d'œuf, ½ verre à liqueur de calvados (facultatif).

Préchauffez le four à 220 °C (th. 7/8). Pelez les pommes. Ôtez les pépins et le cœur avec un vide-pomme (ne coupez pas les fruits en 2). Étalez la pâte. Découpez 4 carrés suffisamment grands pour que chacun puisse envelopper une pomme. Rangez ces carrés dans un plat à gratin beurré. Posez une pomme sur chaque carré. Glissez 1 cc de sucre et 1 noisette de beurre demi-sel dans chaque pomme. Arrosez de quelques gouttes de calvados. Humectez d'eau les bords de la pâte et refermez-la en aumônière. Dorez la pâte au pinceau avec le jaune d'œuf. Faites cuire 40 min au four. Servez tiède.

☞ *Le saviez-vous ?*

Bourdelot: dessert d'origine normande, autrefois préparé avec de la pâte à pain; garni avec une pomme pelée ou non mais toujours évidée. On l'appelle aussi douillon. On peut remplacer la pomme par une poire.

Le gésier est l'estomac musculeux des oiseaux de basse-cour. Pour le consommer, il est nécessaire de le vider d'abord et de lui retirer son aponévrose blanche, bleuâtre. Depuis la mode des poulets vendus éviscérés, on trouve des gésiers au poids.

Lever du soleil : 6 h 30 Coucher du soleil : 21 h 07 Lune décroissante

Printemps

DÎNER

Saucisse de Morteau
ou de Montbéliard
Embeurrée de chou vert
Poignée des premières cerises

LES RECETTES DU JOUR

Embeurrée de chou vert

Pour 4 pers. : 1 chou vert dit « de Milan », 1 carotte, 150 g de crème fraîche liquide, 1 belle cs de beurre frais, 2 cs d'huile, gros sel, sel fin.

Épluchez le chou en ôtant les feuilles les plus vertes. Découpez-le en 4, lavez-le. Portez à ébullition un grand faitout d'eau additionnée de 1 cc de gros sel par litre d'eau. Maintenez le chou à ébullition pendant 5 min pour le blanchir. Égouttez-le et plongez-le dans l'eau froide 10 min. Égouttez-le à nouveau et pressez-le pour exprimer toute l'eau ; émincez-le en lanières de 1 cm de large. Chauffez la cuillerée de beurre dans une cocotte ; ajoutez la carotte coupée en petits morceaux et le chou. Remuez, laissez étuver à couvert 5 à 6 min puis incorporez la crème fraîche, mélangez, couvrez, laissez cuire 15 min à petit feu. Assaisonnez en sel.

Je m'avance pour demain

Œufs à la neige…

☞ *Je prépare la crème anglaise…*
J'en prépare davantage, et on se resserre une 2e fois !

Pour 6 pers. : 7 œufs, 1 cs d'eau, 5 cs de sucre, 1 sachet de sucre vanillé, 1 cc rase de fécule de pomme de terre ou de maïs, 1 l de lait.

Séparez les blancs des jaunes (*réservez 4 blancs pour demain ; les 3 blancs d'œufs non utilisés seront conservés dans une boîte hermétique, au réfrigérateur, pour une autre utilisation*). Mettez les jaunes d'œufs dans un saladier avec 1 cs d'eau, le sucre, le sucre vanillé. Battez au fouet jusqu'à ce que le mélange blanchisse ; incorporez la fécule. Portez le lait à ébullition ; versez-le sur les jaunes d'œufs en remuant avec une cuillère en bois. Reversez le tout dans la casserole ; remuez en dessinant des « 8 » (*la crème va épaissir, ne la laissez surtout pas bouillir*). Lorsqu'elle nappe la cuillère en bois, passez-la au tamis dans un récipient que vous déposez dans de l'eau très froide. Remuez encore la crème pour qu'elle refroidisse rapidement. Couvrez le récipient et mettez-le au réfrigérateur jusqu'à utilisation.

☞ *Le saviez-vous ?*

***Cerises :** les premières sur nos étals sont la burlat (grosse et juteuse), la reverchon (chair croquante, sucrée, striée de brun), la cœur-de-pigeon (allongée, presque noire, croquante), la napoléon (blanche très ferme, aux reflets carmin sur fond jaune pâle, un peu acide). Évitez absolument les nouvelles variétés souvent trop fermes, sans aucun goût. Achetez-les en fin de marché, elles sont fragiles.*

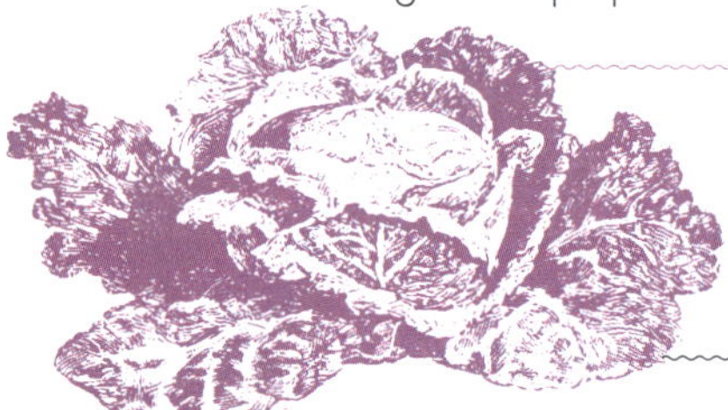

☞ ***Ce que je fais…** Je choisis le chou bien ferme, les feuilles brillantes. J'ajoute 1 cc de bicarbonate de soude par litre d'eau bouillante lorsque je le fais blanchir. Cela évite les flatulences !*

Lever du soleil : 6 h 28 Coucher du soleil : 21 h 08 Lune décroissante

Printemps

DÎNER

Filet mignon de porc
au pomélo et pommes
Œufs à la neige

☞ Je m'avance pour demain...

Lapin à la moutarde (*voir la recette du jeudi 5 mai*) : je sale, je poivre, je badigeonne les morceaux de lapin, j'enveloppe chacun d'eux dans des morceaux de crépine et je réserve au réfrigérateur...

Petite histoire...

Monsieur de Béchameil, Marquis de Nointel, maître d'hôtel de Louis XIV, aurait paraît-il donné son nom à une sauce qui n'est pas exactement celle que nous connaissons maintenant ; la sienne précisait : « dans une casserole mettez 3 ou 4 noix de beurre avec un peu de persil, ciboule, échalote hachée et poivre concassé, un peu de muscade, de la farine pour lier ; mouillez de bonne crème... tournez sur le feu pour faire prendre consistance. »

Les recettes du jour

Filet mignon de porc au pomélo et pommes

Pour 4 pers. : 1 filet mignon de porc, 1 pomélo rose, 2 pommes, 2 noix de beurre, ½ cc de gingembre en poudre, sel, poivre.

Coupez le filet mignon en tranches de 1 cm d'épaisseur. Pelez le pomélo à vif et débarrassez les quartiers de toutes les membranes blanches et des pépins. Épluchez les pommes, coupez-les en fines lamelles. Chauffez une noix de beurre dans une poêle, ajoutez les quartiers de pomélo et les lamelles de pomme ; laissez fondre en remuant souvent. Réservez au chaud. Rincez la poêle débarrassée des fruits ; faites dorer dans le restant de beurre les tranches de viande sur les 2 faces et laissez cuire quelques minutes (*la viande doit être à peine rosée*). Salez, poivrez, saupoudrez de gingembre en poudre. Déposez la viande sur les assiettes garnies au centre d'un peu de purée de fruits. Servez aussitôt.

Vite ! Je termine les œufs à la neige...

☞ *Je prépare les blancs en neige... (à vos calculettes si vous utilisez la totalité, soit les 7 !)*

Pour 4 pers. : 50 g de beurre, 3 cs de sucre, 4 blancs d'œufs, 130 g de sucre glace, 1 pincée de sel fin.

Préchauffez le four à 140 °C (th. 4/5). Faites fondre le beurre, puis à l'aide d'un pinceau enduisez un moule à charlotte ou à savarin. Saupoudrez-le de sucre sur le fond et les parois. Veillez à bien le répartir. Mettez le moule au réfrigérateur pour que le beurre se fige. Battez au fouet les blancs et le sel fin pendant 1 min à vitesse moyenne pour aérer les blancs. Ajoutez 1 cs de sucre glace. Augmentez la vitesse et lorsque les blancs sont fermes, complétez doucement avec le sucre glace en continuant de tourner (*les blancs doivent avoir l'apparence d'une meringue*). Remplissez le moule. Versez quelques verres d'eau chaude sur la lèchefrite. Enfournez à mi-hauteur pour une cuisson au bain-marie pendant 25 min. Laissez refroidir. Réservez au réfrigérateur. Démoulez au dernier moment et servez avec la crème anglaise.

☞ KEKCEKÇA?

Le pomélo : ne le confondez pas avec le pamplemousse... ce dernier étant un très gros fruit dont la chair est peu juteuse et amère.

Ascension

Jeudi
5
MAI

Jeudi de l'Ascension

Printemps

DÎNER

Lapin à la moutarde
Clafoutis aux cerises

LES RECETTES DU JOUR

Lapin à la moutarde

Pour 4 pers. : 900 g de lapin coupé en morceaux, 100 g de crépine de porc, 1 gros oignon, 1 brindille de thym, 1 filet d'huile, 3 gousses d'ail, 20 cl de crème fraîche liquide, 2 cs de moutarde forte + 1 cc, sel, poivre.

Préchauffez le four à 180 °C (th. 6). Épluchez, émincez l'oignon, effeuillez le thym, répandez-les dans la lèchefrite. Posez dessus les morceaux de lapin arrosés de quelques gouttes d'huile et les gousses d'ail coupées en 2 non pelées. Mettez 20 min au four. Retournez les morceaux et laissez cuire encore une vingtaine de minutes. Vérifiez la cuisson. Sortez les morceaux de lapin et rangez-les dans une cocotte fermée tenue au chaud au four à 90 °C (th. 3). Versez un grand verre d'eau dans la lèchefrite, grattez pour décoller les sucs, filtrez le jus à travers un chinois et faites réduire jusqu'à évaporation de l'eau. Mélangez la crème et 2 cc de moutarde, ajoutez le jus réduit, remuez. Arrosez le lapin avec la sauce bien chaude.

Clafoutis aux cerises

Pour 6 pers. : 600 g de cerises, 2 jaunes d'œufs, 100 g de sucre + 2 cs pour le moule + 30 g pour dorer le clafoutis, 100 g de farine, ¼ de litre de lait (25 cl), 1 cs de beurre, 1 pincée de sel fin.

Préchauffez le four à 180 °C (th. 6). Passez les cerises sous l'eau fraîche, égouttez-les, équeutez-les. Dans un saladier, mélangez les jaunes d'œufs, le sucre (100 g), la pincée de sel et la farine. Ajoutez le lait en deux fois en battant doucement au fouet. Dans un autre saladier, versez la pâte sur les cerises à travers un chinois ou une passoire fine pour éliminer les grumeaux. Beurrez le fond d'un moule à gratin, saupoudrez-le de 2 cs de sucre. Versez le mélange de pâte et de cerises, mettez au four 35 min. Après 15 min de cuisson, saupoudrez le clafoutis de sucre (30 g) pour le dorer légèrement.

Petite histoire…

Connue depuis des millénaires pour ses propriétés condimentaires, la moutarde est aussi une plante médicinale originaire du Bassin méditerranéen. Elle est cultivée en Chine depuis 3 000 ans. Les Romains ont commencé à broyer les graines pour épicer les viandes et les poissons. On l'évoque dans la Bible sous le nom de « sénevé ». Rabelais salue ses vertus digestives quand elle est associée à des plats un peu gras : « Baume naturel et restaurant de l'andouille », écrit-il.

☞ ***Le saviez-vous ?*** ***Un décret de 1937 fixe la composition et le mode de fabrication des moutardes dites courantes: « moutarde de Dijon blanche, forte et extraforte ». La moutarde « à l'ancienne » aux grains entiers conserve une partie de l'enveloppe de ses graines contrairement à la « forte » qui les déshabille entièrement. La moutarde anglaise se présente en poudre surtout utilisée en sauce. La moutarde italienne « crémone » ressemble à un chutney: elle est préparée avec des fruits macérés dans une sauce aigre-douce à la moutarde. La moutarde allemande est légèrement sucrée, la moutarde américaine aussi, épicée très souvent au curcuma qui lui donne une couleur jaune bien franche.***

Lever du soleil : 6 h 25 Coucher du soleil : 21 h 11 Lune croissante

Printemps

DÎNER

Roussette aux câpres
Fraises au vin

vendredi **6** MAI

Sainte-Prudence

☞ ***Le saviez-vous ?***

L'autre nom de la roussette est la saumonette.

☞ *Je m'avance pour demain...*

Concombre rémoulade...

Pour 4 pers. : 2 concombres, 1 cc de gros sel, 3 cs de crème fraîche épaisse, 1 cs de vinaigre de vin, 1 branche de menthe fraîche, sel fin, poivre.

Lavez les concombres, épluchez-les, coupez-les en tranches très fines au robot ou au moulin à julienne. Dans un saladier, saupoudrez-les de gros sel. Remuez, laissez dégorger 3 h. Rincez-les à l'eau froide. Mettez-les dans un torchon et pressez pour extraire l'eau de végétation. Ajoutez la crème fraîche épaisse, le vinaigre, le sel fin, le poivre, les feuilles de menthe hachées. Mélangez. Réservez au réfrigérateur jusqu'au lendemain.

Les recettes du jour

Roussette aux câpres

Pour 4 pers. : 1 kg de roussette, 1 cs de farine, 4 cs d'huile d'olive, 2 oignons, 2 cs de concentré de tomate, ½ bocal de câpres, 2 cs de vinaigre de vin, 1 cc de sel, 6 tours de moulin à poivre.

Découpez la roussette en tronçons de 3 à 4 cm. Passez les morceaux dans la farine. Mettez l'huile d'olive à chauffer dans une poêle. Faites revenir à feu vif les morceaux de roussette et réservez. Baissez le feu, ajoutez à l'huile de cuisson les oignons émincés, faites suer jusqu'à transparence. Ajoutez le concentré de tomate, les câpres et le vinaigre. Remuez. Ajoutez les morceaux de poisson, salez, poivrez, laissez cuire à feu doux 7 à 8 min. Dressez sur un plat et servez froid.

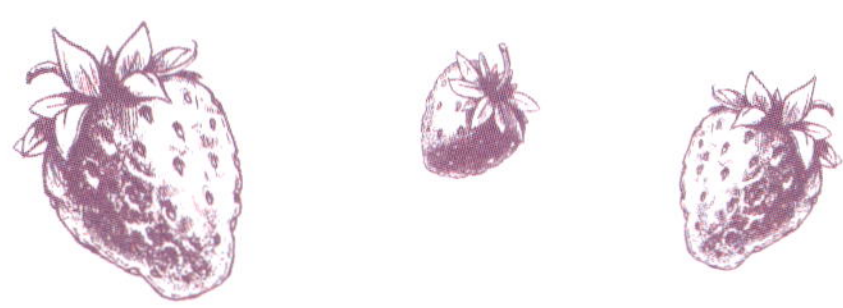

Fraises au vin

Pour 6 pers. : 500 g de fraises, 12 cl de vin rouge (au choix), 12 cl d'eau, 120 g de sucre cristallisé, 1 petit zeste d'orange non traitée, 1 bâton de cannelle (5 cm).

Dans une casserole, portez à ébullition le vin, l'eau, le sucre, le zeste d'orange et la cannelle. Maintenez 4 min à petits bouillons. Laissez refroidir. Passez les fraises sous l'eau fraîche, équeutez-les, coupez-les en 4, mettez-les dans un compotier. Arrosez avec le sirop, couvrez et laissez macérer au frais pendant 6 h avant de servir.

☞ ***Ce que je fais...*** ***Dès l'instant où je cuisine avec du vin (quel qu'en soit l'usage), je choisis toujours un vin très tanique type madiran, cahors. Je n'ajoute jamais de vins rouges d'Algérie.***

Lever du soleil : 6 h 23 Coucher du soleil : 21 h 12 Nouvelle lune

Sainte-Gisèle

Samedi

7

MAI

Les recettes du jour

Semaine 18

Printemps

DÉJEUNER

Concombre rémoulade
(voir la recette du vendredi 6 mai)

Croûtes aux champignons
Quatre-quarts aux pommes

DÎNER

Omelette à l'oseille
Tagliatelles à la crème
Reste du quatre-quarts avec un pot de confiture

☞ *Le saviez-vous ?*

***L'oseille :** il en existe 3 variétés principales. L'oseille commune à feuilles très larges type oseille de Chambourcy : celle-là, on la trouve sans difficulté. L'oseille-épinard, originaire de l'Orient. L'oseille vierge aux feuilles oblongues comme un fer de lance. Elle est riche en magnésium, vitamines B9, C, potassium et fer.*

Croûtes aux champignons

Pour 4 pers. : 250 g de champignons de Paris, le jus d'un demi-citron, 1 petite noix de beurre, 2 cc de fécule de pomme de terre ou de maïs, 3 cs de crème fraîche, 1 pincée de noix de muscade râpée, pain de mie ou de campagne, sel, poivre.

Épluchez les champignons, passez-les sous l'eau froide, séchez-les et émincez-les. Faites fondre le beurre dans une casserole, ajoutez les champignons, le jus de citron, la muscade, couvrez et laissez cuire 4 à 5 min à petits bouillons. Délayez la fécule dans la crème fraîche, versez sur les champignons. La sauce épaissit. Passez la préparation au mixeur pour obtenir une purée fluide. Salez et poivrez. Couvrez les tranches de pain grillées et servez aussitôt.

Quatre-quarts aux pommes

Pour 4 pers. : 250 g de beurre, 250 g de sucre semoule, 4 gros œufs, 250 g de farine, 1 sachet de levure chimique, 2 belles pommes.

Préchauffez le four à 200 °C (th. 6/7). Battez avec le fouet ou au mixeur le beurre en pommade et le sucre. Sans cesser de battre, ajoutez les œufs un à un. Lorsque le mélange est bien mousseux, ajoutez la farine en pluie et la levure. Épluchez les pommes ; coupez-les en gros morceaux ; mélangez-les à la pâte. Versez la préparation dans un moule à cake beurré. Avant de mettre au four, trempez le manche d'une cuillère dans l'eau froide et incisez le gâteau sur 12 cm de longueur et 2 cm de profondeur pour éviter qu'il ne se bosselle en cuisant. Mettez au four. Après 5 min de cuisson, baissez le four à 180 °C (th. 6) et laissez cuire pendant 45 min environ.

Omelette à l'oseille

Pour 4 pers. : 400 g d'oseille, 2 cs de beurre, 7 ou 8 œufs, 1 cs d'huile d'arachide, sel, poivre du moulin.

Équeutez, lavez, égouttez l'oseille. Mettez 1 cs de beurre dans une casserole à feu doux, ajoutez l'oseille hachée, laissez fondre et réduire doucement. Lorsque toute l'eau de végétation a disparu, incorporez l'oseille aux œufs battus, salez, poivrez. Mettez 1 cs de beurre et l'huile dans une poêle ; dès que le mélange prend la couleur noisette, versez les œufs battus et laissez prendre. Ramenez les œufs d'avant en arrière et d'arrière en avant pour bien aérer l'omelette. À l'aide d'une spatule, pliez l'omelette et glissez-la dans le plat de service (le dessous doit être bien doré, l'intérieur moelleux).

☞ *Je m'avance pour demain…*

Je prépare le pâté Pantin… *(voir la recette du 8 mai)*

Coupez les viandes en fines lanières, puis retaillez celles-ci en morceaux d'environ 2 cm de côté. Installez-les dans une terrine. Salez, poivrez. Ajoutez le quatre-épices, les échalotes pelées et hachées finement, le vin blanc. Mélangez. Ajoutez une branche de thym, une feuille de laurier. Couvrez la terrine et laissez mariner au frais pendant 24 h.

Lever du soleil : 6 h 22 Coucher du soleil : 21 h 14 Lune croissante

Printemps

DÉJEUNER

Poulet en croûte de pain

Fondant au chocolat
et au cacao
(voir la recette du 5 avril)

DÎNER

Pâté Pantin salade
croquante
Fraises au sucre

☞ *Le saviez-vous ?*

La recette du poulet en croûte de pain m'a été confiée il y a une dizaine d'années par Didier Clément, le très talentueux chef de l'excellent restaurant Le Lion d'Or à Romorantin (41).

Qu'est-ce qu'on boit ?

Avec le poulet en croûte de pain : coteaux du Vendômois gris. Domaine de la Gaudetterie, 41100 Thoré-la-Rochette, tél. : 02 54 72 80 73.

LES RECETTES DU JOUR

Poulet en croûte de pain

Pour 6 pers. : 1 poulet fermier de 2 kg à 2,5 kg, 1,1 kg de pâte à pain de campagne au levain, crue, achetée chez le boulanger, 1 feuille de laurier, 1 feuille de sauge, 1 brindille de thym, 1 brindille de romarin ou de sarriette, 5 gousses d'ail, branches d'estragon et de menthe fraîche (facultatif), 1 carotte, 1 gros oignon, ¼ de petite boule de céleri, 2 échalotes, 1 petit bulbe de fenouil, farine pour le plan de travail, sel fin, poivre.

Sortez le poulet et la pâte du réfrigérateur une bonne heure avant la mise en œuvre. Préchauffez le four à 220 °C (th. 7/8). Salez, poivrez l'intérieur et l'extérieur du poulet ; farcissez-le des feuilles de laurier et de sauge, des brindilles de thym et de romarin, des gousses d'ail non épluchées et grossièrement écrasées. Ajoutez éventuellement les branches d'estragon et de menthe fraîche. Épluchez carotte, oignon, céleri, échalotes, fenouil, puis coupez-les en petits dés très fins. Étalez la pâte à pain sur un bon centimètre d'épaisseur. Répandez au centre les légumes coupés. Posez le poulet dos en l'air sur la pâte. Rabattez la pâte pour enfermer complètement et hermétiquement le poulet. Laissez reposer et gonfler la pâte pendant 1 h. Posez le poulet dans sa pâte sur une plaque à pâtisserie. Enfournez en prenant soin de mettre un récipient rempli d'eau dans le fond du four. Laissez cuire pendant 1 h 30. Sortez la boule de pain dorée et croustillante et laissez-la reposer 1 h à température de la pièce. Présentez le pain sur la table et avec un couteau-scie, découpez une calotte large et circulaire dans la pâte pour laisser apparaître le poulet. Servez avec des petits croûtons du pain imbibés de jus de cuisson.

Je termine la recette du

Pâté Pantin à la viande

Pour 8 pers. : 500 g de pâte feuilletée ou brisée (ou 2 rouleaux de pâte du commerce). 500 g d'épaule de veau, 500 g d'échine de porc, 1 œuf, 3 échalotes, 1 petite cc de quatre-épices en poudre, 1 verre de vin blanc, 1 branche de thym, 1 feuille de laurier, 1 cc de sel fin, poivre du moulin.

Sortez la terrine du réfrigérateur. Préchauffez le four à 220 °C (th. 7/8). Étalez la pâte sur 3 à 4 mm d'épaisseur en formant un rectangle. Mouillez les bords sur 1,5 cm avec un pinceau trempé dans l'eau et répartissez la farce, après avoir retiré le thym et le laurier, sur une des moitiés de la pâte. Rabattez l'autre partie de la pâte et soudez en appuyant bien avec les doigts sur le pourtour du pâté. Délayez le jaune d'œuf avec 1 cc d'eau et une pincée de sel. Avec le pinceau, badigeonnez la surface du pâté. Au centre, faites une ouverture, appelée « cheminée », avec une fourchette ou la pointe d'un couteau. Tracez des lignes peu profondes à la pointe du couteau sur la longueur. Piquez également avec la pointe de la fourchette en 4 ou 5 endroits différents et posez sur la plaque à pâtisserie du four beurrée. Enfournez pour 50 minutes ; après 10 minutes de cuisson, baissez le four à 170 °C (th. 5/6) et, à mi-cuisson, couvrez de papier d'aluminium si la pâte est trop colorée. Servez chaud ou froid avec une salade.

Saint-Pacôme

Lundi
9
MAI

SEMAINE 19

Printemps

DÎNER

Frisée aux lardons
Gnocchis à la romaine
Tarte à la rhubarbe

La règle d'or

Comment préparer les lardons pour la frisée? Faites-les rissoler dans une poêle; ajoutez du vinaigre de vin et faites bouillir.
Jetez sur la frisée assaisonnée de sel, poivre et huile. Vous pouvez éventuellement ajouter des croûtons à cette salade.

LES RECETTES DU JOUR

Gnocchis à la romaine

Pour 4 pers. : 1 œuf, 1 jaune d'œuf, ½ l de lait, 80 g de beurre, 1 pointe de couteau de muscade râpée, 100 g de semoule fine, 75 g de gruyère râpé, 1 cs d'huile, sel, poivre.

Battez l'œuf entier et le jaune dans une terrine. Dans une casserole, mettez le lait, 40 g de beurre, le sel, la muscade. À ébullition, jetez la semoule en pluie et laissez cuire à feu doux. Au bout de 7 à 8 min, ajoutez les œufs battus en mélangeant et prolongez la cuisson pendant 4 à 5 min. Retirez du feu, ajoutez la moitié du gruyère, salez, poivrez. Huilez une plaque. Étalez le mélange en une couche rectangulaire de 2 cm d'épaisseur. Laissez refroidir. Détaillez des carrés de 6 x 6 cm. Beurrez un plat allant au four. Disposez les gnocchis côte à côte en les faisant se chevaucher légèrement. Saupoudrez avec le reste du gruyère. Faites fondre le beurre restant et versez-le sur les gnocchis. Mettez à four chaud 10 min. Passez-les au gril les dernières minutes pour les dorer. Servez avec de la salade frisée.

Tarte à la rhubarbe

Pour 4 pers. : 1 bloc de pâte feuilletée, 7 tiges de rhubarbe, 100 g + 30 g de sucre en poudre.

La veille (ou le matin pour le soir et par manque de temps au moins 4 h avant…), épluchez la rhubarbe et coupez-la en lamelles régulières sur toute la longueur ; déposez-les dans une passoire posée dans un plat avec 100 g de sucre en poudre ; mélangez et laissez dégorger jusqu'au lendemain.

Préchauffez le four à 180/200 °C (th. 6/7). Étalez la pâte feuilletée en rectangle, dispersez sur le dessus 30 g de sucre en appuyant légèrement avec un rouleau à pâtisserie pour le faire pénétrer dans la pâte. Posez la pâte sur une plaque à pâtisserie. Égouttez soigneusement la rhubarbe et placez les lanières de façon harmonieuse en les faisant se chevaucher en laissant 1 cm sur le pourtour. Roulez les bords. Sucrez légèrement. Enfournez pour 35 min. Si vous le souhaitez, vous pouvez réduire le jus récupéré dans le plat et le verser au dernier moment sur la tarte.

☞ *Le saviez-vous ?*

La rhubarbe: est peu énergétique, riche en potassium et faible en sodium: elle est donc laxative.

Le lard: partie grasse ou semi-grasse du porc; le lard gras se trouve sur le dos de l'animal; il n'est plus tellement utilisé en cuisine sauf pour larder les rôtis, les volailles ou les pâtés. Quant au lard maigre, il est formé de la poitrine et des muscles abdominaux; il est salé ou fumé; c'est avec celui-là que l'on produit les lardons.

Le fumage: procédé très ancien de conservation des viandes et des poissons. Il consiste à les exposer plus ou moins longtemps à la fumée d'un feu de bois. Il existe plusieurs techniques de fumage: à froid, à chaud, ou malheureusement sous forme de liquide vaporisé dans un appareil de fumage. Il faut préférer très nettement le fumage au bois. Les essences les plus utilisées sont le hêtre et le châtaignier ainsi que des essences aromatiques (bruyère, laurier, romarin, sauge).

Mon truc malin

Les feuilles de rhubarbe macérées dans de l'eau procurent un purin d'excellente qualité qui combat en pulvérisation diluée (1/5 dans de l'eau) les pucerons et autres indésirables.

Lever du soleil : 6 h 19 Coucher du soleil : 21 h 17 Lune croissante

Printemps

DÎNER

Œufs en gelée *(voir la recette du 18 avril)*

Magrets de canard et pommes de terre sautées « à cru » à la sarladaise

Yaourt nature, pot de confiture

Magrets de canard

Dans une cocotte en fonte à fond épais, faites cuire les magrets 6 min du côté peau. Retournez-les et faites-les cuire 3 min de l'autre côté. Assaisonnez. Couvrez la cocotte. Laissez reposer 5 min hors du feu. Égouttez les magrets, tranchez-les dans le sens de la largeur. Servez aussitôt.

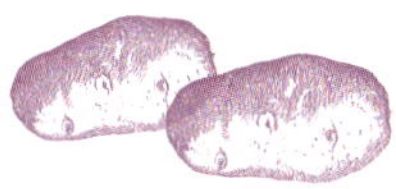

Pommes de terre sautées « à cru » à la sarladaise

Même procédé que les pommes de terre sautées « à cru » *(voir la recette du 21 avril)*; on remplace simplement le beurre par de la graisse d'oie ou de canard. Les pommes de terre sont émincées et en fin de cuisson on les parsème d'un hachis de persil et d'ail. Mais à la saison, on les mélange avec des lamelles de truffe.

Qu'est-ce qu'on boit ?

Une bouteille de beaujolais, particulièrement du chénas, un cru que j'achète aux Domaines Dominique Piron, 69910 Villié-Morgon, tél. : 04 74 69 10 20.
J'en profite pour commander du beaujolais blanc du même domaine, absolument merveilleux à l'apéritif avec une rondelle d'andouille de Vire.

La recette du jour

Je m'avance pour demain

Je prépare un pudding aux fruits confits

Pudding aux fruits confits

Pour 6 pers. : 20 cl de rhum, 30 g de raisins secs blonds, 80 g de fruits confits coupés en dés, 300 g de pain de mie, 3 cs de beurre fondu + 2 cs pour beurrer le moule, 90 g de sucre semoule + 3 cs pour le moule, 1,2 l de lait, 1 sachet de sucre vanillé, 3 œufs entiers, 2 jaunes d'œufs, 120 g de brioche ou pain brioché.

Faites macérer dans le rhum les raisins secs pendant au moins 1 h. Égouttez et mélangez aux dés de fruits confits. Retirez la croûte du pain de mie et coupez-le en tranches de ½ cm d'épaisseur et de la hauteur du moule choisi. Beurrez le moule, saupoudrez-le de 3 cs de sucre semoule sur toutes les faces, renversez l'excédent de sucre. Tapissez le fond et les parois du moule avec les tranches de pain de mie. Préchauffez le four à 160 °C (th. 5/6). Dans un saladier, versez le lait froid, le sucre et le sucre vanillé, ajoutez le beure fondu, les 3 œufs et les 2 jaunes battus en omelette à la fourchette. Remuez bien. Coupez la brioche en cubes de 2 cm de côté. Versez un peu d'œufs au lait dans le moule. Répartissez quelques fruits confits et raisins secs, ajoutez des morceaux de brioche et remplissez le moule en alternant les couches de crème, de fruits confits, de raisins et de brioche. Mettez au bain-marie dans le four pour 2 h. Laissez refroidir avant de démouler dans un plat creux. Servez avec une crème anglaise ou un coulis de fruits.

☞ *Le saviez-vous ?*

Magret : muscle de la poitrine d'un canard spécialement engraissé pour la production de foie gras. Les magrets doivent toujours se présenter avec la peau et la couche de graisse attenante. Ils peuvent être traités en confits et depuis quelques années seulement, grillés, sur le côté de la peau d'abord pour que les graisses imprègnent les chairs ; ils se mangent saignants ou rosés, bien croustillants.

Lever du soleil : 6 h 17 Coucher du soleil : 21 h 18 Lune croissante

Sainte-Estelle

Mercredi
11
MAI

Printemps

DÎNER

Cailles aux cerises
Pudding aux fruits confits
(voir la recette du mardi 10 mai...)

SEMAINE 19

La recette du jour

Cailles aux cerises

Pour 4 pers. : 4 belles cailles, environ 50-60 cerises, 1 belle cs de beurre, 1 cs de cherry (ou de calvados), sel, poivre.

Préchauffez le four à 180 °C (th. 6). Mettez 1 cs de beurre dans une cocotte. Salez et poivrez les cailles. Faites cuire doucement couvercle fermé pendant 7 à 8 min en les retournant souvent ; sortez-les, réservez sur un plat et couvrez d'une feuille de papier d'aluminium. Ajoutez une quarantaine de cerises dénoyautées dans la cocotte ; laissez chauffer quelques minutes puis ajoutez le cherry et le jus des cerises restantes (dénoyautées, passées au mixeur et filtrées dans une passoire fine). Portez quelques instants à ébullition et versez sur les cailles.

☞ *Le saviez-vous ?*

La caille sauvage : ou caille « de fusil » est un petit oiseau migrateur de plus en plus rare. La caille est maintenant élevée comme une volaille, engraissée en captivité. Elle est moins parfumée que la caille dite « de fusil ». Elle pèse entre 150 et 200 g ; elle est toujours vendue vidée et assez souvent bardée.

Les cerises : nous l'avons échappé belle ! En 1989-1990, on a voulu prendre les consommateurs pour des niais : il a été question de vendre des cerises sans queue. Ne riez pas. Il ne s'agit pas d'un rêve de généticien fou ; les Russes ont expérimenté le procédé avec les pommes. Ils utilisent à cet effet l'éthéphon, une hormone que le fruit produit naturellement et qui provoque lorsqu'il est mûr une dégénérescence au niveau de l'attache de la queue. Il suffit de reproduire artificielement cette hormone et de l'utiliser contre la nature en arrosant le pied de l'arbre : les fruits tomberont quand on le voudra, ou plutôt quand la loi du profit l'imposera.

Petite histoire...

Beaucoup de légendes et d'histoires courent sur l'histoire du cerisier. La plupart des botanistes situent son berceau entre la mer Noire et la mer Caspienne. Certains autres le voient plus oriental. Personne ne sait précisément comment la cerise est arrivée en Europe, si ce n'est que des monceaux de noyaux furent découverts en Suisse, près de cités lacustres disparues depuis 3 000 ans avant notre ère. Les Grecs et les Romains devaient la connaître au moins sous sa forme sauvage : le merisier. Reste l'hypothèse selon laquelle des oiseaux migrateurs auraient avalé goulûment des cerises entières, pour semer les noyaux à travers l'Europe au fil de leurs déplacements et des caprices de leurs transits intestinaux...

Lever du soleil : 6 h 16 Coucher du soleil : 21 h 19 Lune croissante

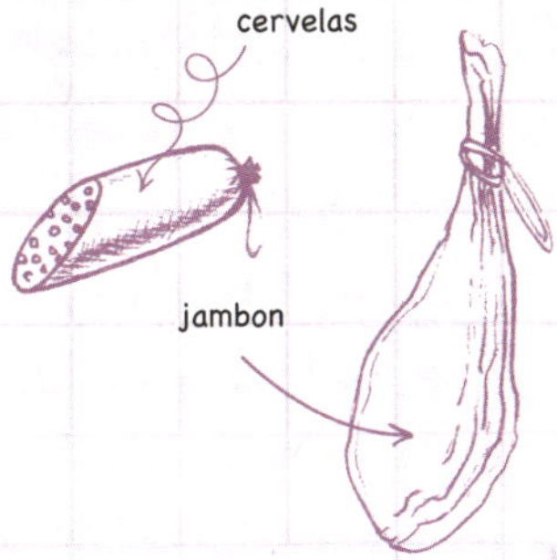

Printemps

DÎNER

Cervelas rémoulade
Soufflé au jambon

☞ *Le saviez-vous ?*

La sauce rémoulade: servez-vous-en tout de suite. Elle a une consistance à peu près identique à la mayonnaise, mais est en plus moutardée et vinaigrée et se désagrège rapidement.

Soufflé: on peut également obtenir un excellent résultat en utilisant des yaourts à la place du lait. Je préfère cette méthode pour les soufflés individuels: 4 petits-suisses par personne (30 % de matière grasse), 4 œufs. Je mélange au fouet dans un saladier les petits-suisses et les jaunes d'œufs et j'ajoute ensuite les blancs en neige.

Le cervelas: grosse saucisse courte à base de pâte fine de porc et de bœuf, colorée en rouge au pochage après étuvage; elle se sert tiède ou froide. Ma préférence va vers le cervelas de cheval.

Les recettes du jour

Cervelas rémoulade

Pour 4 pers. : 2 cervelas, ¾ de tasse à thé de sauce rémoulade (¾ d'une tasse à thé d'huile d'arachide, 1 cs de vinaigre de vin, 1 cs de moutarde, sel, poivre).

Piquez légèrement les cervelas avec une fourchette et faites-les cuire 8 à 10 min dans de l'eau juste frémissante. Sortez-les et laissez refroidir. Préparez la sauce : délayez la moutarde et le vinaigre, du sel et du poivre. Versez l'huile en filet en fouettant régulièrement et énergiquement.

Soufflé au jambon

Pour 4 pers. : béchamel *(voir la recette du 3 avril)*, 3 tranches de jambon de Paris, 6 blancs d'œufs, 100 g de gruyère râpé.

Enlevez le gras et la couenne du jambon et hachez-le finement (pas en purée). Préchauffez le four à 220 °C (th. 7/8). Préparez la béchamel et ajoutez le fromage. Ajoutez le jambon haché, mélangez, salez, poivrez. Battez les blancs d'œufs en neige très ferme et incorporez-les à la préparation au fromage. Mélangez délicatement. Beurrez un moule à soufflé et enfournez à mi-hauteur pour 25 à 30 min. Quand le soufflé commence à se colorer, baissez le four à température douce jusqu'à la fin de la cuisson. Servez sans attendre.

Petite histoire...

1440. Le duc de Savoie, Amédée 1er, a remis ses États entre les mains de Louis, son fils aîné puis décide de se retirer définitivement dans le plus solitaire de ses châteaux, celui de Ripaille, près du lac de Genève. Il s'est revêtu de l'habit des ermites de l'ordre de Saint-Maurice en retenant pour son service une vingtaine de serviteurs et quelques-uns de ses anciens compagnons car le duc tient à ce que leurs pieux moments de réflexion soient préparés et servis largement : « viandes exquises et vins délicieux ». L'expression savoyarde de « faire ripaille » est originaire de la région de Savoie ; elle veut dire que l'on fait bonne chère : une vie de *gouliafre*.

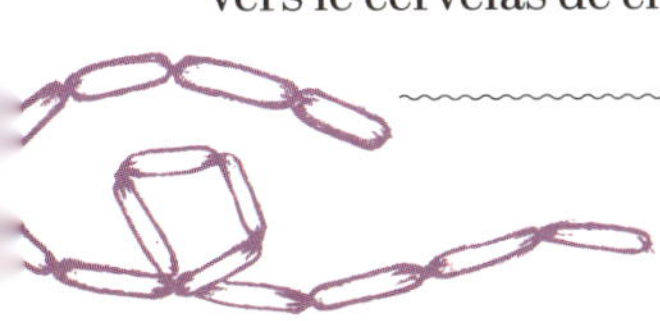

Lever du soleil : 6 h 14 Coucher du soleil : 21 h 21 Lune croissante

Printemps

DÎNER

Crevettes grises, pain beurre
Dorade au four
Tarte aux fraises

La recette du jour

Dorade au four

Pour 4 pers. : 1 dorade de 1,4 kg, 1 oignon, 100 g de beurre, ½ verre de vin blanc, 1 verre d'eau, 1 branche de thym, 1 feuille de laurier, sel, poivre.

Videz, écaillez le poisson (ou demandez à votre poissonnier). Préchauffez le four à 220 °C (th. 7/8). Épluchez et hachez l'oignon. Coupez le beurre en morceaux, réservez. Beurrez un plat allant au four, déposez le poisson. Ajoutez le vin et l'eau, le thym, le laurier et l'oignon haché. Parsemez de fines lamelles de beurre sur le dessus du poisson. Salez et poivrez. Enfournez et arrosez de temps en temps. Au bout de 25 min, sortez le plat, retirez le poisson, déposez-le sur le plat de service. Enlevez la peau. Réservez à l'entrée du four. Dans une casserole et à feu vif, faites réduire le jus de cuisson de moitié. Ajoutez alors d'un coup les morceaux de beurre réservés en donnant un mouvement circulaire pour faire fondre et émulsionner le beurre jusqu'à une consistance onctueuse. Vérifiez l'assaisonnement. Versez en saucière. Servez immédiatement.

☞ Je m'avance pour demain...

Je fais mariner le poulet : Coupez le poulet en 8 morceaux. Épluchez la carotte, l'oignon, les échalotes et coupez-les en gros dés. Dans un saladier, posez les morceaux de poulet. Répartissez les légumes coupés, les gousses d'ail non épluchées mais écrasées, le bouquet garni. Versez le vin rouge. Laissez mariner toute la nuit.

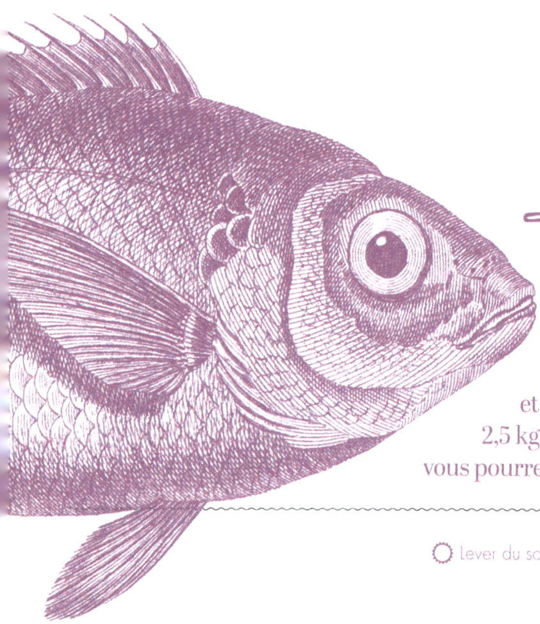

☞ Le saviez-vous ?

Le coq est un poulet mâle adulte. Quand, roi de la basse-cour et du plein air, il assurait la reproduction, il atteignait 3 ans voire plus et pesait de 5 à 6 kg. Actuellement un coq moyen excède difficilement 2,5 kg. Si vous avez la chance d'avoir des accointances campagnardes, vous pourrez tenter l'expérience, mais à défaut un gros poulet peut faire l'affaire.

Lever du soleil : 6 h 13 Coucher du soleil : 21 h 22 Lune croissante

LES RECETTES DU JOUR

Tarte à la bière

Pour 4 pers. : Pâte brisée : 200 g de farine, 100 g de beurre, 1 jaune d'œuf, 5 cs d'eau, 1 pincée de sel. Garniture : 2 œufs, 160 g de sucre, 10 cl de bière blonde, 1 noisette de beurre pour le moule.

Préchauffez le four à 160 °C (th. 5/6). Déposez la pâte dans un moule à tarte beurré, piquez le fond avec une fourchette, recouvrez de papier sulfurisé et de légumes secs. Mettez au four 15 min. Dans un saladier, battez les œufs avec le sucre jusqu'à blanchiment puis ajoutez la bière, mélangez. Débarrassez le fond de tarte des légumes secs et du papier sulfurisé. Versez le mélange et enfournez pour 40 min. Servez tiède.

Salade de pâtes, sauce au thon

Pour 4 pers. : 400 g de pâtes, 200 g de thon au naturel en conserve, 20 g d'anchois, 25 g de câpres, 1 tasse à thé de mayonnaise, ¼ de citron, ½ cc de sel fin, 7 à 8 tours de moulin à poivre.

Faites cuire les pâtes de votre choix selon la méthode indiquée sur le paquet. Passez au mixeur le thon bien égoutté avec les anchois et les câpres. Incorporez la mayonnaise et le jus ¼ quart de citron pour obtenir une sauce veloutée. Versez-la dans un saladier puis ajoutez les pâtes chaudes pour qu'elles s'imprègnent du goût de la sauce en refroidissant.

Gâteau roulé à la confiture

Pour 4 pers. : 2 œufs, 100 g de sucre en poudre, 1 cs d'eau, 125 g de farine, 1 pincée de levure chimique, 60 g de beurre, 1 pincée de sel, confiture au choix.

Préchauffez le four à 180 °C (th. 6). Séparez les jaunes des blancs d'œufs. Dans un saladier, travaillez les jaunes d'œufs, le sucre et l'eau jusqu'à obtention d'un mélange mousseux. Ajoutez la farine, cuillerée par cuillerée, la levure puis le beurre en pommade. Battez les blancs en neige ferme avec la pincée de sel, incorporez-les délicatement à la pâte. Couvrez la plaque du four de papier sulfurisé et déposez la pâte sur une épaisseur d'environ 1 cm. Enfournez pour 8 min. Humectez un torchon propre, posez-le à plat sur la table. Sortez la plaque du four, retournez-la sur le torchon, retirez le papier sulfurisé, étalez une bonne couche de confiture sur toute la surface du gâteau. En vous aidant du torchon, roulez le biscuit sur toute sa longueur. Servez froid.

Poulet façon coq au vin

Pour 4 pers. : 1 gros poulet, 2 cs de graisse d'oie (ou moitié huile-beurre), 3 cs de farine, 1 carotte, 1 oignon, 2 échalotes, 3 gousses d'ail, 1 cs de cognac, 1 bouteille de vin rouge corsé, 1 bouquet garni, sel, poivre.

Préchauffez le four à 180-200 °C (th. 6/7). Retirez les morceaux de poulet de la marinade, essuyez-les. Dans une poêle, chauffez la graisse, salez, poivrez les morceaux de poulet, faites-les revenir bien dorés puis déposez-les dans une cocotte. Saupoudrez le contenu de la cocotte de 2 cs de farine, mélangez. Mettez la cocotte au four. Versez la marinade dans une casserole ; portez à ébullition, écumez, laissez réduire pendant 15 min. Assaisonnez. Sortez la cocotte du four, ajoutez le cognac, flambez, ajoutez le vin réduit, le bouquet garni, sel et poivre. Couvrez la cocotte et mettez au four pour environ 45 min. Vérifiez la cuisson. Si la sauce est trop liquide, laissez réduire ou liez avec 1 cc de beurre mélangée à 1 cs de farine. Servez avec des pâtes fraîches ou des pommes de terre vapeur.

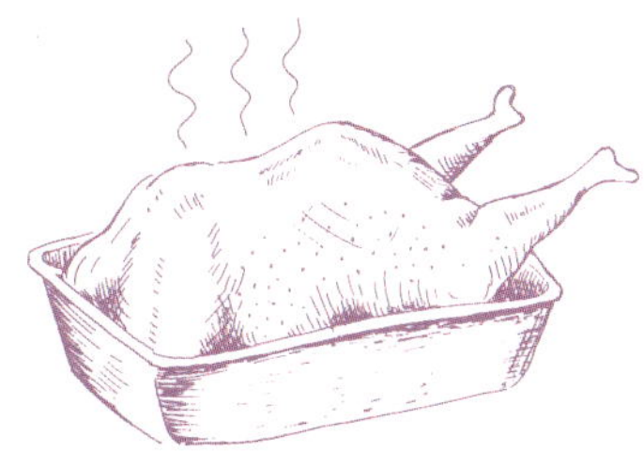

Printemps

DÉJEUNER

Poulet façon coq au vin
Tarte à la bière

DÎNER

Salade de pâtes, sauce au thon
Gâteau roulé à la confiture

Pentecôte

Dimanche

15

MAI

J'invite des copains...

Semaine 19

Printemps

DÉJEUNER

Aïoli de morue

Clafoutis aux cerises

DÎNER

Velouté de carottes

Saint-nectaire

☞ Le saviez-vous ?

__Le saint-nectaire :__ famille des pâtes pressées non cuites. Fermier, il est fabriqué au lait cru de vache et sa teneur en matière grasse ne peut être inférieure à 45 %. Reconnu appellation d'origine contrôlée (AOP) en 1995, les conditions de production ont été précisées par décret du 21 mai 1976 qui circonscrit son terroir à 72 communes du sud-ouest du département du Puy-de-Dôme et du nord du département du Cantal. Sa croûte doit être violacée ou grisâtre. Des pigments de moisissures jaune clair ou rouge vif sont plutôt de bons signes. Une odeur de moisissure doit dominer. Le bouquet est très prononcé.

Les recettes du jour

Aïoli de morue

Pour 8-10 pers. : 1,6 kg de morue dessalée (pavés de 200 g), 10 cl de lait demi-écrémé, 1 feuille de laurier, 18 bulots cuits.

Garniture : 24 carottes fanes, 12 navets fanes, 1 chou-fleur, 3 fenouils coupés chacun en 3 quartiers, 12 pommes de terre charlotte, 1 gousse d'ail, 1 demi-citron, 1 cs de farine, 8 œufs entiers, 450 g de haricots verts.

Aïoli : 2 gousses d'ail dégermé, 1 jaune d'œuf, 40 cl d'huile d'olive extravierge.

Faites pocher les pavés de morue dans de l'eau avec 10 cl de lait et 1 feuille de laurier, pendant 25 min à frémissement. Faites cuire les légumes (carottes, navets, chou-fleur, fenouils) à la vapeur pendant 15 à 20 min puis les pommes de terre. Faites cuire les œufs durs. Faites cuire les haricots à l'eau salée puis passez-les sous l'eau froide pour arrêter la cuisson. Préparez l'aïoli : dans un mortier de pierre et au pilon, écrasez l'ail, ajoutez le jaune d'œuf et incorporez l'huile d'olive comme pour une mayonnaise. Sur un grand plat de service, disposez la morue au centre, les bulots et les légumes tout autour, la sauce aïoli à part dans le mortier.

Velouté de carottes

Pour 4 pers. : 1 botte de carottes nouvelles, 1 petite noix de beurre, ½ verre de lait ou de crème liquide (10 cl), le jus d'une orange, 1,5 l de bouillon de volaille du commerce, 1 cc de cumin en poudre, 100 g de riz, sel, poivre.

Épluchez les carottes ; coupez-les en rondelles. Dans une cocotte, chauffez le beurre, ajoutez les carottes, ½ verre de bouillon et laissez cuire 7 à 8 min à petit feu ; ajoutez le reste de bouillon, le cumin en poudre et le riz versé en pluie. Portez à ébullition et laissez bouillotter 30 min. Passez au moulin à légumes ou au mixeur. Ajoutez le lait ou la crème liquide et le jus d'orange ; salez, poivrez. Servez chaud ou glacé.

Lever du soleil : 6 h 10 Coucher du soleil : 21 h 25 Lune croissante

Lundi de Pentecôte

Printemps

DÎNER

Escalopes de veau (ou de dinde) à la viennoise

Fondue d'épinards à la crème

Petits pots de crème à la carotte
(voir la recette du vendredi 25 mars)

KEKCEKÇA ?

Paner : enrober un mets de chapelure ou de panure avant de faire frire, sauter ou griller.

Paner à l'anglaise : passer un mets dans la farine, l'enrober de mie de pain fraîche émiettée ou de pain de mie écroûté et passé au tamis.

Paner à la milanaise : passer un mets dans la mie de pain puis dans du fromage râpé et l'enrober dans des œufs battus.

Paner à la française : badigeonner un mets de beurre clarifié puis le rouler dans de la mie de pain fraîchement tamisée.

LES RECETTES DU JOUR

Escalopes de veau à la viennoise

Pour 4 pers. : 4 larges et fines escalopes de veau dans la noix, 4 œufs, 3 cs de câpres, 3 cs de farine, 1 paquet de chapelure, 2 cs de beurre, 4 petits anchois roulés à l'huile, 1 citron, sel, poivre.

Mettez 2 œufs à durcir 8 min à l'eau bouillante, puis rafraîchissez-les sous l'eau froide. Hachez les câpres grossièrement. Écalez les œufs et séparez les blancs des jaunes ; passez-les séparément à la moulinette. Prenez 3 assiettes à potage : dans l'une, mettez la farine ; dans la deuxième, 2 œufs entiers battus ; dans la troisième, de la chapelure. Passez chaque escalope sur les deux faces dans la farine, puis les œufs battus et enfin dans la chapelure. Salez et poivrez. Dans une large poêle à feu moyen, mettez le beurre à fondre. Quand il grésille, ajoutez les escalopes, faites dorer 2 à 3 min de chaque côté. Égouttez les escalopes sur du papier absorbant. Recouvrez chacune de jaune d'œuf dur, de câpres hachées et de blanc d'œuf afin d'obtenir 3 bandes de couleurs séparées. Coiffez chacune d'un petit anchois. Servez avec un quartier de citron.

Fondue d'épinards à la crème

Pour 4 pers. : 1,8 kg d'épinards, 1 gousse d'ail, 1 cs de beurre, 2 cs de crème fraîche, 1 pointe de noix de muscade, sel, poivre.

Équeutez et lavez les épinards. Faites-les cuire tels quels, à couvert, sans matière grasse, dans un faitout ou une casserole, sur bon feu ; remuez avec une fourchette piquée de la gousse d'ail pendant 3 bonnes minutes. Égouttez et pressez pour extraire l'eau de végétation ; réservez. Mettez le beurre à fondre dans le faitout, ajoutez les épinards, salez, et continuez à les dessécher en tournant vivement. Ajoutez la crème fraîche ; mélangez, faites bouillotter pendant 4 à 5 min. Assaisonnez de poivre et d'une pointe de noix de muscade.

! Les escalopes à la viennoise sont panées à l'anglaise. La recette de l'escalope à la viennoise est une adaptation française de la *Wiener Schnitzel* dont la traduction peut être « tranche de Vienne » de veau ou de bœuf, panée puis cuite au saindoux, garnie d'une rondelle de citron, accompagnée d'une salade de pommes de terre, d'une salade verte ou de pommes de terre rissolées.

Lever du soleil : 6 h 09 Coucher du soleil : 21 h 26 Lune croissante

Printemps

DÎNER

Ailes de volaille
et champignons au xérès
Pâtes au beurre
Compote de cerises

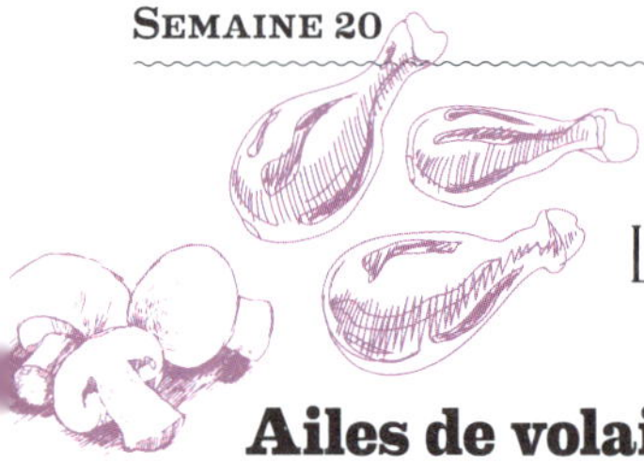

LES RECETTES DU JOUR

Ailes de volaille et champignons au xérès

Pour 4 pers. : 4 ailes ou blancs de volaille épais, 1 cs de beurre, 250 g de champignons de Paris, ⅓ de verre de xérès (ou de porto), 1 petit pot de crème fraîche, 15 olives noires dénoyautées, 1 cc de moutarde, ciboulette, sel, poivre.

Enlevez la peau qui recouvre les blancs et coupez-la en lanières. Salez et poivrez les blancs. Dans une cocotte, mettez le beurre à fondre ; déposez les blancs et les lanières de peau. Faites cuire doucement 10 min. Retirez les blancs. Ajoutez les champignons lavés et coupés en quartiers. Faites rissoler 4 à 5 min. Retirez les ¾ du gras de cuisson. Ajoutez le xérès (ou le porto), faites réduire de moitié puis ajoutez la crème fraîche. Portez à petits bouillons 6 à 7 min. Salez et poivrez. Ajoutez les olives hachées, la moutarde et la ciboulette. Liez au fouet. Ajoutez les blancs de volaille et faites réchauffer quelques instants.

Compote de cerises

Pour 4 pers. : 1 kg de cerises, 250 g de sucre cristallisé, 2 cs de sirop de cassis ou de framboise (facultatif).

Passez les cerises sous l'eau fraîche. Équeutez-les puis dénoyautez-les. Mélangez-les avec le sucre dans un saladier et laissez macérer environ 30 min. Versez le contenu dans une casserole et portez à ébullition, couvrez et maintenez la cuisson 4 min. Ajoutez le sirop de fruits choisi. Transvasez dans un compotier, couvrez jusqu'à complet refroidissement. Servez frais.

Mon truc malin

Champignons : quand j'achète des champignons de couche ou champignons de Paris, je les choisis toujours à tête brune. Je leur trouve davantage de goût. Je les choisis également avec le bout terreux plutôt que le pied coupé. C'est pour moi un gage de fraîcheur. Pour ce qui concerne les champignons sylvestres, si je les ramasse moi-même dans les champs ou les prés, à l'exception des girolles ou des cèpes, je vais toujours montrer mon panier au pharmacien qui pourra me dire s'ils sont comestibles ou toxiques.

KEKCEKÇA? La compote est une préparation à base de fruits frais ou secs, cuits entiers ou en morceaux, dans un sirop de sucre peu concentré. Dans une même compote, on peut mélanger plusieurs espèces de fruits. Le sirop peut se parfumer avec de la vanille, des zestes de citron ou d'orange, de la cannelle en poudre ou en écorce, des clous de girofle.

Lever du soleil : 6 h 08 Coucher du soleil : 21 h 27 Lune croissante

Pense pas bête…
Les navets: on garde les fanes pour le potage de demain…

Printemps
DÎNER
Fromage blanc aux herbes
Rôti de foie de veau à la vapeur
Navets sautés

La recette du jour

Rôti de foie de veau à la vapeur

Pour4 pers. : 1 foie de veau (ou de génisse) de 500 g préparé comme un rôti, 1 pincée de noix de muscade, 1 crépine de porc, 3 branches de menthe fraîche, 1 cc de sel fin, poivre.

Salez, poivrez le foie et saupoudrez d'une pointe de noix de muscade; enveloppez-le dans la crépine; étalez les branches de menthe sur le compartiment perforé du cuit-vapeur. Posez le foie sur la menthe et laissez cuire à couvert 8 min; retournez le rôti pour encore 8 min. Entrouvrez le couvercle et laissez reposer encore 8 min. Servez en tranches fines.

☞ *Le saviez-vous ?*

Le navet est un légume-racine de la famille des crucifères. Il fut d'abord cultivé pour ses graines oléagineuses avant que le monde gréco-romain ne découvre ses qualités gustatives. Pline en décrit des ronds, des longs, des plats. Certains, gros comme des citrouilles, pèsent 20 kg. Les cuisiniers médiévaux le considéraient comme un légume de base. De nos jours en perte de vitesse, nous n'en consommons que 1,1 kg par an et par personne. En été, il est vendu en botte garnie de feuilles bien vertes avec lesquelles on fait d'excellents potages. En hiver, il se présente en vrac sans son feuillage.

☞ *Le saviez-vous ?*

Le foie est une glande de l'appareil digestif. ***Tous les foies des animaux de boucherie, de la volaille et du gibier sont comestibles et tous apparentés aux abats. Rôti de foie de veau: demandez au boucher ou au tripier de trancher un rôti d'environ 500 g pour 4 ainsi qu'une crépine de porc.***

La crépine ***qu'on appelle aussi «toilette» est un tissu graisseux qui enveloppe l'intestin des animaux. Avant cuisson, on emballe le foie de veau dans la crépine. À défaut, on peut emballer le foie de veau dans le vert d'une feuille de blette ou de chou.***

☞ KEKCEKÇA?

Fromages frais: ils s'appellent aussi «fromages à pâte fraîche»; ils résultent de la coagulation naturelle du lait; ils sont ensuite égouttés et moulés. Ils ne subissent aucun affinage et présentent une saveur douce, lactique, très légèrement acidulée. Ils peuvent être fabriqués avec du lait de vache, de chèvre ou de brebis; ils se mangent en entrée relevés par du sel, du poivre, des herbes aromatiques; en dessert, nature, sucrés selon les goûts de chacun ou assortis d'un coulis de fruits.

Saint-Yves

Jeudi
19
MAI

Printemps

DÎNER

Soupe de fanes de navets
Palette de porc aux petits légumes
Fromage blanc au sucre

SEMAINE 20

LES RECETTES DU JOUR

Soupe de fanes de navets

Pour 4 pers. : fanes de navets (d'une botte, environ 200 g), 30 g de beurre, 1,25 l de bouillon de volaille (cube du commerce ou eau), 1 dl de lait, 8 tranches de pain, sel, poivre.

Équeutez les fanes de navets (elles ressemblent à des épinards), lavez-les, ciselez-les finement. Dans une casserole, faites chauffer le beurre. Laissez fondre les fanes avec une pincée de sel 5 à 6 min. Mouillez avec le bouillon et faites cuire à petits bouillottements 15 min. Passez la soupe au mixeur.

Complétez avec le lait. Rectifiez l'assaisonnement. Ajoutez du poivre selon votre goût. Servez chaud ou froid avec des tranches de pain grillées.

Palette de porc aux petits légumes

Pour 4 pers. : 1 morceau de palette d'environ 800 g, 4 petites pommes de terre, 4 carottes, 4 navets, 1 gousse d'ail, 1 oignon, 2 cs de beurre, 1 cs rase de farine, 1 verre de bouillon de volaille, 1 brindille de thym, 1 feuille de laurier, sel, poivre.

Lavez et épluchez les légumes. Épluchez l'ail et l'oignon que vous hacherez finement.

Dans une cocotte, faites fondre le beurre à feu moyen ; quand il grésille, ajoutez les oignons hachés, laissez-les dorer et réservez. Mettez la viande dans la cocotte et faites dorer de tous côtés. Saupoudrez de farine, laissez roussir. Remettez les oignons et mouillez avec le bouillon. Laissez cuire quelques instants ; ajoutez ensuite l'ail écrasé, le thym et le laurier, du sel et du poivre. Ajoutez les pommes de terre, les carottes et les navets. Couvrez la cocotte et laissez mijoter à petit feu. Vérifiez l'assaisonnement. Sortez la viande et coupez-la rapidement en tranches.

Servez la palette entourée des petits légumes et de la sauce (si elle est trop claire, faites réduire jusqu'à la bonne consistance).

☞ Le saviez-vous ?

Palette de porc : *on peut aussi demander au charcutier ou au boucher de désosser la palette et de la ficeler comme un rôti. Prévoyez une branche de thym frais pour la mettre à l'intérieur. Faites couper l'os en deux morceaux que vous placerez dans la cocotte : ils vous aideront à faire du jus.*

« Entre la poire et le fromage », *autrement dit au moment où les discussions sont moins sérieuses. Cette expression est antérieure à 1660, du temps où l'on donnait une poire pour se rincer la bouche avant d'entamer le fromage. Cette expression prend tout son sens et ne fait pas référence à une erreur dans le déroulement du repas. Discuter d'un sujet « entre la poire et le fromage », c'est choisir le moment du repas où les discussions « sérieuses » ne sont plus d'actualité, le moment où les personnes ont la langue déliée par l'ambiance et la boisson.*

Lever du soleil : 6 h 05 Coucher du soleil : 21 h 30 Lune croissante

Printemps

DÎNER

Cuisses de grenouilles sauce poulette
Joues de lotte en papillote

Petite histoire...

La grenouille : tout a commencé au XVIe siècle, en 1530 exactement, date à laquelle un certain d'Estienne d'Aigue publie un ouvrage au titre évocateur : *Traité sur propriétés des tortues, excargots, grenoilles et artichaultz*. La grenouille ne se démocratise qu'à la fin du XVIIIe siècle : alors que l'on décapite les humains à tour de bras, les grenouilles « à la Simon », du nom de l'inventeur de la recette, font fureur et restent à la mode jusqu'au Second Empire. Désormais, c'est la ruée vers la grenouille. Alexandre Dumas, Escoffier y vont de leur recette. Les préparations régionales foisonnent, surtout dans le Midi où l'on ne s'intéresse qu'aux cuisses de la belle comme en Italie et aux États-Unis, alors qu'en Allemagne, on la mange entière, écorchée et éviscérée. À l'heure actuelle, l'espèce est presque anéantie.

La grenouille bénéfique : les Égyptiens, qui la voient disparaître dans le Nil au début de l'hiver pour en ressortir au printemps par milliers, la vénèrent comme le symbole de la multitude. En Inde, les brahmanes, sages suprêmes, sont comparés à des grenouilles.

Les recettes du jour

Cuisses de grenouilles sauce poulette

Pour 4 pers. : 4 cuisses de grenouille, 1 petit verre de vin blanc, 1 oignon, ½ feuille de laurier, 200 g de crème fraîche, 2 cs de beurre, 2 jaunes d'œufs, ½ citron jaune, 2 cs de persil frais, sel, poivre.

Faites mariner pendant quelques heures les cuisses de grenouille dans le vin blanc additionné de l'oignon finement émincé, de laurier, de sel et de poivre. Égouttez. Faites réduire la marinade des trois quarts de son volume. Ajoutez la crème fraîche en réservant 2 cs. Dans une cocotte, faites fondre le beurre, ajoutez les cuisses de grenouille. Salez, poivrez. Faites cuire doucement une quinzaine de minutes. Mélangez les 2 jaunes d'œufs avec les 2 cs de crème restante et le jus de citron. Ajoutez à la sauce marinade sans laisser bouillir. Ajoutez les cuisses de grenouille avec leur jus de cuisson ; laissez mitonner quelques instants. Saupoudrez de persil haché ; servez immédiatement.

Joues de lotte en papillote

Pour 4 pers. : 600 g de joues de lotte, 4 blancs de poireaux, 60 g de beurre, ½ tasse à café d'huile d'arachide, 4 cc de vin blanc sec, 4 cc d'eau, sel, poivre.

Épluchez, lavez les poireaux et coupez-les en tronçons de 5 à 8 cm de long puis en bâtonnets pour obtenir une julienne. Dans une casserole, faites chauffer une noix de beurre, ajoutez la julienne de poireaux, couvrez et laissez étuver jusqu'à ce qu'ils soient tendres. Découpez 4 ronds de papier d'aluminium de 25-30 cm de diamètre doublés de papier sulfurisé ; badigeonnez-les d'huile ; répartissez alors la julienne sur chaque moitié de l'aluminium puis posez les joues de lotte escalopées sur 1 cm d'épaisseur, salez et poivrez, parsemez de quelques copeaux de beurre. Mélangez le vin et l'eau dans un bol et répartissez ce mélange sur chaque papillote. Rabattez la partie d'aluminium non garnie et « roulottez » les bords pour obtenir une fermeture tout à fait étanche. Déposez les papillotes sur la plaque du four préchauffé à 270 °C (th. 9). Enfournez pour 6-7 min. Servez sur assiette.

☞ ***Le saviez-vous ?*** ***La grenouille :*** les Anglo-Saxons ont la détestable tendance à considérer la grenouille comme l'emblème de l'Hexagone au point qu'ils nous surnomment « Frogs » ou « Froggies » ce qui ne signifie rien de moins que grenouille dans leur langue.

• ***La lotte*** est aussi appelée la baudroie. Sa tête est si laide que les pêcheurs la rejetaient en mer. Ils ont pris conscience de leur bévue et avant de s'en séparer, ils prélèvent les joues, morceaux fins et délicats.

Lever du soleil : 6 h 04 Coucher du soleil : 21 h 31 Lune croissante

Printemps

DÉJEUNER

Tête de veau
Clafoutis aux cerises

DÎNER

Crépinettes purée,
salade croquante

Assortiment
de fromages de chèvre

☞ KEKCEKÇA ?

Crépinette : c'est une saucisse plate qui tire son nom de la crépine. Faite de chair à saucisse assaisonnée, hachée un peu grossièrement, elle est enveloppée d'une crépine ou « toilette ».

LA RECETTE DU JOUR

Tête de veau

Pour 6 pers. : ½ tête de veau avec oreilles et langue, 40 g de farine, 3 l d'eau, 1 bouquet garni, 1 oignon piqué de 2 clous de girofle, 3 cs de vinaigre, 1 cervelle de veau, 50 g de sel, 12 grains de poivre, 1 bouquet de persil.

Mettez la tête à l'eau froide, portez à ébullition, laissez frémir 15 min. Passez-la sous l'eau froide pour rafraîchir. Emballez la tête dans un torchon, ficelez-la et déposez-la dans un faitout. Recouvrez d'eau en prenant soin de la verser au travers d'une passoire fine contenant les 40 g de farine. Ajoutez le bouquet garni, l'oignon, le sel, le poivre et le vinaigre. Portez doucement à ébullition et laissez bouillotter. Ajoutez la cervelle 25 min avant la fin de la cuisson. Égouttez et coupez la tête en tranches ; disposez-les sur un plat chaud avec des branches de persil frais. Accompagnez d'une sauce ravigote ou d'une sauce gribiche *(voir la recette du 24 mars)* et de pommes de terre cuites à la vapeur.

☞ *Le saviez-vous ?*

Cuisson de la tête de veau: il est indispensable de la cuire «au blanc» pour conserver à la partie gélatineuse de la tête sa blancheur d'albâtre. C'est la raison pour laquelle il faut faire couler l'eau destinée à remplir le faitout à travers une passoire fine contenant de la farine. On compte généralement 1hde cuisson par kilo.

Ce que je fais...

Je mélange des pommes de terre avec une grosse botte de persil plat équeuté et haché grossièrement et le blanc d'un poireau, puis je passe l'ensemble au moulin à légumes et pratique comme une purée normale.

Je m'avance pour demain

Je prépare un hachis Parmentier
(voir la recette du lundi 23 mai).

LES RECETTES DU JOUR

Printemps

DÉJEUNER

Fonds d'artichauts pointes d'asperges
Pintade grand-mère
Salade de fruits

DÎNER

Velouté d'asperges
Gratin de vert de salade
Restes de la salade de fruits

Salade de fruits

Pour 4 pers. : 2 pommes, 2 poires, 2 bananes, 2 oranges, 1 cs de kirsch, 3 cs de sucre en poudre.

Une bonne heure avant de servir : dans un saladier, mettez tous les fruits épluchés et coupés en dés (pour les pommes et les poires) et en rondelles (pour les bananes et les oranges). Arrosez avec un peu d'eau, le kirsch, le sucre. Mélangez. Tenez au frais jusqu'au moment de servir.

Le saviez-vous ?

La pintade est un volatile original – moitié volaille, moitié gibier. Dans certains repas de fête, on la servait jadis pour du faisan. Il existe des chapons de pintade ou « coqs vierges », non castrés, n'ayant eu aucun contact avec des femelles en vue de reproduction. Elle est meilleure de mai à septembre : vivant dehors, elle profite de l'ensoleillement qui améliore la qualité de sa chair.

Fonds d'artichauts pointes d'asperges

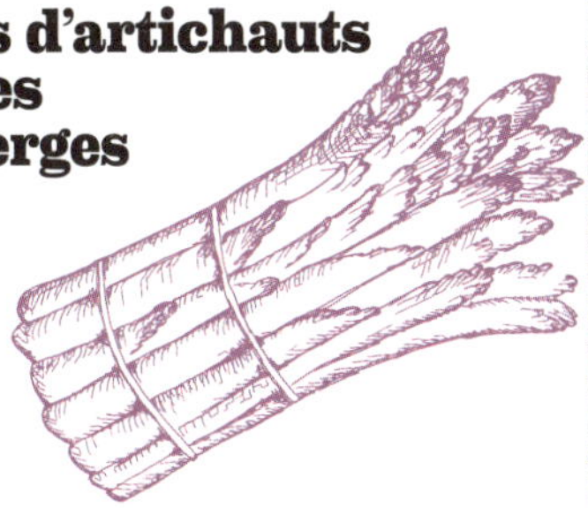

Pour 4 pers. : 600 g de pointes d'asperges, 4 artichauts frais, 200 g de foie gras cru (canard ou oie), farine, 5 cs de vinaigrette à l'huile de noix, cerfeuil, sel, poivre.

Épluchez, lavez les pointes d'asperges. Faites-les cuire à l'eau bouillante salée 10-15 min. Cassez les queues d'artichauts, rincez-les à l'eau vinaigrée ; faites-les cuire à l'eau bouillante salée environ 45 min. Enlevez les feuilles, retirez le foin ; disposez les fonds d'artichauts coupés en 8 au centre de 4 assiettes ; disposez les pointes d'asperges sur les fonds d'artichauts. Coupez le foie gras en tranches de 40-50 g ; passez-les légèrement dans la farine, salez, poivrez. Faites chauffer une poêle à revêtement antiadhésif (ne graissez pas la poêle) et déposez les tranches de foie. Faites dorer 2 min sur chaque face puis sortez-les et essuyez-les sur du papier absorbant. Arrosez les artichauts et les pointes d'asperges de vinaigrette, du cerfeuil en pluches et enfin les tranches de foie gras. Servez tiède.

Velouté d'asperges

Pour 4 pers. : 500 g d'asperges, 1 cc de sucre, 1 pointe de couteau de bicarbonate de soude, 2 cs de sel, 1 cs de fécule, 2 cs de lait, 2 cs de crème épaisse.

Lavez les asperges ; coupez des pointes de 6 ou 7 cm ; réservez. Coupez les tiges restantes, sans les éplucher, en tronçons de 2 à 3 cm. Portez à ébullition 1,5 l d'eau ou de bouillon de légumes. Ajoutez le sucre, le bicarbonate, le sel. Plongez les tronçons d'asperges pour 30 min. Gardez l'eau de cuisson ; passez les asperges au moulin à légumes pour éliminer la filasse (les asperges n'ayant pas été épluchées). Remettez la casserole sur le feu ; laissez réduire d'un tiers. Ajoutez 1 cs de fécule délayée dans le lait froid, laissez épaissir. Ajoutez 2 cs de crème épaisse, laissez bouillotter quelques minutes. Servez chaud ou froid avec les pointes.

Printemps

DÎNER

Bouillon
Hachis Parmentier
Salade croquante

Les recettes du jour

Hachis Parmentier

Pour 4 pers. : 2 joues de bœuf, les restes de palette et de pintade des jours précédents, 3 oignons, 1 kg de pommes de terre, ½ botte de persil plat, 1 verre de lait, 3 cs de beurre, 1 bouquet garni, 2 clous de girofle, 1 cs de gros sel.

Déposez les joues de bœuf dans un faitout et portez à ébullition. Quand l'eau bout, écumez soigneusement. Ajoutez un oignon épluché et piqué des clous de girofle, le bouquet garni, le gros sel. Laissez cuire à petits bouillotements. Écumez. Après environ 1 h de cuisson, sortez la viande et réservez. (Après refroidissement du bouillon, vous pouvez le réserver au réfrigérateur pour le dégraisser).
Pelez les pommes de terre, coupez-les en quartiers et faites-les cuire recouvertes d'eau salée. Épluchez et émincez 2 oignons. Faites-les fondre doucement dans une cocotte avec 1 belle cs de beurre. Hachez les joues de bœuf cuites en ajoutant les restes de palette de porc et de pintade. Incorporez aux oignons émincés et le persil haché grossièrement. Faites rissoler l'ensemble 5 min puis versez un verre de bouillon ; laissez réduire. Passez les pommes de terre au moulin à légumes ; ajoutez 2 cs de beurre. Remuez. Ajoutez le lait bouillant ; mélangez. Étalez la moitié de la purée dans un plat à gratin ; recouvrez avec le hachis puis le reste de purée. Mettez au four préchauffé à 180 °C (th. 6) pour 30 min.

Ce que je fais...

Hachis Parmentier : *je prépare ce plat complètement à l'avance, le réserve au réfrigérateur, le ramène à température de la pièce 1 h avant de le passer au four.*

Salade croquante : *parmi les salades croquantes, je choisis la romaine qui, avec la batavia, fait partie de la famille des laitues ou une scarole, une cornette d'Anjou ou de Bordeaux qui elles, font partie de la famille des chicorées. La laitue romaine, bien que laitue, s'en distingue par des feuilles allongées, presque toujours en cuillère et par le grand développement de ses nervures médianes. Son cœur est blanc, tendre, alors que les feuilles extérieures sont croquantes, vertes foncées, presque vernissées. Je remplace l'huile par de la crème fleurette et du vinaigre de vin. J'aime aussi servir la romaine braisée, directement au beurre, sans avoir séjourné précédemment dans l'eau bouillante et l'accompagne délicieusement d'un médaillon de veau.*

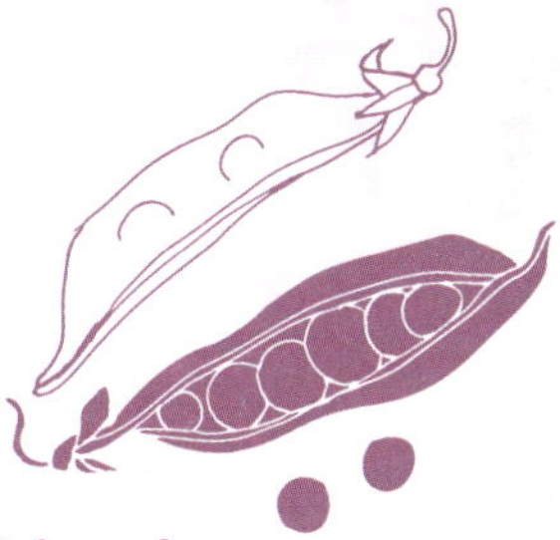

Printemps

DÎNER

Côtes de veau au jus
Petits pois à la française
(voir la recette du 30 avril)

Tarte Tatin aux mangues

Petite histoire...

Le pois est sans doute originaire d'Inde ou d'Indonésie. Son introduction en Europe par l'Orient et la Perse date de la plus haute antiquité. Jusqu'à la Renaissance, c'est le petit pois sec qui est cultivé, celui que nous appelons le pois cassé et qui se récolte sec, dans sa gousse, pour se séparer en deux ensuite. Le pois frais connaît la gloire sous le règne de Louis XIV. Il existe deux catégories de pois à écosser : les pois à grains ronds, très savoureux et tendres et les pois à grains ridés, plus gros et plus sucrés.

☞ Le saviez-vous ?

Côtes de veau découvertes : ce sont les premières vertèbres dorsales accompagnées d'une partie des côtes qui s'y rattachent et garnies de leurs muscles. On les appelle « découvertes » parce qu'elles le sont par la levée de l'épaule ; en certaines régions, on les nomme aussi « côtes sous l'épaule ». La viande des côtes découvertes est maigre et moelleuse.

LES RECETTES DU JOUR

Côtes de veau au jus

Pour 4 pers. : 4 côtes de veau, 1 cs de beurre, 2 cs d'eau, 1 cc de jus de citron, 1 cc de sel fin, poivre.

Salez et poivrez les côtes de veau. Mettez le beurre à fondre ; quand il grésille, posez les côtes, laissez dorer 4 min de chaque côté. Retirez la viande et maintenez-la au chaud dans un plat couvert de papier d'aluminium. Augmentez le feu ; ajoutez l'eau et grattez pour récupérer les sucs ; ajoutez le jus de citron. Laissez bouillir jusqu'à consistance d'un sirop ; rectifiez l'assaisonnement et versez sur les côtes de veau.

Tarte Tatin aux mangues

Pour 4 pers. : 2 mangues, 6-8 morceaux de sucre, eau, beurre, 1 pâte feuilletée.

Pelez les mangues et dénoyautez-les ; coupez-les en gros tronçons. Faites un caramel dans une poêle à revêtement antiadhésif avec les morceaux de sucre, très peu d'eau ; ajoutez 1 bonne cuillerée à soupe de beurre quand le caramel atteint une jolie couleur dorée. Déposez les lamelles de mangues dans le caramel pour bien les enrober puis les disposez harmonieusement dans un moule à manquer ou à tarte. Posez la pâte dessus en rabattant ce qui dépasse à l'intérieur du moule pour faire un petit bourrelet. Mettez à four préchauffé à 220 °C (th. 7/8) pour 25 min. Laissez tiédir environ 15 min et retournez dans un plat de service.

Ce que je fais...

<u>Côtes de veau</u> : plutôt que de faire détailler mes côtes de veau, je demande au boucher de laisser les côtes assemblées pour avoir un rôti tout en décollant en partie les os. Alors, je les fais cuire en cocotte comme un rôti de veau.

Sainte-Sophie

Mercredi
25
MAI

Printemps

DÎNER

Cervelle de veau sauce meunière
Risotto
Œufs au lait
(voir la recette du 30 mars)

Les recettes du jour

Cervelle de veau sauce meunière

Pour 4 pers. : 1 cervelle de veau, 1 l d'eau, 2 cs de vinaigre d'alcool, 4 cs de beurre, ½ citron, 1 cc de sel fin, poivre.

Faites dégorger les cervelles sous un filet d'eau froide pendant ½ h. Du bout des doigts, retirez ensuite tous les filaments sanguinolents. Portez l'eau à ébullition avec le vinaigre et le sel ; plongez la cervelle dans l'eau bouillante et laissez cuire 4 min. Sortez la cervelle, séchez-la et laissez refroidir. Tranchez la cervelle en escalopes obliques de 1 à 2 cm d'épaisseur. Dans une poêle à feu moyen, faites fondre 2 cs de beurre ; quand il grésille, posez les escalopes côte à côte et faites-les dorer doucement pendant 7 à 8 min. Posez-les dans un plat de service chaud. Mettez dans la poêle 2 cs de beurre et le jus du demi-citron ; quand il mousse, versez-le sur les tranches de cervelle. Servez aussitôt.

Risotto

Pour 4 pers. : 200 g de riz italien variété arborio, 1 cs d'huile ou de beurre, 1 gros oignon, 100 g de coulis de tomate, 25 cl de bouillon de bœuf ou de volaille, 1 brindille de thym, sel, poivre.

Épluchez et hachez l'oignon. Dans une sauteuse, faites fondre le beurre ; ajoutez l'oignon jusqu'à ce qu'il commence à prendre couleur ; ajoutez le riz ; mélangez pendant 5 min. Mouillez avec le coulis de tomate et le bouillon, le thym, salez et poivrez. Couvrez et laissez bouillotter 15 à 20 min (les grains se détachent bien, le bouillon et le coulis sont absorbés).

☞ *Le saviez-vous ?*

La cervelle de canut est un fromage blanc relevé d'échalotes hachées, ciboulette, cerfeuil et persil plat, battu, plus exactement « claqué » à l'aide d'une spatule d'où son autre appellation : le « claqueret ».

Voir la recette du 9 septembre.

La cervelle

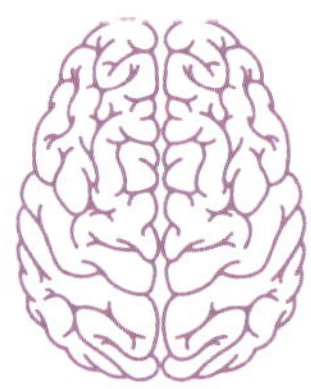

C'est le cerveau des animaux. Très riche en vitamines et en phosphore, elle constitue un aliment très nourrissant. À ne pas confondre avec la « cervelle de canut » qui tire son nom de son aspect et constituait pour les ouvriers du tissage de la soie à Lyon une nourriture de base.

Mon coup de gueule

Les Hollandais veulent nous faire « gober » leur aubergine « œuf » qu'ils ont baptisée « egg plant ». NON ! Elle est insipide, fade, elle ne mérite même pas de faire partie de la famille.

KEKCEKÇA ? Risotto : c'est un apprêt de riz d'origine italienne. Les Italiens utilisent des riz à grains longs et bombés, cultivés en Lombardie dans la plaine du Pô. Les variétés les plus utilisées sont : les riz arborio et carnaroli. Ces riz-là ne doivent pas être rincés.

Lever du soleil : 5 h 59 Coucher du soleil : 21 h 37 Lune décroissante

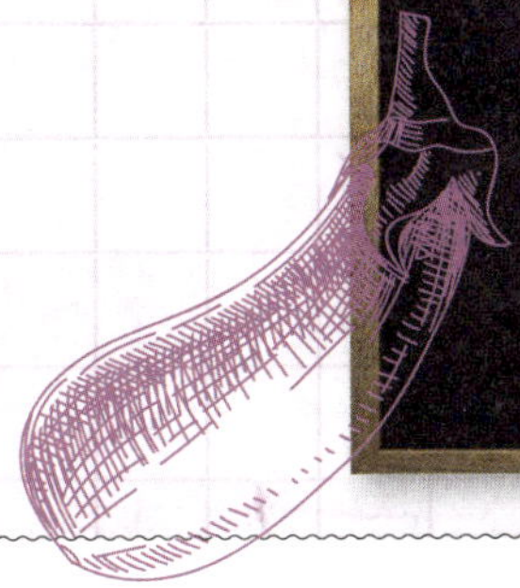

Printemps

DÎNER

Moussaka d'aubergines
Compote de cerises

Petite histoire…

L'aubergine : originaire de l'Inde, elle est consommée depuis plus de 4 000 ans ; elle fait partie de la famille des solanacées (tomate, mandragore et belladone), ce qui lui conféra en Europe une bien mauvaise réputation. Il fallut attendre la fin du XIXe siècle pour la voir figurer dans les livres de cuisine. Aujourd'hui, elle détient avec le concombre le record de la plus forte augmentation de consommation depuis dix ans. Nous n'en consommons pourtant que 1 kg par an et par habitant. C'est peu.

LA RECETTE DU JOUR

Moussaka d'aubergines

Pour 4 pers. : 500 g d'épaule d'agneau hachée, 2 oignons moyens, 6 aubergines longues, 4 cs de beurre, 1 tasse à thé de coulis de tomate, 1 brindille de thym, sel, poivre, chapelure.

Épluchez et hachez les oignons. Pelez et coupez les aubergines en tranches de 1 cm d'épaisseur dans le sens de la longueur. Dans une grande poêle, mettez 1 cs de beurre à blondir, posez des tranches d'aubergines et faites blondir sur les deux faces. Procédez à cette opération en plusieurs fois. Réservez sur un plat. Dans une autre poêle, mettez une grosse noix de beurre ; quand il grésille, ajoutez les oignons hachés et couvrez ; quand ils sont transparents, relevez le feu, ajoutez la viande hachée et faites dorer le tout vivement en remuant. Baissez le feu ; ajoutez le coulis de tomate, la brindille de thym, sel et poivre. Laissez mijoter à couvert 15 min. Préchauffez le four à 220 °C (th. 7/8). Beurrez un plat allant au four. Tapissez le fond du plat d'une couche de tranches d'aubergines posées côte à côte. Étalez une couche de farce puis de nouveau une couche d'aubergines et ainsi de suite en terminant par les aubergines. Saupoudrez de chapelure. Faites fondre le restant de beurre dans la poêle où ont cuit les aubergines et versez-le sur la moussaka. Enfournez pour 20 à 25 min puis sous le gril pendant les cinq dernières minutes. Servez dans le plat de cuisson.

☞ *Le saviez-vous ?*

L'aubergine séchée, réduite en poudre, servait et sert encore de dentifrice aux populations du Moyen-Orient.

Saint-Augustin

Vendredi
27
MAI

Printemps

DÎNER

Lieu à la vapeur,
sauce aux câpres et anchois
Pommes de terre vapeur
Tarte aux fraises

Je m'avance pour dimanche
Je prépare des filets de harengs doux au coing.

Les recettes du jour

Lieu à la vapeur, sauce aux câpres et anchois

Pour 4 pers. : 4 darnes de lieu, 2 feuilles de laurier, 2 branches de thym, 1 botte de persil plat, 1 citron, sel, poivre. Sauce : 20 g de câpres, 5 filets d'anchois à l'huile, ½ botte de ciboulette, ½ botte de persil plat, 2 cs de vinaigre de vin, 150 g de beurre, 3 cs d'huile d'olive, 1 pincée de sel, poivre.

Remplissez un faitout avec 1,5 l d'eau, posez le panier vapeur. Répartissez dans le compartiment supérieur le laurier, le thym, la botte de persil, le citron coupé en rondelles. Posez les darnes. Faites cuire 7 min à couvert et 5 min couvercle entrouvert. Posez 1 pincée de sel et de poivre sur chaque darne. Hachez ensemble les câpres, les anchois, la ciboulette et le persil y compris les tiges. Dans une casserole, faites fondre le beurre, ajoutez l'huile, mélangez au fouet. Ajoutez le hachis puis le vinaigre. Remuez ; rectifiez l'assaisonnement.

Des filets de harengs doux au coing…

Parce que ce plat se conserve au réfrigérateur, on peut en prévoir suffisamment. Voici la recette… :

Pour 4 pers. : 8 filets de harengs doux, 1 pot de gelée de coing, beurre, pain de seigle ou pain grillé.

Coupez les filets de harengs en tronçons de 4 cm. Portez une casserole d'eau à ébullition ; plongez-y les harengs 30 sec. Égouttez-les, rangez-les dans une petite terrine en alternant les couches de harengs et la gelée de coing légèrement chauffée pour la liquéfier. Laissez mariner 48 h.

Petite histoire…

Le lieu jaune et le lieu noir appartiennent tous deux à la famille des gadidés, comme le merlan, l'églefin, la morue, ou la lingue (julienne). Le lieu jaune vit en petits groupes entre deux eaux, s'enfonce dans les fonds rocheux pour chercher sa nourriture. Le lieu noir vit en haute mer, en bancs, et ne quitte que rarement le fond. Le lieu jaune mesure entre 50 et 70 cm de long. Sa couleur est claire, mordorée sur le ventre, séparée du dos par une ligne vert sombre très caractéristique. Le lieu noir est plus foncé, plus gros, il atteint couramment 1 m, avec une ligne claire et droite au niveau des nageoires pectorales.

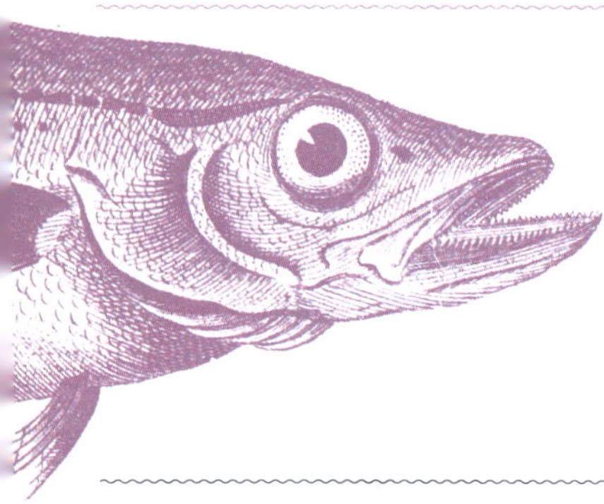

☞ ***Le saviez-vous ?*** **Le lieu (jaune ou noir)** : ces poissons sont fragiles, leur chair est friable, aussi faut-il respecter la règle d'une cuisson courte. **Les câpres** : ce sont les boutons floraux du câprier, originaire de l'Asie orientale et répandu dans les régions chaudes, notamment en Provence. Les câpres, toutes petites, sont récoltées jeunes dans les 3 jours. Le fruit du câprier est gros comme une olive. Elles se préparent de la même façon, en saumure, et portent le nom de « cornichons du câprier ». Il est très vivement conseillé de ne pas les cuire, mais de les ajouter au dernier moment. À défaut de câpres, on peut utiliser les boutons floraux de la capucine préalablement confits dans du vinaigre à l'estragon.

Lever du soleil : 5 h 57 Coucher du soleil : 21 h 39 Lune décroissante

Onglet de veau

Pour 4 pers. : 2 onglets, 1 cs de beurre, 1 cs d'huile, 3 cs de crème épaisse, 1 pincée de curry, 1 cc de sel, poivre.
Assaisonnez les onglets de sel, de poivre et de la pincée de curry. Dans une cocotte, faites grésiller le beurre et l'huile ; ajoutez les onglets pour 15 min en les retournant. Réservez-les et maintenez-les au chaud, enveloppés dans du papier d'aluminium. Versez dans la cocotte 3 cs de crème ; laissez réduire 2 min en grattant le fond avec une cuillère en bois. Remettez les onglets à chauffer quelques instants et servez.

Choux à la crème pâtissière

Pour 16 choux : : 10 cl de lait, 10 cl d'eau, 1 cs de sucre semoule, 100 g de beurre, 120 g de farine, 4 œufs, ½ cc de sel fin.
Dans une casserole, portez à ébullition le lait, l'eau, le sel fin, le sucre et le beurre en morceaux. Aux premiers bouillons, retirez la casserole du feu, versez la farine d'un seul coup et fouettez énergiquement. Remettez la casserole sur feu doux en remuant pour dessécher la pâte qui se décolle du fond et des parois de la casserole au bout de 1 min. Ajoutez les œufs un à un (c'est important) en mélangeant parfaitement avant d'ajouter chaque œuf. À l'aide d'une cuillère à soupe ou d'une poche à douille, déposez 16 choux sur la plaque de cuisson. Saupoudrez légèrement de sucre glace (facultatif). Faites cuire 25 min à four préchauffé à 200 °C (th. 6/7). Au bout de 20 min, entrouvrez la porte du four pour laisser s'échapper la vapeur et ramenez la température à 170 °C (th. 5/6) pour les cinq dernières minutes.

Crème pâtissière : 50 cl de lait, 1 gousse de vanille, 3 jaunes d'œufs, 1 œuf entier, 120 g de sucre semoule, 20 g de farine.
Dans une casserole, portez le lait à ébullition avec la gousse de vanille fendue et grattée. Couvrez et laissez infuser. Dans un saladier, battez au fouet les jaunes d'œufs, l'œuf entier et le sucre jusqu'à blanchiment. Ajoutez petit à petit la farine puis le lait débarrassé de la gousse de vanille. Remettez ce mélange dans la casserole à feu moyen, tournez sans cesse jusqu'à épaississement. Laissez refroidir avant de farcir la moitié des choux.

Crème Chantilly : 25 cl de crème fraîche liquide entière, 25 g de sucre semoule, ½ sachet de sucre vanillé.
Il est important que la crème et le saladier soient très froids. Dans le saladier, mettez la crème fleurette et les 2 sucres. Avec le fouet, battez régulièrement pour faire doubler la crème de volume et qu'elle ait l'aspect de blancs d'œufs en neige. Mettez au réfrigérateur et servez au dîner avec les choux.

Printemps

DÉJEUNER

Onglet de veau
Jardinière de légumes printaniers
Choux à la crème pâtissière

DÎNER

Salade de cresson aux rougets
Tranche de gorgonzola
Choux à la crème Chantilly

Salade de cresson aux rougets

Pour 4 pers. : 1 botte de cresson, 4 rougets (filets levés), 15 g de beurre, 4 cs de vinaigrette.
Lavez soigneusement le cresson et coupez les tiges trop grosses. Dans une poêle à feu moyen, faites grésiller le beurre ; posez les filets de rougets. Faites-les cuire doucement 2 min 30 sur chaque face ; posez-les sur la salade de cresson juste mélangée avec la vinaigrette. Servez aussitôt.

Mon truc malin

Crème pâtissière : pour éviter que la crème ne « croûte », passez en surface un petit morceau de beurre piqué au bout d'une fourchette.
Crème Chantilly : on peut la préparer le matin pour le soir. Si elle a rendu un peu d'eau au moment de l'utilisation, fouettez quelques instants.
Cresson : Je mélange la vinaigrette et le cresson à la dernière minute, car il a tendance à se flétrir très vite au contact de l'huile et du vinaigre.

Les recettes du jour

SEMAINE 21

Printemps

DÉJEUNER

La Toscane !

Crostini di fegatini
Penne al sugo di carne

DÎNER

Salade de pommes de terre
Filets de harengs doux au coing
(voir la recette du 27 mai)
Crème de ricotta

Qu'est-ce qu'on boit ?

Pendant le déjeuner : l'Ombrie produit le célèbre vin d'Orvieto. Ce vin était doux à l'origine et plus connu sous le nom d'abboccato. Depuis quelques décennies, on fabrique un orvieto sec purement délicieux.

Crostini di fegatini

Pour 6 pers. : 1 oignon, 500 g de foies de volaille, 1 verre de vin blanc, 3 filets d'anchois, 1,5 cs de câpres, 25 cl de bouillon de volaille, 2 cs d'huile d'olive, 30 g de beurre, 6 tranches de pain de campagne, sel, poivre.

Dans une poêle et sur feu doux, faites revenir à l'huile d'olive l'oignon finement haché. Ajoutez les foies bien nettoyés et faites-les sauter 10 min en les humectant de vin blanc de temps en temps. Retirez les foies avec une écumoire, hachez-les et remettez-les dans la poêle. Hachez menu (pas au mixeur qui donnerait un hachis trop fluide) les anchois, rincés et désarêtés, les câpres ; mélangez intimement ; incorporez aux foies. Faites cuire encore 10 min en remuant et en mouillant avec le bouillon. Lorsque la farce est crémeuse, salez, poivrez et sortez du feu. Ajoutez le beurre. Faites griller les tranches de pain, coupez-les en 4 et tartinez-les généreusement.

Penne al sugo di carne

Pour 4 pers. : 400 g de viande de bœuf, 1 cs de moelle, 1 poignée de cèpes secs, 1 carotte, 1 oignon, 1 branche de céleri, 2 branches de basilic, 5 tomates, sel, poivre, huile d'olive.

Faites tremper les cèpes dans de l'eau chaude, couvrez et réservez. Coupez la viande en tranches très fines. Coupez finement la carotte, l'oignon, le céleri, le basilic et faites-les revenir à feu doux dans de l'huile d'olive avec la moelle pendant 15 min. Ajoutez la viande, les tomates pelées, le sel, le poivre. Faites cuire encore pendant 15 min. Retirez la viande et hachez-la très finement avec les cèpes. Ajoutez ce mélange dans le plat de cuisson avec l'eau des cèpes et laissez mijoter 30 min. Faites cuire les penne dans de l'eau bouillante salée. Égouttez, disposez dans un plat, ajoutez la sauce. Servez avec du parmesan.

Salade de pommes de terre

Pour 4 pers. : 350 g de pommes de terre, ½ verre de vin blanc, 8 cs de vinaigrette bien moutardée, 1 échalote, ciboulette.

Faites cuire les pommes de terre à la vapeur dans leur peau ; épluchez-les (attention, elles sont chaudes) ; coupez-les en rondelles de 1 cm d'épaisseur ; placez-les dans un plat creux ; arrosez avec le ½ verre de vin blanc ; couvrez et laissez s'imprégner pour 15 min. Versez la vinaigrette, parsemez la ciboulette ciselée et l'échalote finement hachée.

Crème de ricotta

Pour 4 pers. : 300 g de ricotta, 1 gousse de vanille, 12 cl de lait, 100 g de sucre en poudre, 200 g de fruits rouges.

Faites infuser la gousse de vanille fendue et grattée dans le lait chaud. Dans un saladier, déposez la ricotta ; tout en fouettant constamment, ajoutez le lait refroidi et filtré, le sucre, jusqu'à obtenir un mélange homogène et crémeux. Disposez la crème dans 6 coupes à dessert ; garnissez de fruits rouges au dernier moment ; servez très frais.

Lever du soleil : 5 h 55 Coucher du soleil : 21 h 42 Lune décroissante

Printemps

DÎNER

Pain de thon
Tarte fine aux pommes

Petite histoire...

Vieux de 3 000 ans, le beurre a pour ancêtre officiel le ghee *indien, à base de lait de bufflonne. Dans la cuisine arabe, il porte le nom de* samma *et se parfume à l'origan et au thym. En Europe, les envahisseurs vikings, friands de beurre, en développent la fabrication en Normandie. Aux* XVIIe *et* XVIIIe *siècles, le beurre devient l'ingrédient obligé des sauces. Puis on le pose sur la table dans un nouvel ustensile, le beurrier. Au siècle dernier, la modernisation des techniques laitières en améliore la qualité, l'hygiène et la diffusion.*

Qu'est-ce qu'on boit ?

Pensez à commander un petit stock de rosé pour l'été.
Je vous recommande un coteaux du Languedoc rosé « L'Épervier » du château Pech-Redon, tél. : 04 68 90 41 22. C'est un petit bijou d'arômes qui égaiera vos apéritifs et accompagnera vos plats d'été.
Autre très bonne opportunité en rosé, le patrimonio, fruité, persistant, à caractère affirmé, un vin corse du domaine Orenga de Gaffory, tél. : 04 95 33 45 00.

LES RECETTES DU JOUR

Pain de thon

Pour 6 à 8 pers. : 480 g de thon au naturel, 4 œufs, 125 g de crème fraîche, 1 cc d'huile pour le moule, le jus de 2 citrons, 3 cs de ketchup, 1 pincée de paprika, sel, poivre.

Préchauffez le four à 150 °C (th. 5). Passez tous les ingrédients au mixeur pour obtenir une purée fluide. Rectifiez l'assaisonnement en sel et poivre. Versez le mélange dans un moule huilé ; faites cuire 1 h au four. Laissez refroidir puis passez au réfrigérateur. Démoulez au dernier moment. Servez avec une mayonnaise ou un coulis de tomate, des quartiers de tomate et branches de céleri.

Tarte fine aux pommes

Pour 4 pers. : 1 pâte feuilletée, 4 pommes (acidulées), 100 g de beurre, 120 g de sucre cristallisé.

Préchauffez le four à 200 °C (th. 6/7). Pelez les pommes, enlevez le cœur à l'aide du vide-pomme ; coupez les fruits en 2 à mi-hauteur. Posez la pâte avec son papier sulfurisé à même la plaque à pâtisserie. Piquez le fond avec une fourchette. Émincez finement les pommes, rangez-les très serrées en rosaces sur le fond de pâte jusqu'à 1 cm du bord. Faites fondre le beurre et badigeonnez-en une partie sur les pommes, au pinceau ; répartissez un peu de sucre. Enfournez à mi-hauteur 20 min. Toutes les 5 min, badigeonnez de beurre et de sucre pour obtenir une tarte croustillante et caramélisée.

☞ Le saviez-vous ?

Le thon : le thon appartient avec le maquereau à la famille des scombridés. Le thon rouge et le thon germon également appelé thon blanc, fréquentent les côtes françaises alors que le thon albacore, la bonite et le thon listao sont des espèces tropicales peu présentes sur nos marchés et destinées essentiellement à la conserve. Le thon rouge est un très gros poisson, 1 à 2 m, pour un poids d'environ 150 kg. Le germon est de taille moins imposante, pèse de 4 à 10 kg. Le thon germon ou thon blanc est surtout utilisé en conserverie, à l'huile ou au naturel. Les conserveries françaises de qualité ne travaillent cette espèce que fraîchement pêchée et se comptent aujourd'hui sur les doigts d'une main. Renseignez-vous sur l'origine du poisson avant de l'acheter.

Printemps

DÎNER

Petits choux farcis
Bugnes

Les recettes du jour

Petits choux farcis

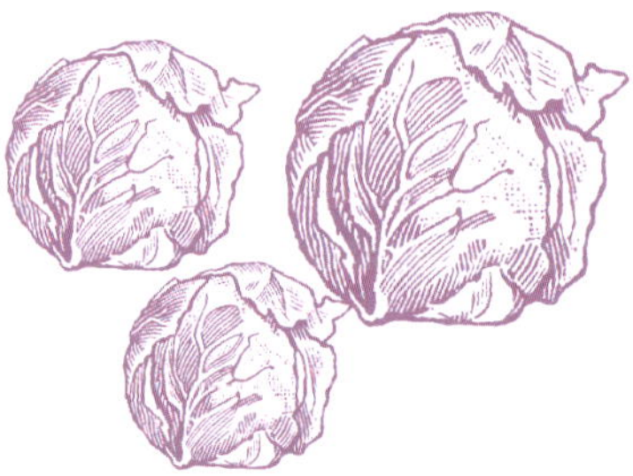

Pour 4 pers. : 1 chou de Milan, 300 g de chair à saucisse crue, 150 g de crépine de porc, 30 g de gros sel, 1 pointe de bicarbonate de soude, 1 gousse d'ail et 1 échalote pelées et hachées, 2 cs de persil haché, 2 cs d'huile, 1 cs de beurre, ½ verre de vin blanc, 1 cs de concentré de tomate.

Épluchez le chou feuille à feuille. Dans un faitout, portez 3 l d'eau à ébullition avec le gros sel et le bicarbonate. Faites cuire les feuilles 6-7 min. Déposez les feuilles de chou blanchies dans une bassine d'eau froide. Égouttez, enlevez les plus grosses côtes. Hachez l'ail, le persil, l'échalote. Incorporez-les à la chair à saucisse, salez, poivrez et mélangez. Partagez la crépine en 4 parts. Sur chacune d'elles, alternez feuilles de chou et farce. Refermez la crépine en lui donnant la forme d'une grosse orange. Dans une cocotte, chauffez l'huile et le beurre. Rangez les choux côté fermeture en dessous. Laissez dorer 6-8 min à couvert, à feu doux et sans les retourner. Sortez les choux et déposez-les dans un plat à gratin. Dans la cocotte, faites réduire le vin blanc 3 min et ajoutez ½ verre d'eau et le concentré de tomate. Laissez cuire quelques minutes à petit feu. Versez le jus dans le plat à gratin et passez au four préchauffé à 180 °C (th. 6) pour 40 min. Couvrez d'une feuille d'aluminium après 15 min de cuisson et arrosez de temps en temps. Servez très chaud.

Bugnes

Pour 4 pers. : 1 œuf, 70 g de beurre en pommade, 3 cs de lait, 1 cs de rhum brun, 250 g de farine, ½ l d'huile, sucre glace, 1 pincée de sel.

Dans un saladier, cassez l'œuf, ajoutez le beurre, la pincée de sel, le lait, le rhum. Mélangez du bout des doigts ; versez la farine et pétrissez pour obtenir une boule. Enveloppez dans du film et laissez reposer 2 h au réfrigérateur. Chauffez l'huile dans la friteuse à 160 °C. Abaissez la pâte sur une épaisseur de 2 ou 3 mm et détaillez celle-ci en 24 parts à la forme de votre choix. Cuisez par 6, 1 min sur chaque face. Égouttez sur du papier absorbant et sucrez.

Petite histoire...

Les bugnes : trois préparations quasiment identiques, les *bugnes*, les *oreillettes* et les *merveilles*. La bugne serait originaire de Lyon ; les premières références datent de 1538 ; son mot dériverait de *buigne*, bosse, à l'origine du mot « beignet » qui désigne toute la pâtisserie passée à la friture. L'oreillette est typiquement provençale ; elle marquait la fin du carême mais on pouvait aussi la retrouver à Noël. Quant aux merveilles, c'est dans le sud-ouest de la France qu'on les retrouve. Les procédés de fabrication sont les mêmes ; leurs formes varient selon la fantaisie que la maîtresse de maison met à découper la pâte avec un outil que l'on appelle l'éperon qui évoque, il est vrai, l'éperon du cavalier.

Dans le temps...

L'éperon était bachique. Il s'agissait d'une métaphore créée par Rabelais pour désigner les salaisons épicées qui poussent à boire comme les éperons poussent le cheval à prendre le galop.

Juin

L	M	M	J	V	S	D
		1	2	3	4	5
6	7	8	9	10	11	12
13	14	15	16	17	18	19
20	21 Été	22	23	24	25	26
27	28	29	30			

Saint-Justin

Mercredi

1er

JUIN

Printemps

DÎNER

Œufs mayonnaise
Rognons de porc en persillade
Tarte aux fruits rouges

SEMAINE 22

LES RECETTES DU JOUR

Œufs mayonnaise

Pour 4 pers. : 6 œufs (+ 1 jaune pour la mayonnaise), 1 tasse de mayonnaise, quelques feuilles de salade, persil haché.

Faites durcir les œufs. Rafraîchissez-les puis écalez-les. Coupez-les en 2 ; posez-les sur les feuilles de salade et nappez de mayonnaise. Saupoudrez de persil haché.

Rognons de porc en persillade

Pour 4 pers. : 600 g de rognons de porc, 2 gousses d'ail, 2 cs de persil plat haché, 1 cs d'huile, 3 cs de beurre, 1 cs de vinaigre de vin, sel, poivre.

Parez les rognons. Hachez finement l'ail et le persil. Salez et poivrez les demi-rognons sur les 2 faces. Chauffez l'huile et 1 cs de beurre dans une poêle. Saisissez les rognons 2 min sur une face et 3 min sur l'autre face. Réservez au chaud. Ôtez le gras de la poêle ; versez le vinaigre pour décoller les sucs ; ajoutez 2 cs de beurre et laissez mousser. Incorporez la persillade et remettez les rognons à cuire 1 min à feu doux. Servez aussitôt accompagnés d'une salade en vinaigrette.

Tarte aux fruits rouges

Pour 6 pers. : 300 g de pâte sablée, 700 g de fruits rouges, 100 g de coulis de fruits frais (ou 1 pot de confiture), beurre.

Étalez et déposez la pâte dans un moule beurré. Piquez le fond avec une fourchette et posez une feuille de papier sulfurisé ; garnissez de haricots secs et laissez reposer au frais 30 min. Préchauffez le four à 180 °C (th. 6). Mettez le fond de tarte au four 25 min. Sortez et enlevez le papier et les haricots secs. Rafraîchissez les fruits sous l'eau ; égouttez-les, nettoyez-les ; rangez-les sur le fond de tarte et recouvrez au pinceau d'une fine couche de coulis ou de confiture légèrement tiédie pour l'assouplir. Servez aussitôt.

Mon truc malin

L'œuf mayo est typiquement l'entrée des bistrots ou des brasseries. Il est souvent méprisé par le personnel qui a la charge de le réaliser. Le blanc de l'œuf doit être souple et le cœur du jaune très légèrement coulant.

Mon coup de gueule

J'ose espérer que pour vous faciliter la tâche, vous n'utiliserez pas de mayonnaise toute faite. La mayonnaise est inratable si vous prenez la précaution de la préparer avec des ingrédients qui sont tous à la température de la pièce. Pensez à mettre un torchon sous le bol dans lequel vous la montez pour qu'il se stabilise.

Lever du soleil : 5 h 53 Coucher du soleil : 21 h 44 Lune décroissante

Printemps

DÎNER

Salade de chou vert aux lardons
Lapin en gibelotte
Compote de rhubarbe

Règle d'or

Le lapin doit être impérativement découpé au couteau, jamais au hachoir/feuille. Cette découpe trop souvent pratiquée brise les os du lapin qui sont extrêmement coupants.

Les recettes du jour

Salade de chou vert aux lardons

Pour 4 pers. : ½ chou de Milan, 100 g de lardons fumés, vinaigrette moutardée, gros sel, quelques pointes de bicarbonate de soude, quelques feuilles de salade.

Coupez le chou en 4, lavez-le et égouttez-le. Dans un faitout, portez à ébullition 3 l d'eau additionnée de gros sel et d'une pointe de bicarbonate de soude. Plongez les quartiers de chou dans l'eau bouillante et retirez-les au bout de 10 min ; plongez-les dans un grand saladier d'eau froide ; égouttez. Ciselez le chou en lanières de 1 cm ; arrosez avec la vinaigrette moutardée. Dispersez les lardons sur la salade. Réservez à température ambiante.

Lapin en gibelotte

Pour 4 pers. : 1 lapin de 1,3 kg, 150 g de poitrine fumée, 300 g de pruneaux, 1 oignon, 1 verre de vin rouge, 1 brindille de thym, ½ feuille de laurier, 1 branche d'estragon, 2 cs de beurre, 1 cc de sel fin, 7 à 8 tours de moulin à poivre, 2 cs de gelée de groseilles.

Même procédé que le lapin sauté *(voir la recette du 5 avril)* : remplacez le vin blanc par du vin rouge, les champignons par des pruneaux. On ajoute 2 cs de gelée de groseilles dans la sauce avant de la verser sur le lapin.

Petite histoire... L'assaisonnement : il est des accords inéluctables. La salade et son assaisonnement sont de ceux-là. L'un sans l'autre, c'est une mariée sans son bouquet. Pour la plupart d'entre nous, l'assaisonnement d'une salade demeure une vinaigrette traditionnelle : huile, vinaigre, sel, poivre. Rien n'est plus évident et pourtant, si cette simple alchimie n'est pas réussie, la salade ne sera qu'une salade, alors qu'accomplie, elle peut devenir un chef-d'œuvre. La salade est peu exigeante. Elle restera croquante et fraîche si l'on prend soin de ne pas l'inonder d'huile ou de l'asphyxier de vinaigre. Trop d'ingrédients et nous voilà privés de son goût, de sa saveur, de sa personnalité.

Certaines salades manifestent une irrépressible passion pour la crème, vinaigrée ou citronnée. D'autres la détestent. L'huile de noix ou de noisette est courtisée par certaines coquines, alors que d'autres rêvent d'être acoquinées leur vie durant à l'huile d'olive. Il en est de même pour les vinaigres ; on en voit exigeantes de vinaigres parfumés comme le xérès et d'autres, inconditionnelles de vinaigre de vin « maison » ou de cidre. On a même vu des salades tomber à feuilles raccourcies dans les vinaigres aromatisés aux fruits. D'aucunes en sont revenues rapidement, reconnaissant leur erreur. Les fines herbes ou les oignons, échalotes et ail cherchent souvent à s'immiscer dans les salades. On assiste alors à des bagarres homériques entre celles qui les supportent en les déplorant et celles qui les détestent et ne peuvent s'en débarrasser, car il existe des idées reçues pour les assaisonnements et elles ont la vie dure.

Lever du soleil : 5 h 53 Coucher du soleil : 21 h 45 Lune décroissante

Saint-Kevin

Vendredi

3

JUIN

Printemps

DÎNER

Soupe froide vichyssoise
Matelote de congre, sauce au vin rouge
Omelette au chocolat

Je m'avance pour demain

Je prépare la bavaroise aux fraises.

LES RECETTES DU JOUR

Soupe froide vichyssoise

Pour 4 pers. : 4 pommes de terre, 1,5 l de bouillon ou d'eau, 2 poireaux, 3 cs de crème fraîche, 2 cs de pluches de cerfeuil, piment de Cayenne, sel, poivre.
Épluchez, lavez les pommes de terre ; coupez-les en rondelles épaisses. Mettez à cuire 7 à 8 min dans le bouillon à couvert avec un peu de sel et 1 pointe de Cayenne. Épluchez, lavez les poireaux ; émincez-les finement ; ajoutez-les à la cuisson des pommes de terre. Laissez cuire 25 min à feu vif sans couvercle. Passez au moulin à légumes ou au mixeur. Ajoutez la crème fraîche et réchauffez quelques instants. Rectifiez l'assaisonnement. Servez la soupe froide et parsemée de pluches de cerfeuil.

Matelote de congre, sauce au vin rouge

Pour 4 pers. : 2 darnes de congre (environ 700 g), 120 g de poitrine de porc fumée et coupée en lardons, ½ boîte de champignons de Paris, sel, poivre.
Sauce au vin rouge :
(voir la recette du 22 avril)
Préparez la sauce au vin rouge. Coupez les darnes en 2 pour obtenir 4 portions. Mettez les lardons dans une poêle et faites-les rissoler sur feu vif. Sortez-les et réservez. Dans la poêle, à feu vif, faites revenir les morceaux de congre 4 à 5 min dans la graisse rendue par les lardons. Salez, poivrez ; baissez le feu et laissez mijoter 8 à 10 min. Ajoutez les lardons, les champignons égouttés et la sauce au vin rouge. Servez bien chaud avec des pommes de terre vapeur.

Omelette au chocolat

Pour 4 pers. : 8 œufs, 2 cc d'huile, 1 noix de beurre. Pour la crème au chocolat : 100 g de chocolat noir à cuire, 2 jaunes d'œufs, 3 cs de sucre, 3 cs de lait en poudre.
Coupez le chocolat en morceaux et faites-le fondre sur feu doux avec 2 cs d'eau en remuant. Fouettez les 2 jaunes d'œufs et 3 cs de sucre jusqu'à blanchiment. Incorporez le lait en poudre délayé dans 1 cs d'eau. Versez la préparation dans la casserole de chocolat fondu. Faites cuire au bain-marie sur feu moyen jusqu'à épaississement. Réservez. Faites 2 omelettes avec les 8 œufs. Tartinez la première omelette avec la crème au chocolat et recouvrez avec la seconde. Servez aussitôt.

Bavaroise aux fraises

Pour 8 pers. : 1,4 kg de fraises, 20 g de gélatine, 1 verre d'eau, 300 g de sucre en poudre, ½ l de crème fraîche liquide entière, 1 cs de kirsch (facultatif).
Plongez la gélatine dans l'eau froide pour l'assouplir. Dans une casserole à feu moyen, faites un sirop avec l'eau et 200 g de sucre ; ajoutez la gélatine dans le sirop bouillant, remuez jusqu'à ce qu'elle soit bien fondue et laissez refroidir. Lavez, équeutez les fraises, séchez-les ; passez-en 1 kg au mixeur ; pesez la pulpe : il en faut 700 g. Prenez 350 g de pulpe et mélangez-la avec le sirop refroidi. Réservez le reste. Coupez en morceaux 300 g de fraises restantes (réservez les dernières fraises pour la décoration). Dans un saladier glacé, battez au fouet la crème fraîche 3 à 4 min ; incorporez cette crème et les morceaux de fraises à la préparation pulpe-sirop ; ajoutez le kirsch ; mélangez convenablement. Versez l'ensemble dans un moule à soufflé. Mettez au réfrigérateur. Avec le reste de pulpe et de sucre, faites un coulis et réservez au frais.

Lever du soleil : 5 h 52 Coucher du soleil : 21 h 46 Lune décroissante

Supions sautés

Pour 4 pers. : 800 g de petits encornets, 2 cs d'huile d'olive, 1 cs de vinaigre de vin, 1 cc de sel fin, poivre.

Chauffez l'huile dans une poêle et jetez-y les supions pendant 4 min en les retournant ; ajoutez le vinaigre, salez et poivrez. Faites réduire quelques instants. Servez aussitôt.

Raie au beurre noisette

Pour 4 pers. : 2 ailes de raie, 8 cs de beurre, 1 cs de vinaigre de vin, 2 cs de câpres, sel, poivre.

Mettez à bouillir une grande casserole d'eau salée. Lavez et passez le poisson sous l'eau froide pour qu'il ne soit pas visqueux ; plongez-le dans l'eau bouillante et laissez cuire 15 min. Sortez la raie avec une écumoire et posez-la sur une planche. Retirez la peau des 2 côtés, disposez les morceaux sur le plat de service et tenez au chaud. Dans la poêle à feu moyen, faites fondre le beurre jusqu'à couleur noisette, salez et poivrez. Versez-le sur le poisson. Remettez la poêle sur feu vif, jetez-y le vinaigre, faites fumer quelques secondes et répartissez sur le poisson. Dans la poêle encore chaude, tournez les câpres quelques secondes et parsemez-les sur la raie. Servez immédiatement.

Salade César

Pour 4 pers. : 1 scarole (ou batavia), 4 œufs, 100 g de roquefort, 150 g de poitrine fumée, 15 g de beurre, 9 filets d'anchois, 1 petit bol de vinaigrette au vinaigre de vin, 1 petit bouquet d'estragon.

Pochez les œufs (*voir la recette du 25 avril, Mon truc malin*). Coupez la poitrine fumée en petits lardons en ayant pris soin de retirer la couenne. Mettez-les dans une casserole d'eau froide, faites chauffer et avant le début de l'ébullition, égouttez-les ; faites-les ensuite dorer au beurre dans une poêle. Lavez la salade. Mélangez dans un saladier les lardons, les anchois, le roquefort émietté, les feuilles d'estragon et la vinaigrette. Répartissez sur les assiettes et ajoutez l'œuf poché sur le dessus.

Bavaroise aux fraises

Démoulez la bavaroise avec délicatesse, en passant une lame de couteau tout autour du moule. Décorez de quelques fraises et servez avec le coulis.

Printemps

DÉJEUNER

Supions sautés
Raie au beurre noisette
Bavaroise aux fraises
(voir la recette du 3 juin)

DÎNER

Salade César
Reblochon

J'achète mieux

La raie : le ventre de la raie doit être bien blanc. Sa chair blond rosé doit être recouverte de mucus (enduit visqueux qui se forme des heures durant après la mort de l'animal). Même très fraîche, la raie doit avoir une *légère* odeur d'ammoniaque, due à une dégradation enzymatique d'éléments azotés. Pas d'inquiétude.

☞ *Ce que je fais...*

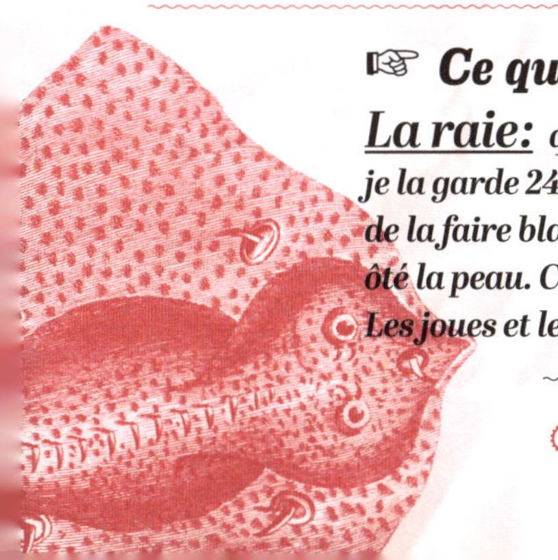

La raie : ***quand je l'achète extrêmement fraîche, je la garde 24 h au réfrigérateur après avoir pris soin de la faire blanchir 1 min dans l'eau bouillante et d'avoir ôté la peau. Ce rassissement est vivement conseillé. Les joues et les foies de raie sont excellents.***

Je m'avance pour demain
Je prépare la poule au pot...
(Voir la recette du dimanche 5 juin)

Lever du soleil : 5 h 51 Coucher du soleil : 21 h 47 Lune décroissante

Saint-Igor

Dimanche

5

JUIN

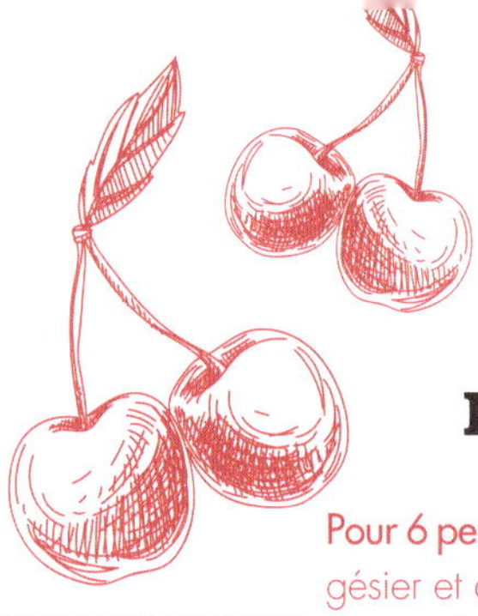

Semaine 22

Printemps

DÉJEUNER

Poule au pot

Clafoutis aux cerises et amandes

DÎNER

Bouillon aux croûtons et vermicelles

Pain de laitue

Reste de reblochon

J'achète mieux

On trouve maintenant sur les marchés ou dans les commerces sous l'appellation « poule » de pauvres malheureuses bestioles épuisées par la ponte forcée, à la graisse jaunâtre comme du suif rance et à la chair plus fade qu'un carton ondulé. Veillez à commander une vraie poule de « basse-cour ».

Les recettes du jour

Poule au pot

Pour 6 pers. : 1 belle poule, cou, pattes, gésier et abattis de volaille, 1 pied de veau, 1 os de bœuf, 6 navets, 5 carottes, 10 poireaux, 2 oignons piqués de 2 clous de girofle, 1 tête d'ail, 1 bouquet garni, 1 feuille de laurier, 1 brindille de thym, le vert de 3 poireaux, 1 branche de céleri, sel, poivre.

La veille : déposez la poule, le cou, les pattes, le gésier, les abattis, les os de bœuf et le pied de veau dans une marmite ; ajoutez 3 l d'eau froide ; portez à ébullition ; écumez, salez, poivrez. Ajoutez 1 navet, 1 carotte, le vert de 1 poireau, le céleri et les aromates, les oignons, la tête d'ail non épluchée mais écrasée d'un coup de pilon. Portez à nouveau à ébullition. Écumez. La cuisson doit s'effectuer lentement et à couvert en écumant à plusieurs reprises. Laissez cuire 2 h. Retirez la poule et après refroidissement, mettez-la dans un papier d'aluminium au réfrigérateur. Filtrez le bouillon et mettez-le au frais pour le dégraisser.

Le lendemain : remettez la poule dans le bouillon dégraissé. Rectifiez l'assaisonnement. Ajoutez les carottes et les navets et 15 min plus tard, les poireaux. Laissez cuire environ 45 min. Servez sur un plat chaud avec les légumes. Présentez à part du gros sel, des cornichons et du riz cuit dans le bouillon de la poule.

Clafoutis aux cerises et amandes

Pour 6 pers. : 500 g de cerises noires, 3 œufs, 10 cl de crème fraîche liquide, 65 g de sucre en poudre, 3 cs de poudre d'amandes, 15 g de beurre (pour le moule).

Préchauffez le four à 200 °C (th. 6/7). Beurrez un plat à gratin. Passez les cerises sous l'eau fraîche ; égouttez-les, équeutez-les puis étalez-les dans le plat beurré. Travaillez au fouet les œufs, la crème, le sucre et la poudre d'amandes pour obtenir une pâte lisse. Versez sur les cerises et mettez au four 25 min. Servez tiède ou froid.

Pain de laitue

Pour 4 pers. : 3 laitues, 1 noix de beurre ramolli, 1 cs de farine, 1 cs de crème fraîche, 2 œufs, 1 cc de paprika (facultatif), 1 cs d'huile (ou beurre) pour le moule, sel, poivre.

Détachez les feuilles vertes des laitues (les cœurs seront gardés pour une salade) ; lavez-les soigneusement ; égouttez-les. Faites-les cuire une dizaine de minutes dans une casserole d'eau bouillante ; égouttez-les ; hachez-les grossièrement au couteau ; mélangez-les avec le beurre ramolli, la farine, la crème et les œufs battus en omelette. Salez et poivrez ; ajoutez le paprika. Préchauffez le four à 220 °C (th. 7/8). Versez la préparation dans un moule à charlotte graissé et faites cuire 45 min au four. Démoulez et servez chaud.

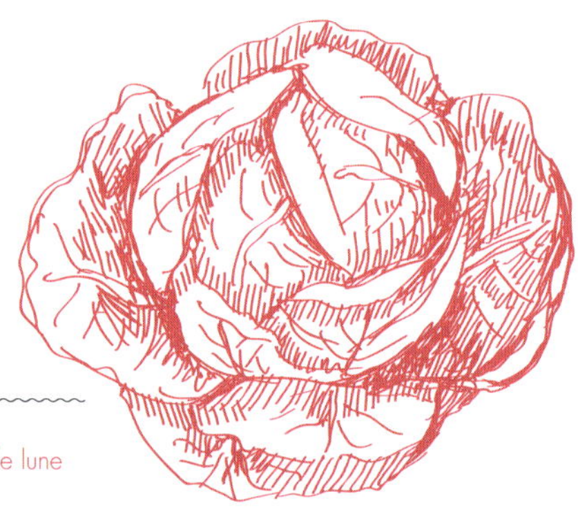

Lever du soleil : 5 h 51 Coucher du soleil : 21 h 48 Nouvelle lune

Printemps

DÎNER

Onglet de bœuf tartare
Pommes de terre rôties
Fromage blanc au coulis de fraise
(voir la recette du 11 avril)

Saint-Norbert

Lundi 6 JUIN

Petite histoire...

L'onglet est une des rares pièces uniques du bœuf : les autres morceaux vont en général par paire. Or les bouchers achètent souvent une demi-carcasse... Selon leur chance, ils pouvaient avoir un onglet ou pas. Pendant le transport, les camionneurs prélevaient l'onglet – facile à arracher – et prétendaient, quand le boucher s'étonnait de son absence, qu'il avait été laissé sur l'autre demi-carcasse. Aussi les abattoirs ont décidé de prélever systématiquement les onglets et de les vendre à la pièce.

Qu'est-ce qu'on boit ?

Je vous recommande particulièrement le bourgueil La Coudraye de chez Yannick Amirault, 37140 Bourgueil, tél. : 02 37 97 78 07, ou le coteau du vendômois rouge de chez Patrice Colin, 41100 Thoret-la-Rochette, tél. : 02 54 72 80 73.

LA RECETTE DU JOUR

Onglet de bœuf tartare, pommes de terre rôties

Pour 4 pers. : 450 g d'onglet de bœuf, 8 pommes de terre nouvelles, 2 œufs, 1 gros oignon blanc, 1 cs de moutarde, 1 cs de câpres au vinaigre, 1 cs d'herbes fraîches ou de persil plat, 1 dl d'huile d'olive, sel, poivre.

Hachez le bœuf au couteau. Épluchez et émincez finement l'oignon. Dans un saladier, réunissez les jaunes d'œufs, la moutarde, le sel, le poivre et l'oignon. Versez l'huile d'olive en filet et tournez avec un fouet comme pour monter une mayonnaise. Incorporez la viande à cette sauce. Réservez au frais, couvert. Préchauffez le four à 180 °C (th. 6). Lavez les pommes de terre (ne les pelez pas). Coupez-les en 2 dans le sens de la longueur. Posez-les dans la lèchefrite côté chair vers le haut. Arrosez chaque demi-pomme de terre d'un filet d'huile. Laissez cuire 20 bonnes minutes. Elles vont dorer et devenir croustillantes. Salez et poivrez juste au moment de servir. Moulez les tartares en 4 sphères légèrement aplaties sur des assiettes froides. Décorez avec les câpres et une pincée d'herbes fraîches. Accompagnez des pommes de terre brûlantes.

☞ ***Le saviez-vous ?*** **Morceau de viande de bœuf formé de 2 petits muscles unis par une membrane élastique et solide, l'onglet est le pilier du diaphragme. Sa viande longue a été longtemps mal connue ; pourtant elle est goûteuse et s'apparente à la bavette ou à la hampe. Les amateurs ne s'y trompent pas !**

Lever du soleil : 5 h 50 Coucher du soleil : 21 h 49 Lune croissante

Printemps

DÎNER

Repas parisien...
Croque-monsieur à la béchamel
Salade croquante
Flan parisien

Les recettes du jour

Croque-monsieur à la béchamel

Pour 4 pers. : 8 tranches de pain de mie épaisses, 100 g de béchamel (voir la béchamel express du 3 avril), 100 g de gruyère, 2 tranches de jambon de Paris.
Badigeonnez chaque tranche de pain de béchamel sur une face, puis déposez une tranche mince de fromage et une demi-tranche de jambon. Déposez une seconde tranche de fromage et fermez avec la seconde tranche de pain de mie. Nappez la partie supérieure des croque-monsieur de béchamel et éventuellement d'un peu de gruyère râpé. Passez au gril jusqu'à ce que le dessus soit doré (environ 5 min).

Flan parisien

Pour 8 pers. : 1 pâte brisée, 60 cl de lait entier, 1 gousse de vanille, 50 g de farine, 75 g de sucre en poudre, 8 cl d'eau, 5 œufs, un peu de beurre pour le moule.
Portez le lait à ébullition avec la gousse de vanille fendue et grattée. Laissez tiédir. Dans un saladier, mélangez la farine avec le sucre et l'eau, puis ajoutez les œufs. Battez puis versez le lait vanillé (retirez la gousse). Mélangez et reversez la préparation dans la casserole. Faites cuire à feu doux en remuant jusqu'à ce que le mélange épaississe. Étalez la pâte brisée dans un moule beurré. Versez la préparation et enfournez à 210 °C (th. 7) pour 30/40 min. (Les 10 dernières minutes four éteint.) Refroidissez et conservez au réfrigérateur jusqu'au moment de servir.

☞ ***Le saviez-vous ?*** **Le flan parisien :** le flan vient de ***flado*** autrement dit gâteau, galette, crêpe. Au XVIIIe siècle, on l'appelait ***flaon***. Le mot « flan » date du XIVe siècle. Il était préparé à base d'une pâte salée ou sucrée qui pouvait être garnie de légumes, de fruits de mer, de viande blanche ou de fruits. Une sorte d'ancêtre de ce que l'on trouve maintenant chez les pâtissiers ou les boulangers sous le nom de « tarte ». Le flan, de nos jours, est une crème renversée parfumée à la vanille, au café ou au caramel sur une pâte sucrée.

Petite histoire...

Croque-monsieur : le premier croque-monsieur fut servi dans un café du boulevard des Capucines en 1910 ; l'appellation fut attestée par Marcel Proust dans *À l'ombre des jeunes filles en fleurs*, paru en 1921. Il existe une variante appelée « croque-madame » qui indique une préparation identique à laquelle on ajoute un œuf sur le plat.

Aujourd'hui, je prépare des
cerises au vinaigre

Pour 4 pers. : 1 kg de cerises (grosses, noires), ½ l de vin blanc sec, ½ l de vinaigre blanc d'alcool, 300 g de cassonade, 1 bâton de cannelle, 1 gousse de vanille.
Passez les cerises sous l'eau fraîche, égouttez-les et séchez-les dans un torchon. Coupez la queue à mi-hauteur à l'aide de ciseaux. Remplissez les bocaux de fruits. Dans une casserole, portez lentement à ébullition le vin blanc, le vinaigre et la cassonade durant 3 min. Hors du feu, ajoutez la cannelle et la vanille fendue et grattée. Couvrez et laissez infuser ½ heure. Versez l'infusion (tiède) sur les fruits. Attendez 24 h avant de fermer les bocaux et environ 15 jours avant de consommer. *Sert de condiments à la charcuterie et aux viandes froides.*

Lever du soleil : 5 h 50 Coucher du soleil : 21 h 50 Lune croissante

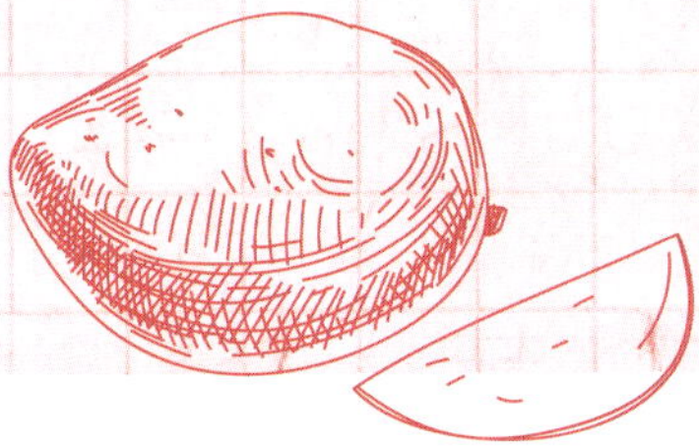

Printemps

DÎNER

Épaule d'agneau aux épices
Aubergines frites
Salade de mangues

☞ *Le saviez-vous ?*

***La mangue :** fruit du manguier, originaire de Malaisie et connu en Afrique, il fut introduit en Afrique d'abord puis en Amérique du Sud vers le XVIe siècle. Aux Antilles, on utilise la mangue avant maturité crue ou cuite, en salade ou en garniture. On trouve des mangues pratiquement toute l'année en provenance du Brésil de septembre à janvier ou d'Afrique, de mars à juillet. Elles sont riches en fer, en vitamines B et C, et en provitamine A.*

Petite histoire…

18 juin 1780 : dans le *Journal général de la France*, paru le 8 juin 1780, on peut apprendre que le coutelier Lethien, installé rue Saint-Merry, fabrique des couteaux « à tire-bouchon » très à la mode. L'usage du tire-bouchon ne semble pas remonter au-delà du XVIIe siècle et ne commence à se généraliser qu'à partir du siècle suivant. Il existe même des tire-bouchons en métaux précieux.

LES RECETTES DU JOUR

Épaule d'agneau aux épices

Pour 4 pers. : ½ épaule d'agneau désossée, 1 cc de curry, 1 cc de poudre de thym, 3 cs d'huile d'olive, 2 dl d'eau, sel fin, poivre.

La veille, réunissez le curry, le thym, une pincée de sel, le poivre. Enduisez toute l'épaule avec ce mélange. Arrosez avec 2 cs d'huile d'olive et massez l'épaule. Réservez au réfrigérateur et sortez 1 h avant de rôtir. Préchauffez le four à 200 °C (th. 6/7). Déposez l'épaule dans un plat avec 1 cs d'huile et faites cuire 40 min en retournant la viande toutes les 10 min. Sortez le plat du four. Enveloppez l'agneau dans du papier d'aluminium et maintenez au chaud, four éteint et porte ouverte. Versez l'eau dans le plat de cuisson pour décoller les sucs. Mettez le jus sur feu vif ; rectifiez l'assaisonnement. Découpez la viande en tranches fines et servez aussitôt avec les aubergines frites.

Aubergines frites

Pour 4 pers. : 3 aubergines, sel, huile de friture, poivre.

Supprimez la tige des aubergines (ne les épluchez pas). Coupez-les en fines rondelles. Faites chauffer l'huile. Disposez les rondelles côte à côte dans le panier ; plongez-le dans l'huile chaude. Faites dorer rapidement en les retournant une fois puis déposez les rondelles sur une serviette dans le plat de service. Renouvelez l'opération. Poivrez, salez légèrement. Servez immédiatement.

Salade de mangues

Pour 4 pers. : 2 mangues, 1 sachet de sucre vanillé, le jus d'une orange, quelques feuilles de basilic (ou de menthe).

Épluchez les mangues et coupez-les en lamelles de 2 mm d'épaisseur. Déposez-les dans un saladier avec le sucre vanillé et le jus d'orange. Remuez délicatement avec le basilic haché. Réservez au frais au moins 1 h avant de servir.

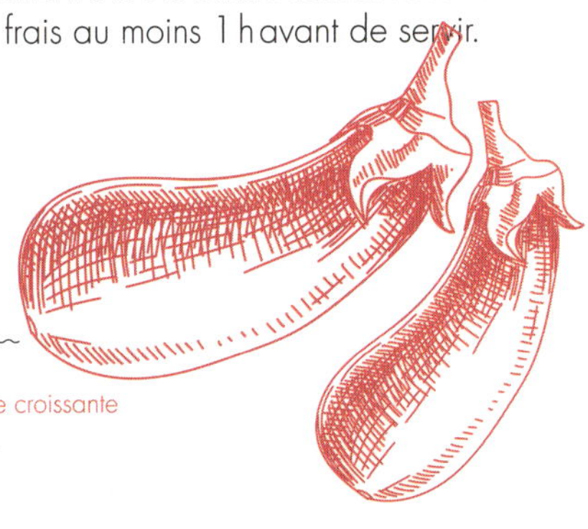

Printemps

DÎNER

Salade de courgettes
Blancs de volaille poêlés
Compote de fenouil à l'orange

LES RECETTES DU JOUR

Salade de courgettes

Pour 4 pers. : 10 petites courgettes nouvelles, vinaigrette au citron, 4 yaourts nature, 2 cs de crème fraîche, 1 cs de moutarde, 2 cs d'herbes ou de menthe hachée.
Lavez les courgettes et coupez-les en fines rondelles. Assaisonnez-les d'un peu de vinaigrette citronnée. Mélangez les 4 yaourts avec 2 cs de crème fraîche et 1 cs de moutarde. Faites chauffer ce mélange au bain-marie en remuant. Versez sur la salade. Parsemez de quelques herbes fraîches ou de menthe hachée.

Compote de fenouil à l'orange

Pour 4 pers. : 1 bulbe de fenouil, 2 verres d'eau, 100 g de sucre roux, 2 pointes de couteau de cannelle en poudre, 1 rondelle de gingembre frais, 3 oranges.
Lavez et émincez finement le fenouil ; portez l'eau à ébullition avec le sucre, la cannelle et le gingembre ; ajoutez le fenouil et laissez cuire 20 min ; laissez refroidir dans le sirop. Pelez les oranges à vif et séparez les quartiers à cru en ayant soin de récupérer le jus. Mélangez le fenouil, les oranges, le sirop. Servez bien frais.

☞ *Le saviez-vous ?*

La courge fait partie des cucurbitacées. Depuis des millénaires, elle est l'un des membres du tiercé nutritionnel des Indiens d'Amérique centrale avec le maïs et les haricots. Quand elle arrive en Europe, grâce aux découvreurs du Nouveau Monde, elle enrichit d'abord les jardins botaniques avant d'être cultivée comme légume. La courgette connaît un succès croissant et sa consommation ne cesse d'augmenter. La courgette est disponible toute l'année. Française, de mai à septembre, complétez ensuite par des espagnoles et des italiennes.

Mon truc malin

La courgette : je choisis des fruits de petite taille, car les gros ont une chair spongieuse et de nombreux pépins. Sa peau encore piquante sous la main dénote une cueillette récente. Son pédoncule à la coupe franche doit être éclatant de fraîcheur. Les fleurs de courgette sont comestibles, très fraîches seulement ; on en fait des beignets ou on les farcit. Cette fleur est fragile et consent à passer 48 h dans le bac du réfrigérateur, emballée dans un linge humide. Passé ce délai, elle perd de sa saveur.

Le fenouil : c'est une plante anisée dont les fruits (diakènes), les tiges et le bulbe sont consommés comme épices, aromates ou légumes. Le bulbe qu'on appelle aussi pomme ou tête est formé par la base de feuilles qui s'imbriquent les unes dans les autres. Le fenouil sauvage est utilisé pour aromatiser les courts-bouillons de poisson.

Lever du soleil : 5 h 49 Coucher du soleil : 21 h 51 Lune croissante

Printemps

DÎNER

Colin des familles
Macédoine de légumes
Abricots grillés

Saint-Landry

Vendredi
10
JUIN

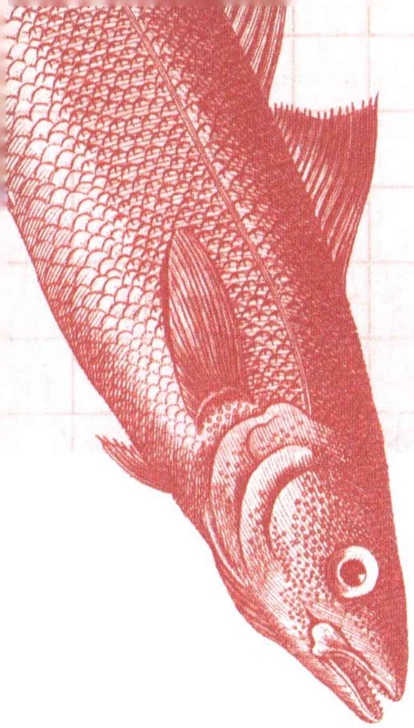

☞ ***Le saviez-vous ?***

Le colin : *qu'on appelle merlu, merluchon ou colinot est présent dans le Bassin méditerranéen mais il est plus abondant au nord-ouest de l'Afrique, en Adriatique et dans le nord. Il vit jusqu'à 20 ans, peut mesurer jusqu'à 1 m et peser jusqu'à 15 kg. La nuit, il approche de la surface pour dévorer avec ses terribles dents pointues morue, sardine et hareng. Quand la femelle pond, on peut compter de 2 à 7 millions d'œufs.*

L'abricot : *sec ou en marmelade, il est plus digeste que l'abricot cru qui peut provoquer quelques embarras gastriques. Peu calorique, il est riche en vitamine A ; on y trouve également des vitamines C, B1 et du fer.*

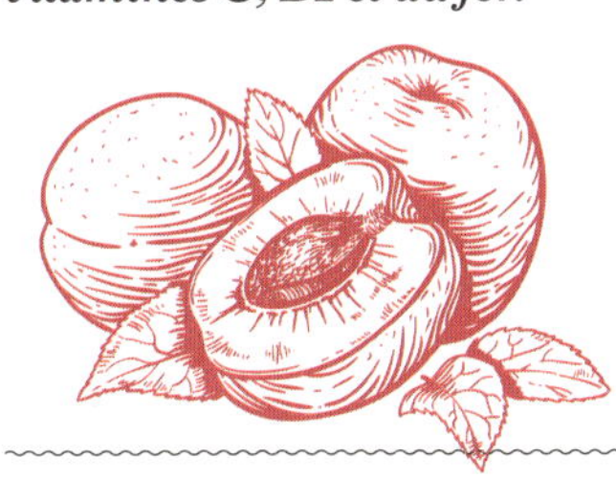

Les recettes du jour

Colin des familles

Pour 4 pers. : 1 beau colin, 3 l de court-bouillon au vin blanc, 1 bol de mayonnaise, 3 cs de fines herbes hachées et mélangées, feuilles de laitue, 6 œufs durs.

Posez le colin dans la saumonière ; versez le court-bouillon froid sur le poisson (qui doit être immergé complètement). Portez à frémissement en évitant l'ébullition. Comptez 15-20 min à partir du frémissement. Vérifiez la cuisson. Soulevez la grille pour sortir le poisson. Retirez la peau et laissez refroidir à température de la pièce. Placez-le sur un plat entouré de laitue et d'œufs durs coupés en 2. Préparez une mayonnaise aux herbes que vous servirez à part (conservez une partie pour assaisonner la macédoine de légumes).

Abricots grillés

Pour 4 pers. : 8 abricots mûrs + 6 pour le sirop, ½ verre de vin blanc doux ou d'eau (10 cl), 80 g de sucre.

Mettez le four en position gril. Passez les abricots sous l'eau. Fendez 8 abricots en 2 et retirez les noyaux. Disposez les oreillons dans un plat à four et saupoudrez-les de la moitié du sucre ; faites caraméliser sous la rampe du gril, porte du four ouverte. Dénoyautez les 6 abricots restants ; déposez-les dans une casserole ; ajoutez le vin blanc et le sucre restant. Laissez compoter à feux doux en remuant puis passez la compote au mixeur. Mettez le sirop de fruits obtenu dans la casserole pour le réchauffer et reversez-le brûlant sur les abricots grillés. Servez tiède ou froid.

Petite histoire...

Le mot abricot vient du latin *praecoquus* qui signifie « mûrit tôt ». L'abricotier est un des premiers arbres à fleurir au printemps. En France, les premières plantations datent du XVIe siècle, mais il est peu connu avant le XVIIIe siècle alors qu'il devient très à la mode au XIXe siècle.

L'abricot est un fruit trompeur. On se laisse souvent prendre à la coloration attrayante qui apparaît avant la pleine maturation du fruit. Un abricot cueilli avant maturité n'évoluera pas, il restera dur et insuffisamment sucré.

Le fruit doit être charnu, joliment coloré, souple au toucher mais sans mollesse, légèrement duveteux et parfumé. Il perd 1 % de son poids par jour. Il n'est pas conseillé d'en acheter de grande quantité à la fois. L'abricot préfère le compotier au réfrigérateur.

Lever du soleil : 5 h 49 Coucher du soleil : 21 h 52 Lune croissante

Saint-Barnabé

Samedi
11
JUIN

Les recettes du jour

Semaine 23

Printemps

DÉJEUNER

Mulet aux tomates et aux champignons
Épinards au beurre
Cerises chaudes et crème anglaise

DÎNER

Côtes de veau
Cœurs de céleri au beurre
Tarte aux fraises

☞ *Je m'avance pour demain...*

Feuilletés au chocolat : je prépare une crème anglaise au caramel ainsi que la mousse au chocolat parfumée au café **(voir 6 juillet)...**

Mulet aux tomates et aux champignons

Pour 4 pers. : 1 beau mulet (vidé et écaillé, ouïes enlevées), 5 tomates, 60 g de beurre, 2 échalotes, 1 gousse d'ail, 250 g de champignons de Paris, ½ citron, 1 oignon, 2 branches de thym, 2 feuilles de laurier, sel, poivre.

Pochez les tomates 30 sec dans de l'eau bouillante salée ; pelez-les ; épépinez-les, hachez-les grossièrement. Dans une casserole, mettez une noix de beurre avec les échalotes et l'ail émincés finement. Laissez suer ; ajoutez les tomates. Laissez mijoter 20-25 min à découvert. Allumez le four à 270 °C (th. 9). Nettoyez les champignons ; émincez-les. Dans une casserole, mettez 1 cs d'eau, 30 g de beurre et le jus du ½ citron ; portez à ébullition ; jetez les champignons dans la casserole 1 min. Égouttez et conservez le jus de cuisson. Beurrez un plat allant au four ; posez le mulet sur l'oignon haché, le thym et le laurier. Ajoutez le jus de cuisson des champignons. Parsemez le dessus du poisson de petits morceaux de beurre. Enfournez pour 20 min. Ajoutez les champignons. Sortez le poisson et enlevez la peau. Posez-le sur un plat de service entouré des tomates et des champignons.

Cerises chaudes et crème anglaise

On terminera ce dessert le lendemain. Préparez la crème anglaise plusieurs heures à l'avance pour la servir très froide.

Pour 4 pers. : 1 kg de cerises bien fermes, 2 verres d'eau, 6 cs bombées de sucre en poudre.

Au dernier moment : équeutez, lavez et séchez les cerises. Dans une casserole, versez l'eau et le sucre. Portez à ébullition pendant 2 min. Jetez les cerises. Couvrez et laissez pocher pendant 6-8 min ; retirez-les et déposez-les dans un saladier. Faites réduire le jus à feu vif jusqu'à consistance d'un sirop léger et versez sur les cerises.

Crème anglaise : 1 l de lait, 6 cs de sucre semoule, 7 jaunes d'œufs, 1 gousse de vanille.

Mettez le lait à bouillir avec la gousse de vanille fendue et grattée et le sucre. Laissez infuser. Battez les jaunes d'œufs dans un saladier (conservez les blancs, dans une boîte hermétique et au réfrigérateur pour une autre utilisation). Versez petit à petit le lait bouillant sur les jaunes en délayant. Remettez dans la casserole. Faites cuire la crème à feu très doux (elle ne doit surtout pas bouillir). Quand la crème nappe la cuillère en bois, retirez du feu. Versez-la dans une coupe en la passant à travers un chinois. Remuez la crème régulièrement jusqu'à complet refroidissement. Dressage : répartissez les cerises encore chaudes dans des coupelles. Nappez avec la crème anglaise glacée.

Cœurs de céleri au beurre

Pour 4 pers. : 2 pieds de céleri, 2 cs d'eau de cuisson, 40 g de beurre, sel, poivre. Lavez, retirez les branches vertes et ligneuses des céleris. Gardez les cœurs. Taillez la racine. Coupez les branches du cœur et taillez-le en tronçons de 10 cm environ. Faites-les cuire à l'eau bouillante salée, égouttez en conservant dans la casserole 2 cs de ce bouillon. Ajoutez le beurre et par un mouvement circulaire de la casserole, émulsionnez le beurre avec l'eau. Assaisonnez en sel et poivre ; déposez les céleris et retournez-les délicatement pour les couvrir de beurre. Laissez chauffer 3 min et servez.

Lever du soleil : 5 h 49 Coucher du soleil : 21 h 52 Lune croissante

Saint-Guy

Dimanche
12
JUIN

Semaine 23

Salade de haricots verts

Pour 4 pers. : 600 g de haricots verts frais, 3 cs de ciboulette hachée, ½ tasse de vinaigrette.

Équeutez et lavez les haricots verts à l'eau bouillante salée, à découvert. Égouttez-les et plongez-les dans l'eau glacée pour stopper la cuisson. Égouttez-les et séchez-les dans un torchon. Versez la vinaigrette et la ciboulette dans un saladier. Ajoutez les haricots verts. Remuez délicatement.

Rôti de bœuf à l'anglaise

Pour 4 pers. : 1 rumsteck d'environ 900 g (rôti non bardé), 4 l de bouillon de volaille instantané.

Préparez le bouillon de volaille dans une grande marmite ; portez à ébullition. Plongez le rôti dans le bouillon pendant 12 à 15 min ; retirez-le. Posez sur un plat et tenez au four à température tiède pendant 10 à 15 min pour laisser la viande se reposer. Découpez alors en tranches fines et servez sans attendre.

Pommes de terre au four, sauce aux herbes

Pour 4 pers. : 4 grosses pommes de terre bintje, 250 g de crème fraîche, ½ tasse à thé d'un mélange cerfeuil, ciboulette et persil, sel, poivre.

Allumez le four à 270-280 °C (th. 9/10). Lavez, essuyez les pommes de terre ; posez-les sur la plaque du four à mi-hauteur ; laissez cuire jusqu'à ce que la peau soit brune et croustillante. Faites tiédir la crème fraîche sur feu doux, salez et poivrez ; ajoutez les herbes hachées. Posez les pommes de terre sur un plat de service et présentez à part la sauce aux herbes.

Feuilletés au chocolat

Pour 4 pers. : Les feuilletés : 1 pâte feuilletée, 1 œuf.

Préchauffez le four à 210 °C (th. 7). Étalez la pâte au rouleau sur la planche farinée sur ½ cm d'épaisseur. Coupez 8 rectangles de 12 x 7 cm. Sur 4 rectangles, dessinez avec la pointe d'un couteau un autre rectangle à l'intérieur à 2 cm des bords. Superposez les rectangles 2 par 2 en mettant le rectangle dessiné sur le dessus. Battez l'œuf en omelette ; badigeonnez les rectangles de pâte en évitant des coulures. Mouillez la plaque du four et disposez les feuilletés. Enfournez et laissez prendre couleur pendant 5 min puis baissez le four à 200 °C (th. 6/7). Laissez cuire environ 20 min. Sortez du four et retirez les couvercles formés par l'incision dessinée avant la cuisson.

La mousse au chocolat : mousse préparée la veille et parfumée au café *(voir la recette du 6 juillet).*

La crème anglaise : ½ l *(recette du 11 juin).* Faites un caramel bien roux dans lequel vous versez lentement le lait en tournant avec une cuillère (attention aux éclaboussures). Préparez ensuite la crème anglaise avec le lait au caramel.

Montage (au dernier moment) : Faites réchauffer **très** légèrement les feuilletés et garnissez-les de mousse au chocolat en formant un petit dôme. Recouvrez la mousse avec le couvercle sans appuyer. Entourez chaque feuilleté de crème anglaise au caramel et servez immédiatement.

Printemps

DÉJEUNER

Salade de haricots verts
Rôti de bœuf à l'anglaise
Pommes de terre au four, sauce aux herbes
Feuilletés au chocolat

DÎNER

Viande froide *(restes du déjeuner)*
Salade de pommes de terre

☞ *Le saviez-vous ?*

***Rosbif :** mot d'origine anglaise qui s'écrivait « roast beef ». Le mot s'est répandu en France sous le règne de Louis XVI et son orthographe s'est fixée sous sa forme actuelle en 1798.*

St-Antoine de Padoue

Lundi
13
JUIN

Printemps

DÎNER

Andouillettes poêlées
Pommes de terre allumettes
Salade verte
Petits pots de crème à la vanille

SEMAINE 24

Les recettes du jour

Andouillettes poêlées

Pour 4 pers. : 4 andouillettes, 1 noix de beurre.

Piquez les andouillettes avec une épingle. Faites fondre le beurre à feu moyen dans une poêle. Quand il grésille, déposez les andouillettes et faites-les cuire et dorer sur toutes les faces pendant environ 10 min.

Pommes de terre allumettes

Pour 4 pers. : 500 g de pommes de terre bintje, huile de friture, sel.

Épluchez, lavez les pommes de terre. Détaillez-les en fin bâtonnets. Lavez à grande eau ; égouttez, épongez. Déposez-les par petites quantités dans la friture à 160 °C (th. 5/6) pour 6 min ; égouttez. Augmentez la chaleur de l'huile à 180 °C (th. 6) ; replongez les allumettes pour 2-3 min jusqu'à ce qu'elles soient bien dorées. Égouttez, salez.

Petits pots de crème à la vanille

Pour 4 pers. : ½ l de lait, 2 cs bombées de sucre en poudre, 1 gousse de vanille, 3 œufs.

Faites chauffer le lait et le sucre dans une casserole avec la gousse de vanille fendue et grattée. Laissez infuser 15 min. Allumez le four à 140 °C (th. 4/5). Battez les œufs entiers dans un saladier. Versez le lait doucement en délayant. Filtrez à travers un tamis fin.
Remplissez des ramequins et faites cuire au bain-marie pendant 45 min environ (la crème est cuite quand on plonge une aiguille et qu'elle ressort lisse et propre).

Petite histoire...

Le 13 juin 1876, mort du baron Brisse. Il est célèbre pour avoir institué, en 1855, la première rubrique culinaire quotidienne dans le journal *La Liberté*. Après qu'il se fut cassé une jambe en glissant sur une peau de banane dans l'escalier du Jockey Club, le baron Brisse fut accueilli par Gigout, un aubergiste de Fontenay-aux-Roses. Devenu impotent, puis obèse, il y recevait ses amis parisiens, notamment Rossini, Monselet et Gouffé. Le jour de sa mort, comme l'heure de se mettre à table était fort avancée et que le baron ne sortait toujours pas de sa chambre, on alla voir. Il était mort. « Passons quand même à table, dit Monselet. Il n'a jamais aimé les fricots trop cuits ! »

☞ *Le saviez-vous ?*

L'andouillette : *à ne pas confondre avec l'andouille. L'andouillette est une partie de l'intestin du porc, remplie avec d'autres parties d'intestin du même animal. Dans certaines régions, on y ajoute de la fraise de veau. À Cambrai par exemple, l'andouillette est uniquement fabriquée avec ce viscère. Les andouillettes peuvent venir de Troyes, Cambrai, Lyon, Rouen, de Provence ou de Bourgogne ; aucune ne ressemble à une autre par sa composition ou par son goût. Les andouilles de Vire et Guéméné sont cuites légèrement fumées et se mangent froides. Les andouillettes sont précuites, mais demandent une seconde cuisson à la poêle.*

Lever du soleil : 5 h 48 Coucher du soleil : 21 h 53 Lune croissante

Printemps

DÎNER

Pintade à l'ail nouveau
Crumble à la rhubarbe

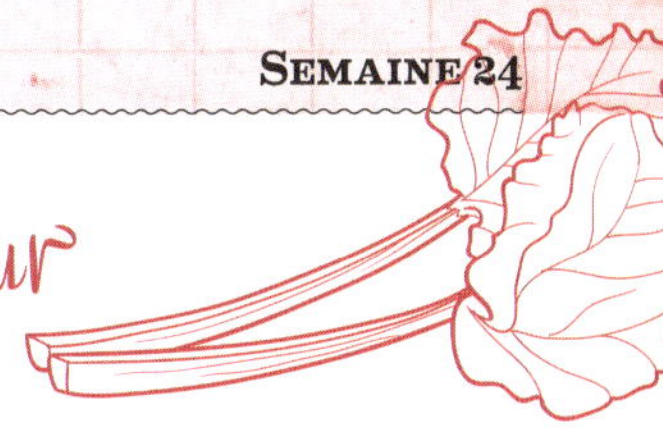

Les recettes du jour

Mon truc malin

L'ail épluché se garde quelques jours, sans s'abîmer, dans une boîte hermétique ou à l'air libre, dans un peu d'huile d'olive.

Petite histoire...

L'ail: sans doute originaire des steppes d'Asie centrale, l'ail est cultivé en Chine depuis la nuit des temps. Légume sacré chez les Égyptiens, les Hébreux le diffusent ensuite dans tout le monde gréco-romain.

Pintade à l'ail nouveau

Pour 4 pers.: 1 pintade, 2 têtes d'ail nouveau, 700 g de petites pommes de terre, beurre, huile, 1 petite botte de thym frais, sel, poivre.

Sortez la pintade du réfrigérateur 2 h avant de la cuisiner. Séparez les gousses d'ail sans les éplucher. Dans une cocotte, faites fondre le beurre avec 1 cs d'huile. Quand le mélange grésille, déposez la pintade; faites-la dorer sur toutes ses faces. Couvrez et laissez cuire à feu doux environ 25 min; répartissez autour les gousses d'ail et les pommes de terre coupées en 2 dans la longueur (lavées et non épluchées). Effeuillez la botte de thym sur les pommes de terre; salez, poivrez; ajoutez ½ verre d'eau; couvrez et laissez cuire à feu moyen encore 30 min. (Prolongez éventuellement la cuisson des pommes de terre si nécessaire.)

Crumble à la rhubarbe

Pour 4 pers.: 1 kg de rhubarbe, 120 g de sucre roux, 2 cs de sucre semoule. Pâte: 150 g de farine, 150 g de sucre roux, 50 g d'amandes en poudre, 150 g de beurre ramolli, 1 pincée de sel, 4 pincées de cannelle en poudre.

Préchauffez le four à 200 °C (th. 6/7). Lavez et pelez les tiges de rhubarbe et détaillez-les en tronçons de 1,5 cm. Mettez-les dans une casserole avec le sucre roux; couvrez et laissez cuire 20 min en remuant souvent. Réservez. Beurrez un moule à bord haut, poudrez de sucre semoule. Déposez la rhubarbe refroidie. Mélangez la farine, le sucre et les amandes dans un saladier; incorporez le beurre en pommade, le sel et la cannelle en pétrissant du bout des doigts jusqu'à ce que la pâte soit granuleuse. Elle doit rester friable. Répartissez cette pâte sur les fruits. Enfournez pour 40 min. Servez avec de la crème fraîche (facultatif).

☞ ***Le saviez-vous ?*** **Au fil des siècles, on a tout essayé pour masquer l'odeur persistante de l'ail: mâcher du persil ou du café, chiquer de la betterave ou sucer de la cardamome. Pour diminuer son parfum, il suffit de retirer le germe. L'ail blanc, le plus courant, est disponible entre juin et décembre ; celui de Lomagne a reçu l'IGP en 2008. L'ail rose, plus tardif, est commercialisé d'août à avril; l'ail rose de Lautrec est le seul à bénéficier du label rouge et de l'IGP; ce dernier se conserve particulièrement bien.**

☞ ***Je m'avance pour demain...***

<u>Tarte aux cerises au fromage blanc</u>: je mets la faisselle à égoutter ***(voir la recette du 15 juin).***

Lever du soleil: 5 h 48 Coucher du soleil: 21 h 54 Lune croissante

Printemps

DÎNER

Gâteau aux courgettes
Tarte aux cerises au fromage blanc

Les recettes du jour

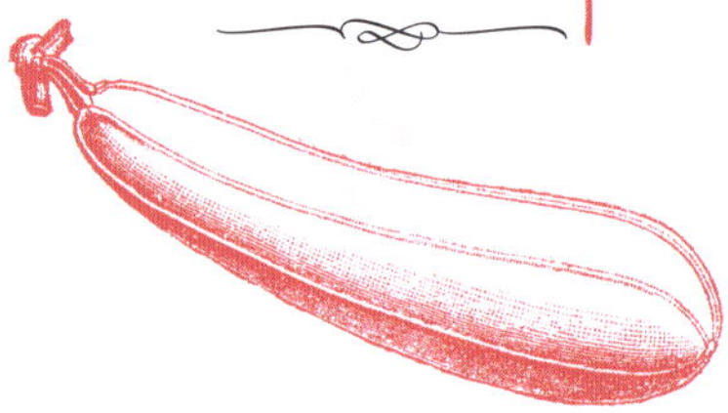

Gâteau aux courgettes

Pour 4 pers. : 1 kg de courgettes, 5 oignons blancs frais, 3 carottes, huile d'olive, 4 œufs, 1 bouquet de basilic, citron, sel, poivre.

Lavez, coupez les bouts des courgettes (ne les pelez pas). Épluchez les oignons et les carottes ; coupez-les en petits cubes. Mettez un peu d'eau et d'huile dans une cocotte ; jetez-y les légumes ; salez et poivrez. Laissez cuire environ 20 min à feu doux jusqu'à ce qu'ils aient fondu. Les légumes doivent rester entiers et le liquide de cuisson s'évaporer. Tapissez un moule de papier cuisson (sans le percer) ; huilez. Battez les œufs en omelette avec sel et poivre dans un saladier ; ajoutez les légumes ; transvasez le tout dans le moule. Faites cuire 1 h à four préchauffé à 200 °C (th. 6/7). (Une lame piquée dans le gâteau doit ressortir propre.) Démoulez froid en retournant sur un plat de service et en enlevant le papier cuisson. Décorez de basilic et de rondelles de citron.

Tarte aux cerises au fromage blanc

Pour 4 pers. : 1 pâte sablée, 150 g de fromage blanc en faisselle (égoutté depuis la veille), 300 g de cerises mûres, 150 g de crème fraîche, 40 g de sucre, 3 œufs, 10 g de fécule.

Préchauffez le four à 200 °C (th. 6/7). Beurrez et farinez un moule à manqué. Étalez la pâte et faites-la cuire « à blanc » 15 min. Lavez et séchez les cerises ; dénoyautez-les. Fouettez le fromage blanc puis ajoutez la crème, le sucre, les jaunes d'œufs et la fécule. Mélangez. Battez 2 blancs d'œufs en neige et incorporez-les délicatement à la préparation. Déposez les cerises sur le fond de pâte puis versez la préparation. Faites cuire 1 h. Laissez refroidir avant de démouler.

Petite histoire...

À partir du 15 juin, on peut commencer à préparer la confiture de vieux garçon. Voici une recette ancienne, juin 1905 : « Il convient déjà de disposer d'un assez grand bocal en verre ou en grès, d'une contenance d'au moins 18 litres. Au fur et à mesure de leur apparition sur les marchés ou dans les vergers, vous employez toutes les variétés de fruits. Ainsi, tout d'abord : oranges et citrons puis les fraises, framboises, groseilles, cassis, prunes, pêches, raisins, pommes, poires. De chacun d'eux au fur et à mesure de la saison, vous mettez dans le bocal : 1 livre – en quartiers ou en rondelles pour les plus gros, dénoyautés ou non – pour une égale quantité de sucre cristallisé. Chaque fois, vous couvrez d'un bon alcool de fruit que vous pouvez remplacer par de la vodka polonaise. Il faut laisser reposer dans un endroit frais, dans l'obscurité. Ces confitures de "vieux garçon" se consomment à partir de Noël. »

Lever du soleil : 5 h 48 Coucher du soleil : 21 h 54 Lune croissante

Printemps

DÎNER

Curry d'agneau
Soupe de kiwi et fraise

Saint-Jean-François Régis

Jeudi **16** JUIN

☞ *Le saviez-vous ?*

Le kiwi : *est une plante grimpante originaire de Chine d'abord cultivée en Nouvelle-Zélande puis en Californie, en Italie et enfin dans le sud-ouest de la France. Ce fruit est couvert d'une peau velue brun verdâtre, sa chair est vert clair, juteuse, parfumée et acidulée quand il est bien mûr. Il est très riche en vitamine C.*

☞ KEKCEKÇA ?

Le curry : ou cari, désigne un mélange d'épices d'origine indienne, en poudre ou en pâte. Le mot désigne également le plat que ce mélange aromatise. En Inde, chaque cuisinier prépare son propre cari et les composantes peuvent varier selon la caste et l'usage. En Europe, on trouve des caris doux, forts ou brûlants. Une composition classique comprend : curcuma, coriandre, cumin, poivre, girofle, cardamome, gingembre, muscade et tamarin. Le piment est facultatif. On peut y ajouter du fenouil, du carvi, du ginseng, du basilic séché, des graines de moutarde et de la cannelle.

Les recettes du jour

Curry d'agneau

Pour 4 pers. : 1 kg d'épaule d'agneau désossée et coupée en morceaux, 2 cs d'huile, 1 carotte, 1 oignon, 1 gousse d'ail, 1 tomate, 1 cc de curry de Madras, ½ cc de graines de cumin, 6 graines de cardamome, 1 morceau de gingembre frais, 1 bâton de cannelle, 2 clous de girofle, 1 yaourt, 2 dl de bouillon de bœuf, sel, poivre.

Dans une cocotte, faites chauffer l'huile puis dorez les morceaux de viande de tous côtés. Pelez et émincez la carotte, l'oignon et l'ail. Pelez la tomate dans l'eau bouillante ; concassez-la. Retirez de la cocotte les morceaux d'agneau. Réservez. À leur place, faites revenir les légumes (sauf la tomate) pendant 3 min. Ajoutez les épices, mélangez. Ajoutez ensuite la tomate et le yaourt. Mélangez ; remettez la viande ; salez et poivrez ; versez le bouillon. Couvrez et laissez cuire pendant 1 h 30 sur feu doux. Servez avec du riz.

Soupe de kiwi et fraise

Pour 4 pers. : 400 g de kiwis mûrs, 150 g de fraises, 1 dl d'eau, 30 g de sucre en poudre, 1 dl de jus d'orange, menthe fraîche, 4 tranches de brioche.

Versez l'eau et le sucre dans une petite casserole ; portez à ébullition ; retirez du feu et laissez refroidir. Pelez les kiwis et coupez-les en morceaux ; mixez-les avec le sirop et le jus d'orange pour obtenir une préparation lisse puis passez au tamis fin. Réservez au frais. Lavez, séchez, équeutez les fraises puis coupez-les en petits morceaux. Dressez la soupe dans des coupelles et répartissez les dés de fraises. Décorez de menthe fraîche. Servez très frais avec une tranche de brioche.

☞ ***Ce que je fais... Le curry : je préconise de faire d'abord dorer la viande puis de la retirer, et de mettre le curry dans la matière grasse qui a servi à faire dorer la viande. Quand le mélange est réussi et lisse, on ajoute le bouillon puis la viande.***

Lever du soleil : 5 h 48 Coucher du soleil : 21 h 55 Lune croissante

Printemps

DÎNER

Soupe de poisson façon bouillabaisse
Maquereaux à la moutarde
Pommes de terre vapeur
Fraises au vin *(voir recette du 6 mai)*

Les recettes du jour

Soupe de poisson façon bouillabaisse

Pour 4 pers. : 3 belles tranches de congre, 2 oignons blancs, 5 cs d'huile d'olive, 3 gousses d'ail, 6 tomates, ½ cc de safran en poudre, 1 bouquet garni, pain rassis, sel, poivre de Cayenne.

Épluchez et hachez les oignons. Dans une casserole, mettez l'huile d'olive ; ajoutez les oignons et amenez à transparence. Ajoutez l'ail épluché et écrasé grossièrement, les tomates pelées épépinées et concassées, les tranches de congre, le safran, le sel, le poivre. Couvrez de 2 l d'eau. Ajoutez le bouquet garni. Laissez bouillotter environ 20 min. Sortez les tranches de congre, puis passez le bouillon au moulin à légumes grille fine ; remettez-le dans la casserole pour 15 min à petit feu avec le poisson. Au bout de ce temps, sortez le congre et émiettez-le dans une soupière. Versez le bouillon bien chaud sur le poisson. Servez immédiatement avec le pain rassis coupé en tranches.

Maquereaux à la moutarde

Pour 4 pers. : 4 maquereaux bien frais, 2 cs de vin blanc, moutarde forte de Dijon, 25 g de beurre, sel, poivre.

Les maquereaux : demandez au poissonnier de les vider, de les ouvrir en 2, (têtes et arêtes retirées). Allumez le gril du four. Lavez et séchez les poissons. Versez dans un plat le vin blanc puis les maquereaux, côte à côte (peaux dessous) ; badigeonnez-les copieusement de moutarde. Salez et poivrez. Parsemez de copeaux de beurre. Mettez le plat sous le gril pendant 7 à 10 min jusqu'à ce que les maquereaux soient bien dorés.

☞ Je m'avance pour... dimanche

Je prépare des rillettes de harengs doux à la moutarde...

Pour 4 pers. : 200 g de filets de harengs doux, 1 dl de lait, 1 échalote, 3 cs d'huile, 1 grosse cc de moutarde forte, 2 cs de vin blanc sec, le jus d'un citron, 2 cs de persil plat finement haché, poivre.

Le 1er jour : rangez les filets de harengs dans une terrine ; recouvrez-les de lait froid et d'un grand verre d'eau. Réservez tel quel toute la nuit.

Le lendemain, rincez abondamment les harengs sous l'eau froide ; égouttez-les dans un torchon ; passez-les au hachoir grille moyenne pour conserver de petits morceaux. Épluchez et émincez l'échalote ; rincez-la sous l'eau fraîche à travers une passoire. Dans un saladier, réunissez l'huile, la moutarde, le vin blanc, le jus de citron, le poivre, le persil et l'échalote (ne salez pas). Ajoutez les harengs ; mélangez. Réservez au frais jusqu'à dégustation avec des croûtons de pain grillés et légèrement beurrés.

☞ **Ce que je fais... Le maquereau:** ***achetez de préférence du maquereau de l'Atlantique; n'hésitez pas à consulter l'étiquette, car le maquereau de Méditerranée qu'on appelle généralement avec un peu de mépris « l'espagnol », même s'il appartient à la même famille, n'est pas le même maquereau.***
Le maquereau est enfantin à vider. Pour le cas tout à fait exceptionnel où votre poissonnier ne voudrait pas ou n'aurait pas le temps de le faire, ne vous laissez pas rebuter par la tâche. Il n'est pas nécessaire de l'écailler ni de le laver sous l'eau. Essuyez-le avec un papier absorbant, il garde ainsi tout son limon. Pour le vider, introduisez un doigt dans l'orifice des ouïes et tirez, l'intérieur vient tout seul. Le poisson n'a pas été ouvert, ses chairs tiendront mieux à la cuisson.

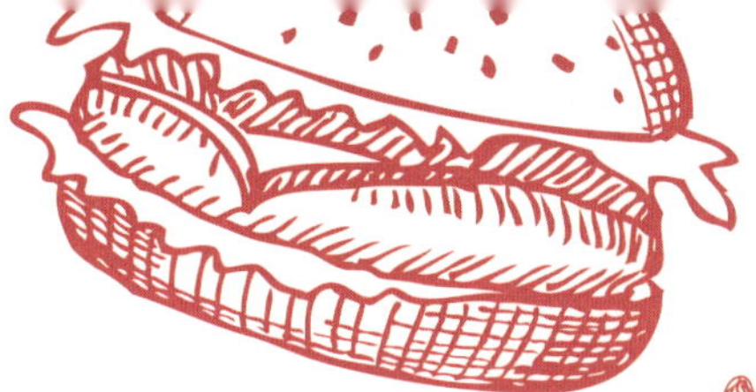

Saint-Léonce

Samedi
18
JUIN

SEMAINE 24

Pense pas bête…

Je termine pour demain la recette des rillettes de harengs doux à la moutarde *(voir la recette du 17 juin)*.

Barbue à la fondue d'oseille

Pour 4 pers. : 1 poisson de 1,3 kg, 500 g d'oseille et d'épinards (par moitié), 100 g de beurre, 1 cc de crème fraîche, 1 oignon, ½ verre de vin blanc sec, 1 verre d'eau, 1 branche de thym, 1 feuille de laurier, sel, poivre.
Faites préparer la barbue par le poissonnier. Équeutez, lavez les épinards et l'oseille ; égouttez-les. Prélevez 1 noix de beurre sur les 100 g et mettez-la à fondre à feu doux dans une casserole. Ajoutez les épinards et l'oseille. Couvrez et laissez fondre les légumes jusqu'à ce que toute l'eau de végétation soit évaporée ; liez alors avec la crème fraîche. Salez et poivrez ; retirez du feu et réservez au chaud. Allumez le four à 270 °C (th. 9). Épluchez et hachez l'oignon. Préparez sur une assiette 100 g de beurre coupé en morceaux. Beurrez un plat allant au four ; posez le poisson ; ajoutez le vin et l'eau, le thym, le laurier et l'oignon haché. Parsemez de fines lamelles de beurre sur le dessus du poisson, salez et poivrez. Enfournez et arrosez de temps en temps. Sortez le plat au bout de 25 min et déposez le poisson sur un plat de service. Enlevez la peau et retirez le liquide qui s'écoule. Réservez au chaud.

La sauce : versez le jus de cuisson du poisson dans une casserole en supprimant le thym et le laurier ; faites réduire ce jus de moitié. Ajoutez alors d'un coup les morceaux de beurre et d'un mouvement circulaire de la casserole, émulsionnez le beurre jusqu'à consistance crémeuse. Versez en saucière et servez avec le poisson accompagné de la fondue d'oseille et d'épinards.

Hamburgers aux oignons

Pour 4 pers. : 500 g de viande hachée en 4 steaks, 2 oignons doux, 70 g de beurre, 1 cs d'huile, sel, poivre.
Épluchez et coupez en rondelles de 0,5 cm les oignons. Salez et poivrez un côté des steaks. Dans une poêle, faites fondre une noix de beurre ; quand il ne grésille plus, posez les steaks, faites saisir et cuire des deux côtés jusqu'à la cuisson souhaitée. Glissez sur un plat de service et tenez au chaud. Dans une poêle, faites fondre l'huile et une grosse noix de beurre ; quand ils sont bien chauds, ajoutez les anneaux d'oignons et faites rissoler rapidement de tous côtés en les retournant délicatement pour ne pas les briser. Quand ils sont bien dorés, retirez-les avec une écumoire et déposez-les autour des steaks, accompagnés de ketchup.

Printemps

DÉJEUNER

Crevettes grises
Barbue à la fondue d'oseille
Clafoutis aux cerises

DÎNER

Hamburgers aux oignons
Pommes de terre au four
(voir la recette du 28 avril)
Salade

Le saviez-vous ?

La barbue : c'est l'un des poissons plats pêchés en France avec le turbot, réputé pour sa chair. Ses deux yeux sont situés au-dessus de la bouche et comme le turbot, il a une face colorée, plus ou moins mouchetée, qui varie selon le lieu qui l'entoure. L'autre face, appelée « aveugle » car elle n'a pas d'yeux, est blanchâtre.

Le hamburger : contrairement à la croyance populaire, le hamburger n'est pas de création américaine mais d'origine allemande. Ce sont les colons allemands qui l'introduisirent aux États-Unis. Il y est devenu un élément de base du barbecue américain traditionnel. Au Québec, on est plus réaliste ; on l'appelle « hambourgeois ».

Fête des Pères

Dimanche
19
JUIN

SEMAINE 24

Pense pas bête…

Lorsque je prépare le poulet basquaise, j'augmente la quantité de légumes qui l'accompagne. Ainsi, demain, on les consommera avec des œufs !

Les recettes du jour

Printemps

DÉJEUNER

Poulet basquaise
Gâteau basque

DÎNER

Rillettes de harengs doux à la moutarde
(voir la recette du 17 juin)
Restes du gâteau basque

Poulet basquaise

Pour 4 pers. : 1 poulet coupé en morceaux, 70 g de jambon cru, 500 g de piments doux verts d'Espelette, 800 g de tomates, 2 oignons, 2 gousses d'ail, 10 cl de vin blanc, ½ cc de piment d'Espelette, 1 bouquet garni, 2 cs de persil haché, huile d'olive, sel, poivre.

Coupez le jambon en petits morceaux. Équeutez, fendez en 2, épépinez les piments. Pelez, épépinez et concassez les tomates. Pelez et hachez les oignons ; pelez et écrasez les gousses d'ail. Dans une cocotte, faites dorer à feu vif les morceaux de poulet sur toutes les faces. Ajoutez alors le jambon, les oignons et les piments doux ; laissez rissoler puis mouillez avec le vin blanc ; portez à petits bouillottements ; ajoutez les tomates, l'ail, le piment d'Espelette et le bouquet garni. Salez et poivrez ; remuez. Laissez mijoter 45 min à feu doux. Saupoudrez de persil au moment de servir.

Gâteau basque

Pour 4 pers. : Pâte : 300 g de farine, 1 œuf entier + 2 jaunes, 1 sachet de levure chimique, 175 g de sucre, 175 g de beurre, 1 citron non traité, sel.
Crème : 25 cl de lait, ½ gousse de vanille, 50 g de sucre en poudre, 2 œufs entiers + 2 jaunes, 50 g de farine, sel.

Versez la farine dans une terrine et creusez une fontaine ; ajoutez les 2 jaunes et 1 œuf entier battus puis la levure, le sucre, le sel, le beurre coupé en petits morceaux et le zeste de citron. Travaillez la pâte et laissez-la reposer 2 h au frais, le saladier recouvert d'un torchon. Faites chauffer le lait avec la demi-gousse de vanille. Dans une terrine, blanchissez le sucre avec les jaunes d'œufs et les œufs entiers préalablement battus. Ajoutez la farine et le sel puis le lait chaud (sans la gousse de vanille). Versez ce mélange dans une casserole et faites épaissir à feu doux. Retirez du feu et continuez de tourner jusqu'à complet refroidissement. Divisez la pâte en deux parts inégales (⅓ – ⅔). Préchauffez le four à 180 °C (th. 6). Abaissez le plus gros morceau de pâte et garnissez-en le moule. Versez la crème refroidie sur la pâte. Abaissez l'autre morceau de pâte et posez-le au-dessus de la crème. Soudez les bords des deux pâtes en mouillant et en pinçant. Tracez des lignes à la fourchette sur le dessus du gâteau. Enfournez pour 30 min. *(On peut remplacer la crème par une confiture de cerises noires.)*

☞ *Le saviez-vous ?*

À la basquaise : peut avoir 2 significations. En accompagnement de pièces de boucherie, il s'agit de cèpes sautés et de pommes Anna. Quant au poulet basquaise, c'est une composition de tomates, poivrons, ail et jambon de Bayonne coupés en petits dés.

Lever du soleil : 5 h 48 Coucher du soleil : 21 h 56 Lune croissante

Printemps

DÎNER

Restes de piperade aux œufs
Brie de Meaux ou de Melun

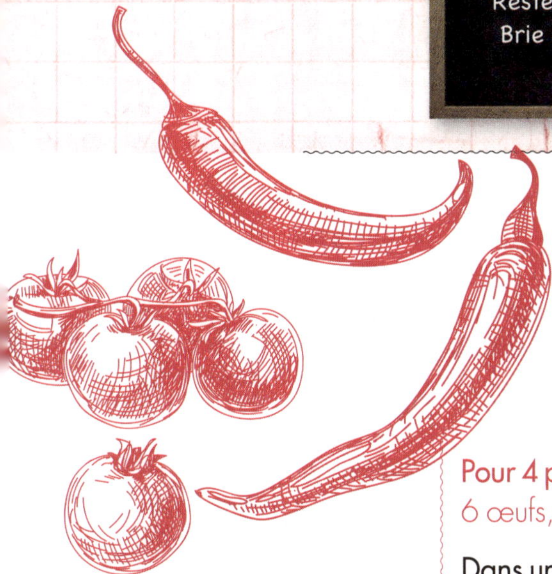

LA RECETTE DU JOUR

Piperade aux œufs

Pour 4 pers. : restes des légumes du poulet basquaise d'hier (piperade), 6 œufs, 4 tranches de jambon de Bayonne, huile d'olive, sel, poivre.

Dans une poêle graissée à l'huile d'olive, faites réchauffer doucement la piperade, à couvert et à feu doux. Battez les œufs en omelette et incorporez-les à la préparation. Laissez cuire 5 min. Servez accompagné du jambon découenné, passé à la poêle.

Petite histoire...

La piperade : elle doit son nom aux piments doux qui l'accompagnent. Elle se préparait dans la province basque de la Soule avec du pain rassis. Ultérieurement, la tomate puis les œufs l'ont agrémentée.

☞ *Le saviez-vous ?*

Le piment doux : très odorant, il ressemble à un petit poivron tout mince et allongé, vert, et qui devient rouge à maturité. Il se complaît dans des terres sableuses. Il est indissociable des plats traditionnels basques.

Piment d'Espelette : il bénéficie d'une AOC ; traditionnellement séché sur le mur des maisons, il est vendu frais ou séché, en poudre. De nos jours, on l'associe également à du chocolat !

Brie de Meaux ou de Melun : fromages au lait de vache ; ce sont des pâtes molles à croûte fleurie et ils bénéficient d'une AOP. Le Meaux est parfait lors d'un buffet : entier, il peut satisfaire 30 à 35 personnes ; le Melun conviendra pour une vingtaine de personnes. Le brie de Meaux est fruité alors que le Melun est plus puissant en goût. C'est le moment de faire connaissance avec eux et ce jusqu'à la fin de l'automne.

Une autre petite histoire... C'est sous le règne de Louis XVI que Beauvillier ouvrit le premier restaurant digne de ce nom : La Grande Taverne de Londres, 26 rue de Richelieu. La même année (1782), à Strasbourg, le pâtissier-cuisinier Jean-Joseph Close perfectionna le pâté de foie gras. Il lui donna une nouvelle « texture » grâce au malaxage « façon Strasbourg » et à l'enrobage dans une croûte de pâte chemisée d'une barde de lard ; peut-être aussi en lui associant la truffe... Ce qui est moins certain cependant.

Lever du soleil : 5 h 49 Coucher du soleil : 21 h 56 Pleine lune

Été
DÎNER
Boudin noir
Purée de bananes
Compote d'abricots
à la verveine

Les recettes du jour

Boudin noir

Pour 4 pers. : 4 morceaux de boudin noir (environ 15 cm de long), 1 cs de beurre.
Piquez chaque morceau de boudin de quelques coups d'aiguille à brider (à défaut avec une épingle, mais surtout pas avec une fourchette). Déposez le beurre dans une poêle ; quand il grésille, ajoutez les morceaux de boudin. Laissez cuire jusqu'à ce que la peau devienne bien croustillante. Servez aussitôt sur assiette chaude avec la purée de bananes.

Purée de bananes

Pour 4 pers. : 3 à 5 bananes, 1 cs de beurre, ½ verre d'eau, 1 pincée de noix de muscade râpée, ½ cc de sel fin, poivre.
Préchauffez le four à 180 °C (th. 6). Lavez les bananes et incisez-les jusqu'à la chair sur toute la longueur. Entrouvrez les fruits ; salez et poivrez ; déposez une petite noisette de beurre. Rangez les bananes dans un plat allant au four ; recouvrez le fond du plat avec le demi-verre d'eau. Enfournez pour 15 min. Sortez le plat du four et récupérez les chairs que vous déposez dans une casserole. Écrasez rapidement les chairs avec le reste de beurre et la noix de muscade. Rectifiez l'assaisonnement.

Compote d'abricots à la verveine

On la terminera demain matin au petit déjeuner

Pour 6 pers. : 1 kg d'abricots mûrs à point, ¼ de l d'eau, 1 branche de verveine (ou de menthe), 100 g de sucre cristallisé.
Passez les abricots sous l'eau fraîche ; coupez-les en 2 et dénoyautez-les. Faites bouillir l'eau avec la branche de verveine (ou de menthe) pendant quelques minutes à couvert. Retirez du feu et laissez infuser. Faites le sirop avec l'infusion de verveine et le sucre ; à ébullition, ajoutez les abricots. Maintenez 3 min à bouillottement à partir de la reprise de l'ébullition. Égouttez et déposez les abricots dans un compotier. Redonnez au sirop un bon bouillon et versez-le sur les fruits.
Servez très frais.

Petite histoire...

Le boudin noir est connu depuis la nuit des temps. Autrefois, on le mangeait uniquement le jour où on tuait le cochon. Le boudin était déjà apprécié en Grèce du temps de Périclès où Aphtonète était un charcutier célèbre pour la qualité de son boudin.
À Rome, Apicius, nous livre une recette de sang cuit avec des pignons de pin, des poireaux et des œufs. Dans le *Ménagier de Paris*, écrit vers 1394, on peut trouver une formule déjà moderne du boudin (sang, graisse, oignon, sel, poivre), mais avec du gingembre et de la menthe pouliot.

☞ Le saviez-vous ?

En Angleterre, boudin a donné le mot « pudding » !

☞ Le saviez-vous ?

Boudin noir : généralement, le charcutier prépare le boudin le mardi, car l'abattage des porcs a lieu le lundi. Il récupère alors le sang frais et exerce son art ce jour-là.
Le boudin noir est fait à base de sang de porc (si possible frais) additionné de gras de porc et d'oignon, embossé sur des menus (intestin grêle) de porc et cuit, poché à frémissement. À ne pas confondre avec le boudin blanc qui est une quenelle embossée. Classiquement, il s'agit de filets de porc, de gras dur lié au lait et au blanc d'œuf.

ÉTÉ

C'est la saison !

Les fruits

Abricot
Amande fraîche
Cassis
Datte
Figue
Fraise
Fraise des bois
Framboise
Groseille
Groseille à maquereau
Melon
Mirabelle
Mûre
Myrtille
Nectarine
Pastèque
Pâtisson
Pêche
Poire Williams
Quetsche
Raisin
Reine-claude (fin d'été)
Rhubarbe

Les légumes

Ail
Artichaut
Aubergine
Avocat
Bette (ou blette)
Betterave
Brocoli
Cèpe
Chou romanesco
Concombre
Cornichon
Courgette
Fenouil
Fève
Fines herbes
Girolle
Haricot vert
Haricot à écosser
Oignon blanc et rouge
Piment
Pois gourmand
Pois mange-tout
Poivron
Pomme de terre nouvelle
Salade (laitue)
Tomate

Les poissons et fruits de mer

Anchois (juillet-octobre)
Bar
Calmar
Colin
Coques
Dorade grise
Églefin
Hareng
Homard
Langouste
Langoustine
Lieu jaune
Lieu noir
Lotte
Maquereau
Merlan
Moule
Rouget barbet
Rouget de roche
Saint-pierre
Sardine
Tacaud
Thon blanc
Tourteau
Turbot
Turbotin

Fromages

Bleu d'Auvergne
Brebis des Pyrénées
Brie de Meaux
Camembert
Cantal
Chaource
Chèvre
Époisses
Fourme d'Ambert
Livarot
Maroilles
Munster
Ossau-iraty
Pélardon
Pont-l'évêque
Reblochon (fin été)
Saint-nectaire
Salers
Salers

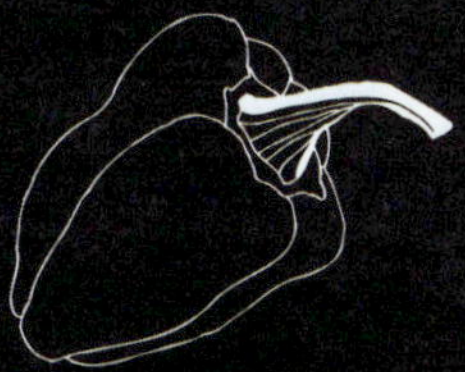

Saint-Alban

Mercredi

22

JUIN

Été

DÎNER

Côtes de porc dans l'échine
Compotée de courgettes et tomates
Assiettes de fruits rouges,
sablés au citron

SEMAINE 25

LES RECETTES DU JOUR

Côtes de porc dans l'échine

Pour 4 pers. : 4 côtes de porc dans l'échine, 1 gousse d'ail, 1 cc d'huile ou de saindoux, sel, poivre.

Épluchez la gousse d'ail et frottez chaque face des côtes. Dans une poêle graissée, faites cuire la viande à feu moyen 4 min de chaque côté (ne les faites pas saisir).

Compotée de courgettes et tomates

Pour 4 pers. : 3 tomates, 600 g de courgettes, 2 cs d'huile d'olive, 30 g de beurre, 1 cc de fleur de thym, sel, poivre.

Ébouillantez les tomates, pelez-les, épépinez-les et réservez. Lavez les courgettes, coupez les extrémités et coupez-les en rondelles de 4 mm d'épaisseur (ne les épluchez pas). Chauffez l'huile d'olive et le beurre ; ajoutez les courgettes, le sel et le poivre. Faites cuire 15 min à feu moyen et à découvert. Incorporez les tomates coupées en morceaux, la fleur de thym et poursuivez la cuisson environ 15 min à couvert (les courgettes doivent rester un peu croquantes).

Assiettes de fruits rouges

Pour 4 pers. : 500 g d'un mélange de petits fruits rouges : fraises, framboises, fraises des bois, groseilles, cassis. Coulis : 60 g de framboises, 1 cs de sucre en poudre, le jus d'un citron.

Préparez le coulis : passez les framboises au moulin à légumes ou au mixeur. Recueillez le jus et ajoutez-lui le sucre et le jus de citron. Réservez au frais.

Passez rapidement les fruits rouges sous l'eau fraîche. Nettoyez-les et séchez-les. Répartissez-les dans de petites assiettes creuses et arrosez de coulis de framboise. Servez frais mais non glacé.

☞ *Le saviez-vous ?*

L'échine : est un terme de boucherie uniquement employé pour le porc ; il désigne les vertèbres dorsales accompagnées d'une partie des côtes qui s'y rattachent. L'échine est relativement maigre et sa viande est moelleuse.

Sablés au citron

S'il en reste, on les croque demain matin au petit déjeuner !

Pour 6 pers. : 1 zeste de citron non traité (12 cm), 250 g de farine, 170 g de beurre, 85 g de sucre cristallisé, 1 jaune d'œuf, 1 pincée de sel.

Hachez très fin le zeste de citron et faites-le blanchir à l'eau bouillante ; rafraîchissez sous l'eau froide au travers d'une passoire fine. Dans un saladier, mélangez la farine et le beurre coupé en morceaux ; ajoutez le sucre, le sel, les zestes de citron puis le jaune d'œuf. Mettez la pâte en boule ; couvrez et réservez au frais. Préchauffez le four à 180 °C (th. 6). Abaissez la pâte à 4 mm d'épaisseur sur un plan de travail fariné. Découpez avec un verre des rondelles jusqu'à épuisement de la pâte ; déposez-les au fur et à mesure sur la plaque de cuisson recouverte de papier sulfurisé. Enfournez pour 15 min ; sortez la plaque et laissez refroidir.

Lever du soleil : 5 h 49 Coucher du soleil : 21 h 56 Lune décroissante

Été

DÎNER

Aubergines farcies
Omelette au jambon
(ou au lard)
Figues fraîches nature

☞ *Je m'avance pour… dimanche*

Je prépare des figues marinées…

Pour 6 pers. : 1 kg de figues violettes, 200 g de sucre cristallisé, 1 bouteille de vin rouge corsé, ½ cc de poivre noir en grains, ½ cc de coriandre en grains, 1 clou de girofle, 1 étoile de badiane, ½ gousse de vanille.

Dans une casserole, faites fondre le sucre à feu doux dans le vin rouge avec les épices. Passez les figues à l'eau fraîche ; égouttez-les. Piquez chaque fruit avec une fourchette. Déposez-les dans un récipient avec la marinade. Couvrez et laissez mariner pendant 3-4 jours.

La suite de la recette : voir le dimanche 26 juin.

Les recettes du jour

Aubergines farcies

Pour 4 pers. : 4 aubergines, 3 oignons, 2 gousses d'ail, 4 tomates, 1 pincée de sucre, 2 cs d'huile d'olive.

Épluchez et hachez finement les oignons et les gousses d'ail. Ébouillantez et pelez les tomates. Supprimez les pépins et concassez la pulpe. Dans une poêle, faites dorer 1 cs d'huile, l'ail et les oignons ; ajoutez les tomates et 1 pincée de sucre ; laissez mijoter 15 à 20 min à demi couvert en remuant de temps en temps et jusqu'à évaporation de l'eau de végétation. Salez et poivrez. Préchauffez le four à 200 °C (th. 6/7). Lavez les aubergines ; retirez le pédoncule. Coupez-les en 2 dans la longueur ; retirez les graines avec une petite cuillère. Remplissez les cavités du mélange oignons et tomates. Rangez les aubergines dans un plat à gratin. Rectifiez l'assaisonnement ; arrosez d'un filet d'huile ; enfournez pour 30 à 40 min. Servez chaud ou froid.

Omelette au jambon

Pour 4 pers. : 8 œufs, 150 g de jambon, beurre.

Coupez le jambon en petits morceaux et faites-le revenir au beurre 2 à 3 min. Versez-le dans le saladier avec les œufs déjà battus, beurre de cuisson compris. Mettez une bonne cuillerée à soupe de beurre dans la poêle ; quand il prend une couleur noisette, versez les œufs battus et laissez prendre. Avec une fourchette, ramenez les œufs d'avant en arrière et d'arrière en avant pour aérer la préparation. Pliez l'omelette à l'aide d'une spatule ; faites-la glisser dans un plat de service.

Petite histoire…

Omelette : mot d'origine obscure que certains affirment hérité du latin *ova mellita*, « œufs mêlés ». Au XVIe siècle, on évoque *l'œuf molette* que l'on retrouve dans le *Ménagier* de Paris. Rabelais, dans *Pantagruel* en 1532, orthographiait *homelaicte*, puis Olivier de Serres écrira *aumelette* en 1600 dans son *Théâtre d'agriculture*.

Saint-Jean-Baptiste

Vendredi
24
JUIN

Été
DÎNER
Petites langoustines
à la mayonnaise
Saint-pierre aux pois gourmands
Pommes aux abricots

LES RECETTES DU JOUR

Saint-pierre aux pois gourmands

Pour 4 pers. : 1 saint-pierre d'environ 1,5 kg, 500 g de pois gourmands, 1 verre d'eau, ½ verre de vin blanc sec, 1 oignon, 100 g de beurre, 1 feuille de thym, 1 feuille de laurier.

Faites cuire le poisson selon le même principe que la dorade au four, de même pour la sauce *(voir la recette du 13 mai)*.

Retirez les fils et les extrémités des pois gourmands ; lavez-les. Au tout dernier moment, faites cuire les pois gourmands à l'eau bouillante salée, à découvert. Quand ils sont tendres, égouttez-les et plongez-les sous l'eau froide. Égouttez et essuyez dans un torchon. Réservez au chaud. Servez avec le poisson.

Pommes aux abricots

Pour 6 pers. : 3 pommes, 3 abricots frais coupés en 2, 2 cs de beurre, 2 cs de sucre en poudre, 20 cl d'eau.

Épluchez les pommes ; coupez-les en 2, enlevez le cœur et les pépins. Coupez légèrement la base pour qu'elles restent droites à la cuisson. Dans une casserole, faites fondre le beurre et trempez-y les moitiés de pommes ; rangez-les dans un plat à gratin et coiffez-les d'un oreillon d'abricot. Salez et poivrez légèrement ; saupoudrez de sucre. Versez l'eau dans le plat et enfournez pour 15 min. Arrosez avec le jus en cours de cuisson.

Petite histoire... **Le 24 juin 1916, la pénurie alimentaire sévit dans toute le France. Le ravitaillement des populations est préoccupant. Il n'est pas un seul journal qui n'ait sa rubrique de recettes les plus diverses afin d'accommoder les restes. On vend les corbeaux 10 F à Lyon. Les pigeons de la place Pierre-Laffitte à Bordeaux sont vendus 84 F l'unité. Un avis a même paru dans la presse : « Mangeurs de chats, attention : le chat ayant comme but utilitaire de tuer et de manger du rat porteur des bacilles les plus dangereux, peut être, de ce fait, particulièrement nocif. »**

☞ *Le saviez-vous ?*

Abricot : les Chinois se sont souvent approprié l'origine de fruits et légumes alors qu'ils n'avaient rien à voir ni avec la région ni même avec le continent. Pendant longtemps, l'Arménie a laissé croire que l'abricot y était né. Même Linné s'y est laissé prendre, puisque la dénomination botanique de l'abricotier est *Prunus armeniaca*. Jusqu'au XVIIe siècle, l'abricot a eu peu de chance ; il a eu peu de défenseurs. Il était supposé causer des dysenteries, des coliques, des fièvres intermittentes, même notre bon La Quintinie, le père de l'horticulture fruitière « à la française » lui préférait les pêches, considérant que l'abricot était juste bon pour les confitures. On commença à l'apprécier vers le XVIIIe siècle, principalement parce que les poètes ont vu dans sa forme et dans le toucher de sa peau matière à développer une imagination portée sur l'érotisme. On peut, c'est vrai, constater que le sillon qui le sépare en deux globes évoque un cul pubère. La littérature est riche et toutes situations qui pourraient être faites, encourageraient plutôt à la bagatelle qu'à la fabrication des confitures.

Lever du soleil : 5 h 50 Coucher du soleil : 21 h 57 Lune décroissante

Saint-Prosper

Samedi
25
JUIN

SEMAINE 25

Concombres à la crème

Pour 6 pers. : 2 concombres, 3 cs de crème fraîche épaisse, 2 cs de vinaigre de vin, 1 cs de menthe, sel, poivre.

Coupez les concombres (épluchés ou non) en tranches de 3 mm. Mélangez avec la crème, le vinaigre, sel, poivre et la menthe.

Sauté d'agneau

Pour 4 pers. : 300 g de collier, 250 g de poitrine coupée en morceaux, 250 g de haut de côtes, 2 échalotes, 1 cs de beurre, 1 verre d'eau, 1 branche de thym, 1 feuille de laurier, 1 verre de vin blanc sec, 1 cc de sel fin, poivre.

Épluchez, hachez les échalotes ; mettez le beurre à fondre ; quand il grésille, ajoutez les échalotes et laissez suer à couvert. Retirez les échalotes ; remplacez-les par la viande que vous faites dorer. Ajoutez les échalotes réservées, l'eau, le vin, le thym, le laurier, salez et poivrez. Laissez bouillir à découvert 3 min ; couvrez et laissez bouillotter 1 h. Retirez la viande, dégraissez la sauce, faites réduire ; vérifiez l'assaisonnement. Versez sur la viande.

Scarole aux foies de volaille

Pour 4 pers. : 400 g de foies de volaille, 1 scarole, 2 œufs , 2 cs de beurre, 1 cs d'huile, 1 cs de vinaigre de vin, 1 dl de vinaigrette, sel, poivre.

Épluchez, lavez et essorez la salade ; coupez des feuilles de 3-4 cm. Faites cuire les œufs 10 min à l'eau bouillante ; rafraîchissez-les sous l'eau froide et écalez-les. Faites chauffer l'huile et le beurre dans une poêle. Dorez les foies sur les deux faces ; salez et poivrez. Cuisez 5 min puis ajoutez le vinaigre de vin. Réservez. Déposez la salade dans un saladier, ajoutez la vinaigrette, les œufs durs coupés en gros dés et les foies de volaille écrasés à la fourchette. Fatiguez la salade et servez.

Cheese-cake

Pour 8 pers. : 250 g de biscuits émiettés (type petits bruns ou spéculos), 100 g de beurre fondu, 500 g de fromage blanc (type faisselle ou ricotta, par moitié), 150 g de sucre, 2 cs de farine, 3 œufs, 25 cl de crème fraîche, 1 cc d'extrait de vanille ou zeste de citron.

Tapissez de papier sulfurisé beurré un moule de 23 cm de diamètre et laissez-le bien dépasser pour démouler le gâteau (préférez un moule amovible si vous en avez un). Mélangez les biscuits, le beurre fondu. Tapissez le moule de ce mélange en tassant bien. Mettez au réfrigérateur. Battez le fromage au fouet puis ajoutez le sucre et la farine, ensuite les œufs un par un. Ajoutez la crème et le parfum. Versez sur la croûte (qui ne doit pas dépasser de la crème, sinon enlevez l'excédent à la cuillère). Faites cuire à four préchauffé à 180 °C (th. 6) pour 50-55 min, jusqu'à ce que ce soit bien ferme. Laissez refroidir, démoulez et servez frais (accompagné d'un coulis de fruits rouges).

☞ *Le saviez-vous ?*

Concombre : il se mange salé, cru ou cuit. Originaire de l'Himalaya, le concombre est cultivé depuis plus de 3 000 ans en Inde. En France, on mange du concombre dès le IXe siècle. Mais c'est La Quintinie qui le premier organise sa culture sous abri pour pouvoir en servir à la table de Louis XVI dès le mois d'avril. Le concombre est composé de 96 % d'eau ; il est donc peu calorique. On peut y retrouver quelques sels minéraux et un peu de vitamine C. Sa fermeté est gage de fraîcheur. Sa peau est amère et indigeste. Il est préférable de le faire dégorger au sel pour lui faire perdre son amertume et faciliter sa digestion. On peut le faire cuire, à l'étuvée ou sauté, en gratin, au jus ou à la béchamel ; ou encore le farcir.

Été

DÉJEUNER

Concombres à la crème
Sauté d'agneau
Choux-fleurs sautés
Fraises à la crème

DÎNER

Scarole aux foies de volaille
Bleu des Causses
Cheese-cake

Lever du soleil : 5 h 50 Coucher du soleil : 21 h 57 Lune décroissante

Saint-Anthelme

Dimanche
26
JUIN

Été

DÉJEUNER

Magrets de canard
(voir la recette du 10 mai)

Figues marinées

Fromage blanc battu aux abricots et au basilic

DÎNER

Tarte aux tomates, salade croquante

Quatre-quarts à la gelée de groseilles

Les recettes du jour

Figues marinées

(fin de la recette commencée le 23 juin)

Préchauffez le four à 180 °C (th. 6). Égouttez et rangez les figues dans un plat allant au four. Faites réduire de moitié la marinade à feu vif ; filtrez-la à travers une passoire fine et versez-la sur les figues. Enfournez pour 30 min. Servez-les dans leur jus avec les magrets de canard.

Fromage blanc battu aux abricots et au basilic

Pour 4 pers. : Coulis : 300 g d'abricots, 5 cs de sucre en poudre ou de sucre glace, 1 branche de basilic frais, le jus de ½ citron.

Passez les fruits sous l'eau fraîche, égouttez-les et dénoyautés-les. Passez-les à la centrifugeuse ou au moulin à légumes grille fine. Ajoutez le sucre, le basilic ciselé et le jus de citron ; mélangez le tout. Laissez reposer dans le réfrigérateur. Avant de servir, passez le coulis à travers une passoire fine. Servez en saucière.

Tarte aux tomates

Pour 4 pers. : 1 pâte brisée, 500 g de tomates, 3 cs de moutarde forte, 150 g de gruyère (ou comté), 1 branche de basilic, 1 filet d'huile d'olive, poivre.

Préchauffez le four à 220 °C (th. 7/8). Déposez la pâte dans un moule à tarte ; piquez le fond avec une fourchette. Tartinez le fond de pâte de moutarde et couvrez avec les rondelles de tomates en les faisant se chevaucher, puis avec des lamelles de fromage et des feuilles de basilic déchiquetées. Poivrez légèrement ; arrosez d'un filet d'huile d'olive. Enfournez pour 25 min.

Quatre-quarts à la gelée de groseilles

(on termine les pots de confiture de l'année dernière, voir la recette de quatre-quarts du 30 juin…) :

Pour 8 pers. : 6 cs de gelée de groseilles.

Au moment de remplir le moule à cake : remplissez-le de pâte aux trois quarts de la hauteur ; étalez la gelée de groseilles et recouvrez avec le reste de pâte.

☞ ***Le saviez-vous ?*** **Figues : il en existe deux grandes variétés : les blanches et les violettes. Les premières sont généralement plus juteuses, bien qu'elles manquent souvent de saveur. On peut les servir en hors-d'œuvre, froides, avec du jambon cru. La peau épaisse des violettes implique qu'elles soient cuites. Savez-vous qu'on en fait des boissons fermentées telle la boukha en Tunisie ? Ces fruits sont fragiles et ne se conservent pas longtemps. Ils sont énergétiques, riches en glucides, en potassium et en vitamines. La fermeté de la queue est un bon indice de fraîcheur. La figue de Solliès est incontestablement la plus réputée. Sa peau est fine, elle est parfumée. La figue de Barbarie est le fruit d'un cactus mexicain et n'a pas grand-chose à voir avec la figue qui nous intéresse.**

Lever du soleil : 5 h 50 Coucher du soleil : 21 h 57 Lune décroissante

Je m'avance pour mercredi

Je prépare une terrine de lapin en gelée aux aromates...

Été

DÎNER

Sauté de veau à la provençale
Gratin de courgettes

Petite histoire...

Le 27 juin 1934 est fondé à Paris un nouveau club gastronomique sous le nom de la « serviette au cou » : un restaurant par mois, réunion pour le dîner, jamais plus de 30 membres. Ses règles essentielles : pas de place d'honneur ; repas servi à l'heure exacte, port de la serviette au cou absolument obligatoire... Cela va sans dire !

☞ *Le saviez-vous ?*

Le flanchet : c'est la partie intérieure des muscles abdominaux des animaux de boucherie. Le flanchet de bœuf doit être bouilli alors que celui de veau est un morceau moelleux destiné aux ragoûts, idéal pour la blanquette ou les sautés. Ne pas confondre avec la bavette de flanchet qui fournit des biftecks. À Lyon, le flanchet s'appelle le prin et vampe à Troyes.

Les recettes du jour

Sauté de veau à la provençale

Pour 4 pers. : 700 g d'épaule et de flanchet de veau coupés en morceaux, 2 cs d'huile d'olive, 1 oignon, 2 échalotes, 1 carotte, 2 dl de vin blanc sec, 3 tomates, bouquet garni, 2 gousses d'ail, sel, poivre.

Dans une cocotte, chauffez l'huile d'olive ; déposez la viande, salez et poivrez. Faites dorer 7 à 8 min en retournant. Épluchez l'oignon, les échalotes et la carotte et passez-les grossièrement au mixeur ; mettez ce hachis dans la cocotte et laissez dorer 2 min. Versez le vin blanc et faites légèrement réduire. Ajoutez les tomates concassées, débarrassées de leur peau et des pépins. Complétez avec le bouquet garni et les gousses d'ail. Faites cuire à demi couvert 40 min. Débarrassez la viande dans un plat creux. Ôtez le bouquet garni, passez la garniture au moulin à légumes ; remettez dans la cocotte et laissez bouillotter quelques minutes. Ajoutez la viande. Servez chaud dans un plat de service. *(Ce plat peut être préparé la veille.)*

Gratin de courgettes

Pour 4 pers. : 800 g de courgettes, 3 dl de lait, 30 g de beurre, 30 g de farine, 2 jaunes d'œufs, 100 g de fromage râpé, 1 cs de gros sel, sel, poivre, muscade.

Lavez les courgettes ; éliminez les extrémités et coupez-les en tronçons de 5 x 3 cm. Jetez-les dans une casserole d'eau bouillante salée. Maintenez à ébullition 7 min puis égouttez-les. Beurrez un plat à gratin ; rangez les courgettes, salez et poivrez. Dans une casserole, versez le lait froid ; ajoutez le beurre en petits morceaux, la farine, les jaunes d'œufs, 60 g de fromage râpé, le sel et le poivre, 1 pointe de muscade râpée. Mettez sur feu moyen en mélangeant au fouet jusqu'à ébullition. Nappez-en les courgettes ; répartissez le reste de fromage râpé. Mettez au four préchauffé à 200 °C (th. 6/7) pour 25 min.

Terrine de lapin en gelée aux aromates

Pour 6 pers. : 1 lapin, 100 g de poitrine fumée, ¾ l de vin blanc sec fruité, 1 brindille de thym, 1 feuille de laurier, 2 belles échalotes, 1 pincée de quatre-épices, 1 cc de sucre en poudre, 2 cs de cognac ou d'armagnac, 3 feuilles de gélatine, 2 cs de persil plat et de coriandre fraîche, 1 cc de coriandre moulue, 1 salade croquante, 4 cs de vinaigrette, sel, poivre.

Coupez le lapin en morceaux et au couteau. Découpez la poitrine fumée en lardons de 2 x 1 cm. Dans une casserole, faites frémir le vin blanc et les lardons ; ajoutez le thym, le laurier, les échalotes pelées et coupées en rondelles, 1 cc de sel, du poivre, 1 pincée de quatre-épices, le sucre. Laissez refroidir à couvert. Salez et poivrez chaque morceau de lapin ; rangez-les dans une terrine. Recouvrez avec la cuisson au vin blanc et aux aromates. Fermez la terrine ; réservez au réfrigérateur pour une nuit... *Voilà ! je la termine demain...*

Été

DÎNER

Brouillade d'œufs
aux légumes du soleil
Coupe de fruits frais

LES RECETTES DU JOUR

Brouillade d'œufs aux légumes du soleil

Pour 4 pers. : 8 œufs, 2 petites courgettes, 1 aubergine, 1 petit poivron rouge, 100 g de mesclun, 1 branche d'estragon, 1 branche de menthe fraîche, 50 g de beurre, 2 cs de vinaigrette, 50 g de crème, huile d'olive, sel, poivre.

Préchauffez le four à 200 °C (th. 6/7). Lavez les courgettes et l'aubergine ; supprimez les extrémités. Découpez-les en tranches de ½ cm dans le sens de la longueur puis posez-les sur la plaque du four ; badigeonnez-les légèrement d'huile d'olive sur chaque face. Placez le poivron entier sur la même plaque. Enfournez pour 20 min. Sortez-les du four et laissez refroidir. Pelez le poivron, ôtez le pédoncule, la queue et les graines. Débitez les légumes en tronçons de 1 cm. Déposez-les dans un saladier avec 1 cs d'huile d'olive et les herbes ciselées finement. Dans une casserole, mettez la moitié du beurre, cassez les œufs, salez et poivrez. Faites cuire au bain-marie : l'eau doit seulement frémir. Avec une fourchette, piquez les œufs pour que les jaunes se répandent. Remuez avec une cuillère en bois (ne battez pas) pour que jaunes et blancs se mêlent dans le beurre en train de fondre. Tournez en permanence en raclant le fond et les parois de la casserole dès que les œufs comment à prendre. Tout en tournant, ajoutez le reste de beurre par petits morceaux puis versez la crème et complétez par les légumes et leur marinade. Mélangez, tenez au chaud ; dégustez avec une salade mesclun en vinaigrette.

Coupe de fruits frais

Pour 6 pers. : environ 600 g de fruits : 1 banane, 100 g de fraises, 1 poignée de cerises, 1 poignée de groseilles, raisins, melon…

Coupez la banane en rondelles épaisses, le melon en tranches ; détaillez les raisins en grappillons ; conservez les groseilles en grappes et les fraises avec leur pédoncule, les queues des cerises. Dans un plat de service, rangez les tranches de melon en couronne, pointes en l'air. Répartissez le reste des fruits harmonieusement en jouant avec les couleurs. Servez frais.

☞ KEKCEKÇA ?

Mesclun : chez les marchands de graines, le mesclun n'existe pas ; il faut demander un sachet de graines de « salades à couper ». Le mesclun n'est pas une variété de salades, mais le nom donné en Provence à un mélange de petites feuilles de salades composé *ad libitum* selon son goût et ses trouvailles sur le marché. Généralement, on y mêle de la chicorée frisée, de la trévise, quelques petites feuilles de laitue romaine, pourquoi pas du pourpier et quelques feuilles de tétragone. Quelques feuilles de cerfeuil ou de persil plat ne déméritent pas, la roquette est la bienvenue, quelques pousses d'épinards complètent avantageusement le mélange. Le mesclun implique de la fraîcheur et n'a rien à voir avec des mélanges de vieux morceaux de salades fatiguées, avachies, épuisées par de longs séjours au réfrigérateur.

Petite histoire…

Le 28 juin 1715, les paysans de Lorraine se livrant à la culture de la pomme de terre furent soumis à un impôt spécial.

☞ ***Je n'oublie pas…*** *Je termine ma terrine de lapin en gelée aux aromates !* ***Ressortez la terrine du réfrigérateur 2 heures avant de la mettre au four; préchauffez le four à 160 °C (th. 5/6). Placez-la dans la lèchefrite remplie d'eau chaude pour environ 3 h. Sortez la terrine ; introduisez l'alcool choisi, la gélatine (ramollie dans un peu d'eau et essorée) ; lorsque la terrine est tiède, complétez avec le persil et la coriandre fraîche. Refermez la terrine et déposez-la au réfrigérateur pour la nuit.***

Lever du soleil : 5 h 51 — Coucher du soleil : 21 h 56 — Lune décroissante

Été

DÎNER

Terrine de lapin en gelée aux aromates *(voir la recette préparée les 27 et 28 juin)*

Salade de billes de melon à la menthe *(ou au basilic)*

Saint-Pierre Paul

Mercredi **29** JUIN

Mon coup de gueule

Nous sommes incurables : nous avons inventé le melon au porto, au banyuls, à l'anis… Tout et n'importe quoi ; avec la cucurbitacée en question, le porto ne gagne rien ; médiocre, le melon reste ce qu'il est : de la courge.

Le « melonnier » savait toujours quand son melon était mûr ; chaque jour, il le voyait évoluer, grossir. C'est quand il changeait de couleur qu'il était à point : il savait à ce moment que sa chair serait ferme, croquante mais fondante ; il serait savoureux, plein d'arômes, son jus serait juste abondant, sucré, parfumé et légèrement musqué.

Cet art n'a rien à voir avec les absurdités dont on nous abreuve, ces melons mâles ou femelles, meilleurs l'un que l'autre, selon la préférence du vendeur ; il s'agit tout bonnement d'un numéro de camouflage et d'une preuve d'incompétence du vendeur. Les seuls indices qui pourraient laisser penser qu'un melon est meilleur qu'un autre, ce sont un pédoncule légèrement détaché, ou un poids supérieur à la moyenne… Non : un melon est mûr ou il ne l'est pas.

La recette du jour

Salade de billes de melon à la menthe

Pour 4 pers. : 1 gros melon, 80 g de sucre, 2 cs de sirop de menthe, 1 branche de menthe fraîche (ou quelques feuilles de basilic).

Lavez et coupez en 2 le melon ; débarrassez-le des pépins ; évidez-le à l'aide d'une cuillère parisienne au-dessus d'une coupe pour récupérer le jus. Ajoutez le sucre, le sirop de menthe, les feuilles de menthe hachées. Remuez délicatement et réservez au frais jusqu'au moment de servir. Décorez avec des feuilles de menthe (ou de basilic). Présentez-le avec quelques madeleines à la menthe.

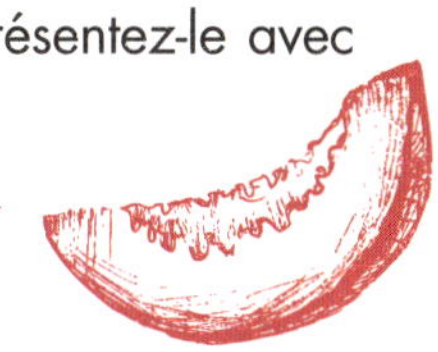

☞ *Le saviez-vous ?*

Le melon : ***avant le XVIIIe siècle, le melon était peu cultivé sauf en Espagne et en Italie. La variété actuelle, le cantaloup, doit son nom à Cantaluppo, résidence d'été des papes. Les Indiens et les Iraniens devaient en manger au début de notre ère. On cultive en France le cantaloup charentais ou le cantaloup brodé. Ces deux variétés sont presque identiques ; dans les deux cas, la tranche est marquée. Le brodé possède une écorce en filets ou en résilles. On les cultive essentiellement dans le Midi, le Sud-Ouest et le Centre-Ouest. Les Français sont les parents pauvres du melon. Les Chinois en consomment plus de 1 700 000 tonnes par an. Les Américains 1 100 000 tonnes et les Russes 500 000 tonnes. Ce sont surtout des melons d'eau.***

Lever du soleil : 5 h 52 Coucher du soleil : 21 h 56 Lune décroissante

Saint-Martial

Jeudi
30
JUIN

Été

DÎNER

Saucisse de Toulouse
Purée de pommes de terre
Yaourts et confiture, quatre-quarts

LES RECETTES DU JOUR

Saucisse de Toulouse

Pour 4 pers. : 1 « rond » de saucisse de Toulouse d'environ 800 g, eau ou bouillon, 1 feuille de sauge, poivre.

Piquez le « rond » avec une épingle. Dans une casserole, déposez la saucisse puis le bouillon (ou l'eau) jusqu'à effleurement ; ajoutez la feuille de sauge ; poivrez. Amenez rapidement à ébullition puis à feu moyen et finissez à feu doux. Ne couvrez pas. Au bout de 30 min, le liquide est évaporé. Retournez alors la saucisse 2 ou 3 fois pour la faire dorer ; éliminez la graisse. Déglacez sur feu vif avec un tout petit peu de bouillon ou d'eau. Servez aussitôt avec la purée.

Quatre-quarts nature

Pour 8 pers. : 250 g de beurre, 4 gros œufs, 250 g de sucre en poudre, 1 sachet de sucre vanillé, 250 g de farine, 1 sachet de levure, 1 pincée de sel.

Faites fondre le beurre et beurrez le moule au pinceau. Cassez les œufs dans un saladier, ajoutez 1 pincée de sel, le sucre et le sucre vanillé. Travaillez le mélange au fouet puis ajoutez la farine en pluie, la levure sans cesser de battre et enfin le beurre fondu. Remplissez le moule. Laissez reposer 15 min puis avec le manche d'une cuillère trempé dans l'eau froide, incisez le gâteau sur 10 cm de long. Mettez au four préchauffé à 180 °C (th. 6) pour environ 50 min (la lame d'un couteau piquée dans la pâte doit ressortir propre). Démoulez au bout de 10 min.

☞ *Le saviez-vous ?*

Merguez : saucisse très pimentée, originaire d'Afrique du Nord. Elle est préparée avec des viandes de mouton, de bœuf, sans aucune parcelle de porc. Inconnue en France jusqu'à la Seconde Guerre mondiale, elle est aujourd'hui très répandue.

Chipolata : saucisse de porc, étroite et courte, enveloppée dans un boyau de mouton. Personne ne peut expliquer pourquoi elle a pris le nom d'un ragoût de la cuisine italienne à base d'oignons : *cipolla*.

☞ KEKCEKÇA ?

Le « rond » : appelé ainsi dans le Sud ; préférez-le aux saucisses individuelles qui sont trop fines et se dessèchent à la cuisson.

☞ *Le saviez-vous ?*

Saucisse : préparation de viandes de porc salées, hachées (plus ou moins finement) et mises en boyaux, sauf la saucisse dite « crépinette ». Les saucisses traditionnelles se font avec du porc frais. Elles peuvent être longues ou courtes ; elles prennent alors le nom de chipolata. D'autres saucisses se font sans viande de porc, comme les merguez ; toutes sont destinées à être grillées ou frites. Chaque région possède sa saucisse à cuire : Lorraine, Auvergne, Franche-Comté, etc. La saucisse de Toulouse est composée d'une chair hachée très grossièrement, de préférence au couteau.
La valeur gastronomique des saucisses est fonction de la qualité des viandes employées, de leur traitement qui tient au talent et à la conscience professionnelle de leur auteur.

Lever du soleil : 5 h 53 Coucher du soleil : 21 h 56 Lune décroissante

Juillet

L	M	M	J	V	S	D
			1	2	3	4
5	6	7	8	9	10	11
12	13	14	15	16	17	18
19	20	21	22	23	24	25
26	27	28	29	30		

Été

DÎNER

Praires crues, filet de citron
Merlans en colère, sauce tartare
Soupe de fraises et framboises

Pense pas bête...

Dimanche, on fête l'été et on reçoit des copains... Je prépare une terrine de jarret de porc en gelée...

LES RECETTES DU JOUR

Merlans en colère

Pour 4 pers. : 4 merlans, 1 grand verre de lait froid, 4 cs de farine, huile pour friture, 1 botte de persil frisé, 1 citron coupé en 4, 1 bol de sauce tartare, sel, poivre.

Dans un plat creux, déposez les merlans nettoyés et vidés. Ajoutez le lait et attendez 30 min environ. Sortez les merlans ; séchez-les dans un papier absorbant. Assaisonnez-les en sel et poivre ; passez-les dans la farine puis secouez-les pour éliminer l'excédent de farine. Placez la queue du merlan dans sa gueule et refermez bien la mâchoire. Chauffez l'huile de friture (qui ne doit pas fumer). Faites dorer les poissons 5 min de chaque côté. Égouttez-les sur du papier absorbant. Salez. Équeutez, lavez et essorez le persil. Trempez-le dans la friture chaude 1 min (il doit rester vert et croustillant). Déposez les poissons bien chauds sur des assiettes ; décorez de persil frit et de quartiers de citron. Servez la sauce séparément.

☞ *Le saviez-vous ?*

Le merlan : ne pas confondre le poisson de la famille des gadidés et le muscle de la cuisse du bœuf. Quand le merlan est en colère, il se mord la queue : quand il est dit « Colbert », il est désarêté par le dos et pané à l'anglaise.

Sauce tartare

Pour 4 pers. : 2 œufs, 1 cs de moutarde forte, 7 cl d'huile d'arachide, 7 cl d'huile d'olive, 1 cs de vinaigre de vin, ½ botte de ciboulette, sel, poivre.

Faites cuire 1 œuf dur 10 min ; quand il est rafraîchi, écalez-le. Dans un bol, écrasez le jaune d'œuf cuit avec le jaune cru, la moutarde, le sel et le poivre. Montez la mayonnaise avec les deux huiles. Versez le vinaigre puis complétez avec la ciboulette finement ciselée.

Soupe de fraises et framboises

Pour 4 pers. : 300 g de fraises, 100 g de framboises, ¼ de l d'eau, 120 g de sucre, le jus d'un citron, 2 dl de vin rouge de Loire.

Dans une casserole, portez l'eau et le sucre à ébullition pendant 2 min. Laissez refroidir. Passez rapidement les fraises sous l'eau fraîche. Équeutez-les, coupez-les en 4. Déposez-les dans un saladier. Ajoutez le sirop de sucre, le jus de citron et le vin. Couvrez et mettez au réfrigérateur. Au moment de servir, parsemez la soupe avec les framboises, accompagnée du reste de quatre-quarts de la veille.

Jarret de porc en gelée

Pour 8 pers. : 3 jambonneaux arrière de porc, 1 pied de veau, 5 carottes, 1 branche de céleri, 3 oignons piqués de 2 clous de girofle, 1 bouquet garni, 15 grains de poivre, 1 poignée de gros sel, 1 bouteille de vin blanc sec, 4 cs de vinaigre blanc, 1 bouquet de persil, 7 gousses d'ail.

Dans un faitout contenant 3 l d'eau, ajoutez les carottes épluchées, coupées en rondelles, la branche de céleri, les oignons, le bouquet garni, le poivre en grains, le gros sel et la bouteille de vin blanc. Plongez les jambonneaux et le pied de veau. Portez à ébullition puis laissez bouillotter pendant 4 h environ. Vérifiez la cuisson avec la pointe d'un couteau. Ajoutez le vinaigre et poursuivez la cuisson 20 min. Hachez finement le persil et l'ail. Sortez les viandes, hachez grossièrement au couteau et mélangez avec le hachis de persil et d'ail. Dégraissez le bouillon. Dans le fond de la terrine, mettez 1 cm de bouillon, ajoutez les viandes et recouvrez du bouillon de cuisson. Emballez la terrine dans un film alimentaire et réservez au réfrigérateur jusqu'au service, soit au moins 24 h.

Saint-Martinien

Samedi

2

JUILLET

SEMAINE 26

Demi-tourteaux tièdes au naturel

Pour 4 pers. : 2 crabes, 2 l de court-bouillon (ou eau salée et poivrée).
Quand le court-bouillon (ou l'eau) bout à gros bouillons, plongez les crabes et maintenez l'ébullition à plein feu. Retirez-les au bout de 10 à 12 min. Laissez refroidir et coupez-les. Consommez-les tièdes.

Rougets-barbets poêlés

Pour 4 pers. : 8 petits rougets (non vidés), 40 g de beurre, farine, sel, poivre.
Faites fondre le beurre dans une poêle ; quand il grésille, déposez les poissons farinés sur chaque face ; faites-les cuire doucement de chaque côté. Salez et poivrez. Servez avec les tomates crues.

Tomates crues

Pour 4 pers. : 5 tomates rondes, sel, poivre.
Plongez les tomates dans une casserole d'eau bouillante ½ min ; sortez-les à l'écumoire puis retirez la peau. Laissez tiédir ; coupez les tomates en 2 puis pressez-les dans les mains pour retirer l'eau de végétation et les graines. Ensuite, coupez la chair des tomates en petits dés que vous laissez égoutter dans une passoire pendant ½ h. Salez et poivrez.

Polenta aux fruits

Pour 6 pers. : 200 g de polenta précuite, 400 g de fruits frais au choix, 1 citron (facultatif), 1,25 l de lait, 1 pincée de sel, 100 g de sucre en poudre + 4 cs, 5 jaunes d'œufs, 1 cs d'eau, 200 g de coulis d'abricot ou de fraise.
Épluchez les fruits et coupez-les en morceaux ; citronnez si nécessaire. Couvrez et mettez au frais. Dans une casserole, portez à ébullition le lait avec le sel et la moitié du sucre. Ajoutez la polenta et remuez avec un fouet. À la reprise de l'ébullition, retirez du feu. Travaillez les jaunes d'œufs, le reste de sucre et l'eau jusqu'à blanchiment et incorporez à la polenta. Mélangez bien. Versez dans un moule en couronne ; démoulez sur un plat allant au four et saupoudrez de 4 cs de sucre en poudre. Faites caraméliser au gril bien chaud. Servez aussitôt les fruits déposés au centre de la couronne et le coulis à part, en saucière.

Ragoût de girolles

Pour 4 pers. : 800 g de girolles, 2 cs de beurre, 2 petites échalotes, 25 cl de crème fraîche, 1 fleur d'anis étoilé, 1 cc rase de graines de fenouil, 1 cc rase de coriandre en grains, 1 branche de thym, 10 cl de porto (ou banyuls, maury), 1 cc rase de sel fin, poivre.
Nettoyez soigneusement les champignons. Passez-les très rapidement sous l'eau froide ; égouttez. Plongez-les 2 à 3 min dans une casserole d'eau bouillante non salée. Retirez et égouttez. Dans une cocotte, faites chauffer le beurre ; ajoutez les échalotes finement hachées ; remuez puis ajoutez la crème, les condiments enfermés dans une petite mousseline, les champignons. Salez et poivrez. Laissez cuire à couvert environ 30 min en remuant de temps en temps.

Été

DÉJEUNER

Demi-tourteaux tièdes au naturel

Rougets-barbets poêlés

Tomates crues

Polenta aux fruits

DÎNER

Ragoût de girolles

Œufs pochés

(voir la recette du 18 avril)

Camembert

Petite histoire...

Le 2 juillet 1882, on inaugure à Chinon une statue du maître François Rabelais né en 1494.

Le 2 juillet 1535, François Ier, se méfiant des ivrognes, ordonne que « tout homme convaincu de s'être enivré sera condamné la première fois à subir la prison, au pain et à l'eau. La seconde fois, il sera fouetté. En cas de récidive, il sera banni après amputation d'une oreille. »

Lever du soleil : 5 h 55 Coucher du soleil : 21 h 55 Lune décroissante

Aujourd'hui, on fête l'été, on invite des copains...

☞ Le saviez-vous ?

Bicarbonate de soude : il a deux propriétés : il garde les légumes bien verts et évite les flatulences. Il permet aussi une meilleure digestion.

Artichauts vinaigrette

Cassez net la queue des artichauts ; lavez et égouttez. Faites-les cuire à l'eau bouillante légèrement salée et additionnée de 1 cc de bicarbonate de soude pendant 45 min. Laissez refroidir et servez avec une vinaigrette moutardée.

Les recettes du jour

Tartare de thon

Pour 4 pers. : 500 g de filets de thon frais (sans peau ni arêtes), 2 oignons nouveaux hachés, 30 g de câpres, 1 botte de coriandre hachée, 1 tomate pelée épépinée et coupée en dés, ½ concombre pelé, épépiné et coupé en dés, poivre rose en grains, le jus de 2 citrons, 8 cs d'huile d'olive, 1 cc de vinaigre de Xérès, sel fin, poivre.

Coupez le thon en petits dés réguliers. Mettez-les dans un saladier. Ajoutez les oignons, les câpres, la coriandre, la tomate, le concombre et le poivre rose. Mélangez délicatement. Ajoutez le jus de citron, l'huile et le vinaigre. Salez et poivrez ; mélangez. Mettez la préparation 30 min au congélateur, puis au réfrigérateur jusqu'au service.

Filets de poulet en papillote

Pour 4 pers. : 4 filets de poulet, 2 cs d'huile d'olive, 1 gousse d'ail hachée, 1 cc rase de ras-el-hanout, sel, poivre.
Garniture : 4 cs d'huile d'olive, 2 poivrons rouges et 2 poivrons verts, 4 tomates coupées en quartiers, 1 branche de thym frais, 2 gousses d'ail émincées, 15 feuilles de basilic hachées.

Salez, poivrez les filets de poulet et badigeonnez-les d'huile ; mélangez les filets avec l'ail et le ras-el-hanout. Réservez. Chauffez l'huile dans une cocotte et jetez-y les poivrons coupés en gros dés. Faites sauter à feu vif 3 min puis incorporez les tomates, le thym et l'ail. Couvrez, laissez cuire à feu doux 10 min. Ajoutez alors les feuilles de basilic, salez et poivrez. Découpez des feuilles de papier sulfurisé de 20 cm de côté. Posez 4 cs de légumes cuits au centre en évitant le jus. Mettez un filet de poulet dessus et fermez la papillote. Posez-les sur la plaque du four et enfournez pour 25 min au four préchauffé à 220 °C (th. 7/8). Servez avec des tagliatelles.

Tarte aux figues

Pour 4 pers. : 1 pâte feuilletée, 1 kg de figues, 50 g de beurre ramolli, 60 g de sucre glace, 60 g de poudre d'amandes, 1 œuf, 1 cs de fécule de maïs, 1 cc de rhum.

Travaillez le beurre en pommade ; versez le sucre glace et la poudre d'amandes ; ajoutez l'œuf, la fécule et le rhum. Mélangez bien. Préchauffez le four à 180 °C (th. 6) ; étalez la pâte feuilletée dans un moule à tarte ; garnissez le fond de crème d'amande ; dressez les figues coupées en deux, sur le dos. Enfournez pour 30 min.

Été

DÎNER

Côtes d'agneau
Tian provençal
Flan d'abricots

☞ Mon truc malin

<u>Tian</u> : *pour obtenir des légumes bien confits, je fais cuire le gratin à four doux (150 °C, th. 5) durant 1 h 30.*

☞ Le saviez-vous ?

Le tian est à la fois un récipient de terre cuite et par extension, le mets cuit dans ce plat, généralement composé de couches de légumes : aubergines, courgettes, poivrons, etc., coupés en tranches et disposés en alternance sur un lit d'oignons hachés et agrémentés d'huile d'olive et d'herbes de Provence. Le tian accompagne aussi bien des volailles que des poissons et des viandes rôties ; on peut également le servir en plat unique.

LES RECETTES DU JOUR

Tian provençal

Pour 4 pers. : 2 oignons, 1 cs d'huile d'olive, 3 courgettes, 3 aubergines, 6 tomates (de taille moyenne), 5 branches de thym, sel, poivre.

Épluchez et émincez les oignons. Versez 1 cs d'huile d'olive dans une poêle. Faites revenir les oignons à feu doux durant 15 min. Rincez les légumes, essuyez-les et taillez-les en fines rondelles de même épaisseur. Remplissez un plat à gratin de la compotée d'oignons. Couvrez avec les légumes en les alternant et en les faisant se chevaucher. Salez et poivrez ; émiettez le thym. Arrosez d'un filet d'huile d'olive. Faites cuire 1 h à four préchauffé à 180 °C (th. 6). Décorez avec 2 branches de thym placées au centre.

Flan d'abricots

Pour 4 pers. : 10 beaux abricots, 1 verre de lait, 3 œufs, 125 g de sucre, 1 cs bombée de farine, 1 cs de poudre d'amandes, 1 pincée de sel, 10 cl de crème liquide entière.

Faites bouillir le lait, retirez du feu et laissez tiédir. Lavez, séchez et dénoyautez les abricots, coupez-les en 2. Disposez-les dans un plat à four beurré et fariné. Dans un saladier, fouettez les œufs avec le sucre ; incorporez la farine et la poudre d'amandes, le sel. Versez le lait tiède puis la crème. Mélangez bien. Versez cette crème sur les abricots. Enfournez pour 30-40 min, four préchauffé à 180 °C (th. 6).

Petite histoire...

Le 4 juillet 1906, dans la revue *Je sais tout*, nous apprenons qu'une nouvelle mode s'est installée dans Paris, une mode qui vient d'Angleterre. Longtemps discutée, dénigrée, elle a fini par entrer dans nos mœurs, adoptée par les femmes du meilleur monde : c'est le « déjeuner en chapeau ». Reconnaissons que cette mode n'est ni commode ni confortable en rapport avec la vie agitée et trépidante que nous a créée l'automobile. On part de chez soi joliment chapeauté, on déjeune rapidement entre amis, on fume *presto* une cigarette russe et sans qu'un cheveu ait bougé, on repart pour ses courses, ses visites, ses essayages et la promenade de 17 h au bois.

Saint-Antoine

Mardi
5
JUILLET

Été

DÎNER

Gratin de courgettes au jambon

Clafoutis aux cerises
(dernier de la saison…, voir la recette du 18 juin)

SEMAINE 27

La recette du jour

Gratin de courgettes au jambon

Pour 4 pers. : 4 courgettes moyennes, 300 g de jambon en tranche, huile d'olive, béchamel express *(voir la recette du 3 avril)*, 80 g de gruyère râpé.

Lavez, pelez et coupez les extrémités des courgettes. Coupez-les dans le sens de la longueur et retirez les pépins à l'aide d'une cuillère à café. Coupez la chair en dés. Versez un peu d'huile d'olive dans une poêle ; faites revenir les dés pendant 10 min sur feu moyen. Coupez la tranche de jambon en dés et ajoutez-la aux courgettes. Versez la préparation dans un plat à gratin, puis recouvrez de la sauce béchamel express. Parsemez d'un peu de gruyère râpé. Enfournez pour 10 min à four préchauffé à 180 °C (th. 6).

☞ *Le saviez-vous ?*

Le clafoutis : *c'est un entremets du Limousin. Sa préparation est précise ; il s'agit de cerises noires disposées dans un plat à four beurré dans lequel on verse une pâte à crêpes assez épaisse. Il se sert tiède poudré de sucre. Il est impératif de ne pas dénoyauter les cerises car en cuisant, les noyaux ajoutent leur arôme à la pâte. Lorsque l'Académie française définit le mot comme « une sorte de flan aux fruits », les protestations des Limousins furent violentes, obligeant l'Académie à céder ; « gâteau aux cerises noires » fut adopté. Les déclinaisons sont nombreuses ; on peut faire un clafoutis avec des pêches, des abricots, des nectarines, des fraises, de la rhubarbe…*

Petite histoire…

Le 5 juillet 1883, on servit pour la première fois au Café Riche une purée de cresson. La recette est simple : passez à la moulinette à légumes du cresson que vous aurez fait étuver au beurre, ajoutez ⅓ de volume de purée de pommes de terre ; complétez au beurre frais. Je me suis inspiré de cette recette pour ma purée au persil que vous trouverez prochainement.

Ce que je fais…

Le clafoutis : je préfère faire une pâte à crêpes plutôt légère que très épaisse, sinon effectivement cela devient une sorte de flan.

Lever du soleil : 5 h 56 Coucher du soleil : 21 h 54 Lune croissante

Été

DÎNER

Escalopes de veau
Carottes sauce poulette
Mousse
au chocolat au café

Sainte-Mariette

Mercredi
6
JUILLET

SEMAINE 27

☞ *Le saviez-vous ?*

L'escalope : tranche mince de viande de veau ou de volaille. Celle de veau a été supplantée par celle de dinde. Compte tenu des méthodes d'élevage de ces deux animaux, à la cuisson, elles rendent très souvent de l'eau, d'où l'intérêt de les poêler à la crème.

Sauce poulette : est un dérivé de la sauce allemande qui est en fait une sauce blanche réalisée avec un fond de veau ou de volaille pour accompagner des abats, de la volaille pochée, des légumes ou des œufs, ou un fumet de poisson ou de champignon : dans ce cas, elle se sert avec le poisson. On l'appelle « allemande » par opposition à la sauce espagnole qui est une sauce brune ; ces deux préparations, fondements de la cuisine, sont d'origine française. Par extension, la sauce poulette est une sauce dérivée de l'allemande à laquelle on ajoute du citron et des herbes finement hachées. Ainsi on trouve des moules sauce poulette, des pieds de mouton, du gras double, de la cervelle, des escargots ou des champignons.

LES RECETTES DU JOUR

Carottes sauce poulette

Pour 4 pers. : 1 kg de carottes, 60 g de beurre, 1 cs bombée de farine, 4 oignons, 1 bouquet garni, 1 jaune d'œuf.

Lavez, épluchez et coupez les carottes en gros biseaux. Dans une cocotte, mélangez le beurre et la farine ; ajoutez les carottes, les oignons émincés et le bouquet garni. Salez et poivrez. Mouillez avec de l'eau jusqu'à effleurement. Couvrez et laissez mijoter une petite demi-heure. Liez la sauce avec le jaune d'œuf préalablement mélangé avec une louche du bouillon (ne laissez pas bouillir).

Mousse au chocolat au café

Pour 6 pers. : 6 œufs, 1 tablette de chocolat (250 g), 2 cs de sucre en poudre, 2 cs de café très fort, 1 pincée de sel.

Séparez les blancs des jaunes d'œufs. Mettez ces derniers dans un saladier avec le sucre et fouettez jusqu'à ce qu'ils blanchissent.

Faites ramollir dans une casserole au bain-marie le chocolat cassé en morceaux avec 2 cs d'eau. La texture doit être bien lisse. Mélangez les jaunes, le café et le chocolat presque refroidi. Battez les blancs en neige ferme avec une pincée de sel fin. Ajoutezles délicatement au mélange jaunes et chocolat. Réservez au réfrigérateur pendant quelques heures avant de servir.

Lever du soleil : 5 h 57 Coucher du soleil : 21 h 54 Lune croissante

Saint-Raoul

Jeudi
7
JUILLET

Été

DÎNER

Osso-buco à la milanaise
(voir la recette du 27 avril)

Sorbet aux abricots et au basilic

Je m'avance pour dimanche

Je prépare un bœuf aux carottes en gelée...

LES RECETTES DU JOUR

Sorbet aux abricots et au basilic

Pour 6 pers. : 600 g d'abricots, 20 cl d'eau, 120 g de sucre en poudre, 2 feuilles de basilic.
Lavez, dénoyautez puis mixez longuement les abricots avec les feuilles de basilic pour obtenir une texture très lisse. Dans une casserole, chauffez l'eau à 45 °C et versez-y le sucre. Amenez à ébullition ; retirez aussitôt ; laissez refroidir puis recouvrez la casserole d'un papier film et réservez au moins 2 h au réfrigérateur. Mélangez alors les fruits et le sirop. Placez en sorbetière jusqu'à bonne consistance.

Bœuf aux carottes en gelée

Pour 4 à 6 pers. : 700 g de joue de bœuf, 1 kg de carottes, 3 oignons, 5 échalotes, 1 gousse d'ail, 1 l de bouillon de bœuf, 1 filet d'huile, 1 pincée de sucre, 1 bouquet garni, 1 sachet de gelée instantanée, sel, poivre.
Épluchez les légumes : coupez les carottes en rondelles fines, émincez les oignons et les échalotes, écrasez l'ail. Préchauffez le four à 180 °C (th. 6). Versez un filet d'huile dans une cocotte ; déposez la viande et faites-la revenir sur feu vif. Quand elle est croûtée, sortez-la et réservez. Mettez alors dans la cocotte la moitié des carottes et les oignons ; salez, poivrez, ajoutez le sucre. Déposez la viande, le bouquet garni, l'ail et les échalotes et enfin le restant des carottes. Ajoutez ½ l de bouillon (l'autre moitié au cas où le fond de la cocotte attacherait). Couvrez et mettez au four préchauffé à 180 °C (th. 6) pour 1 h 45. À mi-cuisson, faites passer les carottes du dessous au-dessus et retournez la viande. À la fin de la cuisson, sortez la viande et découpez-la en tranches. Égouttez les carottes dans une passoire au-dessus d'un récipient pour récupérer le jus que vous laisserez refroidir puis dégraissez. Ajoutez à ce jus ½ l de gelée instantanée préparée comme indiqué sur l'emballage. Déposez un peu de gelée refroidie au fond d'un moule ; disposez la viande tranchée et les légumes ; ajoutez le reste de gelée. Couvrez d'un film alimentaire et placez le moule au réfrigérateur ; démoulez au dernier moment en posant le moule dans un fond d'eau très chaude.

KEKCEKÇA ?

Osso-buco : préparation culinaire originaire d'Italie (Milan), à base de jarret de veau coupé en rondelles avec la moelle à l'intérieur, mijoté avec des tomates et des aromates, servi avec des pâtes ou du riz.

Petite histoire...

Le 7 juillet 1968, se fonde officiellement la Confrérie des Mangeux d'Esparges de Sologne. Ces esparges sont en réalité des asperges, vous l'avez deviné. Les asperges blanches les plus connues sont celles d'Argenteuil, près de Paris. C'est là qu'elles furent obtenues pour la première fois à partir de greffes d'asperges violettes de Hollande au XVIIIe siècle par un jardinier qui allait devenir un célèbre aspargiculteur, Louis Lhérault. À partir de greffons d'asperges d'Argenteuil, La Quintinie en élève « en couche » dans les serres de Versailles. Revenons aux esparges du Loir-et-Cher ; elles furent introduites dans la région très exactement à Saint-Claude-de-Diray, près de Vineuil, par un gendarme à la retraite, Marcel Depezay. C'est en 1877 que la culture des asperges blanches dites « de Vineuil » s'étendit à travers le département, spécialement dans l'ancienne Sologne viticole entre Soings et Contres, après que la fameuse épidémie de phylloxéra eut détruit le vignoble en 1864.

Lever du soleil : 5 h 58 Coucher du soleil : 21 h 53 Lune croissante

Été

DÎNER

Lotte aux anchois

Tarte Tatin aux abricots

☞ *Le saviez-vous ?*

La lotte : on l'appelle « baudroie » dans le sud de la France. Elle a une tête énorme et ronde, presque aussi longue que le corps (entre 0,90 et 2 m) et deux fois plus large, fendue d'une gigantesque bouche toujours ouverte et barrée de dents pointues. Ce poisson est d'une effrayante laideur ; il est surnommé « diable », « crapaud » et quelquefois même « voyou des mers ». Il arrive étêté sur les étals, c'est tout dire ! La lotte n'a pas d'arêtes, seulement un os central dont on se débarrasse facilement. Elle ne supporte guère le réfrigérateur, pas plus de 24 h.

Qu'est-ce qu'on boit ?

Profitez de ce plat de lotte pour mettre dans votre cave l'edelzwicker de Fahrer. C'est un délice…
Vins Paul Fahrer,
3, place de la mairie
67600 Orschwiller,
tél. : 03 88 92 86 57.

L'Edelzwicker est le plus connu des vins d'assemblage parmi les crus d'Alsace ; celui de Fahrer comporte chasselas, riesling, sylvaner et pinot. L'edelzwicker est la boisson qu'on boit encore dans le winstub avec les cervelas vinaigrette. Celui que je vous propose est un régal, avec un rapport qualité-prix introuvable ailleurs.

Les recettes du jour

Lotte aux anchois

Pour 4 pers. : 1,2 kg de lotte coupée en tronçons, 1 petite boîte d'anchois à l'huile, 50 g de beurre, 2 cs d'huile d'olive, 2 carottes, 2 oignons blancs, 1 gousse d'ail, 1 tomate, queues de persil, 1 branche de thym, 1 feuille de laurier, ½ verre de blanc sec, 125 g de crème fraîche, 30 g de farine, 2 cs de fécule de maïs, 1 petit bol d'olives noires dénoyautées.

Lardez les morceaux de lotte avec les anchois (comme pour un gigot). Beurrez une cocotte, ajoutez l'huile puis tapissez le fond avec les carottes et les oignons épluchés et coupés en rondelles, l'ail écrasé, la tomate pelée, épépinée et coupée en quartiers, les queues de persil émincées, le thym et le laurier. Déposez la lotte ; ajoutez quelques noix de beurre. Passez au four préchauffé à 220 °C (th. 7/8), cocotte couverte, en arrosant de temps en temps avec le jus de cuisson. Au bout de 30 min, ajoutez le vin blanc ; laissez cuire encore 15 min environ, cocotte couverte. Retirez la lotte et déposez-la sur un plat chaud. Filtrez le jus de cuisson pour récupérer tous les sucs ; versez-le dans une casserole et faites réduire de moitié ; ajoutez la crème et laissez cuire 7-8 min (ajoutez la fécule délayée dans très peu d'eau si nécessaire). Rectifiez l'assaisonnement et versez sur la lotte. Décorez avec les olives coupées en morceaux.

Tarte Tatin aux abricots

Pour 6 pers. : 1 pâte feuilletée, 1 kg d'abricots, 6-8 morceaux de sucre, eau, beurre.

Lavez, dénoyautez les abricots ; coupez-les en 2. Faites un caramel dans une poêle antiadhésive avec les morceaux de sucre, très peu d'eau ; ajoutez 1 bonne cuillerée à soupe de beurre quand le caramel atteint une jolie couleur dorée. Déposez les oreillons d'abricots dans le caramel pour bien les enrober puis disposez-les harmonieusement dans un moule à manqué ou à tarte. Posez la pâte dessus en rabattant ce qui dépasse à l'intérieur du moule pour faire un petit bourrelet de pâte. Mettez à four préchauffé à 220 °C (th. 7/8) pour 30-35 min. Laissez tiédir environ 15 min et retournez dans un plat de service.

Lever du soleil : 5 h 58 Coucher du soleil : 21 h 53 Lune croissante

LES RECETTES DU JOUR

Été

DÉJEUNER

Salade de brocolis aux copeaux de parmesan

Dorades grillées, pommes de terre vapeur

Parfait au café, tuiles aux amandes

(voir la recette du 3 août)

DÎNER

Blancs de volaille poêlés

(voir la recette du 9 juin)

Ragoût de courgettes à la tomate et aux lardons

Fraises au sucre

Salade de brocolis aux copeaux de parmesan

Pour 4 pers. : 2 bouquets de brocolis, 4 cs d'huile d'olive, 4 cs de vinaigre de vin, 80 g de parmesan, sel, poivre.

Rincez et séparez les brocolis en petits bouquets. Plongez les brocolis dans un faitout d'eau bouillante salée et faites cuire à découvert 3-4 min ; retirez-les à l'écumoire et égouttez-les. Préparez la vinaigrette ; disposez les brocolis au centre du plat. Arrosez de sauce vinaigrette et poivrez. Râpez le parmesan avec un économe sur les brocolis et servez tiède.

Dorades grillées

Pour 4 pers. : 2 dorades de 600 g environ, 2 feuilles de laurier, 1 branche de romarin, jus de 1 citron, 6 cs d'huile d'olive, sel, poivre.

Rassemblez tous les ingrédients de la marinade et une fois ceux-ci bien mélangés, imprégnez les dorades en les retournant de temps en temps, pendant 1 h environ. Allumez le gril du four ; placez-y les dorades pour 5 min ; retournez-les et faites cuire encore 5 min en arrosant de la marinade.

Parfait au café

Pour 6 pers. : 5 œufs, extrait de café, 12 cs de sucre en poudre, 1 gousse de vanille, 50 cl crème fraîche.

Séparez les blancs des jaunes d'œufs. Fouettez les jaunes avec 10 cs de sucre jusqu'à blanchiment ; ajoutez goutte à goutte l'extrait de café jusqu'à ce que le goût vous convienne. Fendez la gousse de vanille, grattez-la, ajoutez aux jaunes. Fouettez la crème fraîche et incorporez-la aux jaunes. Battez les blancs en neige bien fermes puis ajoutez 2 cs de sucre en fouettant encore ; incorporez les blancs au mélange précédent. Versez le tout sans attendre dans un récipient au congélateur pour 1 h 30 ; servez en tranches avec des tuiles *(voir la recette du 3 août)*.

Ragoût de courgettes à la tomate et aux lardons

Pour 4 pers. : 800 g de courgettes, 2 oignons, 2 gousses d'ail, 2 tomates, 1 branche de romarin, 125 g de lardons fumés, 2 cs d'huile d'olive, sel, poivre.

Épluchez et coupez les oignons en morceaux. Pelez et écrasez l'ail. Lavez et pelez les courgettes en laissant une bande sur deux dans la longueur puis coupez-les en rondelles. Ébouillantez et pelez les tomates ; épépinez-les. Dans une cocotte, faites revenir à feu moyen les oignons ; ajoutez l'ail et les lardons puis les courgettes ; laissez revenir 5 bonnes minutes. Ajoutez les tomates concassées et la branche de romarin. Salez et poivrez. Baissez le feu ; laissez cuire 10-15 min à découvert. Les courgettes doivent être juste tendres.

Petite histoire... En juillet 1797, on découvre que les vins sont de plus en plus frelatés, que tous les jeunes gens se destinant au négoce des vins sous toutes ses formes commencent dit-on par s'inscrire dans de biens curieux laboratoires... C'est là qu'ils apprennent à composer avec les bois de Pernambouc, des carottes et des navets, une sorte de teinture qu'un « maître » leur fait mettre en bouteilles sous les appellations pompeuses de tonnerre, bourgogne, champagne, alicante, madère... dont les noms erronés figureront en lettres d'or sur des tableaux au-dessus des portes d'entrées des tavernes. M. Chaptal affirme alors : « Avec ces vins, ce n'est pas la vérité qui est au fond de la bouteille, c'est la mort. »

Lever du soleil : 5 h 59 Coucher du soleil : 21 h 52 Lune croissante

Les recettes du jour

Charlotte aux fraises

Pour 6 pers. : 500 g de fraises, 1 verre à liqueur de crème de framboise, 30 biscuits à la cuillère, 20 cl de crème fraîche, 3 cs de sucre en poudre.

Rincez et égouttez les fraises ; retirez les queues ; si elles sont trop grosses, coupez-les en 2. Dans un récipient, mélangez la crème de framboise avec un peu d'eau ; trempez-y rapidement chaque biscuit. Tapissez le moule à charlotte de biscuits imbibés, côté bombé vers la paroi du moule. Battez au fouet la crème et le sucre. Versez en alternance 1 couche de crème et 1 couche de fraises. Terminez par une couche de biscuits. Posez une assiette sur le moule et placez un poids sur celle-ci. Laissez au moins 4 h au réfrigérateur (mais pas toute la nuit). Démoulez et servez avec un coulis de fraise.

Flognarde aux poires

Pour 6 pers. : 3-4 poires, 125 g de beurre, 3 œufs, 5 cs bombées de sucre en poudre, 2 sachets de sucre vanillé, 100 g de farine, 1 pincée de sel.

Faites fondre le beurre dans un moule à tarte allant sur le feu ; versez-le dans un bol en conservant un peu de beurre dans le plat. Épluchez les poires ; retirez le cœur et coupez-les en tranches épaisses. Remettez le moule sur le feu avec 2 cs de sucre en poudre. Quand il commence à blondir, posez les lamelles de poires et faites-les cuire 10 min en les retournant. Dans un saladier, fouettez vivement les œufs avec 2 cs de sucre et le sucre vanillé. Ajoutez la farine, le beurre fondu et la pincée de sel tout en continuant de fouetter. Versez la pâte sur les poires. Mettez à four préchauffé à 210 °C (th. 7) pour 30 min. Quand la flognarde est tiède, poudrez de 1 cs de sucre.

☞ **Le saviez-vous ?** ***Flognarde ou flaugnarde : nom dérivé de l'ancien francais fleugne (mou, douillet). C'est une sorte de flan froid, rustique, provenant d'Auvergne, du Limousin ou du Périgord. Colette, la grande romancière, écrivait dans son ouvrage De ma fenêtre (1942) : « la flognarde dessert vite fait et substantiel ».***

Été

DÉJEUNER

Bœuf aux carottes en gelée
(voir la recette du 7 juillet)

Salade croquante

Charlotte aux fraises

DÎNER

Reste du bœuf aux carottes

Flognarde aux poires

Qu'est-ce qu'on boit ?

Avec le bœuf aux carottes : un chenas frais de chez Dominique Piron, 69910 Villie-Morgon, tél. : 04 74 69 10 20. Les vins de Dominique Piron à Morgon invitent à la gourmandise. Leur matière est saine, leur saveur fruitée intense, la finale longue. Avec le bœuf en gelée, je vous recommande un beaujolais village à boire légèrement frais ; il est la preuve que la région produit à nouveau de jolis vins pour ceux qui en douteraient encore.

Été

DÎNER

Sauté de veau aux olives
Compotée de fenouil

Les recettes du jour

Sauté de veau aux olives

Pour 4 pers. : 800 g d'épaule de veau en morceaux, 2 oignons (rouges de préférence), 3 gousses d'ail, 4 cs d'huile d'olive, thym, 1 feuille de laurier, 12 cl de vin blanc sec, 20 cl de bouillon de poule, 1 boîte d'olives vertes dénoyautées, sel, poivre.

Épluchez et coupez les oignons en rondelles. Pelez l'ail et retirez le germe si nécessaire. Dans une cocotte, faites revenir la viande en plusieurs fois dans l'huile d'olive jusqu'à légère coloration et réservez. Remplacez par les oignons jusqu'à ce qu'ils soient très légèrement dorés. Remettez la viande, l'ail écrasé, le thym, le laurier, le vin blanc et le bouillon. Salez légèrement et poivrez. Couvrez et faites cuire à feu moyen durant 1 h 30. Lavez et égouttez les olives ; ajoutez-les à la viande 10 min avant la fin de la cuisson ; remuez légèrement.

Compotée de fenouil

Pour 4 pers. : 4 bulbes de fenouil, 1 cs de beurre, 1 cs d'huile d'olive, 1 botte d'oignons blancs, 1 verre de vin blanc, 1 cs d'apéritif anisé, 1 cc de sel fin, poivre.

Dans une cocotte, faites chauffer le beurre et l'huile d'olive ; ajoutez les fenouils lavés et émincés, les oignons coupés en 4, le vin blanc, le sel et le poivre. Faites suer à couvert 5 min. Laissez cuire doucement 25 min à couvert aux trois quarts. Ajoutez l'apéritif anisé ; remuez.

J'achète mieux Je vous conseille d'acheter vos olives et surtout votre huile d'olive française au domaine de l'Oulibo, hameau de Cabezac, 11120 Bizes-Minervois, tél. : 04 68 41 88 88.

☞ *Le saviez-vous ?*

L'olivier : Passée l'inévitable étape de la formation, tous les arbres sont beaux, nobles, les fruitiers plus que les autres – ils nous régalent de surcroît –, les vieux davantage peut-être. Un vieil olivier inspire le respect. L'âge l'a rendu effacé, modeste : il ne « la ramène » pas, n'étale pas sa ramure avec autorité et suffisance, comme un chêne centenaire.
Il est juste, simple et vrai et il a une signification symbolique plus forte que les autres arbres : paix, prospérité et vie éternelle. Quand bien même ne produirait-il pas d'olives, ni par conséquent d'huile, il est l'hôte de référence, indispensable, des jardins du pourtour méditerranéen. Nous savons tous que chaque arbre a une identité régionale claire, une terre d'origine en adéquation avec le climat, mais la mode veut que ces conditions élémentaires, nécessaires au bonheur de l'arbre, ne soient plus respectées. L'olivier peut en effet survivre, cultivé en bac ou dans des régions inadaptées. Survivre… est-ce une existence pour un arbre ?

L'art de boire bien frais date du 11 juillet 1560. Dans son traité de vénerie, l'auteur, M. du Fouilloux, conseille aux chasseurs qui aiment boire le vin frais de mettre du camphre dans l'eau où ils auront mis des bouteilles à tremper.
Je n'ai pas essayé cette technique, car l'invention du réfrigérateur nous permet l'usage des glaçons.

Lever du soleil : 6 h 01 Coucher du soleil : 21 h 51 Lune croissante

Je m'avance pour le 14 juillet…

Je prépare une marinade pour les harengs pommes à l'huile…

Été

DÎNER

Poulet au vinaigre
Tagliatelles
Tarte aux figues

Saint-Olivier

Mardi
12
JUILLET

☞ *Le saviez-vous ?*

L'expression « ni chair ni poisson » signifie d'une chose qu'elle est indéfinissable et indéterminée. Cette expression se dit aussi d'une personne à la personnalité indécise ou difficile à cerner.

Le hareng : les moyens de le conserver sont nombreux. Il subit en général une période de salage avant sa préparation. Le hareng saur est salé entre 2 et 6 jours, fumé légèrement à froid et vendu en filets sous sachet.

Le buckling est salé seulement quelques heures, fumé à chaud. Conséquence : il subit un début de cuisson.

Le kipper : ouvert et mis à plat, il est salé 1 h ou 2 puis fumé sur des copeaux de bois. Il fait partie du petit déjeuner traditionnel des Anglais.

Le gendarme : 9 jours de salaison, fumé entre 10 et 18 h.

Rollmops et hareng de la Baltique : ouverts comme le kipper, marinés dans du vinaigre et des aromates ; le premier est roulé sur un cornichon et maintenu par un bâtonnet ; le second se présente en filets et à plat.

LES RECETTES DU JOUR

Poulet au vinaigre

Pour 4 pers. : 7 cuisses de poulet, 1 carotte, 2 oignons moyens, 1 branche de céleri, 20 g de beurre, 1 cs d'huile d'olive, 7 cl de vinaigre de Xérès, 1 verre à moutarde de bouillon de volaille, 1 bouquet garni, sel, poivre.

Lavez et râpez la carotte ; épluchez et coupez les oignons en rondelles, lavez et coupez le céleri en fines lamelles. Dans une cocotte à feu moyen, faites revenir le beurre et l'huile ; à grésillement, faites dorer les morceaux de poulet ; salez et poivrez. Réservez et remplacez-les par les oignons pendant 5 min. Ajoutez la carotte et le céleri et quelques minutes après, ajoutez le vinaigre, le bouillon de volaille, le bouquet garni. Rectifiez l'assaisonnement. Remettez les cuisses de poulet. Couvrez et laissez cuire à feu doux pendant 40 min.

Tarte aux figues

Pour 6 pers. : 1 pâte sablée, 700 g de figues, 4 cs de sucre de canne.

Déroulez la pâte dans un moule à tarte. Faites-la cuire « à blanc » durant 10 min au four préchauffé à 180 °C (th. 6). Lavez les figues ; séchez-les et coupez-les en 4. Déposez-les dans un plat et saupoudrez-les de sucre de canne. Mélangez et réservez au réfrigérateur 20 min. Disposez les figues sur la pâte (la peau sur le fond de pâte). Enfournez pour 20 min, le four préchauffé à 180 °C (th. 6). Servez froid.

Harengs pommes à l'huile

Pour 4 pers. : 400 g de harengs fumés, 1 oignon (moyen), 1 carotte, thym, 1 feuille de laurier, huile d'olive, quelques grains de poivre noir.

Épluchez les légumes et coupez-les en rondelles fines. Rincez les filets de harengs ; essuyez-les avec du papier absorbant ; posez-les dans un petit plat creux. Recouvrez-les d'huile. Parsemez de rondelles de carotte et d'oignon, thym, laurier, poivre en grains. Mettez au frais (ne salez pas cette marinade, les harengs le sont suffisamment).

Lever du soleil : 6 h 02 Coucher du soleil : 21 h 50 Premier quartier de lune

Saint-Henri

Mercredi

13

JUILLET

Été

DÎNER

Pizza « maison »
Compote d'abricots

Je m'avance pour demain...
Je prépare un rôti de porc au lait que l'on mangera froid...

Les recettes du jour

Pizza « maison »

Pour 6 pers. : 1 pâte à pizza (forte en gluten de préférence ; demandez à votre boulanger), 2 oignons moyens, 3 cs d'huile d'olive, 5 tomates, 1 cs bombée de concentré de tomate, 1 gousse d'ail, bouquet garni, 1 cs de sucre en poudre, 1 cuillerée à thé de fleur de thym ou d'origan, 200 g de mozzarella (de bufflonne), ¼ de cc de sel fin, poivre.

Épluchez et hachez finement les oignons. Versez l'huile d'olive dans une casserole avec les oignons ; laissez étuver doucement. Ébouillantez les tomates ; plongez-les dans l'eau froide. Pelez-les, coupez-les en 2 ou 4 ; pressez-les pour extraire les pépins. Concassez-les grossièrement et ajoutez-les aux oignons avec le concentré de tomate, l'ail haché, le bouquet garni, le sucre, sel et poivre. Laissez mijoter 30 min à découvert. Laissez refroidir. Étalez la pâte sur ½ cm d'épaisseur et déposez-la sur la plaque du four légèrement huilée ; roulez les bords. Versez la sauce tomate ; dispersez à la surface le thym et la mozzarella coupée en tranches fines. Mettez à four préchauffé à 240 °C (th. 8) pour 10-12 min (le pourtour doit être croustillant).

Compote d'abricots

Pour 4 pers. : 700 g d'abricots mûrs, 200 g de sucre cristallisé, 10 cl d'eau, 4 amandes de noyaux d'abricots.

Lavez, coupez en 2 et dénoyautez les abricots. Déposez-les dans une casserole avec l'eau, le sucre et les amandes. Amenez à frémissement 7-8 min à feu doux en remuant. Servez à température de la pièce avec éventuellement une boule de glace à la vanille ou aux amandes.

Petite histoire...

1513 : liberté pour les charcutiers... Désormais, les « charcustiers » et autres « saulcisseurs » ne seront plus rigoureusement obligés de passer par les bouchers pour s'approvisionner en viande de porc. Le roi Louis XII signe ce jour-là un décret (qui entrera en vigueur le 18 juillet prochain) les autorisant désormais à acheter eux-mêmes, sur tous les marchés de Paris, des porcs vivants, dans le but d'en débiter et d'en vendre la chair crue ou cuite...

Rôti de porc au lait

Pour 4 pers. : 600 g de porc dans l'échine, 150 g d'oignons, 20 g de saindoux, 2 feuilles de sauge, 1 branche de thym, 1 l de lait, 2 cc de sel fin, 15 grains de poivre.

Épluchez et coupez les oignons en rondelles fines. Mettez le saindoux dans une cocotte sur feu doux. Faites étuver les oignons à couvert 25 min (ils doivent être translucides). Posez le rôti sur le lit d'oignons ; salez et poivrez. Mettez les feuilles de sauge et le thym ; couvrez de lait jusqu'à hauteur. Posez le couvercle sur la cocotte en laissant entrouvert et laissez cuire 45 min. Retournez le rôti et laissez cuire encore 30 min. Laissez refroidir dans le lait ; sortez la viande et essuyez-la. Entourez le rôti de film alimentaire en serrant. Conservez au réfrigérateur toute la nuit.

Lever du soleil : 6h03 Coucher du soleil : 21h49 Lune croissante

Mon truc malin

Le lait porté à ébullition a tendance à s'échapper. Les anciens utilisaient une crémone; on peut obtenir le même résultat en utilisant une soucoupe dans le fond de la cocotte ou une cuillère en bois posée en travers.

Jeudi
14
JUILLET

LES RECETTES DU JOUR

Salade de fruits à la moutarde

Pour 4 pers. : 1 petit ananas, 2 bananes, 2 oranges, 1 poignée de groseilles, 1 poignée de cerises, le jus d'1 citron, 130 g de crème fraîche, 1 cc de moutarde, quelques amandes fraîches, sel, poivre.

Sur une planche à découper : coupez l'ananas en 2 dans le sens de la longueur en gardant le plumet. Enlevez la partie fibreuse et prélevez la chair à l'aide d'une petite cuillère. Épluchez et coupez les bananes en rondelles. Épluchez les oranges à cru, ôtez les pépins et coupez en rondelles. Égrappez les groseilles ; dénoyautez les cerises. Dans un saladier, mélangez les fruits avec le jus de citron et le jus des fruits récupérés lors de la découpe. Dans un bol, mélangez la crème fraîche, la moutarde, sel et poivre. Versez sur les fruits et mélangez délicatement. Garnissez les moitiés d'ananas évidés et décorez de quelques amandes fraîches. Conservez à température ambiante.

Poires au chocolat

Pour 4 pers. : 4 poires williams, 1 citron, 60 g de sucre semoule, 200 g de chocolat noir à 70 % de cacao, 5 cl de crème fraîche.

Pelez les poires en conservant la queue. Pressez le jus de citron et versez-le sur les poires. Dans une casserole, posez les poires debout, côte à côte ; ajoutez le sucre puis de l'eau jusqu'à les couvrir aux trois quarts. Faites-les cuire à feu moyen environ 20 min jusqu'à ce qu'elles deviennent translucides. Retirez du feu et laissez refroidir. Réservez un tiers de verre de jus de cuisson. Au moment de servir, faites fondre le chocolat au bain-marie ; ajoutez la crème puis versez le sirop de cuisson petit à petit jusqu'à obtenir un mélange crémeux. Dans une coupe à glace, placez une poire et arrosez de sauce au chocolat. Consommez immédiatement.

Pommes de terre à l'huile

Pour 4 pers. : 1 kg de pommes de terre à chair ferme, 4 échalotes, 4 cs de vinaigre de Xérès, 10 cl d'huile de tournesol, 1 bouquet de ciboulette, sel, poivre.

Faites cuire les pommes de terre épluchées à la vapeur. Épluchez et hachez finement les échalotes ; versez-les dans une petite casserole avec le vinaigre et du sel. Amenez à ébullition et éteignez le feu ; ajoutez l'huile, du poivre. Rincez, séchez et coupez la ciboulette. Coupez les pommes de terre tièdes en rondelles et versez aussitôt la sauce. Remuez délicatement. Rectifiez l'assaisonnement et servez avec les harengs.

Été

DÉJEUNER

Rôti de porc froid au lait
(voir la recette du 13 juillet)

Salade de fruits à la moutarde

Poires au chocolat

DÎNER

Filets de harengs, pommes à l'huile
(voir la recette du 12 juillet)

Salade de haricots verts

Soupe de fraises et fruits rouges
(voir la recette du 15 avril)

Je m'avance pour demain…

Je prépare mon matériel pour faire des confitures… :

- 1 bassine, de préférence en cuivre mais un faitout ou le récipient de l'autocuiseur fera l'affaire, sous réserve que le cul du faitout soit dressé pour éviter que les confitures n'attachent. On dresse le cul d'une casserole en emboutissant 2 plaques de métal qui se marient sous l'effet de la pression. Un cul digne de ce nom exige une épaisseur minimum de 4 mm.
- 1 écumoire, pour écumer, remuer.
- 1 cuillère en bois naturel.
- 1 louche.
- 1 balance de cuisine pour peser les fruits et le sucre.
- Du sucre.
- Pensez à commander les fruits. Exemple : des abricots à confiture, de préférence le rouge du Roussillon.

Lever du soleil : 6h04 Coucher du soleil : 21h48 Lune croissante

Saint-Donald

Vendredi
15
JUILLET

SEMAINE 28

Été

DÎNER

Crevettes grises
Raie au beurre noisette *(voir la recette du 4 juin)*
Pêches au sirop à la menthe fraîche

Je m'avance pour demain...
Je prépare une moussaka...

Les recettes du jour

Moussaka

Pour 8 pers. : 10 aubergines, 1,3 kg d'agneau maigre haché, 8 cs d'huile d'olive, 4 oignons hachés, 600 g de coulis de tomate « maison », 1 poignée de menthe fraîche, sel, poivre.

Pelez les aubergines ; coupez-les en tranches de 1 cm dans le sens de la longueur. Faites-les dégorger dans de l'eau salée pendant 2 h. Épongez-les. Dans une poêle, versez 2 cs d'huile d'olive ; dès qu'elle est chaude, ajoutez les tranches d'aubergines. Faites-les dorer des 2 côtés ; égouttez-les sur du papier absorbant.

Faites dorer les oignons hachés dans 2 cs d'huile et couvrez jusqu'à ce qu'ils deviennent transparents. Augmentez le feu ; ajoutez la viande hachée, faites dorer en remuant. Ajoutez le coulis de tomate, la menthe hachée, sel et poivre. Mélangez bien et laissez mijoter 20 min. Réservez. Beurrez un plat à gratin. Posez une couche d'aubergines dans le fond du plat; étalez une couche de viande hachée tomatée. Couvrez d'une autre couche d'aubergines et ainsi de suite jusqu'à épuisement des ingrédients en terminant par les aubergines. Chauffez à feu doux l'huile restante dans la poêle de cuisson des aubergines. Grattez pour décoller les sucs et arrosez le plat à gratin. Réservez au réfrigérateur. Le lendemain, passez au four préchauffé à 250 °C (th. 8/9) pendant 25 min puis 5 min sous le gril pour faire gratiner.

Confiture d'abricots traditionnelle

Pour 4 pots de 375 g : 1,3 kg d'abricots, 900 g de sucre cristallisé, le jus de ½ citron.

Passez les abricots sous l'eau fraîche ; dénoyautez-les et mélangez-les avec le sucre dans un saladier ; couvrez et mettez au frais ou au réfrigérateur pour 48 h en prenant soin de remuer à nouveau après 24 h de macération. Versez le contenu du saladier dans la bassine à confiture. Ajoutez le jus de citron. Portez lentement à ébullition ; laissez cuire à petits bouillons 15 min environ en remuant fréquemment. Au début de l'ébullition, la confiture se couvre d'une mousse blanche épaisse : l'écume. L'écume est rapidement absorbée au fur et à mesure qu'on remue. La confiture prend alors une belle couleur dorée. Pour vérifier sa consistance, utilisez le système de l'assiette mise au congélateur (voir mon truc malin). Mettez en pots aussitôt et fermez « à froid » (voir mon truc malin le 17 juillet). Mettez en pots, fermez et retournez.

Pêches au sirop à la menthe fraîche

Pour 4 pers. : 4 pêches, 1 l d'eau, 500 g de sucre, 1 branche de menthe fraîche.

Versez l'eau et le sucre dans une grande casserole ; portez à ébullition ; ajoutez la menthe, couvrez et laissez infuser hors du feu. Plongez les pêches 1 min dans l'eau bouillante ; passez-les sous l'eau froide ; pelez-les. Déposez les pêches entières dans le sirop. Portez à ébullition ; baissez le feu et faites cuire 15-20 min (selon la taille), à petits frémissements. Retirez la menthe et laissez refroidir à température ambiante. Servez les pêches dans leur sirop, éventuellement accompagnées d'une boule de glace vanille ou menthe.

Mon truc malin

Système de l'assiette au congélateur : la méthode empirique que j'utilise le plus souvent ne demande aucune compétence ni matériel particulier autre qu'une écumoire et une assiette préalablement passée au congélateur ou au bac à glace du réfrigérateur. Lorsque le sirop est à ébullition, on y trempe l'écumoire et on laisse tomber une goutte de sirop sur l'assiette. Si la goutte s'étale trop, il faut continuer la cuisson. Si la goutte roule en perle sur l'assiette, le sirop est à point ; on peut mettre en pots.

Tarte aux abricots

Pour 6 pers. : 1 pâte brisée, 1 tranche fine de pain d'épices, 1 kg d'abricots frais, 2 cs de cassonade.

Préchauffez le four à 230 °C (th. 7/8). Étalez la pâte dans un moule à tarte beurré. Piquez le fond à la fourchette ; émiettez la tranche de pain d'épices sur le fond de tarte. Rincez, coupez et retirez les noyaux des abricots. Rangez les oreillons sur le fond de tarte, debout, les uns contre les autres. Saupoudrez de cassonade. Enfournez pour 15 min puis baissez le four à 180 °C (th. 6) pour 15 min encore. Démoulez tiède. Ajoutez du sucre en poudre selon votre goût.

Petite histoire...

<u>Le 16 juillet 1840</u>, l'auteur dramatique Rougemont meurt d'une indigestion de melon. Il n'est pas la première victime de ce fruit, excellent mais indigeste lorsqu'on se laisse aller à en manger trop. En 1471, le pape Paul II, abusa de melon au point de provoquer une mortelle crise d'apoplexie ; de même, le médecin botaniste Guy de la Brosse, médecin personnel de Louis XIII, en 1641.

Salade rustique

Pour 6 pers. : 400 g de pommes de terre à chair ferme, 130 g de haricots verts frais, 2 tomates, 6 œufs + 1 jaune, 1 cc de moutarde forte, 20 cl d'huile, 1 cs de vinaigre de vin, 4 cornichons, ½ botte de cerfeuil, sel, poivre.

Lavez et faites cuire les pommes de terre à l'eau ; égouttez-les puis retirez la peau. Faites cuire les haricots verts à l'eau salée environ 15 min, à découvert, pour qu'ils restent croquants. Plongez-les dans l'eau froide, égouttez-les. Plongez les tomates dans l'eau de cuisson des haricots ; retirez-les ; pelez-les et réservez. Faites cuire les œufs durs 8 min dans de l'eau salée ; rafraîchissez-les, écalez-les. Dans un bol, réunissez le jaune d'œuf, la moutarde, le sel, le poivre et montez une mayonnaise avec l'huile. Lorsqu'elle est prête, incorporez le vinaigre. Coupez les cornichons et les pommes de terre en rondelles, les tomates et les œufs durs en quartiers. Réunissez tous les ingrédients dans un saladier ; mélangez avec la mayonnaise. Décorez avec les cornichons et les pluches de cerfeuil. Rectifiez l'assaisonnement et servez à température ambiante.

Terrine de chèvre frais aux figues

Pour 6-8 pers. : 2 fromages de chèvre frais (400 g), 2 cs d'huile d'olive, 1 cs de crème fraîche, 1 verre d'eau, 2 cs de sucre en poudre, 2 cs de vinaigre de vin, 300 g de figues fraîches, ½ botte de ciboulette, sel, poivre.

Écrasez à la fourchette les fromages de chèvre frais avec la ciboulette hachée ; salez et poivrez. Incorporez l'huile et la crème fraîche petit à petit. Dans une casserole, versez l'eau, le sucre, le vinaigre puis ajoutez les figues coupées en 2 ; salez et poivrez. Faites mijoter pendant une vingtaine de minutes à feu doux afin d'obtenir une sorte de confiture ; laissez refroidir. Déposez la moitié de la préparation de chèvre au fond d'une petite terrine. Étalez par-dessus votre confiture de figues sur environ 1 cm ; recouvrez avec le restant de chèvre. Couvrez la terrine ; mettez au réfrigérateur pour au moins 12 h avant de l'entamer.

Je m'avance pour demain...
Je prépare une terrine de chèvre frais aux figues...

Été

DÉJEUNER

Moussaka
(voir la recette du 15 juillet)
Tarte aux abricots

DÎNER

Salade rustique
Roquefort
Fraises au vin
(voir la recette du 6 mai)

Sainte-Charlotte

Dimanche
17
JUILLET

KEKCEKÇA ?

Chorba : traditionnelle soupe de la cuisine arabe que l'on retrouve avec de nombreuses variantes dans la cuisine des Balkans, avec la *corba* yougoslave et la *ciorba* roumaine ou bulgare.

Été

DÉJEUNER

Joues de porc en fricassée

Purée de persil
(voir la recette du 5 juillet : petite histoire...)

Terrine de chèvre frais aux figues
(voir la recette du 16 juillet)

DÎNER

Chorba

Reste de la terrine de chèvre aux figues

Le saviez-vous ?

La joue : *la même recette peut s'appliquer avec des joues de mouton à commander à l'avance chez le tripier. Elle se présente en général vendue attachée à la langue.*

LES RECETTES DU JOUR

Joues de porc en fricassée

Pour 4 pers. : 8 joues de porc (environ 800 g), 100 g de poitrine fumée coupée en lardons, 2 carottes, 1 oignon, 1 cs de moutarde forte, 1 cs d'huile d'olive, 1 cc de beurre, 5 gousses d'ail, 2 feuilles de sauge, 25 cl de vin blanc sec, ½ cc de sel fin, poivre.

Lavez, épluchez, émincez les carottes et l'oignon. Badigeonnez les joues de porc de moutarde. Dans une cocotte, faites revenir la poitrine de porc et réservez ; Faites chauffer l'huile ; à grésillements, ajoutez le beurre puis faites revenir les joues de porc ; une fois bien dorées, réservez. Ajoutez les légumes, l'ail juste écrasé non épluché et les feuilles de sauge. Faites suer une dizaine de minutes. Ajoutez les joues et arrosez de vin blanc, salez et poivrez. Portez à ébullition. Couvrez et faites cuire environ 1 h à petit bouillottement. Vérifiez la cuisson et servez avec la purée de persil.

Chorba

Pour 6 pers. : 500 g de collier d'agneau, 6 tomates, 3 oignons, 50 g de saindoux, 1 poignée de feuilles de menthe, 2 piments rouges, 2 l d'eau (ou de bouillon), 100 g d'abricots secs, ½ botte de coriandre, 75 g de vermicelles, sel, poivre.

Ébouillantez les tomates ; pelez-les et coupez-les en 2 ; épépinez-les et hachez-les grossièrement. Épluchez, hachez finement les oignons. Dans une cocotte, faites fondre le saindoux ; faites revenir à feu doux la chair des tomates et les oignons. Ajoutez les feuilles de menthe et les piments hachés. Versez l'eau (ou le bouillon) ; salez et poivrez. Ajoutez les abricots et la viande. Faites cuire à petit bouillottement environ 1 h 30. Retirez la viande et les os. Coupez-la en petits morceaux puis remettez-la dans le bouillon de la soupe. Ajoutez la coriandre ciselée ; versez les vermicelles ; mélangez ; comptez environ 10 min à partir de la reprise de l'ébullition ; servez aussitôt.

Mon truc malin ***Fermeture à froid :*** elle se pratique généralement le lendemain de la cuisson, quand les confitures sont parfaitement refroidies et protégées des visites inopportunes de germes microbiens ou d'insectes par un torchon bien propre ou une feuille de papier. L'avantage de la fermeture à froid est la vérification immédiate de la prise des confitures, ce qui permet dans le cas où elles sont trop liquides de les faire recuire avec de la gelée d'un fruit riche en pectine ou avec un sachet de produit gélifiant. L'inconvénient de ce principe est le risque de pénétration de germes.

Lever du soleil : 6 h 07 Coucher du soleil : 21 h 46 Lune croissante

Été

DÎNER

Râble de lapin rôti

Purée de betteraves rouges

Les recettes du jour

Mon truc malin

Betterave :
pour diminuer le goût de terre de la betterave, on peut la détailler en dés et la faire tremper dans de l'eau vinaigrée une nuit avant de la cuire.

Notez également que les variétés longues sont plus parfumées et plus sucrées que les variétés à racine ronde.

Râble de lapin rôti

Pour 4 pers. : 1 râble de lapin, 30 g de beurre, 200 g d'oignons grelots, 1 petite branche de romarin, sel, poivre.

Dans une cocotte, faites fondre le beurre ; quand il grésille, déposez le râble de lapin et faites-le dorer sur toutes les faces ; salez et poivrez. Ajoutez les oignons grelots épluchés et la branche de romarin. Remuez et laissez revenir quelques minutes. Couvrez la cocotte et laissez cuire 30 min à feu doux en surveillant et en retournant le râble de temps en temps. Ajoutez quelques cuillerées d'eau si nécessaire.

Purée de betteraves rouges

Pour 4 pers. : 500 g de betteraves rouges cuites, 1 échalote, 60 g de beurre, 1 cs de vinaigre de vin, 12 cl de vin rouge, sel, poivre.

Hachez l'échalote. Pelez, coupez les betteraves en petits morceaux ; réservez. Dans une cocotte, faites fondre 15 g de beurre à feu doux. Ajoutez l'échalote dans le beurre ; laissez-la fondre sans prendre couleur. Ajoutez le vinaigre et faites réduire ; versez le vin rouge et les betteraves. Mélangez, salez et poivrez. Laissez mijoter pendant 10 min. Passez l'ensemble au mixeur. Remettez dans la cocotte et incorporez en plusieurs fois le reste de beurre.

Petite histoire… *1574, du bon usage de la fourchette…*

C'est un bien curieux ustensile de table que remarque le futur roi Henri III alors que, venant de Pologne, il séjourne brièvement à Venise. Il s'agit d'une cuillère qui n'est pas exactement une cuillère puisque, à la place de la petite coupelle au bout d'un manche, ce nouvel instrument que l'on nomme une « fourchette » comporte deux dents pointues comme celles d'une fourche. Henri est d'autant plus intéressé par cette « fourchette », en usage à certaines tables de la noblesse vénitienne, qu'il la trouve particulièrement pratique. Avec elle, mieux même qu'avec la cuillère à long manche dont lui-même et les gens de sa cour se servent depuis peu, moins de craintes de tacher cette fraise que l'on porte autour du cou.

Dès qu'il sera roi de France, Henri, fils de Henri II et Catherine de Médicis, généralisera, tout au moins autour de lui, l'usage de cette fourchette, dont, à vrai dire, se servent déjà depuis belle lurette les maîtres queux afin de piquer, sans se brûler, les viandes dans leurs pots.

L'usage de la fourchette, après avoir été abandonné à la cour après Henri III, ne deviendra courant en France qu'au XVIIIe siècle. Et encore : Louis XVI mangeait plus facilement avec son couteau qu'avec une fourchette, bien que l'on en ait porté le nombre des dents de deux à quatre et que les bouts en soient moins pointus. Avant lui, Louis XIV, le Roi-Soleil, ne se servirait d'une fourchette que dans sa vieillesse. Auparavant, « il fouillait avec ses mains dans les plats qu'on lui servait ».

Lever du soleil : 6 h 09 Coucher du soleil : 21 h 45 Lune croissante

Saint-Arsène

Mardi
19
JUILLET

Été

DÎNER

Boulettes au citron
(Keftedhakia lemonata)

Riz au vermicelle *(rizi me fidhès)*

SEMAINE 29

LES RECETTES DU JOUR

Boulettes au citron

Pour 4 pers. : 400 g de bœuf ou d'agneau haché, 1 oignon, 100 g de riz rond cru, 4 cs d'huile d'olive, 1 œuf entier, quelques brins de persil ou de menthe, 6 cs de farine, 50 cl de bouillon de bœuf, sel, poivre.

Pour la sauce : 2 œufs entiers, 1 citron, 30 g de beurre.

Dans un saladier, mélangez la viande, l'oignon haché, le riz rincé et égoutté, l'huile, l'œuf, le persil (ou la menthe) haché, sel et poivre. Pétrissez longuement puis formez des boulettes grosses comme une noix. Roulez-les dans la farine. Portez à ébullition le bouillon de bœuf dans une grande casserole et faites pocher les boulettes à petit frémissement pendant 30 min. Juste avant de servir, préparez la sauce : battez les œufs à la fourchette ; ajoutez le jus du citron goutte à goutte en fouettant. Ajoutez le beurre ramolli puis versez une louche de bouillon bouillant dans le mélange aux œufs toujours en fouettant. Retirez les boulettes à l'écumoire et déposez-les dans un plat creux. Réservez au chaud. Reversez la sauce dans une casserole ; faites chauffer à feu doux et retirez-la avant d'atteindre le point d'ébullition pour éviter la coagulation des œufs. Versez sur les boulettes et servez aussitôt.

Riz au vermicelle

Pour 4 pers. : 250 g de riz, 1 oignon, 6 cs d'huile d'olive, 100 g de vermicelles, ½ l de bouillon de légumes, sel, poivre.

Dans une poêle, faites dorer l'oignon haché avec l'huile d'olive ; laissez dorer et ajoutez aussitôt le vermicelle ; faites rissoler quelques minutes à feu doux en remuant sans arrêt. Portez le bouillon à ébullition ; versez-y le riz puis le mélange de vermicelle et d'oignon. Remuez. Salez et poivrez. Laissez cuire à feu moyen jusqu'à évaporation du liquide, puis continuez la cuisson à très petit feu dans la casserole couverte pour « sécher » le riz. Servez chaud.

Petite histoire...

Le 19 juillet 1886, le général Boulanger, ministre de la Guerre, signe un décret faisant entrer la morue dans l'alimentation normale de l'armée française. Conséquence : en rade de Toulon, 130 hommes ont été pris de symptômes graves et de vomissements qui ont fait penser à une épidémie de choléra. Quinze personnes ont été intoxiquées de la même façon à Marseille et 122 soldats à Sidi Bel Abbes. Le général avait juste oublié de préciser dans le décret qu'il fallait vérifier que la morue ne soit pas avariée ! Conclusion : l'art militaire et l'art de la gastronomie ne sont pas faits pour s'entendre...

Lever du soleil : 6 h 10 Coucher du soleil : 21 h 44 Lune croissante

Alicuit *(voir la recette du 11 avril)*

Terrine de fruits frais en gelée de thym et fleur d'oranger

Ce que je fais...

Terrine de fruits frais en gelée. *Pour démouler, plongez quelques secondes le moule dans l'eau tiède.*

À méditer

« Il n'y a que les imbéciles qui ne soient pas gourmands. On est gourmand comme on est artiste, comme on est poète. Le goût est un organe délicat, perfectible et respectable comme l'œil et l'oreille. » (Guy de Maupassant)

La recette du jour

Terrine de fruits frais en gelée de thym et fleur d'oranger

Pour 6 pers. : 3 pomélos roses, 150 g d'abricots secs, 1 mangue bien mûre, 150 g de cassis, 8 feuilles de gélatine (16 g), 30 cl d'eau, 150 g de sucre en poudre, 1 branche de thym, 2 cs d'eau de fleur d'oranger.

Pelez les pomélos à vif. Détachez les quartiers de pulpe de leur cloisonnement, coupez-les en petits morceaux de 0,5 cm. Égouttez-les dans une passoire et récupérez le jus. Coupez les abricots secs en petits morceaux, faites-les gonfler dans le jus de pomélos. Pelez la mangue, détaillez-la en morceaux de la même taille que les pamplemousses. Réservez dans la passoire avec le pomélos. Équeutez le cassis, ajoutez-le avec les autres fruits. Faites ramollir la gélatine dans un bol d'eau bien froide. Faites chauffer l'eau et ajoutez le sucre et le thym. Lorsque l'eau frémit, ajoutez la gélatine pressée à la main et mélangez jusqu'à dissolution complète. Hors du feu, ajoutez l'eau de fleur d'oranger. Dans un moule à savarin ou dans un moule à cake, coulez 2 cm de gélatine avec la branche de thym. Laissez prendre à température ambiante. Mélangez les abricots bien égouttés avec la mangue, le cassis et les quartiers de pamplemousse. Disposez le mélange sur la gelée prise. Coulez alors la gelée restante afin de recouvrir la totalité des fruits. Laissez prendre à température ambiante puis mettez à refroidir au réfrigérateur au moins 2 h.

Le saviez-vous ?

Les ailerons : parties d'une volaille faisant partie des abattis. Les abattis sont les bas morceaux des volailles qui comprennent la tête, le cou, les ailerons et les pattes, le gésier, le cœur et le foie, ainsi que les rognons et la crête du coq.

Les abattis : peuvent être vendus séparément, exceptés les ailerons de canard ou d'oie qui ne sont pas séparés du corps de la volaille sauf quand ils sont mis à confire dans la graisse de la volaille.

La recette de l'alicuit peut se faire également avec des abattis de dinde ou de dindonneau.

! L'alicuit J'ai imaginé cette recette pour Jean-Louis Borloo qui, lors de son passage sur le canapé rouge de Michel Drucker, n'a pas manifesté de désir particulier pour un plat de sa région élective (Valenciennes). Cet alicuit peut n'être qu'un potage, un peu consistant, ou un plat de résistance selon le nombre d'ailerons de poulet que l'on jugera bon d'ajouter.

Lever du soleil : 6 h 11 — Coucher du soleil : 21 h 43 — Lune croissante

Été

DÎNER

½ melon
Grillades de porc
Bettes à la crème
et aux fines herbes

Les recettes du jour

Grillades de porc

Pour 4 pers. : 2 belles grillades de porc, 1 gousse d'ail, 1 cc d'huile ou de saindoux, sel, poivre.

Épluchez la gousse d'ail et frottez chaque face des grillades. Dans une poêle graissée, faites cuire la viande à feu moyen 6 min de chaque côté (ne les faites pas saisir).

Bettes à la crème et aux fines herbes

Pour 4 pers. : 1 botte de bettes, 1 tasse à café d'un mélange de persil, ciboulette et cerfeuil hachés, 5 cs de crème fraîche, sel, poivre.

Préparez les bettes. Coupez-les en tronçons de 6-7 cm et retirez les fils. Faites-les cuire à l'eau bouillante salée dans une cocotte, à découvert. Égouttez en conservant 3 cs de l'eau de cuisson. Hachez les herbes. Dans la cocotte contenant les 3 cs d'eau de cuisson, ajoutez la crème fraîche et les herbes. Faites chauffer jusqu'à consistance crémeuse. Ajoutez les bettes ; salez et poivrez ; remuez délicatement.

☞ Le saviez-vous ?

La bette : blette ou bette ou poirée ou joutte ! Voilà les différents noms de cette plante potagère de la même espèce que la betterave. La partie verte de la bette a un goût moins prononcé que l'épinard, mais se prépare exactement de la même manière. Les nervures principales qu'on appelle côtes ou cardes sont larges et tendres et permettent de nombreux apprêts. On peut en faire des tartes, des farces, des soupes pour les feuilles vertes et des gratins ou des garnitures au jus pour les côtes. La tourte aux feuilles de bettes est un dessert niçois.

La grillade de porc : est une pièce de viande située le long de la palette (l'omoplate du cochon) et du carré de côte (le haut de la colonne vertébrale). Il y a 2 grillades par porc d'environ 500 g chacune. C'est un morceau rare. Peu épais, il est caractérisé par des fibres tout en longueur. Sa chair est légèrement grasse, plutôt tendre et goûteuse. La faire toujours cuire à feu moyen pour ne pas durcir la viande. La cuisson du porc ne se sert jamais bleue ou saignante mais exclusivement à point.

Petite histoire...

1793 : le jour du melon...

Pour le calendrier républicain dont l'institution doit, pour les révolutionnaires, marquer par l'abolition du calendrier grégorien la fin du christianisme, ce jour du 3 Thermidor est consacré au... melon. Pourquoi pas ?

Cette cucurbitacée, comme le concombre et la courge dont elle a parfois le goût, hélas !, est originaire de l'Asie. Le melon fut connu en Italie avant d'arriver en France, sans doute avant la Renaissance.

Deux rois au moins eurent pour lui une véritable passion. Henri IV, déjà, voulait que ceux que l'on cultivait à son intention fussent arrosés d'eau « au miel » tout au long de leur mûrissement ; Louis XV, quant à lui, anoblit le jardinier Gondouin qui, tous les ans, lui envoyait un cantaloup de Choisy-le-Roi, près de Paris, avant la semaine sainte.

Été

DÎNER

Poulpes sauce tomate

Banana pancakes

Sainte-Marie-Madeleine

Vendredi

22

JUILLET

☞ Le saviez-vous ?

<u>Le poulpe :</u> s'appelle également pieuvre, à ne pas confondre avec l'encornet et la sèche, autres mollusques. Le poulpe peut mesurer jusqu'à 80 cm. Il possède une tête avec un bec corné et 8 tentacules de tailles égales, chacune portant 2 rangées de ventouses. Sa chair est plutôt fine, mais elle doit être battue longuement et blanchie à l'eau bouillante avant d'être accommodée selon son goût.

À méditer

« Ordonner un dîner et le diriger appartient aux fins gourmands dont l'esprit cultivé est délicat ; un habile amphitryon est aussi rare qu'un bon cuisinier. »

« Les gourmets, s'ils ne sont pas commodément assis et n'ont pas leurs franches coudées, ne comptent pour rien, ni les vins ni la chair. »
Lucien Tendret

LES RECETTES DU JOUR

Poulpes sauce tomate

Pour 4 pers. : 1 kg de poulpes.
Sauce tomate : 400 g de tomates, 2 cs d'huile d'olive, 50 g d'oignons blancs, 2 gousses d'ail, 1 bouquet garni, 20 cl de bouillon de volaille (ou d'eau), 1 cc de sucre en poudre, 1 cc de sel, poivre.

Avant de cuisiner les poulpes, battez-les pour les attendrir. Plongez-les 3 min dans de l'eau bouillante non salée. Rincez-les à l'eau froide ; retirez la peau ; coupez-les en morceaux. Mettez les poulpes dans une cocotte sur feu doux, sans matière grasse. Laissez cuire à couvert pour qu'ils rejettent leur eau de constitution. Prolongez la cuisson 25 min à découvert jusqu'à complète évaporation de l'eau. Servez avec la sauce tomate.

Sauce tomate : coupez les tomates en petits morceaux ; chauffez dans une casserole l'huile, les oignons hachés, les gousses d'ail non épluchées et légèrement écrasées. Laissez suer à couvert 5 min ; ajoutez les tomates, le bouquet garni, le bouillon, le sucre. Salez et poivrez puis laissez bouillotter 15 min à demi couvert sur feu moyen en remuant de temps en temps. Retirez le bouquet garni et l'ail ; passez la préparation au mixeur. Si la sauce est trop liquide, faites-la réduire à feu doux.

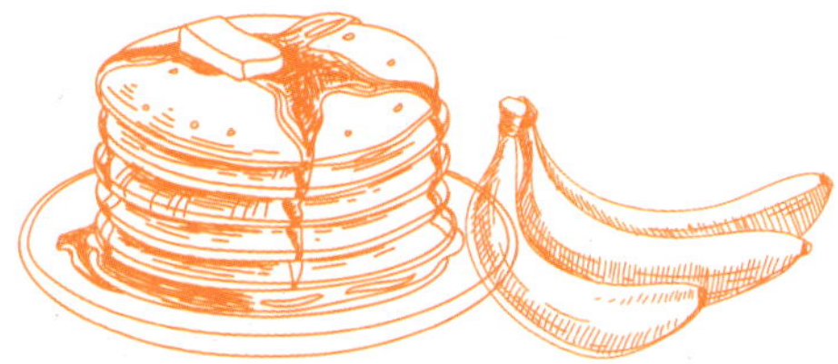

Banana pancakes

Pour 4-6 pers. : 3 bananes mûres, 15 cl de lait entier, 2 cs de miel liquide, 1 œuf, 10 g de beurre fondu, 125 g de farine, 5 cl d'huile neutre, 1 pincée de sel.

Épluchez et écrasez finement à la fourchette 2 bananes dans un saladier. Ajoutez le lait, le miel, le jaune d'œuf et le beurre fondu. Fouettez le tout. Ajoutez petit à petit la farine et le sel en continuant de fouetter doucement. Montez le blanc d'œuf en neige et incorporez-le à la préparation. Épluchez la 3e banane et coupez-la en 12 rondelles. Faites chauffer à feu moyen une poêle à blinis légèrement huilée. Versez-y une louche de pâte à la banane ; répartissez-la au fond de la poêle et posez une rondelle de banane au centre en appuyant doucement. Quand le dessus du pancake est figé, retournez-le et prolongez la cuisson de 2 min. Servez chaud ou froid.

Petite histoire…

Le 22 juillet 1956, Curnonsky, le « prince élu » des gastronomes, est mort à 84 ans. Il est tombé de sa fenêtre du 3e étage, square Henri-Bergson à Paris, il était 10 h du matin. Chute involontaire ? Suicide ? Les hypothèses vont bon train.

Lever du soleil : 6 h 13 Coucher du soleil : 21 h 40 Lune décroissante

Sainte-Brigitte

Samedi

23

JUILLET

J'invite des copains...

Semaine 29

Été

DÉJEUNER

Aïoli « d'anthologie »

Babas au rhum

DÎNER

Salade de morue

Tarte aux figues nature

(voir la recette du 12 juillet...)

LES RECETTES DU JOUR

Aïoli

Pour 8 à 10 pers. : 1,6 kg de morue dessalée (en pavés), 15 cl de lait, 1 feuille de laurier, 15 carottes fanes, 9 navets fanes, 1 chou-fleur, 3 bulbes de fenouil coupés chacun en 3 quartiers, 10 pommes de terre moyennes, 10 œufs, 600 g de haricots verts, 25 bulots cuits. **Pour l'aïoli :** 3 gousses d'ail dégermé, 1 jaune d'œuf, 40 cl d'huile d'olive.

Faites pocher les pavés de morue à l'eau avec le lait et la feuille de laurier pendant 25 min à frémissement. Faites cuire les légumes (carottes, navets, chou-fleur, fenouil) à la vapeur

☞ Le saviez-vous ?

Le baba est un gâteau de pâte levée parfois additionné de raisins secs et imbibé, après cuisson et séchage, d'un sirop au rhum ou au kirsch. La création du baba serait due à la gourmandise du roi de Pologne, Stanislas Leszczynski, exilé en Lorraine, qui trouvant le kouglof trop sec, le fit imbiber.

15-20 min puis les pommes de terre. Faites cuire les œufs durs. Faites cuire les haricots à l'eau salée puis passez-les sous l'eau froide pour arrêter la cuisson. Préparez l'aïoli : dans un mortier de pierre et au pilon, écrasez l'ail en purée ; ajoutez le jaune d'œuf et incorporez l'huile d'olive comme pour une mayonnaise. Disposez la morue sur un plat de service, les bulots et les légumes tout autour, la sauce aïoli à part dans le mortier.

Babas au rhum

Pour 4-6 pers. : 20 cl d'eau chaude, 450 g de farine, 35 g de levure de boulanger, 5 œufs entiers, 40 g de sucre, 10 g de sel fin, 120 g de beurre fondu. **Pour le sirop :** 1 l d'eau, 500 g de sucre, 15 à 20 cl de rhum brun.

Faites un petit levain, c'est-à-dire mélangez l'eau chaude, 200 g de farine et la levure. Recouvrez avec le reste de farine (250 g). En poussant, le levain apparaît au milieu de la farine au bout de 15 min environ. Ajoutez les œufs, le sucre, le sel. Mélangez avec une cuillère en bois. Lorsque le mélange est homogène, versez le beurre chaud sur la préparation. Préchauffez le four à 180 °C (th. 6). Incorporez le beurre dans la préparation avec la cuillère en bois. Au bout de 3 min, vous obtenez la pâte finale. Posez un torchon sur la pâte. Attendez entre 15-20 min que la pâte monte légèrement puis remplissez les moules à savarin de moitié. Replacez le torchon sur les moules. Attendez que la pâte monte jusqu'aux trois quarts du moule et enfournez pour environ 25 min. Démoulez, posez les savarins sur une grille et remettez-les au four 5 min pour finir la cuisson et les dorer. Dans une casserole, faites chauffer l'eau avec le sucre et le rhum jusqu'à l'obtention d'un sirop. Lorsque le savarin ou baba est encore tiède, imbibez-le dans le sirop également tiède et laissez 5 min sur la face du dessus puis retournez pour imbiber l'autre face pour 5 min, quatre fois de suite.

Salade de morue

Pour 4 pers. : Restes de morue servie au déjeuner, 2 tomates, 1 petite laitue, 8 petites pommes de terre à chair ferme cuites à l'eau avec leur peau et coupées en rondelles, 2 cs de fines herbes hachées (estragon, persil, cerfeuil), 1 cs de câpres, 1 petit bol de mayonnaise, sel, poivre.

Pelez, épépinez et coupez les tomates en petits cubes. Lavez la laitue entière en la plongeant à plusieurs reprises dans plusieurs eaux ; égouttez-la, essorez-la dans un torchon puis coupez-la en lanières pour obtenir de longs rubans. Salez et poivrez cette chiffonnade ; répartissez-la sur 4 assiettes. Dans un saladier, mélangez les pommes de terre, le poisson effeuillé, les fines herbes, les câpres, les tomates et la mayonnaise. Vérifiez l'assaisonnement. Répartissez le contenu du saladier dans les assiettes sur la chiffonnade.

Lever du soleil : 6 h 14 Coucher du soleil : 21 h 39 Lune décroissante

Les recettes du jour

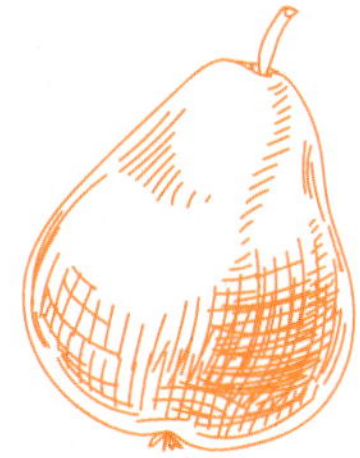

Poires pochées aux épices

Pour 6 pers. : 6 poires, 50 cl d'eau, 80 g de sucre, 1 gousse de vanille, 3 clous de girofle, 1 citron non traité.

Dans une casserole pouvant accueillir les poires juste posées côte à côte, versez l'eau, le sucre, la gousse de vanille fendue, les clous de girofle, le jus et le zeste du citron et mettez à feu moyen. Pelez les poires en conservant les queues. Déposez-les dans la casserole. À ébullition, couvrez et laissez cuire environ 15 min (elles doivent rester entières). À l'aide d'une écumoire, déposez les poires dans un plat de service. Faites réduire le jus à feu vif jusqu'à consistance d'un sirop puis versez sur les poires. Après refroidissement, couvrez d'un film et mettez au réfrigérateur.

Ratatouille niçoise

Pour 6 pers. : 1 kg de courgettes, 1 kg d'aubergines, 1 kg de poivrons verts ou rouges, 1,5 kg de tomates, 1 kg d'oignons, 5 petites gousses d'ail, 30 feuilles de basilic, 5 pincées de thym, bouquet garni, huile d'olive, sel, poivre.

Lavez les légumes. Coupez les aubergines et les courgettes en rondelles de 1 cm d'épaisseur. Mettez-les dans 2 terrines différentes ; saupoudrez légèrement de sel. Taillez les poivrons en lamelles après les avoir débarrassés de leur pédoncule et égrenés ; réservez. Pelez, épépinez et égouttez les tomates ; réservez. Dans une poêle, mettez à fondre à couvert dans 3 cs d'huile les rondelles d'aubergine. Faites de même dans une autre poêle pour les courgettes ; de même également dans une 3e poêle pour les poivrons et enfin dans une 4e poêle pour les oignons. Dans une casserole, faites mijoter dans l'huile d'olive avec l'ail haché fin le basilic, les aromates et les tomates écrasées jusqu'à concentration de la sauce. Dans une grande cocotte et à feu doux, jetez les légumes aussitôt que chacun aura séparément atteint son degré de cuisson (en les goûtant fréquemment). Salez et poivrez. Lorsque la sauce tomate est bien concentrée, mélangez-la à l'ensemble et remuez soigneusement. Servez accompagnée d'œufs mollets.

Mon truc malin ***La ratatouille :*** on peut la préparer la veille et la servir, selon la température, froide ou chaude.

Petite histoire... 24 juillet 1824... Voitures-cuisines « à la chinoise » Ce 24 juillet, Louis XVIII accorde un avis favorable à un projet de lancement de voitures-cuisines. Chaque véhicule sera équipé (si le projet voit le jour) d'une installation permettant de pratiquer la cuisine chinoise « à la vapeur ». C'est la raison pour laquelle on envisage de les dénommer du nom asiatique de *tcho-tching*, signifiant approximativement « bon appétit ! ».

À chaque arrêt (les mêmes que ceux des omnibus), le public pourra acheter des plats de viande (à cinq sous), de légumes (à quatre sous). L'on pense que les dix premières *tcho-tching* qui seront mises en service d'ici à quelques mois pourront débiter quelque 2 000 rations par jour ; pour commencer.

Street food ? On a rien inventé !

Été

DÉJEUNER

Pain de veau, coulis de tomate

Poires pochées aux épices

DÎNER

Ratatouille niçoise et œufs mollets

Assiette de fromages de chèvre

Pain de veau, coulis de tomate

Pour 6 pers. : 700 g de veau haché, 500 g de porc haché, 2 oignons blancs, 1 bouquet d'herbes fraîches (persil, estragon, ciboulette), 1 cc de quatre-épices, 5 œufs, 1 cc d'huile d'olive, sel, poivre.

Préchauffez le four à 210 °C (th. 7). Épluchez et hachez menu les oignons. Rincez, effeuillez les herbes, ciselez-les. Dans un saladier, mélangez les herbes, oignons et viandes hachées, sel, poivre, quatre-épices et les œufs entiers. Mélangez longuement jusqu'à ce que la préparation colle aux doigts. Déposez-la dans un moule huilé et enfournez pour 2 h. Servez chaud ou froid avec un coulis de tomate.

Saint-Jacques

Lundi
25
JUILLET

Été

DÎNER

Tomates farcies

Compote pommes-poires

Je m'avance pour demain...

Je prépare un coulis de tomate à la provençale...

SEMAINE 30

Les recettes du jour

Tomates farcies

Pour 4 pers. : 4 grosses tomates, 150 g de chair à saucisse, 3 tranches de jambon de Paris, 2 oignons, 80 g de beurre, 1 jaune d'œuf, 3 cs de persil haché, sel, poivre.

Lavez et coupez le chapeau des tomates du côté tige. Avec une petite cuillère, enlevez les graines et l'eau de végétation de chaque alvéole. Récupérez la pulpe et réservez-la. Salez légèrement l'intérieur des tomates et retournez-les sur une planche. Mettez la chair à saucisse et le jambon haché dans un saladier. Épluchez et hachez finement les oignons. Dans une poêle, déposez une grosse noix de beurre à fondre sur feu doux ; ajoutez les oignons et faites cuire jusqu'à transparence. Ajoutez le persil haché aux viandes, puis les oignons. Dans la poêle ayant servi aux oignons, déposez une noix de beurre que vous laissez fondre ; ajoutez-y la pulpe des tomates que vous laissez suer jusqu'à ce qu'il n'y ait plus d'eau. Ajoutez cette pulpe aux viandes ainsi que le jaune d'œuf. Mélangez bien cette préparation. Rectifiez l'assaisonnement en sel et poivre. Préchauffez le four à 230 °C (th. 7/8). Remplissez les tomates de viande et refermez-les avec le chapeau. Déposez-les dans un plat allant au four. Recouvrez-les du reste de beurre fondu. Enfournez pour 40-45 min en arrosant de temps en temps. Sortez les tomates et disposez-les dans le plat de service. Faites réduire le jus de cuisson jusqu'à consistance sirupeuse et versez-le sur les tomates. Accompagnez d'un riz nature.

Compote pommes-poires

Pour 4 pers. : 3 pommes acidulées, 3 poires, le jus d'un citron, 70 g de beurre, 1 sachet de sucre vanillé.

Épluchez et coupez en gros morceaux les pommes et les poires ; arrosez-les de jus de citron. Faites fondre le beurre dans une casserole ; ajoutez les fruits et laissez cuire à feu doux 10 min. Complétez avec le sucre vanillé et laissez compoter en remuant de temps en temps. Déposez dans un compotier et servez tiède.

Coulis de tomate à la provençale

Pour 4 pers. : 6 tomates, 2 gousses d'ail, 1 oignon, 3 pincée de thym, 2 cs d'huile d'olive, sel, poivre.

Lavez et ébouillantez les tomates ; enlevez la peau. Coupez-les en 2 et pressez-les pour enlever l'eau de végétation et les graines puis coupez-les en morceaux. Épluchez et hachez fin et séparément l'ail et l'oignon ; faites fondre l'oignon dans l'huile d'olive jusqu'à ce qu'il soit blond. Versez les tomates concassées puis l'ail ; salez et poivrez. Ajoutez le thym. Laissez cuire à petit feu environ 30 min. Passez le coulis au tamis. Réservez au frais jusqu'au lendemain.

Petite histoire... Juillet 1938 : toute la côte normande, et Dieppe en particulier, fête cette année le centenaire de « la sole normande ». Ceci avec autant plus d'à-propos et d'enthousiasme que si on est à peu près sûr que son invention culinaire remonte bien à l'année 1838 – tout au moins c'est la première fois que la recette paraît dans un journal, celui de Rouen –, on est moins certain et de son auteur et de l'endroit où elle fut créée.

Lever du soleil : 6 h 17 Coucher du soleil : 21 h 37 Lune décroissante

Été

DÎNER

Aubergines farcies aux tomates
Compote d'abricots au naturel
(voir la recette du 21 juin… en supprimant la verveine)

La recette du jour

Aubergines farcies aux tomates

Pour 4 pers. : 4 aubergines longues, 3 cs d'huile d'olive, le coulis de tomate (préparé la veille et bien réduit), chapelure, sel, poivre.

Coupez les aubergines en 2 dans la longueur. Fendez la chair de quelques coups de couteau. Dans une grande poêle, déposez 2 cs d'huile d'olive ; faites chauffer puis déposez les aubergines côté chair ; faites cuire 8-10 min jusqu'à ce que la chair soit tendre. Retirez la chair des aubergines à l'aide d'une petite cuillère et pilez-la finement dans un saladier ; ajoutez-y le coulis et mélangez bien. Rectifiez l'assaisonnement. Remplissez les cavités de chaque moitié d'aubergine avec cette farce ; saupoudrez de chapelure. Huilez un plat allant au four. Rangez-y les aubergines ; arrosez de quelques gouttes d'huile d'olive et passez au four préchauffé à 230 °C (th. 7/8) pour 15-20 min. Passez ensuite au gril quelques minutes pour dorer la chapelure.

☞ *Le saviez-vous ?*

La tomate : ce fruit – puisqu'il s'agit bien d'un fruit – est un cas exemplaire du brillant résultat qu'on obtient de nos jours en ignorant le rythme des saisons.

Il était une fois la tomate des jardins. On la récoltait de juillet à octobre. Le soleil l'avait couvée de ses soins les plus chaleureux ; elle était rouge, bosselée, côtelée et de taille variable. On choisissait à l'étal du marchand de fruits et légumes celle qui convenait le mieux pour la salade, les coulis ou pour être farcie avec les restes du pot-au-feu. Une collerette verte lui couvrait les épaules et personne ne lui reprochait les gradations de sa robe, du rouge foncé au vert. Cette tomate était goûteuse, juteuse, aqueuse, rafraîchissante et sucrée. Certaines étaient farineuses, d'autres pas. On l'aimait avec ses imperfections, ses défauts, tout allait pour le mieux dans le royaume des solanacées.

Le fameux progrès a fini par s'intéresser aux tomates. Le progrès c'est le transport : il va de plus en plus vite. C'est aussi la culture : la tomate pousse en serre. Et le vrai progrès, c'est la génétique. Conclusion : on vous donne un produit disponible toute l'année, un fruit rouge, unicolore, lisse, rond, calibré… et vous voudriez qu'en plus il ait du goût ?

La tomate qu'on a appelé « pomme d'amour » venait de loin. L'Occident la découvrit au Mexique ou au Pérou en 1598. Ce sont les Aztèques qui lui donnèrent son nom : tomate. Elle poussait à l'état sauvage ; qu'elle soit jaune ou rouge, les indigènes en faisaient grand cas au même titre que le piment, le maïs ou le haricot. En revanche, la tomate fut longtemps ignorée en Europe : jusqu'à l'entre-deux-guerres, elle était considérée comme un poison : en effet, comme la belladone, la tomate fait partie de la famille des solanacées… qui comprend encore la pomme de terre, l'aubergine et le tabac.

Lever du soleil : 6 h 18 Coucher du soleil : 21 h 35 Lune décroissante

Été

DÎNER

Pilaf de foies de volaille

½ melon

☞ Le saviez-vous ?

***Pilaf*:** c'est une méthode orientale pour apprêter le riz. Le principe est simple : on fait dorer le riz à l'huile ou au beurre avec de l'oignon puis on mouille avec un bouillon épicé. À ce moment, on peut y ajouter de la viande, du poisson ou des légumes, crus ou cuits. Un pilaf à la mode orientale est toujours bien relevé, quelquefois safrané.

Savez-vous qu'il existe 3 façons de faire cuire le riz ?

• Cuisson à la créole : lavez le riz. On a beau préciser sur les emballages que cette opération est inutile, je le fais tout de même pour éliminer ce petit goût de poussière inévitable, jusqu'à ce que l'eau soit claire. On verse ensuite le riz dans un grand faitout d'eau bouillante salée ; on remue jusqu'à la reprise de l'ébullition. Cuisson 15 min – surveillez la cuisson et prolongez-la si nécessaire. On égoutte le riz dans une passoire sous un jet d'eau froide qui permet aux grains de se détacher.

L'avantage de cette cuisson est qu'elle peut se faire à l'avance. On réchauffera au début du repas : au four – dans un plat recouvert d'un linge ou d'un papier absorbant humide ; à la vapeur – dans une passoire – posée sur une casserole d'eau à ébullition.

• Cuisson pilaf : l'avantage, c'est qu'on ne lave pas le riz. On le cuit comme indiqué dans la recette ci-dessus, 2 volumes d'eau toujours pour 1 volume de riz. On couvre, après avoir versé le liquide, et on fait cuire sans remuer jusqu'à ce que le liquide soit absorbé, 18 à 20 min.

• Cuisson à la vapeur : on lave le riz si nécessaire. On égoutte et on verse dans le panier à vapeur. On pose sur une casserole d'eau bouillante salée ; on couvre hermétiquement et on laisse cuire 20-25 min.

Sachez qu'avec 50 g de riz cru, on obtient 100 g de riz cuit.

Permettez-moi de vous donner une autre recette de cuisson très simple : préchauffez le four à 200 °C (th. 6/7) ; faites revenir dans une cocotte l'oignon haché dans l'huile, sans coloration, versez le riz, le bouillon, mélangez intimement. Couvrez le riz avec du papier sulfurisé ou d'aluminium. Portez à bouillottement, posez le couvercle sur la cocotte tout en conservant le riz couvert par le papier. Mettez au four pour 20 min ; sortez la cocotte ; laissez reposer 10 min ; séparez les grains avec une fourchette. Servez.

La recette du jour

Pilaf de foies de volaille

Pour 4 pers. : 400 g de foies de volaille, 1 petite noix de beurre, 200 g de riz à grains longs, bouillon de volaille, 1 filet d'huile, sel, poivre.

Mesurez le volume de riz à l'aide d'un bol gradué ou d'une tasse. Chauffez le beurre dans une casserole, ajoutez le riz (sans le laver), mélangez pour que les grains s'imprègnent de matière grasse et deviennent translucides. Ajoutez d'un coup le bouillon de volaille (*comptez 2 volumes d'eau pour un volume de riz*) et 1 cc de sel fin. Couvrez et laissez cuire 18 à 20 min à feux doux sans remuer jusqu'à ce que toute l'eau soit absorbée. Pendant la cuisson du riz, nettoyez les foies de volaille, séparez les lobes, faites-les revenir 1 à 2 min à la poêle sur feu vif dans un filet d'huile (*l'extérieur doit être doré, l'intérieur à peine rosé*), salez, poivrez. Versez le riz dans un plat, ajoutez les foies de volaille au centre et servez bien chaud.

Mon coup de gueule

Le melon : décidément plus c'est mauvais, plus il nous en faut. On a même inventé le melon au porto, au banyuls !

Saint-Samson

Jeudi
28
JUILLET

Semaine 30

Été

DÎNER

Fonds d'artichauts, œufs pochés

Fruits frais

Petite histoire…

À l'origine, l'artichaut était un chardon bleu des rivages méditerranéens. Grâce à des croisements avec le cardon, il devint une plante magnifique dont nous consommons les fleurs. Apparu en Italie en 1466, il est introduit en France par Catherine de Médicis qui en faisait ses délices. Louis XIV en raffolait et La Quintinie, son admirable jardinier, en cultivait cinq variétés différentes.

Mon truc malin

Artichaut : cassez la queue d'un coup sec de la main pour arracher la partie filandreuse du fond.
En fin de semaine sur les marchés, les artichauts sont « fatigués ». Leurs feuilles sont jaunes ou noires, fanées… N'hésitez pas à négocier le prix, le cœur sera resté intact…
Pour juger de la fraîcheur d'un artichaut, pliez une feuille ; elle doit casser comme du verre avec un bruit sec et une goutte de sève doit perler.

Je m'avance pour demain…
Je prépare une terrine de cochon…

LES RECETTES DU JOUR

Fonds d'artichauts, œufs pochés

Pour 4 pers. : 4 artichauts, 3 cs de gros sel, 1 cc de bicarbonate de soude, 4 œufs, 1 l d'eau, 3 cs de vinaigre d'alcool.

Plongez les artichauts dans un grand volume d'eau bouillante additionnée de sel et de bicarbonate. Égouttez-les après 45 min de cuisson. Lorsqu'ils sont encore tièdes, débarrassez-les des feuilles et du foin. Garnissez-les d'un œuf poché.

Cuisson des œufs pochés : dans une casserole, portez 1 l d'eau à ébullition additionnée des 3 cs de vinaigre. Cassez les œufs dans des tasses, réservez. Quand l'eau arrive à ébullition, donnez-lui à l'aide d'un fouet un mouvement tournant ; faites glisser les œufs un à un (le mouvement tournant permet au blanc d'envelopper immédiatement le jaune). Laissez pocher 3 à 4 min en maintenant l'eau frémissante. Avec une écumoire, déposez dans un saladier d'eau glacée pour 3 à 4 sec le temps d'interrompre la cuisson. Égouttez sur un linge. Posez un œuf poché sur chaque fond d'artichaut. Dégustez tel quel ou servez avec une sauce béarnaise.

Terrine de cochon aux foies de volaille

Pour 8 pers. : 500 g de foies de volaille, 300 g de chair à saucisse, 160 g de poitrine de porc fraîche (sans couenne), 2 crépines de porc, 2 cs de cognac ou d'armagnac, 4 cs de porto ou madère, 2 cc de sucre, 1 cc de fleur de thym, 2 feuilles de laurier, 1 cc de quatre-épices, 2 cc de sel fin, poivre.

Coupez les foies en 2 ou 3 morceaux (débarrassés de la partie verte contenant le fiel). Coupez la poitrine en petits lardons. Dans un saladier, mélangez les alcools, les herbes et les épices ; ajoutez les foies, la chair à saucisse et les lardons. Mélangez bien ; couvrez et laissez mariner 24 h au réfrigérateur…

☞ *Le saviez-vous ?* **L'artichaut**

Les différentes variétés comprennent : le **camus de Bretagne**, très gros, arrondi et serré avec des écailles larges et courtes, couleur vert foncé, profond et cendré.

Le **macau** ou **hyérois**, intermédiaire entre le camus et le violet de Provence, gros, globuleux, écailles longues et étroites, vert uni.

Le **blanc d'Espagne**, importé d'Espagne ou d'Égypte, est moyen, conique, couleur vert pâle.

Les variétés violettes sont : le **violet de Provence** de printemps ; les **poivrades** en bouquet qui se consomment crues. Le **chrysanthème** apparaît d'avril à juin et le **romanesco** est importé d'Italie de février à mai ; il est gros, globuleux et conique.

Lever du soleil : 6 h 21 — Coucher du soleil : 21 h 33 — Dernier quartier de lune

Sainte-Marthe

Vendredi
29
JUILLET

Été

DÎNER

Lieu à la vapeur,
sauce aux câpres et anchois
(voir la recette du 27 mai)

Soupe de pêches

SEMAINE 30

La recette du jour

Soupe de pêches

Pour 6 pers. : 12 pêches blanches, 400 g de sucre cristallisé, ½ l d'eau, ½ l de vin blanc sec, quelques feuilles de menthe fraîche.

Plongez les pêches 1 min dans une casserole d'eau bouillante ; rafraîchissez-les sous l'eau froide ; pelez-les et coupez-les en 2. Enlevez le noyau. Déposez-les dans un compotier. Dans une casserole, portez l'eau et le sucre à ébullition pendant 3 min ; versez le sirop sur les pêches et laissez refroidir. Prélevez 12 moitiés de pêche ; passez-les au mixeur ; ajoutez le vin blanc à la purée obtenue ; versez-la sur les pêches et remuez délicatement. Décorez avec les feuilles de menthe et servez frais.

☞ *Le saviez-vous ?*

La pêche : elle est née en Chine il y a plus de deux millénaires, dans la province de Yunnan ; elle fut l'objet d'un véritable culte, symbole de l'immortalité. Puis il faudra attendre l'arrivée de La Quintinie, jardinier de Louis XIV, pour que l'on parle à nouveau d'elle. Versailles dénombrait une trentaine de variétés, aujourd'hui disparues. La « Téton de Vénus » était la variété préférée de Louis XIV. La pêche à chair jaune a été longtemps la plus prisée des consommateurs ; elle l'est encore, mais la pêche à chair blanche revient en force.

Les pêches doivent être choisies mûres et parfumées, c'est-à-dire cueillies à maturité ; ne vous fiez pas à la couleur !

Il existe 2 types de pêches : les blanches ou jaunes à peau duveteuse sans oublier les pavies (destinées à la transformation) et les peaux lisses, nectarines et brugnons. Les variétés de pêches sont très nombreuses : plus de 200. On doit cette diversité à la nécessité d'étaler la production sur le calendrier, et de l'adapter à la concurrence redoutable des vergers italiens ou espagnols. Nous n'avons aucune chance de nous y retrouver dans cet assortiment variétal, car on crée sans cesse de nouveaux types de fruits ; leur durée de vie ne dépasse pas 10 à 15 ans et leur présence sur le marché, 8 à 15 jours... Comment les reconnaître ?

Je termine la recette de la terrine de cochon aux foies de volaille

(voir recette débutée le 28 juillet)

Sortez le saladier du réfrigérateur. Préchauffez le four à 200 °C (th. 6/7). Déroulez la crépine puis tapissez-en le fond et les parois de la terrine, en prenant soin de la faire dépasser. Remplissez-la avec les viandes ; rabattez la crépine en refermant tel un paquet ; découpez le surplus si nécessaire. Tassez pour éviter les trous d'air. Semez une pincée de fleur de thym et décorez avec la feuille de laurier. Placez la terrine dans un bain-marie puis enfournez pour 1 h. Couvrez alors avec une feuille de papier aluminium et poursuivez la cuisson 20 min. Laissez refroidir à température ambiante puis placez au réfrigérateur.

Lever du soleil : 6 h 22 Coucher du soleil : 21 h 31 Lune décroissante

Champignons à la crème moutardée

Pour 4 pers. : 500 g de champignons de Paris frais, 4 cs de crème épaisse, 1 citron jaune, 1 cc de moutarde, 1 belle tomate (200 g), 1 branche d'estragon frais, sel, poivre.

À l'aide d'un petit couteau, épluchez les pieds des champignons, éliminez la terre. Lavez-les généreusement dans une grande quantité d'eau, égouttez, séchez sur un linge. Dans un saladier, mélangez au fouet la crème, le jus de citron, le sel, le poivre, la moutarde. Coupez les champignons en lamelles de 3 à 4 mm d'épaisseur. Mariez-les aussitôt à la sauce. Réservez au frais au moins 1 h. Portez à ébullition une petite casserole d'eau. Plongez-y 30 sec la tomate, rafraîchissez-la sous l'eau, enlevez la peau. Coupez-la en 2 dans le sens de la hauteur et débitez chaque demi-tomate en tranches fines. Répartissez la salade de champignons sur les assiettes, semez l'estragon frais. Entourez de tranches de tomates légèrement salées.

Tacaud simplement

Pour 4 pers. : 400 g de filets de tacaud (bien désarêtés, sans la peau), 1 cs de gros sel, 4 cs d'huile d'olive, 3 tours de moulin à poivre sur chaque filet.

Sur 4 assiettes préalablement passées au congélateur ou au réfrigérateur, répartissez équitablement les filets de tacaud puis saupoudrez-les de gros sel. Mettez les assiettes au réfrigérateur pour 1 h environ. Sortez les assiettes 15 min avant le service. Retirez le sel, essuyez les filets avec du papier absorbant. Poivrez légèrement au moulin les filets et arrosez délicatement d'huile d'olive. Servez accompagné d'une tranche de pain grillé, de beurre et d'un demi-citron.

Soupe au concombre

Pour 4 pers. : 1,5 concombre, 2 oignons, 1 verre de crème fraîche liquide, 2 verres d'eau, 1 citron, 4 cs d'aneth et persil hachés, sel, poivre.

Épluchez 1 concombre ; fendez-le en 2. Retirez les graines ; coupez-les en morceaux. Épluchez les oignons et coupez-les en morceaux. Passez le concombre et les oignons au mixeur pour avoir une purée très fine et lisse. Versez-la dans un saladier. Lavez, séchez, hachez finement les herbes ; réservez-les dans une tasse. Épluchez la moitié de concombre restante, fendez-le en 2 ; retirez les graines et détaillez-le en petits dés minuscules. Diluez le mélange concombre-oignons avec l'eau et la crème fraîche pour avoir une purée très fluide. Relevez le goût avec le jus de citron, le sel et le poivre. Ajoutez les herbes hachées et les dés de concombre. Mettez au frais au réfrigérateur. Remuez juste avant de servir.

Été

DÉJEUNER

Champignons à la crème moutardée

Tacaud simplement, pommes de terre vapeur

Reste de soupe de pêches

DÎNER

Soupe au concombre

Terrine de cochon aux foies de volaille
(voir la recette du 28 juillet)

Salade verte

Le saviez-vous ?

***Le tacaud* : malheureusement peu connu alors qu'il s'agit d'un bon poisson de table, vraiment peu onéreux.**

***Les champignons* sont de curieux végétaux, dépourvus de fleurs, de racines, de feuilles et de tiges.**

SEMAINE 30

Je m'avance pour demain...
Je prépare une terrine de poulet basquaise...
(voir la recette du 1er août)

Été
DÉJEUNER

Gaspacho
Sardines meunières
Tarte aux abricots
(voir la recette du 16 juillet)

DÎNER

Reste du gaspacho
Œufs gratinés au fromage

☞ **Le saviez-vous ?**
La sardine : parente des harengs, anchois et aloses. Sa taille de capture est de 11 cm. Elle peut pondre jusqu'à 60 000 œufs par ponte. C'est le poisson d'été par excellence.

LES RECETTES DU JOUR

Gaspacho

Pour 6 pers. : 2 kg de tomates (mûres et parfumées), 1 concombre, 2 poivrons (rouge et vert), 3 gousses d'ail, 3 oignons, 150 g de mie de pain rassis, 4 cs de vinaigre de Xérès, 10 cl d'huile d'olive, 10 cl d'eau glacée, 2 cc de sel fin, poivre.

Mélangez dans un grand récipient les légumes épluchés et épépinés si nécessaire et la mie de pain grossièrement coupée. Ajoutez l'huile, le vinaigre, l'eau, le sel et le poivre. Mélangez. Laissez reposer 1 h au réfrigérateur. Passez l'ensemble au mixeur ou au moulin à légumes. Rectifiez l'assaisonnement. Servez bien frais.

Sardines meunières

Pour 6 pers. : 4 à 5 sardines par personne, farine, citrons.

Videz les sardines ; farinez-les et faites-les cuire à la poêle 2 min de chaque côté à feu vif, avec très peu de beurre. Servez avec des quartiers de citron.

Œufs gratinés au fromage

Pour 4 pers. : 8 œufs, 1 grand bol de sauce béchamel, 80 g de gruyère râpé.

Pochez les œufs (*comme indiqué le 28 juillet*). Garnissez le fond d'un plat allant au four de la moitié de la béchamel. Posez les œufs ; recouvrez du reste de la sauce. Parsemez de gruyère râpé. Passez sous le gril du four pour que le gruyère gratine. Servez immédiatement.

☞ **Ce que je fais... Le gaspacho :** on peut l'accompagner de concombres, de poivrons, d'oignons, de tomates et de croûtons coupés en petits dés.

Lever du soleil : 6 h 25 Coucher du soleil : 21 h 29 Lune décroissante

Août

L	M	M	J	V	S	D
1	2	3	4	5	6	7
8	9	10	11	12	13	14
15 *Assomption*	16	17	18	19	20	21
22	23	24	25	26	27	28
29	30	31				

Saint-Alphonse

Lundi
1er
AOÛT

Été

DÎNER

1/2 melon
Terrine de poulet basquaise

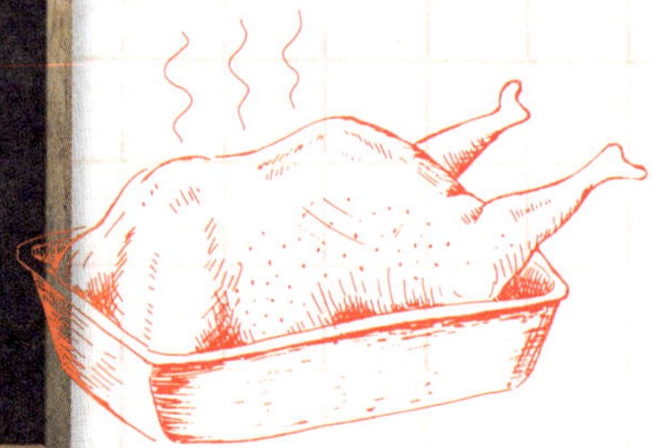

SEMAINE 31

La recette du jour

Terrine de poulet basquaise

Pour 8 pers. : 1 poulet de 1,5 à 1,8 kg coupé en 12 morceaux environ, 6 tranches de jambon de Bayonne ou jambon de pays, 3 tomates, 1 oignon, 3 gousses d'ail, 4 poivrons, 1 cs de paprika, 2 cs d'huile d'olive, 1 branche de thym, 20 cl de vin blanc sec, 3 feuilles de gélatine, sel fin, poivre.

Plongez les tomates quelques secondes dans de l'eau bouillante puis dans de l'eau glacée pour les rafraîchir. Pelez-les, coupez-les en 2 puis épépinez-les. Épluchez et émincez l'oignon en rondelles très fines. Pelez les gousses d'ail. Lavez, épluchez grossièrement les poivrons avec un couteau économe. Retirez le pédoncule, les graines et les filaments blancs. Coupez-les en lanières un peu larges. Coupez les tranches de jambon découennées en lanières de 2 à 3 cm de large. Saupoudrez les morceaux de poulet de sel, de poivre et de paprika et faites-les revenir dans de l'huile d'olive dans une cocotte en les retournant plusieurs fois pour qu'ils soient bien dorés. Baissez le feu, ajoutez le jambon, le poivron, l'oignon, l'ail et le thym. Remuez. Laissez mijoter 5 min puis versez le vin blanc et maintenez la cuisson à feu doux pendant 1 h à couvert. Quand la chair commence à se détacher, ajoutez les tomates et laissez cuire une quinzaine de minutes. Mettez les feuilles de gélatine à ramollir dans un bol d'eau froide. Retirez les morceaux de poulet de la cocotte. Enlevez la peau puis désossez-les. Mettez les feuilles de gélatine égouttées dans la sauce avec les tomates et les poivrons. Remuez pour faire fondre complètement. Dans une terrine, étalez d'abord une couche de sauce tomate/poivron puis une couche de poulet. Renouvelez l'opération. Tassez. Laissez la terrine refroidir avant de la placer au réfrigérateur pour au moins 24 h. Servez froid.

Petite histoire…

1er août 1793. Depuis deux mois, Paris vit la terreur et souffre de la faim.

Pour obtenir, moyennant 14 sous, 2 onces (60 g) d'un pain « dont les chiens de berger ne voudraient pas », les ménagères doivent attendre de longues heures devant la porte des boulangeries. Aussi beaucoup d'entre elles préfèrent acheter aux revendeurs qui leur servent la même quantité pour 20 sous.

Le comité de salut public du Gros-Caillou s'est insurgé contre une telle pratique. Pour y remédier, il a pris l'initiative d'imposer à partir de ce jour **une carte de pain obligatoire** pour tous les habitants du quartier. Il est désormais interdit aux clients d'acheter un poids de pain supérieur à celui auquel chacun a droit ; et aux boulangers de vendre sans carte, ou au profit de cartes portant le nom d'autres boulangers.

Cela suffira-t-il ? Il est question d'étendre l'usage de la carte à pain à toute l'agglomération parisienne et d'instituer **une carte de viande**.

☞ Le saviez-vous ?

Le 1er août 1793, **les restaurants parisiens se sont équipés de fourchettes à 4 dents, considérées comme plus commodes pour saisir les petits morceaux que celles à 2 dents en usage jusque-là.**

Lever du soleil : 6 h 26 Coucher du soleil : 21 h 27 Lune décroissante

Été

DÎNER

Saucisse de Morteau aux haricots blancs

☞ Le saviez-vous ?

• La véritable ***saucisse de Morteau*** bénéficie d'une appellation d'origine protégée (AOP). Elle est préparée selon des traditions séculaires. Après embossage, en chaudin, de 3,5 à 5 cm de diamètre, avec un hachage gros de viande pur porc. L'extrémité du boyau est pincée, retournée et maintenue par une cheville en bois. Après étuvage, elle est lentement fumée à froid. Il existe des saucisses de Morteau qui ne sont pas fumées.

• La variété de **haricots**, dite « haricots en grains », se consomme frais ou sec et se distingue par la taille et la couleur. Les flageolets blancs (il en existe des verts appelés « chevriers » du nom de leur sélectionneur) cultivés dans la région d'Arpajon sont le plus souvent vendus séchés. Les cocos gros et blancs sont récoltés de juillet à octobre dans le Sud-Est, en Bretagne et en Vendée – le coco de Paimpol (AOC), cultivé dans la région de Paimpol en Bretagne, représente les ¾ des haricots à écosser consommés frais. Les lingots, gros, allongés et très blancs, sont récoltés dans le Nord et le Sud-Ouest. Les haricots rouges, cultivés en Charente-Maritime, sont très courants dans toute l'Amérique latine.

La recette du jour

Saucisse de Morteau aux haricots blancs

Pour 4 pers. : 2 kg de haricots blancs frais à écosser, 2 oignons, 2 clous de girofle, 2 gousses d'ail, 2 tomates, 2 l d'eau, 1 branche de thym, ½ feuille de laurier, 1 noix de beurre, 4 branches de persil avec la queue, sel, poivre.

Écossez les haricots ; épluchez les oignons et piquez-les avec les clous de girofle ; épluchez les gousses d'ail. Pelez et épépinez les tomates, coupez-les en gros quartiers. Dans une cocotte, mettez l'eau, l'oignon, l'ail, le persil, le thym, le laurier, le sel, les tomates et la saucisse de Morteau. Quand l'eau bout, ajoutez les haricots. À la reprise de l'ébullition, écumez, couvrez et laissez cuire doucement à petits bouillons 1 h environ. Les haricots ne doivent surtout pas être éclatés mais tendres et moelleux. Rectifiez l'assaisonnement et ajoutez le beurre. Coupez la saucisse de Morteau en tranches un peu épaisses. Servez.

☞ Le saviez-vous ?

Les haricots à écosser se conservent peu de temps au frais. Il vaut mieux les retirer de leurs cosses et les consommer rapidement. Les haricots séchés se gardent dans un récipient fermé.

Cocorico !

Ce n'est pas la fin des « haricots » pour les producteurs du Sud-Ouest, mais on a eu très chaud ! En 1980, il ne restait plus que 55 hectares de tarbais, à comparer avec les 18 500 hectares recensés en 1881. En 1993, grâce à la création d'un syndicat de défense, puis d'une coopérative de producteurs, on en dénombrait plus de 200 hectares, sans compter les 2 ou 3 rangs que tout bon potager du Sud-Ouest se doit de comporter. Le haricot tarbais est sauvé, labellisé label rouge et IGP.

Lever du soleil : 6 h 27 Coucher du soleil : 21 h 26 Nouvelle lune

Sainte-Lydie

Mercredi
3
Août

Été

DÎNER

Palette de porc *(recette du 22 mars)*
Purée de haricots blancs frais
Fromage blanc au sucre, tuiles aux amandes

LES RECETTES DU JOUR

Purée de haricots blancs frais

Pour 4 pers. : Reste de haricots blancs de la veille, 30 g de beurre, 2 cs de crème fraîche, sel, poivre.

Passez les haricots dans le moulin à légumes. Remettez dans une casserole à feu moyen et faites sécher la purée. Ajoutez le beurre et la crème fraîche ; remuez à la cuillère en bois. Rectifiez l'assaisonnement en sel et poivre.

Tuiles aux amandes

Pour 6 pers. : 200 g d'amandes effilées, 200 g de sucre semoule, 40 g de farine, 4 blancs d'œufs, 100 g de beurre, 1 cs de lait dans une soucoupe.

Dans un saladier, mélangez le sucre, la farine et les amandes effilées. Ajoutez en remuant à la spatule les blancs d'œufs puis la moitié du beurre fondu (50 g). Laissez reposer la pâte pendant 1 h. Préchauffez le four à 180 °C (th. 2). Beurrez la plaque de cuisson avec un pinceau trempé dans le restant de beurre fondu (50 g). À l'aide d'une cuillère, déposez sur la plaque des petits tas de pâte, de 5 cm sur 3, bien écartés les uns des autres. Étalez légèrement chaque petite masse de pâte avec le dos d'une fourchette trempée dans le lait. Mettez au four 15 min. (***Surveillez la cuisson après les 10 premières minutes. Le bord des tuiles doit dorer et le centre reste blanc.***) Sortez la plaque du four. Soulevez les tuiles à l'aide d'une spatule métallique ou d'un couteau de peintre, déposez-les toutes chaudes, bien à plat sur une grille, ou à cheval sur un rouleau à pâtisserie, une bouteille (ou un manche à balai !). Laissez refroidir.

Nota : on peut également employer des amandes et noisettes hachées.

☞ *Ce que je fais...*

Tuiles : j'en conserve une partie maintenue au sec dans une boîte hermétique.

☞ *Le saviez-vous ?*

Les tuiles font partie de ce qu'on appelle les « petits fours » c'est-à-dire des pâtisseries ayant comme dénominateur commun leur taille réduite, autrement dit : on les mange d'une bouchée. Le mot remonte au XVIIIe siècle, époque où les fours étaient construits en maçonnerie, de sorte que la cuisson de ces petites pâtisseries avait lieu « à petit four », c'est-à-dire à four presque éteint quand la cuisson « des grosses pièces » était terminée et que la chaleur retombait.

On distingue 4 catégories de petits fours :

– ***Petits fours frais*** : ce sont soit des gâteaux individuels (petits babas, petits éclairs, tartelettes) en miniature soit des petits fours glacés, généralement taillés dans un fond de génoise ou de biscuit moelleux, fourrés selon l'imagination du pâtissier et ensuite découpés en bouchées carrées, triangulaires ou en losanges.

– ***Petits fours moelleux*** : ces petits gâteaux ou biscuits à la durée de conservation limitée sont à base d'amande, de pâte à biscuit ou de pain de Gênes.

– ***Petits fours salés*** : dans ce cas, ils peuvent porter le nom d' « amuse-gueule » (fond de pâte feuilletée, brisée, à choux ou à brioche).

– ***Petits fours secs*** : ces petits gâteaux ou biscuits secs se conservent bien. Ils accompagnent les crèmes glacées ou les sorbets. Exemple : langues de chat, macarons, palais, rochers, tuiles.

Lever du soleil : 6 h 29 Coucher du soleil : 21 h 24 Lune croissante

Je m'avance pour dimanche...
Je prépare un caviar d'aubergines et des poivrons à l'huile...

Été
DÎNER
Salade de tomates
Travers de porc, sauce barbecue

☞ Le saviez-vous ?

Lorsque les Espagnols et les Portugais abordèrent le Nouveau Monde au XVe siècle, ***le piment,*** de la même famille que la tomate et l'aubergine, était sans doute utilisé depuis des millénaires avant notre ère par les populations d'Amérique centrale. Dès 1493, un membre de l'expédition de Christophe Colomb en fit mention, notant qu'il agrémentait la nourriture des Indiens. Au fil des siècles, les botanistes sélectionnèrent les espèces les plus pauvres en capsaïcine pour plaire aux Européens, sensibles aux effets brûlants de cette plante. C'est seulement vers 1789 que le mot «poivron» apparaît pour nommer le fruit du piment doux.
Il se présente sous la forme d'une baie charnue et douce, plus ou moins grosse, et de couleurs diverses. Piments et poivrons sont indissociables de la cuisine traditionnelle de nombreux pays et font partie des fruits et légumes les plus consommés dans le monde. On en produit environ 25 millions de tonnes par an.
Le poivron se décline en huit couleurs; deux seulement sont naturelles: le vert et le rouge. Le vert est un fruit cueilli avant maturité; le rouge en totale maturité.

Les recettes du jour

Travers de porc

Pour 4 pers. : 2 travers de porc frais (à découper ou à faire découper par le charcutier).
Marinade : 3 échalotes, 3 cs de sauce soja, 5 cm de gingembre frais râpé, le jus de ½ citron, 1 pincée de piment de Cayenne, 1 filet d'huile d'arachide.
Mélangez les éléments de la marinade; ajoutez les travers de porc. Laissez macérer la viande quelques heures (la veille, c'est encore mieux). Allumez le gril du four. Posez les travers sur une grille avec la plaque du four au-dessous afin de récupérer les graisses. Enfournez à 15 cm du gril bien rouge pendant 6-8 min de chaque côté.

Poivrons à l'huile

Pour 4 pers. : 3 poivrons rouges, huile d'olive, sel, poivre.
Allumez le gril du four. Lavez, séchez, enlevez les pédoncules des poivrons; coupez-les en 4 dans la longueur. Retirez les parties blanches. Posez-les sur une plaque peau au-dessus. Laissez griller jusqu'à ce que la peau soit noire et boursouflée. Sortez du four; enlevez la peau. Coupez les morceaux de poivron en languettes et sur la longueur; déposez-les côte à côte dans un ravier. Salez et poivrez. Remettez une couche de languettes; salez et poivrez et ainsi de suite. Recouvrez d'huile d'olive.

Caviar d'aubergines

Pour 4 pers. : 4 aubergines, 2 gousses d'ail, huile d'olive, 1 filet de vinaigre de vin, sel, poivre.
Allumez le gril du four. Mettez-y les aubergines à griller jusqu'à ce qu'elles soient boursouflées et craquelées de tous les côtés. Posez-les dans un saladier recouvert de papier film. Quand elles sont presque froides, enlevez la peau et récupérez la chair. Hachez-la grossièrement; mettez-les dans un saladier; ajoutez l'ail pilé au presse-ail. Écrasez à la fourchette jusqu'à obtenir une purée. Incorporez de l'huile d'olive comme pour une mayonnaise, le vinaigre, sel et poivre, toujours en travaillant à la fourchette. Réservez au frais. Remuez une dernière fois au moment de servir.

☞ Ce que je fais...

Le poivron participe à part entière à la ratatouille et à la piperade. Il est irremplaçable pour colorer les salades d'été. Quelle que soit sa préparation, le poivron doit s'ouvrir en deux ou en quatre afin d'éliminer le pédoncule, la capsule, les filaments blancs auxquels sont accrochés les pépins.

Lever du soleil : 6 h 30 · Coucher du soleil : 21 h 23 · Lune croissante

Saint-Abel

Vendredi

5

AOÛT

SEMAINE 31

Été

DÎNER

Tourteaux tièdes, mayonnaise
Compote d'abricots
(voir la recette du 21 juin)
Servez-la avec la moitié des tuiles préparées le 3 août

La recette du jour

Tourteaux tièdes, mayonnaise

Pour 4 pers. : 2 très beaux tourteaux, 1 petit bol de mayonnaise.
Remplissez un grand faitout d'eau ; salez à raison de 30 g de gros sel de mer par litre. Portez à ébullition. Plongez-y les tourteaux. À la reprise de l'ébullition, comptez 10 min par kg ; éteignez le feu et laissez les tourteaux encore 10 min dans l'eau chaude. Retirez. Coupez-les au moment de servir.

Mon truc malin

Les crustacés : ils supportent mal le froid du réfrigérateur ; après cuisson, laissez-les refroidir à température ambiante jusqu'à consommation.

☞ Le saviez-vous ?

Le tourteau : un poissonnier digne de ce nom présente les crustacés sur du frison. Jamais sur de la glace ! Le tourteau s'achète lourd, dense et toujours vivant. Invalide ou mort, il ne mérite pas le transport. Après 24 h hors de l'eau, le tourteau a perdu 15 % de son poids. Il est bon de vérifier que les crustacés sont bien munis de toutes leurs pattes et ne présentent aucune blessure. Mutilés, il convient de « colmater la brèche » avec de la mie de pain travaillée entre les doigts. Crustacé décapode, le tourteau est appelé familièrement crabe dormeur, poing clos ou chancre. Il est habillé d'une carapace épaisse, ovoïde, plus large que longue, lisse et brune, dont la face interne est de couleur blanc crème, et équipé de deux pinces puissantes lui permettant de creuser les fonds pour trouver sa nourriture et de déchiqueter ses proies. Pour grandir, le tourteau est obligé de muer ; sa carapace ne s'étire pas, alors il s'en débarrasse et en fabrique une plus grande. Chez les jeunes sujets, cette opération a lieu plusieurs fois par an. Quand le tourteau vieillit, cette frénésie à muer se ralentit.

☞ Ce que je fais...

Un court-bouillon bien corsé; à ébullition, je le plonge délicatement – il est sensible – dans le faitout à l'aide d'une écumoire et je laisse frémir 10 min par kg. Après avoir supprimé la source de chaleur, j'ajoute un grand verre d'eau froide pour stopper la cuisson et je laisse refroidir le tourteau dans le court-bouillon.

Lever du soleil : 6 h 31 — Coucher du soleil : 21 h 21 — Lune croissante

Les recettes du jour

Tranches de thon grillé

Pour 4 pers. : comptez 150-170 g de thon par personne, l'idéal étant d'obtenir auprès de votre poissonnier des tranches d'une épaisseur de 2 cm, huile, sel, poivre.

Huilez les 2 faces ; posez-les sur le gril huilé et très chaud. Cuisez 4 min d'un côté et 3 min de l'autre. Salez et poivrez.

Salade de fenouil

Pour 4 pers. : 3 petits fenouils, 1 tasse à café de vinaigrette.

Coupez les tiges et feuilles vertes des fenouils. Supprimez la base et les 1res feuilles un peu filandreuses. Coupez les fenouils en rondelles très fines ; détachez-les et disposez-les dans un plat. Arrosez de vinaigrette.

Omelette au fromage

Pour 4 pers. : 6 œufs, 150 g de fromage râpé (mélange de comté, Beaufort, gruyère), 1 cs de beurre, sel, poivre.

Battez les œufs et incorporez le fromage râpé ; salez et poivrez. Dans une poêle, portez le beurre à grésillement et jetez les œufs. Aérez l'omelette en soulevant et en remuant le mélange du bord vers l'intérieur. Quand elle est cuite, glissez-la dans un plat de service en la repliant sur elle-même.

☞ Ce que je fais...

Sachant que le thon s'oxyde rapidement, je ne l'achète jamais coupé à l'avance. Mon poissonnier se fait un plaisir de le débiter en tranches de l'épaisseur désirée. Sa chair doit être impérativement de couleur rouge. En cuisine, je le cuis comme une viande, en cocotte ou braisé, et surtout j'évite de le faire rissoler pour le saisir. Je le pose sur une garniture aromatique : échalote, oignon haché, tomate concassée, revenus dans un peu d'huile d'olive. Je ne me prive pas non plus de le faire griller et je le sers alors avec une sauce béarnaise. Le thon ne se conserve pas.

Été

DÉJEUNER

Tranches de thon grillé

Caviar d'aubergines et poivrons à l'huile

(voir la recette du jeudi 4 août)

Salade de fenouil

Salade de fruits d'été

DÎNER

Soupe froide au concombre à la menthe

(voir la recette du 30 juillet)

Omelette au fromage, salade verte

Je m'avance pour demain...

Je prépare une ratatouille *(voir la recette du 24 juillet)*

☞ Ce que je fais...

Fromage râpé : râpez-le vous-même, c'est nettement meilleur. En sachet, les produits qui vous sont proposés sont moins frais et peuvent même parfois être rances !

Le thon : le thon rouge est un très gros poisson, 1 à 2 m pour un poids de 150 kg, mais certains d'entre eux mesurent jusqu'à 3 m et pèsent 300 kg. Son corps est bleu-noir sur le dos et ses flancs sont argentés.

Le thon rouge est majoritairement pêché en France, en Espagne, en Italie et au Japon. Plus de 80 % du marché « sushi/sashimi » absorberait la production française. Après une décision drastique d'arrêter la pêche en Méditerranée, très efficace pour activer la reproduction, on retrouve maintenant des quantités permettant d'assurer notre gourmandise.

Lever du soleil : 6 h 33 Coucher du soleil : 21 h 19 Lune croissante

Saint-Gaétan

Dimanche

7

AOÛT

Je m'avance pour mardi…

Je prépare une canapota…

SEMAINE 31

Été

DÉJEUNER

Gigot d'agneau à l'anglaise

Ratatouille

(voir la recette du 24 juillet)

Tarte aux prunes

DÎNER

Soupe au pistou

Fromage blanc aux fines herbes

LES RECETTES DU JOUR

Gigot d'agneau à l'anglaise

Pour 8 pers. : 1 gigot d'environ 2,5 kg, 4,5 l de bouillon de volaille instantané, sel, poivre.

Dans un grand faitout, portez le bouillon de volaille à ébullition. Plongez le gigot qui doit être totalement recouvert. À la reprise de l'ébullition, comptez 10 min de cuisson par livre. Retirez le gigot et laissez-le reposer 20 min recouvert d'un papier sulfurisé dans le four tiède. Découpez-le en tranches et servez accompagné de sel et de poivre.

Tarte aux prunes

Pour 6 pers. : 1 pâte brisée, 1 tranche fine de pain d'épices, 800 g de prunes, 2 cs de cassonade.

Préchauffez le four à 230 °C (th. 7/8). Étalez la pâte dans un moule à tarte beurré. Piquez le fond à la fourchette ; émiettez la tranche de pain d'épices sur le fond de tarte. Rincez les prunes sous l'eau fraîche, coupez-les en 2 et retirez les noyaux. Rangez les moitiés de prunes sur le fond de tarte, debout, les unes contre les autres. Saupoudrez de cassonade. Enfournez pour 15 min puis baissez le four à 180 °C (th. 6) pour 15 min encore. Démoulez tiède.

Soupe au pistou

Pour 4 pers. : 500 g de haricots blancs, 2 oignons, 2 poireaux, 2 pommes de terre, 2 navets, 1 gousse d'ail, 2 courgettes, 2 tomates, 1 cs d'huile d'olive, sel, poivre.

Pour le pistou : 1 gousse d'ail, 5 feuilles de basilic, 3 cs de parmesan râpé, 2 cs d'huile d'olive.

Écossez les haricots. Épluchez les oignons, poireaux, pommes de terre, navets, gousse d'ail et coupez-les en rondelles ou en petits cubes ainsi que les courgettes non pelées. Pelez et épépinez les tomates, concassez-les grossièrement. Dans une cocotte, faites blondir les oignons dans l'huile d'olive puis ajoutez l'ail, les poireaux, les tomates concassées et laissez réduire à feu moyen pendant 5 bonnes minutes avant d'ajouter le reste des légumes et les haricots écossés. Couvrez d'eau chaude non salée et laissez cuire à couvert, à petits bouillons pendant 40 min. Salez et poivrez.

Préparez le pistou : épluchez l'ail, pilez-le finement au mortier avec les feuilles de basilic lavées et séchées au torchon ; ajoutez le parmesan râpé en mélangeant à la fourchette et incorporez l'huile versée en filet. Ajoutez le pistou à la soupe hors du feu (le pistou ne doit jamais cuire). Mélangez, rectifiez l'assaisonnement et servez aussitôt.

Canapota

Pour 8 pers. : 600 g d'aubergines, 600 g de poivrons verts, 2 oignons, 4 tomates, 150 g d'olives vertes dénoyautées, 60 g de câpres, 1 côte de céleri, 2 cs de vinaigre de vin, 2 cs de sucre en poudre, 5 cs d'huile d'olive, sel, poivre.

Lavez les aubergines sans les éplucher. Découpez-les en petits dés de 1 cm de côté. Mettez dans une passoire et saupoudrez légèrement de sel pour laisser dégorger pendant 1 h. Passez les dés d'aubergine sous l'eau courante ; épongez-les et faites-les revenir 15 min à feu vif dans 1 cs d'huile d'olive. Salez, poivrez et réservez. Lavez les poivrons, épluchez-les grossièrement avec un couteau économe. Coupez-les en 2, ôtez les graines et les parties blanches. Découpez-les en lanières de 1 cm puis faites-les revenir 15 min dans 1 cs d'huile d'olive. Réservez. Faites revenir dans la poêle les oignons émincés jusqu'à ce qu'ils soient bien fondus. Ajoutez les tomates pelées, épépinées et coupées en morceaux. Quand l'ensemble est bien fondu, ajoutez les olives, les câpres et le céleri découpé en petits dés. Mélangez. Ajoutez ensuite les aubergines et les poivrons ; remuez pendant 5 min avec un peu d'huile si nécessaire. Mélangez le vinaigre avec 2 cs d'eau et le sucre. Versez dans le plat ; remuez et mettez la préparation au frais pendant 24 h.

Été

DÎNER

Reste de soupe au pistou
(voir la recette du 7 août)
Reste de gigot d'agneau froid, mayonnaise *(voir la recette du 7 août)*

KEKCEKÇA ?

Le chutney : c'est un condiment aigre-doux fait de fruits ou de légumes, ou d'un mélange des deux, cuits dans du vinaigre avec du sucre et des épices, jusqu'à consistance de confiture.

Le chutney est une tradition culinaire indienne mais le mot est anglais, dérivé de l'hindoustani *chatni*. C'est en réalité une spécialité britannique qui date de l'époque coloniale. On sert les chutneys principalement avec des plats froids.

La recette du jour

Chutney de tomates

Pour 5 à 6 pots : 1 kg de tomates bien mûres, 125 g de poivrons rouges, 125 g d'oignons blancs, 125 g de céleri en branche, 25 g de gingembre frais, 2 gousses d'ail épluchées, 1 botte de coriandre fraîche, 1 petit piment frais (30 g), 625 g de sucre semoule, 35 cl de vinaigre blanc, ½ pomme verte.

Plongez les tomates dans de l'eau bouillante ; rafraîchissez-les dans un bain d'eau froide ; pelez-les et épépinez-les. Plongez les poivrons entiers dans l'huile chaude d'une bassine à friture pour les débarrasser de leur peau facilement. Coupez-les en 2 ; retirez le pédoncule, les graines, les nervures. Épluchez les oignons. Enlevez avec un couteau les fibres dures des branches de céleri. Coupez tous ces légumes en petits morceaux. Râpez le gingembre. Mettez tous les ingrédients à l'exception de la pomme dans une casserole sur feu doux. Laissez compoter pendant 1 h. Ajoutez la demi-pomme épluchée et finement râpée. Maintenez la cuisson 30 min à feu doux. Remuez régulièrement. Mettez en pots et couvrez à froid.

Ce que je fais...
Je prépare un ***chutney de tomates...***

Le saviez-vous ?

Mayonnaise : tout le monde connaît et a déjà réalisé cette sauce froide faite d'une émulsion de jaune d'œuf cru, de moutarde et d'huile. La recette a été pour la première fois imprimée en 1806 dans *Le Cuisinier impérial* de Viard. Personne n'a jusqu'à présent réussi à affirmer son étymologie; beaucoup de versions sont plus ou moins fantaisistes... Ce pourrait être une altération de l'espagnol *mahonesa* « de Port-Mahon », parce que cette sauce aurait été créée par l'officier de bouche du maréchal duc de Richelieu et servie pour la première fois à sa table le 28 juin 1756, lors de la prise de la capitale de Minorque.

Pour Alexandre Dumas, c'est un dérivé de *bayonnaise*, pour la raison qu'elle serait originaire de Bayonne !

Antonin Carême l'orthographie *magnonaise* du verbe *manier*, car il convient de « *manier* » patiemment l'huile pour la réaliser.

Est-ce que la supposition de Prosper Montagné est plus satisfaisante ? Il prétend qu'il s'agit d'une déformation populaire de *moyeunaise* dérivant de *moyeu*, vieux mot hérité du latin *médius*, « central », qui désignait au Moyen Âge le jaune de l'œuf, celui-ci se trouvant au milieu de la coque comme le moyeu au milieu d'une roue.

Je laisse à votre imagination le soin de trouver une hypothèse plus plausible !

Été

DÎNER

Canapota
(voir la recette du 7 août)
Tomates au four
Tomme de brebis

Je m'avance pour demain...
Je prépare des rillauds « maison »

Les recettes du jour

Tomates au four

Pour 4 pers. : 600 g de tomates, 500 g d'oignons blancs, 2 cs d'huile d'olive, sel, poivre.

Préchauffez le four à 220 °C (th. 7/8). Épluchez les oignons. Coupez les tomates en 2 dans le sens de la largeur ; pressez-les entre vos mains pour éliminer les graines et l'eau de végétation. Rangez les moitiés de tomate dans un plat à gratin en les serrant bien les unes contre les autres. Comblez les interstices avec les oignons entiers ou coupés en 2 selon leur grosseur. Arrosez d'huile d'olive. Mettez au four 30 min. Salez peu et poivrez en fin de cuisson.

Rillauds « maison »

Pour 8 pers. : 900 g de poitrine de lard frais coupée en 3 tranches, 500 g de saindoux, 3 cs de sucre en poudre, 50 g de gros sel.

Coupez la poitrine en morceaux de 5 cm de large chacun en conservant la couenne. Mettez-les dans une terrine, répandez le gros sel ; remuez pour que les morceaux soient tous uniformément salés et laissez macérer pendant 24 h en remuant régulièrement les morceaux. Dans une cocotte, faites chauffer le saindoux à feu très doux ; dès qu'il est fondu, ajoutez les morceaux de poitrine soigneusement épongés et laissez confire pendant 3 bonnes heures en retournant à plusieurs reprises les morceaux. Égouttez les viandes ; conservez le saindoux qui vous servira pour cuisiner ultérieurement. Remettez la cocotte sur feu doux. Saupoudrez les morceaux de viande de sucre et faites-les caraméliser en les retournant pour qu'ils soient croustillants sur toutes leurs faces. Ne les laissez pas brunir.

Petite histoire...

Le 9 août 1883, il a été décidé d'introduire dans l'enseignement primaire, et dès la prochaine rentrée, un enseignement ménager dans lequel il sera donné une large place à la cuisine. Cette décision a été prise à l'initiative de l'inlassable Joseph Favre. Il écrivait déjà dans son *Dictionnaire universel de cuisine et d'hygiène alimentaire* : « Une école de cuisine et d'hygiène alimentaire doit faire partie de l'Instruction publique. » Son vœu exaucé, la cuisine doit désormais être inscrite au programme des écoles primaires de jeunes filles. On y enseignerait notamment l'alimentation de l'enfant, l'alimentation hygiénique de l'adulte, l'alimentation réparatrice de l'âge du déclin, l'alimentation de la vieillesse.
Chiche : on remet ces disciplines dans les programmes de la prochaine rentrée !

K^E^KCEKÇA ?

Rillauds, rillots, rillons, grillons : ce sont des cubes de poitrine de porc frais, cuits dans la graisse ; ils sont originaires de Touraine et d'Anjou. Ces spécialités ont largement contribué à la renommée gastronomique de ces régions.

Lever du soleil : 6 h 37 Coucher du soleil : 21 h 14 Lune croissante

LES RECETTES DU JOUR

Compote de prunes reines-claudes

Pour 6 pers. : 1 kg de prunes reines-claudes, 250 g de sucre cristallisé, ½ verre de vin blanc (ou d'eau), ½ gousse de vanille (ou 1 sachet de sucre vanillé), 3 poires à chair fondante.

Passez les prunes sous l'eau fraîche, égouttez-les, coupez-les en 2, dénoyautez-les. Mettez les prunes dans une casserole avec le sucre, le vin blanc (ou l'eau), la ½ gousse de vanille (ou le sucre vanillé). Couvrez et laissez cuire 5 bonnes minutes à feu doux. Épluchez les poires, coupez la chair en gros dés. Ajoutez-les aux prunes. Laissez cuire 10 min à frémissement. Égouttez les fruits avec l'écumoire ; déposez-les dans un compotier. Faites réduire de moitié le sirop et versez-le sur les fruits. Laissez refroidir.

Farce au veau

Pour 500 g de farce : 750 g de poitrine ou de tendron de veau, 1 bouquet garni, 1 carotte, 1 oignon, 2 œufs, 2 cs de crème, 50 g de chapelure, ½ botte de persil plat haché, 2 cc de sel fin, 5 tours de moulin à poivre.

Faites couper le veau en gros cubes comme pour une blanquette. Mettez-les dans une casserole ; recouvrez d'eau froide ou de bouillon et portez à ébullition. Ajoutez un petit bouquet garni, 1 carotte et 1 oignon épluchés ; salez. Faites cuire 1 h 30 ; égouttez, laissez refroidir, désossez et retirez les peaux. Hachez grossièrement au hachoir grille moyenne avec la carotte et l'oignon. Ajoutez les œufs, la crème, la chapelure, le persil, sel et poivre.

Été

DÎNER

Rillauds « maison »
(voir la recette du 9 août)

Salade de pommes de terre
(voir la recette du 29 mai)
et salade croquante

Compote de prunes reines-claudes

Reste des tuiles aux amandes
(voir la recette du 3 août)

☞ Le saviez-vous ?

La reine-claude : c'est une prune mais, elle n'est pas la femme du pruneau. On ne prête qu'aux riches, il y a tant de variétés de prunes. La reine-claude fut baptisée par le botaniste Pierre Belon en l'honneur de l'épouse de François Ier.

Cette prune est une beauté à peau verte, semée de plumetis rouges, à chair jaune et juteuse. La reine était laide comme la vertu. Hommage posthume, puisque la prune fut baptisée un an après sa disparition.

Une autre prune s'est fait un nom : la prune de Monsieur, fruit préféré de Gaston d'Orléans, frère de Louis XIII. Au hasard de l'histoire, on trouve la mignonne, la rognon de coq, la sainte-catherine.Quoi qu'il en soit, les prunes sont exquises, parfumées ; elles aiment la confiture, les tartes, les clafoutis. Elles ne dédaignent pas d'être traitées comme des cornichons, à l'aigre-doux.

Je m'avance pour demain...
Je prépare une farce au veau pour les tomates farcies...

Lever du soleil : 6 h 38 Coucher du soleil : 21 h 13 Lune croissante

Sainte-Claire

Jeudi
11
AOÛT

Été

DÎNER

Tomates farcies au veau
(voir la recette de la farce du 10 août)
Crème caramel aux pêches et aux brugnons

SEMAINE 32

Les recettes du jour

Tomates farcies au veau

Pour 4 pers. : 4 grosses tomates, farce au veau, 50 g de beurre, sel, poivre.

Lavez et coupez le chapeau des tomates du côté tige. Avec une petite cuillère, enlevez les graines et l'eau de végétation de chaque alvéole. Salez légèrement l'intérieur des tomates et retournez-les sur une planche. Préchauffez le four à 230 °C (th. 7/8). Remplissez les tomates de viande et refermez-les avec le chapeau. Beurrez un plat allant au four et déposez les tomates. Recouvrez-les du reste de beurre fondu. Enfournez pour 40-45 min en arrosant de temps en temps. Sortez les tomates et disposez-les dans le plat de service. Faites réduire le jus de cuisson jusqu'à consistance sirupeuse et versez-le sur les tomates.

Crème caramel aux pêches et aux brugnons

Pour 6 pers. : 6 pêches blanches ou jaunes, 2 brugnons, 60 cl de lait frais entier, 1 gousse de vanille, 1 œuf entier, 4 jaunes d'œufs, 60 g de sucre, ½ sachet de sucre vanillé.

Pour le caramel : 125 g de sucre semoule, ½ sachet de sucre vanillé, 2 cs d'eau, 1 cs de beurre, 1 cs de crème fraîche.

Le caramel : dans une poêle à revêtement antiadhésif, versez le sucre semoule, le sucre vanillé et l'eau ; laissez cuire une dizaine de minutes. Quand le caramel prend une belle couleur dorée, ajoutez le beurre puis la crème et, hors du feu, mélangez la préparation d'un mouvement du poignet. Versez le caramel dans un plat creux de 28 x 18 cm environ.

Faites bouillir le lait avec la gousse de vanille fendue et bien grattée en remuant au fouet. Couvrez et laissez infuser. Mélangez dans un saladier l'œuf entier et les 4 jaunes (conservez les blancs pour une autre utilisation). Ajoutez le sucre. Travaillez le mélange au fouet ou avec le batteur électrique pendant quelques minutes puis incorporez le lait après avoir retiré la gousse de vanille. Écumez la surface avec une cuillère et gardez en attente. Préchauffez le four à 150 °C (th. 5). Pelez et dénoyautez les pêches et les brugnons. Coupez la chair en gros dés ; déposez-les dans le plat, sur le caramel. Posez ce plat dans un plat allant au four, de dimensions supérieures, tapissé de 3 épaisseurs de papier journal et rempli aux ¾ d'eau chaude. Versez les œufs au lait sur les fruits et mettez au four à mi-hauteur pour 1 h 15 environ (l'eau du bain-marie ne doit en aucun cas bouillir, ajoutez au besoin un peu d'eau froide). Vérifiez la cuisson à la pointe du couteau : si la lame ressort propre, la crème est prise. Éteignez le four et attendez 10 min avant de sortir le plat. Laissez refroidir complètement et mettez au réfrigérateur. Démoulez la crème sur un plat creux avant de servir.

☞ *Le saviez-vous ?*

La pêche : la couleur n'est pas un bon critère de choix pour la pêche. Il existe aujourd'hui des variétés dont la peau se colore en rouge avant la maturité du fruit. Les pêches, quelles que soient leurs variétés, doivent être choisies mûres et parfumées, c'est-à-dire cueillies à maturité. Cueillie avant maturité physiologique, c'est-à-dire avant que la transformation de l'amidon en sucre ne soit enclenchée, une pêche ne mûrira jamais. La pêche est naturellement parfumée, avec un parfum marqué ; elle doit céder à la légère et douce pression du doigt.

Lever du soleil : 6 h 40 Coucher du soleil : 21 h 11 Lune croissante

Été

DÎNER

Esturgeon milanais
Tarte Tatin au fenouil
Fruits frais

Sainte-Clarisse

Vendredi **12** AOÛT

Je m'avance pour dimanche...

Figues aux framboises

Pour 6 pers. :
18 petites figues violettes, 400 g de framboises, 1 bouteille de vin de Bordeaux rouge, 250 g de sucre semoule

Mettez dans une terrine le vin, le sucre et les framboises. Réservez au frais.

Je m'avance pour demain...
Gâteau d'omelette à la ratatouille : je prépare une ratatouille... (voir la recette du 24 juillet) et un coulis de tomate (voir la recette du 25 juillet)

LES RECETTES DU JOUR

Esturgeon milanais

Pour 4 pers. : 4 darnes d'esturgeon (150 g chacune), 1 carotte, 1 branche de céleri, 1 gousse d'ail, 4 tomates, 1 cs de farine, 20 g de beurre, 1 cs d'huile, 1 verre de vin blanc sec, 1 tablette de bouillon de volaille, sel, poivre.

Pour la gremolata : 1 citron non traité, 1 orange non traitée, 1 bouquet de persil, 1 gousse d'ail épluchée, 1 pincée de noix de muscade râpée.

Pelez et coupez en julienne la carotte, la branche de céleri et la gousse d'ail. Ébouillantez, pelez puis épépinez les tomates avant de les concasser. Farinez légèrement les darnes d'esturgeon. Dans une cocotte, faites fondre le beurre et l'huile ; faites revenir les darnes sur les 2 faces ; retirez-les et réservez. Dans la même cocotte, faites revenir les légumes sans les laisser colorer ; salez et poivrez. Ajoutez les darnes, les tomates, le vin blanc et la tablette de bouillon. Portez à ébullition et ramenez à frémissement pendant 30 min à couvert sur feu doux. Pendant ce temps, préparez la gremolata : brossez sous l'eau le citron et l'orange ; prélevez la moitié de leur zeste en évitant le ziste. Lavez le persil ; hachez-le finement ainsi que les zestes et la gousse d'ail ; ajoutez la muscade ; mélangez. Parsemez l'esturgeon milanais de gremolata au moment de servir.

Tarte Tatin au fenouil

Pour 8 pers. : 2 pâtes feuilletées, 4 oranges non traitées, 1 pamplemousse, 1 citron non traité, 10 petits bulbes de fenouil, 60 g de beurre, 6 cs d'huile d'olive, 3 cc de grains de coriandre moulus, 6 cs de miel liquide, 1 cc de sel fin, poivre.

Prélevez le zeste des oranges, du citron et du demi-pamplemousse. Coupez les zestes en petits bâtonnets et jetez-les dans l'eau bouillante pour 5 min. Égouttez. Pressez le jus des oranges, du pamplemousse et du citron. Préparez le fenouil en coupant la base des bulbes et la partie aérienne des tiges. Si les bulbes de fenouil sont abîmés, retirez la première peau et coupez-les en tranches d'environ 2 cm d'épaisseur dans le sens de la longueur. Dans une cocotte, faites chauffer le beurre et l'huile ; ajoutez les tranches de fenouil, salez et poivrez. Ajoutez les grains de coriandre moulus et laissez doucement étuver pendant 5 min. Ajoutez le miel, les zestes et le jus des 3 agrumes. Laissez confire tout doucement pendant 1 h environ. Remuez de temps à autre pour que l'ensemble soit confit. Préchauffez le four à 180 °C (th. 6). Dans 2 moules à manqué généreusement beurrés, installez les tranches de fenouil en rosace. Recouvrez le tout avec la pâte feuilletée en rabattant les bords à l'intérieur du moule pour que la cuisson soit bien hermétique. Enfournez pour 20-25 min jusqu'à ce que la pâte soit bien dorée. À la fin de la cuisson, retournez sur un plat de service et servez chaud.

Lever du soleil : 6 h 41 Coucher du soleil : 21 h 09 Lune croissante

Les recettes du jour

Semaine 32

Été

DÉJEUNER

Rôti de foie de veau
à la vapeur
(voir la recette du 18 mai)

Bettes au beurre

DÎNER

Gâteau d'omelette
à la ratatouille

Tarte aux mirabelles
(voir la recette du 16 juillet)

☞ Le saviez-vous ?

La mirabelle: on sait peu de choses sur l'origine de la mirabelle. Impossible avec elle d'évoquer Christophe Colomb, Cortès, Bernard Diaz del Castillo ou d'autres conquérants. Aucune trace de la mirabelle chez les Grecs ou les Romains. Les Chinois sont muets. L'Inde, la Perse, les Amériques l'ignorent. On échafaude bien quelques hypothèses, on imagine, on invente. Ce que l'on sait avec certitude, c'est que son introduction en Lorraine remonte au XVe siècle. Le roi René, dit René le Bon, duc d'Anjou, après son mariage avec Isabelle de Lorraine, acclimata la mirabelle dans cette région et en fit sa terre d'élection.

Bettes au beurre

Pour 4 pers. : 500 g bettes, 2 cs de beurre, 2 cs de persil haché, 1 cc de sel, poivre.

Préparez les bettes. Coupez-les en tronçons de 6-7 cm et retirez les fils. Faites-les cuire à l'eau bouillante salée dans une cocotte, à découvert. Égouttez ; mettez dans une sauteuse le beurre et les bettes ; laissez étuver 15 min sur feu doux à couvert. Ajoutez le persil haché ; rectifiez l'assaisonnement. Servez.

Gâteau d'omelette à la ratatouille

Pour 8 pers. : 15 œufs, 5 cs de lait, 1 pincée de quatre-épices, 1 pincée de poivre de Cayenne, 8 cs d'huile d'olive, 700 g de ratatouille *(voir la recette du 24 juillet)*, coulis de tomate *(voir la recette du 25 juillet, coulis préparé sur une base de 700 g de tomates)*, 1 cs de sel fin, poivre.

Préchauffez le four à 210 °C (th. 7). Cassez les œufs dans un saladier, ajoutez le lait, les épices, salez et poivrez. Mélangez sans fouetter au fouet ou à la fourchette. Dans une poêle, faites chauffer 3 cs d'huile d'olive. Partagez les œufs en 3 omelettes de 5 œufs et faites cuire en rajoutant de l'huile après chaque cuisson. Huilez au pinceau un moule à manqué ; déposez la 1re omelette dans le fond du moule ; versez la moitié de la ratatouille puis un tiers du coulis de tomate ; couvrez de la 2e omelette et garnissez avec le restant de ratatouille et la moitié du coulis de tomate ; couvrez avec la 3e omelette et versez le restant de tomate. Enfournez pour 10 min. Démoulez dès la sortie du four en retournant le plat à manqué sur le plat de service. Cette recette peut se servir chaude, tiède ou froide.

Tarte aux mirabelles

Pour 6 pers. : base identique à la recette de la tarte aux abricots *(voir la recette du 16 juillet)*.

☞ Je m'avance pour demain…

Terminez la recette des figues aux framboises

Lavez les figues, séchez-les. Recueillez les framboises avec une écumoire et passez-les au mixeur pour obtenir une purée. Dans une casserole, versez cette purée, délayez avec le vin sucré. À feu moyen, portez à ébullition. Plongez les figues dans ce mélange et laissez pocher 4 min. Récupérez les figues avec une écumoire ; disposez-les dans une jatte. Continuez à faire bouillir le liquide de manière à ce qu'il réduise et épaississe pendant à peu près 7 à 8 min. Nappez les figues avec cette sauce. Mettez au réfrigérateur et servez frais le dimanche midi.

Lever du soleil : 6h42 Coucher du soleil : 21h08 Lune croissante

Je m'avance pour demain...
Je prépare une terrine d'anchois crus à l'huile et aux aromates...

LES RECETTES DU JOUR

Épaule d'agneau aux pommes de terre et aux tomates

Pour 4 pers. : 1 épaule d'agneau désossée (900 g environ) ou 1 kg de collier, 6 à 8 pommes de terre à chair ferme, 4 gros oignons, 4 tomates, 2 verres d'eau ou de vin blanc doux (40 cl), sel, poivre.

Épluchez les pommes de terre ; coupez-les en grosses rondelles ; épluchez et émincez les oignons ; pelez, épépinez et concassez les tomates. Détachez avec un petit couteau les parcelles de gras de la viande ; faites-les fondre dans une cocotte (ou une grande casserole). Faites revenir la viande sur toutes les faces dans ce gras fondu. Quand elle est bien dorée, ajoutez 2 verres d'eau (ou de vin blanc), les oignons, les pommes de terre, les tomates. Salez et poivrez. Couvrez la cocotte. Laissez mijoter à petit feu pendant 2 bonnes heures (vérifiez la cuisson avec la pointe d'un couteau et prolongez-la si nécessaire). Sortez la viande pour la trancher sur la planche à découper ; déposez les tranches au-dessus des légumes et posez la cocotte sur la table.

Pissaladière

Pour 4 pers. : 1 pâte brisée, 1 gousse d'ail, 1 kg d'oignons, quelques gouttes d'huile d'olive, 1 pincée de sucre, 12 filets d'anchois à l'huile, 12 olives noires dénoyautées, sel, poivre.

Épluchez et émincez finement l'ail et les oignons. Préchauffez le four à 180 °C (th. 6). Versez quelques gouttes d'huile dans une sauteuse ; étalez-la au pinceau de cuisine. Ajoutez l'ail et les oignons ; couvrez et laissez étuver 12 à 15 min sur feu doux sans prendre couleur. Salez et poivrez ; ajoutez le sucre. Déroulez la pâte brisée ; installez-la en gardant son papier sulfurisé d'origine dans un moule à tarte. Piquez le fond de pâte avec les dents d'une fourchette. Étalez les oignons ; disposez les filets d'anchois égouttés en éventail ; arrosez de l'huile de la boîte ; décorez avec les olives noires et faites cuire 20 min au four. Sortez la pissaladière ; débarrassez-la du papier et servez chaud ou tiède.

Terrine d'anchois crus à l'huile et aux aromates

Pour 6 pers. : 1 kg de gros anchois frais, 1 cœur de céleri avec ses feuilles, 1 fenouil, 2 gousses d'ail, 1 oignon frais, 1,5 cs de fleur de sel, 1 cs de poivre en grains concassés, 1 cc de piment fort en poudre (facultatif), 10 cl d'huile d'olive.

Faites lever les filets d'anchois par votre poissonnier (ou faites-le vous-même). Lavez les légumes. Débarrassez le cœur de céleri de ses grosses feuilles extérieures. Coupez-le en fines lamelles. Faites de même avec le fenouil. Pelez les gousses d'ail, enlevez le germe (sauf s'il s'agit d'ail frais) ; émincez-les finement. Pelez et coupez l'oignon en fines rondelles. Épongez les filets d'anchois dans du papier absorbant. Dans une terrine rectangulaire, disposez une couche de filets d'anchois, salez légèrement, répartissez quelques grains de poivre concassés et 1 pincée de piment selon votre goût. Parsemez de fenouil, de céleri, d'ail et d'oignon émincé. Couvrez de filets d'anchois puis recommencez l'opération jusqu'à épuisement des ingrédients. Terminez par une couche d'anchois. Versez lentement l'huile d'olive jusqu'à ce qu'elle couvre entièrement les ingrédients. Si elle possède un couvercle, fermez la terrine ou couvrez-la d'un film étirable. Gardez au frais 24 h avant de servir.

SEMAINE 32

Été

DÉJEUNER

Œufs Bocconi
(voir la recette du 11 avril)

Épaule d'agneau aux pommes de terre et aux tomates

Figues aux framboises
(voir la recette du 12 août)

DÎNER

Hamburgers aux oignons

Pommes de terre au four
(voir la recette du 28 avril)

Salade

Je m'avance pour demain...

Je prépare un filet de dinde froid à la sauce au thon (voir la recette le 16 août)

Été

DÉJEUNER

Guacamole
Œufs à la portugaise
Petits pots de crème au chocolat

DÎNER

Terrine d'anchois crus à l'huile et aux aromates
(voir la recette du 14 août)
Pommes de terre vapeur
Salade de pêches

Guacamole

Pour 4 pers. : 2 gros avocats, 6 petits oignons blancs frais, 1 gousse d'ail, 10 cl d'huile d'olive, 2 limes, 4 gouttes de Tabasco, 2 tomates, 1 botte de coriandre fraîche, 1 cc de sel fin.

Écrasez à la fourchette la chair des avocats. Ajoutez les petits oignons blancs et 10 cm de leurs fanes vertes hachées très finement, puis la gousse d'ail écrasée finement. Incorporez l'huile d'olive pour obtenir une sauce onctueuse, le jus des limes, le sel et le Tabasco. Pelez et épépinez les tomates (en les pressant délicatement dans le creux de la main pour en extraire le jus et les pépins). Coupez la chair en très petits dés ; associez-les à la préparation. Couvrez d'une assiette ou d'un film alimentaire ; placez dans le réfrigérateur pendant 3 h ; hachez la coriandre grossièrement, mélangez avec la pâte. Servez bien frais avec du pain grillé ou des chips de maïs (tacos).

Œufs à la portugaise

Pour 4 pers. : 8 tranches de pain grillé, 8 œufs, 125 g de jambon, 1 noisette de beurre ou 1 filet d'huile pour graisser le plat, sel, poivre.

Préchauffez le four à 180 °C (th. 6). Rangez les tranches de pain grillé (pain de mie ou de campagne) dans un plat allant au four et préalablement beurré ou huilé. Dans un saladier, battez les œufs en omelette ; salez et poivrez ; ajoutez le jambon coupé en dés ; versez sur le pain grillé. Mettez 10 à 12 min au four. Servez aussitôt.

Petits pots de crème au chocolat

Pour 4 pers. : ½ l de lait, 3 cs de cacao en poudre non sucré, 1 œuf entier + 2 jaunes, 100 g de sucre, 1 cs de farine.

Dans une casserole, portez le lait à ébullition, ajoutez le cacao en poudre (pour vous faciliter la tâche, commencez par le diluer soigneusement dans une tasse avec quelques cuillerées de lait chaud avant de le reverser dans la casserole de lait). Mélangez bien et couvrez. Fouettez les jaunes d'œufs et l'œuf entier avec le sucre jusqu'à ce que le mélange devienne mousseux ; ajoutez la farine en continuant de fouetter puis, petit à petit, le lait cacaoté. Reversez le tout dans la casserole sur feu moyen et portez à ébullition sans cesser de remuer : la crème épaissit après 2 ou 3 bouillons. Passez la préparation au mixeur pour lui donner une texture mousseuse. Transvasez dans 4 coupelles individuelles (ou 4 petits verres) et laissez refroidir avant de servir.

Pense pas bête
Je termine la recette du filet de dinde froid commencée hier…

Été

DÎNER

Crème de tomate au basilic
Filet de dinde froid à la sauce au thon
Tôt-fait à la mirabelle

☞ *Le saviez-vous ?*

Grand jour pour les fraises. Amédée-Antoine Frézier, de retour du Chili, accoste à Marseille en 1714. Il rapporte 5 plants de fraises du Chili, des fraises blanches. Bernard Jussieu, maître du Jardin des Plantes, récupère deux plants qui deviendront les parents de toutes les espèces de fraises, rouges, roses, parfumées, qui envahissent nos étals depuis.

LES RECETTES DU JOUR

Crème de tomate au basilic

Pour 4 pers. : 1 kg de tomates mûres, 50 g de riz blanc, 1 cs de sucre, 6 feuilles de basilic, sel, poivre.

Lavez puis ébouillantez les tomates ; pelez-les ; coupez-les en 2 et pressez-les entre vos mains afin d'éliminer les pépins et l'eau de végétation. Passez les tomates avec leur jus au mixeur ; versez dans une casserole ; portez à ébullition ; ajoutez le riz et le sucre ; laissez bouillotter doucement 20 min, en remuant de temps en temps avec une cuillère en bois (ajoutez un peu d'eau chaude, si nécessaire). Rectifiez l'assaisonnement ; versez dans une soupière ; décorez avec les feuilles de basilic déchiquetées à la main.

Tôt-fait à la mirabelle

Pour 6 pers. : 4 œufs entiers, 125 g de sucre en poudre, 80 g de farine, 1 l de lait, 1 cs de beurre, 300 g de mirabelles.

Préchauffez le four à 200 °C (th. 6/7). Dans un saladier, battez les œufs avec une fourchette comme pour une omelette. Ajoutez le sucre, mélangez. Versez en pluie la farine, mélangez. Délayez le lait froid. Beurrez un moule à bords hauts ou une cocotte en fonte. Ajoutez les mirabelles sans les dénoyauter. Versez la préparation puis enfournez 35 à 40 min. Servez chaud dans le plat.

Filet de dinde froid à la sauce au thon

Pour 4 pers. : 1 filet de dinde (environ 800 g), 200 g de thon au naturel, 3 cl d'huile d'olive, ½ verre de vin blanc (10 cl), 1 feuille de laurier, 1 citron, 20 g d'anchois, 20 g de câpres, 20 g de gros sel, sel fin, poivre.

La veille : faites bouillir 3 l d'eau avec 20 g de gros sel, ½ citron et la feuille de laurier. À ébullition, déposez la viande, laissez mijoter. Après 35 min, retirez la viande et enroulez-la dans un film alimentaire ; laissez refroidir et mettez au réfrigérateur.

Le jour même : découpez la viande en tranches très fines (le cœur doit être rosé). Passez au mixeur le thon, les anchois et les câpres. Faites une mayonnaise classique ; incorporez le mélange thon/anchois/câpres ; mélangez et ajoutez le vin blanc et le jus d'un citron pour obtenir une sauce veloutée. Nappez de sauce les tranches de dinde. Servez froid avec 2 ou 3 câpres pour décorer l'assiette.

Lever du soleil : 6 h 47 Coucher du soleil : 21 h 02 Lune croissante

Saint-Hyacinthe

Mercredi
17
AOÛT

Été

DÎNER

Filet mignon de porc au pomélo
Compote de cassis
Fromage blanc non lissé

Je m'avance pour samedi…
Je prépare une terrine de tomates marinées à l'huile d'olive

Semaine 33

Les recettes du jour

Filet mignon de porc au pomélo

Pour 4 pers. : 1 filet mignon de porc, 1 pomélo rose, 2 pommes, 2 petites noix de beurre, ½ cc de gingembre en poudre, sel, poivre.

Coupez le filet mignon en tranches d'environ 1 cm d'épaisseur (comptez 3 ou 4 tranches par personne). Pelez le pomélo à vif et débarrassez les quartiers de toutes les membranes blanches et des pépins de façon à obtenir des quartiers « à cru ». Épluchez les pommes, coupez-les en fines lamelles. Dans une poêle, chauffez 1 petite noix de beurre, ajoutez les quartiers de pomélo et les lamelles de pomme ; laissez fondre à feu doux en remuant souvent (les fruits doivent se déliter et s'écraser à la fourchette) ; réservez au chaud. Rincez la poêle et faites dorer dans le restant de beurre les tranches de viande sur les deux faces ; laissez-les cuire quelques minutes (surveillez la cuisson, la viande doit être à peine rosée, trop cuite elle perdrait tout intérêt gustatif). Salez, poivrez, saupoudrez de gingembre en poudre. Étalez la purée de fruits au fond du plat de service ou dans les assiettes ; déposez les tranches de porc en les faisant se chevaucher légèrement et servez aussitôt.

Compote de cassis

Pour 6 pers. : 750 g de grains de cassis, 225 g de sucre vergeoise, 1 petit verre d'eau (15 cl).

Passez les grains de cassis sous l'eau fraîche ; égouttez-les. Dans une casserole sur feu doux, faites fondre lentement le sucre vergeoise dans l'eau. Ajoutez les grains de cassis. Laissez cuire environ 5 min à petits bouillottements. Versez dans un compotier et laissez refroidir. Servez frais avec du fromage blanc.

Terrine de tomates marinées à l'huile d'olive

Pour 4 pers. : 4 belles tomates, 1 pincée de gros sel, 1 botte d'oignons nouveaux ou 3 oignons doux, 2 cs de persil plat ciselé, 1 pincée de sucre, 4 cs d'huile d'olive, sel, poivre.

Pelez, épépinez les tomates ; saupoudrez-les d'une pincée de gros sel et faites-les dégorger dans une passoire avant de les couper en petits morceaux. Épluchez et hachez grossièrement les oignons (pour les oignons nouveaux, conservez les tiges sur une dizaine de centimètres et coupez-les en rondelles). Mélangez tomates et oignons avec le persil ciselé et 1 pincée de sucre ; salez à peine, poivrez abondamment et recouvrez d'huile d'olive. Couvrez la terrine et laissez macérer au réfrigérateur 12 h au moins avant de servir.

☞ *Le saviez-vous ?*

Le cassis : le groseillier noir, cousin du groseillier rouge, s'est appelé cassis sans que personne ne puisse expliquer ce changement d'identité. L'invention de la crème de cassis, en 1841 à Dijon, fit beaucoup pour la promotion de ce petit fruit noir, qui poussait à l'état sauvage autour de la ville. Après la guerre, le cassis a épousé le vin blanc, pour donner naissance au kir, du nom d'un chanoine dijonnais devenu par la suite maire de la ville à la Libération.
Si vous voulez le congeler, il faut le rouler dans le sucre avant de le mettre au congélateur.

Lever du soleil : 6h48 Coucher du soleil : 21h00 Lune croissante

Été

DÎNER

Blancs de poulet aux épices
Curry de légumes
Gratin de pêches

Je m'avance pour demain...
Je prépare un gaspacho (voir la recette du 30 juillet)

LES RECETTES DU JOUR

Blancs de poulet aux épices

Pour 4 pers. : 4 blancs de poulet, 1 filet d'huile, 1 noix de beurre, le jus de 1 citron, 1 cc rase de cumin ou de curry en poudre, 1 pincée de quatre-épices, quelques feuilles de coriandre, sel, poivre.

Coupez les blancs de poulet en biais, dans la largeur, pour obtenir de fines lanières. Huilez une large poêle en vous aidant d'un pinceau de cuisine (inutile si la poêle est à revêtement antiadhésif) ; déposez les lanières de poulet, bien à plat, en évitant de les faire se chevaucher, pour les faire raidir, et laissez-les dorer 2 à 3 min (pas davantage) sur feu vif en remuant constamment (pour une quantité plus importante, il est bon d'utiliser 2 poêles ou de faire l'opération en deux temps, sinon le poulet rejette de l'humidité et ne dore pas). Ajoutez le beurre coupé en petits morceaux, le jus du citron ; salez, poivrez et saupoudrez avec les épices. Remuez vivement le tout, versez dans le plat de service ou dans les assiettes, parsemez de coriandre hachée et servez aussitôt.

Curry de légumes

Pour 4 pers. : 3 oignons, 2 navets, 1 carotte, 1 courgette, 1 bulbe de fenouil, 1 poivron rouge ou vert, 2 tomates, 1 gousse d'ail, 2 poireaux, 1 morceau de racine de gingembre frais, 1 petite noix de beurre, 3 cs de raisins secs, 1 pomme acide, 1 cs de curry en poudre, 2 cs de crème fraîche (ou 2 yaourts nature, ou 2 yaourts au soja), sel, poivre.

Épluchez et lavez les légumes. Coupez en rondelles oignons, navets, carotte, courgette (sans les peler), fenouil. Pelez le poivron avec un épluche-légumes ; partagez-le en 2, enlevez le pédoncule, les graines, les filaments blancs. Coupez-le en fines lanières puis en tout petits carrés. Coupez les tomates en morceaux, sans les peler mais en éliminant les graines ; épluchez le gingembre et la gousse d'ail. Dans une cocotte, faites fondre le beurre, versez les oignons et les poireaux ; laissez suer sans prendre couleur. Ajoutez le morceau de gingembre, les raisins secs, l'ail écrasé et, par petites poignées introduites peu à peu, les autres légumes (gardez pour la fin les tomates, la pomme épluchée et coupée en cubes) ; saupoudrez de poudre de curry ; ajoutez 2 ou 3 cs d'eau ; mélangez bien le tout. Laissez cuire à découvert une quinzaine de minutes, en remuant de temps en temps. Couvrez la cocotte et prolongez la cuisson 15 min en remuant 2 ou 3 fois et en vérifiant la cuisson (le plat est plus savoureux si les légumes sont juste cuits, encore un peu fermes). Retirez le morceau de gingembre, salez, poivrez et faites évaporer l'excédent de jus de cuisson. Juste avant de servir, ajoutez la crème fraîche ou les yaourts.

Gratin de pêches

Pour 6 pers. : 6 pêches blanches ou jaunes, 4 jaunes d'œufs, 120 g de sucre semoule, ½ verre de vin blanc ou de champagne (10 cl), le jus d'une demi-orange, 2 rubans de zestes d'orange et de citron non traités (facultatifs).

Hachez finement les zestes d'orange et de citron ; plongez-les 10 min dans une casserole d'eau bouillante, rafraîchissez-les sous l'eau froide puis égouttez-les. Pelez les pêches, coupez-les en 2, dénoyautez-les. Rangez les moitiés de pêche dans un plat creux. Couvrez d'un film alimentaire et réservez au réfrigérateur.

Le sabayon se monte au dernier moment. Allumez le four en position gril. Dans un bol, battez au fouet les jaunes d'œufs et le sucre pendant 2 min. Versez le mélange dans une petite casserole au bain-marie (l'eau ne doit pas bouillir) et continuez de battre doucement. Dès que la préparation devient mousseuse, incorporez petit à petit le vin blanc ou le champagne. Lorsque le sabayon épaissit, ajoutez le jus d'orange et les zestes hachés. Versez le sabayon sur les pêches et servez aussitôt.

Lever du soleil : 6h49 Coucher du soleil : 20h58 Pleine lune

Été

DÎNER

Gaspacho (voir la recette du 30 juillet)
Saumon froid à la sauce provençale
Tarte aux prunes
(voir la recette du 7 août)

La recette du jour

Saumon froid à la sauce provençale

Pour 4 pers. : 4 darnes ou 4 pavés de saumon frais, 50 cl de court-bouillon du commerce, quelques brins d'aneth (ou de coriandre fraîche), sel, poivre en grains. Pour la sauce : 1 poivron rouge, 1 grosse tomate, 3 cs d'herbes hachées (persil, ciboulette, estragon, cerfeuil, basilic), le jus de 1 citron, ½ verre d'huile d'olive (10 cl), sel, poivre.

Pelez le poivron avec un couteau économe ; partagez-le en 2, enlevez le pédoncule, les graines, les filaments blancs. Coupez-le en fines lanières puis en tout petits cubes. Versez dans un bol, ajoutez le jus de citron, l'huile, 1 pincée de sel et réservez au frais. Placez les darnes ou les pavés de saumon dans une sauteuse ou une casserole assez large ; ajoutez le court-bouillon froid jusqu'à affleurer le poisson, mettez sur feu doux ; aux premiers bouillons, sortez du feu, couvrez et laissez reposer dans le liquide de cuisson jusqu'à complet refroidissement. (Le saumon doit être juste cuit : trop cuit, il perd tout intérêt gustatif.) Pendant ce temps, pelez et épépinez la tomate ; égouttez-la une dizaine de minutes dans une passoire et concassez la chair. Versez-la dans le bol de poivron, ajoutez les herbes ; mélangez bien. Vérifiez l'assaisonnement. Une fois refroidis, sortez les morceaux de saumon à l'aide d'une écumoire, avec précaution pour ne pas les effeuiller, débarrassez-les de leur peau. Faites glisser un morceau de saumon dans chaque assiette, décorez avec un brin d'aneth ou de coriandre et servez la sauce à part.

Je m'avance pour dimanche…

1. Je commence la confiture de mirabelles…

Pour 4 pots de 375 g :
1,1 kg de mirabelles,
800 g de sucre cristallisé,
le jus d'un citron.

Passez les mirabelles sous l'eau fraîche ; égouttez-les, dénoyautez-les. Mélangez-les avec le sucre dans un saladier. Couvrez et gardez au frais jusqu'à dimanche en remuant plusieurs fois.

2. Je commence la terrine de poulet basquaise…

(voir la recette du 1er août) : arrêtez la cuisson après avoir ajouté les tomates ; mettez en attente au frais.

☞ Le saviez-vous ?

Le basilic : les feuilles de basilic doivent être déchirées à la main ; le contact avec le métal les ferait noircir.

Lever du soleil : 6 h 51 Coucher du soleil : 20 h 57 Lune décroissante

LES RECETTES DU JOUR

Tarte au cassis

Pour 6-8 pers. : 1 pâte sablée, 250 g de cassis.
Crème pâtissière : 50 cl de lait, 4 jaunes d'œufs, 120 g de sucre en poudre, 40 g de farine.
Crème d'amande : 190 g de crème pâtissière, 2 œufs, 15 g de Maïzena, 3 cs de rhum brun, 120 g de sucre glace, 130 g de poudre d'amandes.

Préparez la crème pâtissière suivant la méthode décrite dans la *recette du 28 mai* mais avec 4 jaunes d'œufs et sans la gousse de vanille.

Préparez la crème d'amande : mettez 190 g de crème pâtissière froide, les œufs, la Maïzena, le rhum, le sucre glace et les amandes dans un saladier. Mélangez le tout avec une cuillère en bois pour obtenir une pâte assez épaisse et homogène. Réservez.

Préchauffez le four à 180 °C (th. 6). Déposez la pâte sablée dans un moule à tarte. Déposez une feuille de papier sulfurisé garni de haricots secs et enfournez pour 15 min, puis laissez refroidir un court moment. Débarrassez les haricots secs et le papier sulfurisé. Versez la crème d'amande sur le fond de tarte précuit puis répartissez uniformément sur la crème les grains de cassis. Enfournez pour 30 min. Servez tiède ou froid.

Flan d'aubergines

Pour 4 pers. : 4 aubergines (1 kg environ), 3 oignons, 3 gousses d'ail, 1 pincée de sucre, 1 cs d'huile (d'olive de préférence), 4 œufs, 4 cs de crème fraîche liquide ou de crème de soja, 3 cs de chapelure, sel, poivre.

Épluchez et hachez les oignons et les gousses d'ail. Faites-les fondre sur feu doux dans une sauteuse enduite d'huile à l'aide d'un pinceau de cuisine (***ils doivent être transparents, sans prendre couleur***), salez, poivrez, ajoutez une pincée de sucre. Réservez sur une assiette. Préchauffez le four à 210 °C (th. 7). Passez les aubergines sous l'eau, retirez le pédoncule et coupez-les en tranches d'environ 1 cm d'épaisseur. Faites-les revenir une dizaine de minutes dans la sauteuse *(inutile de la rincer)* avec 1 cs d'huile sans les laisser dorer ; égouttez-les dans une passoire pour évacuer l'eau qu'elles auront rendue. Au besoin, séchez-les dans du papier absorbant. Placez les aubergines et le hachis d'oignons et d'ail dans un plat à gratin. Battez les œufs en omelette avec la crème ; salez, poivrez ; versez sur les légumes ; saupoudrez de chapelure et faites cuire au four 30 à 35 min.

Brochettes d'abricots et de pêches

Pour 4 pers. : 12 abricots mûrs, 2 pêches.
Sauce : 50 g de beurre, 10 cl de jus de pomme, 2 cs de sucre roux, 4 pincées de cannelle en poudre, 1 cc de gingembre confit haché, le jus de 1 citron.

Dénoyautez les abricots et les pêches. Coupez les abricots en 4 et les pêches (non épluchées) en quartiers. Faites des brochettes en enfilant les morceaux de fruits sur des piques métalliques. Placez les brochettes dans la lèchefrite et sous le gril position 1. Comptez 10 min de cuisson en les tournant de temps en temps.

Préparez la sauce : faites fondre le beurre à feu doux puis ajoutez le jus de pomme, le sucre, la cannelle, le gingembre et le jus de citron en fouettant. Retirez les fruits des brochettes ; posez-les sur les assiettes et nappez-les de sauce bien chaude.

Je m'avance pour demain...

Je termine la recette du poulet basquaise
(voir la recette du 1er août)

Été

DÉJEUNER

Terrine de tomates marinées à l'huile d'olive
(voir la recette du 17 août)
Araignées à la mayonnaise
Tarte au cassis

DÎNER

Soupe au concombre
(voir la recette du 30 juillet)
Flan d'aubergines
Brochettes d'abricots et de pêches

Je m'avance pour demain...

Je lave et laisse sécher les pots pour la confiture de mirabelles.

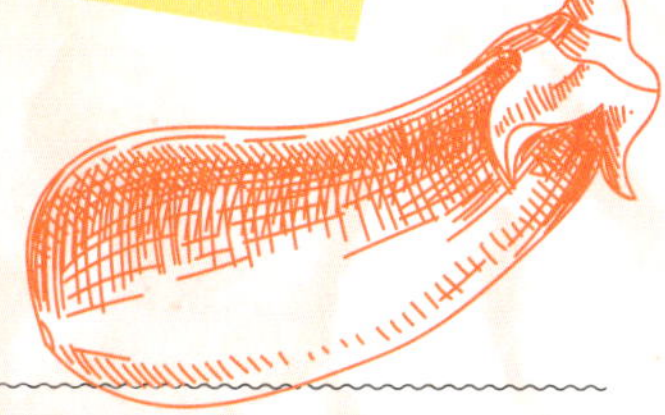

Semaine 33

Petite histoire...

Le 21 août 1811 : un décret a été pris par le baron Pasquier, préfet de la Police impériale, qui interdit désormais la vente de la viande de cheval. En fait, on attendait cette décision depuis plusieurs mois déjà. En début d'année, on avait saisi, après un grand nombre d'intoxications alimentaires, dues justement à la consommation de viande hippophagique avariée, une importante quantité de viande impropre à la consommation. Il faudra attendre presque un demi-siècle pour que la viande de cheval soit réhabilitée.

Les recettes du jour

Crostinis

Pour 4 pers. : 1 boîte de tomates au jus (240 g environ), 2 oignons, 1 gousse d'ail, 1 pincée de sucre, 1 cs d'huile d'olive, 8 demi-tranches de pain de campagne grillées (ou 4 pitas), sel, poivre.

Versez quelques gouttes d'huile dans une poêle sur feu vif ; ajoutez les oignons et la gousse d'ail épluchés et hachés, et faites-les étuver 8 à 10 min en remuant avec une cuillère en bois. Ajoutez les tomates égouttées et poursuivez la cuisson à découvert en les écrasant avec le dos de la cuillère. Salez à peine, poivrez généreusement, ajoutez un soupçon de sucre et un filet d'huile. Mélangez bien pour obtenir un coulis fluide. Enduisez de coulis le pain grillé (ou l'intérieur des pitas tièdes au four).

Salade de courgettes

Pour 4 pers. : 4 petites courgettes, 2 cs d'huile, le jus de ½ citron, 2 yaourts nature, 1 cs de crème fraîche (facultatif), 1 cs de moutarde, 1 branche de menthe fraîche, sel, poivre.

Passez les courgettes sous l'eau, éliminez les deux extrémités et émincez-les sans les peler à la mandoline ou au mouli-julienne (grille pommes chips) ; assaisonnez-les d'huile et de jus de citron, salez, poivrez, mélangez bien. Fouettez les yaourts, la crème et la moutarde pour obtenir une consistance légère et homogène ; versez sur les courgettes et parsemez de feuilles de menthe fraîche grossièrement hachées. Réservez au frais.

Pense-bête...

Je n'oublie pas de faire cuire la confiture de mirabelles...

Égouttez les fruits dans une passoire au-dessus de la bassine à confiture pendant une quinzaine de minutes. Récupérez le sucre dans le fond du saladier. Portez lentement à ébullition le jus recueilli et le sucre récupéré et comptez 4 min de cuisson (102 °C au thermomètre), sans toucher à l'écume blanche qui se forme à la surface. Ajoutez les mirabelles. Faites repartir l'ébullition et laissez cuire 20 min à petits bouillottements en écumant soigneusement après 15 min. Ajoutez le jus de citron et maintenez la cuisson 20 min en remuant doucement (les mirabelles doivent être transparentes). Mettez en pots aussitôt, fermez et retournez-les.

☞ Ce que je fais... *Je prépare des cornichons au vinaigre...*

Cornichons au vinaigre Je les choisis petits, verts et bien fermes. Mettez les cornichons dans un récipient et saupoudrez-les de gros sel (une louche pour 5 kg). Laissez dégorger au frais une nuit entière. Il est préférable de les mélanger 1 ou 2 fois pour que le sel se répartisse bien sur l'ensemble des cornichons. Rincez-les par petites quantités sous l'eau courante bien fraîche et, sans les essuyer, mettez-les dans les bocaux. Ajoutez, au gré de votre fantaisie, des gousses d'ail, des échalotes et de petits oignons grelots, 1 brindille d'estragon ou 1 feuille de laurier, 1 clou de girofle, une dizaine de grains de poivre. Faites en sorte que les cornichons ne soient pas trop serrés dans le bocal afin qu'ils puissent se gorger de vinaigre sans peine. Recouvrez les cornichons de vinaigre d'alcool. Fermez hermétiquement et rangez à l'abri de la lumière et de l'humidité. Au bout d'un mois, vérifiez le niveau de vinaigre. Rajoutez-en au besoin. Les cornichons sont consommables 3 mois après la mise en bocaux.

Été

DÎNER

Caviar d'aubergines
(voir la recette du 4 août)
Ailes de poulet à l'orientale

Petite histoire...

Le 22 août 1937, la confiture faite statue... Perrin-Lamothe, né à Velaisne-en-Barrois en 1364, et présenté comme l'« inventeur » de la fameuse confiture de groseilles épépinées qui a fait le renom de toute la région de Bar-le-Duc... C'est une farce gigantesque ! De même que la statue que l'on inaugure aujourd'hui : un canular énorme. On en rira longtemps dans les chaumières de Lorraine et d'ailleurs !

Figurez-vous que tout a commencé il y a quelques semaines, lorsque deux joyeux drilles de Velaisne – MM. Leblanc et Begou – décidèrent de frapper un grand coup afin de donner un nouvel éclat à la kermesse annuelle qui sombrait dans une douce léthargie.

Ils eurent l'idée de créer de toutes pièces – et en évitant astucieusement tous les « pépins » possible – le personnage de Perrin-Lamothe, « inventeur » de la confiture locale... Sûrs de leur affaire, ils décidèrent de lui élever une statue dont la date d'inauguration officielle fut fixée au 22 août, jour d'ouverture de la kermesse.

Leblanc et Begou envoyèrent de longs communiqués aux principaux journaux de France, remplis de force détails et révélations (inédites cela va de soi) quant à la personnalité de Perrin-Lamothe et de ses descendants. La presse nationale – du très sérieux Temps au Petit Parisien – non seulement consacra d'importants avant-papiers à l'événement, mais dépêcha, dès la veille, ses meilleurs reporters-envoyés spéciaux.

Vient enfin l'heure de l'inauguration, qui revêt un caractère extrêmement officiel : toute la municipalité est présente – soyons honnêtes et avouons que tous les édiles présents connaissaient la supercherie. Leblanc et Begou ont même fait venir un faux représentant du préfet et un faux secrétaire d'État à la Gastronomie.

Deux discours sont prononcés. Enfin, le voile tombe et alors apparaît, en pied et en membres, si l'on peut dire, un Perrin-Lamothe nu comme un ver et parfaitement impassible.

Un scandale ! Mais surtout un éclat de rire général, non seulement à Velaisne-en-Barrois, mais à travers toute la France, sinon en Europe et aux Amériques.

Quant à la cérémonie, elle se terminera, comme prévu, par de larges et abondantes tartines de confiture... et de vastes, longues et gouleyantes lampées du fameux vin « gris de Toul » dont Velaisne est également un centre de production.

La recette du jour

Ailes de poulet à l'orientale

Pour 6 pers. : 2 citrons, 1 filet d'huile d'olive, 1 cc de thym, 6 gousses d'ail, 1 dose de safran en poudre, 1 cc de cannelle en poudre, 1 cc de cumin en poudre, 1 cc de paprika, 1 cc de sumac, 24 ailes de poulet, huile, sel, poivre.

Pressez le jus des citrons et le verser dans un plat creux avec l'huile d'olive, le thym et toutes les épices ; salez et poivrez. Pelez les gousses d'ail, ôtez les germes et écrasez-les au-dessus du plat. Posez les ailes de poulet dans ce jus. Mélangez et laissez mariner jusqu'au moment de les cuire en remuant de temps en temps. Préchauffez le four sur position gril. Huilez la grille du four ; posez-la sur la lèchefrite. Disposez les ailes de poulet sur la grille et faites-les dorer environ 8 min sur chaque face en arrosant de la marinade et en les retournant à mi-cuisson.

Sainte-Rose de Lima

Mardi
23
AOÛT

Été

DÎNER

Rognons de veau poêlés
Compote de tomates aux échalotes

Je m'avance pour dimanche...
Je prépare un saumon gravlax (voir la recette du 1er mai).

LES RECETTES DU JOUR

Rognons de veau poêlés

Pour 6 pers. : 4 rognons de veau, 20 g de beurre, 1 filet d'huile, sel, poivre.
Poêlez les rognons entiers 4 à 6 min dans le mélange beurre et huile sur feu moyen (selon qu'on apprécie les rognons saignants ou plus cuits). Salez et poivrez. Coupez-les en tranches épaisses en biais ou en morceaux en suivant les alvéoles.

Compote de tomates aux échalotes

Pour 6 pers. : 10 tomates mûres, 6 échalotes roses nouvelles, 1 morceau de sucre, 1 filet d'huile d'olive, sel, poivre.
Rincez les tomates et coupez-les grossièrement. Pelez les échalotes et coupez-les en lamelles. Versez l'huile d'olive dans une sauteuse posée sur feu moyen ; faites revenir les échalotes sans coloration pendant 5 min ; ajoutez les tomates, le sucre, du sel ; baissez le feu et laissez compoter pendant 30 min à découvert (il ne doit plus rester de liquide et la préparation ne doit pas attacher). Poivrez et servez aussitôt.

Aujourd'hui, je prépare

Un chutney de poivrons aux trois couleurs...

Pour 1 à 2 pots : 3 beaux poivrons (rouge, vert et jaune), 2 grosses oranges, 50 g de sucre cristallisé, 20 g de cassonade, 3 cs d'huile d'olive, 60 cl de vinaigre blanc d'alcool, 10 g de raisins de Corinthe, 10 g de gingembre frais, 8 grains de coriandre, 1 cc de graines de moutarde.
Plongez les poivrons entiers dans l'huile chaude de la bassine à friture pour les débarrasser de leur peau facilement. Coupez-les en 2. Retirez le pédoncule, les graines, les nervures. Coupez la chair en petits dés de 0,5 cm de côté. Pelez les oranges à vif, séparez-les en quartiers à cru et récupérez le jus. Mettez 3 cs d'huile d'olive dans une casserole sur feu doux, déposez les poivrons et laissez-les suer pendant quelques minutes. Ajoutez les quartiers d'oranges et le jus récupéré, le vinaigre, le sucre cristallisé et la cassonade, les raisins secs, le gingembre coupé en tout petits dés et les épices. Remuez. Laissez compoter pendant 20 à 25 min. Versez le chutney dans un bocal ou un bol et couvrez. *Le chutney se conserve au réfrigérateur pendant quelques semaines.*

Petite histoire...

Le 23 août 1603, à l'initiative d'Olivier de Serres, Henri IV promulgue un édit ordonnant que le riz soit désormais cultivé en France. Originaire d'Asie, la culture du riz existe en Europe depuis le Moyen Âge ; elle se pratiquait alors sur les sols marécageux ou argileux des parties basses et bien arrosées de la Haute-Italie ainsi d'ailleurs que dans la partie méridionale de la plaine de Hongrie. On a essayé d'en faire du pain ou tout au moins d'ajouter 10 % de farine de riz à la farine de blé. On y a renoncé : le pain ainsi obtenu était jugé trop foncé ; il déplut aux habitués du pain blanc.
« Il faut que les Français ne refusent pas l'essor du riz. Il leur faut suivre l'exemple du Piémont où il est très cultivé pour le plus grand bonheur des classes déshéritées. »
Ces propos ont été tenus par Olivier de Serres pour convaincre Henri IV.

Lever du soleil : 6 h 56 Coucher du soleil : 20 h 49 Lune décroissante

Été

DÎNER

Salade de tomates
Épaule d'agneau aux aubergines

☞ Ce que je fais...

Salade de tomates : après avoir pelé, épépiné et égoutté les tomates, je les coupe en 4 ou 6 selon leur taille, je sale, poivre au moulin et arrose d'une très bonne huile d'olive. C'est pour moi la meilleure des salades de tomates, sous réserve que les tomates, aient du goût. Je peux également la parsemer d'olives et de feuilles de basilic grossièrement ciselées et je peux également lui ajouter de la mozzarella coupée en tranches, de la même épaisseur que les tomates. Dans tous les cas, la mozzarella di bufala sera choisie enveloppée de papier ou conservée dans du liquide avec la précision « de bufflonne » ; **la mozzarella de vache est sans intérêt.** Pourquoi je n'ajoute ni vinaigre ni citron ? Parce que je considère que l'acidité de la tomate suffit.

La recette du jour

Épaule d'agneau aux aubergines

Pour 6 pers. : 1 épaule d'agneau (sans l'os) et coupée en cubes, 1 oignon, 4 tomates, 5 brins de persil, 6 aubergines, jus de 2 citrons, bouquet garni (thym, laurier), huile d'olive, sel, poivre.

Épluchez et hachez l'oignon. Plongez les tomates quelques secondes dans de l'eau bouillante, rafraîchissez-les sous l'eau froide puis pelez-les. Lavez, séchez, effeuillez et ciselez le persil. Lavez et pelez les aubergines et conservez-les entières. Versez 1 cm d'huile d'olive dans une poêle et à feu moyen et faites revenir les aubergines sur toutes les faces. Quand elles commencent à dorer, retirez-les et laissez-les en attente sur du papier absorbant. Dans une grande cocotte, versez un filet d'huile d'olive ; faites revenir l'épaule d'agneau (sans coloration). Ajoutez l'oignon haché, le bouquet garni, salez et poivrez et faites revenir (sans coloration). Posez les aubergines sur le dessus, ajoutez les tomates concassées, arrosez du jus des citrons. Salez et poivrez. Posez une feuille de papier sulfurisé puis le couvercle de la cocotte. Baissez le feu et faites cuire 1 h 30 environ. Décorez de persil ciselé avant de servir.

Petite histoire...
Plus d'épices pour MM. les juges...

Depuis le 24 août 1790, et de par la loi, la justice est déclarée *gratuite*.
En effet, les magistrats ne sont plus payés par les plaignants eux-mêmes, mais directement par l'État. Ainsi, on ne peut plus lire aux portes des tribunaux : « La justice n'est pas rendue pour ceux qui n'acquittent pas les épices. »
Cette réglementation prend origine au Moyen Âge : les premiers croisés, à cette époque, rapportaient une foule de substances végétales dont on a aussitôt « relevé » la plupart des mets. Parmi ces épices, le poivre domine. C'est l'épice la plus rare et la plus chère et pour s'en procurer, seigneurs et prélats en faisaient monnaie d'impôt. La coutume s'établit de faire présent d'épices aux juges lorsqu'on devait comparaître devant eux, si on avait gagné le procès. Et d'en offrir – même si l'on avait perdu – devint également une obligation. De là à imaginer que ces coutumes dégénèrent en abus...
L'emploi des épices dans les préparations culinaires diminuera après la Renaissance. Les juges préfèrent recevoir directement de l'argent. On le tolère. C'est à cette pratique que la loi révolutionnaire du 24 août 1790 met fin.

Saint-Louis

Jeudi
25
AOÛT

Été

DÎNER

Bœuf sauté aux oignons
Tarte aux mirabelles
(voir la recette de base du 16 juillet).

La recette du jour

Bœuf sauté aux oignons

Pour 6 pers. : 600 g de rumsteck, 6 oignons, 3 cs d'huile d'arachide.

Pour la marinade : 4 cs de sauce soja, 2 cs de nuoc-mâm, 6 cm de gingembre frais, poivre.

Préparez la marinade : dans un plat creux, versez la sauce soja et le nuoc-mâm. Pelez le gingembre et râpez-le au-dessus du plat. Poivrez (ne salez pas, les sauces le sont déjà). Coupez la viande en fines lamelles et déposez-les dans la sauce au fur et à mesure. Mélangez bien et réservez.

Épluchez les oignons et émincez-les. Posez une grande sauteuse sur feu vif, versez 1 cs d'huile ; quand elle est bien chaude, faites revenir les oignons avec un peu de sel en remuant souvent jusqu'à ce qu'ils soient dorés ; réservez-les dans une assiette. Égouttez la viande et épongez-la avec du papier absorbant. Remettez 2 cs d'huile dans la sauteuse ; dès que l'huile est fumante, versez les lamelles de bœuf ; faites-les dorer rapidement en remuant sans arrêt (2 à 3 min). Ajoutez les oignons et la marinade de la viande ; mélangez bien et servez aussitôt avec un riz blanc.

KEKCEKÇA ?

Ducken : c'est la compression des mots *duck* (canard) et *chicken* (poulet). Il s'agit en fait du nom de code d'une opération dont très peu de gens ont entendu parler. Le 24 mars 1974, la conférence d'Helsinki réunissait les plus gros producteurs de volailles du monde. À cette occasion, il a été adopté le principe d'une seule et unique variété d'oiseaux de basse-cour. Dans le cahier des charges, il était précisé aux généticiens qu'il s'agissait de créer une nouvelle race de volatiles destinée à remplacer toutes les autres variétés existant dans le monde.

L'animal ne devait avoir ni plumes ni poils, afin de compresser au minimum les frais de main-d'œuvre à l'abattoir, lors du plumage et du dépeçage : il suffirait de laver la bête pour qu'elle soit prête à la consommation. Dans le même esprit, pour éviter les pertes en poids lors de l'éviscération, tous les éléments splanchniques devaient être comestibles. Le poids de l'oiseau était limité à 1 kg, ni plus ni moins.

Les statistiques mondiales ont démontré que le consommateur moyen mangeait plus de cuisses que de blancs ; les producteurs ont donc insisté pour que le ducken ait 4 pattes.

Les principales exigences des experts portaient principalement sur l'aspect de la viande : ni blanche ni rouge, et sur le goût, indiscernable. Tous s'accordaient à reconnaître que les techniques modernes d'alimentation avaient presque éliminé le goût de la volaille ; même ce léger goût de poisson, propre au poulet bas de gamme, devait disparaître. Enfin, il fut précisé aux généticiens que la nouvelle volaille devait comporter le moins d'os possible, et surtout pas de carcasse. Les appendices extérieurs inutiles comme la crête, les ailes et le croupion, quelle que soit leur taille, devaient être éliminés.

En 1977, lors du congrès annuel de Sydney, les premiers spécimens vivants de ducken furent présentés aux participants. Malheureusement, il n'existe aucun document photographique pour nous renseigner sur l'aspect physique de ces phénomènes **(suite le 26 août).**

Été

DÎNER

Filets de poisson
à la tapenade en papillote
Fondue de fenouil et poivrons

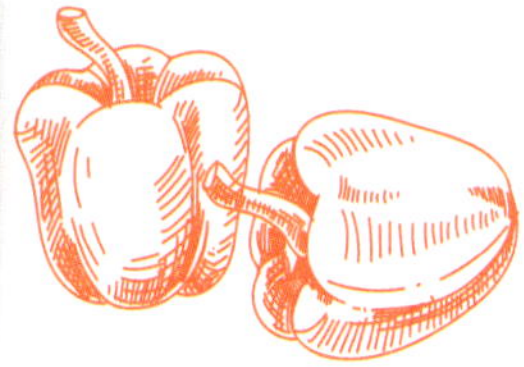

Les recettes du jour

Filets de poisson à la tapenade en papillote

Pour 6 pers. : 6 filets de poisson (200 g chacun), 1 filet d'huile d'olive, 1 pot de tapenade.

Préchauffez le four à 240 °C (th. 8). Coupez 6 rectangles de papier sulfurisé. Enduisez les papillotes d'huile d'olive à l'aide d'un pinceau. Posez les filets de poisson au milieu des rectangles ; tartinez-les de tapenade et refermez les papillotes en repliant les bords sans trop serrer. Glissez au four pour 8 à 10 min.

Fondue de fenouil et poivrons

Pour 4 pers. : 60 g de beurre, 2 fenouils, 3 poivrons, le jus d'un citron, sel, poivre du moulin.

Dans une sauteuse à feu moyen, faites fondre le beurre ; déposez-y les fenouils coupés en 4 ou 6 selon la taille et les poivrons coupés en 4, pelés et épépinés. Salez et versez le jus de citron. Quand les légumes ont perdu une partie de leur eau, baissez le feu, couvrez et faites cuire à l'étouffée à feu doux, sans coloration, pendant 30 min. Le fenouil et les poivrons vont cuire dans leur jus qui va s'évaporer au fil de la cuisson. Les légumes vont compoter doucement. S'il reste trop de liquide, terminez la cuisson à découvert. Poivrez au moulin et servez.

Si les légumes commencent à attacher au fond de la sauteuse, ajoutez un peu d'eau. Si vous souhaitez des légumes caramélisés, ajoutez 1 cs de sucre en poudre ; montez le feu.

KEKCEKÇA ?

Suite de l'expérience Ducken

Quatre spécimens seulement furent dégustés par les 12 membres de la commission de bouche : un ducken japonais, un américain, un allemand et un israélien. Il y eut 3 services par bête : un pour goûter la volaille crue, l'autre pour la déguster rôtie au four, la 3e pour la savourer bouillie dans de l'eau claire. Ces dégustations mirent d'abord en lumière le grand étonnement des jurés, leur inexpérience et leurs difficultés à s'adapter à un animal inconnu. L'idée du volatile sans plume aucune leur paraissait difficile à faire admettre aux consommateurs qui pourtant en avaient déjà vu bien d'autres. Mais, lorsqu'ils eurent la possibilité de visualiser dans un plat, devant eux, l'idée **a priori** si séduisante d'un oiseau à 4 pattes, ils comprirent tout de même que leur cahier des charges avait été quelque peu futuriste.
Le goût de l'animal obtint l'unanimité dans la satisfaction : dans tous les cas testés, il n'y avait pas la moindre trace de goût. Extérieurement, la peau du ducken était bien blanche et de couleur laiteuse. Sa texture était étrange et ressemblait à une sorte de carton bouilli, mouillé puis séché trop brutalement ; une enveloppe souple malgré tout et contrairement aux apparences.
Les experts étaient bien forcés de se l'avouer... posé sur un plat, le ducken bouilli n'avait guère fière et appétissante allure : une sorte de sac plastique mou, tremblotant, avachi, affalé, répandu. La forme était réellement indescriptible.
Les 4 pattes avaient perdu leur rigidité, comme si les os avaient fondu. Il n'en restait plus que 4 sortes de bouts de seins déprimés **(suite le 29 août).**

Sainte-Monique

Samedi
27
AOÛT

Je m'avance pour demain...
Je prépare une terrine de foies de volaille (voir la recette du 28 août).

LES RECETTES DU JOUR

SEMAINE 34

Été

DÉJEUNER

Tartare de bœuf
Ananas rôtis

DÎNER

Soupe de melon à la menthe
Ceviche

Ananas rôtis

Pour 6 pers. : 3 ananas Victoria, 3 cs de beurre, 3 cs de miel d'acacia, 2 ou 3 gousses de vanille, 9 clous de girofle.

Fendez les gousses de vanille en 2 dans la longueur ; grattez-les pour récupérer les graines et recoupez-les en 2 dans la largeur. Pelez les ananas en gardant le plumet. Dans une casserole, faites chauffer le miel, le beurre, les gousses et les graines de vanille. À l'aide d'un pinceau, badigeonnez les ananas du contenu de la casserole. Piquez 3 clous de girofle par ananas. Posez-les dans un plat allant au four et enfournez-les pour 30 min en les arrosant de temps en temps de leur jus de cuisson. Coupez chaque ananas en 2 et servez chaud.

Tartare de bœuf

Pour 6 pers. : 900 g de steak de bœuf haché gros, 6 petits oignons nouveaux, 6 cornichons, 3 cs rases de câpres au vinaigre, 1 petit bouquet de persil plat, 6 jaunes d'œufs, 6 cc de moutarde de Dijon, ketchup (facultatif), quelques gouttes de Tabasco, 2-3 cs de Worcestershire sauce.

Demandez à votre boucher de hacher le bœuf devant vous, avec une grille à trous moyens ou gros ou faites-le vous-même, au couteau, d'abord en fines lanières dans le sens de la fibre puis en la recoupant en minuscules dés. Les éléments de l'assaisonnement peuvent être préparés un peu l'avance. L'assaisonnement proprement dit doit s'effectuer à la dernière minute.

Épluchez les oignons et hachez-les le plus finement possible. Faites de même avec les cornichons et les câpres après les avoir égouttés. Rincez le persil ; séchez-le, effeuillez-le et ciselez-le finement.

Présentez au centre de l'assiette la viande nature. Rincez les œufs ; essuyez-les ; séparez les blancs des jaunes (ces derniers resteront dans une demi-coquille posée au centre du steak en l'enfonçant un peu). Entourez la viande d'un petit tas de chaque préparation (oignons, herbes, câpres). Placez sur la table : huile d'olive, ketchup, sauce Worcestershire, Tabasco, moutarde, sel et poivre.

Soupe de melon à la menthe

Pour 6 pers. : 3 petits melons, 60 feuilles de menthe, 15 cl de crème fleurette, sel, poivre.

Retirez la peau et les pépins des melons. Rincez la menthe. Réservez-en un peu pour la décoration. Coupez la chair du melon en morceaux et mixez-la avec les feuilles de menthe et la crème fleurette ; salez et poivrez. Laissez en attente au moins 1 h au réfrigérateur avant de servir. Décorez avec les feuilles de menthe réservées.

Ceviche

Pour 6 pers. : 600 g de chair d'un ou de plusieurs poissons (bar, dorade, lotte, saumon...), 3 citrons verts, 1 bouquet de cives, 2 cs d'huile d'olive, sel de Guérande, poivre.

Découpez le poisson en lamelles plus épaisses que pour un carpaccio ou en dés. Posez ces lamelles directement dans le plat de service. Pressez le jus de 2 citrons dans un bol ; faites-y fondre du sel, ajoutez l'huile et du poivre et versez sur le poisson. Rincez le 3e citron à l'eau chaude ; essuyez-le et coupez-le en fines lamelles. Recoupez chaque lamelle en 4. Rincez, épluchez et émincez les cives, vert compris. Ajoutez cives et lamelles de citron au poisson. Mélangez bien, recouvrez d'un film et glissez au réfrigérateur jusqu'au moment du service.

Gratin de fruits

Pour 4 pers. : 600 à 800 g de quetsches, 3 cs de sucre, quelques copeaux de beurre + 1 noix pour graisser le plat, 2 cs de pignons (facultatif).

Préchauffez le four à 180 °C (th. 6). Beurrez un plat à gratin. Passez les quetsches sous l'eau ; coupez-les en 2 et dénoyautez-les ; rangez-les dans le plat (face bombée vers le haut) en les serrant bien et en les faisant se chevaucher ; enfournez pour 15 min. Saupoudrez les fruits de sucre, éparpillez les pignons en surface et quelques copeaux de beurre ; montez la température du four à 210 °C (th. 7) et laissez gratiner 5 à 10 min. Servez chaud ou tiède.

Terrine de foies de volaille

(préparée la veille).

Pour 4 pers. : 500 g de foies de volaille, 200 g de beurre, 25 cl de vin blanc sec, 2 cs de porto, 1 pincée de quatre-épices, sel, poivre.

Sortez le beurre à l'avance. Vérifiez que les foies ne présentent pas de gros nerfs ou de cœurs ; retirez-les si c'est le cas. Faites bouillir le vin blanc dans une casserole ; plongez-y les foies de volaille. Dès la reprise de l'ébullition, comptez 3 min ; égouttez-les aussitôt et jetez le vin blanc. Après refroidissement des foies, passez-les au mixeur en y incorporant le beurre ramolli, le porto, le quatre-épices, du sel et du poivre. Versez la purée obtenue dans une terrine. Laissez refroidir. Tassez bien et recouvrez d'une feuille de papier sulfurisé. Réservez la terrine au frais une demi-journée. Servez avec du pain grillé et des cornichons.

Flan à la tomate

Pour 4 pers. : 1 l de lait, 1 cc de curry, 12 jaunes d'œufs, 250 g de crème fraîche épaisse, 1 cs d'huile d'olive ou de beurre fondu, sel, poivre.

Sauce tomate : 350 g de tomates, 2 cs d'huile d'olive, 50 g d'oignons blancs, 2 gousses d'ail, 1 petit bouquet garni, 20 cl de bouillon de volaille, 1 cc de sucre en poudre, 1 cc de sel, poivre.

Pour le coulis, coupez les tomates en petits morceaux. Faites chauffer dans une casserole l'huile, les oignons hachés, les gousses d'ail non épluchées et légèrement écrasées. Laissez suer doucement à couvert 5 min. Ajoutez les tomates, le bouquet garni, le bouillon de volaille, le sucre. Salez et poivrez. Laissez bouillotter 15 min, à demi couvert, sur feu moyen. Remuez de temps en temps.

Retirez le bouquet garni et l'ail ; passez la préparation au mixeur ; si la sauce est trop liquide, faites-la réduire à feu doux jusqu'à obtenir la consistance désirée. Préchauffez le four à 160 °C (th. 5/6). Dans une casserole, faites bouillir le lait avec le curry. Dans un saladier, mélangez les jaunes d'œufs et la crème. Salez et poivrez. Ajoutez le lait chaud. À l'aide d'un pinceau, badigeonnez d'huile d'olive ou de beurre l'intérieur d'un moule à savarin. Versez la préparation dans le moule. Faites cuire au bain-marie, le moule posé dans un plat creux tapissé d'une triple épaisseur de papier journal. Comptez 20 à 25 min de cuisson environ ; vérifiez avec la pointe d'un couteau ou d'une aiguille à brider. Mettez à chauffer la sauce tomate ; servez le flan démoulé entouré de sauce tomate.

Semaine 34

Été

DÉJEUNER

Saumon gravlax
(voir la recette du 1er mai)
Blancs de poulet aux épices
(voir la recette le 18 août)
Gratin de fruits

DÎNER

Terrine de foies de volaille
Flan à la tomate
Salade verte

Je m'avance pour demain…
Je prépare une ratatouille *(voir la recette du 24 juillet).*

Été

DÎNER

Œufs pochés à la ratatouille
Tarte aux quetsches
(voir la recette de base du 16 juillet)

SEMAINE 35

La recette du jour

Œufs pochés à la ratatouille

Pour 4 pers. : ratatouille préparée la veille, 3 cs de vinaigre d'alcool, 4 à 8 œufs, sel, poivre.

Sortez les œufs du réfrigérateur 2 h avant la cuisson (le pochage demande un peu d'habileté, suivez bien la recette). Dans une casserole, portez à ébullition 1 l d'eau additionnée de 3 cs de vinaigre d'alcool. Cassez les œufs dans des tasses ou des soucoupes. Quand l'eau est à ébullition, donnez-lui à l'aide d'un fouet un mouvement tournant ; faites glisser les œufs un à un, pas plus de 2 ou 3 à la fois afin de bien maîtriser la cuisson (le mouvement tournant permet au blanc d'envelopper immédiatement le jaune). Laissez pocher 3 à 4 min en maintenant l'eau frémissante ; avec une écumoire, déposez les œufs dans un saladier d'eau glacée pour 3 à 4 sec, le temps d'interrompre la cuisson ; égouttez sur un linge (les œufs pochés se salent après la cuisson). Déposez 1 œuf poché (ou 2 œufs) sur chaque assiette et entourez de ratatouille.

KEKCEKÇA ?

Suite de l'expérience Ducken

La déception fit place à la stupéfaction lorsqu'il fallut découper l'animal. Le couteau le plus finement aiguisé se montra incapable de pénétrer sa peau, non parce qu'elle était trop dure mais au contraire parce qu' elle était bien trop molle. Elle roulait sous le fil de l'instrument.

Une cisaille à découper le poisson permit enfin à tous de découvrir l'intérieur de la volaille, et à quelques jurés téméraires de la goûter. Au milieu de cette désagrégation, on trouvait quelques petites boules ovoïdes de la taille d'un œuf de pigeon, et cuits durs. Cette fois-ci, les experts étaient furieux. Ils avaient bien précisé dans le cahier des charges qu'en aucun cas le ducken ne devait pondre quoi que ce soit qui pouvait ressembler à un œuf : on savait par expérience que l'expulsion des œufs procurait aux volailles un certain plaisir, qui finirait par donner du goût à la chair, laquelle ne devait en aucun cas en avoir...

À la suite de ces mémorables dégustations, les experts remirent aux producteurs un rapport circonstancié. Ces derniers décidèrent de poursuivre encore ces expériences pendant un an. Enfin, le congrès de 1978 à Berlin-Est décida d'interrompre les recherchent pendant 2 ans.

On sait que certaines grosses entreprises internationales poursuivent les recherches sur le ducken à titre privé. Certains marchés de province ont accepté ce que les gens du marketing appellent des « marchés tests ». Les résultats sont considérés comme encourageants. On peut dire – sans trop s'avancer – que la volaille traditionnelle a encore de l'avenir même si, à terme, son sort paraît réglé...

Si j'ai dû révéler le secret qui entourait l'opération « ducken », c'est essentiellement pour alerter mes lecteurs, les inciter à une certaine vigilance au cours de leurs achats. Une volaille peut en cacher une autre. Sans le savoir, et surtout sans le vouloir, on peut retrouver dans son assiette un animal bien différent de celui qu'on croyait avoir acheté.

Lever du soleil : 7h05 Coucher du soleil : 20h37 Lune décroissante

Je m'avance pour jeudi

Je prépare une terrine de chocolat.

Été

DÎNER

Filet mignon de porc au pomélo
(voir la recette du 17 août)
Grappes de raisins

Saint-Fiacre

Mardi 30 AOÛT

La recette du jour

Terrine de chocolat

Pour 8 pers. : 160 g de beurre mou, 6 œufs, 350 g de chocolat noir pâtissier, 100 g de sucre en poudre, 1 sachet de sucre vanillé.

Coupez le beurre en morceaux et, dans un saladier, laissez-le ramollir à température ambiante. Séparez les blancs des jaunes d'œufs. Cassez le chocolat en morceaux et faites-le fondre dans une casserole au bain-marie. Remuez doucement pour obtenir une pâte lisse, puis retirez la casserole du feu. Incorporez le beurre dans le chocolat chaud ; laissez fondre puis fouettez jusqu'à ce que le mélange devienne crémeux et léger. Ajoutez les jaunes d'œufs un à un, puis le sucre, sans cesser de remuer pour obtenir une crème homogène. Battez les blancs d'œufs en neige ferme en y ajoutant le sachet de sucre vanillé, puis mélangez à la préparation précédente. Effectuez cette opération avec délicatesse en soulevant la masse de blancs montés pour ne pas les briser. Tapissez un moule à cake de film transparent en laissant largement dépasser les bords. Versez la préparation et placez au réfrigérateur pendant 2 h. Après ce temps de repos, rabattez les bords du film sur la préparation et remettez-la au frais jusqu'au lendemain. Servez avec une crème anglaise ou une crème Chantilly.

Petite histoire...

1608... La Doucette est une brave femme des halles qui occupe un étal de vente au détail (beurres et œufs) à l'extérieur du pavillon de gros. Mme La Doucette est bavarde. Elle expose à sa voisine ses opinions sur le comportement de Sa Majesté. le roi Henri IV. Ces propos furent entendus par un homme d'armes et répétés à la reine. Elle fut condamnée à une amende de 31 livres et à une mise à pied d'un mois. Elle écrivit alors à la reine la lettre suivante, fut pardonnée et devint même « fournisseuse de la Reyne pour les œufs, beurres et fromages » :

« La présente, Madame la Reyne...

... est pour vous exposer que je suis dame de la Halle, de mère en fille, depuis le Roy Saint Louis ; que j'ai quatre enfants que je tiens de mon mari. Ma langue a été trop brusquette, mais sans estre menteuse. J'ai dit que Monseigneur Le Roy, qui au fond est un brave homme, frétillait par trop à la vue des cottes étrangères à la vostre ; que c'était mal à lui, ayant femme si appétissante, une reyne si bien conditionnée pour avoir des petits princes, de le voir tourner autour de [...] et faire des bâtards de compte à demi avec un grand ou petit seigneur quelconque [...]. Je ne suis pas méchante, Madame La Reyne, mais si la Beaufort [Gabrielle d'Estrées, à qui le Vert galant a accordé le duché de Beaufort] venait à s'égarer dans les Halles, je lui donnerais une correction pour l'amour de vous. Nous sommes d'un sexe sacrifié aux hommes toujours volages comme des hannetons [...]. On m'a mise à pied pour un mois. Vous êtes reyne et vous pouvez faire laver la tête au juge qui m'a punye : rendez-moi ce petit service, vous n'aurez pas affaire à une ingrate. Votre fidèle servante et dévouée sujette. Femme La Doucette. »

Lever du soleil : 7 h 06 Coucher du soleil : 20 h 35 Lune décroissante

Pense pas bête

Coulis de tomate : j'en prévois davantage, et je le conserve au réfrigérateur pour l'utiliser avec le plat de poisson de vendredi.

Été

DÎNER

Côtes de veau au jus
(voir la recette du 24 mai)
Pain de laitue
(voir la recette du 5 juin)
Coulis de tomate
(voir la recette du 25 juillet)

Petite histoire…

31 août 1866 : la justice et le fromage de Roquefort…

La cour du parlement de Toulouse rend aujourd'hui un arrêt pouvant être considéré comme étant la première décision de justice connue en matière de fromage. Son but est de protéger les fromages de Roquefort contre la concurrence de leurs voisins. Il interdit, sous peine de mille livres d'amende, à tout marchand ambulant et autres quelle que soit leur qualité, ayant acheté du fromage dans les environs de Roquefort, de les vendre en gros ou en détail comme étant du fromage de Roquefort, celui-ci ne pouvant provenir que des seules caves de Roquefort.

☞ *Le saviez-vous ?*

La laitue : bizarre, cette famille de salades. Avant de s'agrandir et de prospérer, elle était plutôt méprisée. On avait besoin de plats solides, roboratifs, « tenant bien au corps », et ces « herbes » sauvages n'avaient rien à faire ni dans les menus ni dans la diététique, dont on se préoccupait d'ailleurs peu. Cette verdure n'avait pas encore trouvé son statut de transition entre les rôts et le fromage. On connaît mal ses origines et l'évolution de sa position dans l'ordonnancement des repas. Bien malin celui qui pourrait affirmer que notre belle laitue est originaire d'Inde ou d'Asie centrale, ni à quel moment précis elle a commencé à être cultivée, ni depuis quand elle a été introduite en Europe… On sait qu'à leur départ d'Égypte, les Hébreux étaient attristés d'avoir à se priver de la laitue particulièrement tendre qui poussait sur les bords limoneux du Nil. On possède quelques vagues informations sur les relations entre les Romains et la salade. Après les bacchanales et les banquets, allongés sur leurs lits, défaillants, proches de l'apoplexie, ils se faisaient servir des salades légères : laitue de Perse, chicorée, roquette et jeunes pousses variées (notre mesclun ne date pas d'hier !), à moins qu'au bout de leurs possibilités digestives ils n'aient préféré une salade d'orpin dont les propriétés vomitives les eussent soulagés. Au Moyen Âge, après une sévère éclipse durant laquelle on préférait la « bâfre barbare », la salade retrouvait des laudateurs et non des moindres. Ronsard consacre quelques vers louangeurs aux herbes et à la diététique :

« L'artichaut et la salade
L'asperge et la pastenade
Et les pompons tourangeaux
Me sont herbes plus friandes
Que les royales viandes
Qui se servent à monceaux. »

Jean-Baptiste de La Quintinie, le célèbre directeur des jardins fruitiers et potagers de la maison royale, apportait tous les jours une salade différente sur la table de Louis XIV. Bel exploit ! On ne dira jamais assez l'influence de ce grand agronome sur l'évolution des fruits et des légumes. Il serait d'ailleurs temps de lui ériger une statue.

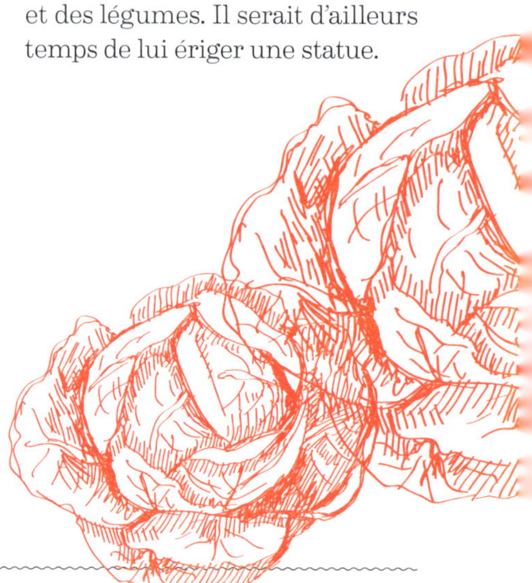

Septembre

L	M	M	J	V	S	D
			1	2	3	4
5	6	7	8	9	10	11
12	13	14	15	16	17	18
19	20	21	22	23 Automne	24	25
26	27	28	29	30		

Saint-Gilles

Jeudi
1er
SEPT.

Été

DÎNER

Piperade
Terrine de chocolat
(voir la recette du 30 août)

Je m'avance pour samedi...

Je prépare un pain de veau qui sera servi froid (voir la recette du 24 juillet).

LES RECETTES DU JOUR

Piperade

Pour 4 pers. : 3 poivrons (2 rouges et 1 vert), 2 tomates, 1 oignon, 2 gousses d'ail, 3 cs d'huile, 4 tranches fines de jambon de Bayonne, 4 œufs, sel, poivre.

Lavez les poivrons et pelez-les grossièrement avec un économe (la peau est indigeste). Ouvrez-les, éliminez les graines et les cloisons ; coupez-les en lanières. Ébouillantez les tomates 30 sec, puis passez-les sous l'eau froide avant de les peler et de les épépiner. Pelez et hachez l'oignon et l'ail. Faites chauffer l'huile dans une poêle. Déposez l'oignon et l'ail hachés et laissez fondre 2 min sur feu doux en remuant ; ajoutez les poivrons ; laissez cuire 5 min en mélangeant bien ; ajoutez les tomates ; salez, poivrez ; poursuivez la cuisson 20 min en remuant souvent. Ajoutez le jambon coupé en fines lanières, puis les œufs battus en omelette. Mélangez rapidement. Vérifiez l'assaisonnement. Remuez la piperade jusqu'à cuisson à votre convenance. Servez aussitôt.

☞ Le saviez-vous ?

Le chocolat : ce sont les Aztèques qui firent du cacao à la fois un aliment et une monnaie d'échange. En 1502, Christophe Colomb fut le premier Européen à avoir vu et touché des fèves de cacao, mais il n'y attacha aucune importance sachant qu'elles servaient de monnaie aux Indiens. Il faudra attendre 1519 pour qu'Hernán Cortés, qui débarqua au Mexique pour en faire la conquête, découvre la boisson appelée « tchocolat », qui se buvait à la cour du souverain.

Des informations sur cette boisson commencèrent à circuler vers l'Europe, mais elle restait peu appréciée car trop amère. Les Espagnols lui ajoutèrent alors du miel pour l'adoucir et c'est ainsi que, dès la découverte de l'Amérique, ils se mirent à planter la matière complémentaire du cacao : la canne à sucre. En 1524, Cortés expédia des cargaisons de fèves à Charles Quint qui en appréciait les bienfaits. L'importation du cacao en Europe devint alors le monopole des Espagnols.

Rapidement, les navigateurs hollandais se rendirent compte de l'intérêt de ce produit et, en bons commerçants, en assumèrent le transport en provenance du Nouveau Monde. En 1569, le pape Pie V déclara que le chocolat à l'eau ne rompait pas le jeûne. La consommation s'accrut alors dans toute l'Europe. En 1658, l'Allemagne le découvrit à son tour par l'intermédiaire d'un servant de Nuremberg.

Le chocolat ne fit son apparition en France qu'en 1615 à la suite du mariage de Louis XIII et d'Anne d'Autriche, fille de Philippe III d'Espagne.

En 1659, un officier de la reine, David Chaillou, qui tenait une boutique rue de l'Arbre-Sec à Paris, se vit accorder par Louis XIV le monopole de la vente du chocolat sous forme de boisson. Le roi y prit goût et fit acclimater le cacaoyer dans les possessions des Antilles. C'est à cette époque que le chocolat commença à se répandre à Paris, tout en restant réservé à l'élite.

Lever du soleil : 7h09 Coucher du soleil : 20h31 Nouvelle lune

La recette du jour

Dorade rôtie au coulis de tomate

Pour 4 pers. : 1 grosse dorade (1,2 kg), 1 citron jaune ou 2 citrons verts, 8 cl d'huile d'olive, sel, poivre.

Demandez au poissonnier de vider et d'écailler le poisson. Préchauffez le four à 240 °C (th. 8). Rincez le poisson ; posez-le dans la lèchefrite ou dans un plat allant au four. Salez, poivrez, arrosez du jus de citron et d'un filet d'huile d'olive. Cuisez la dorade au four 20 min d'abord et 15 min de l'autre côté selon l'épaisseur du poisson, en arrosant du jus de cuisson. Servez avec le coulis de tomate ***(préparé mercredi 31 août)*** présenté en saucière.

Été

DÎNER

Dorade rôtie
au coulis de tomate

Fondue de fenouil
et poivrons
(voir la recette du 26 août)

Pannacotta au
coulis de framboise
*(pour le coulis,
voir la recette du 2 octobre)*

La guerre des métiers de bouche

Le métier de « rôtisseur » s'est définitivement substitué à celui d'« oyeur » vers le milieu du XVe siècle ; après que ceux-ci eurent obtenu le droit, suite à une « ardente » querelle avec les **volaillers**, de cuire n'importe quelle volaille. Ils ne vont pas tarder à se confondre avec les maistres queux ou maistres cuisiniers. Ils vont aussi devenir des hosteliers et aubergistes ; et même « traiteurs », en ayant licence de livrer en ville aussi bien que d'organiser des banquets à domicile.
Sous François Ier, grande époque pour leur corporation, ils acquièrent le droit de vendre « chair de bœuf, de mouton, de veau, de porc, de cabri, de cochon, d'oisons bien cuits, préparés et dignes de mengier ». Ils peuvent aussi apprêter ce que l'on appelle alors la « sauvagine », le lièvre, le faisan, la perdrix, le héron, le butor, l'alouette, la sarcelle, le pigeon sauvage. La « venaison », c'est-à-dire le gros gibier (cerf, chevreuil, sanglier...), ne pouvant être chassée que par le roi et ceux de ses principaux seigneurs auxquels il accorde une autorisation spéciale, n'est pas livrée au commerce ni consommée par petits seigneurs, bourgeois ou autres manants.
En 1535, les rôtisseurs étendent encore leurs prérogatives. Ils obtiennent de pouvoir également apprêter œufs et farine ; et même de vendre beurre, huile, fromages... Les voici à même de préparer quelques pâtisseries, notamment des tartes. Ils ne vont évidemment pas tarder à avoir affaire aux pâtissiers. Mais ceux-ci ont déjà maille à partir avec les boulangers qui, eux aussi, fabriquent et vendent des gâteaux, en plus de leur pain.

Petite histoire...

Septembre 1425...

Pour la première fois en France – à Paris, rue aux Ours – figure un amusement populaire très en faveur de l'autre côté de la Manche : le « mât de cocagne ». Haut de 10 m, il est surmonté d'un panier garni d'une oie grasse, de diverses petites victuailles et de boissons ainsi que de quelques pièces de monnaie.
Il s'agit bien entendu, pour tout un chacun, de grimper au faîte du mât pour s'emparer du panier ; et de redescendre sans rien laisser tomber... Difficulté supplémentaire : le mât, huilé, est glissant.

Lever du soleil : 7 h 11 Coucher du soleil : 20 h 29 Lune croissante

Saint-Grégoire

Samedi
3
SEPT.

Semaine 35

Été

DÉJEUNER

Pain de veau froid, oignons et tomates coupés en rondelles
(voir la recette du 24 juillet)

Soupe de mangues au gingembre

DÎNER

Salade de lentilles au haddock

Dernière tarte aux mirabelles de la saison
(voir la recette de base du 16 juillet)

Les recettes du jour

Soupe de mangues au gingembre

Pour 4 pers. : 5 mangues bien sucrées, 5 cm de gingembre frais.
Épluchez les mangues et coupez de longues tranches en tournant autour du noyau sans l'atteindre et déposez-les sur un plat. Récupérez le reste de chair qui colle au noyau. S'il n'y en a pas assez, ajoutez les tranches les moins jolies. Posez cette chair de mangue dans le bol d'un mixeur. Pelez le gingembre et râpez-le (grille fine) au-dessus du bol. Réduisez le tout en coulis et versez-le sur les tranches de mangue. Réservez au réfrigérateur.

Salade de lentilles au haddock

Pour 6 pers. : 1 petit oignon, 2 clous de girofle, 2 gousses d'ail, 4 échalotes, ½ bouquet de persil plat, 1 filet d'huile d'olive, 500 g de lentilles vertes du Puy, 1 brindille de thym, 2 feuilles de laurier, 2 cubes de bouillon de volaille, 2 beaux filets de haddock, sel, poivre.
Épluchez l'oignon et piquez-le des 2 clous de girofle. Pelez l'ail et les échalotes ; hachez-les menu. Lavez le persil ; réservez en 3 brins, effeuillez et ciselez le reste. Dans une marmite ou une sauteuse posée sur feu moyen, faites revenir 2 min les échalotes dans l'huile d'olive, puis continuez avec l'ail. Quand cela commence à peine à dorer, ajoutez les lentilles, l'oignon piqué des clous de girofle, le thym, le laurier, les 3 brins de persil avec leurs tiges et du poivre. Couvrez d'eau (3 fois le volume des lentilles) ; effritez les cubes de bouillon ; couvrez et faites cuire 20 min à découvert. Cinq min avant la fin de la cuisson, rectifiez l'assaisonnement en sel. Si la préparation est encore liquide, finissez la cuisson à découvert. Retirez l'oignon, les brins de persil cuit. Déposez les lentilles dans le plat de service. Posez le haddock coupé en fines lamelles sur les lentilles et parsemez du persil réservé.

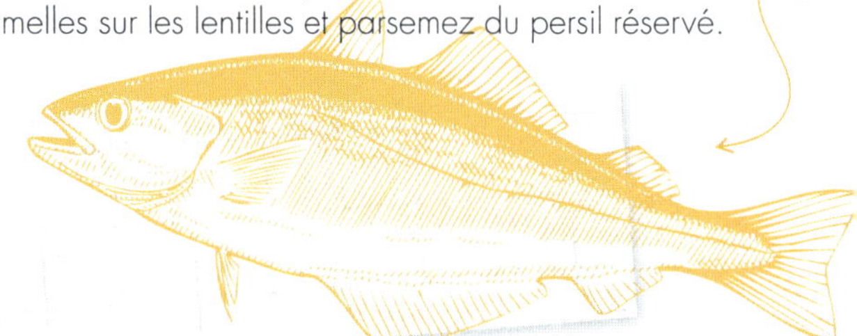

☞ Le saviez-vous ?

Le gingembre est une plante dont on cultive le rhizome dans les pays chauds. Il est originaire d'Extrême-Orient. Son goût est piquant ; il est utilisé frais, en poudre, ou confit dans du sucre. Il était très apprécié au Moyen Âge. Taillevent, au XIVe siècle, l'utilisait dans beaucoup de ses recettes. On l'emploie surtout en pâtisserie ou en confiserie. Depuis la mode de la cuisine orientale, le gingembre est considéré comme un condiment pour relever des plats de poisson. Dans tout le Sud-Est asiatique, le gingembre confit dans le sucre est une friandise très répandue.

La lentille est l'un des tout premiers légumes de l'histoire ; elle existait déjà au paléolithique.
On en trouve un peu partout dans le monde. Toutes les variétés n'offrent pas le même plaisir gastronomique. Sans chauvinisme, nous sommes obligés de reconnaître que les lentilles du Puy, du Berry, du Lauragais ou encore de La Réunion – Cilaos – sont excellentes. Celles du Puy bénéficient d'une AOC.

Lever du soleil : 7 h 12 Coucher du soleil : 20 h 27 Lune croissante

LES RECETTES DU JOUR

Parfait à la fraise

Pour 4-6 pers. : 4 œufs, 12 cs de sucre en poudre, 2 tasses à thé de pulpe de fraises, 50 cl de crème fraîche.

Séparez les blancs des jaunes. Fouettez ensemble les 4 jaunes avec 10 cs de sucre, jusqu'à ce que le mélange blanchisse. Ajoutez la pulpe de fraises. Fouettez la crème fraîche et incorporez-la aux jaunes. Battez les 4 blancs d'œufs en neige ferme puis ajoutez-leur les 2 cs de sucre restantes en fouettant encore un moment ; incorporez délicatement les blancs au mélange précédent. Versez le tout sans attendre dans un récipient et glissez-le au congélateur. Servez le parfait en façonnant des boules ou coupez-le en tranches s'il a été congelé dans un moule rectangulaire.

Légumes grillés

Pour 6 pers. : 1 aubergine, 2 courgettes, 2 poivrons, 3 gros champignons de Paris, 2 citrons, huile d'olive, sel, poivre.

Rincez et séchez l'aubergine, les courgettes et les poivrons. Coupez-les (sans les éplucher) en lamelles de 0,5 cm d'épaisseur dans le sens de la longueur. Essuyez les champignons ; coupez-les en 2 ou en tranches épaisses s'ils sont gros et citronnez-les. Badigeonnez légèrement les légumes d'huile d'olive et grillez-les sur les 2 faces, au four sous le gril ou, mieux, sur une plaque en fonte posée sur un feu moyen. Chaque tranche doit être grillée à l'extérieur, tendre à l'intérieur, sans être racornie. Servez ces légumes sur un plat. Salez et poivrez. Arrosez d'un filet d'huile d'olive. Décorez avec le citron restant découpé en 6.

Été

DÉJEUNER

Tomates et courgettes farcies
(voir la recette du 25 juillet – choisir des petites courgettes rondes)
Parfait à la fraise

DÎNER

Légumes grillés
Tranches de jambon de Parme
Reste du parfait à la fraise

☞ Le saviez-vous ?

Le jambon sec. Il existe différents jambons au sel sec :

Le jambon cru : sans autre mention de qualité ni d'origine. Il ne demande pas plus de 120 jours de fabrication.

Le jambon sec ou jambon au sel : demande 130 jours de fabrication minimum s'il ne pèse pas plus de 5,5 kg et au moins 145 jours s'il est plus lourd. Dans cette catégorie entrent les jambons de Bayonne, de Savoie, du Hauts Doubs, d'Auvergne, de Lacaune, de Bretagne, de Najac, des Alpes, des Ardennes, etc. La date de mise au sel doit être indiquée de façon indélébile sur le jambon ; si elle ne l'est pas, il s'agit d'un jambon cru.

Le jambon sec ou jambon au sel sec avec « mention de supériorité » (extra, supérieur, etc.). Il est préparé pendant un cycle de 210 jours – 270 jours s'il dépasse 6,7 kg.

Le véritable Parme porte une couronne ducale imprimée au fer rouge dans sa couenne. Sa préparation répond à des normes sévères : salé et maturé dans une zone de basse altitude (moins de 900 m) délimitée, il ne peut avoir un poids inférieur à 7 kg ; son poids normal courant est d'ailleurs de 8 à 9 kg. Son cycle de fabrication doit durer au moins 10 mois. Il provient de porcs élevés exclusivement dans les régions italiennes d'Émilie-Romagne, de Lombardie, de Vénétie et du Piémont, avec une alimentation surveillée.

Le San Daniele : produit au nord-est de Venise, il se reconnaît à son long manche car il est préparé avec la cuisse entière et comporte donc le pied.

Lever de soleil : 7 h 13 Coucher du soleil : 20 h 25 Lune croissante

Été

DÎNER

Tourte de feuilles vertes
Fraises au vin
(voir la recette du 6 mai)

La recette du jour

Tourte de feuilles vertes

Pour 8 pers. : 1 kg de feuilles vertes (épinards, vert de blettes, oseille, roquette, pissenlit), 1 botte de persil plat, 3 branches de basilic, thym, sarriette, romarin, marjolaine, ½ botte d'oignons blancs avec les queues, 2 gousses d'ail, 4 cs d'huile d'olive, 2 pâtes feuilletées, 20 g de beurre (pour le moule), 100 g de pignons de pin, 1 jaune d'œuf.

Rincez les feuilles de verdure et les herbes ; supprimez les grosses côtes des légumes en feuilles. Égouttez et séchez tout comme de la salade. Coupez en lanières. Épluchez les oignons et émincez-les. Pelez l'ail. Dans une grande sauteuse, mettez l'huile d'olive à chauffer et faites-y revenir les oignons sur feu moyen. Salez. Dès qu'ils commencent à dorer, ajoutez le mélange de feuilles et l'ail écrasé. Rectifiez l'assaisonnement. En 15 min, le volume va fondre. Cuisez à feu vif jusqu'à ce qu'il n'y ait plus de liquide dans la sauteuse. Éteignez et laissez refroidir. Étendez 1 pâte feuilletée dans le fond du moule à tarte beurré en la faisant remonter sur les bords. Piquez-la à la fourchette. Répartissez la verdure et les pignons sur le fond de la tourte et recouvrez de la 2e pâte feuilletée, également piquée. Soudez les bords des deux morceaux de pâte en les pinçant du bout des doigts. Délayez le jaune d'œuf dans 1 cs d'eau et étalez ce mélange sur la pâte à l'aide d'un pinceau. Faites cuire dans un four préchauffé à 200 °C (th. 7). Servez chaud ou tiède.

Petite histoire…

Le moubochon :

Après le *ducken*, une autre expérience du monde agroalimentaire pour favoriser l'anesthésie du goût : celle du *moubochon*, plus récente et plus avancée. On a servi du moubochon dans les cantines, les hôpitaux, les centres psychiatriques, même dans certains grands restaurants.
On prétend que des critiques gastronomiques réputés ont été mystifiés. Réunis en convention à Chicago en 1981, les producteurs de viandes bovines, ovines, porcines, etc., avaient unanimement constaté que les consommateurs négligeaient de nombreux morceaux sur les animaux qui leur étaient proposés. Ces parties abandonnées par la clientèle étaient souvent communes à ces trois espèces, bœufs, moutons et porcs. Pour ne citer qu'un exemple : personne ne mange d'oreilles ; la consommation de ce qu'on appelle, dans le jargon charcutier, la « sortie d'opéra » a baissé de 73,8 % entre 1954 et 1981. En 1978, année terrible pour l'oreille de porc, il ne s'en est vendu que 432 kg au public traditionnel alors qu'on en comptait 16,47 tonnes en 1949. Dès lors, que faire des oreilles de nos porcs, quand on sait qu'elles sont interdites dans la nourriture de nos animaux domestiques ? D'envergure mondiale, la disgrâce de l'oreille de porc est comparable à celle de la queue. Les femmes la boudent. En daube, dans le bourguignon, dans le pot-au-feu, la queue de bœuf les laisse froides. La blanquette de queue de veau a disparu de nos tables, et plus personne ne mange l'exquise petite queue de cochon grillée. Même l'oxtail ne trouve plus grâce auprès des piliers de bar *(lire la suite le 8 septembre)*…

Lever du soleil : 7 h 15 Coucher du soleil : 20 h 23 Lune croissante

Été

DÎNER

Flammenküche, salade verte
Compote de rhubarbe et fraises
(voir la recette du 27 avril)

☞ Le saviez-vous ?

La laitue est probablement la plus célèbre des salades. Sa place en tête du hit-parade tient plus à sa notoriété qu'à son goût. Ses formes, tailles et couleurs varient selon les saisons et leurs noms, malheureusement disparus des étiquettes, auraient pu chacun donner un titre aux poèmes de Georges Fourest : laitue crêpe à graines blanches, laitue Tom-Pouce, la blonde de Berlin, la laitue grosse blonde paresseuse, la pochonnée rousse, la madrilène, la blonde trapue. Les feuilles extérieures peuvent être petites, légèrement aplaties, amples mais courtes, vert pâle presque blanchâtre, devenant blond, presque jaune beurre lorsqu'elles s'exposent au soleil ou ramassées, trapues, pleines ; la pomme est quant à elle arrondie, composée de feuilles à grosses cloques chiffonnées, d'un vert tendre lavé de brun bronzé ; quoi qu'il en soit, elles sont toujours attirantes, appétissantes et convaincantes.
Les Anglais l'appellent *white-seeded brown dutch lettuce*. Elle a toutes les vertus quand elle vit au jardin – dépurative, laxative, analgésique. Elle soulage l'irritation des yeux, des bronches et draine le foie. Les botanistes ne garantissent pas toutes ces qualités lorsqu'elle est suralimentée en engrais chimiques, soignée aux pesticides, sous un éclairage artificiel, dans une serre surchauffée au fuel...

La laitue romaine, que nous appelons familièrement « romaine », se distingue des laitues pommées par la forme de ses feuilles, allongées, presque toujours en cuillère, et par le grand développement de leurs nervures médianes. Les Allemands l'appellent *Pariser grüner selbstschliessender Binde-salat*. Les deux derniers mots lui servent de diminutif. Braisée directement au beurre, sans avoir séjourné précédemment dans l'eau bouillante, elle accompagne délicieusement un médaillon de veau.

La recette du jour

Flammenküche

Pour 4 pers. : 1 gros oignon, 10 g de beurre, 12,5 cl de crème fraîche, 2 pincées de noix de muscade râpée, 250 g de pâte à pain, 125 g de poitrine fumée (en fines tranches ou en lardons très fins), 1 trait d'huile d'arachide, sel, poivre.

Préchauffez le four à 280 °C (th. 9/10). Épluchez l'oignon et émincez-le en lamelles extrêmement fines, presque transparentes. Faites fondre l'oignon (sans coloration) à feu doux dans une poêle avec 1 noix de beurre et 1 pincée de sel. Assaisonnez la crème fraîche de poivre, de sel et de noix de muscade. Ajoutez l'oignon. Étalez la pâte le plus finement possible avec un rouleau à pâtisserie ; donnez-lui la forme d'un moule rond ou de la plaque du four. Huilez le moule ou la plaque et posez-y la pâte sans faire de rebords. Tartinez du mélange crème fraîche/oignons. Éparpillez les lardons. Enfournez 10 min. Servez bien chaud avec la salade.

Été

DÎNER

Croustade aux champignons
Salade verte
Salade de fraises et de bananes

LES RECETTES DU JOUR

Croustade aux champignons

Pour 6 pers. : 1 pâte feuilletée, 10 g de beurre + 20 g (moule), haricots secs, 4 échalotes, 750 g de champignons de Paris, jus d'un demi-citron, 3 brins de persil plat, 20 cl de crème fraîche épaisse, sel, poivre.

Posez la pâte feuilletée dans un moule beurré ; piquez-la à la fourchette. Glissez le moule au congélateur pour 5 min ou 30 min au réfrigérateur. Couvrez la pâte d'une feuille de papier sulfurisé recouverte de haricots secs et glissez-la 20 à 30 min dans un four préchauffé à 210 °C (th. 7) pour la cuire complètement. Retirez les haricots et le papier. Pelez les échalotes et hachez-les menu. Essuyez les champignons avec un torchon humide, coupez la partie terreuse du pied, émincez-les au-dessus d'un plat creux de service et arrosez-les du jus de citron. Rincez, séchez, effeuillez et ciselez le persil. Faites revenir les échalotes à la poêle avec une noix de beurre sur feu vif. Quand elles sont translucides, ajoutez les champignons. Salez et poivrez. Attendez qu'il ne reste plus d'eau dans la poêle et que les champignons dorent légèrement pour les arroser de crème fraîche. Mélangez, rectifiez l'assaisonnement. Laissez épaissir la crème fraîche et éteignez. Versez cette garniture dans la pâte cuite et décorez de persil ciselé. Servez chaud ou tiède.

Salade de fraises et de bananes

Pour 6 pers. : 500 g de fraises, 3 bananes, jus de 1 orange ou de 1 jcitron, sucre glace, quelques feuilles de menthe (facultatif).

Rincez les fraises avec leurs queues dans une passoire sur pieds. Pendant qu'elles égouttent, pressez le jus du citron ou de l'orange au-dessus d'un saladier ; mélangez avec du sucre glace (selon goût). Coupez les bananes en rondelles au-dessus du saladier. Équeutez les fraises. Ajoutez-les dans le saladier en les émincant dans la longueur. Mélangez bien et réservez au frais. Décorez éventuellement de quelques feuilles de menthe ciselées.

☞ *Le saviez-vous ?*

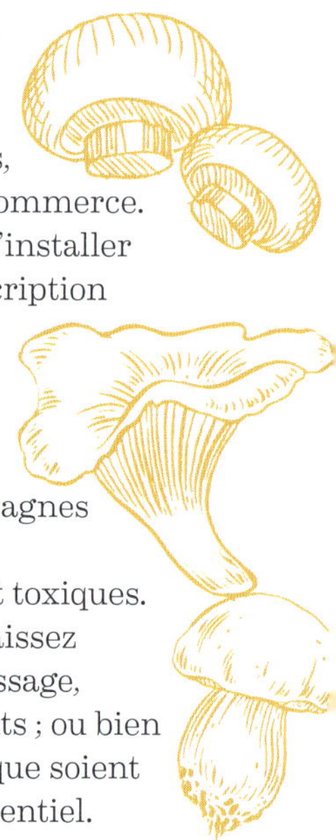

Les champignons: à moins d'être suicidaire, si vous tenez aux champignons sauvages, contentez-vous des cèpes, girolles, trompettes-de-la-mort, et autres espèces vendues dans le commerce. Partir seul, panier au bras, arpenter les sous-bois pour revenir chargé d'une belle collection, s'installer devant un quelconque « guide des champignons » pour faire sa sélection… Voilà une belle description de l'inconscience.

Il existe 4000 espèces de champignons (100 000 si l'on compte les espèces microscopiques, mais c'est un autre sujet). Selon le Centre anti poison, seules cinq ou six sont mortelles ; un pourcentage qui semble bien faible… Mais finalement, une seule suffit. Inutile de se faire une généreuse poêlée d'amanites phalloïdes, de lépiotes helvéolées et de cortinaires des montagnes pour y passer : une seule variété peut vous régler votre compte…

Beaucoup d'espèces sont très vénéneuses (sinon mortelles) ; davantage encore sont gravement toxiques. Peu importe la façon dont on les accommode, aucune recette n'abolit leur toxicité. Laissez donc manger seul le petit malin qui connaît et qui sait. Sans un véritable apprentissage, mieux vaut s'abstenir. À la rigueur, pratiquez en groupe, avec des amis compétents ; ou bien prenez des cours avec les moniteurs de la Société mycologique de France. Quels que soient votre méthode ou vos professeurs, demandez à connaître les vénéneux. C'est l'essentiel.

Je m'avance pour dimanche...

Je prépare une terrine de canard aux pruneaux.

Été

DÎNER

Agneau en cocotte aux aubergines
(voir la recette du 24 août)

Tarte aux figues, crème d'amandes
(voir la recette du 3 juillet)

Nativité de N.-D.

Jeudi
8
SEPT.

La recette du jour

Terrine de canard aux pruneaux

Pour 1 terrine moyenne : 12 pruneaux dénoyautés, 1 canard (environ 1,5 kg), 9 cl de cognac, 1 cc de quatre-épices, 1 crépine, 2 échalotes, ½ bouquet de persil plat, 250 g de gorge de porc, 1 œuf, 1 sachet de gelée, sel, poivre.

Pour la pâte à luter : 150 g de farine, 1 sachet de gelée, sel, poivre.

Aujourd'hui : mettez les pruneaux à gonfler dans de l'eau tiède. Retirez la peau du canard et désossez-le entièrement. Gardez les filets (blancs) et les cuisses en morceaux allongés et faites-les mariner au frais dans le mélange cognac/quatre-épices/sel/poivre. Retournez-les de temps en temps. Réservez le reste de la chair au réfrigérateur.

Petite histoire...

Suite de l'expérience moubochon...

Pour revenir à nos moubochons, la convention de Chicago avait donc constitué, comme il se doit, une commission *ad hoc* pour répertorier les morceaux négligés, c'est-à-dire ceux qui avaient perdu la faveur de la clientèle et qui auraient nécessité trop d'investissements de la part du marketing et des publicitaires pour retrouver le chemin des tables et des casseroles ; mais aussi les morceaux nobles, aimés, mais qui manquent pourtant parce qu'il n'y en a pas assez dans un animal, bien que le public les apprécie.
Toutes les études avaient démontré que le filet, quel que soit l'animal considéré, avait les faveurs du public – autrement dit, la viande insipide. Cette constatation réjouit les généticiens : grâce à une alimentation appropriée, il était facile d'obtenir une viande molle et sans goût particulier.
Pour la tête de l'animal, les discussions aboutirent vite tout naturellement : ce serait la tête de veau.
De fait, plus personne ne mange, ni surtout ne fabrique des fromages de tête de porc. Ce pur joyau de la charcuterie française a disparu de nos mémoires, et de la compétence des charcutiers. Le moelleux de la viande, le croquant des cartilages, le soyeux d'une gelée parfumée sont désormais des plaisirs presque introuvables. Quelques très rares artisans-bienfaiteurs les réalisent dans des provinces reculées, où l'élevage du porc se fait encore avec des restes de table, des pâtés de maïs et de châtaignes. L'adresse de ces artistes circule sous le manteau.
La convention de Chicago condamna sans appel la tête de bœuf. Le consommateur délaissait la langue qui pendait abandonnée sur les étals des tripiers. Même la joue de bœuf ne trouvait plus d'amateurs et pourtant en miroton ou dans le pot-au-feu, quoi de plus admirable, royal, que la joue.
On raconte même qu'un amateur aurait pleuré en apprenant sa disparition *(lire la suite le 22 septembre)*...

Lever de soleil : 7 h 19 Coucher du soleil : 20 h 16 Lune croissante

Saint-Alain

Vendredi
9
SEPT.

Été

DÎNER

Cervelle de canut
Pavés de cabillaud rôtis
Tomates confites

Semaine 36

Les recettes du jour

Cervelle de canut

Pour 4-6 pers. : 6 brins de cerfeuil, de persil plat, d'estragon et de ciboulette, 2 échalotes, 1 petite gousse d'ail, 500 g de fromage blanc à 40 %, 1 cs de vinaigre de vin, 1 cs d'huile d'olive, sel, poivre.

Rincez, séchez, effeuillez et ciselez finement les herbes. Épluchez les échalotes et hachez-les menu ; pelez l'ail et écrasez-le. Mélangez tous les ingrédients et rectifiez l'assaisonnement. Réservez quelques heures au réfrigérateur avant de servir.

Pavés de cabillaud rôtis

Pour 4 pers. : 4 pavés de cabillaud (200 g chacun) avec leur peau, 3 cs d'huile d'olive, sel, poivre.

Demandez au poissonnier de lever des pavés de cabillaud avec leur peau (sortez-les du réfrigérateur au moins 1 h à l'avance) ; salez-les, poivrez-les et laissez-les à température ambiante. Séchez-les avec du papier absorbant et badigeonnez-les d'huile d'olive au pinceau de cuisine. Posez une grande poêle à revêtement antiadhésif sur un bon feu. Quand la poêle est chaude, versez une larme d'huile d'olive en enduisant toute la surface ; baissez le feu et posez les morceaux de poisson, côté peau, pendant 6 min. Réservez-les dans une assiette. Versez une autre larme d'huile d'olive ; laissez chauffer et posez les morceaux de poisson sur l'autre face pour 1 à 2 min. Servez chaud.

Tomates confites

Pour 4 pers. : 12 tomates olivettes, cassonade, 1 filet d'huile d'olive, sel, poivre.

Préchauffez le four à 120 °C (th. 4). Rincez et essuyez les tomates. Coupez-les en 2 dans le sens de la longueur. Huilez un plat allant au four ; posez les demi-tomates côté peau en dessous en les serrant bien. Salez, poivrez, sucrez légèrement, arrosez d'huile d'olive et enfournez pour 4 h.

Pense pas bête Je termine la recette de la terrine de canard aux pruneaux (voir la recette du 8 septembre)

Préchauffez le four à 150 °C (th. 5). Faites tremper la crépine dans de l'eau froide. Pelez les échalotes et hachez-les menu. Rincez le persil, séchez-le, effeuillez-le et ciselez-le finement. Hachez les chairs non marinées avec la gorge de porc. Égouttez les filets et réservez la marinade. Dans un saladier, mélangez les échalotes, le hachis de chair de canard et de gorge de porc, le persil ; arrosez de la marinade ; ajoutez l'œuf et amalgamez bien le tout. Goûtez et rectifiez l'assaisonnement. Égouttez et séchez la crépine. Tapissez-en la terrine en la laissant dépasser. Égouttez et séchez les pruneaux. Montez la terrine en alternant une couche de farce, 2 pruneaux que vous disposez le long de la terrine, une couche de filets marinés et en terminant par une couche de farce. Rabattez la crépine. Posez le couvercle et fermez-le hermétiquement avec une pâte. C'est ce qu'on appelle « luter » une terrine. Préparez la pâte à luter : versez un filet d'eau dans la farine en mélangeant pour obtenir une pâte. Roulez-la en un mince boudin et posez-la en l'aplatissant sur la jointure entre le couvercle et la terrine. Cuisez 2 h à 2 h 30 environ au four. Sortez la terrine du four, retirez la pâte à luter, récupérez le liquide de cuisson et dissolvez-le avec le sachet de gelée ; reversez-le sur la terrine. Laissez refroidir et laissez au moins 24 h au frais avant de servir.

Lever du soleil : 7 h 21 Coucher du soleil : 20 h 14 Premier quartier de lune

Salade niçoise

Pour 4 pers. : 175 g de haricots verts très fins, 4 œufs, 3 tomates, 1 boîte de thon à l'huile (200 g), 8 filets ou 1 petite boîte d'anchois, 1 petit bulbe de fenouil, 1 poivron, 6 oignons blancs avec leur tige, 125 g de mesclun, ½ bouquet de basilic, ½ bol de vinaigrette, 30 petites olives de Nice (à défaut, des olives de Nyons).

Équeutez les haricots verts, puis faites-les cuire 15 min à l'eau bouillante salée. Pour les garder croquants, rafraîchissez-les à l'eau glacée avant de les égoutter. Dans l'eau de cuisson des haricots verts, faites cuire les œufs durs pendant 10 min. Passez-les sous l'eau froide, écalez-les puis rincez-les à nouveau. Coupez-les en 4. Réservez. Dans la même eau bouillante, plongez les tomates 15 sec, puis mettez dans de l'eau glacée pour les rafraîchir. Pelez-les, épépinez-les puis détaillez-les en quartiers. Réservez. Lavez le mesclun, essorez-le. Égouttez le thon et les anchois. Réservez l'huile. Préparez le fenouil en coupant la base des bulbes et la partie aérienne des tiges. Si le bulbe est abîmé, retirez la première peau et coupez-le en tranches d'environ 2 cm d'épaisseur dans le sens de la longueur. Lavez le poivron, puis épluchez-le grossièrement avec un couteau économe. Ouvrez-le en 2, ôtez les graines et le filament blanc. Coupez-le en fines lamelles. Réservez. Émincez les oignons et ôtez leurs tiges vertes. Dans un saladier, rassemblez le mesclun, les haricots verts, les tomates, les anchois en morceaux, le thon émietté, le fenouil, le poivron, les oignons et le basilic déchiré grossièrement. Préparez une vinaigrette, ajoutez l'huile du thon et celle des anchois. Au moment de servir, arrosez la salade avec la vinaigrette. Mélangez délicatement. Décorez avec les quartiers d'œufs durs et les olives.

Lotte à la bohémienne

Pour 6 pers. : 3 oignons, 3 gousses d'ail, 3 poivrons rouges, 3 aubergines, 5 tomates, 1,2 kg de queue de lotte coupée en morceaux, 2 brins de romarin, 18 olives, 40 g de câpres au vinaigre, 6 cs d'huile d'olive, 1 pincée de piment d'Espelette, sel, poivre.

Épluchez les oignons et l'ail. Rincez tous les légumes. Coupez les oignons et les poivrons en lamelles, les aubergines en petits dés. Plongez les tomates 10 sec dans de l'eau bouillante ; pelez-les, coupez-les en 2 et retirez-en les pépins et le jus en les pressant entre vos mains ; concassez-les grossièrement. Dénoyautez les olives ; égouttez les câpres. Dans une cocotte ou une grande sauteuse, faites doucement revenir oignons, poivrons et ail écrasé dans l'huile d'olive pendant 5 min minimum. Ajoutez les aubergines, laissez-les 5 min, puis continuez avec les tomates. Salez, poivrez, parfumez de piment d'Espelette, couvrez et cuisez 30 min. Plongez les morceaux de lotte dans la sauce ; ajoutez les câpres et les olives et laissez encore mijoter 10 min.

Été

DÉJEUNER

Lotte à la bohémienne
Riz pilaf
Clafoutis aux prunes
(voir la recette de base du 5 mai)

DÎNER

Salade niçoise
1/2 melon

Je m'avance pour dimanche...
Je prépare un lapin persillé (voir la recette du 12 septembre).

Été

DÉJEUNER

Terrine de canard, salade de mesclun
(voir la recette du 8 septembre)

Ragoût d'agneau à la grecque

Mi-cuit au chocolat

DÎNER

Lapin persillé
(voir recette du 12 septembre)

Jambon au sel sec

Poires à la vigneronne

LES RECETTES DU JOUR

Poires à la vigneronne

Pour 6 pers. : ½ bouteille de vin rouge, 40 g de sucre cristallisé, 1 verre à liqueur de crème de cassis, 4 belles poires de saison, ½ orange et ½ citron non traités.

Dans une casserole, portez à ébullition le vin rouge, le sucre et la crème de cassis. Épluchez les poires, débarrassez-les de leurs queues, pépins et trognons. Coupez-les en 4 dans le sens de la hauteur et plongez-les dans le vin chaud. Reprenez l'ébullition et maintenez la cuisson 30 min à petit feu, en remuant de temps en temps. Ajoutez l'orange et le citron coupés en fines lamelles. Portez à ébullition 2 min. Versez dans un saladier et laissez refroidir à température ambiante avant de servir.

Ragoût d'agneau à la grecque

Pour 6 pers. : 1,4 kg d'agneau dans l'épaule, dans le haut de côtes ou dans le collier (ou un mélange des 3), découpé en morceaux de 60 à 70 g, 800 g de tomates (en conserve hors saison), 4 oignons, 4 gousses d'ail, 2 cs d'huile d'olive, 1 branche de thym, 1 l de bouillon de volaille (ou de bœuf), 500 g de petites pâtes « langues d'oiseau » (petites pâtes grecques en forme de grains de riz), 100 g de parmesan râpé, sel, poivre.

Préchauffez le four à 200 °C (th. 6/7). Plongez les tomates 30 sec dans de l'eau bouillante, puis pelez-les à l'aide d'un couteau pointu. Coupez-les en 2 ou en 4 et retirez les pépins. Épluchez et émincez grossièrement les oignons. Épluchez et écrasez 2 gousses d'ail. Salez et poivrez les morceaux d'agneau. Dans une cocotte, faites revenir la viande dans l'huile d'olive jusqu'à ce qu'elle soit bien dorée. Ajoutez les tomates, les oignons, le thym et l'ail. Mélangez afin que les ingrédients s'imprègnent des parfums. Versez le bouillon, couvrez et enfournez pour 1 h. Vérifiez régulièrement la cuisson. Au bout de 1 h, sortez la cocotte du four, ajoutez les pâtes en pluie, mélangez bien. Ajoutez les 2 gousses d'ail restantes écrasées. Couvrez et remettez au four pour une vingtaine de minutes. Surveillez cette fin de cuisson afin que le jus ne soit ni trop abondant ni trop court. Servez avec le parmesan râpé.

Mi-cuit au chocolat

Pour 6 pers. : 200 g de chocolat à 70 % de cacao, 50 g de beurre, 2 œufs entiers + 3 blancs, 70 g de sucre en poudre, 80 g de farine.

Faites fondre le chocolat au bain-marie, puis ajoutez le beurre. Parallèlement, montez les 5 blancs d'œufs en ajoutant le sucre dès le départ afin d'avoir un mélange parfaitement lisse (des blancs d'œufs montés « au bec d'oiseau »). Ajoutez un peu de blancs montés au mélange chocolat/beurre, puis les 2 jaunes d'œufs et lissez au fouet. Terminez à l'aide de la maryse (spatule) en ajoutant le reste des blancs. Incorporez la farine. Chemisez des moules à soufflé individuels de papier cuisson, ou utilisez des moules en silicone, et garnissez-les de mélange chocolat. Réservez au réfrigérateur jusqu'au moment de la cuisson. Préchauffez le four à 180 °C (th. 6). Faites cuire environ 8 min ; le cœur doit rester coulant.

Été

DÎNER

Tourte aux fromages
Salade verte légèrement aillée

Les recettes du jour

Tourte aux fromages

Pour 6 pers. : ¼ de l de lait, 25 g de fécule de maïs, 50 g de beurre, 80 g d'emmental râpé (ou beaufort ou comté), 400 g de pâte feuilletée ou de pâte brisée, 3 jaunes d'œufs, pincée de muscade, 50 g de comté coupés en dés, sel, poivre.

Préparez la sauce : dans une casserole à fond épais, versez le lait et ajoutez la fécule, le beurre coupé en petits morceaux, les 80 g de fromage râpé, 2 jaunes d'œufs, une pincée de sel, 3 tours de moulin à poivre, une pincée de muscade. Portez à ébullition sans cesser de remuer. Goûtez et vérifiez l'assaisonnement. Laissez refroidir, ajoutez le comté coupé en dés.

Préparez la tourte : allumez le four à 200 °C (th. 6/7). Étalez la pâte feuilletée sur 3 à 4 mm d'épaisseur. Donnez la forme d'un rectangle à votre pâte. Avec un pinceau trempé dans l'eau, mouillez tout le pourtour de la pâte sur un centimètre et demi environ. Versez la préparation lait-fromage râpé sur la moitié de la pâte feuilletée. Rabattez l'autre partie de la pâte au-dessus du mélange. Appuyez sur les bords humides pour bien souder les deux morceaux. Déposez le feuilleté sur la plaque de cuisson du four. Délayez le jaune d'œuf qui vous reste avec 1 cc d'eau et une pincée de sel. Avec un pinceau, badigeonnez toute la surface de la pâte. Avec la pointe d'un couteau, rayez la surface de la pâte en dessinant des losanges et faites une petite cheminée au centre. Mettez au four une petite heure. À mi-cuisson, vérifiez que le feuilleté ne cuit pas trop vite. Si c'est le cas, couvrez avec une feuille de papier d'aluminium.

Lapin persillé

(plat servi le dimanche 11 septembre)

Pour 8 pers. : 8 morceaux de lapin, 3 carottes, 2 oignons, 8 cs de graisse de canard (ou d'oie ou de saindoux), 2 cs de beurre, 50 cl de vin blanc sec, 1 bouquet garni, 1 feuille de gélatine, 2 cs de vinaigre de vin ou de melfor (spécialité alsacienne), 2 bouquets de persil plat, sel fin, poivre.

Achetez des morceaux de lapin répartis entre les cuisses, le râble et les pattes avant. Salez, poivrez. Épluchez et lavez les carottes, pelez les oignons. Coupez-les en grosse julienne. Réservez. Dans une cocotte, faites fondre la graisse de canard et faites sauter les morceaux de tous côtés. Retirez la plus grande partie de la graisse et les morceaux de lapin. Dans la cocotte, faites fondre le beurre, ajoutez carottes et oignons. Laissez suer à couvert pendant une dizaine de minutes, puis ajoutez les morceaux de lapin, le vin blanc et le bouquet garni. Salez, poivrez. Portez à ébullition. Couvrez et laissez cuire à feu doux pendant 1 h 45 à 2 h. Vérifiez que le lapin est bien cuit, prêt à être décortiqué sans effort. Égouttez les morceaux. Décortiquez les viandes. Lorsque la chair du lapin est effilochée, mettez les os dans la cuisson avec les légumes, réservez les chairs. Maintenez à petits bouillottements pendant 30 min, puis récupérez dans une casserole ce jus, au travers d'un chinois, pour en faire de la gelée. Ajoutez 1 feuille de gélatine du commerce en suivant les indications de l'emballage. Vérifiez l'assaisonnement. Ajoutez le vinaigre, portez à ébullition pendant 3 min. Lavez et hachez le persil, ajoutez-le à l'effilochée de lapin, puis incorporez le jus. Versez l'ensemble dans une terrine. Emballez dans un film alimentaire. Maintenez 24 à 48 h dans le réfrigérateur. Servez froid.

Saint-Aimé

Mardi
13
SEPT.

Été

DÎNER

Escalopes meunières
Girolles à l'échalote
Poires pochées au vin

SEMAINE 37

Les recettes du jour

Escalopes meunières

Pour 4 pers. : 4 escalopes de 130 g chacune, 90 g de beurre clarifié, le jus d'un demi-citron, 1 cs de persil haché, sel, poivre.

Faites fondre 30 g de beurre à feu moyen dans une grande poêle. Salez les escalopes. Lorsque le beurre est chaud et que sa couleur est devenue noisette, posez les escalopes. Faites cuire 3 min de chaque côté. Après cuisson, maintenez-les au four, préalablement chauffé, dans un plat chaud. Versez le jus du citron et les 60 g de beurre restant dans la poêle. Portez à feu vif. Grattez les sucs de la viande accrochés au fond de la poêle. Versez le beurre bien chaud sur les escalopes. Saupoudrez de persil.

Girolles à l'échalote

Pour 4 pers. : 250 g de girolles, 1 cs de beurre, 1 échalote, le jus d'un demi-citron, 1 c de sel fin, poivre.

Procédez à la toilette des girolles *(voir « Ce que je fais »)*. Dans une poêle bien large pour que les girolles soient sur une seule couche, versez les champignons ; couvrez ; maintenez à bon feu. Égouttez l'eau de végétation rendue. Ajoutez 1 cs de beurre ; faites sauter. Ajoutez l'échalote hachée très finement et le jus de citron ; salez, poivrez. Servez.

Poires pochées au vin

Pour 4 pers. : 1 bouteille de vin rouge tannique, 80 g de sucre, 1 ruban de zeste d'orange, 1 demi-feuille de laurier, 1 clou de girofle, 10 grains de poivre, 1 étoile de badiane, 8 petites poires (genre poires dites « du curé »), 2 cs de crème de cassis.

Dans une casserole, portez à ébullition le vin avec le sucre, le zeste d'orange, le laurier et les épices ; laissez réduire 15 min à feu doux.

Immergez les poires dans le vin chaud ; ajoutez la crème de cassis. Faites cuire à feu doux, à couvert, 15 min. Laissez refroidir dans le vin de cuisson.

☞ Ce que je fais…

Les champignons : tous les champignons sylvestres sans exception doivent subir une toilette intime qui commence par l'élimination du pied terreux et se poursuit avec le brossage (l'idéal est d'utiliser une petite brosse ronde spécial champignons ou un pinceau de cuisine, voire un pinceau de peintre très propre et très souple). S'il s'avère nécessaire de les laver, faites-le rapidement dans une eau vinaigrée froide ; plongez et retirez délicatement à l'écumoire ; égouttez ; renouvelez éventuellement l'opération une seule fois si nécessaire.

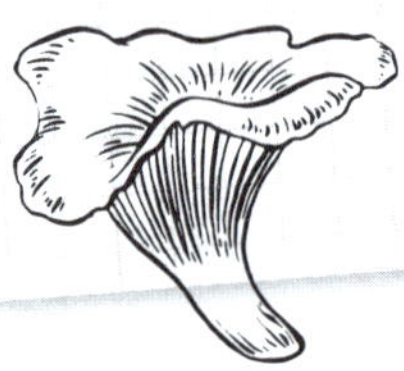

☞ Le saviez-vous ?

Girolle ou chanterelle : c'est un champignon en forme d'entonnoir, côtelé sur sa face externe, cueilli entre juin et octobre, au goût fruité. On distingue la *chanterelle* au pied très fin, de couleur jaune orange, et la *girolle crête-de-coq*, au pied plus court et plus épais et de couleur moins soutenue.

Lever du soleil : 7h26 Coucher du soleil : 20h05 Lune croissante

Je m'avance pour demain...

Je prépare un gaspacho... (voir la recette du 31 juillet).

Été

DÎNER

Lapin rôti
Poêlé de champignons des bois
Soupe de melon au sirop de menthe et d'anis

La Sainte-Croix

Mercredi
14
SEPT.

LES RECETTES DU JOUR

Lapin rôti

Pour 4 pers. : 1 lapin de 1,3 kg (coupé en morceaux et au couteau), 150 g de poitrine fumée, 1 oignon, 2 cs de beurre, 1 verre de vin blanc, 1 brindille de thym, 1 demi-feuille de laurier, 1 branche d'estragon, 1 cc de sel fin, poivre.

Découpez des lardons dans les tranches de poitrine. Épluchez et hachez grossièrement l'oignon. Dans une cocotte, faites fondre 1 cs de beurre ; à grésillement, ajoutez les lardons, faites-les rissoler doucement, retirez-les avec l'écumoire, réservez. Ajoutez l'oignon haché, faites-le dorer légèrement ; retirez-le, ajoutez-le aux lardons. Posez dans la cocotte les morceaux de lapin salés, poivrés – légèrement, la poitrine est déjà salée –, faites dorer lentement de tous côtés ; ajoutez les lardons et l'oignon, le vin blanc, portez à bouillottements ; ajoutez le thym, le laurier, l'estragon ; couvrez et maintenez à légers bouillottements. Laissez cuire 50 min en retournant les morceaux régulièrement. Retirez les morceaux de lapin et la garniture – lardons, thym et laurier. Ajoutez ½ verre d'eau, grattez les sucs, portez à ébullition, faites réduire de moitié ; versez sur le lapin. Servez chaud.

Soupe de melon au sirop de menthe et d'anis

Pour 4 pers. : 1 melon de 350 g par personne, 160 g de sucre semoule ou de vergeoise, 4 cs de sirop de menthe, 2 branches de menthe fraîche, 2 cc d'anis (apéritif anisé), 2 verres d'eau.

À l'aide d'un couteau, coupez sur quelques millimètres la base du melon, afin qu'il ait une bonne assise. Découpez un petit chapeau, autour de la queue, suffisamment large pour pouvoir retirer les pépins et la filasse avec une petite cuillère. Videz le melon de sa chair avec une cuillère à pomme parisienne et réservez les billes dans un saladier. Dans une casserole, réunissez les pépins, le sucre, le sirop de menthe, les feuilles de menthe fraîche, l'anis et l'eau. Portez à ébullition. Faites bouillotter 10 min. Laissez refroidir, puis filtrez à travers une passoire fine au-dessus des dés de melon. Laissez macérer quelques heures au réfrigérateur dans le saladier couvert d'un film alimentaire. Répartissez dans les melons vides le contenu du saladier ; couvrez les melons de leur chapeau. Servez bien frais.

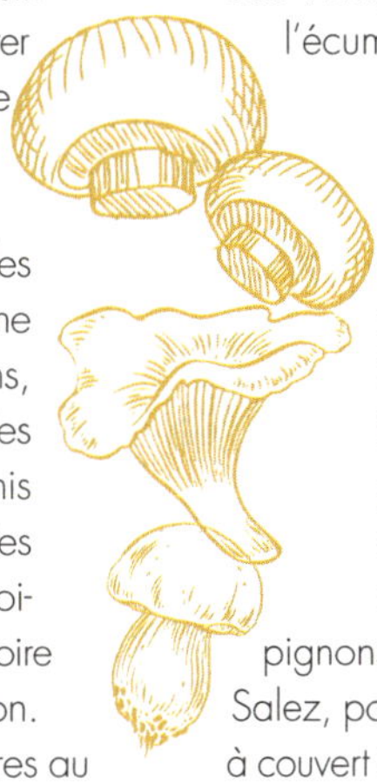

Poêlée de champignons des bois

Pour 4 pers. : 1 kg de champignons sylvestres (selon la cueillette), 200 g de champignons de Paris, 2 cs de beurre, 2 échalotes, 30 cl de crème, 1 branche de thym, 2 cs de persil ciselé, 1 cc de sel fin, poivre.

Nettoyez et éliminez le bout terreux des champignons à l'aide d'une petite brosse ou un pinceau de cuisine. Lavez-les si nécessaire très rapidement dans une eau vinaigrée froide. Retirez aussitôt à l'écumoire ; égouttez. Plongez-les 2 ou 3 min dans une casserole d'eau bouillante non salée. Retirez soigneusement les champignons ; égouttez. Dans une cocotte, faites chauffer le beurre ; ajoutez les échalotes finement hachées et les champignons de Paris propres et émincés; laissez suer à couvert 6 à 7 min. Incorporez les champignons des bois émincés et la crème. Salez, poivrez. Laissez cuire doucement à couvert 30 min environ, en prenant soin de remuer régulièrement. Parsemez de persil ciselé et servez chaud.

☞ Le saviez-vous ?

Le lapin est vendu entier, par moitié, ou en morceaux. Entier, il doit être vendu avec sa tête, dépouillé et éviscéré. Le foie, débarrassé de son fiel, reste attaché au corps de l'animal tout comme les rognons, attachés au râble. Le poumon et le cœur n'ont pas de valeur gastronomique.

Lever du soleil : 7 h 27 Coucher du soleil : 20 h 03 Lune croissante

Saint-Rolande

Jeudi
15
SEPT.

Été
DÎNER

Gaspacho
(voir la recette du 31 juillet)
Risotto à la parmesane aux saucisses
Fromage blanc au sucre

SEMAINE 37

La recette du jour

Risotto à la parmesane aux saucisses

Pour 6 pers. : 2 échalotes, 200 g de parmesan, 3 saucisses fraîches, 2 cs d'huile d'olive, 500 g de riz arborio, 20 cl de vin blanc sec, 1,5 l de bouillon de volaille, 80 g de beurre, sel, poivre.

Épluchez les échalotes et hachez-les menu ; râpez le parmesan. Retirez le boyau des saucisses et retirez la chair. Faites revenir les échalotes jusqu'à transparence (elles ne doivent pas colorer) dans l'huile d'olive à feu moyen. Ajoutez la chair des saucisses ; écrasez-les bien pour émietter la chair qui a tendance à faire des grumeaux ; cuisez 5 min. Ajoutez le riz et faites-le revenir jusqu'à ce qu'il prenne une couleur nacrée. Versez le vin blanc, laissez-le presque totalement s'évaporer puis continuez avec le bouillon, louche par louche, jusqu'à la consistance souhaitée. Remuez le riz sans cesse tout au long de sa cuisson en dessinant un huit. Hors du feu, ajoutez le beurre coupé en petits morceaux et la moitié du parmesan râpé. Salez (peu), poivrez. Mélangez, couvrez et attendez 2 min. Servez avec le reste du parmesan présenté à part.

Petite histoire…

1851, des halles « tout en fer »…

Louis-Napoléon Bonaparte, président de la République, pose aujourd'hui la première pierre du pavillon n° 2 des nouvelles halles centrales. L'ensemble, conçu par l'architecte Victor Baltard, comportera dix pavillons, qui seront parmi les tout premiers bâtiments construits entièrement en fer. Ce mode de construction est relativement récent. Six ans très exactement, en 1846 au cours d'une grève des charpentiers, un serrurier d'Argenteuil, *Pierre Joly*, eut le premier l'idée de substituer le fer au bois. Son premier essai : un hangar à voitures. Le travail fut considéré comme un tour de force, et Joly reçut aussitôt commande de la construction de la gare d'Amiens (Somme). Puis suivirent un pont de chemin de fer et enfin les nouvelles Halles de Paris.
Et déjà l'on se demande : « A-t-on vu suffisamment grand ? »

☞ Le saviez-vous ?

• ***Le risotto :*** diminutif de *riso*, « riz », emprunté à l'italien du Nord et lui-même dérivé du sanskrit, mentionné dans le *Journal* de Stendhal le 28 août 1818 et enregistré dans la *Gastronomie pratique* d'Ali-Bab en 1907.
Le risotto signale un plat fait de riz doré dans un corps gras avec de l'oignon haché, mouillé au vin blanc, cuit à la poêle et auquel on ajoute parfois des champignons et du fromage râpé et qu'on sert en général comme garniture de viande (en particulier le veau).

• ***Le gaspacho :*** à l'origine, le *gazpacho* n'était rien d'autre que du pain émietté dans un peu d'eau, d'huile, d'ail et de sel, auxquels on a ajouté les tomates quand elles sont arrivées d'Amérique au XVIe siècle. C'était sain, délicieux. On le mangeait dans les petites tavernes le long des routes dans la sierra Morena. Le pain était merveilleux, blanc sans sel, l'huile d'olive trouble, originelle, les tomates, un concentré de soleil.

Lever du soleil : 7 h 29 Coucher du soleil : 20 h 01 Lune croissante

Été

DÎNER

Tartare de poissons
Ailes de raie pochées, pommes de terre vapeur
Poire et prunes en papillotes

Petite histoire…

1870 : Paris assiégé…

C'est effectif depuis deux jours, Paris est complètement encerclé par les armées prussiennes.
Bon nombre de paysans et autres ruraux des villages de la Grande Ceinture ont reflué à l'intérieur de l'enceinte parisienne, pensant y être plus à l'abri des brutalités et viols que l'on dit être le pain quotidien des troupiers du kaiser. Ils sont arrivés avec leurs attelages, ce qui provoque la rareté du fourrage et, accessoirement, une baisse sur les prix des chevaux. Il se dit, du côté des « pessimistes », que si le siège venait à se prolonger, l'on serait peut-être obligé d'en abattre pour nourrir non plus les indigents mais aussi l'ensemble de la population.
Le nouvel Opéra sert à tout, décidément ! Sauf à la musique et à la danse… On creuse actuellement, dans ses caves, un vaste entonnoir vers lequel on compte diriger une rivière souterraine. Ces travaux devraient aboutir à une réserve de plusieurs millions de litres d'eau potable. Ce n'est pas tout.
Dans les étages supérieurs, on commence à entasser des approvisionnements de toutes sortes : blé, farine et conserves alimentaires, mais aussi charbon et équipements militaires.

LES RECETTES DU JOUR

Ailes de raie pochées

Pour 6 pers. : 6 morceaux d'ailes de raie, 25 cl de vinaigre d'alcool, ½ bouquet de coriandre, 3 cives (facultatif), sel, poivre.
Pour la vinaigrette : 1 cs de sauce soja, 1 cs de vinaigre de xérès, 1 cs de vinaigre balsamique, 3 cs d'huile de sésame, 3 cs d'huile de pépins de raisin, poivre.
Rincez les ailes de raie dans une eau vinaigrée (5 cl). Posez-les dans une grande sauteuse. Recouvrez d'eau froide ; ajoutez les 20 cl de vinaigre restants, salez et poivrez. Cuisez sur feu moyen. Dès les premiers frémissements (l'eau ne doit pas bouillir), éteignez, couvrez et laissez refroidir. Égouttez les morceaux de raie, retirez la peau. Pendant la cuisson, rincez, séchez la coriandre et les cives (vert compris) et ciselez-les.
Préparez la vinaigrette. Mélangez la sauce soja et les vinaigres, poivrez et versez les huiles, ajoutez les cives. Arrosez les ailes de raie tièdes de vinaigrette et parsemez de coriandre ciselée. Servez tout de suite avec des pommes de terre vapeur.

Tartare de poissons

Pour 6 pers. : 3 petits oignons nouveaux, ½ botte de ciboulette, ½ bouquet d'aneth, ⅓ de bouquet de persil plat, 900 g d'un ou de plusieurs poissons en filets (thon, bar, dorade, saint-pierre, saumon…), huile d'olive, 3 citrons verts, sel, poivre.
Pelez les oignons et hachez-les aussi menu que possible. Rincez les herbes, séchez-les, effeuillez-les et ciselez-les finement. Coupez la chair du poisson en petits cubes (surtout pas au mixeur qui réduirait ces chairs en purée). Mélangez tous les ingrédients à la dernière minute. Arrosez d'huile ; salez et poivrez. Présentez un demi-citron vert par convive.

Poire et prunes en papillotes

Pour 1 pers. : 1 poire, 1 citron, 2 prunes, beurre, cassonade, cannelle en poudre, crème fraîche.
Pelez la poire et émincez-la en fines lamelles ; arrosez de jus de citron. Lavez et séchez les prunes ; coupez-les en 2 et ôtez le noyau. Préchauffez le four à 240 °C (th. 8). Préparez les papillotes : découpez des rectangles dans du papier sulfurisé. Badigeonnez le centre d'un peu de beurre fondu à l'aide d'un pinceau. Posez au centre les lamelles de poires et les demi-prunes ; poudrez d'un peu de cassonade, de cannelle en poudre ; posez 1 ou 2 noisettes de beurre. Fermez et enfournez pour 4 min. Servez aussitôt avec un pot de crème fraîche posé sur la table.

Lever du soleil : 7 h 30 Coucher du soleil : 19 h 59 Pleine lune

Saint-Renaud

Samedi
17
SEPT.

Je m'avance pour demain…

Je prépare une terrine d'anchois crus à l'huile et aux aromates… *(voir la recette du 14 août).*

SEMAINE 37

Été

DÉJEUNER

Poulet rôti

Ragoût de champignons sauvages

Tarte aux figues
(voir la recette du 3 juillet)

DÎNER

Salade de pâtes aux restes de poulet rôti

Brillat-Savarin

Tarte au citron
(voir la recette du 2 avril)

LES RECETTES DU JOUR

Ragoût de champignons sauvages

Pour 4 pers. : 2 cs de beurre, 2 échalotes, 10 cl de porto (ou banyuls, maury ou rivesaltes), 25 cl de crème, 1 fleur de badiane (anis étoilé), 1 cc de graines de fenouil, 10 g de coriandre en grains, 1 branche de thym, 1 kg de champignons sylvestres, selon trouvailles ou cueillette, 200 g de champignons de Paris, 1 cc de sel fin, poivre.

Dans une cocotte, faites chauffer le beurre ; ajoutez les échalotes finement hachées et les champignons de Paris propres et émincés ; laissez suer à couvert 6 à 7 min. Ajoutez le porto ; mélangez ; faites réduire d'un tiers. Incorporez la crème. Enfermez tous les condiments dans un nouet ; rajoutez-les à la crème avec les champignons sauvages (*voir « Ce que je fais le 13 septembre » et « Mon truc malin »* ci-dessous) ; salez, poivrez. Laissez cuire à couvert 30 min environ, en prenant soin de remuer régulièrement.

Salade de pâtes aux restes de poulet rôti

Pour 4 pers. : 2 tomates, 50 g d'emmental (comté, gruyère ou beaufort), 4 œufs, les restes du poulet rôti de ce midi (environ 300 g), ½ botte de ciboulette (ou oignons blancs), 200 g de pâtes au choix, sel, poivre.

Pour la mayonnaise : 1 œuf, 1 cs de moutarde de Dijon, 20 cl d'huile neutre, 1 cc de vinaigre de vin, 1 cc de sel, poivre.

Plongez les tomates 15 à 30 sec dans de l'eau bouillante, puis dans de l'eau glacée pour les rafraîchir. Pelez-les et coupez-les en petits dés. Réservez. Coupez le fromage en dés d'environ 1 cm de côté. Réservez. Faites cuire les œufs pendant 8 min dans l'eau salée. Détaillez les restes de poulet en fines lanières. Réservez avec les tomates. Montez une mayonnaise que vous détendrez avec 1 cc de vinaigre de vin. Dans un saladier, mélangez le fromage, la ciboulette (ou les petits oignons blancs selon la saison), les pâtes avec les ¾ de la mayonnaise. Assaisonnez les dés de tomates et le poulet avec la mayonnaise restante. Ajoutez à la préparation à base de pâtes. Vérifiez l'assaisonnement en sel et poivre, puis disposez les œufs durs coupés en 2 sur la préparation.

Mon truc malin ***« Faire les humeurs » des champignons*** consiste, après les avoir soigneusement nettoyés, à les plonger 2 ou 3 min dans une casserole d'eau bouillante non salée. Retirez soigneusement les champignons ; égouttez.

Lever du soleil : 7 h 32 Coucher du soleil : 19 h 57 Lune décroissante

Sainte-Nadège

Dimanche
18
SEPT.

SEMAINE 37

Travers de porc à la cantonaise

Pour 8 pers. : 2 kg de travers de porc, ½ cc de pâte de piment chinoise, 15 cl de banyuls (ou 2 verres de rivesaltes), 3 cs de sauce soja, 3 cs d'huile de colza, 3 cs de vinaigre de vin, 4 oignons, 3 cs de sucre en poudre, 2 cs de farine, 4 cs de concentré de tomate.

Découpez les travers de porc entre chaque os, puis enduisez-les de pâte de piment. Déposez les morceaux dans un saladier ou un cul-de-poule, arrosez-les de banyuls et de la sauce soja et laissez macérer pendant 1 h 30 à 2 h en mélangeant plusieurs fois. Égouttez les morceaux, épongez-les, conservez la marinade et faites revenir dans une poêle avec 2 cs d'huile de colza. Les morceaux de viande doivent être bien rissolés. Réservez au chaud. Dans la même poêle ajoutez le reste d'huile, le vinaigre, les oignons hachés finement, le sucre, remuez pendant 5 à 6 min sans laisser roussir. Saupoudrez de farine, mélangez, ajoutez le concentré de tomate et la marinade. Faites cuire 20 min à frémissement. Versez la sauce obtenue sur les morceaux de viande. Mélangez pour qu'ils soient bien enrobés. Servez ce plat froid ou chaud avec du riz.

Compote mixte

Pour 6 pers. : 1 orange non traitée, 1 l de thé Earl Grey, 150 g de pruneaux dénoyautés, 150 g d'abricots secs, 100 g de raisins de Corinthe, 50 g de sucre en poudre, 1 gousse de vanille, ½ cc de quatre-épices, 6 fruits (poires, pommes, pêches…), le jus d'un citron.

Rincez l'orange à l'eau chaude et essuyez-la. Préparez 1 l de thé Earl Grey. Faites gonfler les fruits secs dans le thé chaud. Prélevez la moitié du zeste de l'orange. Dans une grande casserole, versez 1 verre d'eau, le sucre, la gousse de vanille fendue dans la longueur, le quatre-épices et le zeste d'orange. Portez à ébullition ; versez les fruits secs égouttés, couvrez et cuisez à feu doux pendant 20 min. Pendant ce temps, épluchez les fruits et coupez-les en 4. Enduisez poires et pommes de jus de citron. Ajoutez les fruits dans la casserole et poursuivez la cuisson. Les morceaux de fruits sont cuits mais restent entiers. Si le jus est trop liquide, retirez tous les fruits à l'écumoire (posez-les dans le plat de service) et faites-le réduire sur feu vif jusqu'à la consistance d'un sirop. Éteignez et versez sur les fruits. Laissez refroidir, couvrez et réservez au frais. Servez avec des biscuits, du fromage blanc ou de la crème fraîche épaisse…

Été

DÉJEUNER

Terrine d'anchois crus à l'huile et aux aromates
(voir la recette du 14 août)

Travers de porc à la cantonaise

DÎNER

Restes du déjeuner…
(les travers de porc sont délicieux froids)

Compote mixte
(je la prépare dès le matin)

Petite histoire…

18 septembre 1664 : premier impôt sur le sucre…

Tout nouveau surintendant des Finances, par la grâce du roi Louis le Quatorzième, en remplacement de M. Fouquet, M. Colbert commence par ordonner de nouveaux impôts. Le plus décrié va, bien entendu, être celui concernant le sucre, oublié aujourd'hui. Détail important toutefois : le sucre en provenance des colonies françaises – Martinique, Guadeloupe, Marie-Galante… – sera moins taxé que le sucre étranger.
En créant ce nouvel impôt indirect, le ministre des Finances continue à appliquer « sa politique en la matière », qui consiste à taxer les denrées alimentaires en fonction de la fortune de chacun.

Lever de soleil : 7 h 33 Coucher de soleil : 19 h 55 Lune décroissante

Sainte-Émilie

Lundi
19
SEPT.

Semaine 38

Été

DÎNER

Boulettes au citron
(voir la recette du 19 juillet)

Riz aux vermicelles
(voir la recette du 19 juillet)

Tranches de pastèque

Petite histoire…

C'est aujourd'hui la fête des bouchers.

Un grand jour et de belles festivités, à Paris, au Moyen Âge, en l'abbaye Saint-Jacques-de-la-Boucherie, dont il ne reste désormais que cette tour gothique, la tour Saint-Jacques, à proximité de la place du Châtelet. La corporation des bouchers était une des plus riches et des plus puissantes. Chaque étal ne pouvait se transmettre, dans la même famille, que de mâle en mâle. Et, lorsqu'une famille n'avait pas d'héritier masculin, elle se trouvait dépossédée de ses droits : la charge revenait alors à la disposition de la corporation qui nommait (ou non) un nouveau boucher.

Lorsqu'un nouveau roi était appelé à monter sur le trône, il avait la prérogative de créer un boucher. Très souvent, il offrait cette distinction – c'en était une – à l'un de ses propres cuisiniers.

Au début du XIVe siècle, sous le règne de Philippe le Bel, Paris comptait quarante bouchers. Ils débitaient annuellement quelque trente mille bœufs, vingt mille veaux, cent dix mille moutons, trente mille porcs… À noter que ces derniers étaient également l'objet d'abattages clandestins de la part de nombreux particuliers qui faisaient « leur cochon » à domicile.

Longtemps, les bouchers de Paris observèrent la règle d'abattre leurs bêtes sur les rives de la Seine. Mais la population augmentant, ainsi que la circulation, bon nombre trouvèrent plus simple d'abattre chez eux : le sang se répandait alors dans la rue et les entrailles étaient jetées dans des cloaques dont les effluves incommodaient et étaient source d'épidémies. Il ne fallut pas moins de deux siècles, jusqu'à François Ier, pour que la ville de Paris parvienne à avoir raison de la corporation des bouchers. Et que les premiers abattoirs obligatoires soient créés.

La corporation des bouchers était si puissante qu'elle maintint longtemps l'obligation pour les charcutiers d'acheter toute leur viande chez eux. Il fallut également attendre la fin du XIVe siècle et le règne de Charles VI pour que l'on parvienne à leur retirer la vente du poisson…

☞ Le saviez-vous ?

Le citron : le citronnier se cultive dans les régions chaudes et son feuillage luxuriant et odorant porte en même temps fleurs, fruits verts et fruits mûrs. Le citron aime bien le frais, mais pas le froid ni les écarts thermiques. On peut le conserver plusieurs semaines dans le bac à légumes du réfrigérateur. En cuisine, le citron est utilisé le plus souvent comme condiment pour les assaisonnements. Son jus délicieux remplace le vinaigre dans une vinaigrette. Il est l'ami fidèle des carottes râpées. Il empêche les fruits et les légumes de noircir après épluchage et il se marie fort bien avec les poissons frits ou grillés et avec les fruits de mer. Enfin, il est indispensable dans la préparation de nombreux cocktails et dans les grogs. Comme il est acide, le sucre lui plaît et il fait merveille en tartes, sorbets et confitures. On peut même le faire confire, et pâtissiers et confiseurs ne s'en privent pas. Pour parfumer une crème, une pâte à crêpes ou un gâteau, on utilise le « zeste », écorce extérieure. La partie blanche de la peau, qu'on appelle le « ziste », est amère.

Le lime : appelé à tort citron vert, il n'a rien de commun avec le citron. Il est petit, vert, sa peau lisse, sa chair sans pépins, mais très acide : 8 % d'acide citrique ! Il est originaire du Brésil, des Antilles et de Californie.

Lever du soleil : 7h34 Coucher du soleil : 19h53 Lune décroissante

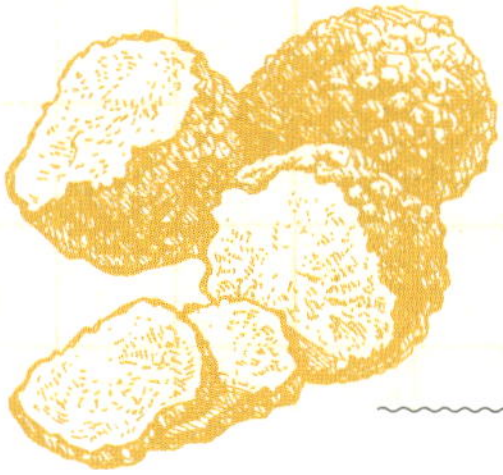

Été

DÎNER

Salade de kippers
aux pommes de terre
Pommes au four
à la gelée de fruits rouges

Petite histoire…

20 septembre 1673 : des truffes en Alsace…

Mais oui, on trouve également des truffes en Alsace ! La preuve : on peut lire, à la date d'aujourd'hui, sur le livre des comptes communaux de Sainte-Marie-aux-Mines, que la municipalité de cette cité en a fait porter à M. de Louvois, de passage à Nancy. « 20 septembre 1673. Paye à Hans Caspar Haederich pour un voyage qu'il a fait à Nancy, par ordre de M. l'Intendant Poncet, porter une boîte de truffes à Monseigneur de Louvois : 5 florins, 36 kreutz. » Le surintendant aux armées du roi Louis XIV est un gourmet des plus fins. En Alsace, la truffe croît principalement dans le sol sec et sablonneux de la forêt de Hart. Toutefois, comme les lois forestières interdisent l'introduction de porcs dans les forêts, hommes et femmes des villages doivent eux-mêmes posséder un sixième sens pour découvrir les précieux cryptogames. On a également réussi à dresser des chiens. Afin de ménager leur odorat, il est indispensable de les tenir enfermés jusqu'à la saison des récoltes (en septembre-octobre).

La recette du jour

Salade de kippers aux pommes de terre

Pour 8 pers. : 8 kippers (harengs fumés), 12 petites pommes de terre à chair ferme, 33 cl de bière blanche, ½ bol de vinaigrette, 2 échalotes, ½ botte de ciboulette, 10 cl de crème fraîche liquide, 1 pincée de noix de muscade, ½ citron, sel, poivre.

Faites cuire les pommes de terre en robe des champs. Dans une casserole, faites réduire à feu doux la bière jusqu'à la consistance d'un sirop. Déposez les kippers sur la grille du cuit-vapeur pour 10 min. Préparez une vinaigrette. Hachez finement les échalotes et la ciboulette ; incorporez-les à la vinaigrette. Pelez et émincez les pommes de terre. Incorporez la réduction de bière à la crème préalablement fouettée ; salez, poivrez ; ajoutez un trait de muscade et quelques gouttes de jus de citron. Retirez la peau des kippers. Assaisonnez les pommes de terre avec la vinaigrette. Posez les filets de kippers sur les pommes de terre. Servez accompagné de la crème à la bière blanche.

Pommes au four à la gelée de fruits rouges

Pour 4 pers. : 4 belles pommes (croquantes et acidulées), le jus d'un citron, 2 cs de sucre cristallisé, 2 cs de beurre, 4 cs de gelée de fruits rouges (framboises ou groseilles).

Préchauffez le four à 190 °C (th. 6/7). Enlevez à l'aide du vide-pomme la queue, le cœur et le cul des pommes. Pelez-les. Plongez-les dans une casserole d'eau bouillante citronnée et maintenez l'ébullition 3 min. Égouttez en réservant un demi-verre d'eau de cuisson dans le fond de la casserole. Rangez les pommes dans un plat à gratin beurré. Versez le sucre dans l'eau de cuisson réservée ; portez à ébullition. Arrosez les pommes avec le sirop obtenu. Déposez une noisette de beurre dans la cavité de chaque fruit. Mettez le plat au four. Après 10 min, arrosez les pommes avec le sirop de cuisson. Couvrez le plat avec une feuille d'aluminium et laissez cuire encore 15 min. Remplissez la cavité de chaque pomme avec une cuillerée de gelée et arrosez à nouveau avec un peu de sirop de cuisson. Servez sur des tranches de pain brioché grillées et tartinées de gelée de fruits rouges. Décorez avec des amandes effilées grillées ou des pistaches concassées.

Saint-Matthieu

Mercredi
21
SEPT.

Été

DÎNER

Saucisses de Toulouse
Panais étuvés au beurre
Poires à la vanille

Pense pas bête

Vérifiez le niveau de vinaigre de vos bocaux de cornichon.

Semaine 38

Les recettes du jour

Panais étuvés au beurre

Pour 4 pers. : 2 panais, 50 g de beurre, 1 cc d'aneth haché (facultatif), sel, poivre.
Avec un économe, grattez les légumes, puis coupez-les en 2 dans le sens de la longueur ; coupez chaque moitié en rondelles de 5 mm d'épaisseur. Dans une cocotte, mettez 50 g de beurre à fondre à feu moyen. Quand il commence à grésiller, ajoutez les rondelles de légumes. Salez et poivrez ; faites cuire à couvert en douceur en retournant de temps en temps jusqu'à ce que les rondelles soient tendres mais encore un peu fermes. Retirez le couvercle ; relevez le feu, faites dorer légèrement de tous côtés. Versez dans le légumier de service et saupoudrez d'un peu d'aneth haché.

Poires à la vanille

Pour 4 pers. : 4 poires moyennes pas trop mûres,
3 cs à soupe bombées de sucre en poudre, 2 verres d'eau, ½ gousse de vanille.
Pelez les poires, coupez-les en 2, retirez le cœur et la tige. Dans une casserole, versez le sucre et l'eau, ajoutez la demi-gousse de vanille fendue en 2 dans la longueur et faites bouillir pendant 2 min. Posez les poires dans la casserole, couvrez et faites cuire à petit feu pendant 25 à 30 min. Elles doivent être encore fermes, mais fondantes. Posez-les dans une jatte à l'aide de l'écumoire. Faites réduire le jus à feu vif à l'état de sirop léger ; retirez la vanille. Versez sur les poires. Laissez refroidir avant de servir.

Petite histoire...

Découverte due au hasard... semble-t-il. En 1872, Gabriel Chevrier – déjà sexagénaire – ayant semé ses haricots quelque peu tardivement et craignant qu'ils soient victimes de gelées précoces, décida de les arracher sans attendre qu'ils aient atteint leur pleine maturité. Puis il les suspendit, les racines en l'air, à une poutre de l'un de ses hangars, espérant bien qu'ils continueraient à mûrir. Quelques mois plus tard, ayant décidé d'en faire un plat, il découvrait non seulement qu'ils avaient effectivement mûri, mais que, loin d'être devenus des haricots secs, aussi durs à cuire que durs sous la dent, ils avaient toujours la saveur du haricot frais.

☞ Le saviez-vous ?

Le panais était déjà cultivé par les Grecs anciens ; il fut également très apprécié au Moyen Âge et pendant la Renaissance. C'est une plante potagère dont on ne consomme que la racine blanche, conique, à la saveur citronnée et sucrée. Toutes les recettes prévues pour le navet sont transposables avec le panais.

☞ Ce que je fais...

Le panais est un légume ancien devenu récemment à la mode. Les anciens qui l'avaient oublié n'avaient peut-être pas tort. En ce qui me concerne, je préfère associer le navet et la carotte, en purée par exemple, pour obtenir ce petit goût acidulé et sucré caractéristique du panais.

Lever du soleil : 7 h 37 Coucher du soleil : 19 h 48 Lune décroissante

Été
DÎNER

Champignons de Paris
à la coriandre

Langue de veau sauce gribiche
(voir la recette du 24 mars)

Meringues
(voir la recette du 30 janvier)

Petite histoire...

Suite de l'expérience moubochon...

(voir les 5 et 8 septembre)

La volonté bien arrêtée des producteurs de viande était de faire supprimer tous les bas morceaux. Ainsi pouvait résonner le ***requiem*** de la daube, du miroton, du sauté. Adieu bourguignon, bœuf braisé, pot-au-feu, petit salé. La condamnation de la tripe, du tablier de sapeur et du rognon blanc était prononcée. Finis les estouffades, les gras-doubles, les éclanches, les *irish-stews*, les moussakas. Terminés l'andouillette, la potée, la blanquette, le *sou-fassum*, les fricadelles, les fricandeaux et osso-buco. D'un coup la rognonnade, les rognons, les ris passaient aux oubliettes.
Le moubochon universel sera composé de viande maigre, parée, dégraissée. L'ère de la côte première, du rosbif, du filet, de l'escalope, de la noisette, de la noix, du grenadin et du mignon est avancée. Résonnez fanfares, le médaillon et le carré, la selle et le tournedos, le baron et le chateaubriand s'installent sur les étals.
La réussite et la prospérité du moubochon sont désormais assurées. Les producteurs sont d'accord, les revendeurs aussi. Les boucheries, les charcuteries et les triperies seront remplacées par les moubochonneries.
Les trois professions semblent parfaitement satisfaites de cette nouvelle formule. Le charcutier ne risque plus de subir la concurrence du boucher qui s'est mis à vendre du porc ; le tripier va sortir de son ghetto, il aura accès aux morceaux dits « nobles ». La grande famille de la viande se trouve enfin réunie dans la paix, l'égalité et la fraternité. Que dira le consommateur ? Rien.
Il aura enfin ce qu'il a inconsciemment désiré : un produit carné sans aucun goût. Cette viande nouvelle sera exempte de déchets graisseux et goûteux. Elle se cuira au gril, à la poêle pour les irréductibles, au four à micro-ondes pour les modernes. Pour des raisons de qualité et d'économie d'énergie, le temps de cuisson sera normalisé, en accord avec l'EDF et GDF : 10 min pour ceux qui aiment le bien cuit, 4 pour ceux qui préfèrent le saignant. On cherche d'ailleurs actuellement de nouveaux mots pour désigner le bleu, saignant, à point, et cuit, puisque ces expressions ne correspondent plus vraiment à la texture de la nouvelle viande.

Je m'avance pour demain...

Je mets la morue à dessaler pour la recette de la brandade... (voir la recette du 23 septembre).

La recette du jour

Champignons de Paris à la coriandre

Pour 4 pers. : 600 g de champignons de Paris, 4 cs d'huile d'olive, 1 citron jaune, 2 dl de vin blanc sec, 1 petite botte de coriandre fraîche, sel, poivre.

À l'aide d'un petit couteau, épluchez les pieds des champignons pour enlever la terre. Lavez-les à l'eau fraîche dans un saladier, égouttez-les. Coupez-les en gros quartiers. Faites chauffer l'huile dans une cocotte. Faites revenir 5 min les champignons avec le jus de citron. Ajoutez le vin blanc, le sel et le poivre. Équeutez la coriandre lavée, hachez-la finement, répartissez-la sur les champignons. Laissez cuire à couvert une dizaine de minutes. Rectifiez l'assaisonnement. Dégustez froid tel quel, si possible mariné une nuit.

Automne

DÎNER

Brandade de morue
Salade d'automne
aux fruits frais exotiques

LES RECETTES DU JOUR

Brandade de morue

Pour 4 à 6 pers. : 1 kg de morue salée, 3 brins de thym, 3 feuilles de laurier, 70 cl d'huile d'olive, 2 gousses d'ail, 30 cl de lait, le jus d'un demi-citron, 1 pincée de noix muscade râpée, sel, poivre.

Faites dessaler la morue pendant 24 h minimum, en renouvelant l'eau plusieurs fois. Coupez la morue en morceaux. Démarrez la cuisson à l'eau froide, laissez frissonner sans bouillir avec les aromates (thym, laurier) pendant 8 min. Écumez. Égouttez, retirez la peau et les arêtes, puis effeuillez les morceaux de poisson. Faites chauffer dans une casserole à fond épais 20 cl d'huile d'olive avec les 2 gousses d'ail écrasées, en évitant qu'elle fume. Quand l'huile est chaude, retirez l'ail, ajoutez la morue et travaillez le mélange sur feu doux avec une cuillère en bois. Lorsque vous obtenez une pâte fine, continuez de la travailler en ajoutant petit à petit, sans cesser de remuer, le reste d'huile en alternance avec le lait tiède, jusqu'à la consistance d'une purée crémeuse et homogène. Retirez du feu de temps en temps au cours de ce mélange. Vérifiez l'assaisonnement, salez si besoin, ajoutez une pincée de poivre blanc, le jus d'un demi-citron et une pointe de muscade râpée. Dressez la brandade dans un plat creux.

Salade d'automne aux fruits frais et exotiques

Pour 6 pers. : 2 belles mangues, 3 kakis, 4 kiwis, 6 figues, 2 belles poires, 300 g d'oreillons d'abricots en conserve, 80 cl de rhum blanc (facultatif), quelques feuilles de menthe fraîche et 1 carambole pour le décor, sorbet au citron jaune ou vert (facultatif).

Épluchez tous les fruits ; coupez-les en morceaux ou en tranches. Réservez dans un saladier. Égouttez les abricots, passez-les au moulin à légumes, grille fine, ou au mixeur. Versez sur les fruits le coulis d'abricot et le rhum, mélangez délicatement. Couvrez et laissez macérer au moins 2 h au réfrigérateur. Décorez la salade avec les feuilles de menthe et les tranches de carambole. Servez nature ou avec un sorbet au citron jaune ou vert.

☞ Le saviez-vous ?

Le kiwi : découvert en Chine, le *yang tao* parvint en Europe au XIXe siècle. On l'appelait alors « groseille de Chine ». Pendant la Seconde Guerre mondiale, des semences de kiwi furent rapportées de Chine en Nouvelle-Zélande, qui se lança dans la production intensive. La groseille de Chine fut alors rebaptisée « kiwi-fruit », du nom de l'oiseau emblématique national.
Des cultivars furent répandus dans le monde entier.
Un kiwi doit très légèrement céder sous la pression du doigt et être souple aux deux pôles. Il ne doit pas être mou car, trop mûr, il serait à la limite de la fermentation et n'aurait plus son goût acidulé. Il craint la chaleur et les chocs.
Son pire ennemi est l'éthylène dégagé par des produits tels que la pomme ou la banane, qui accélèrent son mûrissement. Un kiwi acheté ferme se conserve parfaitement dans le bac à légumes du réfrigérateur.
À température ambiante, il finit de mûrir.

Lever du soleil : 7h40 Coucher du soleil : 19h44 Dernier quartier de lune

AUTOMNE

C'est la saison !

Les fruits

Coing
Datte
Figue
Grenade
Kaki
Kiwi
Marron
Mirabelle
Mûre
Myrtille
Noisette fraîche
Noix fraîche
Pêche de vigne
Poires (beurré-hardy, comice, guyot)
Pommes
Quetsche
Raisins
Reine-claude

Les légumes

Aubergine
Avocat
Betterave
Brocoli
Cardon
Carotte
Céleri-rave
Champignons
Châtaigne
Choux
Courgette
Échalote
Endive
Épinard
Fenouil
Haricot à écosser
Maïs
Navet
Panais
Poireau
Potiron
Rutabaga

Les poissons et fruits de mer

Anchois
Bar
Calmar
Colin
Congre
Coquilles Saint-Jacques
Crevette bouquet
Dorade
Églefin
Gambas
Grondin
Haddock
Hareng
Huîtres
Langoustine
Lieu jaune
Lieu noir
Lotte
Maquereau
Merlan
Moules
Mulet
Raie
Rouget barbet
Sardine
Sole
Tacaud
Thon
Tourteau

Fromages

Beaufort
Bleu d'Auvergne
Brie de Meaux, de Melun
Camembert
Cantal
Chèvre
Comté
Coulommiers
Crottin de Chavignol
Époisses
Fourme d'Ambert
Livarot
Maroilles
Munster
Pont-l'évêque
Reblochon
Roquefort
Saint-marcellin
Saint-nectaire
Salers
Vacherin

SEMAINE 38

Pense pas bête
Dès ce matin, je prépare le crémet d'Anjou pour le dîner de ce soir...

Automne
DÉJEUNER

Bœuf à la ficelle
(voir la recette du 7 avril)
Tian de légumes
(voir la recette du 4 juillet)

DÎNER

Reste du rosbif froid, mayonnaise
Salade verte
Crémet d'Anjou

Je m'avance pour demain...
Je prépare un gâteau à l'ananas...
(voir la recette du 6 avril).

LA RECETTE DU JOUR

Crémet d'Anjou

Pour 6 pers. : 25 cl de fromage blanc, 25 cl de crème liquide entière bien froide, 100 g de sucre en poudre (vanillé ou non), 6 blancs d'œufs, 1 pincée de sel, 1 carré de gaze + 1 passoire ou 6 moules à fromage blanc.

Fouettez le fromage blanc et la crème fraîche liquide dans un saladier très froid, en ajoutant le sucre petit à petit pour obtenir une crème Chantilly. Battez les blancs en neige avec une pincée de sel. Incorporez délicatement les blancs en neige à la chantilly. Versez dans les moules à fromage blanc ou garnissez de gaze le fond d'une passoire, puis versez le mélange dans un petit récipient. Laissez reposer au minimum 8 h au réfrigérateur pour que la préparation s'égoutte bien. Démoulez le crémet et servez avec du sucre en poudre et des fruits rouges ou du coulis.

☞ Le saviez-vous ?

La mayonnaise : pour certains, «mayonnaise» viendrait de «mahonnaise», une sauce inventée par le cardinal de Richelieu après la prise de Port-Mahon. Pour d'autres, Prosper Montagné (1865-1948) en tête, «mayonnaise» viendrait du mot moyenâgeux «moyeu» qui désignait alors le jaune d'œuf.
Quoi qu'il en soit, cette sauce couleur d'or a fait la fortune de générations de teinturiers !

Les plantes aromatiques : les traces les plus anciennes que nous possédions des plantes aromatiques se situent en Égypte, où beaucoup d'entre elles figurent sur les bas-reliefs, les peintures murales ou les papyrus. Utilisées à profusion dans la cuisine romaine, elles connaissent ensuite une éclipse – du moins dans les témoignages –, jusqu'à ce que Charlemagne en recommande la culture dans ses fameux capitulaires. Au fil des siècles, moines et apothicaires les étudient, afin de répertorier leurs vertus médicinales et de préparer force tisanes, décoctions, baumes, onctions et extraits d'huiles essentielles. Leur savoir empirique s'est vu le plus souvent confirmé par les recherches scientifiques actuelles et, de nos jours encore, des plantes aromatiques entrent dans de multiples préparations pharmaceutiques. Aux XVIe et XVIIe siècles, la mode est aux nouveaux légumes et donc au potager et à son jardin d'herbes, où les cuisiniers viennent prélever de quoi relever le goût des viandes et des marinades et farcir les volailles. Ce plaisir des saveurs et des parfums a perduré : lequel de nos contemporains n'a pas cultivé quelques plantes aromatiques sur son balcon ou le rebord de sa fenêtre ?

Le persil : originaire du Bassin méditerranéen, le persil est la plante aromatique la plus utilisée. Il doit être bien vert, brillant, à tige turgescente et ferme. Le persil plat est plus aromatique, et le frisé plus décoratif. Tous deux se conservent quelques jours dans le bac à légumes du réfrigérateur, emballés dans un papier d'aluminium, mais ne dédaignent cependant pas le verre d'eau fraîche. Pour congeler le persil, on le range par petites quantités dans des sachets alimentaires, lavé et essoré au préalable.

Lever du soleil : 7h42 Coucher du soleil : 19h42 Lune décroissante

LA RECETTE DU JOUR

Rösti

Pour 4 pers. : 1 kg de pommes de terre (farineuses ou à chair ferme), 3 belles noix de graisse d'oie ou de canard ou de saindoux, 1 cs de gros sel, sel, poivre.
Faites cuire les pommes de terre en robe des champs (c'est-à-dire sans les peler) dans une casserole d'eau additionnée de gros sel. Égouttez-les et ôtez la peau (évitez de les passer sous l'eau froide, il faut les peler très chaudes à l'aide d'une fourchette et d'un petit couteau). Écrasez-les grossièrement à la fourchette. Dans une poêle, faites chauffer la graisse d'oie (ou toute autre matière grasse) ; quand elle commence à fumer, ajoutez les pommes de terre ; salez et poivrez ; mélangez bien à l'aide d'une cuillère en bois ; baissez la puissance du feu et laissez cuire 10 min en remuant à plusieurs reprises, puis formez une sorte de galette d'épaisseur régulière. Quand le dessous est d'un beau brun doré, retournez la galette en vous aidant d'une spatule et d'une assiette, et faites-la dorer sur l'autre face. Faites glisser la galette sur le plat de service.

Semaine 38

Automne

DÉJEUNER

Tajine de poulet aux olives et citron confit
(voir la recette du 14 avril)
Gâteau à l'ananas
(voir la recette du 6 avril)

DÎNER

Rösti
Jambon/salade
Reste du gâteau à l'ananas

☞ Le saviez-vous ?

L'ananas : le fruit, qui porte le même nom que la plante – il n'y a pas d'« ananassier » – appartient à la famille des broméliacées. Il est originaire d'Amérique. Son nom français est une adaptation du terme indien nanà, ananà, « parfum des parfums ». Au XIIIe siècle, les Hollandais parvinrent les premiers à le faire pousser sous serre – mais seules les tables royales et princières pouvaient savourer cette merveille. La culture de l'ananas se répandit à travers le monde au fil des voyages et de la colonisation, et très rapidement la zone asiatique et l'Afrique en furent les principaux producteurs.
Les ananas que l'on trouve aujourd'hui sur les marchés français proviennent essentiellement de la Côte d'Ivoire, du Cameroun, de la Martinique, des Açores et de La Réunion, dont le Victoria est Label rouge depuis 2006. Nous en consommons 0,9 kg par personne et par an. C'est le troisième fruit exotique consommé derrière la banane et l'avocat.
L'ananas est une plante étonnante qui ne produit pas de graine, ne se sème pas et se forme sans fécondation. La reproduction s'effectue par la souche même sur laquelle apparaissent des drageons identiques à la plante originale. La plante est vivace et très décorative. Au centre d'une somptueuse rosette de feuilles se développe une hampe sur laquelle apparaissent de minuscules fleurs bleues ou roses. Elles se transforment en autant de minuscules fruits qui, se soudant les uns aux autres, donneront un gros fruit : l'ananas. Entre la plantation et la récolte, 15 à 24 mois s'écoulent.

Automne

DÎNER

Œufs mollets aux épinards
Compote pommes-poires
voir la recette du 25 juillet)

Je m'avance pour demain...

Je fais dessaler la poitrine de porc demi-sel dans un saladier d'eau fraîche... (voir la recette du 27 septembre).

La recette du jour

Œufs mollets aux épinards

Pour 4 pers. : 1 cs de gros sel, 8 œufs très frais, 900 g d'épinards frais (soit 700 g une fois équeutés), 2 cs de beurre, 1 pincée de noix de muscade râpée, 1 gousse d'ail, 1 poire émincée crue, 150 g de crème épaisse, sel, poivre.

Préparez les œufs : portez à ébullition 1 l d'eau. Dès le démarrage de l'ébullition, ajoutez le gros sel et plongez délicatement les œufs à l'aide d'une écumoire afin d'éviter qu'ils se fendent. Comptez 6 min. Sortez-les aussitôt. Maintenez-les dans de l'eau tiède s'ils doivent être consommés rapidement, dans de l'eau froide pour une consommation plus tardive. Écalez-les sous un filet d'eau froide au moment de les utiliser.

Préparez les épinards : équeutez-les, lavez-les dans plusieurs eaux et égouttez-les. Dans une grande casserole, réunissez 1 cs de beurre et les épinards entiers. Laissez-les fondre à plein feu en remuant avec une cuillère en bois. Assaisonnez avec le sel, le poivre et la noix de muscade râpée. Ajoutez la deuxième cs de beurre, la gousse d'ail épluchée et coupée en 2. Laissez bouillir pour réduire le jus de végétation. Versez les épinards dans un plat creux. Introduisez au milieu des fines tranches de poire. Maintenez dans le four préchauffé à 150 °C (th. 5). Posez les œufs écalés sur les épinards chauds. Nappez chaque œuf d'une demi-cuillerée à soupe de crème fraîche. Ajoutez une pincée de sel et un tour de moulin à poivre. Mettez le four sur la position « gril ». Laissez fondre la crème 2 bonnes minutes et servez aussitôt.

Petite histoire...

Suite de l'expérience moubochon... *(voir le 22 septembre)*

La plupart des obstacles soulevés par le projet trouveront une heureuse solution. Ainsi, le pâté de foie traditionnel sera appelé à disparaître, puisque c'est le foie du veau qui a été choisi pour équiper le nouvel animal. Pour le saucisson, aucun problème : abandonné sans partage aux industriels du surimi, il sera désormais fabriqué à partir de chairs de poisson dénaturées, déspécifiées, colorées et aromatisées.

Les pâtés de campagne, dodines, ballotines, rillettes et galantines seront abandonnés sans regret aux volailleux. D'ailleurs, rares sont les charcutiers qui les fabriquent encore. On les achète tout faits à l'industrie.

Cette dernière risque d'ailleurs de se retrouver à court de matières premières. Mais il n'y a pas lieu de s'inquiéter outre mesure : les industriels sont en train de mettre au point tous les produits synthétiques qu'il leur faut pour continuer à fabriquer l'attereau de Bourgogne, l'attriau, l'attignole et la gayette. Qu'il n'y ait plus de porc, de foie, de gorge ou de couenne dans leurs pâtés ne risque pas de leur ôter le sommeil.

Depuis dix-huit mois qu'on en parle, l'arrivée prochaine du moubochon sur les marchés hexagonaux provoque déjà quelques troubles mineurs. Une migration de vaches limousines, accompagnées de trois cochons et de deux truies « piétrain », a été signalée en direction des Hautes-Alpes, vers un kibboutz français, installé par des Auvergnats.

Cette sombre affaire, premier mouvement de révolte autarcique à ce jour, doit être jugée avec prudence et circonspection.

Lever du soleil : 7 h 44 Coucher du soleil : 19 h 38 Lune décroissante

Automne

DÎNER

Soupe de potiron crémée au curry
Poitrine de porc demi-sel
Pommes de terre écrasées

Saint-Vincent-de-Paul

Mardi **27** SEPT.

Petite histoire…

27 septembre 1601 : une goutte de vin pour le dauphin.

En ce jour, au château de Fontainebleau, on craignait quelque peu pour l'enfant mis au monde par la reine Marie de Médicis.
Le petit prince ne paraissait pas « avoir parfaitement trouvé la vie ». Alors le roi Henri IV, qui se trouvait là, n'hésita pas. Comme cela avait été fait pour lui-même le jour de son baptême, il s'empara d'une aiguière remplie de vin qui se trouvait sur une table ; il en versa quelques gouttes entre les lèvres du nouveau-né. Peu de temps après ce que les médecins royaux ont appelé une « pratique », le bébé vagissait, éveillé et en bonne santé.
Le roi Henri aime le vin (cependant pas au point d'en perdre la tête). Mais, quand la table est desservie, il se plaît à demeurer assis avec un verre devant lui. On prétend qu'il a lui-même composé un petit poème bachique, dont il aime à se répéter les derniers vers :

« Voici que je bois
De mon vieil Arbois !
Chantons, Messieurs,
à perdre haleine
Hosanna, Bacchus
et Silène. »

Le Vert galant affectionne particulièrement non pas le jurançon, vin du pays de son enfance, mais le petit blanc d'Arbois. Il lui trouve des qualités analogues à celles du madère.

LA RECETTE DU JOUR

Soupe de potiron crémée au curry

Pour 4 pers. : 1 belle tranche de potiron d'environ 900 g (soit 700 g une fois épluchée), 75 cl d'eau, ½ cc de curry en poudre, 1 pincée de sel fin, 150 g de crème fraîche.

À l'aide d'un couteau, enlevez l'écorce, les pépins et la filasse du potiron. Coupez la chair en gros cubes, déposez-la dans une casserole. Versez l'eau et laissez cuire 25 min à petits bouillottements. Remuez avec une cuillère en bois pendant la cuisson ; après 10 min, ajoutez le curry et le sel. Passez la soupe au moulin à légumes (grille fine) au-dessus d'un saladier, ou au mixeur. Remettez la préparation dans la casserole. Ajoutez la crème fraîche. Laissez bouillotter 5 min. Rectifiez l'assaisonnement. Servez tel quel avec quelques tranches de pain légèrement grillées.

Poitrine de porc demi-sel, pommes de terre écrasées

Pour 4 pers. : 700 g de poitrine de porc demi-sel, 600 g de pommes de terre, 1 belle carotte, 1 oignon jaune, 2 clous de girofle, 1 bouquet garni, 1 petite gousse d'ail coupée en 2, beurre frais.

Épluchez la carotte et l'oignon ; piquez ce dernier avec les clous de girofle. Placez la poitrine dans une casserole, recouvrez-la largement d'eau. Portez à ébullition. Ajoutez la carotte coupée en grosses rondelles et l'oignon, le bouquet garni et la gousse d'ail. Laissez cuire à bouillottements 2 h environ. Épluchez les pommes de terre. Cuisez-les si possible à la vapeur. Servez la poitrine en tranches de ½ cm d'épaisseur. Dans les assiettes, écrasez à la fourchette avec un peu de beurre frais les pommes de terre et la carotte de la cuisson. Accompagnez de moutarde et de cornichons.

☞ *Ce que je fais…*

Soupe de potiron : Si je n'ai pas de crème, je la remplace par du lait. Cette soupe peut se préparer à l'avance et se réchauffer.

Lever du soleil : 7h46 Coucher du soleil : 19h36 Lune décroissante

Saint-Venceslas

Mercredi
28
SEPT.

La recette du jour

Tomates à la provençale

Semaine 39

Automne
DÎNER

Foie de veau à la vénitienne
(voir recette du 29 décembre)

Tomates à la provençale

Salade d'oranges
(voir la recette du 19 avril)

Pour 4 pers. : 8 tomates, 4 gousses d'ail, 4 cs d'huile d'olive, 1 petit bouquet de persil plat, 1 feuille de thym (et/ou de la sarriette), sel, poivre.

Rincez et essuyez les tomates. Coupez-les en 2 dans le sens de la largeur, saupoudrez chaque moitié de sel et retournez-les côté chair sur une double épaisseur de papier absorbant. Pelez et hachez l'ail. Faites chauffer un fond d'huile d'olive dans deux grandes poêles et posez-y les tomates bien serrées, côté chair en dessous. Montez le feu ; parsemez d'ail écrasé au presse-ail, de thym et attendez que l'eau des tomates ait presque complètement disparu. Retournez les tomates et baissez le feu. Pendant ce temps, rincez le persil, séchez-le et effeuillez-le ; ciselez-le finement. Quand les tomates sont bien rissolées, posez-les dans le plat de service et parsemez-les de persil.

Petite histoire...

Suite et fin de l'expérience moubochon...
(voir le 26 septembre)

Étranges et incompréhensibles comme toujours, les consommateurs vont certainement bouder. Mais que leur faut-il de plus ? Les producteurs se rendent à leurs arguments. Ils assurent gracieusement, sur une échelle mondiale, les dépenses considérables occasionnées par les recherches des généticiens. Tout cela pour satisfaire aux demandes de la clientèle, sans nuire à leurs propres intérêts...

Et le consommateur ronchonne ? Il ne se rend pas compte à quel point faire un seul et même animal à partir d'un bœuf, d'un mouton et d'un cochon n'est pas simple. On sait que l'accouplement d'un mouton et d'un cochon donne toujours un monstre ; sans être soi-même savant, on peut parfaitement imaginer quels efforts il a fallu fournir pour obtenir un moubochon normal à partir des rapports triangulaires des trois bêtes. Alors, un grand bravo pour nos carno-généticiens !

☞ Le saviez-vous ?

La sarriette : appréciée des Grecs et des Romains, la sarriette pousse à l'état sauvage dans toute l'Europe du Sud. Ses feuilles sont allongées, à bords incurvés. Meilleure fraîche, elle peut néanmoins se conserver séchée durant plusieurs mois.

Le thym : on le trouve à l'état sauvage dans toute l'Europe méditerranéenne. Avec son parent proche, le serpolet, il bénéficie d'une flatteuse réputation car leur nom générique, *thumos*, signifie en grec ancien « virilité ». Certains lui trouvent une saveur un peu citronnée, d'autres un goût de verveine. Tiges dressées, fermes, feuilles pubescentes et odorantes sont la marque d'une plante en bonne santé. Le thym se conserve dans le bac à légumes du réfrigérateur, emballé dans un sac plastique. Il ne se congèle pas. Des feuilles de thym écrasées sur la peau éloignent mouches, moustiques et taons. Son huile essentielle est le meilleur remède contre leurs piqûres. Les Provençaux appellent le thym *farigoule, barigoule, frigoule, badasso* ou *frigoulo*.

Lever de soleil : 7h48 Coucher de soleil : 19h34 Lune décroissante

Automne

DÎNER

Avocat au citron vert
et à la coriandre

Sauté de veau aux olives
(voir la recette du 11 juillet)

☞ Le saviez-vous ?

L'avocat est un fruit ; un fruit que nous autres, Européens, dégustons en salade avec une vinaigrette, mais que les créoles apprécient en dessert avec du sucre, du citron et un peu de rhum. L'avocatier appartient à la même famille que le laurier-sauce. On peut diviser les variétés commercialisées en deux catégories : les avocats verts à peau lisse, généralement piriformes, et les petits avocats arrondis, brun violacé et granuleux extérieurement, à petit noyau. L'avocat continue de mûrir après la cueillette. On peut acheter un avocat à point, pour consommation immédiate, ou choisir un fruit encore immature et le laisser mûrir à température ambiante pendant 4 à 8 jours. Pour savoir si un avocat est à point, on peut le tâter, pour les variétés à peau fine ; il doit céder légèrement sous le doigt. Pour les variétés à peau granuleuse, on secoue le fruit : le noyau doit être libre et on l'entend bouger à l'intérieur. Un avocat doit être brillant, lourd pour son volume, sans marques. Un avocat mûr peut se garder quelques jours à 7 °C, mais pas au froid, sinon il se détériore.

La recette du jour

Avocat au citron vert et à la coriandre

Pour 4 pers. : le jus de 3 citrons verts, 1 oignon rouge ou 1 échalote, 4 à 5 avocats (mûrs, mais à la chair ferme), 1 bouquet de coriandre, 1 filet d'huile d'olive, sel, poivre.

Pressez le jus des citrons et versez-le dans le saladier de service. Pelez et émincez très finement l'oignon (ou l'échalote). Les lamelles doivent être transparentes. Ajoutez-les dans le jus de citron. Rincez, séchez, effeuillez et ciselez la coriandre. Retirez la peau des avocats, coupez-les en 2 dans la longueur, ôtez le noyau, recoupez en 2 dans la largeur puis en tranches dans la longueur, comme des quartiers. Posez-les au fur et à mesure dans le jus de citron et enduisez-les pour les empêcher de noircir. Versez un trait d'huile d'olive ; salez et poivrez. Ajoutez la coriandre ciselée et mélangez bien. Réservez cette salade au frais en attendant de la servir.

Petite histoire...

Aujourd'hui : Saint-Michel, patron des pâtissiers.

Peut-être parce qu'autrefois, en ce jour de la Saint-Michel, on payait les loyers ; et que ce jour-là on offrait et mangeait plus de gâteaux et de pâtisseries.

Le pâtissier, c'est celui qui « pâtisse ». Le mot vient du latin pasticium, « pâté »... Si la pâtisserie ne compte pas au nombre des tout premiers plats cuisinés par l'homme, son origine remonte néanmoins à la nuit des temps. Les Grecs paraissent en avoir été les premiers initiateurs. Certains leur attribuent l'invention du plum-pudding.

D'abord faite au miel, la pâtisserie n'évolue en Europe – en Italie et en France particulièrement – qu'à partir du XIIIe siècle, époque où les Arabes commencent à l'importer d'Égypte et de Grèce, puis lorsque s'établissent les premières cultures de cannes à sucre en Espagne du Sud et à Madère. Avant 1270, boulangers et pâtissiers étaient de profession commune. Puis il fallut bien commencer à restreindre leur monopole, d'abord au profit des « oubloyers », sorte de pâtissiers ambulants qui se désintéressaient de la fabrication du pain pour se consacrer uniquement à celle des « oublies », sortes de gaufres et de beignets.

Saint-Jérôme
Vendredi
30
SEPT.

Automne

DÎNER

Lieu à la vapeur,
sauce aux câpres et anchois
(voir la recette du 27 mai)

Je m'avance pour demain...
Je prépare un chili con carne.

SEMAINE 39

La recette du jour

Chili con carne

Pour 4 pers. : 700 g de joue de bœuf parée, 500 g de petits haricots rouges, 1 belle carotte, 1 oignon blanc moyen, 2 clous de girofle, 1 bouquet garni, 1 gousse d'ail, ½ poivron rouge, 2 cs de chili (piment tout prêt, chez les bons traiteurs ou dans les épiceries fines), 1 cc de cumin en poudre, 5 cs d'huile d'olive, 1 l de fond de volaille frais (ou cube du commerce), 3 cs de concentré de tomate, sel, poivre.

Mettez les haricots dans une casserole d'eau tiède, portez à ébullition. Dès les premiers bouillons, retirez la casserole du feu. Couvrez 15 min. Égouttez. Remettez les haricots dans un faitout. Mouillez largement. Ajoutez la carotte, l'oignon piqué de clous de girofle et le bouquet garni. Laissez cuire à petits bouillottements de 2 h à 2 h 30. Égouttez.

Coupez, ou faites couper par le boucher, la joue de bœuf en gros cubes de 2 cm de côté. Passez au mixeur l'oignon, la carotte, l'ail et le poivron. Ajoutez les épices, 2 cs d'huile d'olive. Mélangez ce hachis avec la viande et réservez au réfrigérateur pendant 24 h.

Dans une cocotte, faites chauffer l'huile d'olive. Rissolez les morceaux de viande avec le hachis. Ajoutez le bouillon, le concentré de tomate, le sel et le poivre. Couvrez et mettez la cocotte au four pour 3 h, à 180 °C (th. 6).

Après 2 h 30 de cuisson, ajoutez les haricots déjà cuits et égouttés. Vérifiez la tendreté de la viande, laissez reposer au frais pour que le gras remonte à la surface. Retirez-le. Faites réchauffer doucement.

☞ Le saviez-vous ?

Chili con carne : ce plat typique de l'ancienne cuisine des pionniers du Texas est inspiré de la cuisine mexicaine, très populaire dans tous les États-Unis. En espagnol, l'expression chile con carne signifie littéralement « piment avec viande ».

Les haricots rouges accompagnent le chili con carne. Ils sont très consommés en Amérique, en Espagne et aux Antilles. En France, ils sont peu cultivés. Les principales variétés sont le flambo et le borlotto, de couleurs vineuses très vives ; le haricot rouge est un grain moyen, à peau épaisse, rouge vineux foncé.

Petite histoire...

La cuisine à la vapeur n'est pas nouvelle. En Chine, les paniers en bambou tressé superposés les uns au-dessus des autres, par cinq ou six parfois, permettent une cuisine rapide, économe en combustible ; le couscoussier devenu très populaire depuis le retour des pieds-noirs a créé un nouvel état d'esprit, conforme à une nouvelle qualité de vie. C'est une cuisine saine, adaptée à la diététique. En effet, pour cuire n'importe quel aliment à la vapeur, il est inutile d'y ajouter des corps gras.

La cuisine à la vapeur est aussi une cuisine sans souci parce que sans surveillance. N'étant pas en contact direct avec la flamme, les aliments ne risquent ni de brûler ni d'attacher. La seule précaution à prendre est de toujours s'assurer de la présence d'eau dans le compartiment inférieur. Il est bon de rappeler que pour transmettre le goût, l'aromate doit être en contact direct avec le produit. Mettre des herbes odoriférantes dans l'eau qui produit la vapeur n'aromatisera pas l'ingrédient qui cuira dessus.

Extrait du *Grand Livre de la cuisine à la vapeur*, Jacques Manière, Denoël, Paris, 1985.

Lever du soleil : 7 h 51 Coucher du soleil : 19 h 30 Lune décroissante

Octobre

L	M	M	J	V	S	D
					1	2
3	4	5	6	7	8	9
10	11	12	13	14	15	16
17	18	19	20	21	22	23
24	25	26	27	28	29	30
31						

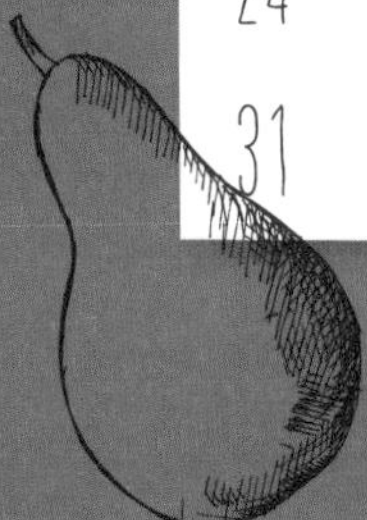

Sainte-Thérèse-de-l'E.

Samedi
1er
OCT.

Je m'avance pour demain…
Je prépare une terrine de foies de volaille
(voir la recette du 28 août).

SEMAINE 39

Automne
DÉJEUNER

Chili con carne
(voir la recette du 30 septembre)
Compote de poires à la vigneronne
(voir la recette du 11 septembre)

DÎNER

Pizza « maison »
(voir la recette du 13 juillet)
Parfait à la vanille
(voir la recette de base le 4 septembre: avec 1 gousse de vanille fendue et grattée; ajoutez les graines aux jaunes d'œufs)

☞ Le saviez-vous ?

La vanille : le vanillier est une liane géante de la famille des orchidées qui se cultive pour son fruit sous des climats chauds et humides, de préférence entre 400 et 700 m d'altitude. Bien qu'hermaphrodite, la fleur du vanillier, très belle et éphémère (elle ne vit que 8 h), ne se féconde pas spontanément. L'anthère et le stigmate de la fleur sont séparés par une sorte de languette qui empêche le pollen de se déposer. Sauvage, elle fait appel aux insectes pour se reproduire. Pour cultiver le vanillier, on procède donc à une fécondation artificielle. Avec une épine de citronnier les « féconde urs » déchirent soigneusement la languette et appuient sur l'anthère pour permettre au pollen de retrouver le stigmate. Puis 4 à 6 semaines après la pollinisation, les fleurs laissent place à des gousses de 10 à 25 cm de long réunies en « balais » d'une dizaine de gousses. Au moment de la cueillette, le fruit, comestible seulement après avoir été séché, a une couleur verte, tournant au jaune à la tête. Les gousses sont plongées dans l'eau chaude pour stopper leur maturation, puis étuvées pour éliminer leur excédent d'eau. Après avoir séché pendant 2 mois, elles sont triées et conditionnées.
Pour protéger les consommateurs de l'amalgame entre vanille naturelle et vanille synthétique, le décret du 11 avril 1991 définit de manière très stricte les appellations légales de la vanille. Le mot « naturel » fait la différence. Quand il est mentionné, cela signifie que 100 % de l'arôme provient de la vanille. Sinon, l'arôme est synthétique.
La gousse de vanille doit être brun-noir doré, souple, gonflée, charnue, légèrement huileuse, odoriférante, brillante. Elle doit rouler sous les doigts sans se fendre. Plus elle est longue, meilleure elle est.

☞ KEKCEKÇA ?

Pizza Margherita :
ce chef-d'œuvre culinaire aurait été inventé en 1889 par Raffaele Esposito en l'honneur de la reine Margherita de Savoie, en visite dans leur bonne ville de Naples. Cette pizza, toujours très populaire, reprend par les ingrédients qu'elle contient les couleurs du drapeau italien : le basilic donne le vert, la mozzarella, le blanc, et la tomate apporte son rouge.
Si la pizza avait été française, on aurait été bien embêté pour trouver un aliment bleu !

Et si on faisait nous-même le vinaigre de vin ?

On achète : un vinaigrier, un bouchon percé et un robinet adapté…
Préparation de la mère du vinaigre : pour faire du vinaigre de vin, il faut employer un vin assez fort en alcool (13 ° à 14 °). Au besoin, il faudra le remonter un peu si le degré n'est pas suffisant, en ajoutant un peu d'alcool à 90 °. Remplir de vin, jusqu'à la moitié, une bouteille de 1 l et y ajouter environ 10 cl de bon vinaigre de vin. Laissez-la débouchée et agitez-la fréquemment pendant huit jours. Après ces 8 jours, laissez reposer jusqu'à ce qu'il se forme une mère qui se produit plus ou moins vite et qui servira à ensemencer une plus grande quantité de vin dans lequel le *Mycoderma aceti* produira une fermentation acétique rapide. Il peut y avoir insuccès si, avant le commencement de la mère, se développe à la surface du vin un champignon qui provoque la « fleur du vin » et qui détruit tout l'alcool qui précisément doit être transformé en acide acétique.

Lever du soleil : 7 h 52 Coucher du soleil : 19 h 28 Nouvelle lune

LES RECETTES DU JOUR

Tajine d'agneau aux tomates confites

Pour 6 pers. : 12 tomates moyennes, 2 cs de cassonade, 6 cs d'huile d'olive, 2 gros oignons, 12 morceaux d'épaule d'agneau, 3 gousses d'ail, 2 bâtons de cannelle, 2 cc de cannelle en poudre, 2 cc de cumin en poudre, 1 citron confit, sel, poivre.

Préchauffez le four à 180 °C (th. 6). Rincez les tomates, coupez-les en 2, posez-les côté peau dans un grand plat allant au four ; salez et poivrez ; sucrez et arrosez d'un bon filet d'huile d'olive. Faites cuire 1 h au four. Pelez les oignons et coupez-les en lamelles ainsi que le citron confit. Dans une cocotte, faites revenir les oignons dans le reste d'huile d'olive ; salez. Cinq min plus tard, continuez avec les morceaux de viande et laissez dorer. Ajoutez l'ail en chemise (avec la peau), les épices, les lamelles de citron confit. Rectifiez l'assaisonnement ; couvrez, baissez le feu et cuisez 1 h. Ajoutez les tomates confites et continuez la cuisson jusqu'à ce que la viande soit bien moelleuse.

Pannacotta au coulis de framboise

Pour 6 pers. : 3 feuilles de gélatine, 60 cl de crème fleurette, 90 g de sucre en poudre, 1 sachet de sucre vanillé, 2 cc d'extrait d'amande amère.
Coulis : 1 grosse barquette de framboises, 2 cs de sucre glace.

Trempez la gélatine dans un bol d'eau froide pour la ramollir. Dans une casserole posée sur feu moyen, versez la crème fleurette, le sucre en poudre et le sucre vanillé. Maintenez à petite ébullition pendant 5 min. Éteignez, ajoutez le parfum d'amande et la gélatine bien égouttée. Remuez jusqu'à ce que la gélatine ait fondu. Versez dans 6 ramequins rincés mais non séchés. Laissez refroidir complètement, couvrez de film transparent et laissez « prendre » plusieurs heures au réfrigérateur – 2 h minimum.

Versez les framboises et le sucre glace dans le mixeur ; faites tourner quelques secondes. Le coulis est prêt.

Au moment de servir, trempez les ramequins dans de l'eau très chaude pour démouler. Posez les pannacottas sur des assiettes individuelles et ceignez de coulis.

Automne

DÉJEUNER

Tajine d'agneau aux tomates confites

Pannacotta au coulis de framboise

DÎNER

Salade rustique
(voir la recette du 16 juillet)

Vacherin Mont d'Or

Mon truc malin

Tajine d'agneau : j'utilise des tomates confites toutes prêtes à la place des tomates fraîches.

Petite histoire... 2 octobre 1131 : un cochon dans les pattes d'un cheval...

Un tragique accident marque d'une pierre noire la journée d'aujourd'hui. Alors qu'il circulait à cheval, rue du Martroi, entre l'Hôtel de Ville et l'église Saint-Gervais, le dauphin Philippe, fils cadet de notre roi Louis VI le Gros, fut renversé par un cochon. Le porcin s'était jeté entre les pattes de son cheval. Le prince s'est brisé la tête en tombant. Le roi prit immédiatement la décision de supprimer la libre circulation des porcs dans les rues de Paris. C'était là un problème crucial, comme chacun sait. La chair du cochon (et ses apprêts) étant la plus consommée, il était peu de ménages de bourgeois parisiens qui ne cherchaient à engraisser, en permanence, au moins un ou deux de ces animaux. Le roi et les seigneurs de la cour donnaient d'ailleurs l'exemple : leurs troupeaux circulaient autant dans les rues, à longueur de journée, que ceux de n'importe qui. Désormais, les gens d'armes, de même que Monsieur le bourreau, sont autorisés à se saisir des cochons circulant sans surveillance. Le propriétaire de l'animal qui désire ensuite le récupérer doit payer la somme de cinq sous en argent. Sinon, l'animal est conduit vers une fondation religieuse, ou un hospice, auquel il était offert.

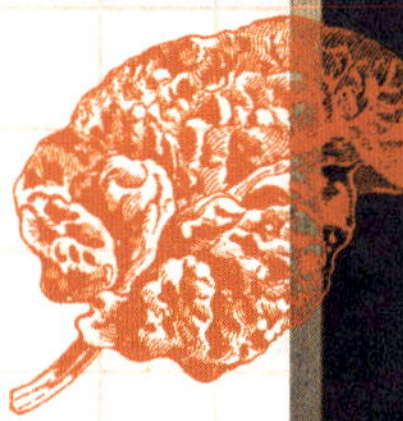

Automne

DÎNER

Côtes d'agneau
Épinards au beurre
(voir la recette du 27 avril)

Je m'avance pour demain…
Je prépare des joues de porc en fricassée.

LA RECETTE DU JOUR

Joues de porc en fricassée

Pour 4 pers. : 2 carottes, 1 gros oignon, 8 joues de porc (environ 800 g), 1 cs de moutarde forte, 100 g de poitrine de porc fumée, 1 cs d'huile d'olive, 1 cs de beurre, 5 gousses d'ail, 2 feuilles de sauge, 25 cl de vin blanc sec, sel, poivre.
Lavez, épluchez, émincez grossièrement les carottes et l'oignon. Caressez les joues de porc de moutarde forte. Dans une cocotte, faites revenir la poitrine de porc coupée en lardons de 2 cm de large environ. Retirez les lardons. Faites chauffer l'huile ; lorsqu'elle grésille, ajoutez le beurre, puis faites revenir les joues de porc. Quand elles sont bien dorées, retirez-les. Ajoutez les légumes ainsi que les gousses d'ail juste écrasées, non épluchées, et les feuilles de sauge. Faites suer à couvert pendant une dizaine de minutes. Ajoutez les joues de porc et les lardons, arrosez de vin blanc, remuez. Salez et poivrez. Portez à ébullition. Couvrez. Ramenez à petits bouillottements pendant 1 h 30. Vérifiez la cuisson et l'assaisonnement.

☞ Le saviez-vous ?

L'épinard fait partie des légumes-feuilles de la famille des chénopodiacées, comme la blette. L'origine de cette belle plante potagère est incertaine. Certains botanistes la situent en Perse, d'autres au Tibet. Ce légume est actuellement très en vogue et sa consommation est en augmentation constante.
Les épinards sont vendus toute l'année, avec deux fortes périodes en avril-mai et octobre-novembre. Pour une salade, il est préférable de choisir des jeunes pousses aux feuilles tendres. Ce légume réduit considérablement à la cuisson ; il faut donc compter au moins 500 g par personne. Les feuilles d'épinard doivent être bien vertes, luisantes, épaisses, lisses ou un peu gaufrées, et entières. Ses tiges doivent être fermes et fraîches à la coupe. Il faut éviter les feuilles molles ou jaunies, à tiges flasques et sèches à la coupe. Cru, l'épinard ne gagne rien à attendre : il perd de ses qualités nutritives et surtout de ses vitamines. On peut toutefois le maintenir quelques jours dans le bac à légumes du réfrigérateur, enroulé dans un torchon humide pour éviter qu'il se dessèche. Il ne faut en aucun cas conserver l'épinard cuit, même au réfrigérateur. Il génère des nitrites toxiques présentant des dangers, car ils empêchent le transport normal de l'oxygène dans le sang.
Il est inutile de congeler soi-même les épinards : l'industrie en fournit d'excellents, surgelés quelques heures après la cueillette dans des conditions parfaitement satisfaisantes.

Petite histoire…

3 octobre 1971 : le dîner de Persépolis.

Le point culminant des festivités données à Persépolis par le shah et l'impératrice d'Iran pour la commémoration des deux mille cinq cents ans de la monarchie perse consiste en un fastueux dîner. C'est Maxim's qui est chargé de l'assurer. Le chef de cuisine Alex Humbert et une partie de sa brigade arrivent sur place avec tous les ingrédients – sauf le caviar bien entendu – et le matériel nécessaire.

AU MENU

Œufs de cailles sur lit de caviar
~
Mousse de queues d'écrevisses, sauce Nantua
~
Selle d'agneau des grands plateaux farcie et rôtie
~
Sorbet au vieux champagne
Paon impérial
~
Salade Alexandre Dumas
~
Turban de figues garni de framboises au porto

Lever du soleil : 7 h 55 Coucher du soleil : 19 h 23 Lune croissante

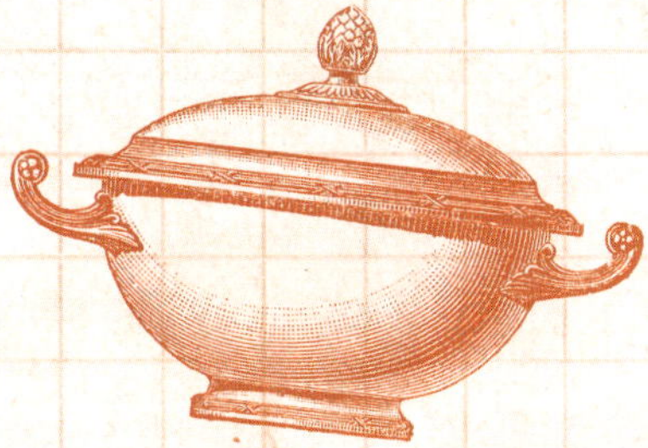

Petite histoire...

L'étrange testament du cuisinier Durijot.

Ce sont de bien curieuses « dernières volontés » que rédigeait le 6 avril 1878 le cuisinier Félix Durijot, âgé de soixante-quinze ans, qui jouissait d'une bonne notoriété culinaire. Après être passé, en qualité de second chef, par les cuisines des Tuileries, il fut contraint de se reconvertir professionnellement après la révolution de 1848 et le brusque départ de Louis-Philippe. Ainsi eut-il l'occasion de prendre la direction des cuisines du fameux restaurant Les Frères provençaux... Il y gagna pas mal d'argent ; en même temps qu'il assurait sa fortune à la Bourse.

Quant à son testament, en voici la teneur :

« ... Voulant être utile après ma mort à mes compatriotes, et trouvant que les épitaphes où sont célébrées les vertus du défunt ne servent à rien, j'ordonne que la mienne soit remplacée, sur mon monument funèbre, par un cadre en bronze couvert d'un grillage et fixé en haut d'une colonne de marbre qui portera simplement mon nom.

Chaque jour, par les soins de mes héritiers, une recette de cuisine, très lisiblement écrite, sera glissée dans la rainure du cadre. J'en laisse à cet effet trois cent soixante-cinq, que l'on trouvera dans ma caisse.

Au bout d'un an, on recommencera, et ainsi de suite.

Comme cela, tout en allant visiter les morts, les personnes désireuses de s'instruire pourront rapporter du cimetière d'utiles renseignements. En cas de non-exécution de cette clause par mes héritiers, ma fortune tout entière reviendra à l'Assistance publique.

Écrit de ma main et signé par moi-même, à Paris, en mon domicile 4, rue des Moines, le 6 avril 1878, étant sain de corps et d'esprit. »

Le 4 octobre 1883 : mort du cuisinier Félix Durijot.

Finalement, la Commission des épitaphes du cimetière du Père-Lachaise s'est opposée à ce que l'on affiche quotidiennement sur sa tombe une recette de cuisine. Les héritiers avaient d'ailleurs discrètement fait savoir qu'ils n'envisageaient guère d'avoir à se rendre chaque jour sur la tombe du défunt afin de changer de « plat du jour ». D'autant plus qu'ils habitaient Montluçon !

Les 365 recettes – on devait sans doute s'accorder un jour de jeûne les années bissextiles – du cuisinier Durijot ne furent jamais placardées ni publiées.

Automne

DÎNER

Joues de porc en fricassée
(voir la recette du 3 octobre)
Gratin dauphinois
(voir la recette du 27 octobre)
Salade verte

Je m'avance pour dimanche

Je prépare un parfait au Grand Marnier...
(voir la recette de base du 4 septembre en intégrant les graines d'une gousse de vanille et en ajoutant 5 cs de Grand Marnier au mélange jaunes d'œufs/sucre).

Automne

DÎNER

Petites courgettes farcies
Tomates à la provençale
(voir la recette du 28 septembre)
Crêpes au sucre

Je m'avance pour demain…
Je prépare un gâteau de fruits.

Les recettes du jour

Petites courgettes farcies

Pour 4 pers. : 8 petites courgettes rondes, 1 oignon, 50 g de riz, 1 gousse d'ail, 1 jaune d'œuf, 1 cs de basilic haché, 50 g de chair à saucisse, 50 g de parmesan râpé, chapelure, 1 filet d'huile d'olive, sel, poivre.

Préparez les petites courgettes en coupant la tige à ras avant de les laver et de les essuyer. Faites-les cuire dans une casserole d'eau bouillante salée en même temps que l'oignon, pendant 10 min. Dans une autre casserole, faites cuire le riz. Égouttez les courgettes et laissez refroidir pour pouvoir leur couper un chapeau aux deux tiers environ. Préchauffez le four à 180 °C (th. 6). À l'aide d'une petite cuillère, videz les courgettes de leur pulpe en faisant bien attention de ne pas les crever. Découpez grossièrement cette chair en même temps que celle de l'oignon. Versez dans une terrine, ajoutez l'ail écrasé au presse-ail, le jaune d'œuf et le basilic, puis incorporez le riz cuit, la chair à saucisse et le parmesan râpé. Remplissez les petites courgettes de cette farce avant de les déposer dans un plat à gratin. Saupoudrez de chapelure, arrosez-les d'un filet d'huile d'olive et mettez-les à cuire pendant 40 à 50 min dans le four préchauffé.

Crêpes au sucre

Pour une vingtaine de crêpes : 250 g de farine, 125 g de sucre roux, 6 œufs entiers, 1 l de lait entier, 1 gousse de vanille fendue et grattée, 1 pincée de fleur de sel, mélange beurre demi-sel et huile pour la cuisson dans la poêle.

Versez la farine et le sucre dans un saladier. Faites une fontaine, cassez les œufs un à un tout en mélangeant sans grumeaux ; ajoutez petit à petit le lait, la vanille et la fleur de sel ; mélangez jusqu'à l'obtention d'une pâte lisse. Laissez la pâte reposer une bonne heure à température ambiante. Faites chauffer la poêle et badigeonnez-la à l'aide d'un pinceau trempé dans le mélange d'huile et de beurre fondu. Versez une louche de pâte ; remuez la poêle afin qu'elle se répande sur la surface. Veillez à ce que l'épaisseur soit la plus fine possible. Faites cuire 30 sec d'un côté. Retournez la crêpe à l'aide d'une spatule de cuisine, ou en la faisant sauter, pour peu que vous manifestiez une certaine adresse… Soulevez avec la spatule pour vérifier la cuisson selon votre goût ; cuite, laissez-la glisser sur une assiette. Empilez les crêpes les unes sur les autres. Beurrez la poêle toutes les trois crêpes.

Gâteau de fruits

Rien que des fruits. Des fruits crus. De saison, bien sûr. Pommes, poires, fraises, cerises, abricots, brugnons ou nectarines, prunes, figues… Il faut un moule à charlotte chemisé de papier sulfurisé ou, mieux, un moule en silicone ou à revêtement antiadhésif.

Pour 4 pers. : 1 kg de fruits variés, ½ pot de confiture de fruits rouges (fraise, framboise, groseille).

Épluchez, pelez, dénoyautez les fruits que vous avez choisis. Coupez-les en quartiers ou en rondelles. Placez-les en couches successives dans le moule jusqu'à ce qu'il soit plein à ras bord. Tassez bien les fruits. Couvrez avec un film alimentaire ou une assiette et mettez au réfrigérateur pour la nuit. Délayez le demi-pot de confiture dans un peu d'eau tiède. Au moment de servir, démoulez le gâteau sur un plat creux. Entourez-le d'un cordon de confiture.

Lever du soleil : 7h58 Coucher du soleil : 19h19 Lune croissante

Je m'avance pour dimanche
Je prépare des rillettes de maquereaux fumés.

Automne

DÎNER

Pommes de terre des vendangeurs
Salade croquante
Gâteau de fruits
(voir la recette du 5 octobre)

LES RECETTES DU JOUR

Pommes de terre des vendangeurs

Pour 6 pers. : 1,2 kg de pommes de terre à chair ferme, 200 g de poitrine fumée en tranches fines, 100 g de gruyère fraîchement râpé, 150 g de poitrine demi-sel en tranches fines, 50 g de beurre + pour la cocotte, sel, poivre.
Préchauffez le four à 210 °C (th. 7). Épluchez les pommes de terre, coupez-les en rondelles de 3 mm d'épaisseur, lavez-les et essuyez-les dans un torchon. Beurrez l'intérieur de la cocotte puis tapissez le fond et les parois de tranches de poitrine fumée en les faisant déborder à l'extérieur. Disposez par couches successives les pommes de terre, le gruyère râpé et les tranches de poitrine demi-sel ; poivrez ; recommencez l'opération jusqu'à épuisement des ingrédients. Rabattez les tranches de poitrine fumée sur la préparation et déposez les 50 g de beurre en petits morceaux. Recouvrez d'une feuille de papier cuisson, puis du couvercle et enfournez pour 1 h 30. Retirez la cocotte du four ; laissez reposer 15 min avant de passer une lame de couteau tout autour pour décoller la poitrine fumée du récipient. Démoulez sur un plat et servez avec la salade.

Rillettes de maquereaux fumés

Pour une belle terrine : ½ botte de ciboulette, 600 g de filets de maquereau fumé, le jus d'un citron, 2 cc de Worcestershire sauce, 2 à 3 cc de Tabasco, 25 cl de crème fraîche épaisse, sel, poivre.
Rincez, séchez et ciselez la ciboulette. Retirez la peau et les arêtes des maquereaux ; émiettez les chairs dans le bol du mixeur. Pressez le jus de citron. Versez les sauces et le jus de citron dans le mixeur. Mixez par à-coups pour obtenir un mélange irrégulier ou écrasez à la fourchette pour une consistance plus rustique. Mélangez bien à la crème fraîche et à la ciboulette ciselée (réservez-en un peu pour la décoration). Salez, poivrez. Versez dans une terrine ; lissez à la fourchette. Couvrez et glissez au réfrigérateur aussi longtemps que possible. Servez avec des tranches de pain de campagne grillées.

Petite histoire…
6 octobre 1896 : visite du tsar

S. M. Nicolas II est présentement en visite officielle à Paris afin de proposer – avec l'accord du gouvernement français, cela va sans dire – aux petits épargnants français un important emprunt financier, au bénéfice de son pays.
Il est d'ores et déjà clair que les Français s'empresseront de répondre favorablement, et même avec une certaine fierté, à cet appel. Les promesses de S. M. le tsar lui-même faisant foi, le remboursement sera, assure-t-on, des plus avantageux. Ce soir-là, le président de la République, M. Félix Faure, donne un dîner de gala en l'honneur du tsar.

Petite histoire…

L'invité principal de Michel Drucker était Gérard Lenorman. Le plat qu'il avait choisi était une recette de Joël Robuchon, *les pommes de terre des vendangeurs*. En général, je demandais au créateur de la recette de bien vouloir venir l'exécuter. Malheureusement, ce jour-là Joël Robuchon était au Japon ; sa présence était donc impossible. Je me suis alors risqué à la faire moi-même. Ce fut un succès. Aussi je me permets de vous la recommander vivement. C'est simple, un peu roboratif mais très goûteux.

Lever du soleil : 7 h 59 Coucher du soleil : 19 h 17 Lune croissante

Saint-Serge

Vendredi

7

OCT.

Automne

DÎNER

Raie en cocotte
Embeurrée de choux
Poires Belle-Hélène

LES RECETTES DU JOUR

Raie en cocotte

Pour 6 pers. : 1,5 kg de raie, 120 g de beurre demi-sel, 1 cs de sel de Guérande, 3 échalotes grises, 1 verre à moutarde de vin blanc sec, 1 cs de vinaigre de cidre, 3 cs d'huile d'olive, 1 cs de persil plat haché, 1 cs de coriandre fraîche hachée, 1 cc de moutarde au poivre vert, sel, poivre.

Faites préparer et couper la raie en 6 beaux morceaux auprès de votre poissonnier. Sortez le beurre du réfrigérateur 2 h avant le début des opérations pour qu'il ramollisse. Lavez et essuyez les morceaux de raie. Salez-les au gros sel de Guérande. Épluchez et hachez très finement les échalotes. Mettez-les dans une casserole avec le vin blanc et le vinaigre et laissez réduire à feu extrêmement doux jusqu'à ce qu'il ne reste plus qu'une cuillerée à café de réduction. Retirez du feu et maintenez en attente, au bain-marie. Faites chauffer l'huile d'olive dans une cocotte en fonte. Faites revenir les morceaux de raie, couvrez et laissez cuire 10 min. Retournez les morceaux et laissez cuire encore 10 min. Pendant la cuisson, ajoutez à la réduction le beurre, les herbes hachées finement et la moutarde. Battez énergiquement au fouet. Servez sur des assiettes très chaudes avec la sauce autour.

Embeurrée de chou

Pour 6 pers. : 1 cc de bicarbonate de soude, 4 ou 5 jeunes choux ou 2 choux pommés, 1 verre de vinaigre d'alcool, 120 g de beurre, sel.

Mettez à bouillir un grand faitout d'eau salée dans lequel on aura ajouté 1 cc de bicarbonate de soude. Retirez les grosses feuilles dures de l'extérieur des choux. Séparez les feuilles une à une. Retirez toutes les côtes. Lavez les feuilles dans de l'eau additionnée de vinaigre d'alcool et jetez-les dans l'eau bouillante. Quand elles sont cuites (20 min environ), égouttez, rincez à l'eau froide. Hachez grossièrement avec un couteau. Mettez les choux, bien égouttés, dans une cocotte avec les 120 g de beurre. Mélangez jusqu'à ce que le beurre soit fondu et incorporé aux choux. Rectifiez le sel. Surtout pas de poivre ; il développerait l'âcreté du choux. Laissez mitonner une dizaine de minutes à couvert.

Poires Belle-Hélène

Pour 6 pers. : 6 belles poires, le jus d'un citron, 300 g de sucre, 300 g de chocolat noir à 52 % de cacao, 3 cs de lait entier ou demi-écrémé, 6 à 12 boules de glace à la vanille.

Épluchez les poires en gardant la queue et enduisez-les au fur et à mesure de jus de citron pour les empêcher de noircir. Cuisez-les (queue en l'air) dans un sirop fait d'assez d'eau pour les recouvrir dans une casserole où on a fait fondre le sucre. Laissez-les refroidir dans le sirop et glissez-les au réfrigérateur. Juste avant de servir, faites fondre le chocolat au bain-marie avec le lait. Dans une coupe à glace, posez 1 ou 2 boules de glace à la vanille, 1 poire égouttée. Arrosez, de façon irrégulière, de chocolat fondu chaud.

Lever du soleil : 8 h 01 Coucher du soleil : 19 h 15 Lune croissante

Les recettes du jour

Fricassée de poulet à l'ancienne

Pour 6 pers. : 1 poulet coupé en 6 ou 8 morceaux, 1 oignon, 1 clou de girofle, 1 bouquet garni, 3 branches de persil plat, 100 g de beurre, 1 cs de farine, 12 petits oignons blancs, 3 jaunes d'œufs, 15 cl de crème fraîche, le jus d'un citron, sel, poivre.
Dans une cocotte, mettez les morceaux de poulet, mouillez à hauteur avec de l'eau tiède et faites cuire pendant 15 min à feu doux sans porter à frémissement pour les faire dégorger. Jetez l'eau, recommencez l'opération avec de l'eau fraîche, puis ajoutez l'oignon coupé en 4, piqué du clou de girofle, le bouquet garni, le persil. Salez, poivrez et portez à frémissement pendant 10 min. Sortez et égouttez les morceaux de poulet. Passez le bouillon au chinois. Réservez. Dans la cocotte, mettez 50 g de beurre et faites revenir les morceaux sur toutes leurs faces jusqu'à obtenir une coloration blonde. Saupoudrez la farine et mélangez sans laisser roussir. Versez la moitié du bouillon et délayez afin d'obtenir une sauce ni trop liquide ni trop épaisse. Portez à frémissement, puis faites mijoter à feu doux pendant 20 à 25 min. Pendant ce temps, pelez les petits oignons et faites-les cuire dans le reste du bouillon pendant 15 min. Égouttez-les et faites-les revenir 10 min avec 20 g de beurre à feu doux. Réservez. Après 20 min, sortez le poulet et réservez-le au chaud, puis dégraissez la sauce, réduisez-la d'un tiers et rectifiez l'assaisonnement. Dans un bol, battez les jaunes d'œufs et la crème. Hors du feu, mélangez la préparation à la sauce. Ajoutez le reste de beurre et le jus de citron. Fouettez pour qu'elle ne tourne pas. Dans un plat, mettez les morceaux de poulet, les oignons égouttés, nappez de sauce et servez avec le riz.

Riz pilaf

Pour 6 pers. : 400 g de riz basmati, 6 brins de persil plat, 3 oignons, 3 cs d'huile, 3 gousses d'ail, 2 carottes, 2 courgettes, 1 cœur de céleri, 2 cubes de bouillon de volaille, 200 g de petits pois extra-fins surgelés, sel, poivre.
Épluchez tous les légumes et coupez-les en petits dés. Rincez, séchez, effeuillez et ciselez le persil. Faites revenir les oignons sans coloration dans une grande sauteuse avec l'huile. Ajoutez tous les autres légumes. Faites-les revenir vivement pendant 2 min, continuez avec le riz. Quand il a blanchi, versez l'eau chaude (2 fois le volume du riz) dans laquelle on aura délayé les cubes de bouillon. Dès la reprise de l'ébullition, ajoutez les petits pois encore surgelés, salez et poivrez. Attendez de nouveau l'ébullition, baissez le feu, couvrez et cuisez 10 à 12 min. Servez parsemé de persil ciselé.

Pâtes au thon

Pour 6 pers. : 600 g de spaghettis, 4 cs de gros sel, sauce tomate « maison » (sur la base de 1 kg de tomates), 400 à 500 g de thon à l'huile d'olive, parmesan ou gruyère.
Mettez une grande quantité d'eau à bouillir, salez et cuisez les pâtes 12 min. Pendant ce temps, émiettez le thon dans la sauce tomate. Égouttez les spaghettis et versez-les sur la sauce tomate au thon. Mélangez bien sur le feu et servez avec du parmesan ou du gruyère râpé, présenté à part.

SEMAINE 40

Automne

DÉJEUNER

Fricassée de poulet à l'ancienne
Riz pilaf
Salade d'orange
(voir la recette du 19 avril)

DÎNER

Pâtes au thon
Parfait au Grand Marnier
(voir la recette du 4 septembre avec les indications du 4 octobre)

Je m'avance pour ce soir et demain

Je prépare une sauce tomate pour les pâtes au thon et la moussaka… (voir la recette du coulis le 28 août en adaptant les quantités).

LA RECETTE DU JOUR

Semaine 40

Automne

DÉJEUNER

Moussaka
(voir la recette du 15 juillet)

Tarte de potiron aux pruneaux

DÎNER

Rillettes de maquereaux
(voir la recette du 6 octobre)

Omelette aux champignons

Reste du parfait au Grand Marnier

Tarte de potiron aux pruneaux

Pour 6 pers. : 1 pâte sablée, 400 g de potiron, ½ gousse de vanille, 1 bâton de cannelle, ½ l de lait, 250 g de cassonade, 100 g de beurre, 10 cl de crème fraîche, 4 jaunes d'œufs, 150 g de pruneaux dénoyautés.

Étalez la pâte sucrée sur une tourtière et mettez-la à précuire avec les noyaux des pruneaux ou des haricots secs étalés sur un papier cuisson pendant environ 10 min à four préchauffé à 180 °C (th. 6). Sortez du four, retirez le papier et les noyaux. Préparez le potiron, coupez-le en cubes. Faites infuser quelques minutes la gousse de vanille et le bâton de cannelle dans le lait bouillant ; retirez-les puis ajoutez les cubes de potiron avec 100 g de cassonade. Faites cuire 15 min. Passez au mixeur, ajoutez le beurre, la crème fraîche et les jaunes d'œufs. Passez cette crème au tamis fin pour enlever les fibres de potiron. Disposez sur le fond de tarte dans la tourtière puis répartissez les pruneaux en les enfonçant dans la crème. Saupoudrez la tarte avec 100 g de cassonade, puis remettez au four pour 30 min. Retirez du four et faites chauffer le gril. Saupoudrez la tarte avec la cassonade restante. Remettez la tarte sous le gril quelques minutes afin de caraméliser la cassonade. Servez tiède sur un plat de service.

☞ Le saviez-vous ?

Le potiron polymorphe et éclatant. Des travaux récents prouvent de façon indiscutable qu'il provient du Pérou, où sa première apparition peut être datée de 1200 avant J.-C. Il pénétra en Amérique du Nord avec l'arrivée des Européens, et c'est là qu'il se diversifia au niveau de sa forme. Aujourd'hui, il est cultivé sur tous les continents. Le potiron se conserve dans le bac à légumes du réfrigérateur. Entier, il peut facilement se garder pendant plusieurs semaines dans un endroit frais et sec, à condition de le déposer sur une clayette permettant la circulation de l'air. Il ne pose aucun problème à la congélation, cru et coupé en gros dés, ou cuit, en purée ou en morceaux. Comme toutes les cucurbitacées, les courges potirons (*Cucurbita maxima*) s'hybrident facilement, de sorte que les gammes de couleurs et de formes sont très variées.

Le pruneau les prunes destinées à la transformation sont utilisées pour les confitures, compotes, glaces, eau-de-vie, fruits secs... On en compte une dizaine ; les plus connues sont la mirabelle, la quetsche et la prune d'Ente, qui, une fois séchée, donne le célèbre pruneau d'Agen.

La prune d'Ente est l'une de ces variétés qui ont la caractéristique de se conserver au séchage, si bien qu'elle est cultivée désormais exclusivement pour l'industrie du pruneau.

Lever du soleil : 8 h 04 Coucher du soleil : 19 h 11 Premier quartier de lune

Automne

DÎNER

Reste de la moussaka (d'hier)
Reblochon
Grappes de raisins

☞ Le saviez-vous ?

Le reblochon est connu depuis le XIVe siècle ; il a obtenu l'AOC en 1958. Il est fabriqué au lait de vache de race pie rouge d'Abondance. Sa pâte est légèrement pressée, non cuite ; la croûte, lavée, fleurie. Ce cylindre plat de 250 g ou de 500 g est présenté sur une feuille de bois. Son terroir s'étend aux massifs montagneux de la Savoie, de la Haute-Savoie et de la chaîne des Aravis, mais aussi au pays rochois et au val d'Abondance. Il doit son nom à la « rebloche », ce lait très gras, de seconde traite, que le fermier tirait après que le propriétaire de l'alpage avait prélevé sa part sur la première traite. Ce petit larcin servait à fabriquer le reblochon.

Le raisin est le fruit de la vigne. Il se présente sous forme de baies ou de grains, réunis en une grappe. La grappe est constituée d'une charpente ramifiée, la rafle, qui porte les fruits. L'origine du raisin se confond avec l'histoire des végétaux. Les vraies vignes (genre Vitis) sont apparues au cours de l'époque tertiaire. On admet que la culture de la vigne a commencé il y a 4 000 ans à partir d'espèces sauvages du Proche-Orient. En France, la consommation du raisin de table est relativement récente, bien que François Ier fît planter dès 1530, à Thomery, près de Fontainebleau, le célèbre chasselas. Ce n'est qu'à la fin du XIXe siècle, les crises viticoles contraignant les producteurs de vin à se diversifier, que la production du raisin de table prit son véritable essor. Encore aujourd'hui, la plupart des producteurs de raisin de table sont également des viticulteurs.

Petite histoire...

10 octobre 1882 : le premier wagon-restaurant.

Venu de Bruxelles, et après une courte halte privée à Paris, le roi Léopold II de Belgique prend place à bord du nouveau train express de nuit Paris-Vienne. Ce train est désormais équipé – outre de voitures-lits en exploitation depuis déjà dix ans – d'une voiture-restaurant.

C'est à M. Gwweorges Nagelmackers, président-fondateur de la Compagnie internationale des wagons-lits, que l'on doit cette initiative.

Quelques premiers essais de « wagons-restaurants » avaient été faits, timidement, trois ans plus tôt, en Allemagne, à bord de wagons transformés à cet effet. Mais l'on s'était rendu compte que cette seule « transformation » n'était pas suffisante. En réalité, il fallait créer, entièrement, un nouveau type de voiture. Le premier wagon-restaurant fut commandé le 10 mai 1882 aux ateliers Rathgeberg, à Munich. Livré au mois de septembre à Paris, il fut mis en service partiel sur Marseille-Nice. Ce « test » s'étant révélé concluant, c'est donc, le soir du 10 octobre 1882, son premier voyage officiel régulier entre Paris et Vienne. Une sorte de prélude à l'Orient-Express, dont on envisage la mise en service pour juin prochain.

Ce soir, S. M. le roi des Belges – qui, dit-on, possède personnellement bon nombre d'actions de l'actuelle C.I.W.L. – présidera, peu de temps après le départ de la gare du Nord, le dîner d'inauguration du premier wagon-restaurant. En voici le menu : simple selon le désir du roi, qui ne veut pas se charger l'estomac afin d'être sûr de bien dormir ensuite.

Potage aux « perles du Japon »
Poissons
Pommes à l'anglaise
Civet de bœuf jardinière
Poulet du Mans au cresson
Choux-fleurs au gratin
Crème chocolat
Desserts

Saint-Firmin

Mardi
11
OCT.

Automne

DÎNER

Rognons de porc
(voir la recette du 1er juin)
Purée de pommes de terre
Salade verte

Je m'avance pour demain...
Je prépare un caviar d'aubergines
(voir la recette du 4 août)

Petite histoire...

Le périple d'un tubercule anti-disette

La pomme de terre **fait partie de la grande famille des solanacées, comme la tomate, l'aubergine et le poivron. Cette étrange plante aux fruits souterrains n'est décidément pas rancunière. Elle se laisse aimer, adorer même, par des Français qui l'ont ignorée pendant 245 ans. Consommée depuis plus de 5000 ans avant notre ère par les peuples de l'Amérique du Sud sous le nom de papa, la pomme de terre arrive en Andalousie vers 1540. À partir de là commence un étrange voyage à travers l'Europe où, tour à tour, on la considère comme un poison, un médicament ou, enfin, un aliment. En 1560, on la repère en Italie grâce aux chroniques du pape Pie IV. De prélat en botaniste, la pomme de terre passe de pays en pays, de Vienne à Francfort, d'Allemagne en Suisse, puis en France, par les Vosges et la Franche-Comté. Elle atteindra aussi l'Angleterre, mais en passant par l'Amérique ! En France, il faut attendre 1773 pour que le mémoire rédigé par Antoine Augustin Parmentier, élogieux quant à ses facultés à lutter contre la disette, soit pris au sérieux. Aujourd'hui, la France, avec près de 4,7 millions de tonnes par an, reste l'un des grands producteurs européens de pommes de terre. Les Français consomment 40 kg de pommes de terre par an et par personne dont 10 kg en primeurs.**

Variétés :

La *BF 15*, née en 1947, est une variété dite à chair ferme, à peau jaune pâle et de forme allongée. Elle aime la cuisson à la vapeur et adore être accompagnée de vinaigrette, mais elle déteste les frites et la purée.

La *charlotte* est apparue en Bretagne en 1981 et s'est beaucoup répandue car sa chair tendre, fine et savoureuse, et sa bonne tenue à la cuisson lui ont fait connaître le succès. On la trouve dans les variétés primeurs.

La *roseval* est née en 1950. Ses tubercules en forme de massue sont à peau rouge. Sa chair est jaune, parfois veinée de rose. Elle aime la cuisson à la vapeur et les préparations en salade.

La *belle-de-Fontenay*, connue naguère sous le nom de « boulangère » et de « Hainaut », quelquefois primeur, est inscrite au catalogue des variétés depuis 1935. Dite à chair ferme, elle aime aussi la cuisson à la vapeur et les salades. Elle est de forme allongée et de couleur jaune.

La *ratte*, surnommée « quenelle de Lyon », « princesse » ou « corne de bouc », est née en 1870. Elle avait presque disparu après la Première Guerre mondiale, mais elle est de retour depuis quelques années. Ses tubercules réguliers et sans aspérités sont de couleur claire.

La *bintje* est née en Hollande en 1905. Elle est farineuse quand elle dépasse 150 g, sinon elle ne se délite pas à la cuisson. Elle est la reine des frites et de la purée. Sa peau est jaune clair et sa chair jaune.

La *monalisa*, aux tubercules arrondis, très réguliers, à peau et à chair jaunes, est cultivée depuis 1982. Elle se tient très bien à la cuisson et convient surtout pour un traitement à la vapeur.

La *nicola* est apparue en culture en 1983. Variété dite à chair ferme, de forme allongée, à chair jaune et peau jaune clair, elle se conserve très bien.

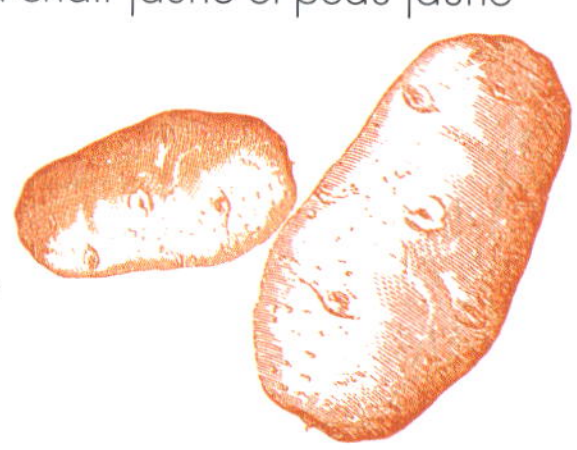

Automne

DÎNER

Caviar d'aubergines
(voir la recette du 4 août)
Gratin de macaronis

Saint-Wilfried

Mercredi
12
OCT.

☞ Le saviez-vous ?

12 octobre 1927 : le café du Brésil doit tout à la France.

À l'occasion de l'Exposition culinaire de Magic-City, à Paris, l'on célèbre aujourd'hui le deuxième centenaire de l'introduction du café… au Brésil. L'ambassadeur du Brésil à Paris rappelle que c'est à Louis XIV que son pays doit ce qui est devenu sa principale production nationale. À l'époque, un officier de marine, le commandant de Clieux, fut chargé par le Roi-Soleil de transporter trois plants de caféier en Amérique du Sud ; deux moururent en route mais, plus résistant, le troisième supporta mieux la longue traversée. C'est de lui qu'allaient naître les douze cent cinquante mille hectares formant aujourd'hui les plantations de café du seul État de Sao Paulo.

LA RECETTE DU JOUR

Gratin de macaronis

Pour 8 pers. : 700 g de macaronis, 300 g de comté, beaufort, emmental en mélange, 150 g de beurre, 1 pincée de noix de muscade râpée, 5 tranches de jambon cuit, 4 cs de chapelure, sel, poivre.

Faites cuire les macaronis (ou autres pâtes) en suivant le mode d'emploi indiqué sur l'emballage. Égouttez. Râpez le fromage. Préchauffez le four à 220 °C (th. 7/8). Dans un moule à soufflé, déposez une couche de macaronis, couvrez de petites noisettes de beurre, salez, poivrez, ajoutez la muscade puis une couche de fromage râpé, avec le jambon cuit découpé en lanières. Continuez jusqu'à épuisement des ingrédients. Terminez par le fromage. Déposez quelques copeaux de beurre, saupoudrez de chapelure. Enfournez. 10 min de cuisson sont suffisantes. Servez chaud.

Petite histoire…

Grands couverts et petits couverts de Louis XIV

Notre bon roi Louis le Quatorzième reçoit le 11 octobre 1690 à dîner, en son château de Fontainebleau, ses « bons cousins », le roi et la reine d'Angleterre.
Il s'agit, bien entendu, d'un souper au *grand couvert*. Celui-ci est habituellement réservé aux réceptions de la famille royale au complet ; à celles de souverains, d'ambassadeurs, de hauts prélats et autres invités d'honneur. Un repas d'apparat, où le luxe déployé est inouï. Il n'offre aucune commune mesure, bien évidemment, avec le *petit couvert*, déjeuner ou dîner que Louis XIV prend en compagnie – mais à table séparée – d'un petit nombre de familiers ; ni avec le *très petit couvert*, où le souverain est seul.
Ce fut pourtant un très petit couvert dont le Roi-Soleil profita, il y a plusieurs années, pour honorer Molière. Celui-ci était alors valet de chambre ; les officiers du roi le méprisaient ouvertement parce qu'il lui arrivait d'écrire et de jouer des comédies, telle *Le Tartuffe*. Ils ne le voulaient évidemment pas à leur table. Louis XIV, l'ayant appris, décida de faire cesser ces outrages. Apercevant Molière, dont il appréciait le talent, alors qu'il allait se mettre à table, il l'interpella devant tous ses courtisans… et officiers.
« Vous faites maigre chère ici, Molière, et les officiers de ma maison ne vous trouvent même pas fait pour manger avec eux. Vous avez peut-être faim ; moi-même, je m'éveille avec un très bon appétit : venez vous mettre à table avec moi. »
Et le roi, coupant une volaille, en servit lui-même une aile à Molière.

Lever du soleil : 8 h 08 Coucher du soleil : 19 h 05 Lune croissante

Saint-Géraud

Jeudi
13
OCT.

Semaine 41

Automne

DÎNER

Curry de légumes
(voir la recette du 18 août – Pour varier la recette, remplacez le curry par du curcuma)

Tapioca au lait
(voir la recette du 31 mars)

☞ *Le saviez-vous ?*

Le curcuma :
cette plante herbacée des régions tropicales peut être utilisée comme épice ou comme colorant. On en extrait la curcumine (E100) pour colorer les produits laitiers, les moutardes ou les confiseries. Réduit en poudre, il entre dans la composition des caris.

Petite histoire… 1963 : tiens, voilà des boudins !

Surtout, si vous rencontrez un digne membre de la « Confrérie des Chevaliers du Goûte-Boudin », de Mortagne-au-Perche, ne lui dites pas que cette noble et joyeuse assemblée vous paraît être une sorte de canular !
Si, à l'origine, c'en était un, ce n'est apparemment plus le cas aujourd'hui.
En 1963, le comité de la foire annuelle de Mortagne-au-Perche cherchait une idée pour relancer l'activité quelque peu faiblissante de cette manifestation traditionnelle.
C'est alors que le futur grand maître fondateur, le docteur Pillot, qui ne manquait pas d'humour (noir), suggéra « le boudin, nulle part honoré » !
De neuf concurrents locaux inscrits en 1963, ils sont actuellement plus de cinq cents chaque année.
Les dignitaires de la confrérie, revêtus de grands manteaux rouges à larges revers noirs, liserés d'hermine, coiffés de chapeaux noirs de style Louis XI, les mains gantées de blanc, ont tout lieu de se montrer satisfaits. Ils se le disent à chacun de leurs deux importants chapitres annuels : au printemps (le samedi qui suit la mi-carême) et à l'automne (actuellement à la mi-octobre).
Des boudins (noirs), rien qu'en France, il n'en manque pas !
À commencer par le boudin de Paris dont la recette de base comprend un tiers de sang, un tiers de gras, un tiers d'oignons cuits avec ou sans addition de lait ou de crème.
Le boudin alsacien se compose de sang, de gras de porc, d'oignons cuits, de 15 % de couenne cuite et de 5 à 10 % de mie de pain trempée dans du lait ; de plus, il est parfumé.
Le boudin d'Auvergne comprend 2 dl de lait par litre de sang et de la tête de porc non découennée cuite. Le boudin du Poitou est préparé sans gras de porc ; en plus du sang, il se compose d'épinards cuits hachés, de crème d'œufs, de lait, de sucre, de semoule ou de mie de pain. Le boudin du Béarn est à base de tête de porc entière (avec couenne et langue), de poumon, de cœur, de sang et d'un peu de pain.
S'ajoutent des spécialités « boudinières » plus locales.
Le boudin de Gaillac, que l'on déguste avec de la saucisse cuite et du confit de canard ; le boudin de Saint-Victor (Ardèche), au sang, épices, oignons, ail, ciboulette, oseille et queues de poireaux hachés ; le boudin de Sainte-Eulalie (Ardèche), où l'on intègre même des herbes et de la farine, et que l'on poêle en même temps que des tranches de pommes en l'air ; l'énorme boudin de Lacaume, sorte de galantine ou le boudin de Saint-Romain-de-Colbosc, près de Bolbec (Seine-Maritime), fait de sang, de crème fraîche et de raisins secs.

Lever du soleil : 8 h 10 Coucher du soleil : 19 h 03 Lune croissante

Les recettes du jour

Goujonnettes de merlan et persil frit

Pour 4 pers. : 850 g de filets de merlan, 20 cl de lait, 1 botte de persil frisé, bain de friture, 4 cs de farine, 1 citron coupé en quartiers, sel, poivre.

Préchauffez le four à 120 °C (th. 4). Coupez les filets de merlan légèrement en biais, en goujonnettes de 1 cm de large environ. Immergez-les 15 min dans le lait, égouttez, séchez dans un torchon, salez, poivrez. Équeutez le persil, lavez-le et essorez-le dans un torchon. Plongez-le 1 min dans un bain de friture à 170 °C ***(vérifiez la température de l'huile en jetant un petit croûton de pain : elle doit bouillonner et ne pas fumer)***. Égouttez sur du papier absorbant, salez légèrement. Farinez les goujonnettes et secouez-les pour éliminer l'excédent de farine. Mettez la moitié des goujonnettes dans le panier à friture. Plongez dans l'huile à 170 °C. Laissez-les dorer environ 2 min. Égouttez sur du papier absorbant. Rangez-les dans un plat tenu au chaud dans le four. Faites remonter la température de l'huile de friture et procédez de même pour le reste du poisson. Salez légèrement les goujonnettes, répartissez le persil frit et servez aussitôt avec des quartiers de citron.

Gnocchis gratinés à la parisienne

Pour la pâte : 15 cl de lait, 50 g de beurre, 1 pointe de couteau de noix de muscade râpée, 70 g de farine, 3 œufs, 60 g de fromage râpé (moitié gruyère, moitié beaufort), 1 cc de gros sel, sel, poivre.

Pour la sauce : 20 g de farine, 20 g de beurre, ½ l de lait, 60 g de fromage râpé, sel, poivre.

Dans une casserole, réunissez le lait, le beurre, une pincée de sel, le poivre, la muscade. Portez à ébullition. Hors du feu, incorporez la farine en pluie. Mélangez avec une cuillère en bois. Remettez sur feu doux. Desséchez la pâte comme pour une pâte à choux. Versez ce mélange dans une autre casserole, incorporez les œufs l'un après l'autre, en remuant toujours avec la cuillère en bois. Ajoutez le fromage râpé. Remuez encore. Couvrez la casserole. Réservez hors du feu. Dans un faitout assez large, faites bouillir 2 l d'eau, avec le gros sel. À l'aide d'une cuillère à café, façonnez des petites quenelles de pâte. Laissez-les tomber dans l'eau frémissante, en vous aidant d'une autre cuillère. Ou servez-vous d'une poche à pâtisserie et sectionnez la pâte tous les 2 cm à l'aide d'un couteau. Pratiquez ainsi jusqu'à épuisement de la pâte. Lorsque les quenelles sont cuites, elles remontent à la surface. Sortez-les à l'aide d'une écumoire. Égouttez-les sur un linge de cuisine. Pour la sauce, rassemblez dans une casserole le lait froid, le beurre coupé en morceaux, la farine, la moitié du fromage râpé, une pincée de sel et le poivre. Mettez la casserole à feu moyen et remuez jusqu'à ébullition. Dans un plat à gratin, alternez en couches successives les gnocchis et la sauce. Terminez par la sauce. Répartissez le reste du fromage râpé. Réservez au réfrigérateur jusqu'au lendemain…
Laissez gratiner 15 min dans le four préchauffé à 180 °C (th. 6).

Saint-Juste

Vendredi
14
OCT.

Automne

DÎNER

Goujonnettes de merlan et persil frit
Pommes de terre vapeur
Crumble aux pommes
(voir la recette du 29 mars)

Je m'avance pour demain…
Je prépare des gnocchis gratinés à la parisienne.

Lever du soleil : 8 h 11 Coucher du soleil : 19 h 01 Lune croissante

LES RECETTES DU JOUR

Semaine 41

Automne

DÉJEUNER

Pintade aux choux
Soupe d'ananas
(voir la recette le 12 avril)

DÎNER

Gnocchis gratinés
à la parisienne
(voir la recette le 14 octobre)

Salade verte / Camembert

Je m'avance pour demain…
Je prépare une daube à la niçoise.

Pintade aux choux

Pour 6 pers. : 2 pintades, 1 filet d'huile d'arachide, 60 g de beurre, sel, poivre.
Pour le chou braisé : 2 oignons, 2 choux verts frisés, 75 g de beurre, 200 g de lardons fumés, 1 verre de bouillon de volaille, sel, poivre.
Préparez les choux : épluchez les oignons et émincez-les. Retirez les premières feuilles des choux si elles sont abîmées. Coupez les choux en 2 ou 4 s'ils sont gros. Plongez-les 5 min dans de l'eau bouillante et égouttez-les. Coupez les choux en lanières, jetez les trognons. Dans une cocotte, faites doucement revenir les oignons dans le beurre sans coloration. Ajoutez les lardons, faites-les rissoler et continuez avec les lanières de chou. Mélangez bien et attendre quelques minutes. Versez le bouillon, salez peu, poivrez. Baissez le feu, couvrez et cuisez 45 min.
Préparez les pintades : dans une cocotte posée sur feu moyen à vif, faites revenir sur toutes les faces les pintades dans le mélange huile/beurre. Salez, poivrez, baissez le feu, couvrez et cuisez un peu plus de 1 h. Servez les pintades sur le lit de chou.

Daube à la niçoise

La quantité de viande a été augmentée de 800 g pour préparer un hachis Parmentier pour demain…
Pour 6 à 8 pers. : 1,8 kg de viande de bœuf à braiser (macreuse, jumeau, paleron), 2 cs de saindoux, 3 oignons, 5 carottes, 5 gousses d'ail, 1 branche de céleri, 1 bouquet garni, 1 cube de bouillon de bœuf, 7 à 8 tomates, 3 verres de vin rouge tannique, sel, poivre.
Faites couper la viande par le boucher en morceaux de 60 à 70 g. Salez et poivrez au moulin sur toutes les faces. Dans une sauteuse, faites revenir dans 1 cs de saindoux les oignons coupés en 6 à 8 morceaux, les carottes en rondelles, l'ail écrasé, le céleri et le bouquet garni. Dans une cocotte, faites revenir dans l'autre cs de saindoux les morceaux de bœuf à vif, la viande doit être bien croustillante. Retirez les morceaux pour éliminer le gras de cuisson. Remettez les morceaux dans la cocotte avec le bouillon cube et les tomates pelées et épépinées. Ajoutez le vin rouge et complétez jusqu'à ce que les viandes soient couvertes avec le consommé de bœuf. Portez à ébullition et maintenez à très légers bouillottements. Après 3 h, arrêtez la cuisson et laissez refroidir. Mettez au réfrigérateur pour la nuit, dégraissez puis remettez à cuire doucement pour 45 min à 1 h. Servez avec des gros macaronis, du riz ou des pâtes.

Les recettes du jour

Brochettes de fruits

Pour 6 pers. : pommes, poires, abricots, bananes, pêches, nectarines, kiwis, ananas (en fonction de la saison), cassonade.

Épluchez et coupez en quartiers ou en gros morceaux les fruits frais. Embrochez-les sur des piques en bois ; enduisez-les de cassonade. Posez les brochettes sur un plat ou dans la lèchefrite, sous la rampe bien chaude du gril. Au bout de 3 min, retournez-les pour faire caraméliser l'autre face ; poursuivez la cuisson le même temps.

Salade de poulet

Pour 8 pers. : 1 poulet froid rôti de 1,4 kg (ou 8 blancs), 8 œufs, 8 petites tomates, 1 pied de céleri en branches, 1 bol et demi de mayonnaise au ketchup, 150 g de comté ou de beaufort, 8 tranches très fines de poitrine fumée, 1 grosse salade scarole, 10 feuilles d'oseille, sel, poivre.

Faites cuire le poulet à la broche ou en cocotte ou faites revenir les blancs à la cocotte, croustillants à l'extérieur, moelleux à l'intérieur. Faites cuire les œufs durs pendant 8 min dans l'eau salée. Passez-les sous l'eau froide, écalez-les puis rincez-les à nouveau. Ils doivent être plus mollets que durs. Réservez. Plongez les tomates 15 à 30 sec dans de l'eau bouillante, puis dans de l'eau glacée pour les rafraîchir. Pelez-les, épépinez-les et coupez-les en quartiers. Réservez. Pelez puis tronçonnez les branches de céleri en bâtonnets d'environ 1,5 cm. Montez une mayonnaise avec le ketchup. Coupez le comté en très fines lanières. Retirez la peau des blancs de poulet revenus dans une cocotte ou une poêle et tranchez en fines escalopes. Si vous avez un poulet entier, désossez-le. Retirez la peau et tranchez les chairs en fines escalopes. Dans une poêle, faites revenir les fines tranches de poitrine fumée jusqu'à ce qu'elles soient bien croustillantes. Réservez. Épluchez la salade et coupez les feuilles. Dans un saladier, mélangez la salade avec les feuilles d'oseille coupées en chiffonnade, les morceaux de poulet, le céleri, les tomates et la mayonnaise. Salez, poivrez. Ajoutez les œufs coupés en 2 ou en 4 dans le sens de la longueur, sur le dessus de la salade.

Servez avec les tranches de poitrine fumée.

Gâteau aux poires

Pour 4 pers. : 150 g de farine, ½ sachet de levure chimique, 75 g de sucre, 2 œufs, 1 yaourt nature (ou 1 yaourt au soja), 500 g de poires (ou 1 boîte de poires au sirop), 5 noix de beurre amolli, 1 petite pincée de sel.

Préchauffez le four à 200 °C (th. 6/7). Mélangez dans un saladier la farine et la levure, ajoutez le sucre, 2 jaunes d'œufs, le yaourt et le beurre amolli ***(gardez-en un peu pour graisser le moule)***. Malaxez bien le tout du bout des doigts jusqu'à obtention d'une pâte épaisse. Incorporez délicatement les 2 blancs d'œufs battus en neige ferme avec 1 pincée de sel. Épluchez les poires, coupez-les en 8 et ajoutez-les à la préparation (ou égouttez les poires, coupez-les et réservez le jus pour une salade de fruits). Versez le tout dans un moule à charlotte beurré et faites cuire 15 min au four. Baissez la température à 160 °C (th. 5/6) et poursuivez la cuisson 15 min. Laissez tiédir avant de démouler avec précaution. Servez tiède ou froid.

Automne

DÉJEUNER

Daube à la niçoise
(voir la recette le 15 octobre)
Brochettes de fruits

DÎNER

Pâtes au thon
(voir la recette du 8 octobre)
Salade de poulet
Gâteau aux poires

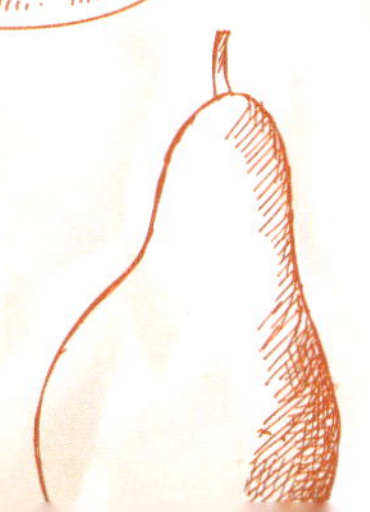

Automne

DÎNER

Hachis Parmentier
Scarole

LA RECETTE DU JOUR

Hachis Parmentier

Pour 6 pers. : les restes de la viande d'hier, 500 g de pommes de terre à chair farineuse, 200 g de beurre, 2 oignons, ½ botte de persil, 1 verre de lait, sel, poivre. Débarrassez la viande de la peau, du gras et des parties nerveuses, passez-la au hachoir. Réservez dans un saladier. Épluchez les pommes de terre, démarrez la cuisson à l'eau froide. Faites cuire 20 min. Salez 10 min avant la fin de la cuisson. Dans une casserole, faites fondre 50 g de beurre, ajoutez les oignons pelés et hachés en les faisant fondre très doucement. Quand les oignons sont colorés, ajoutez le hachis de bœuf et le persil haché. Salez, poivrez. Préchauffez le four à 200 °C (th. 6/7). Étalez le hachis dans le fond d'un plat à gratin beurré. Préparez la purée avec le restant du beurre et le lait. Étalez la purée sur le hachis. Mettez au four pendant 25 à 30 min. Servez accompagné de la scarole.

☞ *Le saviez-vous ?*

Les Français ont faim durant la disette de 1769. Aussi, l'académie de Besançon lance-t-elle, en 1771, un concours sur le thème des végétaux qui pourraient suppléer à ceux dont les hommes se nourrissent ordinairement. C'est Antoine Auguste Parmentier qui obtient le premier prix. Comme les Français sont superstitieux (tout ce qui pousse à l'air libre est de l'ordre du divin, alors que ce qui vient de la terre est certainement l'œuvre du diable lui-même), Parmentier, qui a découvert la pomme de terre lorsqu'il était prisonnier en Allemagne, en fait planter près de deux hectares gardés par des soldats volontairement distraits afin d'attiser la curiosité de ce peuple méfiant et de le pousser au chapardage. Et ça marche ! C'est ainsi que la pomme de terre est entrée dans les recettes des foyers parisiens en cette année 1773. En effet, le terrain où furent plantées les pommes de terre se situe à Neuilly dans le quartier des Sablons, à quelques centaines de mètres du périphérique parisien et de la porte Maillot…

Petite histoire…

Octobre 1932 : des vins californiens…

Au cours de la réception vino-mondaine (comme l'a surnommée *M. Clément Vautel*) de l'avenue Henri-Martin, il est fait allusion à cette méchante querelle que nous cherchent actuellement, à nous autres braves Français, certains méchants Américains.
Depuis plusieurs semaines déjà, il se distribue dans les principales villes d'outre-Atlantique des tracts mettant en cause les tarifs des vins européens en général et français en particulier. Lisez plutôt :

« Avant de payer un vin français deux fois plus cher qu'un vin californien, les Américains devraient se demander s'il est vraiment deux fois meilleur que le leur ! »

Les Yankees en profitent pour critiquer notre législation sur les « appellations d'origine ». Celles-ci, on le sait, protègent nos noms vinicoles afin que l'on ne puisse (en principe) les reprendre pour des vins produits ailleurs que dans des terroirs bien délimités.

L'argument des Américains à l'encontre de nos appellations contrôlées est le suivant :
« Le vin est un produit international, les Californiens ont donc parfaitement le droit de désigner leurs propres vins en se servant des noms de vins européens, sans commettre de faute. »

Et ils ajoutent :
« Les noms des vins ont perdu leur caractère géographique. Chablis, sauternes, champagne… ne représentent plus qu'un type de boissons que l'on peut reproduire dans divers pays à condition de mentionner l'origine du vin. »

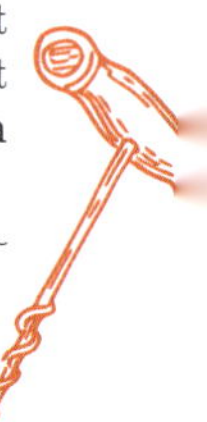

Pense pas bête
Je pense à commander mon **beaujolais nouveau** au domaine Dominique Piron, 69910 Villié-Morgon, tél.: 04 74 69 10 20.

Automne

DÎNER

Rognons blancs
Pommes de terre sautées, salade
Clémentines

Saint-Luc

Mardi **18** OCT.

☞ Le saviez-vous ?

Les rognons blancs désignent les testicules de taureau, d'agneau ou de bélier. On les appelle aussi «animelles» ! Louis XV les faisait servir à Mme de Pompadour afin de stimuler ses envies amoureuses. Les Espagnols les appellent *criadillas*. C'est un plat bon marché.

Petite histoire...

1870 : Paris assiégé depuis 34 jours.

La tristesse étend sa noire emprise sur la ville. Hormis les cafés et quelques rares boutiques, tout est clos. Plus de circulation. On a commencé à rationner le gaz.

Rien n'est négligé pour venir en aide à l'estomac des Parisiens : boudin aux sangs de bœuf et de cheval mélangés ; andouilles, andouillettes, saucisson où la graisse de bœuf et de cheval remplace le saindoux.

Pour l'ensemble de la population, la viande de cheval est désormais taxée. L'ennui est que cette viande «taxée» est des plus difficiles à trouver ; alors que dans les arrière-boutiques des bouchers...

Chez Corcellet, le riche peut encore trouver, très chères, de petites terrines de gibier : perdreau, 15 F ; lièvre, 30 F ; bécasse farcie, 20 F ; faisan, 50 F... Dans les quartiers, l'on trouve des pois verts à 3 F le kilo, des haricots à 2,50 F, des choux de Bruxelles à 1,50 F.

La recette du jour

Rognons blancs

Pour 4 pers. : 12 rognons blancs d'agneau. Court-bouillon : 1 l d'eau avec 1 cs de gros sel, 1 brindille de thym, 2 cs de vinaigre d'alcool, 2 cs de beurre, persil plat haché.

Faites blanchir les rognons blancs 25 min dans le court-bouillon. Égouttez, escalopez finement ; poêlez rapidement. Servez saupoudré de persil haché.

☞ Le saviez-vous ?

La clémentine, issue du mariage heureux de la mandarine et du bigaradier, est née en 1902 en Algérie, grâce au père Clément qui lui donna son prénom. Fille indigne, en moins d'un siècle la clémentine a éliminé la mandarine de nos compotiers. Petite boule orangée avec de jolis reflets verts lorsqu'elle est très fraîche, elle possède une peau fine, facile à détacher. Moins parfumée que la mandarine, son principal avantage est d'être sans pépins. Enfin, pas toujours. Car contrairement à une idée reçue, certaines variétés de clémentines peuvent avoir des pépins. Une bonne clémentine est brillante, bien colorée, sans taches brunâtres. Prise dans la main, elle reste ferme au toucher avec une peau adhérant à la chair. La clémentine est constituée de onze quartiers. Très fraîches, les clémentines peuvent se garder une dizaine de jours dans un endroit aéré, ou dans le bac à légumes du réfrigérateur. Il ne faut surtout pas les enfermer dans un sac plastique, où elles risqueraient de pourrir rapidement. On en fait des salades de fruits, des confitures, des gâteaux, des tartes, on les confit dans le sucre ou l'eau-de-vie. Et elles sont excellentes en gratin.

Lever du soleil : 8 h 18 Coucher du soleil : 18 h 53 Lune décroissante

SEMAINE 42

Automne

DÎNER

Saucisse de Toulouse
(voir la recette du 30 juin)
Lentilles aux légumes fanes
(voir la recette du 3 septembre)
Œufs au lait
(voir la recette du 30 mars)

Je m'avance pour dimanche

Je commence la terrine de lapin au thym : je prépare la gelée et je fais mariner les viandes. *(voir la recette du 20 octobre).*

Petite histoire de l'œuf…

Symbole de vie, de fécondité et de perfection…

De tout temps, l'homme a mangé des œufs d'oiseaux qu'il prélevait dans les nids, comme n'importe quel omnivore prédateur.
De nos jours, sans autre mention, l'« œuf » désigne toujours un œuf de poule. Tous les autres œufs commercialisés doivent porter obligatoirement la mention de l'espèce. Depuis la création des élevages rationnels en batterie dans les années 1920, aux États-Unis, les poules pondent en toute saison. Sur les marchés, on est souvent tenté par des œufs dits « de ferme ». Ces œufs sont malheureusement parfois achetés à l'usine et vendus par des commerçants indélicats comme des œufs issus de poules élevées au grain. En général, les vrais œufs de ferme ne sont pas calibrés et certains d'entre eux ne sont pas parfaitement propres car on n'a jamais vu une poule quitter volontairement son poulailler pour pondre sur un tapis roulant !

Composition :

Le blanc d'œuf offre les réserves nécessaires au développement de l'embryon. C'est dans l'oviducte (voie génitale de la poule) que se constitue l'œuf : le blanc entoure le jaune avant d'être enveloppé par le calcium de la coquille en formation.
On dit communément que l'œuf sort par le « trou du cul ». Il est plus juste de dire le « cloaque », chambre unique dans laquelle débouchent les voies uro-génitales et digestives de la poule.

Le jaune contient toute l'information génétique du futur embryon si la poule a été couverte par un coq. En l'absence de reproducteur, l'ovule contient seulement les gènes de la poule pondeuse.

La coquille, imperméable et poreuse, comporte à sa surface 6 000 à 11 000 pores permettant des échanges gazeux avec l'extérieur.

Conservation :

Les œufs « extra-frais » se conservent sans problème, la pointe vers le bas, durant 3 semaines, dans la partie la moins froide du réfrigérateur (généralement la porte). L'œuf « extra-frais » peut être mangé à la coque. Il est préférable d'isoler les œufs des fruits, des poissons ou autres aliments odorants.
Un œuf dur se conserve au réfrigérateur 4 jours non écalé et 2 jours débarrassé de sa coquille. Le blanc cru ne se conserve que 12 heures, le jaune, 24 heures. Attention, un œuf entier mis au congélateur explose, alors que, battu, il peut se conserver sans problème. Pour contrôler la fraîcheur d'un œuf, le meilleur moyen est de le mirer en le plaçant devant une source de lumière blanche. Deux indices sûrs : la taille réduite de la chambre à air (moins de 4 mm) et la position centrale du jaune. Un autre moyen très efficace consiste à plonger l'œuf dans de l'eau très salée (120 g de sel par litre). L'œuf « extra-frais » reste au fond du récipient, le frais reste immergé entre deux eaux, tandis que l'œuf inconsommable flotte en surface. On peut aussi le casser sur une assiette plate : si le jaune est bien bombé, centré sur un blanc transparent qui ne s'étale pas, il est très frais.

Lever du soleil : 8 h 19 Coucher du soleil : 18 h 51 Lune décroissante

Automne

DÎNER

Tarte aux poireaux
Roquefort

Jeudi
20
OCT.

Sainte-Adeline

Pour 8 pers. :

Pour la terrine : 1 lapin de 1,5 kg (demandez à votre volailler de désosser le lapin en gardant les fillets intacts), 500 g de poitrine de porc fraîche découennée, 3 cs de cognac (ou d'eau-de-vie de prune), 1 verre de vin blanc, ½ cc de thym effeuillé, 3 cs de persil plat haché, 150 g de foie de volaille, 1 échalote grise hachée, 1 brindille de thym, 1 feuille de laurier.

Pour la gelée : 1 carotte, 1 gros oignon, les couennes de la poitrine de porc, ½ pied de veau, 1 grand verre de vin blanc sec, les os du lapin, 1 cs d'huile, 15 g de beurre, 1 pincée de sucre, 1 bouquet garni, ½ cc de thym effeuillé, sel, poivre.

La recette du jour

Terrine de lapin

La veille, préparez la gelée : dans une casserole, faites chauffer l'huile et le beurre. Ajoutez la carotte et l'oignon, épluchés et hachés finement. Faites revenir. Ajoutez les os du lapin et une pincée de sucre. Laissez rissoler et caraméliser. Ajoutez le vin blanc et laissez réduire de moitié. Ajoutez la couenne coupée en morceaux, le ½ pied de veau, le thym effeuillé, le bouquet garni, le sel, le poivre. Couvrez l'ensemble d'eau et laissez bouillotter, cocotte couverte aux trois quarts, pendant 1 h. Laissez refroidir toute une nuit.

Le lendemain, coupez les filets ainsi que le foie du lapin et les foies de volaille en gros dés. Recouvrez avec le vin blanc et 1 cs de cognac (ou de prune). Laissez mariner au minimum 1 heure (plus long sera le séjour des ingrédients dans la marinade, plus corsée sera la farce).

Préchauffez le four à 250 °C (th. 8/9). Hachez à la grille fine les chairs du lapin qui n'ont pas mariné et la poitrine de porc. Mélangez ce hachis avec les 2 cs de cognac (ou de prune) restantes, la ½ cc de thym effeuillé, le persil haché, les morceaux de lapin et de foie, leur marinade et l'échalote hachée. Mélangez bien soigneusement. Faites fondre la gelée du lapin préparée la veille. Filtrez et pesez ¼ de gelée du poids total de la farce. Ajoutez la gelée à la farce, mélangez. Mettez l'ensemble de la farce dans une terrine. Posez une feuille de laurier et une petite brindille de thym sur le dessus. Fermez avec le couvercle et enfournez sur la lèchefrite 15 min. Versez ensuite un peu d'eau dans la lèchefrite pour que le reste de la cuisson s'effectue au bain-marie. Baissez la température du four à 200 °C (th. 6/7). Faites cuire une bonne heure. À la sortie du four, laissez reposer 15 min et posez à même le pâté une petite planche de bois alourdie d'une boîte de conserve ou d'un poids de 1 kg. Laissez refroidir, puis placez la terrine au réfrigérateur pour 3 jours.

Lever du soleil : 8 h 21 Coucher du soleil : 18 h 49 Lune décroissante

Automne

DÎNER

Coquilles Saint-Jacques meunière à l'estragon
Blettes gratinées au four
Poires rôties au four

Les recettes du jour

Coquilles Saint-Jacques meunière à l'estragon

Pour 4 pers. : 16 coquilles Saint-Jacques, 2 noix de beurre, 2 œufs de beurre, persil et estragon hachés, quelques gouttes de citron, sel, poivre.

Choisissez des coquilles bien lourdes et fermées. Demandez à votre poissonnier de les décoquiller. Passez-les sous l'eau courante et séchez-les avec un torchon. Coupez chaque noix dans l'épaisseur pour obtenir deux médaillons. Dans une grande poêle, mettez 2 noix de beurre à fondre à feu moyen. Quand il est bien doré, posez les coquilles Saint-Jacques à cuire sur une face ; laissez dorer doucement, salez et poivrez. Retournez les coquilles et faites cuire de la même manière, salez et poivrez. La cuisson des coquillages doit être moelleuse et dorée. Déposez les coquilles délicatement sur un plat de service chaud. Mettez dans la poêle les herbes hachées et les 2 œufs de beurre que vous faites simplement fondre et mousser en ajoutant quelques gouttes de jus de citron. Versez sur les coquilles. Servez immédiatement.

Blettes gratinées au four

Pour 4 pers. : 1 botte de blettes, 1 tasse à thé de béchamel express *(voir la recette du 3 avril)*, 1 grosse cs de crème fraîche, 125 g de gruyère, 1 pointe de noix de muscade, poivre.

Épluchez soigneusement les blettes en retirant les feuilles vertes et les nervures. Coupez-les en morceaux de 7 ou 8 cm de long. Cuisez-les à l'eau bouillante salée ; égouttez-les. Préparez la béchamel express ; râpez le gruyère. Allumez le four à 150/200 °C (th. 5/7). Ajoutez la crème fraîche, 100 g de gruyère râpé et la pointe de muscade dans la sauce. Laissez chauffer un peu pour que le gruyère fonde. Dans un plat allant au four, disposez les légumes. Versez la sauce. Saupoudrez le plat du reste de gruyère râpé. Mettez au four et laissez chauffer 15 à 20 min. Pendant les 5 dernières minutes, passez le four en position gril pour que le dessus du plat dore et gratine. Servez immédiatement.

Poires rôties au four

Pour 4 pers. : 4 belles poires de saison (mûres et bien juteuses), 30 g de beurre, 2 cs de miel, ½ verre d'eau.

Préchauffez le four à 160 °C (th. 5/6). Lavez les poires. À l'aide d'un épluche-légumes, enlevez le trognon. À 2 cm de la queue, faites une incision sur toute la circonférence de la poire pour éviter qu'elle n'éclate à la cuisson. Garnissez la cavité creusée avec le beurre. Rangez les fruits debout dans un plat à gratin. Arrosez-les de miel. Ajoutez le demi-verre d'eau dans le fond du plat et enfournez 30 min. Arrosez 2 ou 3 fois en cours de cuisson avec le jus du plat. Les poires doivent être craquelées et cuites à cœur. Servez chaud ou tiède.

☞ Le saviez-vous ?

La poire compte parmi les fruits qui offrent le plus grand nombre de variétés. Certaines sont immangeables crues mais excellentes cuites, d'autres sont transformées en « poiré » ou destinées à la conserve. Il existe encore des poiriers sauvages et des variétés anciennes liées à un terroir, ou simplement, à un parfum (la poire bergamote). Les variétés les plus répandues sont destinées à une consommation dite « au couteau ». On les classe en trois catégories, en fonction de la période de récolte et de commercialisation.

Lever du soleil : 8 h 22 Coucher du soleil : 18 h 48 Lune décroissante

LES RECETTES DU JOUR

Blanquette de veau

Pour 4 pers. : 800 g de veau moitié épaule-moitié tendron, 1 crosse de veau, 2 oignons, 3 tomates pelées et épépinées, 1 branche de thym, 1 feuille de laurier, 2 cs de beurre, 1 cs de farine, 50 cl de bouillon de bœuf ou de volaille, 2 jaunes d'œufs, 125 g de crème fraîche épaisse, 1 poignée de persil, ½ citron, 1 cc de sel fin, poivre.

Dans une cocotte, faites roussir le beurre et revenir – bien dorés – les morceaux de veau. Éliminez le beurre de cuisson. Saupoudrez la farine, remuez et faites-la dorer. Ajoutez les oignons entiers, les tomates coupées en 4, le thym, le laurier, le persil (entier) et le bouillon. Laissez cuire à tout petit bouillottement pendant 1 h 30. Retirez thym, laurier et persil. Dans un bol, mélangez les jaunes d'œufs, la crème et le jus du ½ citron avec 1 louche du bouillon de cuisson. Versez lentement cette dernière préparation dans la cocotte, mélangez bien, laissez venir à bouillottement. Assaisonnez. Servez dans un plat chaud.

Turron glacé

Pour 6 pers. : 250 g de sucre en poudre, 100 g de noisettes concassées, 5 blancs d'œufs, ½ l de crème fleurette, 50 g de pistaches entières, 100 g de fruits confits, quelques gouttes d'eau de fleur d'oranger.

Dans une casserole, faites un caramel avec 50 g de sucre et un peu d'eau. Ajoutez les noisettes concassées. Versez la préparation dans un plat à gratin huilé. Laissez refroidir cette nougatine. Cassez-la en petits morceaux. Fouettez les 5 blancs d'œufs en neige en ajoutant le sucre restant au fur et à mesure, sans cesser de battre afin de meringuer vos blancs. Montez la crème jusqu'à l'obtention d'une crème fouettée. Dans un saladier, mélangez délicatement les blancs montés avec la crème fouettée, la nougatine, les pistaches entières, les fruits confits et quelques gouttes d'eau de fleur d'oranger. Versez le tout dans un moule à tarte dont le fond s'enlève. Placez au congélateur 2 h environ. Servez glacé. ***(Attention : ce turron glacé ne se conserve pas et doit être consommé sitôt décongelé.)***

Semoule de riz aux raisins

Pour 4 pers. : 100 g de semoule de riz, 4 dl de lait, 50 g de sucre semoule, 1 sachet de sucre vanillé, 30 g de raisins secs, 2 cs de rhum (ou d'eau-de-vie de fruits).

Dans un bol, faites macérer les raisins avec le rhum. Dans une casserole, portez à ébullition le lait, le sucre et le sucre vanillé. Versez en pluie la semoule de riz. Remuez avec une cuillère en bois. Cuisez 10 min. Après 5 min de cuisson, ajoutez les raisins et le rhum. Choisissez un moule ou un petit saladier : passez l'intérieur sous l'eau fraîche, retournez pour éliminer l'eau, n'essuyez pas. Remplissez avec la semoule aux raisins. Laissez refroidir. Démoulez le gâteau sur le plat de service. *Variante* : nappez le gâteau avec de la gelée de groseilles détendue de quelques cuillerées d'eau.

Automne

DÉJEUNER

Blanquette de veau
Turron glacé

DÎNER

Œufs mollets aux épinards frais
(voir la recette du 26 septembre)
Semoule de riz aux raisins

La recette du jour

Bouchées à la reine

SEMAINE 42

Automne

DÉJEUNER

Terrine de lapin
(voir la recette du 20 octobre)
Bouchées à la reine
Gâteau express
(voir la recette du 14 avril)

DÎNER

Salade César
(voir la recette du 4 juin)
Tarte au fromage blanc
(voir la recette du 28 mars)

Pour 6 pers. : 6 fonds à bouchées achetés chez le pâtissier, 2 cervelles de veau, 2 blancs de volaille, 3 quenelles de volaille, 1 cs de vinaigre blanc, thym, laurier, ½ l de bouillon de volaille ou de bœuf, 300 g de champignons de Paris, 2 cs d'huile, 30 g de beurre, sel, poivre.
Béchamel : 50 cl de lait, 3 jaunes d'œufs + 1 œuf entier, 50 g de beurre, 50 g de farine, ½ cc de sel fin, 1 pincée de noix de muscade râpée, 1 cs de crème fraîche, sel, poivre.

Faites dégorger les cervelles et débarrassez-les de leurs petits filaments ainsi que du sang coagulé. Mettez à cuire 4 min dans une casserole avec de l'eau, 1 cs de vinaigre blanc, sel, poivre, thym, laurier et un bouillon de volaille. Sortez les cervelles, égouttez-les et séchez-les sur un torchon. Coupez en petits morceaux les blancs de volaille, puis faites-les cuire dans la même préparation pendant 10 min. Lavez, essuyez, émincez les champignons et mettez-les dans une poêle bien chaude avec 2 cs d'huile et 30 g de beurre ; salez, poivrez et laissez cuire quelques minutes. Préparez la béchamel. Mettez dans une casserole le lait, les jaunes d'œufs, le beurre et la farine. Salez, poivrez, et parsemez de noix de muscade. Chauffez sur feu moyen, sans cesser de remuer avec un fouet jusqu'à ébullition. Rectifiez l'assaisonnement. Enrichissez la préparation avec la crème et l'œuf entier mélangés. Allumez le four à 120 °C (th. 4) et placez vos fonds à bouchées pour les réchauffer. Mélangez les blancs de poulet, les cervelles coupées en petits morceaux, les quenelles de volaille détaillées et les champignons à la béchamel. Rectifiez l'assaisonnement, puis remplissez vos bouchées. Servez chaud.

Petite histoire...

De la salade César.

C'est grâce à la prohibition que cette salade est connue dans le monde entier. En effet, comme l'alcool était interdit sur le territoire des États-Unis, les Californiens, dont quelques grandes stars d'Hollywood du moment, passaient la frontière mexicaine à Tijuana pour se rendre à l'établissement de Caesar Cardini, le « Caesar's Place » et y boire un verre (ou plusieurs). Et c'est précisément dans ce restaurant que cette salade fut créée.

☞ Le saviez-vous ?

Bouchée : mot dérivé de *bouche*, entré dans la langue au XIIe siècle, qui indique primitivement la quantité de nourriture qu'on peut avaler en une fois, puis, par métonymie, les petites pâtisseries dont on peut faire une seule bouchée. Désigne également une préparation créée en 1735 par Vincent de La Chapelle, grand officier de bouche de Charles Henri, prince d'Orange. Il s'agit d'une croûte creuse faite en pâte feuilletée qui se sépare en feuillets à la cuisson, fourrée d'une garniture plus ou moins riche où figurent en général du blanc de poulet, des ris de veau, des champignons, des truffes, etc., nappée d'une sauce à la crème, qu'on sert chaude, en entrée.
La bouchée dite « à la reine », seulement attestée en 1829, doit son nom à l'épouse de Louis XV, Marie Leczinska, qui tenait le goût des pâtisseries de son père Stanislas Leczinski, ancien roi de Pologne.

Lever du soleil : 8 h 25 Coucher du soleil : 18 h 44 Lune décroissante

Automne

DÎNER

Terrine de lapin
(voir la recette du 20 octobre)
Pommes de terre au lard
Salade verte

Petite histoire...
Des pâtés !

En France, au Moyen Âge, c'étaient les « chair-cuitiers » qui avaient le privilège de préparer la chair cuite et la charcuterie. Les pâtés connurent alors un énorme succès. Chaque région se signalait par des recettes particulières. La confection des pâtés était très surveillée, au point que Jean le Bon signe en 1351 une ordonnance interdisant aux hommes de l'art de garder « leurs pastés » plus d'une journée et d'y employer des viandes corrompues sous peine d'amende. Les « pastés » non conformes étaient solennellement brûlés devant leurs boutiques. Combien resterait-il de charcutiers en exercice actuellement si cette ordonnance n'avait pas été abrogée ?

Dans le *Viandier* de Taillevent (cuisinier de Charles V), les recettes de pâtés abondent : « pasté de chapon », « pasté d'anguille » (avec des groseilles), « pasté de pigeon ». Les pâtés sont au sommet de leur gloire dans les « dîners-spectacles », coutume héritée des nouveaux riches de la fin de l'Antiquité. Les cuisiniers rivalisaient d'imagination et de fantaisie pour élaborer des mises en scène avec de la nourriture.
Comment faire la différence entre une terrine et un pâté ? Au XVIIIe siècle, l'***Encyclopédie*** définit la terrine comme un récipient en terre, à hauts bords, avec couvercle. Plus tard, elle est devenue une farce de viande, de poisson ou de légumes, cuite au four, dans un moule en terre et qui se mange froide. Le contenu a rattrapé le contenant.

La recette du jour

Pommes de terre au lard

Pour 4 pers. : 800 g de pommes de terre roseval ou FB 15, 125 g de poitrine fumée, 2 oignons moyens, ¼ de l de bouillon de bœuf instantané, 1 grosse noix de beurre, 1 cs de farine, sel, poivre.

Épluchez les pommes de terre ; coupez-les en rondelles épaisses de 1,5 cm. Lavez-les et égouttez-les. Retirez la couenne et les cartilages de la poitrine fumée, coupez-la en petits dés de 1,5 cm de section. Épluchez les oignons, hachez-les finement. Préparez le bouillon instantané. Dans une cocotte, mettez la noix de beurre à fondre à feu moyen ; quand elle est fondue, ajoutez les lardons et faites-les cuire et dorer légèrement, en les tournant en tous sens pendant 5 à 6 min. Retirez-les avec une écumoire et mettez-les dans une assiette. Baissez le feu, remplacez les lardons par les oignons et faites-les cuire très doucement à couvert sans prendre couleur pendant environ 10 min. Quand ils sont tendres, versez les lardons, saupoudrez avec la farine, relevez un peu le feu et, en tournant avec une cuillère, faites cuire la farine, les oignons et les lardons jusqu'à ce que l'ensemble ait pris une belle couleur rousse. Mouillez alors avec le bouillon et, en tournant avec la cuillère, faites chauffer jusqu'à épaississement. Baissez le feu, ajoutez les pommes de terre et du poivre. Portez à petite ébullition. Couvrez la cocotte et laissez mijoter à petits bouillottements jusqu'à ce que les pommes de terre soient tendres. Retirez-les avec l'écumoire, ainsi que les lardons et les oignons ; posez-les dans un légumier chaud. À découvert et à plein feu, faites réduire la sauce si elle est trop longue, car elle doit être courte et napper légèrement la cuillère ; vérifiez l'assaisonnement en sel. Versez sur les pommes de terre et servez aussitôt.

Lever du soleil : 8 h 27 Coucher du soleil : 18 h 42 Lune décroissante

Automne

DÎNER

Velouté de marron
Crêpes aux champignons

LES RECETTES DU JOUR

Velouté de marron

Pour 6 pers. : 2 oignons, 750 g de marrons, 15 g de beurre, 1,5 l de bouillon de volaille instantané, 1 pincée de noix de muscade râpée, 15 cl de crème fleurette, sel, poivre.

Épluchez les oignons et émincez-les finement. Rincez les marrons ; incisez la peau sans atteindre la chair et faites-les cuire 5 min dans de l'eau. Égouttez-les et décortiquez-les. Dans une grande marmite posée sur feu moyen, faites revenir les oignons dans le beurre sans les laisser prendre coloration. Versez le bouillon et les marrons et après la reprise de l'ébullition, baissez le feu, couvrez et cuisez 45 min. Poivrez, ajoutez la noix de muscade, rectifiez l'assaisonnement. Gardez quelques marrons entiers, brisez-les grossièrement et réservez-les. Mixez la soupe à l'aide d'un mixeur plongeant. Versez la crème fleurette et rectifiez encore l'assaisonnement. Servez à l'assiette, garnissez de morceaux de marrons réservés. Posez un pot de crème fraîche sur la table.

Crêpes aux champignons

Pour 4 pers. : 2 gousses d'ail, 100 g de parmesan ou de comté, 200 g de champignons de Paris, 8 crêpes de sarrasin, 25 g de beurre.

Béchamel : *voir la recette du 23 octobre* sur la base de 1 l de lait.

Préchauffez le four à 210 °C (th. 7). Préparez la béchamel. Pelez l'ail. Râpez le fromage. Coupez les bouts terreux des champignons. Essuyez-les avec un torchon humide. Si cela ne suffit pas, passez-les sous un filet d'eau froide et essuyez-les aussitôt. Émincez-les et recoupez-les en plus petits morceaux. Faites suer les champignons dans une poêle à revêtement antiadhésif avec 1 noix de beurre et l'ail écrasé sur feu moyen jusqu'à ce qu'il ne reste plus de liquide. Salez, poivrez. Ajoutez ⅓ de béchamel aux champignons pour leur donner une consistance de farce. Rectifiez l'assaisonnement. Laissez épaissir, au besoin, baissez le feu. Beurrez un plat allant au four et tapissez-le d'une couche de béchamel. Farcissez les crêpes. Posez-les dans le plat ; couvrez du reste de béchamel puis du fromage râpé et glissez au four pour 20 min. Servez bien chaud.

☞ Le saviez-vous ?

Les bouillons, riches en éléments nutritionnels, sont les eaux de cuisson d'aliments mis à bouillir. La cuisson des éléments en milieu aqueux favorise l'assimilation des graisses, des sucres et des protéines – elle libère les acides aminés que contiennent les protéines et facilite la digestion. Suivant son aspect, le bouillon change de nom et devient consommé, crème, fond, potage, soupe ou velouté.

Les potages sont des bouillons dans lesquels ont cuit des aliments – le plus souvent coupés menu ou passés.
On peut dire qu'un potage est un bouillon non épaissi.
Les consommés et les bisques sont des potages. Le *consommé*, terme alimentaire datant de 1950, désigne un bouillon concentré où tout le suc de la viande est passé. C'est un potage clair, que l'on peut aussi bien servir chaud que froid.

Automne

DÎNER

Tajine de lapin aux pruneaux et aux amandes

Tarte au lait

Les recettes du jour

Tajine d'agneau aux pruneaux et aux amandes

Pour 8 pers. : 2 épaules d'agneau, 2 gros oignons, 2 gousses d'ail, 2 cc de gingembre en poudre, 2 cc de curcuma, 1 dose de safran en poudre ou en filaments, 1 pincée de noix de muscade râpée, ½ bouquet de coriandre, ½ bouquet de persil plat, 5 cs d'huile d'olive, 1 cs de sucre en poudre, 1 bonne pincée de cannelle, 24 pruneaux, 150 g d'amandes mondées, huile d'arachide, sel, poivre.

Demandez au boucher de dégraisser et couper les épaules en morceaux moyens sans les désosser. Épluchez et émincez les oignons. Pelez l'ail. Disposez les épices et l'ail dégermé et écrasé dans un bol ; versez 30 cl d'eau et mélangez. Rincez et ciselez les herbes fraîches. Dans une cocotte, faites revenir les oignons dans l'huile d'olive sur feu moyen ; salez légèrement et attendez qu'ils deviennent transparents. Ajoutez la viande et faites-la revenir 5 min. Versez le contenu du bol, la moitié des herbes, poivrez et rectifiez l'assaisonnement. Dès ébullition, couvrez et cuisez lentement, à feu doux pendant 1 h 30. Pendant ce temps, faites bouillir un petit verre d'eau dans une casserole avec le sucre et la pincée de cannelle. Plongez-y les pruneaux, baissez le feu et attendez que le liquide se soit presque entièrement évaporé. Ajoutez-les au tajine 15 min avant la fin de la cuisson. La sauce doit être courte et sirupeuse. Versez 1 trait d'huile d'arachide dans une poêle posée sur feu moyen et faites dorer les amandes. Égouttez-les et laissez-les en attente sur du papier absorbant. Servez le tajine dans un plat creux. Décorez des amandes et des herbes réservées.

Tarte au lait

Pour 6 à 8 pers. : 4 œufs entiers, 100 g de sucre en poudre, 50 cl de lait, 20 cl de crème fraîche entière, 1 pâte brisée, 30 g de sucre cassonade.

Préchauffez le four à 200 °C (th. 6/7). Battez les œufs et le sucre, ajoutez le lait et la crème, mélangez. Étalez la pâte et déposez-la dans le moule. Piquez le fond avec une fourchette, recouvrez de papier sulfurisé et de légumes secs. Enfournez pour 10 min. Sortez la tarte et débarrassez-la des légumes secs et du papier sulfurisé. Versez la préparation au lait et enfournez 20 min. À la sortie du four, saupoudrez avec le sucre cassonade et passez sous le gril.

Petite histoire...

1744, Louis XV en Alsace...

Le roi Louis XV vient de rentrer à Paris après un long voyage dans les provinces de l'Est. L'un des principaux souvenirs pittoresques rapportés par les courtisans admis à participer au déplacement fut un bœuf entier que l'on fit rôtir devant la population de Strasbourg. Un bœuf pesant quatre cents kilos, dont le rôtissage complet ne nécessita pas moins d'un jour et demi. Il était farci de deux moutons et de cinquante kilos de saucisses, ceinturé de six cochons de lait, de douze oies, de douze canards ainsi que de trente-six poulardes. Il avait été porté par la corporation des bouchers jusqu'au Marché-aux-Herbes où l'attendaient les Strasbourgeois.

SEMAINE 43

Automne

DÉJEUNER

Quiche lorraine
(voir la recette du 24 avril)
Gratin dauphinois
Salade croquante
Vieux comté

Je m'avance pour samedi

Je prépare une daube de bœuf.

LES RECETTES DU JOUR

Gratin dauphinois

Pour 4 pers. : 1 kg de pommes de terre (bintje ou charlotte), 40 cl de lait, 200 g de crème liquide ou épaisse, 1 gousse d'ail, 1 brindille de thym, 1 cs de beurre, 1 pointe de couteau de noix de muscade râpée, 1 cc de sel fin, quelques tours de moulin à poivre.

Préchauffez le four à 160 °C (th. 5/6). Pelez et lavez les pommes de terre, essuyez-les. Émincez-les en rondelles de 3 à 4 mm d'épaisseur. Dans une cocotte, portez le lait à ébullition sans cesser de remuer au fouet. Ajoutez les pommes de terre, le sel fin, quelques tours de moulin à poivre et la noix de muscade. Coupez la gousse d'ail en 2 ; frottez le fond et les parois du plat à gratin. Enfermez dans un nouet de gaze la gousse d'ail et la brindille de thym ; ajoutez aux pommes de terre. Laissez cuire les pommes de terre dans le lait 15 min à feu doux, en remuant avec une cuillère en bois. Ajoutez la crème ; remuez ; portez à ébullition ; retirez le nouet ; rectifiez l'assaisonnement. Versez la préparation dans le plat frotté d'ail. Répartissez sur le dessus des noisettes de beurre. Déposez le plat dans la lèchefrite avec quelques verres d'eau pour une cuisson au bain-marie ; enfournez pour 30 min. Le gratin ressort moelleux à l'intérieur, doré en surface. Servez.

Daube de bœuf

Pour 4 pers. : Pour la marinade crue : 1 bouteille de vin rouge tannique, 1 carotte, 1 oignon, 1 échalote, ½ branche de céleri, 1 cs d'huile d'olive.
Pour la daube : 1 kg de joue de bœuf ou de paleron, 100 g de poitrine demi-sel, 20 oignons grelots, 2 cs d'huile d'olive, 3 cs de beurre, 1 cs de concentré de tomate, 1 cs de farine, 50 cl de bouillon, 1 cs de cognac, 1 bouquet garni, 4 gousses d'ail, 1 cs de sucre en poudre, 1 cc de sel fin, poivre.

Demandez au boucher de couper la viande en morceaux de 50 g environ. Épluchez et lavez les légumes de la marinade (carotte, oignon, échalote, céleri). Passez-les au mixeur ou coupez-les en très petits dés. Huilez soigneusement chaque morceau avant de les recouvrir de vin rouge. *Entreposez au réfrigérateur pendant 24 à 48 h.*

Mon truc malin

Gratin dauphinois : ne lavez pas les pommes de terre après les avoir coupées ; l'amidon qu'elles contiennent lie efficacement le lait et l'ensemble de la préparation.

Automne

DÎNER

Bar en croûte de sel, beurre blanc
Endives braisées

Beurre blanc

Pour 4 pers. : 200 g de beurre très froid, 2 cs de crème liquide, 3 échalotes hachées, 3 cs de vinaigre de vin blanc, ½ cc de sel, poivre.

Dans une casserole à fond épais, mettez les échalotes hachées et le vinaigre ; laissez cuire et réduire à feu doux. Lorsque ne subsistent plus que les échalotes, ajoutez 1 cs d'eau froide. Ajoutez la crème ; portez rapidement à ébullition. Au premier bouillon, passez à feu moyen ; ajoutez le beurre bien froid en un seul morceau. Maintenez le beurre avec le fouet en remuant fermement jusqu'à ce qu'il soit complètement fondu, sans porter à ébullition. Salez et poivrez. *(Si la sauce doit attendre, maintenez-la au bain-marie.)*

Endives braisées

Pour 4 pers. : 8 endives, le jus de 1 citron, 20 g de beurre, sucre en poudre (facultatif), sel, poivre.

Retirez les premières feuilles des endives et évidez-les. Passez-les rapidement sous l'eau ; égouttez-les. Plongez les endives dans un grand faitout d'eau bouillante salée et contenant un filet du jus du citron. Retirez-les après 5 min ; égouttez-les pointe vers le bas. Si elles sont encore gorgées d'eau, pressez-les entre vos mains sans les déformer. Dans une grande poêle à revêtement antiadhésif, faites fondre le beurre, posez les endives entières ou coupées en 2 dans la longueur. Salez et poivrez, arrosez de jus de citron et saupoudrez d'un peu de sucre. Commencez la cuisson sur un grand feu, le temps que l'eau rendue s'évapore, puis baissez le feu. Laissez-les dorer doucement à découvert en les retournant régulièrement.

Bar en croûte de sel

Pour 6 pers. : 1 beau bar, 2 kg de gros sel de Guérande, 4 blancs d'œufs, poivre.

Demandez au poissonnier de vider le poisson et de couper les nageoires mais sans l'écailler. Dans un saladier, mettez 2 kg de gros sel avec les 4 blancs d'œufs fouettés grossièrement. Mélangez bien. Préchauffez le four à 240 °C (th. 8). Tapissez un plat allant au four d'une feuille de papier sulfurisé (pour détacher facilement la croûte du fond du plat). Étalez une couche de sel de 1 cm d'épaisseur ; posez le bar et recouvrez-le entièrement de sel en pressant soigneusement pour ne laisser aucun interstice. Faites cuire au four 25 min par kilo de poisson. Dès la fin de la cuisson, cassez la coque devenue très dure avec un rouleau à pâtisserie ou un marteau ; retirez la croûte sur le dessus. Sortez le poisson. Coupez le long de l'arête centrale et levez les filets. Retirez l'arête centrale et reposez les filets du dessus pour reconstituer le poisson. Poivrez. Servez aussitôt avec le beurre blanc en saucière.

Mon truc malin

Cuisson en croûte de sel : les poissons doivent être entiers, vidés, non écaillés. Ce type de cuisson a l'avantage de concentrer au maximum les saveurs. En durcissant, le sel emprisonne les parfums.

Je m'avance pour samedi

Je continue la daube de bœuf

Filtrez la marinade ; laissez réduire le vin de moitié, à feu moyen. Coupez la poitrine en petits lardons ; mettez dans la cocotte ; faites rissoler doucement ; retirez du feu ; réservez. Mettez dans la cocotte les oignons grelots épluchés ; faites rissoler 5 min dans la cocotte en remuant ; retirez avec une écumoire ; réservez. Égouttez la viande de la marinade, essuyez-la dans un torchon ou un papier absorbant. Ajoutez le beurre et l'huile ; mettez la viande dans la cocotte ; saupoudrez de sucre ; faites rissoler 8 min ; saupoudrez avec la farine et faites-la roussir. Ajoutez le cognac, le vin réduit de la marinade, le bouquet garni, les gousses d'ail légèrement écrasées, le concentré de tomate délayé dans le bouillon ; salez, poivrez. Faites cuire à petits bouillottements, à couvert, pendant 2 h 30. Ôtez le bouquet garni. Ajoutez les oignons grelots et les lardons ; poursuivez la cuisson 30 min. Laissez refroidir et réservez au frais jusqu'à samedi.

Sainte-Narcisse

Samedi
29
OCT.

Je m'avance pour demain...
Je prépare une épaule d'agneau farcie aux épices
(voir la recette du 6 avril).

Automne

DÉJEUNER

Daube de bœuf
(voir la recette des 27 et 28 octobre)
Pommes de terre vapeur, riz ou pâtes
Salade de fruits

DÎNER

Blinis au saumon fumé
Reste de la salade de fruits

Petite histoire...

1870, Paris assiégé depuis 45 jours...

Il n'y a plus d'œufs! Un journaliste s'alarme: « Plus d'œufs, écrit-il, c'est-à-dire plus de liaisons, plus de sauce, plus d'omelette, ni de dessert. Ah! Pauvres ménagères! Comment allez-vous pouvoir vous y prendre dès à présent? »
En réalité, s'il n'y a plus d'œufs chez les marchands en gros, il en reste chez la fruitière... Ils se vendent 75 centimes pièce; à ce prix, c'est évidemment, pour bon nombre de Parisiens, comme s'il n'y en avait réellement plus.

LES RECETTES DU JOUR

Salade de fruits

Pour 8 pers.: 4 pommes, 4 poires, 3 bananes, 3 oranges, 85 g de sucre en poudre, le jus de 3 mandarines, le jus de 1 citron.
Épluchez les fruits. Coupez les pommes et les poires en 2, émincez-les après avoir retiré le cœur et les pépins. Coupez les bananes en rondelles, les oranges pelées à vif en demi-rondelles. Mélangez tous les fruits. Recouvrez de sucre et arrosez des jus des mandarines et du citron mélangés. Mettez au frais. Sortez au début du repas et servez après avoir bien mélangé.

Blinis au saumon fumé

Pour 4 pers.: ¼ de l de lait chaud, 20 g de levure de boulanger, 50 g de beurre fondu, 250 g de farine, 3 œufs, ½ cc de sel fin, 4 tranches de saumon fumé, 1 tasse à thé de crème aigre (à défaut, prendre de la crème fleurette et y ajouter du citron), 1 tasse à thé de beurre fondu.
Préparez la pâte 3 à 4 h à l'avance. Faites chauffer le lait et délayer la levure en versant le lait petit à petit. Faites fondre 50 g de beurre dans une casserole. Dans un saladier, mettez la farine, le sel et les jaunes d'œufs ainsi que le beurre fondu. Travaillez le tout à la cuillère pour le mélanger. Ajoutez une petite quantité de lait et travaillez la pâte pour qu'elle devienne lisse. Délayez-la ensuite en versant le reste du lait petit à petit et en mélangeant à la cuillère. On doit avoir une pâte à crêpes un peu épaisse. Si elle semble trop compacte, ajoutez éventuellement un peu de lait. Mettez la pâte dans un endroit chaud, près d'un radiateur par exemple. Au moment de l'emploi, battez 2 blancs d'œufs en neige très ferme, tournez la pâte avec la cuillère, puis incorporez les blancs en neige. Allumez le four à 70 °C (th. 2/3). Faites les blinis: à feu moyen, faites chauffer la petite poêle légèrement graissée de beurre ou d'huile; coulez 2 cs de pâte, cuisez d'un côté, retournez à la spatule et faites de même pour l'autre côté. Tenez au chaud au fur et à mesure dans le four, sur le plat de service. Dans une saucière, mettez de la crème aigre, dans une autre du beurre fondu. Posez le saumon fumé sur les blinis et servez accompagné des deux saucières.

Lever du soleil: 8 h 35 Coucher du soleil: 18 h 33 Lune décroissante

Les recettes du jour

Haricots blancs au beurre

Je prévois davantage de haricots blancs et je réserve le jus de la cuisson pour le potage de demain.

Pour 4 pers. : 2,5 kg de haricots blancs non écossés, 2 oignons moyens, 2 gousses d'ail, 2 l d'eau, 1 petite blanche de thym, ½ feuille de laurier, 1 gros œuf de beurre, sel, poivre.

Écossez les haricots. Épluchez les oignons, coupez-les en rondelles, épluchez les gousses d'ail. Dans une grande casserole, mettez l'eau, l'oignon, l'ail, le thym et le laurier, du sel. Portez à ébullition. Quand l'eau bout, ajoutez les haricots. Attendez que l'ébullition reprenne. Écumez, baissez le feu, couvrez et laissez cuire doucement à petits bouillons 1 h environ. Les haricots doivent être tendres et non éclatés. Au bout de ce temps, versez dans une autre casserole la presque totalité du jus de cuisson qui servira au potage de demain ainsi que 150 g de haricots. Retirez le thym et le laurier, ajoutez le beurre, remuez très délicatement. Vérifiez l'assaisonnement en sel et poivrez. Servez chaud.

Tarte Tatin

Pour 6 pers. : 6 pommes calvilles, rouges ou reinettes, 250 g de sucre semoule, ½ verre d'eau, 100 g de beurre, 250 g de pâte feuilletée.

Dans un moule à Tatin, versez le sucre et ajoutez l'eau. Mettez sur le feu et surveillez. Le sucre commencera par blanchir ; très vite il deviendra blond clair et tournera au fauve. À ce moment précis, ajoutez le beurre coupé en morceaux. Maintenez sur le feu jusqu'à ce que le caramel l'ait totalement absorbé, puis retirez le moule du feu et laissez refroidir. Épluchez les pommes, épépinez-les, coupez-les par moitié dans le sens de la hauteur et rangez-les debout, serrées les unes contre les autres, dans le moule, en commençant par les bords et pour finir par le centre. Chauffez le four à 180 °C (th. 6). Posez le moule garni de pommes et de caramel sur le feu. Laissez cuire 5 min, puis mettez au four pour 20 min. Retirez du four. Couvrez le moule avec la pâte feuilletée. Rabattez les bords à l'intérieur pour fermer hermétiquement. Piquez-la à la fourchette. Remettez au four et comptez 25 à 30 min de cuisson. Sortez le moule du four et laissez reposer 15 min. Posez un plat sur le moule. Retournez. Les pommes doivent se trouver sur le dessus. Servez tiède.

Welsh rarebit

Pour 4 pers. : 150 g de gruyère, 150 g de chester, 1 verre de vin blanc sec, 1 verre de bière, 4 tranches de pain de mie sans croûte (8 x 1,5 cm d'épaisseur), 1 cs de moutarde blanche, sel, poivre de Cayenne.

Détaillez les fromages en fines lamelles. Allumez le gril du four. Mettez les fromages dans une sauteuse et mélangez-les avec le vin blanc et la bière. À feu doux, portez à petite ébullition en tournant sans cesse avec une cuillère en bois jusqu'à ce que les fromages soient fondus et le mélange onctueux et homogène. Salez, ajoutez le poivre de Cayenne, et laissez au chaud à très petit feu. Faites grillez légèrement les tranches de pain de mie ; elles doivent rester moelleuses à l'intérieur. Mettez chaque tranche dans des petits plats individuels. Incorporez la moutarde à la sauce dans la sauteuse, puis recouvrez largement chaque toast sans craindre de déborder et d'emplir le fond du plat. Passez au gril rapidement pour faire prendre une jolie couleur dorée. Servez immédiatement.

Automne

DÉJEUNER

Épaule d'agneau farcie aux épices
(voir la recette du 6 avril)
Haricots blancs au beurre
Tarte Tatin

DÎNER

Welsh rarebit
Reste de tarte Tatin

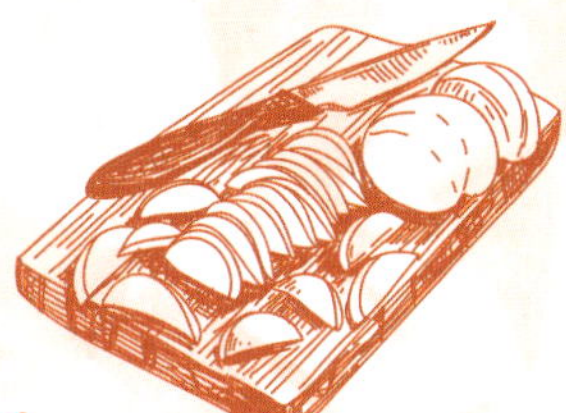

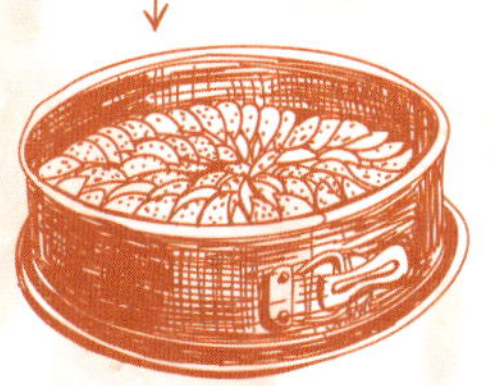

Saint-Quentin

lundi
31
OCT.

Semaine 43

Automne

DÎNER

Crème de haricots blancs
Saucisse de Morteau
Tarte à la vergeoise et confit d'endives *(voir la recette du 1er avril)*

LA RECETTE DU JOUR

Crème de haricots blancs

Pour 4 pers. : les haricots blancs réservés et cuits hier et le jus de cuisson, 3 cs de crème fraîche, sel, poivre.

Passez les légumes au mixeur ou au moulin à légumes puis au tamis afin d'obtenir une purée très fine et lisse. Mettez dans une casserole à feu doux, chauffez la purée et incorporez la crème fraîche en travaillant avec une cuillère en bois. Délayez ensuite avec du jus de cuisson de manière à avoir une crème ni trop fluide, ni trop épaisse. Vérifiez l'assaisonnement en sel et poivre. Laissez chauffer quelques minutes et servez avec une salade ou des pommes de terre vapeur.

☞ *Le saviez-vous ?*

Les saucisses : Le latin *salsicius* (au sel) a donné très tôt salcisia, devenu au XIVe siècle saucise puis saulcisse. Plus tard, les grosses « saulcisses à cuire » prirent aussi le nom de « saulcissons » et aujourd'hui encore les saucissons à cuire sont fabriqués comme des saucisses. Par contre, il est des saucisses fabriquées comme des saucissons, le plus bel exemple étant la saucisse d'Auvergne. Il semblerait néanmoins que la différence soit surtout une question de calibre.

Produits de la salaison ou de la science charcutière – n'englobant pas, en conséquence, les saucisses de la chair fraîche – ce volet est l'un des plus larges fleurons de la charcuterie. Personne ne s'est jamais aventuré à comptabiliser le nombre de saucisses et saucissons existant de par le monde. Cela ferait un curieux et intéressant dictionnaire, avis aux amateurs ! Néanmoins, la revue *Charcuterie et Gastronomie*, dont le rédacteur, Louis Roussel, essaye de sortir du passé l'histoire antique et présente de la charcuterie, a révélé dans un numéro d'il y a quelques années, dans une étude sur la charcuterie allemande, que « dans ce pays de la saucisse où chaque habitant consomme 38 kilos de *wurst* par an, et où chaque ville a créé sa propre spécialité, il faudrait quatre ans à un citoyen qui désirerait manger chaque jour une *wurst* différente ».

Petite histoire...

31 octobre 1924 :
Ponchon chez les Goncourt

Raoul Ponchon, notre plus grand poète bachique sans aucun doute, devient membre de l'académie Goncourt. Et pour l'annoncer à ses lecteurs, Léon Daudet – membre fondateur des « Dix » – écrit : « Avant-hier, à deux heures de l'après-midi, chez *Drouant* et à l'issue d'un déjeuner excellent (turbotin rôti, poularde au sel, soufflé au fromage...), Raoul Ponchon a été élu, à une très forte majorité, membre de l'académie Goncourt.

L'histoire naturelle enregistrera qu'un champagne naturel, le blanc de blancs, suivi d'un hermitage empourpré, a célébré l'arrivée parmi nous du chantre immortel des vergers et des vins de France et du détracteur, non moins immortel, des vins suisses. »

Des aphorismes de Ponchon :
« Évitez que l'on assassine
Les poulets cuits dans la cuisine
Un poulet n'est présentable
Que si on le découpe sur la table. »

« Ne me servez pas de hachis !
En général, cela fourmille
De vos rogatons défraîchis.
Mangez vos hachis en famille. »

« Voyez comme Dieu fait bien
les choses, quelquefois :
Le pigeon n'est fameux qu'au temps
des petits pois. »

« Il ne faut jamais se quitter
sans prendre le dernier. »

Lever du soleil : 7 h 38 Coucher du soleil : 17 h 30 Lune croissante

Novembre

L	M	M	J	V	S	D
	1 Toussaint	2	3	4	5	6
7	8	9	10	11 Armistice 1918	12	13
14	15	16	17	18	19	20
21	22	23	24	25	26	27
28	29	30				

Automne

DÎNER

Poireaux vinaigrette
Côtes de veau aux oignons
Pommes de terre
en écailles de poisson

Les recettes du jour

Poireaux vinaigrette

Pour 4 pers. : 6 beaux poireaux, vinaigrette moutardée, 1 petite échalote.
Préparez les poireaux en ne gardant que les blancs *(réservez les verts des poireaux pour le potage de demain)*. Conservez les blancs entiers pour qu'ils soient bien fondants et faites-les cuire à la vapeur 15 min. Égouttez soigneusement ; déposez-les dans un petit plat creux ; arrosez de vinaigrette ; dispersez l'échalote finement hachée. Servez tiède.

Côtes de veau aux oignons

Pour 4 pers. : 4 côtes de veau de 180 g, 3 à 4 oignons moyens, 1 œuf de beurre, 3 cs d'eau, sel, poivre.
Épluchez les oignons, hachez-les grossièrement. Allumez le four à température tiède et chauffez-y le plat de service. Dans une poêle à feu moyen, mettez le beurre à fondre. Quand il commence à grésiller, versez les oignons hachés et faites-les cuire en douceur à couvert. Quand ils sont dorés, retirez-les avec une écumoire et réservez-les sur une assiette. Remplacez-les par les côtes de veau légèrement salées et poivrées. Quand elles sont dorées des deux côtés, baissez le feu, versez les oignons, couvrez et laissez cuire doucement en retournant les côtes une fois. À la fin de la cuisson, retirez la viande, posez-la sur le plat de service et tenez au chaud dans le four. Versez dans la poêle 3 cs d'eau. À feu vif, grattez les résidus de cuisson afin d'obtenir un petit jus onctueux. Versez-le sur les côtes avec les oignons et servez.

Pommes de terre en écailles de poisson

Pour 4 pers. : 500 g de pommes de terre bintje, 100 g de beurre, sel, poivre.
Épluchez les pommes de terre, coupez-les en rondelles comme des chips. Lavez-les et rincez-les à l'eau courante. Séchez-les dans un torchon. Allumez le four à 220 °C (th. 7/8). Dans une casserole à feu doux, faites fondre le beurre. Mettez les pommes de terre et le beurre dans une grande terrine et mélangez les pommes de terre avec les doigts pour qu'elles soient toutes entourées de beurre fondu. Salez et poivrez. Dans un grand plat allant au four, disposez une couche de pommes de terre en écailles de poisson. Mettez au four. Au bout de 10 min, elles ont tendance à se retrousser ; aplatissez-les avec une spatule. Laissez cuire 10 min de plus, jusqu'à ce qu'elles soient bien dorées. Servez telles quelles dans le plat de cuisson.

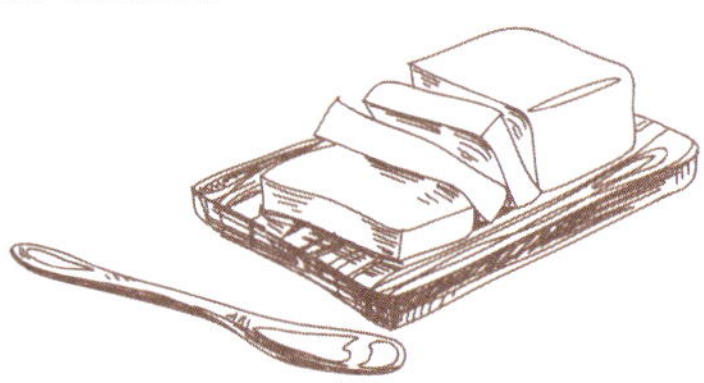

Petite histoire...

1er novembre 1895 : à nous l'autruche !

Une décision très importante en faveur de l'alimentation des Parisiens aux revenus modestes vient d'être prise par le conseil municipal de Paris. Nul doute qu'elle se concrétisera, et que l'on verra d'ici moins d'un an de la *viande et des œufs d'autruche* mis en vente aux Halles.
L'initiative de cette mesure capitale est due à l'un des édiles les plus sympathiques de Paris, *M. Bellan*, représentant le IIe arrondissement.
C'est lui qui, le premier, s'est avisé que l'autruche – *Struthio camelus* pour les naturalistes – n'était pas seulement un trésor pour les artisans plumassiers, mais qu'elle en était un également au profit des ressources culinaires.
« L'autruche, déclare M. Bellan, se doit d'être classée parmi les espèces alimentaires. Ses œufs et sa chair essentiellement comestibles pourraient fournir une ressource nouvelle à l'alimentation publique ; sa viande très tendre, de même apparence que celle du bœuf, est bien supérieure à celle du cheval à laquelle bon nombre de Parisiens font usage. »

Automne

DÎNER

Potage pommes de terre poireaux
Grillades de porc poêlées
Choux de Bruxelles au beurre

Le saviez-vous ?

Le chou de Bruxelles : cousin éloigné du chou pommé, il fut pour la première fois cité en 1587. Relégué au rang de plante aussi rare qu'inutile, il réapparaît sous sa forme actuelle en 1785 en Belgique. En 1815, on le signale à Paris sous le nom de « chou de Brabant » ou « chou à mille têtes ». Ces petits bourgeons pommés de 2 à 4 cm poussent en effet en rangs serrés sur une longue tige d'un mètre de haut. Cru, en salade, il étonne par sa douceur et son croquant. Cuit à l'eau puis sauté au beurre, c'est l'accompagnement idéal du gibier à plume.

LES RECETTES DU JOUR

Potage pommes de terre poireaux

Pour 4 pers. : le reste des verts bien tendres des poireaux d'hier, 2 poireaux moyens, 2 grosses pommes de terre type bintje, 1 œuf de beurre, 1 l d'eau, sel, poivre.

Prenez la partie blanche et verte, tendre, des poireaux ; épluchez, lavez et coupez en 4 dans la longueur les 2 poireaux. Épluchez et lavez les pommes de terre, taillez-les en lames un peu épaisses. Faites fondre 1 noix de beurre dans la casserole, mettez-y les poireaux et faites-les étuver à couvert et à feu doux, c'est-à-dire s'attendrir sans prendre couleur. Mouillez avec l'eau. Ajoutez les pommes de terre, portez à ébullition. Salez, poivrez et laissez cuire à petits bouillons pendant 45 min. Au fond de la soupière chaude, mettez le beurre restant et versez la soupe dessus. Servez sans attendre.

Grillades de porc poêlées

Pour 4 pers. : 4 grillades de porc de 130 g à 150 g, 1 noix de beurre, 3 cs d'eau, sel, poivre.

Faites fondre le beurre à feu moyen dans une large poêle. Quand il grésille, posez les grillades côte à côte ; salez et poivrez. Laissez dorer puis baissez le feu et laissez cuire 5 min doucement. Retournez sur l'autre face et faites dorer et cuire de la même manière. Salez et poivrez. Retirez les grillades et posez-les sur un plat de service chaud. Versez dans la poêle les 3 cs d'eau. À feu vif, grattez les sucs de cuisson à la cuillère et réduisez la sauce à consistance sirupeuse ; versez sur les grillades. Servez aussitôt.

Choux de Bruxelles au beurre

Pour 4 pers. : 500 g de choux de Bruxelles, 2 l d'eau, 1 pincée de bicarbonate, 1 œuf de beurre, sel, poivre.

Coupez la tige de chaque petite pomme des choux, retirez soigneusement toutes les feuilles extérieures abîmées. Lavez-les à grande eau fraîche. Faites cuire les choux à l'eau bouillante salée avec la pointe de bicarbonate et à découvert pour les conserver bien verts. Retirez-les à l'écumoire ; égouttez-les soigneusement. Dans une grande poêle, faites fondre le beurre, ajoutez les choux en les tournant de tous côtés à l'aide d'une spatule pour ne pas les abîmer. Rectifiez l'assaisonnement en sel et poivre. Servez chaud.

Ce que je sais...

Mon grand-père maraîcher ne vendait jamais ni choux de Bruxelles, ni mâches, avant qu'un coup de gelée ne les ait rassis.

Lever du soleil : 7 h 41 Coucher du soleil : 17 h 27 Lune croissante

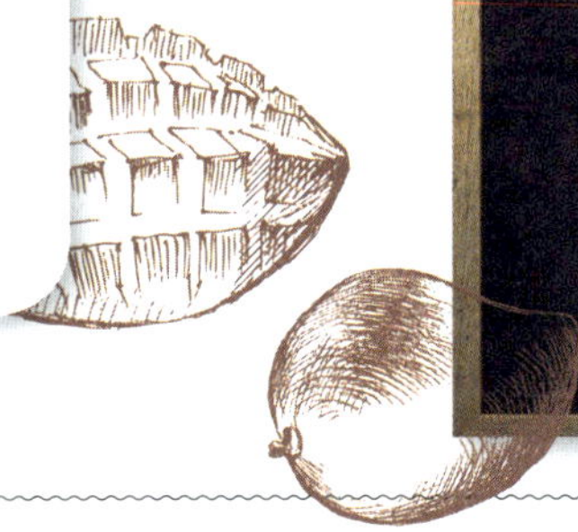

Automne

DÎNER

Canard confit aux mangues
Pommes de terre sautées, salade croquante
Roquefort

La recette du jour

Canard confit* aux mangues

Pour 4 pers. : 4 cuisses de canard confites en conserve, 2 mangues, 20 g de beurre demi-sel, 20 g de sucre roux, le jus de 1 citron vert, 2 grappes de groseilles (ou équivalent en surgelé), sel, poivre.

Retirez la graisse des cuisses confites. Faites-les revenir puis dorer à la poêle. Égouttez-les, réservez. Épluchez les mangues et coupez la pulpe en quartiers. Faites-les dorer dans le mélange beurre-sucre. Ajoutez le jus de citron pour déglacer. Laissez mijoter. Servez le canard entouré de quartiers de mangues, parsemez le tout de groseilles et nappez de fond de sauce.

*** On peut aussi confire les cuisses de canards soi-même :**

Pour 6 pers. : 6 belles cuisses de canard gras (de 150 g à 200 g chacune) ou 4 belles cuisses d'oie, 3 belles gousses d'ail, 1 pincée de noix de muscade, 1 brindille de thym, 1 feuille de laurier, 1 kg de graisse d'oie (ou saindoux), 2 cs de sel fin, poivre.

Frottez les cuisses avec les gousses d'ail, salez, poivrez, muscadez sur chaque face. Saupoudrez de thym et de laurier broyés. Laissez reposer au réfrigérateur 12 à 15 h. Rangez les cuisses dans une cocotte épaisse, recouvrez avec la graisse d'oie ou le saindoux fondu et laissez cuire à feu très, très doux, 1 h 30 environ. Les cuisses doivent être très tendres sous la pointe du couteau. Égouttez-les soigneusement. Faites-les dorer dans une poêle à revêtement antiadhésif. Servez avec une salade croquante, aillée, et des pommes sautées à cru à la graisse de cuisson.

Mon truc malin

On peut conserver les cuisses de canard au frais, dans leur graisse, durant quelques jours.

Petite histoire...

3 novembre : la Saint-Hubert, le saint patron des chasseurs.

À l'intention de ceux-ci :

- le « vrai » chasseur doit manger son gibier ; son repas doit être le but, et l'excuse, de sa passion favorite ;
- conservez votre gibier au garde-manger, *non* au réfrigérateur ou en glacière ; il y perdrait de sa sapidité et de son fumet, sa chair se durcirait.

☞ *Le saviez-vous ?*

Le canard, selon sa destination culinaire, est vendu sous trois appellations différentes : canard gras, canard à rôtir ou gibier.
Les canards gras fournissent le foie gras et la chair – ailes et cuisses – des futurs confits.
Le canard à rôtir, le plus courant, appelé communément canard de Barbarie, est le résultat d'un croisement avec un canard sauvage ; les mâles peuvent peser jusqu'à 4 kg. Jadis, les canes d'élevage recevaient volontiers les hommages des migrateurs ; il en résultait de grandes différences de goût. La souche a été stabilisée, la qualité est incomparable et régulière.
Le Nantais, dit canard de Challans ou de Vendée, se trouve assez facilement ; réputé pour la finesse et le goût de sa chair, il se classe parmi les meilleurs ; le Rouen a pratiquement disparu ; le Pékin est une espèce très pondeuse mais très grasse, destinée essentiellement à la cuisine chinoise, tel son fleuron, le célèbre canard laqué.

Je m'avance pour demain

Je prépare des endives au jambon. Je fais cuire les endives (voir la recette du 6 novembre).

Automne

DÎNER

Soupe de congre aux légumes
Crêpes au chocolat

Les recettes du jour

Soupe de congre aux légumes

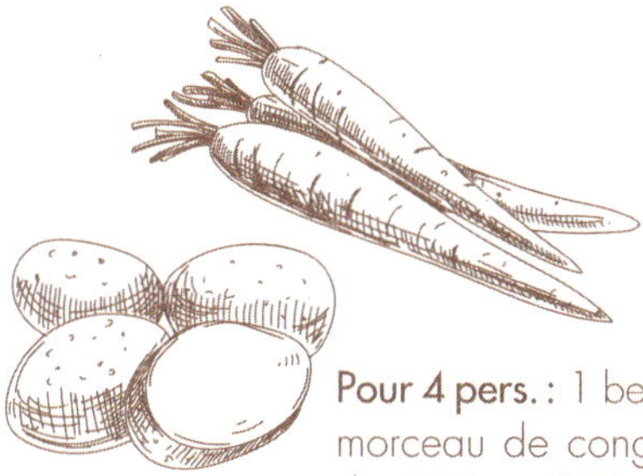

Pour 4 pers. : 1 beau morceau de congre de 800 à 900 g, 2 à 3 poireaux, 2 oignons moyens, 100 g de beurre demi-sel, 1 cs d'eau, 3 carottes moyennes, 3 à 4 pommes de terre, 1 brindille de thym, 2 l d'eau, ½ tasse à thé de ciboulette, ½ citron, un peu de Cayenne, poivre.

Préparez les poireaux, supprimez le vert foncé, coupez le blanc et le vert clair en 2, coupez-les ensuite en 4 dans le sens de la longueur. Détaillez les oignons en fines rondelles. Dans une marmite à feu doux, faites blondir 30 g de beurre, ajoutez les poireaux et les oignons, 1 cs d'eau et en douceur faites étuver le tout à couvert pendant 10 min. Pendant ce temps, épluchez les carottes et les pommes de terre, détaillez-les en grosses rondelles. Quand les oignons et les poireaux sont bien ramollis, ajoutez les pommes de terre, les carottes et la brindille de thym, mouillez de 2 l d'eau, salez et poivrez, portez à ébullition, laissez cuire pendant 35 min environ. Passez le morceau de congre sous l'eau, détaillez-le en 8 tronçons. Vingt min avant la fin de la cuisson des légumes, mettez les tranches de congre dans la marmite et faites bouillir vivement. Pendant ce temps, détaillez la ciboulette en menus tronçons à l'aide des ciseaux. Allumez le four à température tiède. Au terme de la cuisson, sortez le congre et les légumes du bouillon à l'aide de l'écumoire, disposez-les dans un plat, recouvrez d'un papier d'aluminium et mettez-les au chaud dans le four. Continuez l'ébullition du bouillon pour le faire réduire d'un bon tiers, afin de le corser. Vérifiez l'assaisonnement en sel, relevez-le d'un peu de Cayenne. Pendant cette réduction, mettez dans une casserole le reste du beurre à fondre à feu tout doux sans le laisser bouillir et relevez-le d'un peu de jus de citron et de poivre. Au moment de servir, versez le bouillon dans une soupière chaude, ajoutez la ciboulette hachée. Sortez ensuite le plat de poisson et de légumes du four, arrosez-le du beurre fondu. Servez sans attendre.

Crêpes au chocolat

Pour 6 pers. : 12 crêpes *(voir la recette du 5 octobre)*, 200 g de chocolat amer, 1 cs d'eau, 1 pincée de sel, 100 g de beurre, sucre glace.

Allumez le four à température tiède. Faites les crêpes, tenez-les au chaud devant le four au fur et à mesure. Dans une casserole, cassez le chocolat en morceaux, ajoutez 1 cs d'eau et la pincée de sel ; faites-le fondre doucement jusqu'à ce qu'on ait une pâte lisse et épaisse sans grumeaux. Retirez du feu et incorporez le beurre. On doit avoir une sorte de mayonnaise facile à tartiner. Reprenez les crêpes et un plat de service. Tartinez généreusement chaque crêpe de crème au chocolat. Pliez-les en 2 et disposez-les côte à côte et se chevauchant à peine dans le plat de service. Saupoudrez légèrement de sucre glace. Mettez à chauffer dans le four, le temps du dîner. Juste avant de servir, passez le four à « gril » pour faire dorer et caraméliser rapidement le dessus des crêpes.

Sainte-Sylvie

Samedi
5
NOV.

Semaine 44

Automne

DÉJEUNER

Soupe de poissons à la bretonne

Endives au jambon
(voir la recette du 6 novembre)

DÎNER

Potimarron en surprise

Clafoutis aux poires
(voir la recette de base du 5 mai)

Je m'avance pour demain

Faites tremper les viandes de la potée au chou *(voir recette du 6 novembre)* dans l'eau froide toute la nuit.

Pense pas bête

Achetez toutes les viandes et le saucisson de Morteau pour la potée de dimanche *(voir la recette du 6 novembre)*.

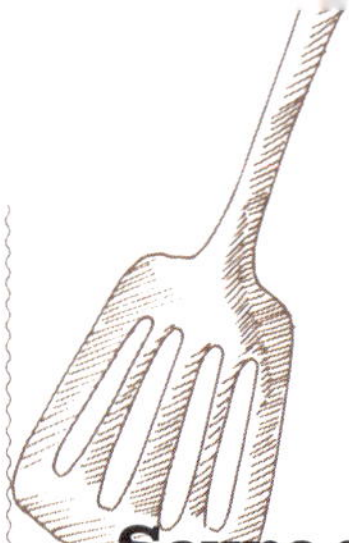

LES RECETTES DU JOUR

Soupe de poissons à la bretonne

Pour 6 pers. : 1 carotte, 1 oignon, 1 poireau, 1 tête de congre, ½ kg de têtes et d'arêtes de sole, de merlan, de daurade, etc., 2 rougets-grondins, 3 à 4 sardines, ½ l de vin rouge, 1 pincée de quatre-épices, 1 bouquet garni, 3 clous de girofle, 2 échalotes, 1 noix de beurre, rondelles de pain grillé, 2 gousses d'ail, sel, poivre de Cayenne.

Coupez les carottes et l'oignon en rondelles, supprimez le vert foncé du poireau, coupez-le en 2, émincez-le dans le sens de la longueur. Dans une casserole, mettez la tête de congre, les arêtes, les têtes, les poissons tronçonnés en morceaux, ajoutez les légumes préparés, mouillez à hauteur avec le vin rouge et de l'eau, ajoutez du sel, du poivre de Cayenne, le quatre-épices, le bouquet garni et les clous de girofle ; portez à ébullition et en écumant régulièrement, faites cuire à petit feu 1 petite heure. Pendant ce temps, hachez finement les échalotes, mettez la noix de beurre à fondre à feu moyen dans une poêle, ajoutez le hachis d'échalotes et faites-lui prendre lentement une belle couleur dorée. Transvasez ce petit hachis dans une grande casserole. Posez un tamis, versez-y la soupe en fin de cuisson et passez-la en vous aidant du pilon. Mélangez aux échalotes, portez de nouveau à ébullition et cuisez à tout petit feu 15 min de plus. Pendant ce temps, faites des rondelles de pain grillé très minces et frottez-les à l'aide d'une gousse d'ail. Vérifiez l'assaisonnement de la soupe et éventuellement relevez-la d'épices et d'un peu de vinaigre : elle doit être très corsée. Versez-la ensuite dans une soupière chaude à travers une passoire fine. Servez avec les petites tranches de pain présentées à part ou mettez-les au fond de la soupière avant de verser la soupe.

Potimarrons en surprise

Pour 4 pers. : 200 g de champignons de Paris, 4 potimarrons, pain de campagne, ail, fromage râpé (comté, beaufort ou emmental), crème fraîche, noix de muscade, sel, poivre.

Nettoyez, lavez et citronnez les champignons. Émincez-les et faites-les fondre à feu doux avec 2 cs d'eau et à couvert. Égouttez-les et réservez. Découpez un couvercle dans les potimarrons côté queue. À l'aide d'une cuillère, retirez les graines et les filaments. Garnissez la cavité obtenue à l'aide de morceaux de pain aillés et de champignons. Recouvrez la couche de pain de fromage râpé. Ajoutez de la crème, du sel, du poivre et de la noix de muscade. Répétez l'opération jusqu'à ce que la cavité soit pleine de couches. Remettez en place le couvercle, enveloppez de papier d'aluminium. Mettez dans un bain-marie, faites cuire à petit feu 2 à 3 h selon la grosseur. Débarrassez les potimarrons de leur papier. À l'aide d'une cuillère en bois, raclez la pulpe et mélangez-la aux autres ingrédients. Servez aussitôt.

Lever du soleil : 7 h 46 Coucher du soleil : 17 h 22 Lune croissante

Les recettes du jour

Potée au chou

Pour 6 à 8 pers. : 1 jambonneau demi-sel arrière, 1 livre de palette demi-sel, 250 g de poitrine demi-sel, 1 jésus de Morteau, 3 à 4 carottes, 2 à 3 navets, 3 à 4 poireaux, 2 gros oignons, 2 clous de girofle, 1 brindille de thym, 1 feuille de laurier, 1 gros chou pommé, sel, poivre.

Égouttez les viandes et passez-les sous l'eau courante froide. Mettez le jambonneau et la palette dans une grande marmite. Recouvrez largement d'eau froide et portez à ébullition. Pendant ce temps, épluchez les carottes et les navets, coupez-les en 2 ou 4 selon leur taille. Épluchez les poireaux en retirant les feuilles extérieures. Coupez la partie vert foncé, faites-en un petit bottillon. Épluchez les oignons, laissez-les entiers et piquez les clous de girofle dans l'un d'eux. Quand l'eau bout dans la marmite, écumez régulièrement jusqu'à ce qu'il n'y ait plus d'écume qui monte à la surface. Mettez les oignons, le thym, le laurier et le bottillon de feuilles de poireaux. Salez légèrement, poivrez et, quand l'ébullition a repris, réglez le feu pour assurer un bouillottement continu pendant 2 h 30 à 3 h. Pendant ce temps, épluchez le chou en retirant les feuilles dures extérieures. Coupez-le en 6 à 8 morceaux en parant la moitié de la grosse côte intérieure. Lavez-les à l'eau fraîche. Égouttez. 1 h avant la fin de la cuisson, ajoutez les carottes, les navets et le morceau de poitrine. Puis 40 min avant la fin de la cuisson, piquez la saucisse de Morteau de quelques coups de fourchette et plongez-la dans la marmite. Cinq min plus tard, ajoutez le chou ; 20 min avant la fin de la cuisson, mettez les blancs des poireaux ficelés en bottillon. Au terme de la cuisson de la potée, sortez les viandes et le saucisson à l'aide de l'écumoire et disposez-les dans un grand plat. Faites de même avec les légumes en les disposant harmonieusement dans un plat creux, mouillés d'une louche de bouillon. Servez la potée nature avec des moutardes et des cornichons.

Endives au jambon

(plat servi le 5 novembre)

Pour 8 pers. : 8 endives, 1 citron, 2 cs de beurre, 4 tranches de jambon découenné.

Sauce : ½ l de lait, 3 jaunes d'œufs, 2 cs de beurre, 2 cs de fécule de maïs, 125 g de fromage râpé, noix de muscade, sel, poivre.

La veille : choisissez des endives bien joufflues. Coupez les pieds, passez-les à l'eau rapidement. Rangez les endives dans une cocotte en fonte. Arrosez avec le jus du citron, ajoutez la moitié du beurre et de l'eau. Salez et poivrez. Couvrez. Mettez sur le feu et faites cuire doucement pendant 45 min environ. Surveillez qu'elles ne brûlent pas, sinon ajoutez quelques gouttes d'eau. Les endives doivent être tendres et il ne doit plus rester de jus de cuisson dans la cocotte. Réservez au frais.

Le jour même : coupez chaque tranche de jambon en 2. Emmaillotez chaque endive dans une demi-tranche de jambon. Rangez-les dans un plat à gratin légèrement beurré. Préchauffez le four à 220 °C (th. 7/8). Réunissez tous les ingrédients destinés à la sauce dans une casserole. Mettez sur le feu, remuez sans arrêt jusqu'à ébullition. Versez alors la sauce sur les endives. Complétez avec un peu de fromage râpé et le beurre restant coupé en petits morceaux. Enfournez pour 20 min jusqu'à ce que l'ensemble soit bien doré.

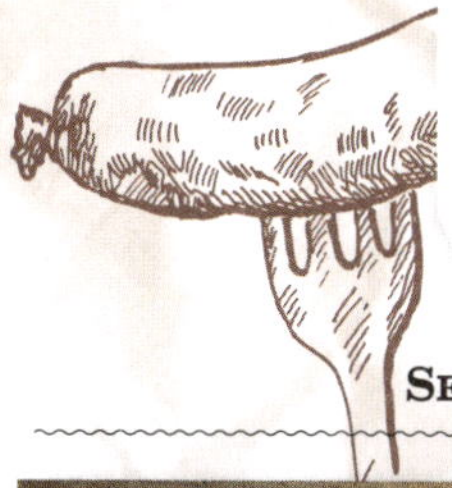

Automne

DÉJEUNER

Potée au chou

Pommes au four

(voir la recette du 20 septembre)

DÎNER

Reste des viandes de la potée

Salade croquante

Matafans

(voir la recette du 9 avril)

Sainte-Carine

Lundi
7
NOV.

Automne

DÎNER

Velouté aux artichauts
Feuilles d'artichauts vinaigrette
Demi-livarot

SEMAINE 45

LA RECETTE DU JOUR

Velouté aux artichauts

Pour 6 pers. : 5 beaux fonds d'artichauts, 40 g de beurre, 1 cs rase de farine, ¼ de l de lait, ¼ de l de bouillon de volaille instantané, 2 jaunes d'œufs, 10 cl de crème fraîche, jus de citron, sel, poivre.

Faites cuire les artichauts à grande eau bouillante salée pendant 30 à 35 min. Supprimez les feuilles et le foin, parez les fonds, réservez-en un, coupez les autres en lamelles. Dans une casserole à feu moyen/doux, mettez 10 g de beurre à blondir, ajoutez les lamelles d'artichauts et faites-les fondre lentement sans coloration pendant 7 à 10 min. Pendant cette cuisson, faites une petite béchamel en mettant dans une casserole 30 g de beurre à fondre, ajoutez la farine, faites cuire un peu en tournant jusqu'à obtenir une couleur jaune pâle, touillez avec le lait froid et portez à ébullition en tournant jusqu'à épaississement. Salez et poivrez. Dès que les lamelles d'artichauts sont prêtes, versez-les dans le mixeur avec la béchamel et broyez pour avoir une purée. À travers une passoire, versez à nouveau dans la casserole en vous aidant du pilon. Ajoutez le bouillon de volaille de façon à avoir une purée légère. Portez de nouveau à petite ébullition. Pendant ce temps, détaillez le fond d'artichaut réservé en petits dés. Dans un bol, mélangez les jaunes d'œufs et la crème fraîche, délayez avec un peu de purée d'artichauts chaude, versez le tout dans la casserole à petit feu, tournez et mélangez jusqu'à épaississement et onctuosité. Ajoutez les dés d'artichauts réservés. Vérifiez l'assaisonnement en sel et en poivre. Ajoutez un peu de jus de citron pour rehausser la saveur.

☞ Le saviez-vous ?

Le livarot : AOC depuis 1975, le livarot, né au cœur de la Normandie, a les honneurs du *Dictionnaire universel géographique et historique* de Thomas Corneille. Son terroir recouvre le pays d'Auge, à cheval sur les départements du Calvados et de l'Orne. Il n'existe plus qu'un producteur de livarot au lait cru, tous les autres travaillant avec du lait plus ou moins pasteurisé. De forme cylindrique, il est fabriqué en quatre dimensions : le livarot (12 cm de diamètre, 5 cm d'épaisseur) ; le trois quarts livarot (10,6 cm de diamètre) ; le petit livarot (9 cm de diamètre) ; le quart livarot (7 cm de diamètre). Il est toujours présenté entouré de cinq « laîches » (bandes de jonc aujourd'hui en papier ou en plastique), d'où son surnom de « colonel ». Sa croûte est bien brillante, de couleur brun-rouge à brun foncé, de forme nette ; la pâte est sans trous, fine et élastique ; son odeur est forte et sa saveur relevée. On le dégustera idéalement entre juin et décembre.

☞ Ce que je fais...

L'artichaut* *doit être compact, dense et ferme ; la coloration de sa coupe vert tendre. Pour juger de la fraîcheur d'un artichaut, pliez une feuille : elle doit casser comme du verre avec un bruit sec et une goutte de sève doit perler. Cru, l'artichaut se conserve 48 h dans le bac à légumes du réfrigérateur. On peut aussi le recouvrir d'un linge humide, ou plonger sa tige dans l'eau froide. Cuit, l'artichaut ne se conserve absolument pas, il donne naissance à des composites toxiques. Les fonds d'artichauts cuits et dégagés de leur foin peuvent être congelés.

Lever du soleil : 7h49 Coucher du soleil : 17h19 Premier quartier de lune

Automne

DÎNER

Waterzooi de poulet à la gantoise
Compote de poires et de pommes à la vigneronne

LES RECETTES DU JOUR

Waterzooi de poulet à la gantoise

Pour 4 pers. : 8 petites endives, 1 bouquet de persil plat avec les tiges, 2 petites boules de céleri-rave, 1 pied de céleri branche, 4 carottes moyennes, 2 poireaux, 100 g de beurre, 1 gros poulet coupé en 8 morceaux, 1 l de bouillon de volaille, 4 échalotes ou oignons, 4 jaunes d'œufs, 10 cl de crème fraîche, le jus d'un citron, sel, poivre.

Débarrassez les endives de leurs feuilles extérieures et de leur pied. Lavez et essorez le persil. Coupez les tiges et attachez-les en botte. Nettoyez les légumes et taillez-les en deux parts : une en julienne et une en morceaux de 2 cm environ. Dans une casserole à fond épais, faites fondre 30 g de beurre et étuvez à couvert à feu doux les légumes coupés en morceaux. Lorsqu'ils sont cuits à point, retirez-les et réservez. Ajoutez 20 g de beurre dans la casserole et étuvez les légumes coupés en julienne. Comptez entre 15 et 20 min. Disposez ensuite les morceaux de poulet sur la julienne, ajoutez les tiges de persil et couvrez de bouillon. Portez à ébullition et laissez mijoter à feu doux jusqu'à cuisson complète de la viande. Pendant ce temps, disposez les endives tête-bêche dans une autre casserole de façon à en recouvrir le fond. Couvrez d'eau et faites cuire à feu doux à couvert. Le jus peut réduire un peu. Retournez régulièrement les endives. Hachez finement le persil et réservez. Battez les jaunes d'œufs avec la crème. Lorsque les morceaux de poulet sont cuits, sortez-les du bouillon et disposez-les dans une soupière ou un plat de service profond chauffé au préalable. Retirez les tiges de persil. Tout en battant, incorporez quelques cs de bouillon dans le mélange œufs-crème et incorporez le tout au bouillon sans cesser de battre. Ajoutez les légumes en morceaux et les endives braisées ainsi que leur jus. Ne laissez pas bouillir, pour éviter une cuisson des jaunes. Au moment de servir, ajoutez le jus de citron en mélangeant. Versez le tout sur les morceaux de poulet et saupoudrez de persil haché. Servez aussitôt.

Compote de poires et de pommes à la vigneronne

Pour 4 pers. : ½ bouteille de vin rouge (corsé, tannique), 40 g de sucre cristallisé, 1 verre à liqueur de crème de cassis, 2 belles poires, 2 belles pommes, ½ orange, ½ citron jaune.

Portez à ébullition dans une casserole le vin rouge, le sucre et la crème de cassis. Épluchez les poires et les pommes, débarrassez-les des queues, des pépins et des trognons. Coupez-les en 8 dans le sens de la hauteur. Plongez-les dans le vin chaud. Laissez reprendre l'ébullition et maintenez la cuisson 30 min à petit feu, en remuant de temps en temps. Ajoutez l'orange et le citron coupés en fines lamelles. Faites bouillir 2 min. Versez dans un compotier. Laissez refroidir à température ambiante avant de servir.

☞ Le saviez-vous ?

Le waterzooi **:** s'il est vrai que ce plat traditionnel se prépare avec du poisson d'eau douce, la variante gantoise à base de poulet est si répandue qu'elle a presque supplanté la recette originale. Ce glissement culinaire s'explique par le triste fait que nos rivières se dépeuplent. De passage à Gand à la fin du siècle dernier, Jules Massenet a été tellement conquis par ce plat qu'il nous a dédié une cantate au waterzooi.

Lever du soleil : 7h51 Coucher du soleil : 17h18 Lune croissante

Automne

DÎNER

Cocotte d'hiver
Yaourt nature au lait entier

La recette du jour

Cocotte d'hiver

Pour 6 pers. : 1 chou de Milan, 1 cs de bicarbonate de soude, 4 carottes, 3 pommes fermes (genre belle de Boskoop), ½ boule de céleri-rave, 1 cs de graisse d'oie ou de saindoux, 1 douzaine de grains de cumin, 6 saucisses de Toulouse, 3 fines tranches de poitrine fumée, ¼ de l de bouillon de bœuf ou de volaille, 1 poignée de gros sel.
Épluchez et lavez le chou, feuille par feuille. Plongez les feuilles 2 min dans l'eau bouillante. Égouttez. Plongez les feuilles de chou entières dans 3 l d'eau portée à ébullition, additionnée d'une poignée de gros sel et de 1 cs de bicarbonate de soude pendant 15 à 20 min. Préchauffez le four à 180 °C (th. 6). Rafraîchissez les feuilles de chou dans un récipient d'eau glacée. Égouttez. Épluchez les carottes, les pommes et le céleri. Émincez à la mandoline, en tranches de 3 à 4 mm d'épaisseur. Faites fondre la matière grasse dans le fond d'une cocotte. Étalez sur la matière grasse fondue une première couche de 3 à 4 feuilles de chou. Étalez les tranches de céleri sur les feuilles de chou, puis les tranches de pommes, et enfin les tranches de carottes. Parsemez les carottes de la moitié des grains de cumin. Posez soigneusement les saucisses de Toulouse, puis les tranches de poitrine fumée sur cette couche de carottes ; recouvrez d'une couche de céleri, puis de pommes, de carottes, le reste de cumin et les feuilles de chou restantes. Arrosez du bouillon de bœuf ou de volaille. Fermez la cocotte avec son couvercle, enfournez et laissez cuire 1 h 30. Servez dans la cocotte.

KEKCEKÇA ?

Qu'est-ce que le bifidus ? C'est une bactérie lactique qui fait fermenter elle aussi le lait et permet d'obtenir un lait gélifié qui a toutes les apparences du yaourt, mais auquel la législation refuse la dénomination de yaourt. Les bifidus sont des laits fermentés avec les deux bactéries traditionnelles et du *Bifidobacterium* (nom scientifique du bifidus). Cette bactérie se trouve dans notre organisme et notamment dans le côlon. Très tenace, elle se multiplie particulièrement bien dans le lait, et survit à la conservation et à la digestion. C'est pourquoi on pense qu'elle facilite le transit intestinal.

Le saviez-vous ?

Yaourt, yoghourt ou yogourt : les trois orthographes sont possibles.
Sans doute parce que ce produit qui nous vient d'Asie centrale se retrouve aujourd'hui dans le monde entier. C'est la méthode la plus astucieuse que l'homme ait trouvée pour conserver, consommer et transporter le lait. Sa découverte est au moins aussi importante que celle de la saumure pour les aliments. Le yaourt est du lait qui fermente grâce à l'action de deux bactéries lactiques, le *Streptococcus thermophilus* et le *Lactobacillus bulgaricus*, et uniquement elles. En se développant dans du lait pasteurisé, ces bactéries le font fermenter et lui donnent cette consistance si particulière.
On le refroidit doucement afin de ne pas les détruire. Un bon yaourt doit en effet contenir par décret 10 millions de bactéries vivantes par gramme. On peut ensuite le brasser pour améliorer sa fluidité, jusqu'à en faire du yaourt à boire. En France, nous consommons environ 22 kg de yaourt par personne et par an.

Je m'avance pour samedi

J'achète la viande pour le pot-au-feu et je commence à préparer le bouillon.

Automne

DÎNER

Scalopines au citron
Tagliatelles
Fromage blanc

Saint-Léon

Jeudi **10** NOV.

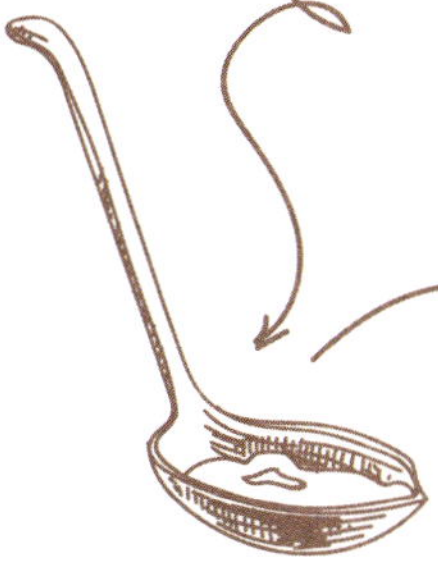

LA RECETTE DU JOUR

Scalopines au citron

Pour 6 pers. : 6 escalopes très fines, 2 citrons, 1 cs de romarin, 100 g de beurre, sel, poivre.

Coupez chaque escalope en 3. Dans un plat creux, râpez les zestes des citrons (grille fine). Pressez leur jus sur les zestes, salez, poivrez et émiettez le romarin. Faites mariner 15 min les morceaux d'escalopes dans ce jus en les retournant de temps en temps. Égouttez et séchez les escalopes. Dans 2 grandes poêles à revêtement antiadhésif, saisissez les escalopes dans le beurre bien chaud. Au fur et à mesure que les morceaux sont cuits, posez-les dans une assiette recouverte de papier d'aluminium pour les garder au chaud. Déglacez les poêles avec la marinade et versez ce jus sur les escalopes. Servez avec les tagliatelles.

Pot-au-feu (1re partie)

Pour 8 pers. :

Pour le bouillon d'accueil : 1 kg de jarret de bœuf, 4 kg d'os, crosse et nourrice (attache du tibia au fémur, entourée de chair, de graisse et de cartilage), 1 rate de bœuf ou de veau (facultatif), 5 l d'eau, 1 petite branche de céleri, 300 g de vert de poireau, 1 bouquet de persil avec les queues, 2 brindilles de thym, 2 oignons, 3 feuilles de laurier, 3 pincées de quatre-épices, 6 clous de girofle, 3 œufs pour la clarification (facultatif), 3 cs de gros sel, 1 cs de poivre en grains.

Déposez dans la marmite la viande, les os et la rate, couvrez d'eau froide, portez à ébullition à feu moyen. Épluchez les oignons, piquez-les de clous de girofle ; lavez la branche de céleri, le bouquet de persil. Après 45 min, ajoutez 50 cl d'eau froide (*). À la reprise de l'ébullition, écumez. Lorsque plus aucune écume ne remonte, ajoutez le céleri, le vert du poireau, le persil, le thym, les oignons, le laurier, le quatre-épices, le gros sel, le poivre ; laissez bouillotter 2 h. Retirez la viande, les os, les légumes ; filtrez le consommé ; on peut le boire ainsi avec des vermicelles, des cheveux d'ange, du tapioca ou de la barbe de poireau (**).
La clarification du bouillon n'est pas nécessaire avant la cuisson du pot-au-feu, elle se fera après (suite de la recette le 12 novembre).

Mon truc malin

Le pot-au-feu

(*) L'eau froide dans l'eau bouillante crée un choc thermique qui a pour effet de faire remonter les impuretés à la surface.

(**) On peut clarifier le bouillon en battant les blancs d'œufs à la fourchette (surtout pas en neige) et en les répandant à la surface du bouillon, maintenu à bouillottements. Les blancs d'œufs vont descendre au fond de la marmite puis remonter en entraînant toutes les impuretés.

Lever du soleil : 7 h 54 Coucher du soleil : 17 h 15 Lune croissante

Pense pas bête...

– J'achète 3 filets de haddock au lieu de 2. Le 3e servira à la salade servie samedi soir.

– Je mets en route le pot-au-feu (voir le début de la recette du 10 novembre).

Les recettes du jour

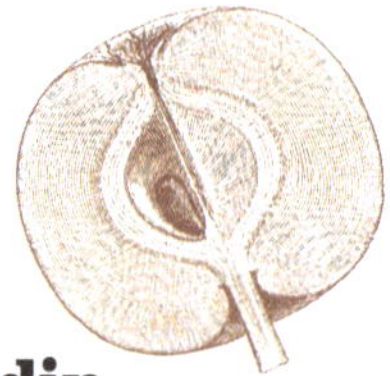

Automne

DÉJEUNER

Haddock, sauce au beurre citronné

Tarte aux pommes à l'alsacienne

DÎNER

Tarte au boudin et au cumin

Salade d'oranges
(voir la recette du 19 avril)

Haddock

Pour 4 pers. : 2 filets de haddock bien épais et brillants, 1,5 l de court-bouillon au lait non salé, 100 g de beurre.
Court-bouillon au lait : 1,5 l d'eau, 50 cl de lait, 1 oignon pelé émincé, 1 branche de thym, ½ citron pelé et coupé en rondelles.

Dès le matin, faites dessaler le haddock dans de l'eau fraîche ; changez l'eau plusieurs fois. Faites cuire ensemble tous les ingrédients du court-bouillon pendant 30 min à petite ébullition. Plongez les filets ; laissez frémir 10 min. Égouttez le haddock. Servez avec une sauce au beurre citronné et des pommes de terre vapeur.

Sauce au beurre citronné

Pour 4 pers. : 100 g de beurre, 3 cs d'eau, 1 cs de crème épaisse, 1 citron, sel, poivre.

Coupez le beurre en petits cubes ; réservez. Versez dans une casserole l'eau et la crème épaisse ; portez à ébullition ; maintenez 30 sec. À feu doux, incorporez le beurre au fouet. Ajoutez le jus de citron ; salez et poivrez.

Tarte aux pommes à l'alsacienne

Pour 6 pers. : 350 g de pommes, 1 pâte brisée, 1 noisette de beurre pour le moule, 2 cs de confiture d'abricots, 2 œufs, 2 cs de crème fraîche, 2 cs de sucre semoule, 2 cs d'amandes en poudre, 1 cs de pistaches concassées.

Préchauffez le four à 220 °C (th. 7/8). Épluchez les pommes, coupez-les en 12 quartiers. Étalez la pâte, garnissez le moule beurré, piquez le fond avec une fourchette. Étalez la confiture d'abricots sur le fond de pâte puis rangez soigneusement les quartiers de pommes. Mettez au four 20 min. Dans un bol, battez les œufs en omelette, ajoutez la crème, le sucre, la poudre d'amandes et les pistaches concassées. Mélangez bien. Versez la préparation sur la tarte après les 20 premières minutes de cuisson et remettez la tarte au four pendant 15 min. Servez tiède ou froid.

Tarte au boudin et au cumin

Pour 6 pers. : 200 g d'oignons, 2 échalotes, 5 brins de persil plat, 20 g de beurre pour le moule, 1 pâte feuilletée, 2 cs d'huile d'olive, 1 cs de sucre en poudre, ½ cs de miel liquide, 500 g de boudin noir, 1 cs de cumin en grains, 2 cs de vinaigre de xérès, sel, poivre.

Épluchez les oignons et les échalotes et, séparément, émincez-les finement. Rincez, séchez, effeuillez et ciselez le persil. Préchauffez le four à 210 °C (th. 7). Beurrez un moule à tarte. Étalez la pâte ; posez-la dans le moule, piquez-la régulièrement à l'aide d'une fourchette. Glissez le moule au réfrigérateur pour 30 min. Couvrez la pâte d'une feuille de papier sulfurisé sur laquelle on pose des haricots de cuisson et cuisez-la 10 min au four. Retirez les haricots et le papier. Pendant ce temps, faites doucement revenir les oignons avec un trait d'huile d'olive, le sucre et le miel. Laissez-les prendre l'apparence d'une compote. Coupez le boudin en rondelles de 1 cm d'épaisseur. Étalez les oignons sur la pâte. Posez les tranches de boudin en les faisant se chevaucher. Éparpillez le cumin et enfournez pour 10 min. Faites revenir à feu moyen les échalotes dans 1 cs d'huile d'olive. Quand elles sont translucides, ajoutez le vinaigre, laissez bouillir et éteignez. Garnissez-en la tarte et décorez-la de persil ciselé. Dégustez tiède.

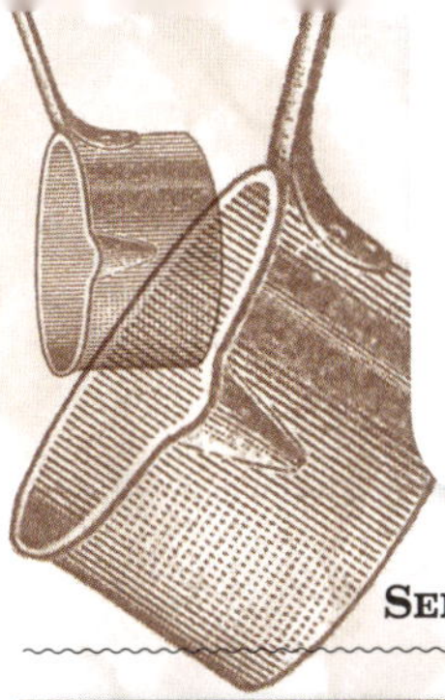

Saint-Christian

Samedi
12
NOV.

SEMAINE 45

LES RECETTES DU JOUR

Pot-au-feu (2e partie)

Dans le bouillon d'accueil chaud, on rajoutera progressivement : 1 joue de bœuf parée, 1,5 kg de gîte arrière, macreuse ou jumeau *(500 g seront réservés à la salade de bœuf de dimanche midi)*, 1 kg de plat de côtes couvertes ou découvertes, 16 carottes moyennes et calibrées, 8 navets moyens, 10 poireaux (essentiellement le blanc et la partie vert pâle), 16 petites pommes de terre (belle-de-Fontenay ou roseval).

Plongez les viandes dans le bouillon d'accueil chaud, portez à ébullition à feu moyen. Après 45 min de petits bouillottements, ajoutez 50 cl d'eau froide, écumez. Lorsque plus aucune écume ne remonte à la surface, réglez le feu pour maintenir un petit bouillottement continu – le pot-au-feu « sourit ». Faites cuire à découvert 2 h. Sortez les viandes à l'aide d'une écumoire, séparez la viande du bouillon d'accueil – à utiliser ultérieurement dans un hachis Parmentier – des viandes du pot-au-feu ; laissez refroidir ; enveloppez dans du papier d'aluminium ; réservez au réfrigérateur. Filtrez et clarifiez si nécessaire le bouillon ; réservez au frais. Après quelques heures, enlevez avec une écumoire la galette de graisse formée en surface ; le bouillon obtenu est totalement maigre. *Il sera consommé dimanche soir.*

Une heure avant le service, mettez dans le bouillon maigre la viande destinée au pot-au-feu, portez à ébullition à feu moyen, ajoutez les carottes et les navets, maintenez l'ébullition 30 min. Complétez avec les poireaux ficelés en bottillons pour 15 min. Faites cuire à part les pommes de terre à la vapeur (***).

Salade de haddock

Pour 4 pers. : le filet de haddock *(réservé au réfrigérateur vendredi)*, salade verte, 1 oignon rouge.

Émincez le filet de haddock. Posez les lamelles sur la salade verte assaisonnée légèrement et enrichie de l'oignon rouge émincé.

Automne

DÉJEUNER

Pot-au-feu
(voir le début de la recette le 10 novembre)

Soupe d'ananas
(voir la recette du 12 avril)

DÎNER

Salade de haddock

Vacherin Mont d'Or

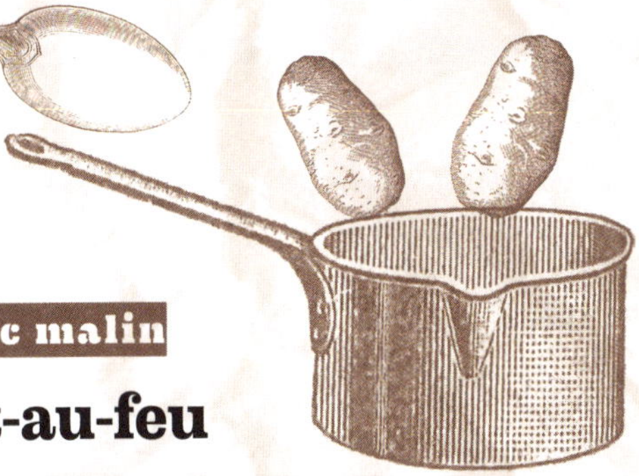

Mon truc malin

Le pot-au-feu

(***) Ne faites jamais pocher les pommes de terre dans le bouillon du pot-au-feu : tout le travail de clarification n'aurait servi à rien, car la fécule de pommes de terre trouble le bouillon.

☞ ***Le saviez-vous ?***

Le pot-au-feu :

il est d'usage (mais sans obligation) de servir des tronçons d'os à moelle. Après les avoir fait dégorger dans l'eau froide pendant 1 h, rangez-les dans un plat creux, recouvrez-les de bouillon dégraissé ou d'eau salée, laissez cuire 20 min sans ébullition.

Lever du soleil : 7h57 Coucher du soleil : 17h12 Lune croissante

Les recettes du jour

Automne

DÉJEUNER

Salade de bœuf
Terrine de pommes de ma grand-mère

DÎNER

Bouillon du pot-au-feu, vermicelles
(voir la recette des 10 et 12 novembre)

Tarte aux champignons
(voir la recette du 16 avril)

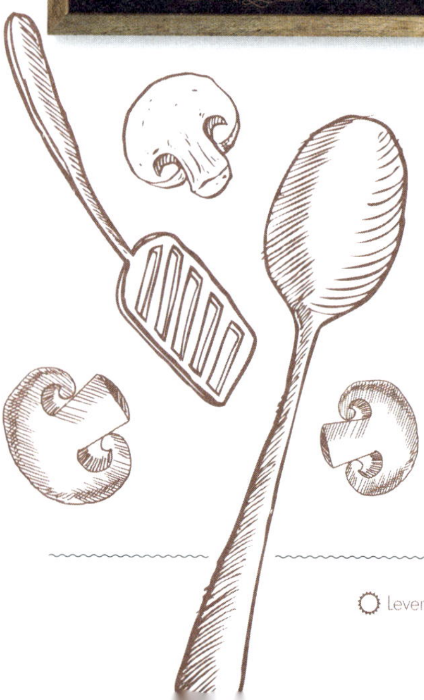

Salade de bœuf

Pour 8 pers. : 8 gros œufs, 1 petite botte d'oignons blancs, 4 tomates, 600 g des restes de pot-au-feu d'hier, 10 cornichons, 3 carottes, 1,2 kg de pommes de terre à chair ferme (belle-de-Fontenay, roseval), 2 cs de câpres, fines herbes hachées et mélangées (persil, ciboulette, estragon), 8 filets d'anchois dessalés, 1 bol de vinaigrette.

Faites cuire les œufs pendant 8 min dans l'eau salée. Passez-les sous l'eau froide, écalez-les, puis rincez-les à nouveau. Ils doivent être plus près de mollets que durs. Réservez. Épluchez et émincez les oignons. Plongez les tomates 15 à 30 sec dans de l'eau bouillante, puis dans de l'eau glacée pour les rafraîchir. Pelez-les, puis épépinez-les. Réservez. Détaillez la viande en petits cubes en ayant pris soin, au préalable, de retirer la peau, le gras et les parties nerveuses. Coupez les cornichons en fines rondelles. Faites cuire les carottes dans un restant de bouillon et les pommes de terre en robe des champs, puis coupez-les tièdes en lamelles de 5 mm d'épaisseur ainsi que les carottes en rondelles épaisses. Dans un grand saladier, mélangez la viande, les pommes de terre, les carottes, les tomates, les oignons, les cornichons, les câpres, les fines herbes, les anchois avec une vinaigrette au vinaigre de vin bien relevée à la moutarde. Coupez les œufs dans le sens de la longueur et disposez-les sur le dessus de la salade.

Terrine de pommes de ma grand-mère

Pour 8 pers. : 4 kg de pommes, 2 cs de jus de citron, 4 cl de calvados, 450 g de sucre en poudre, 350 g de beurre mou, 8 œufs, 8 cl de cidre.

Épluchez les pommes, coupez-les en 2, retirez les pépins, puis recoupez-les en 2 quartiers. Préchauffez le four à 70 °C (th. 2/3). Déposez-les dans une casserole, arrosez de jus de citron pour éviter qu'elles ne noircissent, versez le calvados. Faites réduire en compote à feu doux. Mettez dans le four tiède pour y faire sécher la compote pendant 30 min. Laissez le four allumé, portez la température à 160 °C (th. 5/6). Versez dans la compote le sucre, le beurre mou, puis les œufs et le cidre. Mélangez bien à la fourchette. Versez cette préparation dans un moule préalablement beurré. Enfournez dans un bain-marie pour 40 min. Servez tiède avec une crème anglaise *(voir la recette du 11 juin)*.

Je m'avance pour jeudi
Je prépare des poires confites aux épices.

Automne
DÎNER
Soupe à l'oignon
Gratin de macaronis
(voir la recette du 12 octobre)

Sainte-Sidonie
Lundi
14
NOV.

Petite histoire…
L'Almanach des gourmands ou la difficulté de la critique

M. Grimod de la Reynière invite à dîner les membres de son jury dégustateur pour leur faire part d'un projet qui lui tient à cœur.
Il a l'intention de publier dans le courant de l'année prochaine un volume annuel dont le titre serait : *L'Almanach des gourmands*. Dans cet ouvrage, il compte donner le nom et l'adresse des principaux comestibles, restaurants et cafés de Paris, accompagnés de ses appréciations personnelles. Ses amis le mettent en garde : donner des appréciations, même objectives, est une arme à double tranchant. Des gens seront fiers d'avoir été louangés mais d'autres, critiqués, feront part de leur mécontentement, même si la critique est en deçà de la vérité… Les uns parleront de l'honnêteté de l'écrivain, les autres l'accuseront de parti pris, peut-être même d'avoir «touché» quelques subsides pour écrire ce qu'il a écrit.

LES RECETTES DU JOUR

Soupe à l'oignon

Pour 4 pers. : 4 à 5 beaux oignons, 50 g de beurre, 1 l de bouillon de bœuf, 12 rondelles de baguette grillées, 150 g de gruyère râpé.
Épluchez les oignons, coupez-les en 2, émincez-les en fines rondelles, détachez-les du bout de doigts. Dans une casserole à feu moyen, faites blondir le beurre, ajoutez les rondelles d'oignons et faites-les revenir en les tournant sans cesse jusqu'à ce qu'ils aient une belle couleur blond foncé ; attention de ne pas les brûler, la soupe prendrait un irrémédiable goût amer. À bonne couleur des oignons, versez le bouillon de bœuf, salez modérément, poivrez et laissez mijoter à petits bouillons pendant 20 min. Pendant ce temps, préparez les rondelles de baguette grillées. Vérifiez l'assaisonnement du potage, versez-y le fromage râpé en pluie en le mélangeant rapidement. Versez dans une soupière chaude et servez la soupe en l'accompagnant des rondelles de baguette grillées dont chacun se servira à son gré.

Poires confites

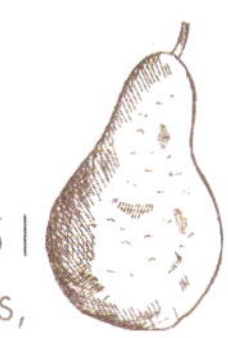

Pour 8 pers. : 8 poires à cuire (type conférence), 1 citron, 1,5 l d'eau, 900 g de sucre en poudre, 1,5 cc de poivre en grains, 1,5 cc de coriandre en grains, 2 cs de gingembre en poudre, 1 bâton de cannelle, ½ gousse de vanille, 4 clous de girofle, 4 petites feuilles de laurier.
Épluchez les poires en conservant la queue. Frottez-les aussitôt avec le citron coupé en 2. Dans une grande casserole, portez à ébullition l'eau et le sucre, les épices et les feuilles de laurier. Après 10 min, ajoutez les poires. À la reprise de l'ébullition, baissez le feu et laissez cuire environ 30 min à frémissement (le temps de cuisson varie en fonction de la qualité, de la maturité et de la taille des fruits). Couvrez et laissez macérer au frais pendant 24 h. Portez à nouveau la préparation à ébullition 1 min, puis laissez refroidir. Répétez l'opération 2 fois par jour pendant 3 jours, pour bien confire les poires. Filtrez le jus. Servez frais.

Lever du soleil : 7h59 Coucher du soleil : 17h10 Pleine lune

Mardi
15
NOV.

Automne

DÎNER

Boudin, pommes fruits
Salade verte
Gâteau au yaourt

Semaine 46

Petite histoire...

« La première gamme »...
Les gammes pentatoniques ont cinq sons. Les procédés de conservation ont cinq gammes. C'est leur seul point commun.
La première gamme consiste à préserver la fraîcheur des aliments – particulièrement des légumes et des fruits – sans recours à un quelconque procédé. Le maraîcher, l'artisan du légume, debout dès l'aube pour cueillir la « merveille des quatre saisons », la « romaine craqueuse », la « pomme d'or » ou la « frisée d'Amérique », et pour les présenter quelques heures plus tard sur le marché, perlantes de rosée, dans une symphonie de rouge vif, de vert sombre ou cendré, d'or éclatant ou de brun carmélite... Cet homme rare, en voie de disparition, ou pire, en voie de perdition, illustre parfaitement ce que représente la première gamme.
Cet homme-là sait encore le goût des produits.
Pour lui, une salade est légère, charmante, frivole, fantaisiste ; sa saveur douce et fine se préserve, sa musique lorsqu'elle croque sous sa dent lui rappelle les airs de Reynaldo Hahn.
Ce jardinier heureux dédaigne le froid, et ses funestes chambres (quand on me parle de chambre froide, je songe aussitôt aux chambres à gaz, avec le frisson qu'on imagine !). Ses salades (et autres légumes) sont conservées au frais, et non au froid. Soigneusement rangées, serrées dans un cageot en bois et non en plastique, seul un journal humide ou un vieux sac en jute les protège.
Ainsi, le maraîcher pourra les remettre en vente un jour de plus, et peut-être deux. Au-delà, il les abandonnera sur un tas de fumier. Elles fourniront un excellent engrais naturel pour les prochains semis. Toute la production du maraîchage est ainsi soignée, aimée, respectée. Le produit et le consommateur sont honorés. C'est la noblesse de ce métier.
La législation n'a pas prévu de date limite de vente pour les légumes et les produits frais. Certains marchands de légumes devraient être chassés du temple, tant ils prennent de libertés avec la notion de fraîcheur. On trouve sur les étals des légumes ternes, éteints, fanés. La couleur, l'éclat, le goût et les qualités nutritives ont disparu, fuyant les mauvais traitements, les changements de température abusifs, les manipulations brutales.

LA RECETTE DU JOUR

Gâteau au yaourt

Pour 6 pers. : 3 œufs, 1 pot de yaourt nature, 2 pots de sucre en poudre, 3 pots de farine, 1 sachet de levure chimique, ½ pot d'huile d'arachide + 1 filet pour le moule, parfum (zeste d'orange ou de citron, rhum brun...).
Préchauffez le four à 180 °C (th. 6). Mélangez les ingrédients dans l'ordre indiqué. Pensez à tamiser la farine et la levure. Versez dans un moule à manqué huilé et glissez au four pour 30 min. Attendez 5 min ; démoulez et laissez refroidir sur une grille.

Lever du soleil : 8 h 02 Coucher du soleil : 17 h 08 Lune décroissante

Sainte-Marguerite

Mercredi
16
NOV.

Automne

DÎNER

Goulasch
Pommes de terre vapeur
Salade d'oranges
et de pomélos

LES RECETTES DU JOUR

Goulasch

Pour 6 pers. : 5 oignons, 25 cl de crème fleurette, 4 cs d'huile d'arachide, 200 g de lardons, 1 kg de bœuf (macreuse, paleron…) coupé en lamelles ou en petits cubes, 1 feuille de laurier, 2 cs de paprika, 1 cs de concentré de tomate, sel, poivre.

Épluchez les oignons et émincez-les. Sortez la crème fleurette pour qu'elle soit à température ambiante. Dans une grande poêle, chauffez 3 cs d'huile et faites-y doucement revenir les oignons jusqu'à ce qu'ils commencent à dorer. Pendant ce temps, faites revenir les lardons puis la viande sur feu vif dans une cocotte avec 1 cs d'huile. Ajoutez les oignons, le laurier, poudrez de paprika, versez 1 grand verre d'eau où l'on aura dilué le concentré de tomate. Salez et poivrez. À la reprise de l'ébullition, baissez le feu, couvrez et cuisez pendant environ 1 h 30. Surveillez la cuisson de temps en temps. La sauce doit être courte. S'il en manque, ajoutez un peu d'eau chaude mais l'ensemble ne doit jamais baigner dans trop de jus. En fin de cuisson, versez la crème.

Salade d'oranges et de pomélos

Pour 6 pers. : 8 oranges, 120 g de sucre glace, 2 pomélos.

Pressez 1 orange dans un bol et faites dissoudre le sucre glace dans le jus. Préparez les fruits. Pelez à vif les oranges et les pomélos. Glissez la lame d'un couteau entre chair et peau et levez chaque quartier d'orange et de pomélos débarrassé de sa peau. Posez les quartiers de fruits dans un plat creux de service au fur et à mesure de la coupe et arrosez-les du jus. Réservez au frais jusqu'au service.

☞ *Le saviez-vous ?*

L'orange : toutes variétés confondues, les oranges que nous importons sont d'origine méditerranéenne, et proviennent surtout d'Espagne. Le monde de l'orange est dominé par une reine, la navel. On la différencie des autres par son nombril, d'où son nom. Elle a une sœur, la naveline. Elle s'installe sur les marchés à la fin du mois d'octobre et ne les quitte qu'en mai. Sa peau est rouge et rugueuse, sa chair sucrée, juteuse, charnue et douce. C'est une sorte de perfection, découverte miraculeusement à Bahia, et n'ayant aucun lien de parenté avec les autres oranges originaires de Chine ou des Indes, ni avec celles qui prospèrent en Israël ou au Maghreb, et qui toutes sont amères, jusqu'à leur hybridation avec d'autres variétés.

Il est étonnant de constater que, depuis que l'Espagne accueillit le premier oranger, elle n'eut plus pour idée que d'en planter partout – ce qu'elle fit. Christophe Colomb en planta le premier, à Haïti, le 22 novembre 1493 ; puis Miguel Diaz à Saint-Domingue. Des Antilles, les orangers filèrent vers la Floride où ils prospérèrent dès 1579, pour s'installer ensuite en Californie. En Amérique du Sud, rien. Personne n'eut l'idée d'en transplanter, d'où la découverte dite miraculeuse de la navel au Brésil. En Afrique du Sud, terre de prédilection des agrumes, l'orange ne fut introduite qu'en 1652 par des navigateurs hollandais qui en avaient trouvé sur leur route, à Sainte-Hélène. Île qui n'était pas connue par ailleurs à l'époque *(voir la suite le 17 novembre)*…

Lever du soleil : 8 h 03 Coucher du soleil : 17 h 07 Lune décroissante

Automne

DÎNER

Cervelas lyonnais, sauce au vin rouge
Poires confites
(voir la recette du 14 novembre)

La recette du jour

Cervelas lyonnais, sauce au vin rouge

Pour 8 pers. : 160 g de beurre, 4 échalotes, 2 branches de thym, 2 feuilles de laurier, 6 branches de persil, 2 bouteilles de vin rouge, 1 kg de poitrine de porc demi-sel (découpée en 3 ou 4 bandes), 1 ou 2 cervelas lyonnais pistachés (selon la taille), 2 cs de farine, 2 cc de sel, poivre.

Sortez le beurre du réfrigérateur. Dans une cocotte, mettez 20 g de beurre, les échalotes épluchées et finement hachées, le thym et le laurier. Laissez étuver pendant une dizaine de minutes. Ajoutez le persil, le vin, la poitrine de porc, le ou les saucissons et portez à ébullition. Mélangez intimement les 2 cs de farine et les 140 g de beurre ramolli 30 à 35 min plus tard, retirez le ou les saucissons et laissez réduire à découvert le vin sur la poitrine. Retirez le lard, maintenez au chaud. Laissez encore réduire de moitié, puis passez la cuisson au chinois. Dans un bol, délayez le mélange beurre-farine avec une première cs de vin, puis une seconde si nécessaire. Versez cette préparation onctueuse dans le vin rouge bouillant et laissez mijoter très doucement jusqu'à épaississement. Vérifiez l'assaisonnement, ajoutez éventuellement 1 ou 2 morceaux de sucre et 2 carrés de chocolat noir à cuire. Tranchez le lard et le cervelas, dressez sur une assiette avec 2 ou 3 pommes de terre vapeur entières. Servez la sauce bien chaude à part.

☞ Le saviez-vous ?

L'orange *(suite du 16 novembre)*.
La navel est la plus célèbre des variétés d'oranges.
Les sanguines, comme leur nom l'indique, sont de chair très rouge, grenat. Les premières naquirent dans le jardin du bey de Tunis qui leur donna le nom de sa favorite bien-aimée : la maltaise. Elle a du goût, du jus, peu de pépins, une peau très fine qui n'adhère pas aux tranches.
La moro italienne est très sanguine, mais engrossée de très nombreux pépins ; elle convient surtout au jus, tout comme la tarocco, plus rouge encore que la maltaise. Les sanguines ou demi-sanguines sont des oranges de transition entre les navels et les tardives qui apparaissent vers la mi-mars jusqu'à la fin de l'été.
La valencia late est bien ronde, un peu pâlotte, très juteuse, mais elle camoufle trop de pépins sous une peau presque lisse.
La vernia tardive, elle, est très colorée, juteuse et très sucrée.
Jaffa, Outspan, et Sunkist ne sont pas des variétés d'oranges, mais les marques de fruits en provenance d'Israël, d'Afrique du Sud et d'un syndicat de producteurs californiens.
Les Jaffa d'Israël sont presque toutes des shamontis ; cette variété se conserve bien, mais quelle fadeur ! Pourtant les Anglais l'adorent...

Petite histoire...

Le beaujolais nouveau...
En 1987, un événement considérable passe presque inaperçu : la sacro-sainte fête du beaujolais nouveau est fixée au troisième jeudi de novembre, alors que traditionnellement, depuis 1951, elle avait lieu le 15. Pourquoi ce changement ? Pour favoriser le commerce, bonnes gens, ce sacré commerce. Auparavant, pour peu que le 15 novembre tombe un lundi, c'était la catastrophe ; comme il était interdit de transporter le vin avant le 15, zéro heure, les problèmes de transport devenaient insolubles, et les producteurs risquaient un ou deux jours de retard sur les ventes. Les consommateurs étrangers auraient été servis trop tardivement... Et le beaujolais nouveau n'attend pas *(voir la suite le 18 novembre)* !

Lever du soleil : 8h05 Coucher du soleil : 17h06 Lune décroissante

Automne

DÎNER

Darnes de saumon en papillotes
Embeurré de chou
(voir la recette du 3 mai)
Œufs au lait
(voir la recette du 30 mars)

Petite histoire...

Le beaujolais nouveau... *(suite du 17 novembre)*

Voilà pourquoi la vente a été fixée au troisième jeudi de novembre, et les expéditions autorisées trois jours francs avant la date, soit dès le lundi. Ainsi tout le monde est content: les avions-cargos peuvent arriver à temps dans n'importe quel pays de la planète, les camions rugissent aux postes frontières pour envahir tel ou tel pays, au jour et à l'heure prévus par la répression des fraudes. Il faut savoir que 60 % de la production totale de beaujolais est vendue sous l'appellation «primeur», et que plus de la moitié est exportée. Les vins primeurs ou nouveaux sont le résultat d'une vinification courte qu'on appelle «macération carbonique», ou «vinification beaujolaise». Ils sont destinés à être consommés rapidement. Après avoir été vendangés, mûrs de préférence (on est si pressé, de nos jours...), les raisins entiers, ni foulés, ni pressés, sont enfermés dans des cuves. Pendant trois ou quatre jours, une fermentation importante va s'opérer. À l'intérieur de chaque grain, les levures attaquent le sucre du jus pour le transformer en alcool. Peu à peu, la fermentation intracellulaire fait éclater les grains.

Le volume du gaz carbonique qui se dégage provoque la création d'une chape mousseuse sur le moût, à la surface de la cuve. Cette mousse protège le vin de l'oxydation. Souvent, dès la mise en cuve, on injecte du gaz carbonique pour augmenter la pression et favoriser la fermentation intracellulaire. Ainsi naissent au cœur de la pulpe même du raisin une grande quantité d'arômes très puissants, et en particulier le fameux ester d'acétate d'isoamyle.

Cet ester dégage des saveurs de bonbon anglais, ainsi que le célèbre arôme de banane dont on nous rebat le nez depuis trop longtemps (personne n'a encore eu l'idée de fabriquer des cuves en bois de bananier, mais cela viendra sans doute lorsque le Beaujolais sera transformé en une vaste bananeraie).

Quand le jus a pris un peu de couleur, et que les arômes les plus flatteurs sont là, on presse le moût; finie la fermentation alcoolique. Si le compte à rebours le permet, c'est-à-dire si les vendanges ont lieu assez tôt, on laisse la fermentation malolactique s'accomplir. Sinon, hop, en bouteilles: le commerce n'attend pas.

Pour ne pas être taxé de parti pris, il faut bien avouer que la rapidité de cette vinification est indispensable à la qualité de cette sorte de vin. Si on agissait autrement, on aurait certes du vin mis prématurément en bouteille, mais pas un vin «primeur». Le respect ou non des règles du genre fera le bon vin, ou l'arnaque. Ajoutons que tous les cépages ne se prêtent pas aussi bien à ce traitement. Le meilleur est sans conteste le gamay noir à jus blanc.

LA RECETTE DU JOUR

Darnes de saumon en papillotes

Pour 6 pers.: 6 darnes de saumon, 1 citron, 6 brins d'aneth, huile d'olive, sel, poivre.

Préchauffez le four à 240 °C (th. 8). Rincez le citron à l'eau chaude, essuyez-le et coupez-le en fines lamelles. Préparez 6 rectangles de papier sulfurisé pour les papillotes. Rincez et séchez l'aneth. Huilez les papillotes, posez les darnes au milieu, couvrez-les de 1 ou 2 fines lamelles de citron, posez 1 brin d'aneth, arrosez d'un filet d'huile d'olive, salez et poivrez. Fermez les papillotes en repliant les bords sans serrer pour que la chaleur y circule. Enfournez pour 5 à 8 min et servez immédiatement.

Lever du soleil: 8h06 Coucher du soleil: 17h05 Lune décroissante

Saint-Tanguy

Samedi
19
NOV.

Je m'avance pour demain

Je commence la recette du cassoulet (voir la recette du 20 novembre).

SEMAINE 46

Automne

DÉJEUNER

Filet mignon de porc aux épices et zestes d'oranges

Couscous

Tarte au citron
(voir la recette du 2 avril)

DÎNER

Endives au jambon
(voir la recette du 6 novembre)

Reste de tarte au citron

Petite histoire...

19 novembre 1953...

Bonne nouvelle : le « bleu des Causses » a droit à l'appellation d'origine contrôlée.

Le tribunal civil de Millau (Aveyron) confirme définitivement que le bleu des Causses bénéficie du label « appellation d'origine ». Le bleu des Causses est un fromage du type bleu, préparé en laiterie, avec du lait de vache non écrémé. C'est un cylindre de 20 cm de diamètre et de 8 à 10 cm de hauteur. Il contient 40 % de matières grasses.

Les recettes du jour

Filet mignon de porc aux épices

Pour 6 pers. : 3 filets mignons de porc de 400 g chacun, 1 cc de quatre-épices, 1 cs de coriandre en grains concassée, 1 cs de gingembre en poudre, 1 cs de poivre mignonnette, le zeste d'une orange, 75 g de beurre, 1 trait d'huile d'arachide, 3 cs de miel liquide d'acacia.

Mélangez les épices (y compris le sel et le poivre) dans une assiette plate. Râpez le zeste de l'orange (grille fine) au-dessus des épices. Roulez les filets mignons dans ce mélange épicé, en appuyant pour bien les enduire. Laissez en attente au moins 1 h. Dorez les filets mignons dans une sauteuse dans le mélange beurre/huile d'arachide sur feu moyen à vif. Retournez-les sans arrêt pour qu'ils cuisent uniformément. L'intérieur reste rosé. Réservez-les au chaud. Versez un filet d'eau chaude et le miel, grattez le fond avec le dos d'une fourchette. Coupez les filets mignons en tranches épaisses et nappez-les de sauce.

Couscous

Pour 6 pers. : 600 g de couscous précuit, 1 filet d'huile d'arachide, 80 g de beurre, sel.

Versez le couscous dans un très grand saladier. Recouvrez-le largement d'eau froide. Mélangez à la main ; l'eau devient blanchâtre. Attendez quelques secondes que la graine retombe au fond du saladier et jetez l'eau. Renouvelez l'opération rinçage et égouttez grossièrement le couscous à travers une passoire à grille très fine. Reversez-le dans le saladier. Arrosez le couscous d'un filet d'huile d'arachide, salez, remuez immédiatement à l'aide d'une fourchette pour l'aérer et lui éviter de s'agglutiner. Toutes les 5 à 10 min, remuez avec la fourchette. Au bout de 30 min, le couscous a bien gonflé et semble presque « cuit ». Remplissez le bas du couscoussier d'un tiers d'eau chaude et faites-la bouillir. Versez le couscous dans le haut du couscoussier. Quand l'eau bout, placez le haut du couscoussier sur le bas, couvrez et cuisez 20 min à la vapeur. Versez la graine cuite dans un grand plat creux, ajoutez le beurre en petits morceaux et mélangez à la fourchette. Goûtez et rectifiez l'assaisonnement en sel.

Mon truc malin

Le couscous : pour bien l'aérer, rien ne vaut les mains. On frotte la graine entre ses mains et on élimine les « boulettes ». S'il vous en reste, la graine de couscous se congèle parfaitement.

Lever du soleil : 8 h 08 Coucher du soleil : 17 h 04 Lune décroissante

LES RECETTES DU JOUR

Cassoulet

Pour 6 pers. : 1 jambonneau demi-sel de 800 g, 150 g de couenne, 1 oignon blanc, 2 clous de girofle, 1 bouquet garni (avec vert de poireau), 1,5 kg de haricots blancs *(dont 500 g seront réservés à la purée de lundi 21 novembre)*, 2 cs de graisse d'oie, 6 morceaux d'épaule d'agneau d'environ 90 g chacun, 2 gros oignons blancs, 5 gousses d'ail, 8 saucisses de Toulouse, 2 cuisses d'oie confites avec la graisse, 150 g de chapelure, sel, poivre.

La veille : mettez le jambonneau dans un faitout d'eau froide avec la couenne et portez à ébullition, maintenez une dizaine de minutes. Ajoutez un grand verre d'eau fraîche. Écumez. Ajoutez l'oignon piqué de clous de girofle et le bouquet garni. Laissez cuire 2 h à frémissement. Laissez refroidir. Retirez le bouquet garni et l'oignon. Filtrez le jus dans une passoire fine. Réservez couenne et jambonneau.

Le jour même : rincez les haricots à l'eau froide et mettez-les dans une casserole avec le jus filtré. Laissez cuire à frémissement 1 h 30. Avec 1 cs de graisse d'oie, faites revenir sur chaque face, à la poêle, les morceaux d'agneau, puis laissez cuire environ 15 min. Rangez-les dans une cocotte ou dans une terrine en terre. Faites cuire doucement les oignons émincés dans la graisse de cuisson de l'agneau. Ajoutez l'oignon à la terrine ainsi que la couenne du jambonneau cuit, coupée en petits morceaux de 2 cm, les gousses d'ail épluchées et les haricots avec les ⅔ de leur jus de cuisson. Couvrez et mettez à four doux préchauffé à 180 °C (th. 6), pour 1 h. Faites dorer à la poêle avec 1 cs de graisse d'oie les saucisses de Toulouse, puis ajoutez le jambonneau cuit la veille et les cuisses confites à la terrine dans le four. Saupoudrez de chapelure et remettez au four la cocotte ou la terrine 30 min, à découvert. Servez aussitôt tel quel.

Salade de fruits exotiques

Pour 6 pers. : 1 petite boîte de litchis, 1 petit ananas, 2 bananes, 3 fruits de la passion, 2 ou 3 kiwis, 1 mangue, 1 papaye, le jus de 1 ou 2 citrons verts, sirop de sucre de canne.

Égouttez les litchis. Coupez tous les fruits en cubes ou morceaux de taille égale, posez-les au fur et à mesure dans le plat de service. Arrosez du jus des citrons verts. Sucrez avec du sirop de sucre de canne (selon votre goût). Mélangez délicatement. Couvrez d'un film transparent et laissez en attente au réfrigérateur.

Automne

DÉJEUNER

Cassoulet
pour un déjeuner d'amis
Salade de fruits exotiques

DÎNER

Œufs coque ou sur le plat
Salade verte
Reste de la salade
de fruits exotiques

Mon truc malin

Œufs à la coque : la cuisson des œufs à la coque dans l'eau salée devrait suffire à les saler.

Si l'œuf « fuit » de la coquille, ajoutez 2 cs de vinaigre d'alcool pour colmater la brèche.

À défaut de coquetier, utilisez 1 tasse à café remplie aux trois quarts de gros sel. Installez les œufs dans le sel pointe vers le bas.

Les œufs sur le plat : les œufs sur le plat ou pochés se salent après la cuisson, avant pour les omelettes.

Prés. Marie

Lundi
21
NOV.

***Aujourd'hui,
j'invite des copains pour
la choucroute de dimanche...***

SEMAINE 47

Automne
DÎNER

Purée de haricots blancs
(préparée avec le reste des haricots du cassoulet, voir la recette du 20 novembre ; on la sert avec les restes de jambonneau et des saucisses)

Pommes au four
(voir la recette du 20 septembre)

Pense pas bête...
Je commande mon foie gras cru pour Noël.
Foies gras Duperier :
53, avenue du 19-Mars-1962,
40250 Souprosse
Tél. : 05 58 44 23 23

Petite histoire...

La choucroute

Qui n'a ressenti, un jour ou l'autre, l'irrépressible envie d'un plat particulier ? Il s'agit parfois d'un plat tout simple : un hachis Parmentier fondant et moelleux, bien gratiné sur le dessus, avec une purée au goût de crème, et une farce de viande parfumée de persil et d'oignon. Nos rêves sont parfois plus luxueux : une énorme louche de caviar, accompagnée de quelques rattes cuites à la vapeur, et d'un verre de bière. Tous les rêves sont permis, des plus simples aux plus fous ; on peut les assouvir presque tous.
En ce qui me concerne, dès que les premiers froids me picotent les oreilles, je rêve invariablement à un vieil oncle alsacien qui m'avait reçu royalement dans sa maison de Krautergersheim. De bon matin, le brave homme s'était mis à l'ouvrage. Chez un choucroutier de ses amis, il avait choisi le chou le mieux fermenté, coupé en fines lanières, bien blanc et croquant. Il l'avait ensuite abondamment rincé ; dans une grande terrine à pâté en terre, il avait fait fondre une grosse cuillerée de graisse d'oie, puis il avait étalé deux gros oignons coupés en tranches, pour les faire revenir sans qu'ils prennent couleur. Sur ces oignons fondus, il avait placé une épaisse couche de « ses choux », sur lesquels il avait répandu une bonne poignée de grains de genièvre, des grains de poivre gris, et une petite feuille de laurier coupée en trois ou quatre morceaux. Sur ce lit accueillant, il avait posé un gros morceau de poitrine fumée, et un autre de demi-sel ; pour tenir compagnie à ces deux compères, il ajouta une palette fumée et un jambonneau demi-sel, le tout recouvert d'une épaisse couche de chou. La même quantité d'aromates servait de parure à sa terrine.
Mon oncle arrosa le tout d'un verre de riesling, pas plus, avant de le placer dans un four qu'il avait préalablement chauffé doucement. Pendant une heure, il « oublia » sa préparation, qui mijotait à température moyenne. Après cette première cuisson, il rajouta de beaux gros saucissons fumés. À peine le temps de s'imprégner du fumet, l'ensemble retournait déjà au four, pour une autre heure de cuisson. Après ces deux bonnes heures d'impatience, la terrine arrivait sur la table, accompagnée de pommes de terre cuites à la vapeur et de saucisses de Strasbourg, qu'il appelait des « Knackwürst », qu'il avait doucement réchauffées dans une casserole d'eau frissonnante.
Mon oncle avait simplement annoncé : « Voilà une choucroute ».
(voir la suite le 24 novembre)

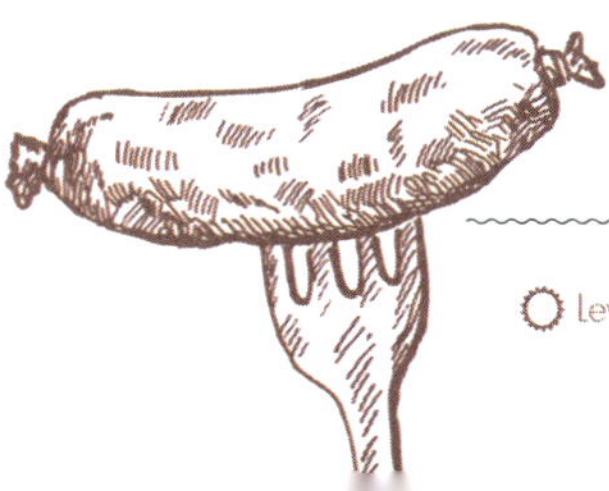

Lever du soleil : 8 h 11 Coucher du soleil : 17 h 02 Dernier quartier de lune

Pense pas bête...

Je commande mon champagne...
Champagne Gautherot : 29, Grande-Rue, 10110 Celles-sur-Ource, tél. : 03 25 38 50 03.

Automne

DÎNER

Pavé de rumsteck poêlé
Mousse de topinambours
Tarte à la bière
(voir la recette du 14 mai)

Sainte-Cécile

Mardi
22
NOV.

SEMAINE 47

La recette du jour

Mousse de topinambours

Pour 4 pers. : 1 kg de topinambours, 4 cs de crème fraîche, 3 cs de beurre, sel, poivre.

Lavez et brossez les topinambours pour éliminer la terre. Rincez abondamment. Posez-les sur la grille du cuit-vapeur. Mettez à cuire 25 min puis après les avoir laissés tiédir, mettez-les dans le bol du mixeur, salez et poivrez, ajoutez la crème et le beurre jusqu'à obtenir une mousse. Maintenez au chaud dans le plat de service.

Douceur libanaise

Pour 4 pers. : 4 grosses cs de fécule de maïs, 200 g de sucre en poudre, 1 l de lait, 12,5 cl d'eau de rose et de fleur d'oranger (mélangées), 50 g de pistaches non salées et d'amandes concassées.

Dans une casserole, mélangez à froid la fécule de maïs, le sucre et le lait. À feu moyen, faites chauffer jusqu'à ébullition, puis faites bouillotter à feu doux. Remuez le mélange qui commence à épaissir et versez l'eau de rose et de fleur d'oranger. Poursuivez la cuisson 10 min. Versez la préparation dans un plat, saupoudrez de pistaches et d'amandes concassées. Mettez plusieurs heures au réfrigérateur jusqu'à demain. Servez frais.

Petite histoire...

Le champagne : l'idée de fête et de plaisir est indissolublement liée à la bulle – mais pas n'importe quelle bulle ! : la bulle plaisir, celle du champagne.

Pour choisir une bouteille de champagne dans un rayon, il faudrait se munir d'un livre, tant c'est compliqué. Mais à défaut d'un dictionnaire, on peut commencer par lire les étiquettes. Selon qu'il est plus ou moins sucré, le champagne est brut, extra-dry, sec ou demi-sec. Un brut titre de 0,5 à 1,5 % de liqueur. Un demi-sec, de 2,5 à 5 %. La mode est au brut ; il représente l'essentiel de la production ; dans un passé récent, c'était l'inverse. On fabrique maintenant des brut-zéro, ou intégral, qui ne contiennent aucun sucre, aucune liqueur. Le brut est le vin idéal si on désire servir du champagne à l'apéritif, ou au cours du repas. Mais le sec ou le demi-sec conviennent mieux au dessert.

En bas de chaque étiquette, tout en bas, à la loupe, on peut lire deux lettres, et quelques chiffres. Ces lettres identifient celui qui a fait le champagne. On peut ainsi lire par exemple un R.M., ce qui signifie récoltant manipulant. On a affaire à la bouteille d'un homme indépendant, propriétaire de sa vigne, récoltant son raisin, fabriquant lui-même son vin, et assurant sa commercialisation. Ce n'est pas obligatoirement un gage de merveilleux, car ce type de producteur manque souvent de stock pour faire ses assemblages, et cette opération est essentielle en Champagne pour obtenir une qualité régulière. À la fin de la fermentation, on goûte les différents crus, et on les assemble pour élaborer une ou plusieurs cuvées. On peut même ajouter des vins de vendanges antérieures. Lorsqu'ils sont modestes, on trouve donc chez ces R.M. des vins excellents certaines années, ou moins bons, voire médiocres pour certains millésimes *(voir la suite le 23 novembre)*.

Souvenir, souvenir...

Les topinambours ont mauvaise réputation car ils rappellent les mauvais souvenirs de l'Occupation. Il est temps maintenant de redécouvrir la délicieuse saveur de ce légume en passe de retrouver le palais curieux des consommateurs.

Je m'avance pour demain

Je prépare une douceur libanaise.

Lever du soleil : 8 h 12 Coucher du soleil : 17 h 01 Lune décroissante

Christ-Roi

Mercredi
23
NOV.

Semaine 47

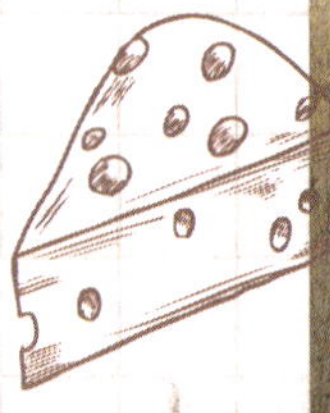

Automne

DÎNER

Onglet de veau en cocotte
(voir la recette du 28 mai)

Chou-fleur en gratin

Douceur libanaise
(voir la recette du 22 novembre)

Petite histoire…

Le champagne… *(suite du 22 novembre)*

On trouve aussi des N.M., ou négociants manipulants. Ce sont les grandes maisons. Elles achètent le raisin ou le vin, elles possèdent parfois des vignes, mais elles élaborent toujours leur vin. On recense une centaine de ces grandes maisons de négoce, et 200 autres, nettement plus modestes.

Il faut avouer que ce sont les grandes maisons, les grandes marques, qui ont établi le prestige du champagne dans le monde entier, et qu'elles continuent à entretenir son image. Les grandes maisons produisent des qualités régulières. La plupart du temps, nos pulsions d'achat sont liées à la spécificité de leurs goûts respectifs, mais aussi au souvenir des événements personnels importants auxquels elles ont été associées, et qui leur assure notre fidélité.

Ces marques ont toutes une gamme de produits étudiée en fonction des goûts et des besoins de leur clientèle. Cette gamme comporte d'abord un brut sans année, composé d'un assemblage de vins issus de cépages noirs (pinot meunier ou pinot noir) et blancs (chardonnay), et de millésimes différents. Tout cela pour obtenir une belle régularité du produit.

Les marques millésiment seulement les bouteilles des bonnes années. Ces vins ont une caractéristique spécifique. Le goût change évidemment selon les millésimes. Il s'agit également d'un assemblage de raisins noirs et blancs.

Certaines marques ont dans leur gamme des blancs de blanc ou des blancs de noir, millésimés ou non. Les blancs de blanc sont uniquement constitués de raisins blancs de cépage chardonnay. Ces vins sont à juste titre réputés pour leur finesse et leur nez. Les blancs de noir sont issus de vin blanc provenant de raisins rouges à jus blanc ; leur réussite dépend d'un pressurage délicat : de ce fait, ils sont rares. Les cépages de ces vins sont le pinot noir, ou le pinot meunier.

Pour compléter une gamme, il faut un rosé : indispensable, puisque c'est la mode. Ce champagne peut être millésimé ou non. On obtient en général ce type de vin en ajoutant au champagne une petite quantité de coteaux champenois rouge. Les coteaux champenois sont des vins « tranquilles » (rouges, rosés ou blancs). Les plus connus sont le bouzy, le vertus et le cumières.

LA RECETTE DU JOUR

Chou-fleur en gratin

Pour 4 pers. : 1 chou-fleur, sauce béchamel express *(voir la recette du 3 avril)*, 60 g de gruyère râpé.

Préchauffez le four à 220 °C (th. 7/8). Dans un plat à gratin beurré, déposez les sommités du chou-fleur préalablement cuites dans l'eau bouillante salée ; couvrez de sauce béchamel express ; saupoudrez de fromage râpé. Mettez au four pour 15 min. Allumez éventuellement le gril du four dans les dernières minutes pour gratiner.

Je m'avance pour demain
Je prépare un gâteau au chocolat.

Automne

DÎNER

Choux de Bruxelles
à la poitrine fumée
Saint-marcellin

Les recettes du jour

Choux de Bruxelles à la poitrine fumée

Pour 4 pers. : 500 g de choux de Bruxelles, 1 cc à café de bicarbonate de soude, 1 cs de saindoux, de graisse d'oie ou de canard, 4 tranches de poitrine fumée de 2 cm d'épaisseur, 3 cs de gros sel.

Blanchissez les choux de Bruxelles 4 min dans de l'eau bouillante salée, ajoutez le bicarbonate ; égouttez. Dans une cocotte, mettez la matière grasse au choix ; faites chauffer, ajoutez les tranches de poitrine fumée. Quand elles sont dorées des deux côtés, ajoutez les choux de Bruxelles ; mélangez pour les enrober de matière grasse. Laissez cuire à couvert 30 min pour que les choux et la poitrine fumée aient imbriqué leurs parfums.

Gâteau au chocolat

Pour 6-8 pers. : 200 g de beurre + 20 g pour le moule, 40 g de farine, ½ sachet de levure chimique, 200 g de chocolat noir à 52 % de cacao, 4 œufs, 150 g de sucre en poudre, 1 pincée de sel.

Préchauffez le four à 180 °C (th. 6). Sortez le beurre, coupez-le en petits morceaux. Beurrez un moule de taille moyenne. Mélangez la farine, le sel et la levure. Faites fondre le chocolat cassé en morceaux au bain-marie ou aux micro-ondes. Hors du feu, ajoutez le beurre. Pendant que le chocolat fond, fouettez les œufs avec le sucre. Ajoutez le mélange sel, levure, farine en le tamisant. Mélangez bien. Mêlez les deux préparations et versez le tout dans le moule en vous aidant d'une spatule en plastique. Enfournez pour 20 à 25 min. À la sortie du four, attendez 15 min, démoulez et laissez refroidir.

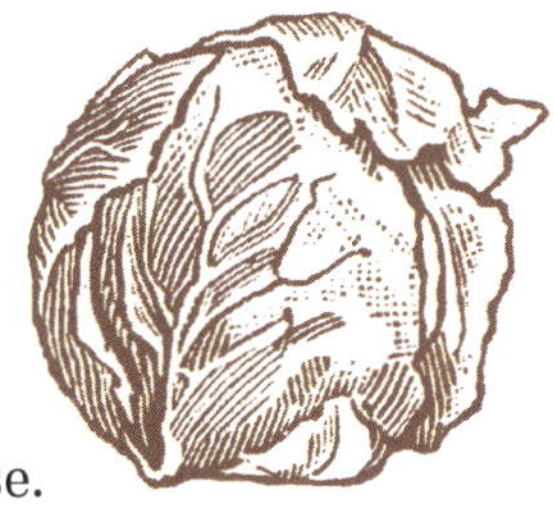

Petite histoire...

La choucroute... *(suite du 21 novembre)*

La culture du chou existe depuis 2 000 ans, et sa préparation fermentée, sous une forme différente, certainement, est d'origine chinoise.
Au XVIe siècle, les Allemands eurent l'idée de faire fermenter des choux coupés en fines lanières avec du sel. Ils baptisèrent cette préparation *Sürkrüt,* ou « herbe acide ».
Un texte de la même époque nous apprend que la « surgrout » était un mets du dimanche, « meilleur avec de la saulcisse (*sic*), ou lorsque le cochon l'avait traversée ».
Au XVIIIe siècle, les Anglais embarquaient sur leurs bateaux des tonneaux de choucroute pour combattre le scorbut, fréquent à bord : en effet, la choucroute est riche en vitamine C.
La base de la choucroute est bien entendu le chou ; mais pas n'importe lequel.
Il faut un « quintal d'Alsace », ou l'un de ses hybrides : d'énormes choux fermes, compacts, qui poussent surtout en Alsace, mais aussi dans les Ardennes et dans le Pas-de-Calais.
La culture s'étend sur dix mois, de février à novembre, mais la récolte commence dès septembre, aux premières gelées. Des variétés comme les tarinos ou les nistonas sont plus précoces, et demandent une fermentation réduite : on peut les consommer en choucroute dès la fin août. C'est la « choucroute nouvelle », qu'il ne faut surtout pas confondre avec la nouvelle choucroute !

Je m'avance pour demain
Je prépare une soupe de légumes.

Automne
DÎNER

Raie au beurre noisette
(voir la recette du 4 juin)

Pommes de terre vapeur

Gâteau au chocolat
(voir la recette du 24 novembre)

Soupe de légumes

Pour 4 pers. : 3 carottes moyennes, 2 navets moyens, 1 pomme de terre type bintje, 3 poireaux moyens, 1 l d'eau, ½ gousse d'ail, 50 g de beurre, sel, poivre.

Coupez les carottes, les navets et les pommes de terre en petits dés réguliers de 2 cm de côté. Enlevez le vert foncé des poireaux, gardez uniquement le blanc et le vert tendre, coupez en petits tronçons de 3 cm. Mettez le tout dans une casserole, recouvrez d'eau. Ajoutez la ½ gousse d'ail écrasée. Salez. Faites partir à ébullition et cuisez à couvert en mijotant doucement pendant 45 min. Mettez le beurre au fond de la soupière. Versez la soupe. Donnez un bon tour de moulin à poivre et servez.

☞ Le saviez-vous ?

La soupe a toujours nourri son homme.
Dans l'Antiquité, il n'était pas encore question de soupes ni de potages. On préparait des bouillies épaisses, qui «tenaient» bien à l'estomac. Chez les Grecs, elles étaient à base de lait et d'orge. Les Romains, eux, utilisaient plutôt des fèves et des lentilles.
Mais ce n'est qu'à partir du Moyen Âge que s'est établie une distinction entre soupes et potages.
Étaient appelés «potages» des aliments cuits au pot, en particulier des légumes du potager. On le servait alors sur de larges tranches de pain, appelées «soupes», d'où l'expression «tremper la soupe». On disait alors un potage aux soupes.
Peu à peu, le potage s'enrichit. On lui ajouta de la viande, du poisson ou du vin. Dans le même temps, il se modifiait, tandis que la soupe restait l'apanage de la classe paysanne pour laquelle elle constituait l'unique repas de la journée. Sous le règne de Louis XII (XVIe siècle), les premiers bouillons désignaient une boisson provençale reconstituante.
Un siècle plus tard, on appellera «restaurant» un bouillon à base de jus de viande. De petites échoppes appelées «restaurants», où l'on vendait exclusivement du bouillon, font leur apparition. Ces restaurants sont les ancêtres de nos établissements modernes.
À partir du XVIIIe siècle, le terme de potage remplace celui de soupe, jugé trop vulgaire.
Au XIXe siècle, le potage laisse la place à d'autres plats de résistance et, sur les tables bourgeoises, n'est plus servi qu'en entrée.
Les premières soupes en sachet ont été commercialisées en 1950. Vingt ans plus tard, ce sera le tour des potages individuels instantanés, et enfin, en 1980, celui des soupes conditionnées en briquettes.

Je m'avance pour demain

Je fais tremper les viandes salées en changeant l'eau trois fois pour la choucroute de demain
(voir la recette du 27 novembre)

Je prépare une charlotte aux pommes
(voir la recette du 27 novembre)

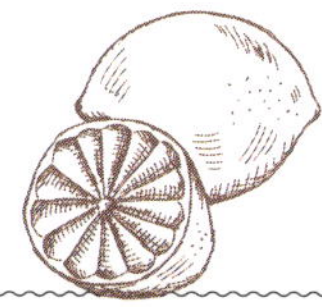

Automne

DÉJEUNER

Noisettes de chevreuil
Purée de céleri-rave
Tarte au citron
(voir la recette du 2 avril)

DÎNER

Soupe de légumes
(voir la recette du 25 novembre)
Omelette
Reste de tarte au citron

LES RECETTES DU JOUR

Noisettes de chevreuil

Pour 6 pers. : 1 kg de filet de chevreuil (récupérez les parures), 3 baies de genièvre écrasées, 1 pincée de sucre, 3 cc d'huile d'arachide, 2 cs de beurre, 1 gros oignon émincé, ½ litre de vin de Bourgogne, 1 pot de crème fraîche, 1 cs de moutarde forte, 1 cs de confiture d'airelles, 2 belles grappes de raisin gros grains noirs, 2 cs de cognac, sel et poivre.

Le matin pour le soir (ou la veille) : tranchez le filet en noisettes de 3 cm d'épaisseur. Écrasez le genièvre finement et mélangez-le avec le sucre et du poivre. Répartissez cette préparation sur les deux faces des noisettes. Arrosez d'un peu d'huile et massez pour faire pénétrer épices et huile. Mettez au réfrigérateur, protégé par un torchon bien propre ou par un film alimentaire.

Préparez la sauce : mettez dans la cocotte 1 cs de beurre et d'huile, faites dorer les parures, ajoutez l'oignon émincé puis le vin rouge. Laissez cuire jusqu'à évaporation complète du vin. Ajoutez la crème. Laissez 4 min. Passez la sauce dans une passoire fine. Dans une casserole, faites chauffer la sauce, ajoutez la moutarde et la confiture d'airelles. Rectifiez l'assaisonnement. Égrenez les raisins et coupez-les en 2 pour enlever les pépins. Dans une casserole, portez 1 cs de beurre à couleur noisette, ajoutez les raisins épépinés et faites tourner. Ajoutez 2 cs de cognac et tenez au chaud, couvert, sans feu. Cuisez les noisettes : allumez le gril et laissez bien rougir. Déposez vos noisettes sur la lèchefrite et le plus près possible du gril, laissez cuire 3 à 4 min sur chaque face. Salez. Déposez sur un plat ou sur des assiettes chaudes. Répartissez les raisins. Entourez de sauce chaude. Servez le reste en saucière avec la purée de céleri.

Purée de céleri-rave

Pour 4 pers. : 1 boule de 600 g de céleri-rave, 2 belles pommes de terre, 150 g de crème, 1 cc de gros sel.

Épluchez et coupez le céleri en morceaux de 3 à 4 cm de côté, ainsi que les pommes de terre en quartiers grossiers. Faites cuire le céleri 20 min à la vapeur – il n'apprécie pas la cuisson prolongée dans l'eau – avec les pommes de terre. Passez céleri et pommes de terre au moulin à légumes grille fine. Ajoutez à la purée 150 g de crème bouillie salée ; rectifiez l'assaisonnement.

Pense pas bête...

Je commande mes huîtres pour les fêtes.
Maison Yvon Madec,
Prar-Ar-Coum, 29870 Lannilis,
tél. : 02 98 04 00 12
(www.prat-ar-coum.fr)

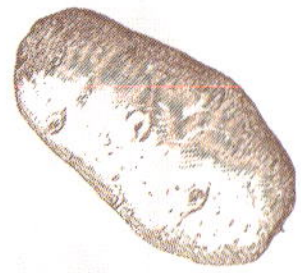

SEMAINE 47

Automne

DÉJEUNER

Choucroute
Charlotte aux pommes

DÎNER

Restes du déjeuner

☞ Ce que je fais…

La cuisson de la charlotte aux pommes est très importante car le gâteau doit être fondant sans que les pommes ne soient délitées, ou pis réduites en compote !

Je fais cuire pendant 1 h à 1 h 30 au bain-marie sur le feu, en prenant soin d'entourer le moule de 2 couches d'aluminium. Je transfère alors l'ensemble dans le four et laisse cuire encore 1 h à 1 h 30. Afin d'éviter que le caramel ne se fige, je démoule la charlotte tiède sur le plat de service. Je laisse reposer 2 h au réfrigérateur avant de la servir nature ou accompagnée de crème anglaise.

Les recettes du jour

Choucroute

Pour 6 pers. : 1,8 kg de choucroute crue, 100 g de saindoux, 2 gros oignons, 1 poignée de grains de genièvre, 1 poignée de poivre gris, 2 petites feuilles de laurier coupées en morceaux, 1 palette de porc demi-sel ou fumée selon vos goûts, 400 g en un seul morceau de poitrine fumée, 400 g en un seul morceau de poitrine demi-sel, ½ bouteille de sylvaner ou de riesling, 2 belles saucisses à cuire (Morteau ou Montbéliard), 6 à 12 pommes de terre, selon leur grosseur, 6 « knackwürst » ou saucisses de Strasbourg.

Rincez abondamment la choucroute en plusieurs eaux ; égouttez. Faites fondre le saindoux. Épluchez, émincez en tranches fines les oignons et mettez-les à fondre dans le saindoux très doucement. Ils ne doivent pas colorer. Dans une grande terrine à baeckeoffe ou dans une cocotte en fonte, étalez les oignons fondus avec le saindoux bien chaud. Placez une épaisse couche de chou, répandez la moitié du genièvre, des grains de poivre et du laurier. Sur ce lit accueillant, posez la poitrine fumée et demi-sel et la palette fumée. Recouvrez de chou et de la même quantité d'aromates. Arrosez de vin blanc, couvrez. Mettez dans le four à 180 °C (th. 6) et oubliez pendant 1 h 30. Après cette première cuisson, mettez la choucroute du dessus, dessous, et ajoutez vos saucisses. Remettez au four et oubliez encore pendant 1 h 30. Faites cuire les pommes de terre séparément à la vapeur et réchauffez doucement les saucisses de Strasbourg dans une casserole d'eau frissonnante. L'eau ne doit surtout pas bouillir.

Charlotte aux pommes

Pour 6 pers. : 100 g de sucre en poudre, quelques gouttes de jus de citron, 2 kg de pommes fermes, croquantes et acidulées, 1 sachet de sucre vanillé, 1 cs de cannelle en poudre (25 g).

Préparez un caramel blond avec les 100 g de sucre et 1 cs d'eau. Hors du feu, ajoutez quelques gouttes de jus de citron. Chemisez un moule à charlotte avec le caramel, en veillant à ce qu'il nappe bien toute la surface. Épluchez et épépinez les pommes, puis coupez-les en 2 dans le sens de la hauteur. Coupez les moitiés de pommes en tranches très fines (2 mm d'épaisseur) à l'aide d'une mandoline ou d'un couteau bien aiguisé. Chemisez le fond du moule à charlotte avec les tranches de pommes en formant une belle rosace. Remplissez le moule jusqu'en haut, en tassant bien les pommes – elles vont réduire à la cuisson, il faut donc presser fortement. Saupoudrez les pommes de sucre vanillé et de cannelle en poudre toutes les 3 couches. Préchauffez le four à 170 °C (th. 5/6) et suivez les conseils délivrés ci-contre.

Pense pas bête…
Chez mon boucher, je réserve pour les fêtes un chapon fermier ou une dinde…

Automne

DÎNER

Ailes de poulet poêlées
Macaronis en gratin

Saint-Jacq. de la M.

Lundi
28
NOV.

Petite histoire…

Le chapon :

peut-on vous donner du plaisir alors qu'on vous a coupé les couilles ? Oui, à condition d'être chapon. Choisi, châtré, rôti : être chapon, c'est un destin. Après trois mois d'une vie insouciante où le poulet occupe son temps à repérer les poulettes qui devraient faire son ordinaire, il se retrouve choisi : il sera chapon. Comme il s'agit d'un honneur, il est calme entre les cuisses de la fermière ; elle a l'habitude. Quelques plumes en moins sur l'abdomen – pas grave, elles repousseront ; un petit coup de bistouri rapide – ça cicatrise vite et bien quand on est jeune. Deux doigts qui s'introduisent subrepticement sous la peau jusqu'au niveau des ailes – mais qu'est-ce qu'elle me veut à la fin ? Un pincement sec… – j'aurais dû me méfier ; elle m'a enlevé mes haricots. Tant pis, je serai chapon *(voir la suite le 29 novembre)*.

LES RECETTES DU JOUR

Ailes de poulet poêlées

Pour 4 pers. : 4 ailes de poulet, 1 cs de beurre, 1 cs d'huile, sel, poivre.
Cuisson en cocotte : salez, poivrez les morceaux ; dans une petite cocotte, chauffez 1 cs de beurre et 1 cs d'huile ; posez les ailes de volaille côté peau sur le fond ; couvrez ; faites cuire à feu doux 5 min sur chaque face ; coupez la source de chaleur, laissez reposer 2 min.

Macaronis en gratin

Pour 4 pers. : 1 paquet de macaroni longs de 250 g, ¼ de l de crème fraîche, 1 noix de beurre, muscade, 150 g de gruyère râpé, sel, poivre.

Faites bouillir une grande casserole d'eau salée, jetez les macaronis en pluie, brassez avec une fourchette jusqu'à reprise de l'ébullition et maintenez à gros bouillons. Pendant que les macaronis cuisent, versez la crème dans une autre casserole. Dès que les macaronis sont arrivés à 3-4 min de moins que la cuisson prévue sur le paquet, égouttez-les dans une passoire à pieds et secouez vivement pour que toute l'eau s'écoule. Les macaronis doivent être cuits mais fermes. Allumez le gril du four. Chauffez la crème à feu moyen. Ajoutez les macaronis, laissez mijoter pour qu'ils absorbent la crème en terminant leur cuisson. Vérifiez l'assaisonnement en sel, poivrez et râpez une pointe de muscade. Mélangez les ⅔ du fromage râpé et laissez-le fondre. Versez le tout dans un plat qui va au four, graissez le dessus du plat avec la noix de beurre détaillée en copeaux fins. Enfournez à mi-hauteur sous le gril, laissez gratiner jusqu'à belle couleur dorée. Servez dans le plat de cuisson.

Petite histoire…

28 novembre 1870 : le rat, mais c'est la meilleure viande !

Il est question, dans Paris assiégé depuis 75 jours, de ce repas qu'ont fait en commun un certain nombre de membres de l'Académie des sciences : ses savants ont ostensiblement mangé du rat. Le rongeur leur a été servi concurremment avec du cheval, du chien et du chat. Et les convives ont, en majorité, trouvé que la viande de rat était incomparablement supérieure aux autres. Rat en rôti, rat en ragoût, rat en pâté, rat en salmis, rat en salade, rat en tarte ! Les statistiques ont tout dernièrement établi que l'on peut compter actuellement sur quelque vingt-cinq millions de rats dans Paris. De la viande sur la planche, pour une année s'il le faut.

Lever du soleil : 8 h 21 Coucher du soleil : 16 h 56 Lune décroissante

Saint-Saturnin

Mardi
29
NOV.

Automne

DÎNER

Tatin d'endives
Munster

SEMAINE 48

La recette du jour

Tatin d'endives

Pour 6 pers. : 12 endives, 25 g de beurre, 1 cs de sucre en poudre, 1 pâte feuilletée, sel, poivre.

Rincez rapidement les endives, épongez-les dans un papier absorbant. Retirez les premières feuilles et évidez l'intérieur du trognon. Posez 10 endives entières ou coupées en 2, crues, bien serrées, dans un moule à manqué bien beurré et légèrement sucré. Faites doucement rissoler sur le feu et ajoutez en cours de cuisson 1 ou 2 endives pour qu'elles se tiennent serrées. Quand elles sont bien dorées, couvrez de la pâte feuilletée comme pour une tatin traditionnelle et enfournez pour 30 min. Démoulez la tarte en la retournant.

Petite histoire...

Le chapon... *(suite du 28 novembre)*

Sans plus de regrets, le chapon se console ; il gambade en plein air, il boit, il dort, il mange, il grossit. Il entend des commentaires élogieux sur ses formes ; sa crête flétrit, et disparaît. Regrette-t-il ses attributs ? Pensez-vous ! Il partage son territoire avec des poules auxquelles on a retiré les ovaires, pour en faire de belles poulardes. Gageons que cette compagnie pacifiée ne pense guère à la bagatelle...

Début novembre, vers la Toussaint, alors qu'il a passé l'été dehors à se nourrir de grain et d'air pur, on place notre chapon dans une cage en bois, et dans le noir. Deux fois par jour, sans qu'il ait besoin de se déplacer, on lui donne de bonnes bouillies de maïs, de blé et de lait. Beaucoup de fermiers entretiennent une vache, pour être sûrs de la qualité de leurs pâtées. Six semaines vont s'écouler dans le confort, la béatitude et la paresse. Six semaines à ne rien faire, sinon du gras. Mais pas n'importe quel gras : une belle graisse, fine, blanche, harmonieusement répartie sous une peau mince et transparente *(suite le 30 novembre)*.

☞ Le saviez-vous ?

Le munster ou munster-géromé...

Né au sud du massif vosgien, le munster fait partie des nombreuses créations monastiques. Son berceau se situe précisément dans la vallée de la Fecht, qui devint, en l'an 668, la vallée de Munster, selon une dénomination dérivée du latin *monasterium*. Le munster-géromé est un fromage au lait de vache, à pâte molle et croûte lavée. La pâte est souple au toucher, l'odeur est caractéristique, forte et pénétrante, la saveur est franche, relevée. La croûte, légèrement humide, est d'une couleur variant du jaune orangé au rouge orangé. Attention aux croûtes gercées, sèches, aux pâtes friables, trop salées, au goût piquant, agressif.

Sa teneur en matières grasses ne peut être inférieure à 45 %. Il se présente sous la forme d'un disque plat de 13 à 19 cm de diamètre, et de 2,4 à 8 cm de hauteur. Il existe aussi dans une présentation réduite : le petit munster-géromé mesure 7 à 12 cm de diamètre, 2 à 6 cm de hauteur. Depuis le 21 mai 1969, ce fromage bénéficie de l'appellation d'origine contrôlée. Traditionnellement vendu en Alsace, ce fromage prenait le nom de munster, et s'il était vendu en Lorraine, il s'appelait géromé (déformation de Gérardmer).

Lever du soleil : 8 h 22 Coucher du soleil : 16 h 55 Nouvelle lune

Automne

DÎNER

Escalopes de veau poêlées
Salsifis au beurre

Petite histoire...

Le chapon...

(suite du 29 novembre)

Quand on est chapon, on rêve d'être de Bresse pour concourir aux Glorieuses et pourquoi pas, obtenir un prix.

Les Glorieuses, ce n'est pas rien : quatre concours, à Bourg-en-Bresse, Pont-de-Vaux, Montrevel-en-Bresse et Couhaus. La première Glorieuse eut lieu en 1862, et les volailles primées furent offertes à Napoléon III. Depuis, tous les ans, y paraître est un devoir. Les chapons n'y vont qu'une fois, mais les producteurs doivent chaque année confirmer leurs prix. Un grand prix quadruple la valeur de la bête, lui confère l'assurance d'être présentée à la clientèle par un grand volailler, et lui garantit une fin digne et appréciée. Que rêver de plus, pour un poulet ?

Évidemment, avant de paraître aux Glorieuses, il faut être saigné. Ce n'est peut-être pas drôle, mais c'est capital. Une saignée mal exécutée pourrait laisser une vilaine coloration sombre sur le cou, voire une sorte de couperose aux ailes et aux cuisses ; le croupion même pourrait présenter quelques hématomes. Un chapon ainsi traité se verrait refuser l'entrée du concours. Il faut donc que la bête soit bien saignée, mais encore parfaitement plumée : épilée, même. Pas l'ombre d'une éraflure ou d'une ecchymose ne doit apparaître sur sa peau blanche et nacrée.

Les recettes du jour

Escalopes de veau poêlées

Pour 4 pers. : 4 escalopes de veau, 40 g de beurre, 2 cs d'huile d'arachide, sel, poivre.

Laissez les escalopes à température ambiante. Elles ne doivent pas être froides au moment de les cuisiner. Dans une sauteuse à fond épais, faites fondre le beurre sur feu moyen avec l'huile. Posez les escalopes et poêlez-les à feu doux 5 min en les retournant à mi-cuisson. La viande doit être un peu rosée au centre. Salez-les et poivrez-les avant de les servir.

Salsifis au beurre

Pour 4 pers. : 900 g de salsifis, ½ citron, 1,5 cs de farine, 70 g de beurre, sel, poivre.

Épluchez les salsifis à l'économe, rincez-les et posez-les au fur et à mesure dans une bassine d'eau froide avec le demi-citron (peau et jus) pour les empêcher de noircir. Coupez-les en tronçons. Délayez la farine dans un peu d'eau, ajoutez encore un peu d'eau pour que le mélange soit liquide, puis reversez en filet dans une marmite d'eau bouillante salée en remuant bien. Ceci afin que les légumes ne noircissent pas en cuisant. Plongez les salsifis dans la marmite et cuisez-les 15 min. Égouttez-les et reversez-les dans une sauteuse avec le beurre. Salez et poivrez et faites-les revenir 10 à 15 min.

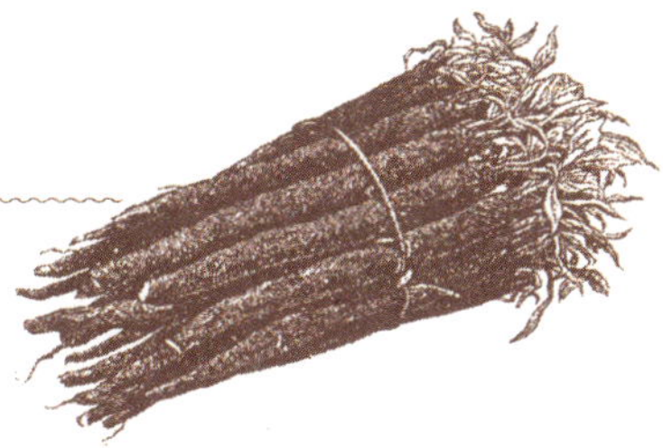

☞ KEKCEKÇA ?

Le salsifis : le vrai salsifis est blanc, conique, souvent garni de radicelles. Il est peu cultivé. Le salsifis noir ou scorsonère est noir, cylindrique, long, sa chair est fondante, très légèrement amère ; il est absolument nécessaire, avant de l'éplucher, de le laisser tremper une heure minimum dans l'eau froide sinon, vous risquez d'avoir les mains profondément noircies. Au fur et à mesure de l'épluchage, on le tronçonne et on le plonge dans l'eau citronnée ou vinaigrée ; l'idéal est ensuite de le faire cuire 1 h à 1 h 30 dans un blanc *(voir la cuisson au blanc le 21 mai « ☞ **Le saviez-vous ?** »)*.

Décembre

L	M	M	J	V	S	D
			1	2	3	4
5	6	7	8	9	10	11
12	13	14	15	16	17	18
19	20	21	22 Hiver	23	24	25 Noël
26	27	28	29	30	31 Réveillon	

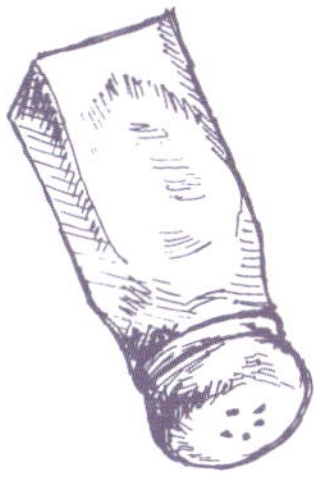

Automne

DÎNER

Langue de veau braisée
Bettes au beurre
(voir la recette du 13 août)

LA RECETTE DU JOUR

Langue de veau braisée

Pour 4 pers. : 1 langue de 1 kg environ, 2 oignons, 1 carotte, 2 gousses d'ail, 1 morceau de couenne pour tapisser la cocotte, 1 bouquet garni, 1 verre de vin blanc sec, 50 cl de consommé de volaille, 2 cc de sel fin, une dizaine de tours de moulin à poivre.

Installez la langue dans un faitout, recouvrez d'eau froide ; écumez ; retirez la langue au bout de 15 min d'ébullition ; avec un couteau pointu, retirez la peau. Épluchez oignons, carotte, gousses d'ail ; hachez grossièrement. Dans la cocotte, posez la couenne côté gras sur le fond, les légumes et le bouquet garni, puis la langue ; salez, poivrez ; couvrez et laissez suer environ 15 min ; ajoutez le vin blanc ; remuez pour que tous les ingrédients soient imprégnés ; ajoutez le consommé ; couvrez et portez à petits bouillottements pour une bonne heure. Retournez la langue ; si le jus est abondant, couvrez aux ¾ et laissez cuire 1 h. Vérifiez avec une aiguille à brider que la langue est cuite ; retirez-la ; maintenez au chaud ; passez le jus au chinois ; récupérez tous les sucs dans la cocotte, faites réduire pour obtenir une consistance de sirop.

Petite histoire...

1er décembre 1955 : la gloire du saint-nectaire...

Le tribunal civil d'Issoire (Puy-de-Dôme) rend aujourd'hui un jugement appelé à faire date à travers toute l'Auvergne gourmande. Il consacre le droit à l'appellation d'origine d'un des plus célèbres fromages du centre de la France : le saint-nectaire. Désormais, celui-ci ne pourra plus être fabriqué que sur un territoire bien délimité comprenant 52 communes du Puy-de-Dôme et 18 communes du Cantal. En bref, dans une circonscription d'origine s'étendant sur les montagnes (volcaniques) des monts Dore et du Cézallier ainsi que sur les hauts plateaux cristallins de l'Artense. Des régions enneigées annuellement entre 3 et 5 mois, et dont la rigueur de température influe sur le mode de vie des animaux. Un territoire qui procure également un micro-organisme favorable à une flore estivale abondante et particulièrement aromatique.

Deux saint-nectaires sont proposés dans le commerce : le « laitier » et le « fermier ». Chacun d'eux doit obligatoirement arborer une étiquette les différenciant. Ainsi, le saint-nectaire fermier est marqué d'une plaque de caséine teintée en vert, de forme elliptique. On peut y lire imprimé en noir, « saint-nectaire », suivi du numéro de matricule du producteur et du taux de matières grasses... Le saint-nectaire laitier (de laits plus diversifiés !) porte une marque de même nature mais carrée, comportant la mention « saint-nectaire laitier ». Le saint-nectaire se présente sous une forme cylindrique plate de 21 cm de diamètre et 5 cm d'épaisseur : son poids est d'environ 1,7 kg. Il existe un petit saint-nectaire de dimensions réduites mais présentant toutes les caractéristiques essentielles. Le saint-nectaire est exclusivement à base de lait de vache.

Automne

DÎNER

Cabillaud à la vapeur, sauce girondine
Tombée d'épinards au beurre
(voir la recette du 27 avril)

Je m'avance pour demain

Je prépare une pintade rôtie, garniture grand-mère.

Les recettes du jour

Cabillaud à la vapeur

Pour 4 pers. : 2 feuilles de laurier, 2 branches de thym, ½ bouquet de persil, 1 citron, 4 darnes de cabillaud de 200 g, sel, poivre.
Pour la sauce : 10 g de câpres, 2 anchois, 1 cs de ciboulette, 1 cs de persil, 100 g de beurre, 2 cs d'huile d'olive, 1 cs de vinaigre de vin, sel, poivre.
Placez un lit de laurier, thym et persil sur la grille perforée du cuit-vapeur ainsi que le citron coupé en rondelles. Couchez-y les darnes de poisson. Faites-les cuire de 7 à 8 min à la vapeur couvercle fermé, puis 5 min couvercle entrouvert.
Sauce : hachez les câpres, anchois, ciboulette, persil. Faites fondre le beurre dans une casserole. Ajoutez l'huile, puis le hachis d'herbes, de câpres et d'anchois. Salez et poivrez. Tournez bien à la cuillère en bois pour lier le beurre et l'huile. Ajoutez le vinaigre de vin pour terminer la sauce dont vous napperez les darnes de cabillaud.

Pintade rôtie

Pour 4 pers. : 1 pintade de 1,6 kg à 1,8 kg avec ses abattis, 1 cs d'huile, 1 cs de beurre ou de graisse d'oie ou de canard, 3 gousses d'ail, 1 brindille de thym ou de romarin, 1 grand verre d'eau, 1 cc de sel fin, 5 à 7 tours de moulin à poivre.
Aujourd'hui : assaisonnez si possible l'intérieur et l'extérieur de la pintade de sel et de poivre. Emballez-la dans un film alimentaire et réservez au réfrigérateur. Sortez 1 h à température ambiante avant de cuisiner.
Demain : préchauffez le four à 230 °C (th. 7/8). Badigeonnez la pintade avec un peu d'huile. Chauffez dans une cocotte 1 cs de beurre ou de graisse – oie, canard. Faites dorer à feu doux 5 à 7 min sur chaque face en commençant par les pattes, avec ses abattis, 3 gousses d'ail en chemise légèrement écrasées et 1 brindille de thym ou de romarin. Quand la pintade a pris de la couleur, couvrez, maintenez la cuisson 30 min en la retournant et en l'arrosant fréquemment car la chair a tendance à se dessécher. Retirez la pintade du four ; détachez les cuisses et remettez-les dans la cocotte pour 5 min supplémentaires. Emballez la carcasse dans une feuille double de papier cuisson et maintenez-la si possible dans un sac isotherme. Supprimez la matière grasse de cuisson ; remplacez par 1 grand verre d'eau, grattez et déglacez les sucs ; laissez réduire de moitié à bon feu ; rectifiez l'assaisonnement. Découpez la pintade. Servez avec le jus en saucière.

☞ Le saviez-vous ?

Le gigot désigne la patte arrière des ovins. Il est considéré comme un morceau festif qui marque généralement les fêtes de Pâques. C'est une pièce sur laquelle le boucher peut exercer son art en élaguant la graisse superflue et en décorant de coups de couteau celle qui reste. Certaines personnes demandent qu'il soit raccourci. C'est une erreur car la suppression de l'os du quasi ne permet pas une bonne conduite de la chaleur.

Pense pas bête...

Je commande un gigot pour dimanche.

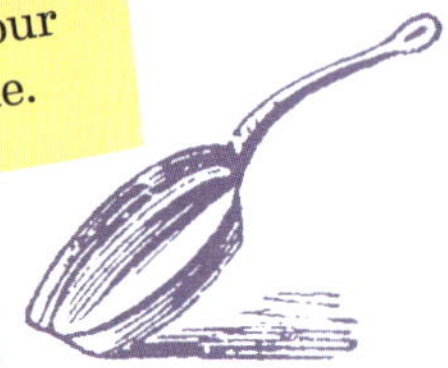

Mon truc malin

Farcissez la pintade avec 2 petits-suisses mélangés à une pomme coupée en dés ou un citron détaillé en quartiers et le foie grossièrement haché. Certains volaillers et bouchers ont la mauvaise habitude de barder la pintade de lard gras. Une crépine est mieux adaptée : tout en protégeant la chair, elle a l'avantage de fondre durant la cuisson.

Lever de soleil : 8 h 26 Coucher du soleil : 16 h 55 Lune croissante

LES RECETTES DU JOUR

Garniture grand-mère

Pour 4 pers. : 3 cs de beurre, 20 petits oignons grelots, 1 cs de sucre, 4 cs d'eau, 400 g de petites pommes de terre (type roseval ou belle-de-Fontenay), 150 g de poitrine fumée, 300 g de champignons de Paris ou de champignons sauvages, ½ botte de persil plat, 2 cc de sel fin, poivre.

Dans une casserole, faites fondre 1 cs de beurre. Ajoutez les petits oignons, le sucre, l'eau, le sel, le poivre ; laissez dorer 20 min environ, jusqu'à ce que les oignons s'enrobent d'un léger caramel blond. Dans une poêle, faites grésiller le beurre restant, ajoutez les pommes de terre coupées en dés, lavées et séchées pour obtenir des pommes de terre sautées. Dans le même temps, dans une autre poêle, faites rissoler la poitrine fumée coupée en lardons sans matière grasse ; quand ils sont bien dorés, retirez-les avec une écumoire et réservez-les. Dans la même poêle, faites cuire les champignons avec une noix de beurre. Réunissez dans une même poêle tous les ingrédients cuits. Saupoudrez de persil plat haché.

Soupe lorraine au lard et au fromage

Pour 4 pers. : 200 g de poitrine fumée, 75 g d'oignons, 1 l de bouillon de bœuf, 4 tranches de pain de campagne, 150 g de fromage râpé, 10 cl de crème fraîche épaisse.

Supprimez la couenne et les cartilages de la poitrine fumée et coupez-la en petits lardons. Épluchez les oignons, émincez-les en rondelles. Dans une casserole à feu moyen, faites rissoler lentement les lardons de poitrine fumée, retirez-les à l'aide de l'écumoire et remplacez-les par les oignons : faites fondre ceux-ci en douceur sans qu'ils prennent couleur pendant 10 min environ. Remettez les lardons, mouillez avec le bouillon, portez à ébullition et laissez cuire ensuite à petit feu pendant 30 à 35 min. Pendant ce temps, détaillez les tranches de pain et supprimez la croûte. Saupoudrez chaque tranche de gruyère râpé puis couvrez de crème fraîche. Disposez-les dans 4 assiettes creuses chaudes. Au terme de la cuisson de la soupe, versez lentement le bouillon à travers une passoire dans les 4 assiettes pour mouiller doucement le pain, la crème et le fromage. Répartissez ensuite les lardons et les oignons récupérés au fond de la passoire et servez bien chaud.

Automne

DÉJEUNER

Pintade rôtie
(voir la recette du 2 décembre)

Garniture grand-mère

Salade d'endives

Flognarde aux poires
(voir la recette du 10 juillet)

DÎNER

Soupe lorraine au lard et au fromage

Petite histoire de foie gras...

Oie ou canard ? Pure affaire de goût. Le foie du canard, moins cher que celui de l'oie, est aussi le plus vendu en France. Il fond davantage à la cuisson, son goût est plus rustique, plus campagnard... Le foie gras d'oie est plus clair que celui de canard. Il est plus cher, et partant, plus « chic ». Mais qu'est-ce que cela veut dire, un foie chic *(voir la suite le 4 décembre)* ?

Sainte-Barbara

Dimanche
4
DÉC.

Semaine 48

Automne

DÉJEUNER

Gigot de 7 heures

Purée de pommes de terre

Salade d'oranges

(voir la recette du 19 avril)

DÎNER

Potage
pommes de terre poireaux

(voir la recette du 2 novembre)

Yaourt

LA RECETTE DU JOUR

Gigot de 7 heures

Pour 8 pers. : 1 beau gigot, 6 échalotes, , 2 carottes, 1 tête d'ail, 200 g de poitrine demi-sel, 1 bouquet garni, 4 tomates, 1 trait d'huile d'olive, 300 g de couennes, ½ bouteille de vin blanc sec, 1 cube de bouillon de volaille, farine pour luter la cocotte, sel, poivre.

Demandez à votre boucher de désosser le gigot en ne gardant que l'os du manche. Préchauffez le four à 120/150 °C (th. 4/5). Pelez les échalotes, les carottes et 6 gousses d'ail (en enlevant le germe). Détaillez la poitrine en petits lardons. Rincez les éléments du bouquet garni et ficelez-les. À l'aide d'un couteau à lame fine, piquez le gigot (pratiquez des entailles et remplissez-les) de lardons et des demi-gousses d'ail coupées dans la longueur. Plongez les tomates 10 sec dans de l'eau bouillante, pelez-les, épépinez-les et concassez-les grossièrement. Dans une sauteuse, chauffez l'huile d'olive et faites dorer le gigot sur toutes ses faces. Tapissez une grande cocotte en fonte des couennes (côté gras vers le fond), posez le gigot et entourez-le des échalotes entières, des carottes coupées en rondelles, des gousses d'ail restantes en chemise (avec la peau), des tomates et du bouquet garni. Versez le vin blanc et le cube de bouillon dissous dans un bol d'eau chaude, salez et poivrez. Mettez la farine dans un bol et versez un peu d'eau en mélangeant jusqu'à obtenir la consistance d'une pâte épaisse (type pâte à modeler). Roulez-la en forme de boudin, couvrez la cocotte et appliquez ce boudin en l'aplatissant tout autour du couvercle pour vous assurer que la fermeture de la cocotte est parfaitement hermétique. Glissez au four et laissez cuire pendant 7 heures. L'humidité ne pouvant s'échapper, elle retombe sur les aliments pendant cette lente et douce cuisson.

Jetez le bouquet garni avant de servir. Servez en utilisant une cuillère à ragoût.

Petite histoire de foie gras… *(suite du 3 décembre)*

Oie ou canard, les foies doivent avoir un aspect blanchâtre, rose ou beige rosé, d'une nuance un peu cireuse. S'il est rouge ou rougeâtre, c'est qu'il a été mal refroidi. On pourra alors le manger poêlé en escalopes ; en terrine, son aspect risque d'être esthétiquement fort décevant. Au toucher, les foies doivent être fermes, mais souples. Trop dur, le foie gras est trop sec, et perd son moelleux. Avant l'achat, écartez donc les deux lobes qui composent le foie, et vérifiez que le fiel a été correctement retiré. La moindre trace verdâtre lui donnerait de l'amertume. C'est un travail délicat que l'on fait soi-même, à l'aide d'un petit couteau pointu, très affûté. On coupe le lobe de haut en bas ; le gros nerf d'abord, les ramifications ensuite ; évitez de tout mettre en charpie. Cela dit, opérez sans crainte ; la chair se ressoude à la cuisson. Toutefois, très souvent, on trouve maintenant des foies dénervés. Vérifiez que le travail a été bien fait.

Un foie gras doit-il ou non être truffé ? Je dirais qu'un bon foie n'a besoin de rien d'autre. À mon sens, le parfum du petit joyau noir risque de tuer la finesse de goût du foie. Mais si on aime, et si on en a les moyens, pourquoi s'en priver ? Je ne serai catégorique que sur un point : les terrines ou blocs de foie gras truffés n'apportent rien, ni au palais, ni à l'œil.

Lever du soleil : 8 h 28 Coucher du soleil : 16 h 53 Lune croissante

Je m'avance pour demain
J'achète un lapin et je fais mariner les morceaux (voir la recette du 6 décembre).

Automne

DÎNER

Parmentier d'agneau
(voir recette de base du 17 octobre en utilisant les restes du gigot de 7 heures)

Salade verte ou d'endives

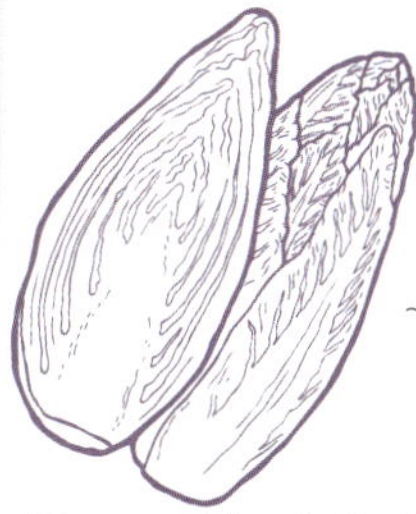

☞ *Le saviez-vous ?*

L'endive est le nom parisien de la witloof (du flamand *wit* : blanc, et *loof* : feuille). Dans le nord de la France, on appelle familièrement l'endive, le « chicon ». Elle est issue de la chicorée à grosses racines. La culture de l'endive se faisait en deux temps: d'abord l'obtention de racines régulières, de la taille d'une carotte, aptes à donner des endives et, ensuite, une période dite de forçage pendant laquelle les racines, placées au fond d'une fosse, étaient recouvertes de terre et de paille, puis de tôle pour permettre à l'endive de pousser à l'abri de la lumière et lui assurer sa blancheur immaculée. Les endives sont maintenant cultivées hors-sol, c'est-à-dire sans terre de couverture. Les racines sont placées dans des bacs superposables et palettisables, dans des salles climatisées obscures et chargées d'humidité, alimentées de solutions nutritives.
L'endive est ainsi pratiquement dépourvue de goût mais n'impose plus la corvée de lavage. On ne peut pas tout avoir !
On attribue la découverte du procédé de forçage dans l'obscurité à *M. Brézier*, botaniste belge dans les années 1850. M. Brézier avait sûrement lu *Le Théâtre d'agriculture* de l'agronome d'Henri IV, Olivier de Serres, qui indiquait la manière d'étioler la salade en l'enterrant après l'avoir liée d'un osier. On ne prête qu'aux riches !
Lorsqu'on achète des endives, il faut veiller à ce que les feuilles extérieures soient bien d'un blanc d'ivoire. Si les bordures sont teintées de vert, cela signifie qu'elles ont été cueillies depuis quelque temps déjà et soumises à la lumière.

Petite histoire de lapin…

Amusez-vous à interroger vos amis et relations, vous entendrez invariablement la même réponse à la question : « Aimez-vous le lapin ? – Oui, j'adore ça mais je ne pense jamais à le cuisiner. » Pourquoi ?
La chair est délicieuse, peu calorique, sa préparation est facile et rares sont les convives dans un dîner qui ne se réjouissent pas de retrouver le goût de la gibelotte de leur enfance.
Sous prétexte que le lapin est une viande blanche, il est généralement coincé entre un dindonneau prédécoupé et un poulet prêt à cuire sur les étals des grandes surfaces. Rien qui encourage à l'achat, assurément.
À la saison de la chasse, il a droit à quelques honneurs, on le suspend à un crochet à l'étalage et il étale sa fourrure fauve sur les devantures.
L'expression « chaud lapin » trouve sa justification dans l'exceptionnelle fécondité de l'animal. Rêvez ! Un lapin vit dix ans, et est sexuellement mature à 3 ou 4 mois. Cinq portées par an de 5 à 7 lapereaux chacune ne lui font pas peur.
Cette prolifération est dangereuse. Pline nous dit : « Tarragone fut entièrement détruite par les lapins. » En Australie, en 1907, on massacre 25 millions d'entre eux ; 18 ans plus tard, on estime leur nombre à plusieurs centaines de millions. Ils ont même appris à nager et à grimper aux arbres.
Le lapin est d'ailleurs le symbole du renouvellement de la vie. On peut comprendre…
Son goût pour la bagatelle et ses désastreuses conséquences exaspérèrent un vétérinaire qui, en 1950, inocula à quelques-uns d'entre eux la myxomatose. Nous faillîmes en deux ans être complètement débarrassés de la population lapinière, qu'elle fût sauvage ou de clapier.

Automne

DÎNER

Lapin à la moutarde
(voir la recette du 5 mai)
Pommes de terre sautées
Clémentines

Je m'avance pour jeudi
Je prépare des rillettes de lapin.

LA RECETTE DU JOUR

Rillettes de lapin

Pour 1 terrine d'environ 75 cl : 1 lapin de 1,2 kg, 2 brindilles de thym, 2 feuilles de laurier, 6 gousses d'ail, 1 cs de baies de genièvre, 1 kg de graisse d'oie, gros sel, sel, poivre.

La veille : demandez au boucher de couper le lapin en morceaux ou faites-le vous-même *(la coupe doit se faire au couteau et surtout pas à la feuille sinon gare aux éclats d'os)*. Frottez les morceaux de lapin au gros sel. Laissez reposer 3 ou 4 h en retournant les morceaux de temps en temps.

Le lendemain : rincez et séchez le tout. Rincez les herbes et les gousses d'ail en chemise (avec leur peau). Choisissez une cocotte pouvant juste accueillir les morceaux de lapin, posez-la sur feu doux. Disposez le lapin, les herbes, les baies de genièvre, les gousses d'ail en chemise et couvrez de graisse. Baissez le feu au minimum. La graisse va fondre. Cuisez 3 h sans couvrir. Égouttez le lapin, laissez-le tiédir et effilochez sa chair dans un pot ou une terrine en terre en traquant les innombrables petits os et retirez-les. Versez un peu de graisse de cuisson pour imbiber l'ensemble (sinon, c'est trop sec), poivrez, goûtez, rectifiez l'assaisonnement, mélangez et laissez figer. Réservez une nuit au réfrigérateur.

Mon truc malin

Les rillettes : filtrez la graisse de cuisson : elle vous servira pour faire sauter des pommes de terre ou pour refaire des rillettes.

Petite histoire des huîtres...

Les huîtres ont vraiment une chance inouïe.
Plates ou creuses, elles sont successivement mâles, puis femelles : ce sont de pures hermaphrodites ! Chez les plates, le changement s'opère après chaque émission de produits génitaux, alors que chez les creuses, il a lieu après chaque saison de fécondité. Je me demande bien pourquoi les huîtres bénéficient de tels avantages, elles qu'on dit plutôt bêtes... Je ne suis sûrement pas le seul à regretter que le créateur n'ait pas cru devoir offrir ce privilège aux humains !
L'huître a bien d'autres atouts : elle est exceptionnellement bonne pour la santé ; elle est même aphrodisiaque. Songez que l'on trouve dans une huître du soufre, du calcium, du magnésium, du potassium et du sodium en quantité, mais aussi du fer, du zinc, du cuivre, de l'iode, des protides, des lipides, des sels minéraux, et des vitamines A et B. Qui dit mieux ? J'oubliais le phosphore ; beaucoup de phosphore...

L'huître est une vieille connaissance. Les Anciens en raffolaient – les Romains surtout. De leur côté, les Grecs utilisaient leurs écailles comme bulletins de vote.
On rapporte que c'est Sergius Orata qui inventa les parcs à huîtres, tandis qu'Apicius trouva le moyen de les expédier dans des amphores pleines de saumure. À l'exception d'une éclipse au Moyen Âge, l'homme a toujours mangé des quantités d'huîtres inimaginables. La notion de douzaine est toute récente ; jusqu'au début du siècle, on commandait au restaurant un cent d'huîtres, jamais moins.
Gageons qu'elles étaient plus petites que les nôtres ! Brillat-Savarin en mangeait couramment vingt à trente douzaines à la fois. Plus loin de nous, Vitellius en engloutissait douze cents par jour, alors que Sénèque se contentait de cent douzaines... par semaine. C'est plus raisonnable *(voir la suite le 7 décembre)*!

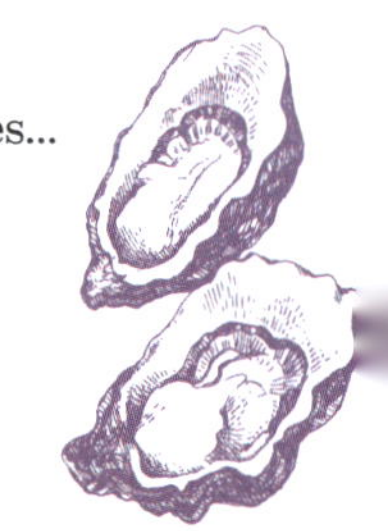

Lever du soleil : 8 h 31 Coucher du soleil : 16 h 52 Lune croissante

Automne

DÎNER

Crème de lentilles,
saucisse de Montbéliard
Époisses ou langres

Saint-Ambroise

Mercredi
7
DÉC.

La recette du jour

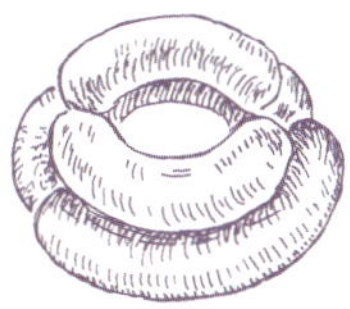

Crème de lentilles

Pour 4 pers. : 200 g de lentilles, 2 oignons, 2 gousses d'ail, 1 branche de thym, 1 feuille de laurier, 2 cs de crème fraîche, 2 cs de beurre, 1 saucisse de Montbéliard ou Morteau, sel, poivre.

La veille : mettez les lentilles à tremper dans l'eau fraîche.

Le lendemain : épluchez les oignons, coupez-les en rondelles. Épluchez les gousses d'ail et écrasez-les. Rincez et égouttez les lentilles. Mettez-les dans une cocotte avec les oignons, l'ail, le thym et le laurier. Couvrez d'eau, portez à ébullition, écumez. Cuisez à petit feu pendant 40 min. Vérifiez la cuisson ; les lentilles doivent être cuites mais pas en bouillie. La cuisson terminée, égouttez. Préservez le jus de cuisson. Au mixeur ou au plongeur, broyez les lentilles, les oignons et l'ail pour obtenir une purée fine ; versez-la dans une casserole. Mettez la purée sur feu moyen pour la dessécher pendant 5 min ; incorporez la crème fraîche, rajoutez si nécessaire le jus de cuisson pour avoir un potage souple ; portez à petit bouillon pendant 4 à 5 min. Vérifiez l'assaisonnement. Ajoutez le beurre au dernier moment. Servez avec la saucisse de Morteau ou de Montbéliard coupée en gros tronçons après 45 min de cuisson.

☞ Le saviez-vous ?

L'époisses : il fut reconnu AOC le 14 mai 1991. Il est fabriqué en Bourgogne, autour de la ville du même nom. De dimensions modestes (10 cm de diamètre, 5 à 6 cm d'épaisseur), il présente une croûte lisse, brillante, de couleur brique. Sa pâte doit être souple et moelleuse avec un parfum assez pénétrant, voire très relevé. Il est généralement lavé au marc de Bourgogne, ce qui lui donne un parfum très original. Sa période d'excellence s'étale de juillet à décembre.

Le langres : il a rejoint les AOC le 14 mai 1991. Originaire de Poiseul, il est fabriqué dans tout le Bassigny, en Champagne. Sa forme est généralement tronconique avec une dépression au sommet. Son diamètre est de 10 cm pour 4 à 5 cm d'épaisseur. La croûte est fine, lisse, brun-rouge à brun clair, la pâte est souple. Elle dégage une odeur forte et un bouquet pénétrant. Il s'exprime au mieux de juin à décembre.

Petite histoire des huîtres...

(suite du 6 décembre)

Il va sans dire qu'il faut acheter les coquillages en parfait état de fraîcheur. Une lecture soigneuse de l'étiquette doit vous indiquer la date d'emballage et d'expédition. Fiez-vous à vos sens : l'odeur de l'huître doit être agréable, et les coquilles résolument fermées. Si par hasard elles bâillaient, une petite tape devrait les faire se refermer immédiatement.

À l'ouverture, la coquille inférieure doit être pleine d'un liquide bien clair. On doit observer une rétraction sur le bord de l'huître lorsqu'on la touche avec la pointe d'un couteau. Les coquillages ne se congèlent jamais : le froid les tue. N'oublions pas que l'huître est le seul animal qui se mange vivant. À l'inverse des moules, les huîtres ne se grattent pas. On ne les lave pas non plus. Une fois ouvertes, on ne les passe pas sous l'eau. Toutefois, on peut jeter l'eau contenue dans la coquille : en une heure, l'huître la renouvellera. Si vous éprouvez l'irrésistible envie de les ouvrir vous-même au lieu de confier cette tâche à l'écailler, soyez prudent : attention aux éclats !

Lever du soleil : 8 h 32 Coucher du soleil : 16 h 52 Premier quartier de lune

Immaculée Conception

Jeudi
8
DÉC.

Semaine 49

Automne

DÎNER

Omelette aux rillettes de lapin

Salade de barbe-de-capucin

Yaourt/pot de confiture

Petite histoire...

Et si on essayait : le 7 décembre 1893, s'est ouvert à Paris, rue Jean-Jacques-Rousseau, un restaurant réservé aux dames seules exclusivement. C'est la société de bienfaisance L'Union des ateliers de femmes qui en est l'instigatrice. Dès les premiers jours, le succès est complet. La clientèle est composée d'ouvrières du quartier, d'employées des grandes administrations, de demoiselles du téléphone. Ces dames seules ont été séduites par les avantages de cette initiative – le prix du repas était fixé à 0,70 franc – et surtout par la moralité de l'initiative puisque les hommes n'étaient pas invités. Ne serait-ce pas une expérience intéressante à renouveler ?

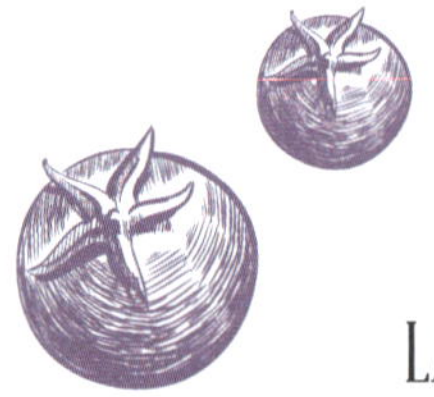

LA RECETTE DU JOUR

Omelette aux rillettes de lapin

Pour 6 pers. : 12 œufs, 200 g de rillettes de lapin *(voir la recette du 6 décembre)*, 1 pot de crème fraîche de 250 g, 1 cc de concentré de tomate, 3 cs de ketchup, 3 cs de xérès, 4 cs d'huile d'arachide, 50 g de beurre, ciboulette, estragon, cerfeuil, sel et poivre.

Sortez les rillettes 2 h avant de commencer la préparation. Cassez les œufs 6 par 6. Faites chauffer 2 cs d'huile dans une poêle à revêtement anti-adhésif. Battez les œufs à la fourchette. Poivrez et salez au dernier moment. Versez les œufs dans la poêle chaude. Remuez à la fourchette. Ajoutez, à mi-cuisson, 25 g de beurre entre la poêle et l'omelette. Faites-la glisser dans une assiette sans la rouler. Faites de même avec les 6 autres œufs. Tartinez chaque omelette avec les rillettes, roulez-les séparément comme une bûche de Noël et posez-les côte à côte sur un plat de service. Dans un bol, mélangez la crème fraîche, la tomate concentrée et le ketchup. Ajoutez le xérès, salez, poivrez et nappez chaque bûche à l'aide d'une cuillère. Décorez avec les tiges de ciboulette entières, de grosses pluches de cerfeuil et d'estragon.

☞ Le saviez-vous ?

La barbe-de-capucin : que l'on appelle quelquefois chicorée de Bruges ou encore cheveux de paysan, est sûrement la plus ancienne, sinon la doyenne des chicorées sauvages améliorées.
Elle est déjà à l'honneur dans des grimoires édités en 1615.
On peut la considérer comme la mère de l'endive, puisque l'une et l'autre sont portées par une longue racine. Les feuilles de la barbe-de-capucin peuvent être longues de 20 à 30 cm, très étroites, dentées ou découpées, jaune beurre frais. Elles sont amères.

À ne pas confondre avec le pissenlit :

Le *Taraxacum officinale* doit à ses pouvoirs diurétiques le nom de pisse-en-lit que lui a donné Olivier de Serres.
Certains jardiniers continuent à l'appeler dent-de-lion, salade de taupe ou laitue de chien. À l'état sauvage, on le traque dans les jardins où il se multiplie à la vitesse du vent qui entraîne ses aigrettes duveteuses partout où le jardinier ne les désire pas. Le pissenlit sauvage est très amer et, de ce fait, ne plaît pas à tous. Il ne manque pourtant pas de mérites. Outre qu'il est diurétique, on lui prête des vertus de dépuratif sanguin. Il serait précieux dans la lutte contre le cholestérol, le scorbut, les rhumatismes, la goutte, la constipation, l'obésité. Il pourrait même décongestionner le foie. Les boutons du pissenlit, légèrement blanchis à l'eau citronnée, sont délicieux dans une omelette.

Lever du soleil : 8 h 33 Coucher du soleil : 16 h 52 Lune croissante

Automne

DÎNER

Coquilles Saint-Jacques à la provençale
Riz pilaf
(voir la recette du 8 octobre)
Comté

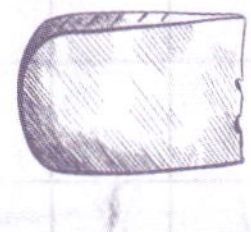

Petite histoire de la citrouille...

Vous voulez retrouver votre âme d'enfant ? Rien de plus facile. En mai, sur votre balcon ou dans votre jardin, préparez quelques pots, semez 5 ou 6 graines, arrosez et attendez.

Vous verrez rapidement vriller de longues tiges garnies de poils assez rudes. Puis de grandes feuilles larges et découpées en 5 lobes couvriront le terrain. Bientôt, à votre grande surprise, apparaîtront des fruits, sortes de petits melons (ils appartiennent à la même famille des cucurbitacées) qui grossiront, se coloreront et réjouiront votre imagination. Si vous êtes très sage, une bonne fée touchera de sa baguette magique votre belle citrouille ventrue, côtelée et orangée. En fermant les yeux, vous monterez dans un beau carrosse doré, et six chevaux blancs vous emmèneront au pays de vos rêves. Rien ne vous empêche de vous transformer vous-même en bonne fée, en conviant vos amis à déguster un plat spectaculaire, délicieux, et simple à réaliser.
Pour 6 à 8 personnes, choisissez une citrouille de 4 kg, bien colorée et de forme régulière. Avec un grand couteau, découpez autour de la queue un couvercle d'environ 15 cm de diamètre. Retirez les pépins et les filaments qui se trouvent à l'intérieur. Garnissez de larges tranches de pain de campagne grillées et aillées (si vous aimez), de champignons de Paris émincés, d'un mélange d'emmental, de comté et de beaufort râpés, et de crème fleurette. Montez 2 ou 3 couches, en prenant soin de saler et de poivrer. N'oubliez pas d'ajouter une pincée de muscade râpée. Refermez avec le couvercle, et enveloppez votre citrouille dans du papier d'aluminium. Faites cuire l'ensemble au four, 2 ou 3 h, en veillant à ce qu'il reste toujours de l'eau au fond du plat de cuisson. Débarrassée de son papier protecteur, posez votre citrouille cuite sur la table. Avec une large cuillère en bois, mélangez les ingrédients à la chair devenue molle, et servez. Vous aurez une heureuse surprise.

La recette du jour

Coquilles Saint-Jacques à la provençale

Pour 6 pers. : 18 coquilles Saint-Jacques, 2 échalotes, 2 gousses d'ail, 1 belle carotte, 2 navets, 1 bulbe de fenouil, 1 blanc de poireau, 1 bouquet de cerfeuil, 50 g de beurre, 1 bouquet garni, 25 cl de vin blanc sec, 10 cl de crème fleurette, sel, poivre.
Pelez les échalotes et l'ail. Hachez menu les échalotes, écrasez l'ail. Épluchez carotte, navets et bulbe de fenouil. Émincez le tout en fins bâtonnets. Rincez le blanc de poireau et émincez-le également. Rincez, séchez et effeuillez le cerfeuil sans le ciseler. Réservez. Rincez les noix et le corail des coquilles Saint-Jacques, posez-les sur du papier absorbant. Dans une grande sauteuse posée sur feu vif, faites revenir les échalotes et l'ail dans le beurre. Ajoutez les légumes avec le bouquet garni. Salez. Quand il n'y a plus de liquide dans la sauteuse, versez 25 cl d'eau et le vin. Montez le feu et laissez bouillir 2 min. Baissez le feu, posez les saint-jacques, couvrez et attendez 2 min. Ajoutez la crème fleurette, attendez 1 min après la reprise de l'ébullition. Versez dans le plat de service, poivrez, décorez de cerfeuil et servez aussitôt.

Je m'avance pour demain
Je commence à préparer un pâté à la citrouille *(voir la recette du 10 décembre).*

Saint-Romaric

Samedi
10
DÉC.

Semaine 49

Automne

DÉJEUNER

Irish stew

Tarte fine aux pommes
(voir la recette du 30 mai)

DÎNER

Pâté à la citrouille

Œufs au lait
(voir la recette du 30 mars)

KEKCEKÇA ?

L'*irish stew*: ce plat étant avant tout modeste, les bas morceaux s'imposent. Une des maîtresses de Louis XIV – la Champvallon – crut pousser ses avantages auprès du roi en remplaçant les bas morceaux par des côtelettes. La recette est restée : côtelettes à la Champvallon. On peut lui préférer le modeste *irish stew*.

Les recettes du jour

Irish stew

Pour 4 pers. : 500 g de collier de mouton, 500 g de poitrine de mouton, 1 kg de pommes de terre roseval ou belle-de-Fontenay, 250 g d'oignons, 2 gousses d'ail, 2 échalotes, 1 bouquet garni, 1 poignée de persil avec ses queues, 3 verres de bouillon, 1 rasade de Worcestershire sauce (facultatif), 2 cc de sel fin, poivre.

Faites découper par le boucher le collier et la poitrine en morceaux de 50 g environ. Préchauffez le four à 180 °C (th. 6). Épluchez les pommes de terre et les oignons ; émincez-les au robot ; épluchez les gousses d'ail et les échalotes, laissez-les entières. Salez et poivrez sur chaque face les morceaux de viande. Mélangez dans une cocotte en fonte ou une terrine en terre la viande, les pommes de terre, les oignons, l'ail et les échalotes, le bouquet garni et le persil ; mouillez avec le bouillon ; couvrez. Enfournez pour 2 h 15. Avant la fin de la cuisson, retirez le bouquet garni, la poignée de persil ; complétez avec une rasade de Worcestershire sauce. Servez brûlant dans le plat de cuisson.

Ce plat, typiquement irlandais, est traditionnellement accompagné de chou rouge mariné aux épices, mais une belle scarole croquante ou des endives pendant l'hiver le remplaceront avantageusement.

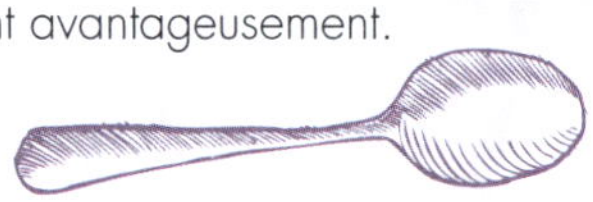

Pâté à la citrouille

Pour 6 pers. : 1 kg de citrouille, 3 oignons, 1 botte de persil, 1 clou de girofle écrasé, 1 bonne pincée de noix de muscade, 350 g de pâte brisée, 15 g de beurre, 1 cs d'huile d'arachide ou de noisette, 1 œuf, 10 cl de crème fraîche, sel et poivre.

La veille : coupez la citrouille en petits dés parsemés de 1 cc de gros sel. Emballez les morceaux dans un torchon et suspendez le tout dans un endroit frais pour laisser dégorger.

Le lendemain : mélangez les dés de citrouille, l'oignon et le persil hachés grossièrement, 1 clou de girofle écrasé et une bonne pincée de noix de muscade. Salez et poivrez. Allumez le four à 220 °C (th. 7/8). Étalez la pâte sur 3 mm d'épaisseur. Beurrez un moule à tatin. Garnissez-le avec la pâte en la laissant déborder de 3 cm. Étalez de nouveau le reste de la pâte pour permettre de couvrir le moule. Versez dans le moule le mélange citrouille-oignon-poivre-sel, ajoutez le beurre découpé en petits morceaux et répartissez la cs d'huile. Posez le couvercle de pâte sur le moule. Mouillez les bords avec un pinceau trempé dans de l'eau, roulez la partie débordante de la pâte avec le couvercle. Découpez une cheminée au centre. Donnez quelques coups de couteau pointu pour décorer. Mettez au four. Après 10 min de cuisson, ramener à 180 °C (th. 6) pour 40 min. Battez un œuf avec la crème, salez, poivrez. Faites glisser dans la cheminée du pâté. Maintenez au four 5 min. Servez chaud.

La qualité du pâté et sa réussite dépendront beaucoup de l'égouttage du potiron. S'il est mal dégorgé, l'eau de végétation détrempera la pâte.

Lever du soleil : 8 h 35 Coucher du soleil : 16 h 52 Lune croissante

Petite histoire de croupion et de sot-l'y-laisse…

Le croupion : la guerre !
Le croupion a ses amateurs, ses inconditionnels, prêts à tout pour s'approprier l'objet de leur désir. Je n'ai jamais assisté à un dîner dont le plat de résistance fût un poulet rôti sans qu'invariablement un œil concupiscent ne contrôle la position du croupion sur le plat ou que des lèvres gourmandes ne murmurent une prière pour supplier qu'aucune main malveillante ne s'empare de l'objet de la convoitise.
Étonnante, la passion de certains gourmets pour ce morceau uropygial qui, sur le plan organoleptique, n'a aucune saveur particulière pour les uns et tant pour les autres !
Généralement, cette pièce anatomique située à l'extrémité postérieure des oiseaux, composée des dernières vertèbres mal formées et servant de support aux plumes de la queue, est grasse, sans viande. Rien, *a priori*, ne justifie une pareille attirance. Cet attribut n'est pas exclusivement féminin puisque les volailles mâles en ont un et même le plus petit des volatiles, quel que soit son sexe, n'en est pas dépourvu. On peut toutefois exprimer une généralité valable pour tous les amateurs : ils préfèrent le croupion du poulet. Le croupion d'une oie ou d'un canard ne déclenche pas la même envie et je n'ai jamais entendu qui que ce soit discuter des vertus du croupion de la caille et, encore moins, de celui de l'autruche. Pourtant, sa taille pourrait permettre de satisfaire un banquet de gourmets friands de ce morceau !
Une de mes grands-mères en était tellement gourmande qu'elle avait un jour prétendu, à l'intention de mon grand-père qui considérait que le croupion lui revenait de droit, que le poulet qu'elle venait de lui servir était infirme et qu'il était né sans cette pièce anatomique. La discussion fut vive, mon grand-père exigea que, dorénavant, les poulets lui fussent présentés plumés avant la cuisson. Devant de telles exigences, ma grand-mère céda et fut ainsi privée de croupion durant toute sa vie de femme mariée.
Les sot-l'y-laisse : autres morceaux de concupiscence, mais qui heureusement vont par paire : les sot-l'y-laisse. Ces délicats morceaux de chair se trouvent sur les carcasses de volailles, juste au-dessus du croupion, dans deux petites cavités osseuses. Le nom de « sot-l'y-laisse » a été donné à ces deux petits morceaux de viande goûteux, tendres et soyeux, parce que, généralement, les imbéciles ne les mangeaient pas.
Reconnaissons qu'il faut savoir que les parties les plus délicates du poulet sont camouflées à cet endroit précis. Seuls les amateurs, les rongeurs, les dépeceurs de carcasses le savent et se gardent bien d'en avertir qui que ce soit.

Automne

DÉJEUNER

Osso-buco à la milanaise
(voir la recette du 27 avril)
Tarte au citron
(voir la recette du 2 avril)

DÎNER

Soupe à l'oignon
(voir la recette du 14 novembre)
Reste de la tarte au citron

Saint-Jean-Fr.-de-Ch.

Lundi
12
DÉC.

Automne

DÎNER

Soupe chinoise au poulet
Part de brie

Pense pas bête...
Aujourd'hui, je termine la recette du foie gras de canard entier...

SEMAINE 50

LES RECETTES DU JOUR

Soupe chinoise au poulet

Pour 6 pers. : 250 g de champignons de Paris, 1 bouquet de coriandre, 100 g de vermicelles chinois, 1 l de bouillon de volaille, 600 g de blancs de poulet, 3 cs de sauce soja, 3 cs de nuoc-mâm, purée de piments (facultatif), 2 citrons verts.
Retirez le bout terreux des champignons, passez-les rapidement sous un filet d'eau froide, essuyez-les dans du papier absorbant et émincez-les. Rincez la coriandre, séchez-la, effeuillez-la et ciselez-la grossièrement. Plongez les vermicelles dans de l'eau bouillante salée. Couvrez, attendez 4 min, égouttez-les et réservez. Dans une grande marmite posée sur feu vif, versez le bouillon. Dès l'ébullition, ajoutez les blancs de poulet entiers et les champignons. Au bout de 10 min de cuisson, retirez les blancs à l'aide d'une écumoire et posez-les sur une planche. Coupez-les en lamelles très fines et remettez-les dans la marmite avec les vermicelles. Éteignez, ajoutez la sauce soja, le nuoc-mâm et décorez de coriandre ciselée. Inutile de saler, le bouillon et les sauces s'en chargent. Servez en présentant les sauces, la purée de piment et les citrons coupés en quartiers.

Gelée de canard

1 cs d'huile, 15 g de beurre, 1 carotte, 1 gros oignon, 500 g d'ailerons de canard, 1 pincée de sucre, 1 grand verre de vin blanc sec, ½ pied de veau, ½ cc de thym, 1 bouquet garni, sel et poivre.
Dans une casserole, faites chauffer l'huile, le beurre, ajoutez la carotte et l'oignon épluchés et hachés finement. Faites revenir, ajoutez les ailerons de canard et une pincée de sucre. Laissez rissoler et caraméliser. Ajoutez le vin blanc et laissez réduire de moitié. Ajoutez le demi-pied de veau, le thym, le bouquet garni, le sel, le poivre. Couvrez l'ensemble d'eau et laissez cuire, à ¾ couvert, une petite heure. Laissez refroidir l'ensemble toute une nuit.

Pense pas bête...

C'est Noël dans 13 jours... Il est temps de penser aux préparatifs : Je prépare la gelée et je fais dégorger mes foies gras *(voir la recette du 13 décembre)*. J'achète un thermomètre de cuisson : indispensable !

☞ *Le saviez-vous ?*

Le pied de veau est vendu épilé chez les bouchers ou les tripiers. Il est surtout utilisé comme source de gélatine ; il est toujours bien d'en ajouter dans le bœuf mode ou le bourguignon. On peut le servir cuit « au blanc » avec une vinaigrette ou une sauce tartare.

Petite histoire...

Le 12 décembre 1871. Paris est assiégé depuis 84 jours et Jules Ferry déclare que « l'alimentation des Parisiens n'en est pas encore à sa période d'épuisement ».
Or il n'y a plus de revendeurs de légumes ; les pommes de terre sont introuvables ; ne restent que quelques rares betteraves ; plus de gaz non plus ni de charbon et encore moins de viande fraîche. Le nombre de décès est supérieur à 2 000 la semaine. Et, en contradiction avec les propos de Jules Ferry, les boulangers ferment leurs boutiques dès la fin de la matinée faute de pain.

Lever du soleil : 8 h 37 Coucher du soleil : 16 h 52 Lune croissante

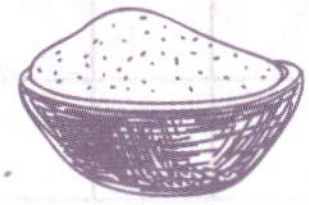

La recette du jour

Terrine de foie gras de canard entier

Pour une grande terrine : 1,2 kg de foie gras de canard (environ 2 foies gras de 600 g chacun), 12 g de sel de Guérande, 4 cs de porto, 400 g de gelée de canard *(voir la recette du 12 décembre)*.

*Pour réussir sans risque cette recette, il est impératif de respecter les températures. Il faut donc utiliser un **thermomètre de cuisson**.*

La veille : après avoir dénervé les foies, plongez-les dans de l'eau glacée (avec des glaçons) et laissez dégorger toute la nuit au frais.

Le lendemain : égouttez sur un torchon, répandez le sel sur les foies et arrosez-les avec le porto. Allumez le four à 140 °C (th. 4/5). Choisissez une terrine plus grande que les foies, ovale si possible, et rangez-y les foies tête-bêche. Posez la terrine dans un large plat à gratin. Faites bouillir la gelée de canard filtrée et versez-la sur les foies. Mettez le couvercle sur la terrine, remplissez le plat à gratin d'eau bouillante et, tout de suite après, d'un verre d'eau fraîche. L'eau doit être à 75 °C environ. Mettez au four pour 35 min de cuisson. Retirez la terrine et retournez délicatement les foies. Remettez au four pour 40 min. Vérifiez, à l'aide du thermomètre, que la température à l'intérieur de la terrine soit aux environs de 58 °C. Enlevez le couvercle. Laissez tiédir en posant sur le foie une planche avec un poids pour éviter qu'il ne remonte. Gardez ainsi au frais.

Le foie risque de rendre un peu de sang. Ne vous inquiétez pas, il se répandra dans la gelée. La terrine peut se garder 12 jours si vous ne l'entamez pas et 3 à 4 jours après un premier usage.

Servez avec du pain de campagne ou de la brioche grillée.

Automne

DÎNER

Boudin aux pommes fruits
(voir la recette du 21 juin en servant avec des pommes coupées en quartiers et poêlées au beurre)

Fruits frais

Je m'avance pour demain

Je prépare une terrine de chocolat (voir la recette du 30 août).

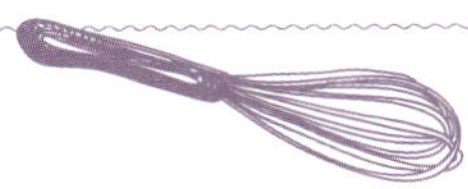

Ce que je pense

Quel pain avec un foie gras ? Par expérience, je préfère de beaucoup le pain de campagne grillé à la brioche. Le pain brioché est superfétatoire ; le pain de mie est trop souple pour permettre une bonne résonance des parfums du foie gras.

Que boire avec du foie gras ?

Le vin rouge et le porto ne sont pas recommandés. L'idéal peut être des vins liquoreux, sauternes ou grains nobles d'Alsace qui sont malheureusement trop chers. Pour que le plaisir reste raisonnable, ma préférence va au jurançon moelleux, riche en arômes subtils. Ce vin, qui n'a rien d'ostentatoire, me paraît pour le foie gras un compagnon idéal. Certains amateurs pensent que le vin sec décape la langue et dégraisse les papilles. Et pourquoi pas ? Là encore, je mise sur le jurançon sec avec son goût de pierre à fusil, pour leur donner satisfaction.

Un dernier conseil : servez entre 60 et 80 g de foie gras par personne ; au-delà de 100 g vous passeriez pour un parvenu ; à moins de 50 g, pour un pingre !

Lever du soleil : 8 h 38 Coucher du soleil : 16 h 52 Lune croissante

Sainte-Odile

Mercredi
14
DÉC.

SEMAINE 50

Automne

DÎNER

Flan au curry et à la tomate
(voir la recette du 28 août, en utilisant des tomates en boîte)

Terrine de chocolat
(voir la recette du 30 août)

Petite histoire…

14 décembre 1555 : Nostradamus, de son vrai nom *Michel de Nostre-Dame*, fête son 52e anniversaire. Sa célébrité en France et en Italie n'est plus à démontrer. Non seulement pour ses prophéties mais également pour la parution, lors de son anniversaire, de son fameux traité pour réussir les confitures.

☞ Le saviez-vous ?

Le chocolat : la période artisanale du chocolat s'est étalée du début du XVIe siècle jusqu'à la fin du XVIIe siècle.
La Révolution française et les bouleversements politiques mettent un frein au développement industriel du chocolat.
Au début du XVIIIe siècle, on assiste au développement de la culture du cacaoyer à travers le monde ; l'industrie se mécanise et se développe.
C'est en Suisse que François-Louis Cailler, après son apprentissage chez un maître chocolatier de Turin, installe près de Vevey, en 1819, la première fabrique de chocolat.
À la même époque, à Barcelone, est installé un triple moulin et en 1815, les fabriques van Houten et Booker commencent leurs fabrications à Amsterdam. La France n'est pas en reste. En 1824, Antoine Brutus Menier fonde à Noisiel (77) la première chocolaterie à l'échelle mondiale. Les Suisses découvrent alors le chocolat au lait en 1875 fabriqué par Henri Nestlé. L'industrialisation du chocolat ne cessera plus à travers le monde entier, pour notre plus grand plaisir.
Le cacaoyer est un arbre original qui porte à la fois feuilles, fleurs et fruits. Il est sans cesse en floraison. Les fleurs, petites, roses ou blanches, sans aucun parfum, sortent directement du tronc ou des grosses branches. Leur vie est particulièrement courte, 48 h ; elles sont à la fois mâles et femelles ; la transmission du pollen ne peut être faite que par des moucherons, car l'absence d'arôme et de nectar n'attire aucun autre insecte. En 12 mois, un seul et unique arbre peut porter de 50 à 100 000 fleurs mais la difficulté de la pollinisation ne laisse qu'une moyenne de 500 fleurs prêtes à développer un fruit. Ce fruit s'appelle la cabosse ; il peut mesurer de 15 à 30 cm de longueur et de 6 à 10 cm de largeur et sort bizarrement du tronc de l'arbre. Sa couleur est différente selon les espèces et varie à maturité. Un fruit vert peut devenir jaune alors qu'un rouge violet évoluera vers l'orange.
C'est dans cette cabosse très dure que sont précieusement enfermées une quarantaine de fèves précieuses, logées dans une pulpe sucrée. Ces fèves sont constituées, comme nos haricots, de deux parties et d'un germe, entourés d'une enveloppe ; ce sont ces fèves qui, après de nombreux traitements, fourniront le chocolat. Un cacaoyer vit une quarantaine d'années à l'ombre de grands arbres, à une altitude de 600 m et uniquement entre le 22e et le 21e parallèle.
Le cacaoyer aime la chaleur et l'humidité, mais il craint le soleil.

Lever du soleil : 8 h 38 Coucher du soleil : 16 h 52 Pleine lune

Automne

DÎNER

Rosbif, purée
Salade d'endives
Reste de la terrine au chocolat

Petite histoire...

M. Paul Reboux, auteur fécond, vient de publier *L'Art de recevoir*. On peut lire dans cette plaquette : « Un honnête menu ne doit jamais comporter plus de deux plats. En faire davantage, c'est user d'un faste périmé ; c'est donner à croire que l'on gagne avec une facilité coupable et peut-être suspecte un argent si facilement gaspillé ; c'est prouver qu'on est incapable de concevoir un menu artistique et qu'on est tout juste bon à remplacer la qualité par la quantité. »
Peut-être serait-il bon, par ces temps de restrictions, de ne pas oublier cet honnête conseil.

Petite histoire...

« La deuxième gamme »
(suite du 15 novembre) : les techniques de stérilisation ont beaucoup évolué depuis Nicolas Appert. On stérilise à cœur le plus vite possible, ce qui permet de garantir plus efficacement le goût et la valeur nutritive du produit. Jadis, on stérilisait en autoclave ; maintenant, on le fait en continu. Les boîtes se promènent grâce à un tapis roulant à l'intérieur d'un tunnel stérilisateur. Tout l'arsenal des moyens biologiques, physiques, mathématiques et électroniques est mis en œuvre pour mesurer les divers paramètres des produits à conserver, et calculer par ordinateur les différentes valeurs stérilisatrices. On se trouve maintenant à des années-lumière de la lessiveuse et des bocaux emballés dans les vieilles serpillières de nos grands-mères.
Il arrive qu'entre la récolte et la mise en boîte d'un kilo de petits pois, il ne s'écoule pas 4 h. Grâce à des moyens considérables, la sécurité des conserves est pratiquement absolue. Quelques accidents peuvent survenir, mais ils sont si rares que même si vous trouvez un crapaud dans votre boîte de petits pois, vous ne risquez pas de vous empoisonner en le dégustant !
La valeur nutritive des conserves et la densité des sels minéraux subsistant après stérilisation restent assez controversées. On peut dire que les protides et les glucides sont plus digestes à la suite du traitement thermique, et que la cellulose des fruits et légumes « en conserve » est moins irritante pour le tube digestif que celle des crudités. Quant aux sucres, ils sont souvent dissous dans les liquides d'accompagnement, qu'il est donc préférable d'utiliser. Les vitamines B et C sont en partie détruites par la chaleur ; mais qu'en est-il lorsque les fruits et légumes sont exposés aux intempéries sur les étalages ? Sur le plan gustatif, la surcuisson ne joue guère en faveur des aliments. Les fruits stérilisés dans l'eau bouillante sont moins touchés, mais en règle générale, il faut constater que la stérilisation et la pasteurisation altèrent le goût et la texture du produit.
Finalement, rien ne remplacera un légume fraîchement cueilli et rapidement consommé. La conserve est un procédé fiable, mais elle est destinée à une utilisation d'appoint.

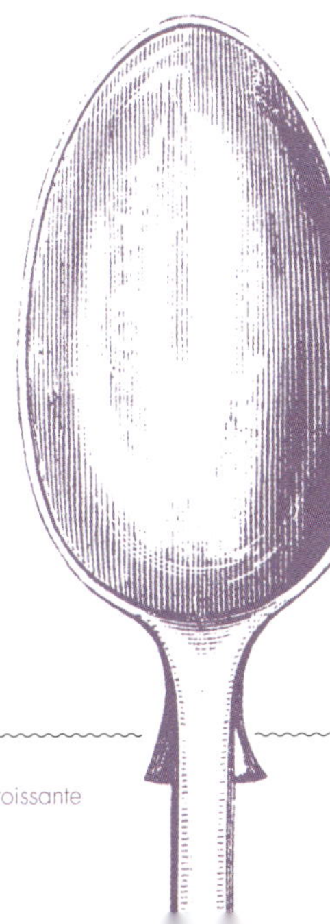

Lever du soleil : 8 h 39 Coucher du soleil : 16 h 52 Lune décroissante

Sainte-Alice

Vendredi
16
DÉC.

SEMAINE 50

Automne

DÎNER

Barbue à la normande
Épinards au beurre
(voir la recette du 27 avril)
Fromage blanc au sucre

Petite histoire... *(suite du 15 décembre)*

« La troisième gamme » : quand on congèle de la merde, on décongèle de la merde. Cette formule simple illustre parfaitement la troisième gamme. Tout comme l'appertisation, la congélation et la surgélation exigent des produits d'une totale fraîcheur.

La conservation des aliments par le froid n'est pas une invention récente. Dès la plus haute Antiquité, on enfouissait les denrées périssables dans les premières neiges, jusqu'à la fin de l'hiver. N'oublions pas qu'Alexandre le Grand lui-même mangeait des glaces aux fruits. Les Romains enveloppaient de neige et de glace les poissons du Rhin, les huîtres d'Armorique, et les langoustes de Sardaigne, pour les transporter jusqu'à Rome. La sorbetière à main de Néron a inspiré nos constructeurs modernes.

Mettre des fruits écrasés avec du miel dans un récipient entouré de neige et de glace, et tourner jusqu'à ce que le mélange durcisse, voilà un procédé qui ne doit rien à M. Moulinex. En France, jusqu'à la fin du XIXe siècle, on conservait la glace recueillie en hiver dans des silos. On trouve trace de ces installations dans nos campagnes ; elles servent généralement de dépotoirs.

Ferdinand Carré, français, cocorico, inventa en 1857 la première machine frigorifique à compression ; en 1860, la première machine à absorption et à fonctionnement continu ; et en 1863 la production de glace à l'aide d'appareils frigorifiques. On ne peut pas dire de M. Carré qu'il n'avait pas l'esprit de suite ! Avec son camarade Charles Tellier, il alla jusqu'à armer un navire que les deux amis baptisèrent *Le Frigorifique*, pour transporter de la viande en Argentine. Re-cocorico !

En 1929, Clarence Birdseye, qui bizarrement n'est pas français mais américain, dépose un brevet pour une nouvelle invention, la congélation rapide. On en est encore aujourd'hui à perfectionner sa technique *(voir la suite le 17 décembre)*.

LA RECETTE DU JOUR

Barbue à la normande

Pour 6 pers. : 1 barbue de 1,5 kg à 1,8 kg, 150 g de champignons de Paris, 80 g de beurre, 1 citron, 4 échalotes grises (si possible), 1 bouteille de cidre, 10 cl de crème fraîche épaisse, sel, poivre.

Coupez les queues des champignons, brossez-les puis émincez-les en lamelles. Préchauffez le four à 210 °C (th. 7). Mettez les champignons dans une casserole avec 20 g de beurre et le jus du citron. Laissez étuver à couvert une dizaine de minutes. Beurrez la lèchefrite. Pelez et hachez finement les échalotes ; répandez la moitié dans le fond de la lèchefrite. Incisez, tout le long de l'arête, la face la plus foncée de la barbue. *Cette opération facilite la pénétration de la chaleur.* Salez et poivrez le poisson sur les deux faces. Posez la barbue – la partie la plus claire sur les échalotes – dans la lèchefrite. Entourez avec les champignons et le jus de cuisson. Éparpillez le reste d'échalotes et de beurre en copeaux sur le poisson. Versez le cidre. Enfournez à mi-hauteur pour 20 min. Sortez le plat du four ; ajoutez la crème fraîche ; mélangez avec le cidre et remettez au four pour 5 min, le temps de chauffer la crème. Servez directement dans le plat de cuisson.

Lever du soleil : 8 h 40 Coucher du soleil : 16 h 52 Lune décroissante

Je m'avance pour demain

Je prépare un poulet grillé à la diable *(voir la recette du 26 avril)* ainsi qu'un gâteau de Savoie.

Je m'avance pour Nöel

Je prépare des tuiles aux amandes *(voir la recette du 3 août)* et je les conserve dans une boîte hermétique.

Petite histoire... *(suite du 16 décembre)*

« La troisième gamme » : quelle différence entre le procédé de Tellier et celui de l'Américain ? Le premier met en œuvre des températures très basses, entre – 20 °C et – 30 °C. La conservation peut être longue si la température est maintenue. Mais le refroidissement lent entraîne la formation de cristaux de glace de grosse taille à l'intérieur des aliments, qui contiennent encore 75 % à 90 % d'eau. Ces cristaux endommagent la structure cellulaire, et provoquent une exsudation lors de la décongélation.

Au contraire, la technique de Birdseye met en œuvre un refroidissement accéléré, ce qui a pour effet de multiplier les cristaux, mais de réduire leur dimension. Ainsi, cette poussière de cristaux n'endommage pas les cellules. Pour que les denrées soient prises à cœur par le froid (– 18 °C), il faut pratiquer l'opération sur de faibles épaisseurs, et pré-refroidir les denrées à surgeler.

Il existe quatre grandes méthodes de surgélation. Si vous aimez les produits de la troisième gamme, si vous êtes un inconditionnel de ce type de conservation, vous n'êtes pas obligé de lire les quelques lignes qui suivent, elles ne vous feront pas changer d'avis.

Selon la première méthode, dérivée du procédé de Birdseye, les aliments sont introduits entre des plaques, à l'intérieur desquelles circule un fluide frigorigène porté à la température de – 35 °C (faut se couvrir !). Ce procédé est destiné à des aliments peu fragiles, d'épaisseur faible et régulière, comme les steaks hachés, les filets de poisson et les paquets d'épinards.

La deuxième méthode consiste à surgeler vite, très vite, des aliments de très petites dimensions, au contact d'un air glacial. On applique cette méthode de trois façons : soit on installe les aliments, emballés ou en vrac, dans une chambre froide ; on prend garde de ne pas leur signaler ce qui va leur arriver, et lorsqu'ils se sentent en sécurité, hop, sans perdre de temps, on leur injecte pendant un temps très court de l'air très froid, à – 50 °C. S'ils ne s'amusent plus, c'est que leurs zygomatiques sont bloqués par le gel *(suite le 18 décembre)*.

Automne

DÉJEUNER

Goulasch ou ragoût hongrois
(voir la recette du 16 novembre)

Pâtes au beurre

Tarte au citron
(voir la recette du 2 avril)

DÎNER

Rosbif froid, mayonnaise

Salade de pommes de terre
(voir la recette du 29 mai)

Yaourt

Gâteau de Savoie

Pour 6 pers. : 3 œufs, 100 g de sucre en poudre, ½ gousse de vanille, 50 g de fécule de pomme de terre, 30 g de farine, 1 noisette de beurre (pour le moule).

Préchauffez le four à 160-170 °C (th. 5/6). Séparez les blancs d'œufs des jaunes. Montez les blancs en neige en incorporant la moitié du sucre (50 g). Blanchissez les jaunes avec le sucre restant. Grattez la gousse de vanille et ajoutez les grains. Incorporez délicatement les jaunes dans les blancs montés en neige. Versez en pluie la farine mélangée avec la fécule. Mélangez. Beurrez le moule, puis garnissez de pâte. Faites cuire pendant 25 à 30 min.

Saint-Gatien

Dimanche

18

DÉC.

SEMAINE 50

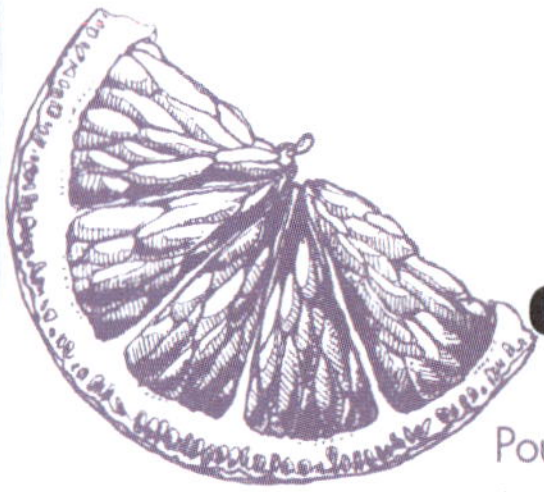

LA RECETTE DU JOUR

Orangettes au sucre

Pour 25 orangettes : 3 oranges maltaises à peau fine, 250 g de sucre cristallisé + quelques cuillerées pour la finition, ½ l d'eau.

1er jour : passez les oranges sous l'eau fraîche, égouttez-les. Coupez les 2 extrémités de chaque orange. Coupez-les en 6 quartiers. Retirez de chaque quartier la moitié de la chair et conservez uniquement la partie où la chair est attachée à l'écorce. Coupez chaque quartier en lanières de 5 mm de large. Déposez-les dans un saladier, couvrez-les à hauteur d'eau froide et laissez macérer 12 h au réfrigérateur, en changeant l'eau une fois pour enlever l'amertume.

2e jour : égouttez les lanières, mettez-les dans une casserole, recouvrez d'eau froide et portez à ébullition. Dès les premiers bouillons, versez les lanières dans une passoire et rafraîchissez-les sous un filet d'eau froide. Répétez l'opération une fois. Dans une casserole, portez l'eau et le sucre à ébullition 2 min. Ajoutez les lanières d'oranges, laissez-les confire 25 min à petits bouillons. Égouttez-les, rangez-les dans un plat et mettez-les au réfrigérateur pour 24 h.

3e jour : roulez les orangettes, une par une, dans une assiette de sucre cristallisé et laissez-les sécher à l'air libre et à l'abri de l'humidité pendant quelques heures.

Les orangettes se conservent au réfrigérateur environ 2 semaines dans une boîte métallique ou en plastique hermétiquement close, en séparant chaque couche d'orangettes par une feuille de papier sulfurisé.

Servez en friandise avec le dessert ou le café.

Automne

DÉJEUNER

Poulet grillé à la diable

(voir la recette du 26 avril)

Salade verte

Gâteau de Savoie/
compote de poires

(voir la recette du 17 décembre)

DÎNER

Tarte aux champignons

(voir la recette du 16 avril)

Beaufort

Je m'avance pour Noël

Je prépare des orangettes au sucre (l'opération s'effectue sur 3 jours).

Petite histoire… *(suite du 17 décembre)*

« La troisième gamme » : on peut encore placer les cerises, les haricots verts, ou même les crêpes fourrées sur des grilles mobiles qui se déplacent horizontalement dans un tunnel. Un air glacial est subrepticement mais violemment soufflé sur les produits, de haut en bas et de bas en haut ; là, on n'en réchappe pas. Ce triple mouvement n'est pas innocent : il a été imaginé pour que les aliments se refroidissent encore plus vite.

Enfin les aliments que la nature a voulus très petits, comme les petits pois, les myrtilles, les crevettes ou les choux de Bruxelles, ont droit à un traitement tout particulier. Vu leur taille, ils sont légers. Quand on leur souffle violemment dessus, ils s'envolent donc sans se méfier. Ils ont tort, car si l'on souffle, c'est pour mieux les projeter dans un violent courant d'air, d'où ils ressortent moins de 8 min plus tard, durs comme du béton (*suite le 19 décembre*).

☞ Le saviez-vous ?

Gâteau de Savoie : dénomination d'un gâteau à texture légère, de forme généralement cylindrique, fait de fécule de pomme de terre, de farine, de sucre et d'œufs battus en neige, qui aurait été inventé au XIVe siècle par Jean de Belleville, et dédié au comte Amédée VI de Savoie. Il se peut aussi, comme le suggère Nicolas de Bonnefons, valet de chambre de Louis XIV et auteur des *Délices de la campagne* (1654), que sa création ne date que du début du XVIIe siècle. L'appellation n'est d'ailleurs attestée qu'en 1728 dans le *Dictionnaire de Pierre Richelet* et il faut attendre la publication des *Dons de Comus* en 1739 pour en trouver la formule.

Lever du soleil : 8 h 41 Coucher du soleil : 16 h 53 Lune décroissante

Pense pas bête…

Je commence mes truffes pour Nöel et je continue de préparer les orangettes au sucre
(voir la recette du 18 décembre).

Automne

DÎNER

Potage aux endives

Welsh rarebit

(voir la recette du 30 octobre)

Les recettes du jour

Potage aux endives

Pour 8 pers. : 500 g d'endives, 350 g de pommes de terre à chair farineuse, 60 g de beurre, 1 cc de sucre, 2 l de bouillon de bœuf du commerce, 1 cs de cerfeuil haché, sel, poivre.

Choisissez des endives bien fermées, bien blanches et plutôt joufflues, rondouillardes et courtes. Coupez les pieds. Passez-les à l'eau rapidement si elles sont terreuses. Émincez-les. Épluchez, lavez et coupez les pommes de terre en rondelles. Étuvez les endives : rangez-les dans une cocotte en fonte, ajoutez le beurre, mouillez avec un fond d'eau. Salez et poivrez. Couvrez et mettez à feu doux pendant 20 min. Surveillez qu'elles ne brûlent pas, sinon ajoutez quelques gouttes d'eau. Les endives doivent être très tendres et il ne doit plus rester de jus de cuisson dans la cocotte. Ajoutez dans la cocotte les pommes de terre émincées, le sel, le sucre et le bouillon. Couvrez et faites repartir la cuisson pour 30 min. Passez l'ensemble au mixeur. Rectifiez l'assaisonnement. Versez le potage dans la soupière. Parsemez de cerfeuil haché (ou persil). Ce potage préparé à l'avance se réchauffe rapidement.

Truffes au chocolat

Pour environ 30 truffes : 250 g de chocolat noir (70 % de cacao), 50 g de sucre glace, 1 sachet de sucre vanillé, 2 jaunes d'œufs, 100 g de beurre ramolli, 1 cs de whisky (facultatif).

Sortez le beurre à l'avance. Au bain-marie : cassez le chocolat en morceaux et posez-les dans une petite casserole, elle-même emboîtée dans une plus grande casserole remplie d'un fond d'eau chaude et laissez-le fondre. Posez le tout sur feu moyen. Au micro-ondes : cassez le chocolat en morceaux dans un bol avec 2 cs d'eau. Le chocolat fond en 2 min en position minimum. Fouettez le sucre glace, le sucre vanillé et les jaunes d'œufs. Versez sur le beurre ramolli et amalgamez bien le tout. Ajoutez ce mélange au chocolat fondu. Battez vigoureusement. Ajoutez le whisky (facultatif) et mélangez bien. Réservez au réfrigérateur dans une boîte hermétique.

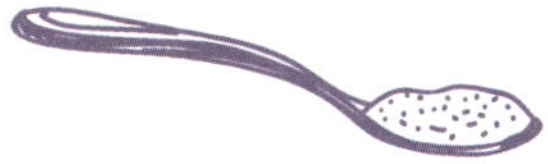

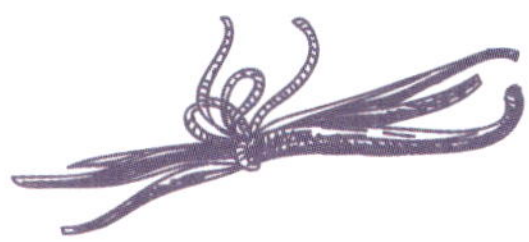

Petite histoire…

(suite du 18 décembre)

« La troisième gamme » : la troisième méthode est essentiellement destinée à des produits de taille moyenne, et de forme irrégulière. Un poulet n'y échappe pas, on l'emballe dans un fichu plastique et on le plonge, avant qu'il ait eu le temps de comprendre, dans un liquide à très basse température. Il arrive souvent que le poulet ait bien triste mine dans l'assiette, après immersion dans la saumure. Ne vous en étonnez plus, maintenant que vous savez pourquoi.

La quatrième et dernière méthode est indiscutablement la plus rapide. Imaginez un petit pois qu'on installe gentiment sur une bande porteuse, et à qui l'on raconte qu'il va se promener. Il est tranquille sur son petit tapis roulant, quand lui tombe dessus une pulvérisation de CO_2 ou d'azote liquide à – 196 °C. Croyez-moi, un petit pois à cette température-là, ça ne fait même pas ouf !

Saint-Abraham

Mardi **20** DÉC.

Automne

DÎNER

Spaghettis à la bolognaise
(voir la recette de la sauce bolognaise du 23 avril)

Tarte au citron
(voir la recette du 2 avril)

Pense pas bête...

Je commande une oie pou
le réveillon du 31 décembr

Je termine les orangette
au sucre *(voir la recette du 18 décembre).*

SEMAINE 51

Petite histoire des bûches de Noël...

Trop souvent, il serait préférable de les avoir sur le pied, plutôt que sur l'estomac. Je parle évidemment du gâteau, même si la bûche de Noël en question, toute lourde et indigeste qu'elle soit, surtout après un repas particulièrement calorique, est la transposition pâtissière de la bûche de bois qui flambait avec tout un cérémonial dans les âtres de nos ancêtres, la nuit de Noël.

Qu'on l'appelle « sonco » en Auvergne, « queuche » en Lorraine, « tronche » ou « trugho » en Gascogne, ou encore « cosse de nau » dans le Berry, elle est toujours énorme : plusieurs hommes sont nécessaires pour la mettre en place dans la cheminée, au moment où l'on sonne l'élévation de la messe de Noël.

Elle doit provenir d'un chêne vierge de tout élagage, abattu à minuit, quelques jours avant Noël. On la décore de lierre et on l'asperge de vin et d'eau bénite, avant que le maître de maison ne l'enflamme. En Provence, on choisit plutôt le tronc d'un arbre fruitier, mais le cérémonial est comparable.

La bûche doit flamber au moins pendant toute la nuit de Noël, pour « réchauffer l'Enfant Jésus ». Au mieux, elle dure trois jours.
Les femmes déposent de petits cadeaux sur ou sous les extrémités de la bûche ; les enfants qui n'auront pas été autorisés à assister à la messe de minuit les découvriront au matin. On en conserve les cendres d'une année à l'autre, sous le lit du maître de maison : chaque fois que le tonnerre se manifeste, une poignée de ces cendres jetées dans la cheminée est censée éloigner la foudre de la maison.

Ces troncs d'arbre qui flambent ont pour mission d'éloigner les mauvais esprits, car Noël correspond depuis la plus haute Antiquité à la fête des morts. De nombreuses croyances dans nos campagnes sont attachées à cette nuit de Noël. Les animaux se mettraient à parler, les menhirs bretons s'en iraient à la mer, etc.

Jusqu'à la guerre de 1914-1918, avant que ne se répande le chauffage à vapeur, fourni par une chaudière à bois, à charbon, ou électrique, la tradition des bûches était bien vivante. À Noël, on allumait de grands bûchers sur les places publiques, des sortes de feux de joie autour desquels on dansait et on chantait. Les brandons du foyer servaient de flambeaux : ils éclairaient l'église, ou encore le chemin pour aller à la messe et en revenir, en procession. Ces torches servaient aussi à allumer la bûche de Noël dans la cheminée.

De même que les cheminées, les bûches ont aujourd'hui disparu de nos appartements.

Pour faire une bûche, il faut d'abord une génoise en feuille, ou mieux un biscuit plat, qu'on peut agrémenter avec de la poudre de noisette ou d'amande. La génoise est une pâte à cuire à base de sucre, de farine, de beurre et d'œufs. En revanche, le biscuit se dispense de beurre
(voir la suite le 21 décembre).

Lever du soleil : 8 h 42 Coucher du soleil : 16 h 54 Lune décroissante

Automne

DÎNER

Onglet de bœuf
Épinards au beurre
(voir la recette du 3 octobre)

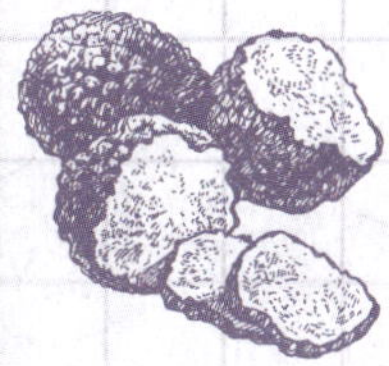

Pense pas bête...

Demain je prépare la farce et le jus pour la dinde ou le chapon et je n'oublie pas de récupérer les abats pour le jus.

LA RECETTE DU JOUR

Farce et jus pour une dinde ou un chapon

Pour la farce : 200 g de noix de veau, 200 g de poitrine de porc fraîche, 200 g de gorge de porc fraîche, 300 g de pain rassis, 1 grand verre de lait, 5 échalotes, 2 gousses d'ail, 1 pomme granny-smith, 2 cs de beurre, le foie de la volaille, 2 cs d'herbes hachées (persil, estragon, ciboulette...), 100 g de raisins secs, 6 œufs, 2 cc de sel fin, 10 tours de moulin à poivre.

Hachez les viandes (grille moyenne). Préchauffez le four à 180 °C (th. 6). Trempez le pain dans le lait chaud. Épluchez et hachez finement les échalotes et l'ail. Pelez la pomme, coupez-la en dés. Dans une poêle, faites fondre le beurre puis le hachis d'ail et d'échalotes. Ajoutez la pomme ; laissez dorer ; réservez. Coupez le foie de la volaille en petits dés. Dans un saladier, mélangez les viandes hachées, le hachis d'ail et d'échalotes, la pomme, les herbes, les raisins secs, le pain trempé, les œufs entiers, le foie ; salez, poivrez ; malaxez bien. Remplissez de cette farce un moule à cake préalablement beurré – sauf s'il est antiadhésif ; couvrez d'une feuille de papier d'aluminium ; faites cuire 45 min au bain-marie, au four ou sur le feu. Laissez refroidir à température ambiante ; couvrez d'un film alimentaire ; réservez au réfrigérateur.

Variante. Remplacez les raisins et la pomme par 250 g de marrons cuits, ou 30 pruneaux dénoyautés trempés dans 1 l de thé bien fort puis égouttés.

Pour le jus : les abats de la volaille, 1 carotte, 1 oignon, 1 cs d'huile, 1 cs de beurre, 1 cs de sucre semoule, 1 cs de concentré de tomate délayé dans 1 l d'eau, 1 bouquet garni.

Demandez au volailler de découper les abats – cou, gésier, pattes, ailerons – en morceaux. Épluchez la carotte et l'oignon, coupez-les en dés. Dans une cocotte, faites chauffer l'huile et le beurre ; ajoutez les abats ; laissez dorer en remuant avec une cuillère en bois. Complétez avec les légumes et le sucre ; faites suer à couvert 5 min. Ajoutez l'eau tomatée et le bouquet garni; portez à ébullition pour 30 min à découvert. Ajoutez ½ verre d'eau froide ; prolongez la cuisson en écumant, jusqu'à obtenir environ 50 cl de jus. Filtrez à travers un chinois ou une passoire fine ; assaisonnez à votre goût. Réservez au réfrigérateur.

Petite histoire des bûches de Noël...

(suite du 20 décembre)

Avant d'étaler une ganache ou une crème au beurre sur la génoise, on l'imbibe au choix avec un sirop, ou avec de l'alcool. La ganache est une crème fraîche bouillie, dans laquelle on fait fondre du chocolat. Mieux vaut donc que le chocolat soit bon : la qualité du chocolat n'améliorera certes pas la légèreté de la préparation, mais au moins le goût en sera incomparable.

Une fois la ganache étendue, on roule le biscuit, puis on décore le dessus avec le reste de la ganache, agrémenté de sujets en meringue ou en chocolat. Si l'idée vous venait de la faire vous-même, sachez que les ongles tachés de chocolat se nettoient très bien avec du jus de citron.

Je m'avance pour Noël

Je prépare des biscuits à la cuillère destinés à la bûche aux marrons. J'adapte les quantités selon les besoins de la recette et je les réserve dans une boîte hermétique (voir la recette du 22 décembre).

Lever du soleil : 8 h 43 Coucher du soleil : 16 h 54 Dernier quartier de lune

HIVER

C'est la saison !

Les fruits

Ananas
Banane
Citron
Clémentine
Kiwi
Kumquat
Litchi
Mangue
Orange
Poire comice
Pomelo
Pomme

Les légumes

Avocat
Betterave
Céleri-rave
Chou-fleur
Choux
Chou de Bruxelles
Endive
Épinard
Fenouil
Frisée
Légumes secs
Mâche
Poireau
Potiron
Salsifis
Topinambours

Les poissons et fruits de mer

Bar
Bulot
Cabillaud
Calmar
Carrelet
Congre
Coquilles Saint-Jacques
Crevette bouquet
Dorade
Hareng
Huîtres
Lieu
Lotte
Merlan
Moule
Oursin
Raie
Rouget barbet
Saumon
Sole
Tacaud
Turbot

Fromages

Beaufort
Brie
Cantal
Comté
Époisses
Gruyère
Munster
Ossau-iraty
Pérail
Roquefort
Saint-marcellin
Tomme d'Abondance
Vacherin

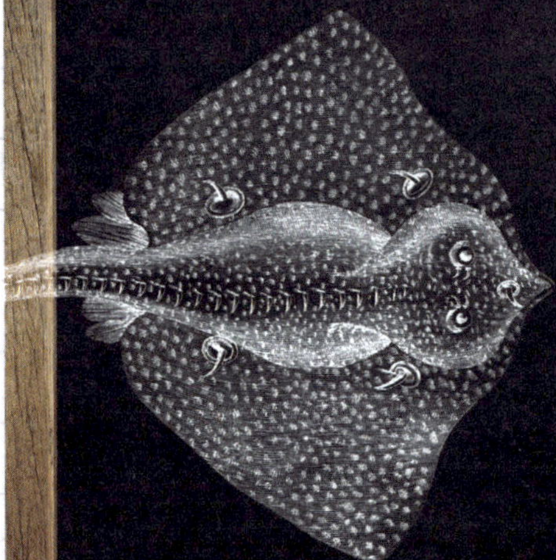

Pense pas bête...

Je n'oublie pas de préparer la farce et le jus destinés à la dinde ou le chapon *(voir la recette du 21 décembre).*

Hiver

DÎNER

Endives au jambon
(voir la recette du 6 novembre)

Pain perdu à la confiture
(voir la recette du 20 juillet)

Les recettes du jour

Bûche aux marrons

Pour 8 à 10 pers. : 2 boîtes de marrons entiers au naturel, 100 g de chocolat noir à dessert (70 % de cacao), 100 g de beurre, 100 g de sucre semoule, 20 cl de crème entière liquide, 12 biscuits à la cuillère *(voir la recette ci-contre)*, sucre glace.

Égouttez les marrons dans une passoire. Passez-les au moulin à légumes (grille moyenne) au-dessus d'un saladier. Cassez le chocolat en morceaux dans une petite casserole placée au bain-marie ; laissez fondre, ajoutez le beurre coupé en morceaux et le sucre. Lorsque le mélange est bien fondu et homogène, versez-le sur la purée de marrons. Mélangez avec une cuillère en bois. Laissez reposer 10 min. Battez la crème en chantilly – ne la sucrez pas –, ajoutez-la au mélange chocolat-marron, mélangez délicatement. Déposez une feuille de papier sulfurisé dans un moule à cake ou à pâté de 20 cm de longueur sur 8 cm de largeur et 5 à 6 cm de hauteur ; le papier doit dépasser le moule de 5 cm de chaque côté. Versez la préparation. Rangez les biscuits sur la longueur, 3 de chaque côté ; s'ils sont un peu longs, coupez les extrémités et gardez-les pour le décor de la bûche. Rabattez les deux parties du papier sur les biscuits. Posez un torchon de cuisine sur la table, retournez le moule au centre, rabattez les deux pans du torchon autour de la bûche et serrez les deux bouts. Façonnez à la main pour lui donner la forme arrondie, posez telle quelle la bûche sur un plat et réservez au réfrigérateur en la protégeant.

Pour le réveillon : déballez la bûche du torchon et du papier. À l'aide d'une fourchette, tracez des lignes pour imiter l'écorce. Coupez chaque extrémité bien nette avec un couteau. Râpez un peu de chocolat de la tablette, ajoutez vos morceaux de biscuits coupés et, au travers d'une passoire fine, imitez légèrement la neige avec du sucre glace sur toute la bûche. Votre inspiration vous guidera pour bien la décorer : bougies, feuille de houx en pâte d'amandes, sujets... Sortez-la 30 min à température de la pièce avant de la déguster.

Biscuits à la cuillère

(préparés le 21 décembre)

Pour 4 pers. : 3 œufs, 100 g de sucre semoule, 1 sachet de sucre vanillé, 100 g de farine, 1 cs de sucre glace.

Préchauffez le four à 180 °C (th. 6). Habillez la plaque à pâtisserie d'un papier sulfurisé mouillé ; vérifiez que le papier adhère bien à la plaque. Séparez les blancs des jaunes. Montez les blancs en neige en ajoutant 35 g de sucre dès qu'ils sont fermes. Dans un saladier, mélangez rapidement les jaunes, la moitié du sachet de sucre vanillé et le sucre semoule restant, jusqu'à obtenir un appareil onctueux et mousseux ; quand il commence à blanchir, ajoutez la farine. Ajoutez les blancs en une seule fois, en soulevant délicatement *mais rapidement* l'appareil pour obtenir un mélange un peu souple ; utilisez une spatule en bois ou une écumoire. Remplissez une poche à pâtisserie ou moulez avec une cuillère. Formez des bâtonnets de 10 à 12 cm de long. Saupoudrez-les de sucre glace à travers une passoire très fine. Enfournez pour 20 min ; ne laissez pas colorer.

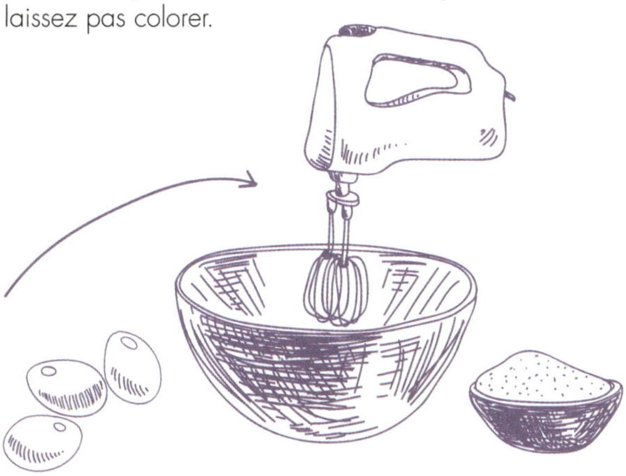

Saint-Armand

Vendredi

23

DÉC.

Je m'avance pour Noël

Je fais pocher ma dinde (ou le chapon)...

LA RECETTE DU JOUR

Dinde ou chapon poché et rôti

Semaine 51

Hiver

DÎNER

Haddock au beurre citronné
(voir la recette du 11 novembre)

Pommes de terre vapeur

Salade de fruits
(voir la recette du 29 octobre)

Pour 8 pers. : 1 belle dinde ou un beau chapon, 100 g de beurre, 1 cs d'huile.

Déposez la volaille dans un faitout ; recouvrez d'environ 3 l de bouillon de volaille froid. Portez à ébullition ; maintenez à petits bouillottements pendant 1 h 15. Égouttez et *conservez le bouillon pour le 26 décembre*.

Préchauffez le four à 200 °C (th. 6/7). Faites fondre 100 g beurre dans 1 cs d'huile. Posez la volaille sur la lèchefrite ; badigeonnez avec le beurre fondu à l'aide d'un pinceau de cuisine ; installez la volaille sur le côté. Enfournez pour 1 h en prenant soin de retourner et d'arroser toutes les 15 min avec le jus préparé au préalable *(voir la recette du 21 décembre)*.

Séparez les pilons des hauts de cuisse, coupez en 2 ou 3 morceaux ; posez sur le fond d'un plat creux allant au four. Escalopez légèrement en biais chaque suprême en 6 portions ; découpez la farce en tranches de 5 mm d'épaisseur ; disposez dans le plat creux, en les intercalant, 1 morceau de suprême et 1 tranche de farce. Arrosez avec 30 cl du jus préalablement préparé *(recette le 21 décembre)*. Décorez de morceaux de 5 cm de céleri en branche ayant encore quelques feuilles ; couvrez d'un film alimentaire ; réservez au réfrigérateur jusqu'à demain *(voir la fin de la recette le 24 décembre)*.

Petite histoire du père Noël...

Nos enfants gâtés ne se contentent plus, comme autrefois, des oranges et des pains d'épices tombés de l'arbre. Ils s'attendent à recevoir des cadeaux plus substantiels, par l'entremise du père Noël, à moins que ce ne soit l'Enfant Jésus, ou la *Béfana*, ou *Babouchka*, ou le père Givre, ou les Rois mages... l'Europe, dans ce domaine, affirme sa diversité !

Quelle est l'origine du père Noël ? Voilà un mystère que personne n'a réussi à élucider tout à fait.

On croit savoir qu'il est né aux États-Unis, issu par hasard du complexe cocktail de traditions importées par les populations immigrées d'Europe, parmi lesquelles on trouvait beaucoup d'Allemands, de Hollandais, d'Autrichiens. Apparu en Europe au début du siècle, son succès a été foudroyant, sous l'effet, dit Claude Lévi-Strauss de l'« influence et du prestige des États-Unis d'Amérique ».

Que doit-il au saint-Nicolas des Hollandais, au *Weihnachtmann* allemand, au *Christkindl* autrichien, aux dieux germaniques *Thor, Wotan, Gargan* ? Nul ne pourra le dire. Selon Arnold Van Gennep, « c'est un personnage imaginaire reconnu comme tel par les parents et, jusqu'à un âge variable, par les enfants, au même titre que les bonnes et méchantes fées de jadis et les croquemitaines pédagogiques modernes ».

Déjà vainqueur de saint-Nicolas, c'est lui qui distribue les cadeaux dans la plupart des pays d'Europe, et il n'a pas fini de gagner du terrain ! Mais il y a tout de même quelques zones de résistance. Dans les pays d'Europe de l'Est, c'est le père Givre qui remplit cet office, dans la nuit du 31 décembre. Ce personnage bénéficiait de la faveur des régimes communistes qui espéraient réduire l'importance de la fête chrétienne de Noël. Le père Givre est aidé par Babouchka, une vieille femme qui, voulant apporter des jouets à l'Enfant Jésus, s'est égarée et, depuis, les offre aux enfants qu'elle trouve sur son chemin *(voir la suite le 24 décembre)*.

Lever du soleil : 8 h 44 Coucher du soleil : 16 h 56 Lune décroissante

C'est le réveillon...

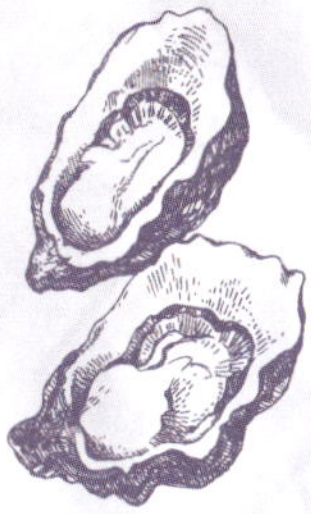

Samedi
24
DÉC.

Sainte-Adèle

Semaine 51

LES RECETTES DU JOUR

Soupe d'huîtres

Pour 8 pers. : 80 g de céleri-rave, 300 g d'oignons, 1 gousse d'ail, 1 échalote, 500 g de carottes, 3 cs d'huile d'olive, 1 cs de farine, 50 cl de vin blanc, 1 bouquet garni, persil, estragon, 48 huîtres, 5 cs de crème fraîche, 6 jaunes d'œufs.

Ce matin : épluchez et lavez les légumes. Émincez le céleri et les oignons, hachez l'ail et l'échalote, et coupez les carottes en rondelles. Dans une cocotte, versez l'huile, faites revenir l'oignon, l'ail et l'échalote pendant 5 min, puis ajoutez les carottes et le céleri. Saupoudrez de farine et mélangez. Versez le vin blanc et 1,5 l d'eau. Ajoutez le bouquet garni, le persil, l'estragon, et faites cuire pendant 30 min.

Ce soir : ouvrez et sortez les huîtres de leur coquille, puis égouttez-les. Dans un récipient, mélangez la crème et les jaunes d'œufs. Filtrez le potage, incorporez le mélange crème-œuf, puis ajoutez l'eau des huîtres. Faites pocher les huîtres quelques secondes dans le bouillon. Mélangez et servez aussitôt avec des croûtons de pain frottés à l'ail.

Fin de la recette de la dinde ou du chapon poché et rôti

2 h avant le service : remplacez le film alimentaire qui recouvre le plat par une feuille de papier sulfurisé. Posez le plat sur la lèchefrite remplie de quelques verres d'eau ; enfournez. Allumez le four à 140 °C (th. 4/5) 1 h avant de passer à table. Après 40 min, réduisez la température du four à 100 °C (th. 3/4). Servez avec le reste du jus brûlant, présenté en saucière, avec un bouquet de cresson.

Hiver

DÉJEUNER

Omelette, salade verte

DÎNER

Soupe d'huîtres

Foie gras « maison »
(voir la recette du 13 décembre)

Dinde ou chapon fermier
(voir la recette du 23 décembre)

Bûche aux marrons et au chocolat
(voir la recette du 22 décembre)

Truffes *(recette le 19 décembre)*

Orangettes
(recette le 18 décembre)

Tuiles aux amandes
(voir la recette du 3 août)

Petite histoire du père Noël...

(suite du 23 décembre)

En Allemagne, il est arrivé que le père Noël se fasse aider par le *Christkindl*. Marlène P. se souvient qu'en 1948, dans le village du sud de l'Allemagne où elle se trouvait, les deux personnages sont venus distribuer les cadeaux ensemble : un père Noël bourru, et un personnage voilé, angélique, plein de douceur, figurant l'Enfant Jésus. En Grèce, la fête de Noël est surtout religieuse et c'est saint Basile qui apporte des cadeaux dans la nuit du 31 décembre. En Espagne enfin, les enfants attendent, pour mettre leurs souliers sur les balcons, le soir de l'Épiphanie, car ce sont les Rois mages qui viendront les remplir, après avoir défilé en grande pompe dans la ville.

Quant à la *Befana*, la gentille sorcière « Épiphanie » qui enfourche son balai pour aller déposer des présents aux enfants italiens et suisses le 6 janvier, elle est de plus en plus détrônée par le passage de *Babbo Natale*, le 25 décembre. C'est dur, la concurrence *(voir la suite le 25 décembre)* !

Mon truc malin

Je finis les truffes. Versez un peu de cacao dans une assiette plate ; façonnez des petites boules de préparation au chocolat. Roulez-les dans la poudre de cacao. Disposez les truffes dans des caissettes et réservez-les en boîte hermétique au réfrigérateur.

Lever du soleil : 8 h 41 Coucher du soleil : 16 h 56 Lune décroissante

C'EST NOËL !

Semaine 51

Petite histoire du père Noël...

(suite du 24 décembre)

En Grande-Bretagne aussi *Father Christmas* passe dans la nuit du 24 au 25 décembre, avec sa hotte de jouets, sans oublier de remplir de friandises et menues surprises le bas accroché tout exprès au pied du lit de chaque enfant. Et le lendemain, 26 décembre, la fête continue car c'est le *Boxing Day*, le jour des étrennes. Jadis, dans les églises, on ouvrait ce jour-là les troncs (*boxes*) pour en distribuer le contenu aux pauvres. Douze jours restent à courir avant la fête de l'Épiphanie qui clôt généralement le temps de Noël. Le temps des folies va commencer.

☞ Le saviez-vous ?

La tradition veut que le jour de Noël en Auvergne, on serve l'aligot. La recette est la suivante :

Pour 6 pers. : 500 g de tomme fraîche (de Laguiole), 1 kg de pommes de terre (à chair farineuse), 150 g de beurre, 200 g de crème fraîche, 1 gousse d'ail, sel fin.
Faites cuire les pommes de terre dans leur peau, 20 à 30 mn, selon leur grosseur. Détaillez la tomme en fins copeaux à l'aide d'un épluche-légumes ou d'une mandoline. Jamais de tomme râpée. Pelez les pommes de terre encore chaudes, puis écrasez-les au presse-purée (le mixeur est formellement déconseillé). Dans la cocotte, mélangez le beurre, la crème et l'ail haché très finement (on peut aussi simplement frotter l'intérieur de la cocotte avec la gousse). Démarrez la cuisson à feu très très doux. Idéalement, intercalez le diffuseur de chaleur entre la flamme et la cocotte si vous utilisez la cuisson au gaz. La réalisation de l'aligot se mène à petit feu. Ajoutez la purée de pommes de terre, mélangez énergiquement. Quand le mélange est homogène, ajoutez le fromage en une fois. Battez avec énergie. On ne tourne pas l'aligot, on soulève la pâte. Quand le mélange file, sous forme de ruban épais et homogène, l'aligot est prêt et dois être servi immédiatement. Si le fil casse, la recette est ratée.

Petite histoire...

Le jour de Noël 1870, Paris assiégé grelotte, il fait – 12 °C. Le gouvernement ordonne des coupes de bois malheureusement vert dans les bois de Boulogne et de Vincennes. Le célèbre marchand de comestibles, François Chevet, vend du saumon pêché en plein Paris, sous le pont de l'Alma, à 8 francs la tranche. Il propose des conserves de volailles : canards en gelée 20 francs, lapereau sauté 18 francs, fricassée de poulet 12 francs. Des prix exorbitants. Dans les arrière boutiques des boucheries, la viande de cheval se vend 8 francs la livre, un lapin 40 francs, une dinde 100 francs, un chat vivant 20 francs. Les prix dépendent beaucoup des quartiers et de la réputation des restaurants. Chez les grands comme Voisin ou Bignon, on dépasse facilement 20 francs par personne. Dans les faubourgs, les gargotes sont plus raisonnables. Au rappel du tambour major, pour 5,50 francs, on a le droit à une croûte au pot, des olives farcies, de la morue à la provençale, un rosbif de cheval, salade et confiture, arrosé d'une bouteille de Mâcon. La faim tenaille la ville. Imaginez qu'à la Villette, à cette même date, un cheval a glissé sur le verglas. Sa patte cassée l'empêche de se relever. Les affamés le dépècent et le débitent sans attendre qu'il expire. Triste Noël.

25 décembre 1837 : Grimod de la Reynière, célèbre auteur des *Almanachs des gourmands*, est mort. Après son repas de réveillon, il s'est affaissé, c'était la fin, il allait avoir 80 ans.

Hiver

DÉJEUNER

Bouillon de cuisson de la dinde dégraissé, vermicelles

Petite histoire...

26 décembre 496 : grande cérémonie à Reims pour le baptême de Clovis, roi des Francs. On profite de l'événement pour festoyer. Dans ce domaine, les Francs n'ont rien à apprendre de leurs prédécesseurs les Gaulois. Lors de ces banquets, le porc est privilégié, tout comme l'oie. On apprécie peu les grillades qui sont délaissées au profit des ragoûts, très aillés et très oignonnés. On poivre peu, cette épice étant trop chère. On se délecte de choux rouges et verts que les Romains avaient implantés. D'après les Francs, pour qu'un festin soit réussi, il faut abondance de mets et de boissons. Le vrai luxe : quantité plutôt que qualité. La boisson la plus commune est le lait, mais visiblement l'hydromel qui s'obtient par la fermentation de l'eau et du miel additionnés de plantes aromatiques a de nombreux amateurs, tout comme le vin miellé. La pratique du jeûne va se répandre avec le développement de la foi chrétienne. Le premier repas quand la période de jeûne se termine se dit *disjejunare*, ce qui donnera petit à petit *disjunare*, *disjeuner*, *déjeuner*. Le second repas se prend vers 10 h du matin ; on l'appelle le *decimheure* ou *decimer* qui deviendra *deismer*, *disner* pour aboutir au *dîner*. Le *souper* se prend au milieu du jour c'est-à-dire après les vêpres : le *jubuesperas* qui deviendra *soubper* et ensuite *souper*.

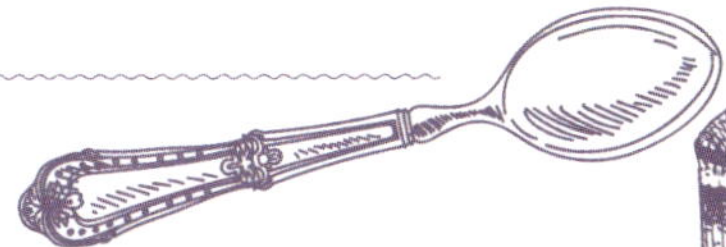

Petite histoire...

Les gâteaux du nouvel an en Europe...

Dans toute l'Europe, il était d'usage de réaliser des gâteaux traditionnels à la fois pour deviner l'avenir et surtout, pour mettre de son côté toutes les chances pour la nouvelle année, autrement dit, des gâteaux porte-bonheur. L'usage voulait qu'on les consomme, les offre, les partage, avec générosité.

• En Allemagne, on réalise des beignets à la confiture – ils sont obligatoires pour la Saint-Sylvestre – et la tradition voulait qu'on en mange au moins un pour bien commencer l'année.

• En Autriche, on confectionnait des « pains de nouvel an ». Il s'agissait d'une sorte de pain au lait tressé en forme de bretzel, il était bon de le partager avec les bêtes et d'en répandre des miettes dans les champs, gage de prospérité et d'assurance.

• En Belgique, on fait toujours des gaufres. À Liège, les enfants des pauvres vendaient des *oublies*, les *nûles*, pour souhaiter aux passants une bonne année en échange d'une petite pièce. En Wallonie, on échangeait des galettes à la cannelle et au sucre candi. La première de ces pâtisseries confectionnée en forme de croix n'était pas mangée, mais placée sur le dessus de la cheminée. La « galette du bon Dieu » protégeait la maison pour l'année.

• En Grèce, pour le 1er janvier, fête de saint Basile (*hagios vassilios*), on partage le pain ou le gâteau de saint Basile en espérant y trouver une pièce de monnaie.

• En France, dans certaines régions, il est d'usage de manger un plat de lentilles le jour du 1er de l'an pour s'assurer prospérité toute l'année. J'ai souvent essayé. Sans résultat concluant. Essayez à votre tour.

Saint-Jean

Mardi
27
DÉC.

Je m'avance pour demain
Je prépare une terrine aux trois légumes…

LA RECETTE DU JOUR

Terrine aux trois légumes

SEMAINE 52

Hiver

DÎNER

Tatin d'endives
(voir la recette du 29 novembre)

Salade d'oranges et de pomélos
(voir la recette du 16 novembre)

Pour 6 pers. : 250 g de carottes cuites, 250 g de céleri-rave cuit, 250 g d'épinards cuits, 6 œufs, 200 g de fromage blanc à 40 %, 1 pincée de muscade râpée, 5 cs de crème fraîche, 1 yaourt bulgare, 1 cs de jus de citron, 1 cs de ciboulette hachée, 1 cs de persil haché, sel, poivre.

Faites cuire à l'eau, et séparément, les carottes et le céleri coupés en tranches ainsi que les épinards en branches. Allumez le four à 180 °C (th. 6). Passez chaque légume au moulin ou au mixeur. Dans chaque purée, incorporez 2 œufs battus, le tiers du fromage blanc, du sel, du poivre et de la muscade. Mélangez bien. Dans un petit moule à cake, versez successivement les purées : la rose, la blanche et la verte. Placez le moule dans un plat plus grand contenant de l'eau pour faire un bain-marie, et portez le tout au four pour 45 min. Servez la terrine froide et démoulée avec une sauce composée de crème fraîche, de yaourt, de jus de citron, de sel et de poivre, et de fines herbes hachées, le tout bien mélangé.

Petite histoire…

27 décembre 1789 : Par la grâce de Louis XVI qui voulait améliorer les splendeurs du nouvel an, il accorda cette année-là pour la première fois, le droit à des petits marchands colporteurs d'élever pour la fin de l'année des boutiques « mobiles et provisoires » sur les boulevards. Dans ces boutiques, seuls des petits « objets à offrir », ainsi que des gâteaux et sucreries. Les ancêtres de nos marchés de Noël actuels !
En 1793, le nouvel an du 1er janvier fut supprimé tout net et remplacé par le 1er vendémiaire (22 septembre). Les conventionnels ayant considéré les étrennes comme inutiles, cela entraîna la disparition de ces petites boutiques. Elles réapparurent avec le Directoire ; et le 1er janvier dès les premiers temps de l'Empire, en 1866. Les marchands ayant pignon sur rue prétendirent que ces baraques leur faisaient du tort et gênaient la circulation. Elles furent interdites sur les boulevards. Elles ne furent admises à nouveau qu'en 1815 avec la Restauration. Louis XVIII a trouvé là une occasion d'honorer la mémoire et les décisions de Louis XVI, son frère guillotiné. En 1829, toujours sous l'impulsion des commerçants installés, Charles X les interdit. Ensuite c'est Louis-Philippe qui les réinstaure dès son installation pour les supprimer en 1836, et c'est seulement la première année de l'Empire second, en 1852, que l'autorisation de réapparaître leur fut donnée.
27 décembre 1870 : 106e jour du siège de Paris. Les traditionnelles petites baraques du « jour de l'an » sont réinstallées. Fini les colifichets et les petits objets, cadeaux et gourmandises, remplacés par des victuailles – comme des dindes prêtes à rôtir. D'autres petites boutiques se sont spécialisées dans les trophées militaires supposés « pris à l'ennemi ». En réalité, tout était faux ; c'est un atelier du Pré-Saint-Gervais qui les fabriquait.

Lever du soleil : 8 h 45 Coucher du soleil : 16 h 58 Lune décroissante

Petite histoire...

28 décembre 1895 : événement considérable au Grand Café, situé à l'angle de la rue Scribe et du boulevard des Capucines. Cet établissement était très renommé car la rumeur disait qu'il était le « plus grand et le plus décoré de Paris ».
Ce café existe depuis l'inauguration de l'opéra Garnier en 1875. Devant le Grand Café, et aux alentours, un clochard distribue des prospectus en criant : « Venez voir les merveilleuses animées des *frères Lumière*. » Un calicot placé au-dessus de la porte d'entrée du Grand Café donne à lire : « cinématographe Lumière : entrée 1 franc ».
Les frères Lumière ont loué un salon 30 F par jour pour une durée d'une semaine renouvelable. Compte tenu du peu d'intérêt que les Parisiens manifestent pour cette attraction, le propriétaire du Grand Café dit à qui veut l'entendre qu'il va bientôt y réinstaller ses billards.

Petite histoire...

« La quatrième gamme » : depuis plus de 30 ans qu'elle a été inventée par un marchand de légumes de Saint-Lô en 1982-1983, je reste férocement opposé à la quatrième gamme. Je ne suis pas le seul. Le directeur du très sérieux Institut supérieur de l'alimentation déclarait à l'époque : « On prend les consommateurs pour des bœufs ; la quatrième gamme, c'est de l'ensilage. » Il me paraît utile de préciser pour les lecteurs peu versés dans les techniques fourragères que l'ensilage est une méthode de conservation qui consiste à mettre des fourrages verts dans des silos. J'ajouterai encore que ces nourritures sont interdites aux vaches laitières dans certaines régions qui produisent des fromages AOC.
Un légume a besoin de respirer pour vivre et se conserver. Tout naturellement, il absorbe de l'oxygène et rejette du gaz carbonique, ainsi que de la vapeur d'eau. Quand on l'enferme dans un sachet imperméable à l'air, il fermente d'autant plus vite que la raréfaction, puis la disparition de l'oxygène favorisent le développement des bactéries anaérobies qui sont justement responsables de la fermentation.
Le lavage auquel on les soumet enlève la fine pellicule de cire qui recouvre les légumes. Ainsi les microbes qui restaient auparavant à la surface de cette pellicule peuvent pénétrer à l'intérieur des tissus. Si les légumes sont pelés ou coupés en morceaux, l'accès aux tissus en est facilité, d'autant que les microbes ont besoin d'eau pour proliférer. Ces inconvénients sont moins évidents quand l'on consomme les légumes immédiatement après le lavage *(voir la suite le 30 décembre)*.

Hiver

DÎNER

Soupe à l'oignon gratinée

Terrine aux trois légumes
(voir la recette du 27 décembre)

Pommes au four
(voir la recette du 20 septembre)

Tuiles aux amandes
(voir la recette du 3 août)

Je m'avance pour demain

Je prépare des biscuits à la cuillère pour la bûche au chocolat *(voir la recette du 22 décembre)*.

La recette du jour

Soupe à l'oignon gratinée

(voir la recette du 14 novembre)

Pendant que la soupe à l'oignon mijote, allumez le four position gril ; retirez la croûte du pain de campagne et faites-le griller des deux côtés. Gardez le gril allumé. Disposez le pain grillé dans les bols ou les assiettes allant au four ; vérifiez l'assaisonnement, poivrez, versez le bouillon dans les bols, saupoudrez abondamment de gruyère râpé et passez les bols sous le gril pour les faire gratiner ; la couleur doit être dorée.

Hiver

DÎNER

Foie de veau à la vénitienne
Pâtes au beurre
Salade d'oranges
(voir la recette du 19 avril)

Je m'avance pour samedi
Je prépare une bûche au chocolat, crème anglaise.

Les recettes du jour

Foie de veau à la vénitienne

Pour 4 pers. : 675 g de foie de veau coupé en 8 tranches fines, 3 cs d'huile d'olive, 50 g de beurre, 4 beaux oignons coupés en tranches fines, 2 cs de persil plat ciselé, le jus de ½ citron, sel, poivre.

Dans une grande poêle, faites chauffer l'huile et la moitié du beurre, pour y mettre les oignons à cuire pendant 30 min, à couvert, à feu doux. Remuez de temps en temps. Éteignez quand les oignons sont translucides et fondants, mais n'ont pas coloré. Salez, poivrez et mettez en attente dans une assiette. Dans la poêle encore grasse, chauffez la moitié du beurre restant pour y dorer la moitié du foie, 1 min sur chaque face. Mettez en attente et procédez de même pour l'autre quantité de foie. Remettez les oignons dans la poêle avec la totalité du foie. Pendant 1 min ou 2 min, mélangez délicatement en ajoutant le persil et le jus de citron. Vérifiez l'assaisonnement et servez.

Bûche au chocolat, crème anglaise

Pour 6 pers. : 360 g de crème fraîche liquide entière pour chantilly, 200 g de chocolat noir à dessert (70 % de cacao), 1 tasse à thé de café fort, biscuits à la cuillère *(voir la recette du 22 décembre)*, cacao en poudre.
Crème anglaise : à préparer le jour même *(voir la recette du 11 juin, sur la base de 1 l de lait)*.

Aujourd'hui : versez 180 g de crème dans une casserole, portez à ébullition. Cassez le chocolat en morceaux, ajoutez la crème bouillante, remuez à l'aide d'un fouet pour obtenir une pâte onctueuse. Versez cette préparation dans un saladier et laissez refroidir complètement. Préparez une tasse de café fort. Réservez pour l'utiliser froid. Battez le reste de la crème (180 g) en chantilly, gardez-la un peu molle, ne sucrez pas. Incorporez au mélange chocolat-crème en soulevant délicatement la préparation. Utilisez un moule à cake ou à pâté de 20 cm de longueur, 8 cm de largeur, 5 à 6 cm de haut. Découpez un rectangle de 20 x 30 cm dans une feuille de papier sulfurisé. Tapissez-en le moule en prenant soin de la faire dépasser de 5 cm sur les deux longueurs. Remplissez la moitié du moule avec la préparation. Rangez, sur cette première couche, la moitié des biscuits trempés dans le café froid. Versez le reste de la préparation. Terminez avec les biscuits restants imbibés de café. Fermez le moule en rabattant le papier sulfurisé. Laissez prendre au réfrigérateur.

Samedi : libérez le socle de la bûche des rabats de papier sulfurisé. Retournez la bûche sur un plat. Il est encore temps de lui donner une jolie forme si tel est votre désir, puis retirez le papier. Saupoudrez de poudre de cacao au moyen d'une passoire fine. Portez à ébullition un verre d'eau dans une petite casserole et, avec une fourchette trempée dans cette eau bouillante, dessinez l'écorce de la bûche. La décoration est laissée à l'appréciation de chacun, selon son talent : bougies, feuilles de houx en pâte d'amandes, sucre glace, sujets divers. Réservez au réfrigérateur. Sortez à température de la pièce 10 min avant la dégustation. Servez avec la crème anglaise.

Je m'avance pour demain

Je prépare un pâté Pantin (voir la recette du 8 mai).
Je prépare une nage pour les saint-jacques.

Hiver

DÎNER

Bar au four
Épinards au beurre
(voir la recette du 27 avril)

Saint-Roger

Vendredi **30** DÉC.

SEMAINE 18

LA RECETTE DU JOUR

Bar au four

Pour 4 pers. : 1 bar de 1,2 kg à 1,5 kg, 3 cs d'huile d'olive, quelques noisettes de beurre, sel, poivre.

Allumez le four à 200-220 °C (th. 7/8). Posez votre poisson, nettoyé et paré, tout simplement dans un plat à gratin avec l'huile d'olive et le beurre. Salez et poivrez. Faites cuire 20 min puis servez.

Petite histoire...

« La quatrième gamme » (*suite du 28 décembre*)

Lorsqu'ils sont vendus en sachets, ces légumes charmants et appétissants sont désinfectés à l'eau chlorée. Inutile de relire, j'ai écrit chlorée, je persiste et signe. Rassurez-vous, la concentration autorisée est insuffisante pour attaquer l'organisme : deux à cinq gouttes par litre d'eau seulement. D'ailleurs, si l'on augmentait le taux de chlore, la qualité microbiologique du produit n'en serait pas améliorée pour autant. Enfin ces produits désinfectés à l'eau de Javel perdent toute trace d'odeur désagréable après un séjour d'au moins 2 h en chambre froide. Que demander de plus ?

On raconte qu'avec la quatrième gamme, on va relancer la mode des légumes frais. On prétend que le consommateur regarde cette gamme avec les yeux de Chimène. Personne ne me fera croire que la quatrième gamme peut incarner pour le consommateur les saines valeurs de la diététique et du naturel.

Si c'était le cas, pourquoi passer par tant d'artifices et d'aides chimiques ? Certes, les corvées d'épluchage ne sont guère exaltantes ; pourtant une salade fraîchement épluchée bien verte et croquante, n'est-ce pas mille fois meilleur ? Ces morceaux jaunis, desséchés, sinistres ne risquent guère de vous apporter cette oasis de calme et de fraîcheur si nécessaire au cours du repas.

J'ai toujours pensé qu'une carotte ou une pomme de terre était meilleure, plus savoureuse, plus généreuse en saveurs lorsqu'une main tendre lui faisait subir les affres de l'épluche-légumes. Puisqu'un légume respire, pourquoi ne souffrirait-il pas ?

P.-S. : on ne parle pas assez aux légumes qu'on épluche.

Recette de la nage pour les saint-jacques du lendemain

La nage se mange. Avant de se manger, elle se fabrique selon le principe du court-bouillon mais en le laissant réduire pour intensifier les parfums, les saveurs, les goûts. La nage convient parfaitement aux crustacés, et peut être considérée comme une sorte d'intermédiaire entre le court-bouillon et le fumet de poissons.

Pour 3 l de court-bouillon au vin blanc : 4 carottes coupées en rondelles très fines, 3 oignons émincés, 3 échalotes émincées très finement, 3 poireaux coupés en fines lanières, 1 petite branche de céleri, 1 bouquet de persil, 2 branches de thym, 2 feuilles de laurier, 3 l d'eau, 1 bouteille de vin blanc sec, 45 g ou 3 cs pleines de gros sel , 1 cc de poivre en grains.

Mettez les légumes, les herbes et l'eau dans le faitout, portez à ébullition et maintenez-le 30 min. Ajoutez le vin blanc, laissez réduire de moitié. Après l'avoir filtré au travers d'un linge, laissez réduire à nouveau d'un tiers. Réservez jusqu'à demain.

Lever du soleil : 8 h 46 Coucher du soleil : 17 h 01 Lune croissante

Saint-Sylvestre

Samedi
31
DÉC.

Je m'avance pour ce soir
Je fais pocher l'oie
(voir la recette du 23 décembre)
puis je la farcis.
Je prépare la crème anglaise pour la bûche au chocolat.

Réveillon !

LES RECETTES DU JOUR

SEMAINE 52

Hiver

DÉJEUNER

Pâté Pantin
(voir la recette du 8 mai)

Salade verte

DÎNER DU RÉVEILLON

Foie gras « maison »
(voir la recette du 13 décembre)

Nage de saint-jacques

Oie rôtie

Salade d'hiver

Bûche au chocolat
(voir la recette du 29 décembre)

Petite histoire...

Le 31 décembre 1578, le roi Henri III décide d'instituer l'ordre du Saint-Esprit. Les titulaires pourront arborer un grand cordon de couleur bleue. Beaucoup plus tard, on attribuera familièrement effectivement le titre de « cordon bleu » à des gens experts dans leur métier et plus récemment, on le décerne aux cuisinières dont le cou soutient généralement le « cordon bleu » de leur tablier.

Coquilles Saint-Jacques à la nage

Pour 6 pers. : 2 carottes, 2 blancs de poireaux, 1 branche de céleri, ½ botte de persil plat, nage *(préparée la veille)*, 5 belles noix par personne pour un plat de résistance, 3 pour une entrée, pluches de cerfeuil.

Épluchez et émincez très très finement en julienne les carottes, les blancs de poireaux et la branche de céleri, effeuillez le persil simple. Ajoutez les légumes à la réduction de court-bouillon. Laissez cuire 5 min, à petits bouillottements. Salez et poivrez les coquilles Saint-Jacques lavées, ébarbées et coupées en 2 dans le sens de l'épaisseur. Rangez-les dans des assiettes creuses. Versez la nage bouillante sur les coquilles. Décorez avec des pluches de cerfeuil. Servez immédiatement.

Christmas pudding

Je ne résiste pas à l'envie de vous communiquer une recette de *christmas pudding* dont la fabrication pouvait commencer six semaines avant Noël. Il était souhaitable que chaque membre de la famille, du plus jeune au plus vieux, brasse la pâte dans la grande jarre où il devait fermenter en la tournant d'est en ouest pour rappeler le voyage des Rois mages.

Pour 8 à 10 pers. : 250 g de raisins de Corinthe, 250 g de raisins de Malaga épépinés, hachés, 250 g de raisins de Smyrne, 200 g d'écorce d'orange confite hachée, 200 g de cédrat confit haché, 100 g de cerises confites hachées, ¼ de l de cognac, 150 g de pain sec, 250 g de graisse de rognon de bœuf, 200 g de farine, 3 œufs, 250 g de cassonade, 1 cc de sel, 2 pommes de reinette coupées en morceaux, 1 cc de cannelle en poudre, ½ cc de muscade râpée, 20 g de gingembre en poudre.

Mettez dans une grande terrine les raisins, les fruits confits hachés et le cognac. Mélangez bien puis couvrez et laissez macérer au moins 2 semaines en venant remuer chaque jour. Au bout de ce temps, passez à la moulinette le pain et la graisse de bœuf, mélangez ces deux ingrédients puis ajoutez la farine et les œufs. Pétrissez bien le tout et versez dans la grande terrine sur le premier mélange. Travaillez cette pâte, puis ajoutez la cassonade, le sel, les pommes et les épices, et mélangez bien. Versez la pâte, en tassant bien, dans une terrine enveloppée d'un torchon ou un moule à pudding beurré et fariné. Faites cuire au bain-marie pendant 5 h. Servez tiède. Au moment de servir, arrosez de cognac et amenez sur la table tout flambant, et décoré de feuilles de houx. Le pudding se sert accompagné d'un *brandy butter* très froid (en parts égales de sucre glace, de beurre ou de crème, et de cognac).

Lever du soleil : 8h46 Coucher du soleil : 17h02 Lune croissante

Du même auteur

Aux éditions Flammarion

Mes desserts à prix mini, 2014

Arrêtons de manger de la merde !, 2013

Toutes les recettes de Vivement dimanche prochain, 2013

Aux éditions Stock

Une vie de Coffe, 2015

SOS Cuisine, 2006 (Marabout, 2007)

Le Coffe malin, 2005 (Pocket, 2005)

Aux éditions Le Livre Qui Parle

Descente aux plaisirs, souvenirs d'une bouteille, 2012

Aux éditions Plon

Ces messieurs-dames de la famille, 2011

Recevoir vos amis à petit prix, 2010

Le Plaisir à petit prix, 2009 (J'ai Lu, 2010)

Mes confitures, 2008 (Le Livre de Poche, 2010)

Les Arbres et arbustes que j'aime, 2007

La Véritable Histoire des Jardins de Versailles, 2007

Les Recettes de cuisine de Vivement Dimanche Prochain, 2006 (Le Livre de Poche, 2008)

Mes vins plaisirs à moins de 10 €, 2005

CONSommateurs révoltons-nous ! 2004 (Pocket, 2005)

Mes vins préférés à moins de 10 €, Éditions 2004, 2003

Mon Marché Gourmand, 2003 (Le Livre de Poche, 2004)

Mes vins préférés à moins de 10 €, 2002

À table, en famille avec 15 euros par jour, 2002 (Le Livre de Poche, 2003)

Le Guide Coffe des pépinières, Plantes et arbustes, 2000

Le Verger gourmand, 2000

Fleurs bonheur, 1999

Le Potager plaisir, 1998

Le Marché, 1998 (J'ai Lu, 1998)

De la vache folle en général et de notre survie en particulier, 1997

Comme à la maison, tome 2, 1994 (J'ai Lu, 1999)

Comme à la maison, tome 1, 1993 (J'ai Lu, 1998)

Aux éditions Jungle (Casterman)

Les indispensables recettes inratables de Jean-Pierre Coffe, 2009

Les desserts de fêtes inratables de Jean-Pierre Coffe, 2008

Les desserts inratables de Jean-Pierre Coffe, 2008

Les recettes inratables de Jean-Pierre Coffe, 2007

Aux éditions Seven Sept

Ce que nous mangeons, 2005

Aux éditions du Rouergue

Le Banquet de Bacchus éloge de l'ivresse, 2002

Aux éditions Balland

Au bonheur des fruits, 1996

Coffe, 1995

À vos paniers, 1993

Aux éditions Le Pré aux Clercs

Au secours le goût, 1992 (Presses-Pocket, 1993)

Le Vrai vivre, 1989 (Presses-Pocket, 1991)

Le Bon vivre, 1989 (Presses-Pocket, 1991)

Aux éditions Le Signe

Gourmandise au singulier, 1979

www.jeanpierrecoffe.com

Remerciements

Toute ma reconnaissance à Marie-Paule Trapenat pour son efficacité, sa disponibilité ; à Sébastien Auvinet pour sa relecture attentive.

Remerciements affectueux à Aurèle Cariès, Liza Person-Lisiecki et leurs équipes (Clélia Ozier-Lafontaine, Fanny Morgensztern, Nathalie Sawmy), Andrée Zana Murat, Martine Jolly et Christian Guy pour les superbes ouvrages qui m'ont inspiré.

Avec la collaboration de Marie-Paule Trapenat

Création graphique et mise en pages :
Laurence Maillet

Collaboration pour la mise en pages :
Claude Olivier-Four, Annabelle Brietzke

ISBN : 978-2-0813-6816-3
N° d'édition : L.01EPMN000828.N001
Dépôt légal : novembre 2015
editions.flammarion.com

Achevé d'imprimer en octobre 2015
par Gorenjski (Slovénie).

INDEX DES RECETTES

Entrées et amuse-bouches

Artichauts vinaigrette, 194
Asperges et fonds d'artichauts, 126
Avocat au citron vert et à la coriandre, 285
Avocat au crabe, 52
Cake aux olives et aux lardons, 18
Canapota, 230
Carottes râpées, 93, 118
Caviar d'aubergines, 227
Céleri rémoulade, 85
Cervelas rémoulade, 139
Champignons à la crème moutardée, 221
Champignons de Paris à la coriandre, 277
Chou-fleur en vinaigrette, 109
Concombre rémoulade, 133
Concombres à la crème, 185
Crème de haricots blancs, 318
Crème de lentilles, 357
Crème de tomate au basilic, 239
Crêpes aux champignons, 312
Crostinis, 244
Croustade aux champignons, 262
Croûtes aux champignons, 134
Endives à la grecque, 36
Flamiche, 39
Flammenküche, 261
Fonds d'artichauts pointes d'asperges, 149
Galettes de sarrasin, 42
Gaspacho, 222
Légumes crus à la bagna cauda, 119
Pâté à la citrouille, 360
Pâté de campagne, 117
Pâté Pantin à la viande, 134-135
Pissaladière, 237
Poireaux vinaigrette, 320
Poivrons à l'huile, 227
Potage aux endives, 369
Potage pommes de terre poireaux, 321
Radis râpés aux agrumes, 80
Rillauds « maison », 232
Rillettes, 38, 356
Salade d'avocats, pomme et pousses d'épinards au citron, 90
Salade de betteraves en vinaigrette, 114
Salade de brocolis aux copeaux de parmesan, 200
Salade de chou vert aux lardons, 161
Salade de citrons aux olives, 94
Salade de courgettes, 168, 244
Salade de fenouil, 229
Salade de haricots verts, 171
Salade de pommes de terre, 156
Salade de tomates, 247
Salade niçoise, 265
Salade romaine à l'orange, 18
Salade rustique, 207
Soupe à l'oignon, 333, 379
Soupe au concombre, 221
Soupe au pistou, 230
Soupe de champignons, 86
Soupe de fanes de navets, 146
Soupe de légumes, 344
Soupe de potiron crémée au curry, 283
Soupe froide vichyssoise, 162
Soupe glacée de concombre, 102
Soupe lorraine au lard et au fromage, 353
Tarama maison, 92
Tarte à l'oignon, 60
Tarte au boudin et au cumin, 330
Tartine de campagne au ragoût de champignons et œufs pochés, 14
Terrine de canard aux pruneaux, 263
Terrine de chèvre frais aux figues, 207
Terrine de cochon aux foies de volaille, 219-220
Terrine de foie gras de canard entier, 363
Terrine de foies de volaille, 251
Terrine de lapin, 187-188, 307
Terrine de poulet basquaise, 224
Terrine de tomates marinées à l'huile d'olive, 240
Tomates crues, 193
Velouté aux artichauts, 326
Velouté d'asperges, 149
Velouté de carottes, 142
Velouté de chou-fleur, 34
Velouté de marron, 312

Poissons et fruits de mer

Ailes de raie, 105, 271
Aïoli de morue, 142
Bar au four, 381
Bar en croûte de sel, 315
Barbue à la fondue d'oseille, 177
Barbue à la normande, 366
Blinis au saumon fumé, 316
Bourride, 67
Brandade de morue, 278
Bulots mayonnaise, 97
Cabillaud à la vapeur, 352
Carrelet au four, 111
Caudière, 89
Ceviche, 250
Chinchards grillés à la moutarde, 74
Colin des familles, 169
Coques à la ciboulette, 111
Coquilles Saint-Jacques à la nage, 381, 382
Coquilles Saint-Jacques à la provençale, 359
Coquilles Saint-Jacques meunière à l'estragon, 308
Darnes de saumon en papillotes, 337
Demi-tourteaux tièdes au naturel, 193
Dorade au four, 140
Dorade rôtie au coulis de tomate, 257
Dorades grillées, 200
Encornets sautés à la provençale, 126
Esturgeon à la milanaise, 45, 235
Filets de harengs doux au coing, 154
Filets de merlan des pêcheurs, 59
Filets de poisson à la tapenade en papillote, 249
Goujonnettes de merlan et persil frit, 301
Grondin en papillote, 23
Harengs pommes à l'huile, 203
Huîtres chaudes, 23
Joues de lotte en papillote, 147
Lieu à la vapeur, sauce aux câpres et anchois, 154
Lisettes au vin blanc, 16
Lisettes en gelée de vin blanc, carottes aux aromates, 97
Lotte aux anchois, 199
Maquereaux à la moutarde, 176
Maquereaux en meurette, 118
Matelote de congre,
Merlan en papillote, 125
Merlans en colère, 192
Merluchon en court-bouillon, mayonnaise et macédoine de légumes frais, 104
Morue façon cassoulet, 54
Moules à la marinière, 125
Mulet aux tomates et aux champignons, 170
Noix de saint-jacques en papillote, 38
Pain de thon, 157
Palourdes de la mère Catherine, 47
Pâtes au thon, 295
Pavés de cabillaud rôtis, 264
Poulpes sauce tomate, 213
Raie au beurre noisette, 163
Raie en cocotte, 294
Rillettes de harengs doux à la moutarde, 176
Rillettes de maquereaux fumés, 293
Rougets-barbets poêlés, 193
Rouille de seiches, 82
Roussette aux câpres, 133
Saint-pierre aux pois gourmands, 184
Salade de cresson aux rougets, 119, 155
Salade de haddock, 330-331
Salade de kippers aux pommes de terre, 275
Salade de lentilles au haddock, 258
Salade de morue, 214
Salade de pâtes, sauce au thon, 141
Salade de riz au haddock, 68
Sardines meunières, 222
Saumon froid à la sauce provençale, 242
Saumon gravlax, 128
Soupe d'huîtres, 375
Soupe de congre aux légumes, 323
Soupe de poisson, 16, 176, 324
Supions sautés, 163
Tacaud simplement, 221
Tartare de bar, 9
Tartare de maquereau et merlan en terrine, 89
Tartare de poissons, 271
Tartare de saumon frais et de haddock, 121
Tartare de thon, 194
Terrine d'anchois crus à l'huile et aux aromates, 237
Tourteaux tièdes, mayonnaise, 228
Tranches de thon grillé, 229

Volailles

Ailes de poulet à l'orientale, 245
Ailes de poulet poêlées, 347
Ailes de volaille et champignons au xérès, 144
Alicuit, 107
Blancs de poulet aux épices, 241
Blanquette de cuisses de poulet, 66
Cailles aux cerises, 138
Canard confit aux mangues, 322
Canette au cidre et aux navets, 113
Cari de poulet, 11
Chapon farci, 371, 374, 375
Dinde farcie, 371, 374, 375
Escalopes de dinde viennoises, pâtes à la tomate, 95
Filet de dinde froid à la sauce au thon, 239
Filets de poulet en papillote, 194
Fricassée de poulet à l'ancienne, 295
Gésiers de poulet aux navets, 129
Gratin de macaronis au poulet, 92
Navets farcis au confit de canard ou d'oie, 37
Parfait de foies de volaille à la cuillère, 13
Pilaf de foies de volaille, 218
Pintade à l'ail nouveau, 173
Pintade aux choux, 302
Pintade rôtie, 106, 352
Poule à la crème, 83
Poule au pot, 164
Poulet au vinaigre, 203
Poulet basquaise, 178
Poulet en croûte de pain, 135
Poulet façon coq au vin, 140-141
Poulet grillé à la diable, 122
Poulet rôti à la crème et à l'estragon, 91
Ris, blanc de poulet et champignons à la crème, 6
Salade César, 163
Salade de pâtes aux restes de poulet rôti, 272
Salade de poulet, 303
Soupe chinoise au poulet, 362
Waterzooi de poulet à la gantoise, 327

Viandes

Andouillettes poêlées, 172
Blanquette de veau, 112, 309
Bœuf à la ficelle, 103
Bœuf au curry, 39
Bœuf aux carottes en gelée, 198
Bœuf aux pruneaux, 87
Bœuf sauté aux oignons, 248
Bouchées à la reine, 310
Boudin noir, 78, 180
Boulettes au citron, 210
Carbonade de bœuf à la bière et au pain d'épices, 25
Cassoulet, 54, 339
Cervelas lyonnais, sauce au vin rouge, 336
Cervelle de veau, 49, 152
Chili con carne, 286
Chorba, 208
Choucroute, 346
Choux de Bruxelles à la poitrine fumée, 343
Civet d'agneau, 22
Cocotte d'hiver, 328
Cœur braisé de veau aux carottes, 116
Côtes de porc dans l'échine, 182
Côtes de veau, 151, 320
Couscous, 338
Crème de lentilles, saucisse de Morteau, 91
Crépinettes, 65
Croque-monsieur, 99, 166
Crostini di fegatini, 156
Cuisses de grenouilles sauce poulette, 147
Curry d'agneau, 175
Daube à la niçoise, 302
Daube de bœuf, 314-315
Endives au jambon, 325
Épaule d'agneau, 102, 167, 237, 247
Épigramme d'agneau grillé, 86
Escalopes de veau, 143, 349
Escalopes meunières, 268
Escalopes milanaises, 27
Escalopines à la sauge, 115
Farce au veau, 233
Filet mignon de porc, 131, 240, 338
Foie de veau à la vénitienne, 380
Gelée de canard, 362
Gigot d'agneau à l'anglaise, 230
Gigot d'agneau rôti, 47-48
Gigot de 7 heures, 354
Goulasch, 335
Gratin de courgettes au jambon, 196
Gratin de pommes de terre au lard, 8
Grillades de porc, 212, 321
Hachis Parmentier, 150, 304
Hamburgers aux oignons, 177
Irish stew, 360
Jarret de porc en gelée, 192
Joues de bœuf à la languedocienne, 70
Joues de porc en fricassée, 208, 290
Keftas aux aubergines, 72
Langue de veau, 88, 351
Lapin à la moutarde, 131-132
Lapin aux pruneaux à la flamande, 43
Lapin en gibelotte, 161
Lapin persillé, 267
Lapin rôti, 269
Lapin sauté, 101
Lasagnes à la bolognaise, 119
Moussaka, 153, 206
Navarin d'agneau, 99
Noisettes de chevreuil, 345
Onglet de bœuf tartare, pommes de terre rôties, 165
Onglet de veau, 100, 155
Osso-buco à la milanaise, 123
Pain de veau, coulis de tomate, 215
Palette de porc, 86, 146
Parmentier de boudin aux patates douces, 108
Paupiettes à la crème, aux champignons et à l'estragon, 75
Penne al sugo di carne, 156
Petites courgettes farcies, 292
Petits choux farcis, 158
Petits farcis aux champignons, 61
Pizza « maison », 204
Poitrine de porc demi-sel, 119, 283
Pommes de terre au lard, 311
Pommes de terre farcies, 93
Porc aux olives, 109
Pot-au-feu, 20, 329-331
Potée au chou, 325
Quiche lorraine, 120
Râble de lapin rôti, 209
Ragoût d'agneau à la grecque, 266
Ragoût d'agneau aux olives, 40
Risotto à la parmesane aux saucisses, 270
Rognons blancs, 305
Rognons de génisse ou de veau, 56
Rognons de porc en persillade, 160
Rognons de veau poêlés, 246
Rôti de bœuf à l'anglaise, 171
Rôti de foie de veau à la vapeur, 145
Rôti de porc à la moutarde, 29
Rôti de porc au lait, 204
Rôti de porc dans l'échine en cocotte, 55
Rôti de veau au four, 21
Salade de bœuf, 332
Saucisse de Morteau aux haricots blancs, 225
Saucisse de Toulouse, 190
Saucisses, choux de Bruxelles, 13
Sauté d'agneau, 185
Sauté de bœuf au paprika, 79
Sauté de veau, 187, 202
Scalopines au citron, 329
Scarole aux foies de volaille, 185
Shiffala, 46
Tajine d'agneau aux fruits secs, 57
Tajine d'agneau aux pruneaux et aux amandes, 313
Tajine d'agneau aux tomates confites, 289
Tajine de poulet aux olives et citron confit, 110
Tartare de bœuf, 250
Tartiflette, 41
Tendrons de veau, 14, 98
Tête de veau, 148
Tomates farcies, 216, 234
Travers de porc, 44, 94, 227, 273
Veau Marengo, 61
Welsh rarebit, 317

Œufs

Brouillade d'œufs aux légumes du soleil, 188
Flan à la tomate, 251
Flan d'aubergines, 243
Fonds d'artichauts, œufs pochés, 219
Gâteau d'omelette à la ratatouille, 236
Œufs à la coque, 128
Œufs à la crème, jambon et gruyère râpé, 53
Œufs à la portugaise, 238
Œufs Bocconi, 107
Œufs cocotte, 95
Œufs en gelée au jambon, 114
Œufs gratinés au fromage, 222
Œufs mayonnaise, 160
Œufs mollets aux épinards, 282
Œufs pochés à la ratatouille, 252
Omelette à l'oseille, 134
Omelette au fromage, 229
Omelette au jambon, 183
Omelette aux rillettes de lapin, 358
Piperade, 179, 256
Soufflé au fromage, 99
Soufflé au jambon, 139
Tortilla, 28

Accompagnements

Aligot, 376
Artichauts poivrade, 62
Aubergines farcies aux tomates, 183, 217
Aubergines frites, 167
Bettes à la crème et aux fines herbes, 212
Bettes au beurre, 236
Blettes gratinées au four, 308
Carottes sauce poulette, 197
Chou-fleur en gratin, 342
Choux de Bruxelles au beurre, 321
Cœurs de céleri au beurre, 170
Compote de tomates aux échalotes, 246
Compotée de courgettes et tomates, 182
Compotée de fenouil, 168, 202
Curry de légumes, 241
Embeurrée de chou, 130, 294
Endives à la crème, 48
Endives braisées, 315
Épinards au beurre, 123
Figues marinées, 183, 186
Fondue d'épinards à la crème, 143
Fondue de fenouil et poivrons, 249
Garniture grand-mère, 353
Gâteau aux courgettes, 174
Gâteau de pommes de terre à la tomme fraîche, 24
Girolles à l'échalote, 268
Gnocchis à la romaine, 136
Gnocchis gratinés à la parisienne, 301
Gratin dauphinois, 314
Gratin de courgettes, 187
Gratin de macaronis, 299
Haricots blancs au beurre, 317
Légumes grillés, 259
Macaronis en gratin, 347
Matafans, 105
Mousse de topinambours, 341
Oignons frits en lorgnette, 28
Pain de laitue, 164
Panais étuvés au beurre, 276
Petits pois à la française, 126
Poêlée de champignons des bois, 269
Poêlée de choux-fleurs, 22
Pommes de terre à l'huile, 205
Pommes de terre allumettes, 172
Pommes de terre au four, 124, 171
Pommes de terre des vendangeurs, 293
Pommes de terre en écailles de poisson, 320
Pommes de terre frites, 58
Pommes de terre sautées, 117
Potimarrons en surprise, 324
Purée de bananes, 180
Purée de betteraves rouges, 209
Purée de céleri-rave, 345
Purée de haricots blancs frais, 226
Ragoût de champignons sauvages, 272
Ragoût de courgettes à la tomate et aux lardons, 200
Ragoût de girolles, 193
Ratatouille niçoise, 215
Risotto, 152
Riz pilaf, 295
Rösti, 281
Salade de fruits à la moutarde, 205
Salsifis au beurre, 349
Tarte aux champignons, 112
Tarte aux tomates, 186
Tarte Tatin au fenouil, 235
Tarte Tatin aux navets caramélisés, 73
Tatin d'endives, 348
Terrine aux trois légumes, 378
Tian provençal, 195
Tomates à la provençale, 284
Tomates au four, 232
Tomates confites, 264
Tourte aux fromages, 68, 267
Tourte de feuilles vertes, 260
Tourte du samedi soir, 29